Wendepunkte

oder

Was eigentlich besagt das Christentum?

EUGEN DREWERMANN

Wendepunkte

oder

Was eigentlich besagt das Christentum?

Patmos Verlag

VERLAGSGRUPPE PATMOS

PATMOS
ESCHBACH
GRÜNEWALD
THORBECKE
SCHWABEN

Die Verlagsgruppe
mit Sinn für das Leben

MIX
Papier aus verantwortungsvollen Quellen
FSC® C095359

Für die Schwabenverlag AG ist Nachhaltigkeit ein wichtiger Maßstab ihres Handelns. Wir achten daher auf den Einsatz umweltschonender Ressourcen und Materialien.

Bibliografische Information der Deutschen Nationalbibliothek
Die Deutsche Nationalbibliothek verzeichnet diese Publikation in der Deutschen Nationalbibliografie; detaillierte bibliografische Daten sind im Internet über http://dnb.d-nb.de abrufbar.

2. Auflage 2014

www.patmos.de

Umschlaggestaltung: Finken & Bumiller, Stuttgart
Umschlagabbildung: © iStock.com/setimino
Druck: Himmer AG, Augsburg
Hergestellt in Deutschland
ISBN 978-3-8436-0540-3 (Print)
ISBN 978-3-8436-0541-0 (eBook)

Ihr seid das Salz der Erde.
Wenn aber das Salz stumpf wird,
was soll man damit salzen?
Zu nichts taugt es mehr,
sondern es wird nach draußen geworfen
und zertreten von den Menschen.

Ihr seid das Licht der Welt …
Eine Leuchte zündet man nicht an
und stellt sie (dann) unter den Scheffel,
sondern auf den Leuchter:
dann strahlt sie allen im Hause.

Mt 5,13–16

Inhalt

Vorwurf und Entwurf oder:
Die Umkehrpredigt des Propheten Jeremia 9

I) Kosmologie oder: Schöpfungsglaube versus
Evolutionslehre 40
1) Von Gottes Güte, Macht und Weisheit oder:
Vom Widerspruch der Welt 40
2) Von den Bedingungen menschlicher Existenz oder:
Was Glauben an Gott als den Schöpfer meint 73

II) Soteriologie (Erlösungslehre) oder: Woher das Böse? 101
1) Die «Sünde» am «Anfang» oder:
Der Teufel zum Beispiel 103
2) Der Ausweg oder: Vertrauen gegen Angst 140

III) Christologie oder: Die Lehre vom Erlöser 170
1) Dogmatische Verdinglichung oder:
Die «hypostatische Union» 171
2) «Kommt, seht selbst» (Joh 1,39) oder:
Vom Saum seines Gewandes 217

IV) Ekklesiologie (Die Lehre von der Kirche) oder:
Einheit in Freiheit 243
1) Die verordnete Erlösung oder:
Die verweigerte Aufgabe 244
2) Vom Ich zum Wir oder:
«Löscht den Geist nicht aus»
(1 Thess 5,19) 293

V) Eschatologie (Die Lehre von den letzten Dingen) oder:
Was darf ich hoffen? 327
1) Die Ambivalenz eines Symbols oder:
Von Heulen und Zähneknirschen (Mt 8,12) 330
2) «Gesehen habe ich den Herrn.» (Joh 20,18) 372

VI) Gotteslehre (Theologie im eigentlichen Sinne) oder:
Von Glaubensformeln und von Glaubensformen 414
1) «Gott ist dreifaltig einer» oder:
Syllogistische Sophistereien statt einer
synkretistischen Synthese 416
2) Vermittelte Unmittelbarkeit oder:
Glauben an der Seite Jesu 469

Bibliographie 505

Register von Autoren und Personen 535

Vorwurf und Entwurf oder: Die Umkehrpredigt des Propheten Jeremia

Was geschieht,
das ist längst schon gewesen,
und was sein wird,
ward allzumal;
und wieder holt Gott hervor,
was vergangen.
Pred 3,15

Wie nötig wäre Religion! Wer, wenn nicht sie, könnte den Menschen sagen, daß sie *mehr* sind als Übergangsgebilde im Stoffwechselhaushalt der Natur, daß sie zu schade sind, um sich als Konsumenten und als Produzenten im Wirtschaftskreislauf dubioser Kapitalverwerter zu verschleißen, daß sie es nicht verdienen, ihren Wert als Leistungsträger bei der Sicherung des Industriestandorts der BRD oder irgendeines anderen Landes im globalen Konkurrenzvergleich bestimmt zu finden?

Auf daß Menschen eine absolute Geltung haben, bedarf es eines absoluten Gegenübers ihrer Anerkennung. Ein solches Gegenüber kann und darf nicht die Natur, nicht die Gesellschaft, nicht ein Zweckverband aus Industrie und Militär und Banken sein. Wie aber glauben an ein Absolutes, auf daß Menschen nicht länger mehr als Mittel für die Zielsetzungen anderer versklavbar sind?

Es müßte einen jeden die Religion begleiten auf dem Weg zu seiner Freiheit. Sie müßte die verinnerlichten Zwänge seiner Seele durcharbeiten, in denen andere mit scheinbar göttlicher Autorität vor ihn hintraten und ihn nach *ihrem* Bild zu formen suchten, – vom eigenen Vater in den Kindertagen über den Lehrer in der Schule, den Pastor in der Kirche, den Spieß auf dem Kasernenhof, den Herrn Professor auf dem Universitätsgelände bis hin zum Chef der *belle etage* des Glashochhauses eines systemrelevanten Großkonzerns … Sie alle sind nicht Gott, sie sind nur lächerlich, wenn sie versuchen, so zu tun.

Doch das zu spüren macht auch Angst. Leichter, als seine Freiheit zu riskieren, ist es in jedem Falle, einzutauchen in die Fremdbestimmung anderer; statt selbst zu sein erscheint es einfacher zu tun, was alle sind und machen; Normalität statt Individualität – nach *dem* Konzept besorgt, versorgt man stets ein nur uneigentliches Dasein, das nie zum Leben kommt, weil es im Kampf ums Überleben sich und alle Welt in die Begräbnisstätte seiner selbst verwandelt.

Nötig wäre die Religion! Doch so, wie nötig, ist sie nicht.

Denn selber tritt sie auf als göttliche Autorität, verbreitet Angst vor Gott, um selber Macht zu haben über Menschen, und augenscheinlich hält sie es zum Selbsterhalt konstant mit dem, was Geld und Geltung bringt.

In seiner institutionalisierten Form hat religiöser Glaube seine Glaubwürdigkeit endgültig eingebüßt. Gewissen Medien mag es noch wichtig scheinen, wie jemand in der Rolle eines Papstes agiert, regiert oder reagiert, und Papst *Franziskus* glaubt man gerne, daß er es ehrlich meint mit der Reform der Kirche Roms[1]; in religiösem Sinn hin-

1 MATTHIAS BARTSCH u. a.: Der Nahbare, in: Der Spiegel, 12/18.3.13, S. 86; 87, übernehmen die Einschätzung des Pastoraltheologen MICHAEL SIVERNICH: «Statt um Glaube und Vernunft wie bei Joseph Ratzinger, wird es künftig (sc. bei FRANZISKUS, d. V.) um Glaube und Gerechtigkeit gehen.» Gleichwohl stellen sie fest: «Auch für Franziskus gilt ein einfaches Entweder-oder: ‹Wer nicht zum Herrn betet, betet zum Teufel.› Es ist das Glaubensbekenntnis eines modernen Reaktionärs.» (S. 93) In seinem Lehrschreiben Evangelii Gaudium (Die Freude des Evangeliums) schreibt FRANZISKUS: «Ich träume von einer missionarischen Entscheidung, die fähig ist, alles zu verwandeln, damit die Gewohnheiten, die Stile, die Zeitpläne, der Sprachgebrauch und jede kirchliche Struktur ein Kanal werden, der mehr der Evangelisierung der heutigen Welt als der Selbstbewahrung dient.» (Nr. 27) Et voilà! Freilich geht es nicht nur um «Sprachgebrauch», es geht um den Abbau des jahrhundertealten Verbots, Glauben anders auszudrücken, als es in den dogmatischen Sprachspielen der Kirche vorgesehen und vorgeschrieben war. Denn es stimmt, wenn FRANZISKUS fortfährt: «Häufig verhalten wir uns wie Kontrolleure der Gnade und nicht wie ihre Förderer. Doch die Kirche ist keine Zollstation, sie ist das Vaterhaus, wo Platz ist für jeden mit seinem mühevollen Leben.» (Nr. 47) «Wir» – das sind die Päpste selbst (gewesen)! Richtig sieht FRANZISKUS: «Angesichts der Gewichtigkeit, die das Negativ-Zeugnis der Spaltung unter den Christen besonders in Asien und Afrika hat, wird die Suche nach Wegen zur Einheit dringend.» (Nr. 246) Was aber ist es mit der Kirchenspaltung zwischen Katholiken und Protestanten in Europa? MATTHIAS DROBINSKI: Revolution im Vatikan, in: SZ, 27. Nov. 13, S. 6, konstatiert wohl zu Recht: «Seit mehr als 50 Jahren (sc. also seit dem 2. Vatik. Konzil, d. V.) hat kein Papst so radikal Veränderungen gefordert wie jetzt Franziskus.» MARCO ANSALDO – WOLFGANG THIELMANN: Der frohe Botschafter, in: Die Zeit, 50, 5. Dez. 2013, Dossier, S. 17–19, setzen hinter ihre Titelüberschrift «Die Welt liebt ihn», ein großes «Aber, – die Widerstände sind gewaltig»; und was eigentlich sind das für Leute, die einen Papst benötigen, um zu merken, was «Barmherzigkeit» bedeutet? Wer sich der Freiheit, zu denken und zu handeln, erst getraut, wenn sie ihm offiziell genehmigt wird, der denkt und handelt nach wie vor nicht frei. – Zur Jahresfeier der Amtseinführung von Papst *Franziskus*, am 11.3.14, mutmaßten *epd* und *dpa*: «Vielleicht macht er es wie Johannes Paul II., der die Herzen eroberte und sein konservatives Denken vom Präfekten der Glaubenskongregation verkünden ließ.» Das ist nur begrenzt richtig: *Johannes Paul II.* stand selber für ein Denken in Fragen des Glaubens

gegen kann nicht etwas wahr sein, nur weil es kirchlicherseits «amtlich» angeordnet wird. Ja, wie verängstigt ist, wer ernsthaft meint, es brauche eines Gottesstellvertreters hier auf Erden, um sich des Himmels zu versichern?

Geschichtlich ist der Vorwurf schwer zu widerlegen, Religion betreibe lediglich die Ruhigstellung der sozial Entrechteten durch weltjenseitige Vertröstungen, sie rede von Gott wesentlich, um Herrschaftsansprüche von Kaisern, Kardinälen, Fürsten und Blaublütigen den Untertanen als gehorsamsschuldig hinzustellen; sie rechtfertige, ja, segne notfalls sogar Krieg, Gewalt und Diktatur als etwas Heiliges und Gottgewolltes, nur um sich selbst den Machthabern als unersetzlich anzudienen. Denn in der Tat: Kein Kolonialreich, das nicht von Soldaten militärisch und von Patres missionarisch aufgerichtet worden wäre: die einen plünderten, die anderen predigten, die einen stahlen den Besitz der Unterworfenen, die anderen zerstörten ihre Seele, – Religion als Legitimation des Ungeheuerlichen in der menschlichen Geschichte ... Wie soll, wenn es so steht, man Glauben noch von Aberglauben unterscheiden? Wohl, wer von Gott spricht, sollte Freiheit meinen, doch wenn sogar bis in den inneren Bereich der Psyche die religiöse Unterweisung zur bloßen Indoktrination erstarrt? Wenn die zentralen Dogmen einer Religion der menschlichen Vernunft und ihre Vorstellungen über Ethik dem menschlichen Gefühl in Form und Inhalt geradewegs entgegenstehen? Wenn sie nicht sowohl Geistigkeit und Güte, als vielmehr Fanatismus fördern oder, reaktiv, Gleichgültigkeit? Solange Religion im Status seelischer Entfremdung Menschen in Ängsten, Repressionen, Schuldgefühlen und absonderlichen Lehren hindert, zu sich selbst zu finden, führt sie nicht zu Gott; wenn sie, was innen ist, veräußerlicht, ist sie gemeingefährlich, eine ansteckende Krankheit. MARX sah das so, FREUD sah das so, und die

und der Religion, dessen dringende Änderung in diesem Buche angestrebt wird. «Der Papst ändert den Tonfall, nicht die Lehraussagen,» wird der US-Kardinal *Sean O'Malley* zitiert (Westfalen-Blatt, 11.3.14, S. 4). Doch gerade auf die Reform der ganzen Denkweise kommt's an, will man den Glaubensinhalt wahren. EVELYN FINGER: Weltmacht Franziskus, in: Die Zeit, 6.3.14, S. 62, sieht eine «friedliche Revolution» am Werke: «Die äußere Abrüstung der Gewänder geht einher mit der inneren Abrüstung des klerikalen Herrschaftsanspruchs.» Aber sie konstatiert auch: «... unter katholischen Konservativen ist es ein Diskursklischee, zu bezweifeln, dass Franziskus ernsthaft, also ‹in Fragen der Glaubenslehre› etwas ändern werde.» Doch genau das müßte geschehen: die gesamte Denkanlage der tradierten Theologie muß um 180 Grad gewendet werden – vom Menschen aus auf Gott, statt wie bisher, von Gott – durch kirchliche Vermittlung – hinunter auf den Menschen.

Zahl derer wächst, die es genau so sehen, weil es ihnen anders niemals vorgelebt und vorgetragen wurde.

Lernen's die Kinder nicht inzwischen, wo nicht im Schulfach «Religion», dann in «Geschichte», wie das Christentum im «Abendland» im 4. Jh. n. Chr. zur Reichsreligion des römischen Imperiums aufstieg? Für *Konstantin* den Großen war nach dem Sieg über seinen Thronrivalen *Maxentius* an der Milvischen Brücke im Jahre 312 der Glaube der Jesus-Bewegung gerade das rechte Mittel zur Vereinheitlichung des Bewußtseins aller Bürger: Christus selber triumphierte fortan auf dem Schlachtfeld, er manifestierte seinen Willen in dem Kaiser, und alle Gläubigen, Bischöfe und Kirchenlehrer konnten's offenbar nicht besser treffen, als diese völlige Verkehrung der ursprünglichen Botschaft Jesu als gottgewollte Wahrheit zu akzeptieren, zu instruieren und zu indoktrinieren[2]. Wie spricht man seither «richtig» über Christus? Ist er von Gott geschaffen, ist er selber Gott, ist er Gott und Geschöpf zugleich? Um der Reichseinheit willen wurde es im Jahre 325 im Konzil von Nicaea zur Pflicht, als Bürger Roms die Gottessohnschaft Jesu als der zweiten Person der dreifaltigen Gottheit zu bekennen; doch dieses Bekenntnis war keines des Lebens mehr, es war die Wiederholung einer Lehrformel, deren Berechtigung sich durchsetzte im Ausschluß ganzer Völkerschaften – etwa der Goten, denen der «Irrlehrer» ARIUS soeben erst das *Markus*-Evangelium erschlossen hatte … Das Christendogma als ein Herrschaftsinstrument! Der «Christus» als Allherrscher durch Gewalt und mit Gewalt! In Wahrheit ist er unter dieser Zerrgestalt nicht länger auffindbar, und jene Religion, die ihn im Schilde führt, sagt nicht, was nötig ist, sie nötigt vielmehr zu Unsäglichem. – Manche Vertreter der Kirchen beklagen offen den gegenwärtig zu beobachtenden Macht-

2 Vgl. E. DREWERMANN: *Die Apostelgeschichte*, 74–80. Zur Schlacht an der Milvischen Brücke und zu dem (vermeintlichen) Christus-Zeichen vgl. BRUNO BLECKMANN: Konstantin der Große, 55–66. Äußerst parteiisch urteilen die kirchlich genehmen Autoren jener Zeit. EUSEBIUS: Über das Leben des seligen Kaisers Konstantin, 37–38, in: Ausgewählte Schriften, I 30–32, schildert als einen gottgewollten Religionskrieg, was ein bloßes Ringen um die Macht Roms war, und vergleicht die Niederlage des *Maxentius* mit dem Untergang des Pharao im Roten Meer (Ex 15,4). LACTANTIUS: Von den Todesarten der Verfolger, 44, in: Schriften, S. 52–53, berichtet von dem Christogramm auf den Schilden der siegreichen Soldaten und stellt fest: «die Hand Gottes waltete über dem Schlachtfelde.» – Zur machtpolitischen Motivation der Einberufung des Konzils in Nicaea vgl. WILL DURANT: Weltreiche des Glaubens, 224–226: «Fürs erste,» schrieb der Kaiser, «wollte ich aller Völker Sinnen und Trachten, soweit es sich auf Gott hinrichtet, gleichförmig machen und vereinen.» (S. 224)

verlust der religiösen Institutionen in der modernen Gesellschaft, und sie vermeinen, darin einen Rückgang des Glaubens selber wahrzunehmen, – die Familienstrukturen brechen weg, in denen einst bereits die Kinder kirchlich zu «sozialisieren» waren. Doch der Verlust, der damit droht, scheint nicht so groß, als wie die Chance ist, die sich draus ergibt: endlich könnte die Religion zurückkehren in ihre Freiheit. Nicht länger hält man sie unter den Augen der Aufsichts- und Verwaltungsbeamten von Thron und Altar zu ihrer eigenen Schande als willfährige Gefangene!

Der Wechsel ist in unseren Tagen unvermeidbar.

Seit langem schon können Eltern in der Sprache der Dogmen und Konzilien ihren eigenen Kindern nicht mehr sagen, was sie trägt in Augenblicken, in denen es darauf ankommt, Lehrer in den Schulen stehen vor der unlösbaren Aufgabe, an ihre Jungen und Mädchen Glaubensformeln weiterzugeben, deren verbale Korrektheit beim Nachsprechen allenfalls der Erlangung guter Prüfungsnoten, doch nicht der Formung von Erfahrungen und Überzeugungen zugute kommt, Pfarrer auf den Kanzeln predigen sich trotz guten Bemühens und sorgfältiger Vorbereitung ihre Kirchen leer oder getrösten sich mit Bildungsangeboten und mit BACH-Chorälen.

Das Paradox ist nur ein scheinbares: je intensiver die religiöse Indoktrination unter Staats- und Kirchenaufsicht, desto stärker der Widerstand des Denkens, des Fühlens, des Empfindens. Nichts wirkt so unglaubwürdig, wie ein Glaubensinhalt, der in sich selbst unglaublich ist. Den Älteren erscheint die Religion inzwischen ähnlich einem Marmormonument, an dem das Leben ungerührt vorüberfließt, den Jüngeren wie ein Museum, das allenfalls noch aus besonderem Anlaß (ein Papst-Event, ein Kirchentag, ein Festival) eines Besuches wert ist. Wie läßt ein solches Vakuum sich wieder füllen?

In konservativen Kreisen pflegt man wohl immer noch die Meinung von der «Unverzichtbarkeit» der Religion. Woran gerade diese dabei freilich denken, ist weder Gott noch Mensch noch gar die Not all derer, die als an den Rand Gedrängte: als Asylsuchende, als Hoffnungslose, als Arbeitslose, als Immigranten oder als Invaliden, nicht mehr weiterwissen; was ihnen vorschwebt, ist «Religion» als Ordnungsfaktor, ist der Zusammenhalt des Staates, ist die Stabilisierung der Eigentumsverhältnisse und eine gewisse Planungssicherheit bei wirtschaftlichen und politischen Aktionen. In dieser Hinsicht ist es anscheinend recht nützlich, wenn das Volk die Regeln und Verordnungen des Rechts als gottgegeben hinnimmt. Was sonst als bloßes

Machtdiktat der gerade Herrschenden sich offen darböte, empfängt in Kerzenschein und Weihrauchwolken die Aura heiliger Integrität und Unantastbarkeit.

«Christlichen» Theologen obliegt unter diesen Umständen von alters her die Pflicht, die bürgerlichen Werte des Zusammenlebens metaphysisch oder biblisch aus dem Sein beziehungsweise aus dem Wollen Gottes selber abzuleiten. Und ganz entsprechend wird die Religion jetzt wahrgenommen: sie ist noch nützlich, um die Kinder zu moralisch unbedenklichem Verhalten anzuleiten; sie dient auch wohl dazu, die imponierende Gestalt des Vaters, wie sie dem Kind erscheinen konnte, für die Erwachsenen ins Ewige und ins Unendliche zu überhöhen und damit das Gefühl der Ohnmacht, mithin die Neigung zu Gehorsam und zu Unterwürfigkeit, ins Maximum zu steigern; heiliger Geist, göttlicher Geist erweist sich als das beste Mittel, um den Geist kritischen Widerspruchs und Widerstands in all den Fragen, die nur allzumenschlich sind, zu dämpfen. Jedoch: Wer solchermaßen glaubt, läuft leicht vor jedem Karren ... Das kann nicht wirklich Religion sein.

Im Grunde erntet man derzeit die Früchte des Zusammenspiels von Staat und Kirche zu Fragen der Moral und Rechtsprechung in den Jahrhunderten der Christenheit.

Siegreich im Wettbewerb von Politik und Religion, von Staat und Kirche, Papst und Kaiser um den Erhalt von maximalem Machtbesitz wurde, je länger, desto mehr, die weltliche Verwaltung. Der Grund dafür liegt auf der Hand: Der Staat, die Politik bleiben nur handlungsfähig, wenn sie ihre Gesetze von Fall zu Fall an die Veränderungen der Gesellschaft anpassen; wer in Gesetzen aber Gott am Werke sieht, kann solchen Wankelmut nicht dulden, er muß auf Festigkeit und Unnachgiebigkeit beharren. Die Religion taugt so am besten zur Restauration, als Retardiv des Fortschritts. Frauenrechte, Ehescheidung, künstliche Empfängnisverhütung, Abtreibung, Homosexualität, Sterbehilfe, – in all diesen Fragen versteht insbesondere die katholische Kirche sich immer noch als Hüterin der gottgewollten Schöpfungsordnung von Ehe und Familie, und wo immer sie die Macht hat (in Irland, Polen, Spanien, den Philippinen, in Lateinamerika), versucht sie, die Legislative in ihrem Sinn auf Kurs zu halten. Religion als Reaktion, – das freilich ist das Gegenteil der geistigen Revolte, die mit Religion gemeint sein sollte, das ist der Abgesang auf jede Form lebendiger Gottesbeziehung. Wer Gott im Munde führt und nur das ewig Gestrige verteidigt, diskreditiert den

Glauben; er macht ihn obsolet, er leistet letztlich dem Zynismus Vorschub.

Vor 50 Jahren noch schien das erheblich anders: Die Menschenrechtsbewegung zur Gleichstellung von Schwarz und Weiß in den Südstaaten der USA formulierte ihr Anliegen bewußt mit religiösem Pathos, desgleichen die Friedensbewegung in ihrem Widerstand gegen den Krieg der Amerikaner in Vietnam sowie gegen das atomare Wettrüsten zwischen Ost und West im Kampf um Weltherrschaft; nicht minder fand das Eintreten für faire Austauschrelationen auf dem Weltmarkt im Handel zwischen Nord und Süd, die Forderung des Ausgleichs zwischen Arm und Reich, das Engagement zur Unterstützung der Entwicklungsländer einen starken religiösen Widerhall, und nicht zuletzt erblickte die Ökologiebewegung in dem Erhalt der Umwelt und in dem Schutz der Tiere ein evidentes Postulat des Schöpfungsglaubens: wenn Gott die Vielfalt der Natur ermöglicht und gewollt hat, dann kann er nicht die Durchsetzung nur *einer* Spezies (des Menschen) gegen den Rest der Welt gutheißen[3]. Doch wie weit ist das alles her!

Nach dem Zusammenbruch des Ostblocks brach sich das kapitalistische Wirtschaftssystem in ungehemmter Weise Bahn: es ökonomisierte, privatisierte und deregulierte alle Bereich des öffentlichen Lebens bis hin zu Altenbetreuung, Krankenpflege, Schulausbildung, Strafvollzug und Energieversorgung, es konzentrierte unvorstellbare Geldsummen in den Händen weniger zum Schaden von zwei Dritteln der Bevölkerung der Erde, es lehrte, mit dem Hunger von Milliarden an der Nahrungsmittelbörse in Chicago auf Gewinn zu spekulieren, es militarisierte die Außenpolitik der Industrienationen und globalisierte den Krieg als ständige Einrichtung zur Wahrung der Interessen der Besitzenden[4]. Die quasi religiöse Hoffnung, es möchte möglich sein, auf dieser Erde endlich miteinander in Frieden und Gerechtig-

3 E. DREWERMANN: Der tödliche Fortschritt, 67–110: Die christliche Anthropozentrik und die Zerstörung der Natur.

4 Vgl. JEAN ZIEGLER: Die neuen Herrscher der Welt, 103–112: Die Zerstörung des Menschen; S. 113–118: Die Verwüstung der Natur. ERICH FOLLATH: Der neue Kalte Krieg. Wie der Wettlauf um die Ressourcen das Machtverhältnis zwischen den Staaten grundlegend verändert, in: Erich Follath – Alexander Jung (Hg.): Der neue Kalte Krieg, 13–25. – Selbst Papst FRANZISKUS: Die Freude des Evangeliums, Nr. 53, schreibt bei seiner Analyse des kapitalistischen Wirtschaftssystems: «Ebenso wie das Gebot, ‹Du sollst nicht töten› eine deutliche Grenze setzt, um den Wert des menschlichen Lebens zu sichern, müssen wir heute ein ‹Nein› zu einer Wirtschaft der Ausschließung und der Disparität der Einkommen› sagen. Diese Wirtschaft tötet. Es ist unglaublich, daß es kein Aufsehen erregt, wenn ein alter Mann, der gezwungen ist,

keit zu leben, wurde aufs bitterste enttäuscht. Gekommen ist nicht eine «bessere» Welt, gekommen sind die Realisten, die Pragmatiker, die Utilitaristen, die Opportunisten, und sie reden von Verantwortung, von Sachzwängen, von Wirtschaftswachstum unter allen Umständen und buchstäblich um jeden Preis; als unverantwortlich erscheint es jetzt, an Idealen, Utopien und Prinzipien noch länger festzuhalten. Die Zeit der Träume ist vorbei; die Kinder schon kann man nicht früh genug heranführen an die Härte der Lebenswirklichkeit. Man muß sie ausbilden, um fit zu sein für den weltweiten Konkurrenzkampf der Ausbeutung menschlicher Arbeitskraft.

Die Erwartung, die Welt lasse sich nach religiösen Idealen umgestalten, hat sich scheinbar als trügerisch erwiesen; die Religion in der tradierten Form ist nichtssagend und leer geworden. Doch sonderbar: Gerade damit wird erst wirklich klar, was Religion zu sagen hätte. Erst jetzt wird vollends offenbar, daß es von Grund auf falsch war, Religion mit Ethik gleichgesetzt zu haben. Die Religion, speziell die christliche, hat mehr, unendlich mehr und tieferes zu lehren als: «Du mußt», «Du sollst» und: «Du darfst nicht». Sie bietet in gewissem Sinne allererst die Grundlage dafür, daß Menschen hinreichend mit sich identisch sind, um tun zu können, was sie moralisch wollen und was sie ethisch sollen. Die Religion kommt erst zu ihrer Wahrheit, wenn sie abläßt davon, nichts weiter sein zu mögen als eine Ideologie des Staatserhalts. Die Menschen brauchen anderes ...

Die allerdings, verstreut über die Berge, gehen unterdessen selber auf die Suche. Das All, das Universum, die Natur tritt für sie an die Stelle Gottes; das Einssein mit dem Kosmos gilt ihnen als Gebet; das Einverständnis, daß doch alles kommt, wie's muß, und daß es gut ist, wie es ist, ersetzt ihnen den Gottesglauben; und sich im Gang des Ganzen aufzulösen, kompensiert für sie die Hoffnung auf Unsterblichkeit. Fast wird es eine Lust, die Personalität des Menschen als ein scheinbar zu Begrenztes zu negieren und eine Frömmigkeit im Jenseits eines personalen Gottes zu erträumen; man gibt sich das Versprechen, auf diese Weise eine Weisheit zu besitzen, in der die Unterschiede zwischen Gott und Welt, Mensch und Natur, Seele und Leib, die Differenzen auch zwischen den Religionen selbst in mystischer Alleinheit wie von selbst verschwänden, – eine Toleranz der Indifferenz zur Überwindung der Intoleranz und Divergenz vor allem der monotheistischen Offenbarungsreligionen. Bei den Nachdenklichen

auf der Straße zu leben, erfriert, während eine Baisse um zwei Punkte an der Börse Schlagzeilen macht.»

erübrigt sich die Metaphysik der abendländischen Theologie nunmehr durch eine physikalisch argumentierende Naturphilosophie, bei der gewisse überraschende Aussagen der Quantentheorie, nicht selten in Kombination mit esoterischen Anschauungen und Praktiken, wie ein Beweis dafür genommen werden, daß die Natur schon selber jene Transzendenz des Wissens, des Bewußtseins, des nur Materiellen, des Endlichen, des Definierbaren aufweist, die vordem sich mit der Idee von Gott verband. Kein Plan, kein Wille mehr gestaltet sonach diese Welt, dafür ein Es, ein Ist, ein Muß, – etwas Unendliches, das alles in sich schließt, indem es, was da ist, aus sich hervorbringt und in sich zurücknimmt. – Die Anziehungskraft solcher Lehren ergibt sich nicht aus ihrer Wohldurchdachtheit – das Denken selbst erscheint hier als ein geistig zu Beschränktes –, sie gründet vornehmlich in all den offenbaren Fehlantworten, die in der Tradition der Dogmen als Glaubensgut des Christentums von Kirchentheologen letztverbindlich vorgetragen wurden und noch werden. Wenn es so, wie gesagt, nicht sein kann, dann muß es anders sein; – das stimmt! Doch: dieses «anders» muß sich nicht ergeben aus dem Widerspruch zum Christlichen; weit näher liegt es, was das Christentum zu sagen hat, vom anderen Ende aufzunehmen. Und eben das soll hier geschehen.

Alles beginnt damit, das Alte anders auszudrücken, – statt Dogmen Dichtung, statt der Sprache des Dozierens eine Form des Existierens, statt des Kultdienstes der Priester eine Kultur von priesterlichen Menschen, statt einer Hierarchie von Klerikern und Staatsbeamten die unbeschwerte Weise Jesu, durch die Welt zu gehen. Allein schon dieser Wechsel hat enorme Konsequenzen.

Läßt man tradiertermaßen Theologen an die Quellenschriften einer Religion heran, so wird in ihren Händen aus der Bibel, aus dem Neuen Testament, aus dem Koran ein Kriegsbuch, indem sie sich beweisen, daß just ihre Religion als die von Gott geoffenbarte einzig und allein die Wahrheit ist und in sich trägt, und wer nicht gleich in gleichem Sinne glaubt, der muß bekehrt werden und hat sich zu bekehren. Anders, wenn man die gleichen Texte als das liest, was sie in Wahrheit sind: als Bilder, als Symbole mit einer eigenen Poesie. Während Dogmen trennen, laden Bilder ein. Was Dichter schreiben und gestalten, weckt in der Seele aller, die es lesen, ähnliche Gefühle und Gedanken. Sie sind mit sich nicht mehr so ganz allein, sie fühlen sich verstanden und begleitet, und insbesondere die Ausgegrenzten, die Gescheiterten, die tragisch ins Unglück Geratenen erregen durch ihr exemplarisch dargestelltes Schicksal Mitleid: so kann es einem selbst ergehen! Der menschliche Zusammenhalt stellt sich, verstärkt sogar, neu wieder her und überwindet den Graben der moralisch selbstgewissen Aburteilungen. Man kann, läßt man allein die Theologen «Offenbarungen» auslegen, wie oft genug geschehen, mit *Mose* Kriege führen gegen «Kanaan», mit *Christus* gegen *Mose* und *Mohammed* und mit *Mohammed* gegen *Mose* oder *Christus*. Mit SHAKESPEARE kann man GOETHE nicht bekämpfen, mit GOETHE nicht GOGOL und DOSTOJEWSKI, mit keinem Dichter einen anderen Dichter. In allen Religionen redet Gott in Bildern, die er in der Seele aller Menschen angelegt hat. In Bildern reden heißt, die Grenzen aufzuheben, die zwischen den Kulturen und den Sprachfamilien bestehen; es heißt, aus dem zu existieren, woraus alle Menschen leben. Auf dieser Ebene ist Religion universell wie alle Kunst – wie die Musik, die Malerei –, nur daß es ihr nicht um Ästhetik, um die Kunst des freien Spielens, sondern um die Kunst des Lebens selber geht. Der Glaubende setzt ganz und gar sich selbst aufs Spiel. In dieser Weise sich symbolisch zu verstehen, steht den verfaßten Religionsformen im ganzen noch bevor, doch es ist unabdingbar, und es führt nicht, wie man mitunter meint, zu unverbindlicher Beliebigkeit, sondern im Gegenteil: zum eigentlichen Ernst des Religiösen. Es will gelebt und angeeignet werden in der eigenen Existenz. Verbindlicheres gibt es nicht.

Dann aber, wesentlich, ist es darum zu tun, die ganze Perspektive umzukehren. In Theologensicht weiß man, wer Gott ist, was er plant und was er tut, weil er sich selbst geoffenbart hat; folglich ist christliche Verkündigung als Wiedergabe dieser Offenbarung ein Sprechen stets von Gott her auf die Menschen hin: die ganze Welt erklärt sich aus den Absichten des Höchsten, und man schaut über Gottes Schulter auf den Lauf der menschlichen Geschichte, – versteht ihn, kennt ihn, wertet ihn. Und immer weiß man schon, was sonst gar nicht zu wissen wäre. Die Wahrheit ist: wir sehen nicht mit Gottes Augen! Wenn Gott sich offenbart, dann ist es, weil er uns die Augen öffnet, daß sein Licht in unsere Seele fällt. Dann heben wir das Haupt zum Himmel gleich den Blumen, die den Blütenkranz zur Sonne wenden. Die Blumen wissen nicht die Sonne, sie wachsen nur in ihr. Auch wir als Menschen wissen Gott nicht, wenn er sich uns mitteilt; dafür empfangen wir die Kraft, die Wahrheit, die in uns liegt, zu entfalten, dem Glanz entgegen, der von allen Seiten uns umgibt. Wir können nur von uns her auf Gott hin Leben gewinnen, und nur auf Gott hin, menschlich redend über Menschen, vermögen wir zu sagen, wer Gott für uns ist. Denn alles ist und schenkt er uns. Das Christentum der Lehramtsdogmen ist wie ein Teleskop, das all die Zeit falschrum gehalten wurde: statt von der Erde her damit die Sterne zu betrachten, nahm man das Objektiv als Okular und wähnte sich damit an Gottes Statt. Man sah die Erde von den Sternen aus. Man sah nicht Gott, man sah nur alle Menschen – ins Winzige verkleinert!

Theologie vom Menschen her – das heißt zu integrieren, was man heut über den Menschen weiß: – seine Gefühle, die den Hunderten von Millionen Jahren sich verdanken, in denen er sich aus der Tierreihe entwickelte; die Antriebe, Sehnsüchte, Bilder seiner Psyche, die tief im Unbewußten liegen; die Ohnmacht des Bewußtseins gegenüber dem bewußten Wollen; die abgründige Ausgeliefertheit im Getto seiner Ängste, Aggressionen, Zwänge und Kompensationsversuche; – das Warten auf Erlösung durch eine Gnade, die es inmitten der gesamten Welt nicht gibt. *Davon* im wesentlichen hat das Christentum zu sprechen, darin liegt seine Offenbarung, dadurch allein vertieft sich sein Blick auf die Menschen im Untergrund der oberflächlichen Bewertungen nach Gut und Böse auf der Ebene von Ethik und Jurisprudenz. Um zu verstehen, wie die Sonne sich in Blumen offenbart, muß man begreifen, was Photosynthese ist: wie physikalische Energie sich wandelt in biochemische Energie; um zu verstehen, wie Gott sich offenbart in Menschen, muß man begreifen, was Verzweiflung ist – und wie sie sich von Gott her wandelt in Vertrauen.

Ein solcher Perspektivewechsel ist total; er ändert nicht den Inhalt, doch die Richtung der gesamten Religion. Sie dient nicht mehr der Auszehrung des Menschlichen zur projektiven Aufblähung des Göttlichen, sie dient der Heilung jener Krankheit, die das Dasein ohne Gott, im Feld der radikalen Gnadenlosigkeit der Welt, sein muß. Ein solcher Umsturz ist notwendig, und er ist unaufschiebbar, doch eben deshalb tritt er ein mit der Sprengwirkung einer Explosion; er ist gefährlich, denn er fordert alles.

Einst, in der Bibel, waren es Propheten, die in den Schicksalsaugenblicken Israels es wagten, in den Zusammenbruch hineinzugehen, um auszusprechen, was sich zeigt, wenn aller Halt im Äußeren zerbirst. Keiner von ihnen freilich ist dafür so exemplarisch und zugleich so aktuell wie *Jeremia*; seine Geschichte ist in unseren Tagen beides: Vorbild sowohl als auch Verpflichtung, denn in gewissem Sinne wiederholt sie sich oder vielmehr, im Blick auf Jesu Botschaft, sie verwirklicht sich erst jetzt in ihrer ganzen Tragweite, sie setzt sich durch in ihrer damals nurmehr wie von fern geahnten Wahrheit, sie lehrt uns, Jesu Hauptanliegen zu verstehen, den Gott der Väter heilend, nicht mehr strafend, den Menschen nahzubringen.

Wer *Jeremia* war? Und warum man ihn kennen muß? –

Im Jahre 609 v. Chr. – soeben ist *Josia* in der Schlacht bei Megiddo gefallen und sein Nachfolger *Joahas* von den Ägyptern abgesetzt worden; ihr Vasall *Jojakim* tritt gerade sein Amt an[5], – da stellt sich, beim herbstlichen Bundesfest in Jerusalem dieser Priestersohn aus Anatot an das Tempeltor (zwischen dem äußeren und dem inneren Vorhof; vgl. Jer 26,2) und schleudert der Gottesdienstgemeinde, die eines tröstlichen Wortes nach all dem Desaster dringend bedürfte, Sätze wie diese entgegen: «Setzt euer Vertrauen nicht auf die Trugworte: ‹Der Tempel Jahwes, der Tempel Jahwes, der Tempel Jahwes ist dies!›» (Jer 7,4) «Ist denn dieses Haus, über dem mein Name ausgerufen ist, in euren Augen eine Räuberhöhle geworden? Wahrlich, auch ich sehe es so an – ist Jahwes Spruch. – So geht doch zu meiner (heiligen) Stätte in Silo, wo ich zu Anfang meinen Namen wohnen ließ, und seht, was ich ihr getan habe.» (Jer 7,11.12)[6]

Silo – das war einmal das zentrale Heiligtum des Zwölf-Stämme-Verbandes gewesen (vgl. 1 Sam 1–3), doch schon im 11. Jh. war es von den Philistern dem Erdboden gleichgemacht worden (vgl. Ps 78,60)[7]; *Silo* das war das Vorbild und der Vorgänger auch für den Tempel, der – gegen prophetischen Widerstand (2 Sam 7,5–7) – von dem *David*-Sohn *Salomo* um 935 v. Chr. errichtet worden war (1 Kön 6,1–10); warum also soll, was jenem geschah, nicht auch diesem geschehen?

Gleiche Fehler zeitigen gleiche Folgen, und was *Jeremia* an Fehlern den Gläubigen seines Volkes vorwirft, ist nicht mehr und nicht weniger als die Perversion des gesamten Gottesverhältnisses in ein lieder-

5 Vgl. MARTIN NOTH: Geschichte Israels, 253–261: Nebukadnezar und das Ende des Staates Juda. – ELENA CASSIN – JEAN BOTTÉRO – JEAN VERCOUTTER: Die Altorientalischen Reiche III, S. 191, verweisen auf den historischen Wendepunkt im Jahre 605 v. Chr., als im Vorderen Orient der Machtkampf zwischen Babylon und Ägypten um den Besitz von Syrien und Palästina zugunsten *Nebukadnezars II.* (605–562) entschieden wird. Vgl. 2 Kön 24,7.

6 Zur Stelle vgl. ARTUR WEISER: Der Prophet Jeremia, I 62.

7 Silo bildete den «kultischen Mittelpunkt der Stämme ... inmitten des ephraimitischen Stammesgebietes. Hier besaß die Lade sogar ein Tempelhaus (1. Sam. 3,3; vgl. auch Jer. 7,14; 26,9).» MARTIN NOTH: Geschichte Israels, 92. Die Zerstörung des Tempels war «aller Wahrscheinlichkeit nach ... ein Werk der Philister nach ihrem Sieg bei Eben-Ezer.» A. a. O., 154. Vgl. 1 Sam 4,10.11.

liches, widerliches Menschenmachwerk. Man glaubt sich sicher am Orte, da der «Herr» wohnt, wie man es in den Tagen des *Jesaja* im Jahre 701 v.Chr. erlebt hatte (vgl. Jes 10,24–27; 29,1–8); damals hatte der Assyrerkönig *Sanherib* vergeblich versucht, Jerusalem einzunehmen (2 Kön 19,35–37), und der Prophet hatte seine Zuflucht genommen zu einer Haltung des Vertrauens jenseits des politischen Machtkalküls aus Bündnissuche und militärischem Hasardspiel[8]. Wie durch ein Wunder war man gerettet worden. Was aber folgt daraus für die Gegenwart? Etwa ein Anspruchsrecht, daß Gott sein Heiligtum auch künftighin in dieser Weise schützen wird? Wohl, von alters her bot der Tempel Gottes Zuflucht allen Verfolgten und Schutzsuchenden, selbst den Schuldiggewordenen, selbst gegenüber dem Zugriff des Bluträchers (vgl. 1 Kön 1,50–52). Doch läßt daraus sich eine Ritualmagie göttlicher Beistandszusage ableiten? Gottes Urteil ist nicht Menschen-Urteil! Das allerdings ist wahr. Dann aber auch: Gott braucht den Tempel nicht! Er braucht die Opfer nicht, die Priester ihm in endlosen Kulthandlungen auf den Altären darbringen (Jer 7,21–28). Der ganzen Religion bedarf er nicht mit all ihren Verkomplizierungen, Verrechtlichungen und Instanzenzügen. Was er gewollt hat, als er Israel berief, und was er nach wie vor im Sinn trägt, das ist ein Bündnis mit dem Menschen, den er schuf (Jer 7,23)[9]. Ein Bündnispartner in Verläßlichkeit für Menschen, die verläßlich sind, – das war, das ist der Gott vom Sinai in *Jeremia*s Augen.

Wenn aber Menschen nicht verläßlich sind? Wenn sie, statt Gottes freier Partnerschaft zu trauen, sich selber zutrauen, den Gott der Of-

8 Zur Stelle vgl. OTTO KAISER: Der Prophet Jesaja, I 118–119, der das Wort in Jes 10,24–27 als Trostrede «aus den Tagen der griechischen Gefahr» betrachtet, «in denen Assur zum Decknamen für die Seleukidenherrschaft geworden war. Das kommende Heilshandeln Gottes an Israel wird wie eine Wiederholung des anfänglichen sein.» Doch eben diese «Sicherheit» «im Licht der ergangenen Offenbarung» kann das Gottesverhältnis gefährden! In Jes 29,1–8 läßt das «Wehe» in 29,1 «ein Drohwort erwarten. Aber spätestens V. 7 leitet zu einer Heilsschilderung über.» A. a. O., II 210. Die Datierung ist unsicher. «Man könnte ... an die letzten sieben Regierungsjahre Sargon II. (721–705) oder an die Zeit nach dem Abfall Hiskias von Sanherib 703 und vor dessen Eintreffen in Syrien denken.» (A. a. O., II 211) Doch es fehlt ein klarer Bezug auf ein gegenwärtiges Ereignis. – Zu dem Kriegszug *Sanherib*s im Jahre 701 vgl. MARTIN NOTH: Geschichte Israels, 242–243. Der Feldzug endete mit der Abhängigkeit des davidischen Königshauses vom assyrischen Großkönig bis zum Untergang des assyrischen Reiches. Schon *Hiskia* mußte wohl «dem assyrischen Staatskult einen Platz im Jerusalemer Königsheiligtum einräumen.» (A. a. O., 243) Damit hielten die «Mißstände» Einzug, die von der prophetischen Überlieferung angeprangert werden.

9 Zur Stelle vgl. ARTUR WEISER: Der Prophet Jeremia, I 66–67.

fenbarung hinreichend zu kennen, um ihn den eigenen Bedürfnissen nach Sicherheit und Macht gefügig einzupassen?

Dann wird aus dem Gott Israels der Typ von Gottheit, den ganz offensichtlich alle Religionen der Tendenz nach in sich bergen: Da walten Priester über das Mysterium des Daseins, handhaben es mit fixen Formeln, traktieren es in Traditionsroutine, schreiben es fest im Regelwerk von Rechtsbestimmungen, Tabus und Unterwerfungsforderungen. Gehorsam, Außenlenkung und: Angst, die Unterschlupf im Kollektiv zu finden hofft, sind das Ergebnis einer solchen Einstellung. Man braucht die anderen, um nicht allein zu sein, man ist dabei, um nicht beiseite stehen zu müssen, man fühlt sich zugehörig durch den Zufall der Geburt und Gruppenbindung; man ist, und ist nie wirklich, das Eigene zerrinnt uneigentlich, die Wahrheit, die man glaubt, ist nie dazu bestimmt, persönlich wahr zu werden. Dabei käme es nur *darauf* an. Was trägt, zeigt sich, wenn alles Äußere zerbirst.

Die Stunde des Propheten *Jeremia* kam am 10. August des Jahres 587. Man hatte ihn als Lästerer, Verräter, Defätisten und notorischen Schwarzseher zu beseitigen gesucht (Jer 37,15–16; 38,1–13), weil er *Nebukadnezar*, den König von Babylon[10], als Hammer in den Händen Gottes ansah, mit dem er «seine» Stadt Jerusalem zur Strafe für ihr Fehlverhalten niederschmettern werde; ja, er verlangte von König *Zedekja*, selber seinen «Nacken unter das Joch des Königs von Babel» zu beugen und ihm untertan zu sein, nur so werde man leben (Jer 27,12)[11]. Doch Volk und König weigerten sich, zu kapitulieren, und so ließ sich die Katastrophe nicht mehr aufhalten. Um jeden Widerstand in Zukunft unmöglich zu machen, deportierten die Babylonier die unterworfene Bevölkerung als Kriegsgefangene, als Sklaven ins Exil in das Zweistromland[12]. Als Heiligtumsort seines Gottes hatte Jerusalem aufgehört zu existieren. Der gesamte nationaltheologische Stolz der Hofpropheten und der Tempelpriester war am Ende. Schon schien es, als sei Gott, der Jahwe Israels, selber am Ende, – Marduk, der Gott der Babylonier, war offensichtlich stärker, er hatte ihn besiegt ... Nur *Jeremia* glaubte seinem Gott; er zog die Konsequenz aus dem Zusammenbruch, den er die ganze Zeit schon hatte kommen sehen.

Und dies vor allem waren die Feststellungen, die er treffen mußte:

10 Vgl. A. a. O., II 333–335; 337–339.

11 A. a. O., II 241–242.

12 Vgl. MARTIN NOTH: Geschichte Israels, 261–270: Die Situation nach dem Fall Jerusalems.

Die wie selbstverständlich geglaubte Einheit von Gottesmacht und Menschenmacht hatte sich jäh und grell als eine grandiose Lüge offenbart. Keinesfalls gründete Gottes Macht auf militärischer und wirtschaftlicher Größe, – dies ganze Denken war von Grund auf falsch. Überhaupt: Alles, was Gott ins Äußere zu stellen suchte, war verkehrt. «Gott wohnt im Tempel», – es gab keinen Tempel mehr. «Gott wird im Gottesdienst der Gläubigen und im Gebet der Priester gegenwärtig», – es gab keinen Gottesdienst und keine Priester mehr. «Gott zeigt seine Größe in der Machtfülle des Herrschers», – jetzt gab es keine Größe irgendeines Herrschers mehr in Israel. Der Grundfehler war stets derselbe: Alles, was da versucht, im Sichtbaren Gott vorweisbar zu machen, muß in die Irre gehen. Der ganze Pomp des Religionsbetriebes war nicht nur überflüssig, er war schädlich, er war ein Mißverständnis oder gar ein Selbstbetrug, in jedem Falle selber eine Form von Götzendienst. Der ganze Außenhalt der Religion in dem Zusammenhalt des Volkes als eines Staatswesens von nationaler Größe, die Rückbindung an das Althergebrachte aus Tradition, Institution und Konfession, die Vergewisserung, durch göttliche Erwählung allein schon durch die Abstammung von *Abraham* etwas Besonderes zu sein, – all das war endgültig dahin, und Gott sei Dank! Gerade dafür: Gott sei Dank!

Denn weiter! Was galt in Israel als Allerheiligstes, wenn nicht die zwei Gesetzestafeln in der Bundeslade? Auf ihnen hatte *Mose* die Gebote Gottes eingemeißelt, und gewiß: in ihnen ehrte man das Wort des Herrn vom Sinai. Was aber nutzt Geschriebenes auf Stein, wenn's nicht ins Herz des Menschen dringt? Und kann es je des Menschen Innerstes erreichen, solange man von außen her es anerziehen und aufzwingen muß? Die Schriftausleger, die Autoritäten, wenn es galt, Gott «richtig» zu verstehen, – sie alle hatten sich als Irrlehrer erwiesen, und das zentral, in dem Hauptpunkt: Gott schreibt, was er dem Menschen sagen will, *nicht äußerlich* auf Steintafeln, er redet in ihr Herz hinein, – wie er mit *Jeremia* selber redete in Worten, die ihm sagten, was sein Auftrag sei, sowie in Bildern, die als Wahrnehmungen Gottes Handeln vorbedeuteten. Gott wirkt auf Menschen nicht von außen, er redet innerlich in dem, was sie selbst fühlen, denken, wissen, spüren ... Das macht es unabweisbar, hebt es zur Gewißheit, nötigt es, sich mitzuteilen.

Jedwede Form von Fremdbestimmung mußte religiös verkehrt sein, – schon deshalb war die Gleichsetzung von Herrschermacht und Gottesmacht absurd. Alles, was Könige befehlen, will Gehorsam, verlangt Unterwerfung; was hingegen Gott mitteilt, läßt leben, richtet auf, weitet das Herz. Der Gegensatz könnte nicht größer sein. *Darum* braucht Gott all die liturgischen Staffagen nicht, die Formeln, die ihn festlegen, die Schlachtaltäre für die Tieropfer, die die gerechte Strafe für begangene Schuld von Menschen nehmen sollen ... Es ist die ungeheuere Vision des *Jeremia*, daß Gott den alten Bund mit seinem Volk ersetzen wird durch einen neuen Bundesschluß, in dem alles, was außen war, ins Innere gezogen wird. «Siehe», schreibt er, «es werden Tage kommen, ... da schließe ich mit dem Haus Israel ... einen neuen Bund, nicht wie der Bund, den ich mit ihren Vätern geschlossen habe, als ich sie bei der Hand nahm, um sie aus dem Lande Ägypten herauszuführen ... das soll der Bund sein, den ich mit dem Haus Israel schließe nach jenen Tagen ...: Ich lege mein Gesetz in ihr Inneres und schreibe es ihnen ins Herz. Und ich will ihr Gott sein, und sie sollen mein Volk sein. Und nicht mehr braucht einer den anderen und niemand seinen Bruder zu belehren mit der Mahnung: ‹Erkenne Jahwe!›, sondern sie alle werden mich erkennen, vom Kleinsten bis zum Größten ... Denn ich werde ihre Schuld vergeben und ihrer Sünde nicht mehr gedenken.» (Jer 31,31–34)[13]

Wenn es nach der Tragödie des Untergangs Jerusalems noch weitergehen soll, dann also einzig unter diesen zwei Bedingungen:

1) daß man Gott reinweg innerlich versteht. Das ganze Lehrsystem von Wissenden in Sachen Gottes, die andere, Unwissende, belehren, schafft nichts als jene Fremdbestimmung, Unselbständigkeit und Außenlenkung, die nur das Gegenteil von Freiheit, Mündigkeit und eigener Verantwortung vor Gott darstellt. Vor allem: man kann Gott nie in der Art *wissen*, daß man aus ihm ein Objekt zum Dozieren modellieren könnte. Gott redet jetzt, von Augenblick zu Augenblick, persönlich, unvermittelt und unmittelbar, – alles Gelehrte, Dünkelhafte, Wichtigtuerische ist da fehl am Platze[14]. Umgekehrt: man sollte wieder die Bescheidenheit gewinnen, von Gott zu lernen aus dem Mund der Magd in der Küche und aus den spielenden Händen des Kindes im Hof. Aus allem redet Gott, und die eigentliche religiöse Erziehung müßte darin bestehen, die Ohren für das «verschwebende Schweigen» zu öffnen, in welchem Gott schon zu *Elija* redete (1 Kön 19,12)[15].

13 Zu dieser wichtigen Stelle vgl. ARTUR WEISER: Der Prophet Jeremia, II 286–289.
14 Vgl. MARTIN BUBER: Falsche Propheten, in: Schriften zur Bibel, Werke, II 943–949.
15 So die treffende Übersetzung von MARTIN BUBER: Bücher der Geschichte, 406.

Oder zu *Mose* selber.

Als dieser am brennenden Dornbusch ihn nach seinem «Namen» fragte, antwortete Gott mit den ebenso verhüllenden wie verheißenden Worten: «Ich bin da, als der ich dasein werde.» (Ex 3,14)[16] – «Mein Wesen, Mose», sollte das heißen, «wirst du nie wissen und brauchst du nicht zu wissen. Das einzige, was du wissen mußt, ist eine Tatsache, die du immer neu erfahren kannst: Es wird in deinem Leben kein Augenblick sein, da ich nicht bei dir bin. Wie du mich jeweils antriffst, entscheidet sich von Fall zu Fall: Mal werd' ich dir entgegentreten als Widerstand und Widerspruch, wenn du dabei bist, in die Irre zu gehen; dann wieder werd' ich dir begegnen als Trost und Halt, wenn du am Boden liegst und nicht mehr weiterweißt; dann wieder wirst du mich erleben wie einen Wind, der deiner Seele sanft unter die Flügel greift. Je nachdem, wie du selber dich verhältst und in welch einer Lage du dich findest, werd ich ganz unterschiedlich dir erscheinen. Niemals aber wird eine Situation eintreten, in der ich nicht da wäre. Denn das bin ich dir wesentlich: jemand, der da ist als dein Beistand.»

Nicht durch Dozieren mithin, nur durch Existieren läßt sich Gott erfahren. Diese Erkenntnis bereits ändert alles. Doch dann ist da noch etwas anderes, ja, in gewissem Sinne noch weit Wichtigeres, das ist

2) die Zusage bedingungsloser Vergebung. Sie ist der Kern des Neuen Bundes, den *Jeremia* kommen sieht. Im Alten Bunde mußte gelten, daß Gott das Gute lohnt, das Böse straft. Gut und Böse, die gesamte Ethik, die Rechtsprechung, die Vorstellung von Recht und Unrecht, von Gerechtigkeit, – all das lag in den Händen eines Gottes, der zu Gericht saß über alle Menschen. Die Menschen – das war die Grundvoraussetzung dieser Verbundenheit von Gott und Mensch – sind von sich her imstande, zu tun, was Gott von ihnen fordert; sie tragen selber die Verantwortung, wenn sie es nicht tun. Nur deshalb hatte Gott in der Geschichte Israels von Mal zu Mal sein Volk gezüchtigt, wenn es fremden Göttern nachgehurt oder sittlich sich verfehlt hatte. Doch wann wäre das *nicht* der Fall gewesen? Der stete Kreislauf von Vergehen und Strafe, Strafe und Vergehen zeigte nur *eines* ganz gewiß: daß kein Mensch «besser» wird, wenn man ihn straft und züchtigt. Die Strafepädagogik insgesamt war mit dem Un-

16 Vgl. MARTIN BUBER: Die fünf Bücher der Weisung, 158. Zur Auslegung vgl. E. DREWERMANN: Tiefenpsychologie und Exegese, II 379–392.

tergang Jerusalems am Ende. Furchtbarer konnte Gott nicht dreinschlagen, als es im Jahre 587 geschehen war; was aber war damit erreicht? Gott selber, das Konzept vom Bundesschluß am Sinai als ganzes, war gescheitert. Es brauchte eine neue Grundlage, und es war unschwer, zu verstehen, wie diese auszusehen hatte.

Solange Menschen Angst haben vor Gott, sind sie im Inneren zerrissen. Selbst wenn sie Gutes tun, geschieht es nicht in Einheit mit sich selbst, sondern aus Furcht vor Strafe, und immer bleibt im Untergrund die Neigung zu Protest und Auflehnung bestehen. Das, was die Ethik böse nennt, läßt sich nicht wegverbieten (durch Verschärfung der Gesetze) oder wegdressieren (durch Verhängung noch strengerer Strafen), man kann es überwinden nur durch ein Vertrauen, das die Angst vertreibt. Statt all das Böse abzustrafen, gilt es daher, den Gründen nachzugehen, die einen Menschen dahin bringen, das Gegenteil von dem zu tun, was er im Grunde mal gewollt hat, und das setzt gerad das Gegenteil von äußeren Bewertungen und Strafentscheidungen voraus. Offen dem anderen gegenübertreten kann man nur in einer Haltung des Vertrauens auf Vergebung, nicht in der Furcht vor Züchtigung; ehrlich sich selber gegenüber wird man nur im Gegenüber eines solchen Anderen, von dem man glauben darf, daß er nicht aburteilen, sondern helfen will. Die Innerlichkeit in dem Neuen Bündnis zwischen Gott und Mensch basiert allein auf dem Vertrauen in Vergebung[17].

Und das genau ist jetzt der Inhalt der gesamten Botschaft Jesu. Es ist die Lebensmitte dessen, was als Neuer Bund, als Neues «Testament», den Kern des Christentums ausmacht. Die Art, wie Jesus auftrat und mit Menschen umging, ist überhaupt nur zu verstehen als Erfüllung der Vision des *Jeremia*: «Richtet nicht, damit ihr nicht (von Gott) gerichtet werdet», sagte er (Mt 7,1), und: «Wenn euere (Vorstellung von) Gerechtigkeit nicht besser ist als die der Schriftgelehrten

17 Vgl. ARTUR WEISER: Der Prophet Jeremia, II 288: «Der Wille Gottes zur Vergebung der Sünde, der schon am Anfang des Sinaibundes stand (vgl. 2. Mose 34,6 f.), wird nicht nur die Grundlage für den neuen Bund bilden ..., sondern in ihm die tragende Kraft und Gewähr seines Bestandes sein ...; in zunehmendem Maße hat Jeremia die dämonische Macht der Sünde erkennen müssen (vgl. zu 13,23; 17,1 f.), die es dem Menschen unmöglich macht, aus eigener Kraft sich aus ihrer Verstrikkung zu lösen ... Der Prophet ... weiß, daß auf Gottes Willen zur Vergebung der Sünde als dem Fundament des Gottesbundes die Geschichte des Heils ... ruht. Und wenn Jesus nach Lk. 22,20; 1. Kor. 11,25 bei der Stiftung des heiligen Abendmahls die Verheißung des Jeremia vom neuen Bund in seiner Person erfüllt sieht, dann geht auch er bewußt aus von dem gleichen Fundament der Liebe Gottes, der die Sünden vergibt (vgl. Mt. 26,28).»

und der Pharisäer, so werdet ihr nicht in das Himmelreich gelangen.» (Mt 5,20)[18] Die «bessere» (die fundamental andere) «Gerechtigkeit», die Jesus vorschwebte, besteht nicht länger darin, in Selbstgerechtigkeit über einander zu Gericht zu sitzen, sondern der Not des anderen «gerecht» zu werden. Einzig in dieser Haltung kommt das Wesen Gottes selbst zum Tragen. Gott ist nicht der Gesetzgeber und Richter, als der er von den «Schriftgelehrten» und den «Pharisäern» hingestellt wird, er ist als erstes der Ort eines Innehaltens, um zu sich zurückzufinden. Die ganze Botschaft Jesu diente der Freiwerdung des Menschen aus den Brechungen und Zwängen seiner Seele. Von außen her «gerechte» «Strafen» zu verhängen erübrigt sich dabei von selbst; die Pein, im Fortschritt eigener Erkenntnis nach und nach zu sehen, wie weit man sich vom Eigenen entfernt und welchen Schaden man bei anderen dadurch angerichtet hat, wiegt schwerer als jede fremd verhängte Schmerzzufügung.

Das Christentum, mit einem Wort, darf gerade keine Ethik sein, es ist in strengem Sinne eine Religion der Erlösung. Es treibt nicht zur Erfüllung von moralischen Geboten an, es ist bestrebt, der Menschen Leben bis dahin zu ordnen, daß sie von innen her die Fähigkeit gewinnen, so zu werden, wie Gott sie gemeint hat. Nicht um das Tun der Menschen, um die Art des Menschseins selber geht es ihm, und eben darin greift es – ganz entsprechend der Idee des Neuen Bundes – zentral die Weissagung des *Jeremia* auf.

Von diesem Zentrum her gilt es deshalb, die *Jeremia*-Stunde des Zusammenbruchs der Religion in unseren Tagen zu bestehen. Es sind die beiden Grundgedanken des Propheten: Innerlichkeit und Vergebung, die als einzige nach Wegfall aller Spannseile und Stützpfeiler des Christlichen im Äußeren für einen Neuanfang geeignet sind. Nicht eigentlich der Inhalt steht in Frage, doch um so mehr die Art, ihn zu vermitteln.

Die religiöse Sprache selber ist erkennbar leergeredet, – an den zentralen Stellen bezeichnet sie inzwischen das genaue Gegenteil des ursprünglich Gemeinten. «Gnade» etwa – ein Wort, in welchem das gesamte Verhältnis Gottes zum Menschen zum Ausdruck kommt[19],

18 Vgl. zur Stelle E. DREWERMANN: Das Matthäus-Evangelium, I 441–447; Mt 5,17–20: Zwischen Gesetzlichkeit und Chaos oder: Die Verbindlichkeit der Freiheit.
19 Sehr richtig betonte KARL BARTH: Die kirchliche Dogmatik, IV 1,47: «der Gnadenbund des Anfangs ... ist *keine* Entdeckung und Aufstellung ‹natürlicher Theologie›. Abseits von Jesus Christus und ohne ihn würden wir von Gott und vom Menschen und ihrem Verhältnis gar nichts und am wenigsten das zu sagen haben: daß

ist im alltäglichen Gebrauch so gut wie völlig ausgestorben, und wenn man es denn doch einmal verwendet, so denkt man an das Gottesgnadentum, mit welchem geistliche und weltliche Regenten ihre Herrschaft zu begründen suchten, – das träufelt von den Thronen huldvoll, wie zur Ironie, herab aufs Haupt der Untertanen; in diesem Kontext dient das Wort Gnade nicht dazu, dem Dasein jedes Einzelnen die absolut notwendige Berechtigung zu schenken, es hat nur noch den Zweck, den Gottesglauben mit Gehorsam gleichzusetzen. – Oder das wichtige Wort «Sünde»: In biblischer Bedeutung steht es für ein Leben im Zustand radikaler Gottesferne[20], doch dieser Sinn ist wie verloren; es umspielt allenfalls den ethischen Begriff moralischer Verfehlungen noch mit dem Hauch einer sakralen Aufwertung[21]. Auch das Wort «Sünde» hat den Sinn verloren. – Inzwischen lassen «Gnade» ebenso wie «Sünde» sich recht erfolgreich in der Werbeindustrie gebrauchen: Da ist der Held eines Wildwestfilms «gnadenlos», da ist der Geschmack von Pralinen «sündhaft» gut, – die Worte wirken in völliger Verdrehung des einmal Gemeinten. – Oder wohl am schlimmsten: das Sprechen von der Person Jesu selbst. Es hat sich, entsprechend dem Bewußtseinszustand der Gesellschaft, aufgespalten in eine quasi sektenhafte Formelverwendung nach dem Motto des Autoaufklebers «Jesus liebt dich» und eine quasi kabarettistische Form des Ulks, mit der man all das Unechte, Verlogene und Phrasenhafte der Verkündigungssprache der Kirchen freizulegen sucht. Im Bundestag von Jesus zu reden bedeutete heutigentags schlicht eine undemokratische Provokation. Dieselbe Politik, die noch das Aufhängen von Kreuzen in Gerichtssälen und Schulen

ihr immer schon vorauszusetzendes Verhältnis das eines Gnadenbundes sei ... Gnade kann man sich nicht in Erinnerung rufen. Erinnerung an sie kann nur ihr eigenes Werk sein. Erkenntnis der Gnade ist immer selbst Gnade.»

20 Vgl. E. DREWERMANN: Strukturen des Bösen, I 97 -106: Die verbannten Kinder Evas (Gen 3,20–24); I 134–149: Das verfluchte Leben (Gen 4,9–16). Zusammenfassung.

21 Gegen die (Re)Ethisierung des Begriffs der Sünde vgl. bes. SÖREN KIERKEGAARD: Furcht und Zittern, Problem I, S. 49–62: Gibt es eine teleologische Suspension des Ethischen? Problem II, S. 62–75: Gibt es eine absolute Pflicht gegen Gott? KARL BARTH: Die kirchliche Dogmatik, III 3, 407–409, setzte zu Recht den Begriff der Sünde in den Widerspruch zur Gnade: «Was Gott *nicht* will ..., ist ein seiner Gnade sich entziehendes und widerstehendes ... Sein. Dieses gnadenfremde, gnadenwidrige, gnadenlose Sein ist das Sein des Nichtigen .... da geschieht das Böse ... das Verkehrende und Verkehrte.» Wie aber kommt ein Mensch dahin, «Gnade» nicht zu «wollen» und wie lebt sich's inmitten einer radikal gottfernen, gnadenlosen Welt? Die Frage gilt es zu beantworten.

schützt und selbst den Fahneneid deutscher Rekruten bei der Bundeswehr im Beisein kirchlicher Amtsträger abnimmt, versteht sich selbst als religiös neutral. Daß Religion im Sinn des *Jeremia* oder gerad des Jesus eine Haltung ist, die das gesamte Dasein gründet in «Gnade», tritt vollkommen zurück hinter der Vorstellung, die Konfessionsinteressen von «Evangelischen» und «Katholiken» nach dem Gesellschaftsproporz aufteilen zu müssen. Selber zu glauben braucht man dafür nicht.

Die Botschaft Jesu, wie dringend erfordert, *innerlich* zur Sprache zu bringen, setzt deshalb die Entrümpelung der gesamten Dogmensprache voraus. Sie ist entstanden beim Versuch der «Kirchenväter», den Gottes- und den Christusglauben mit den Mitteln griechischer Philosophie als in sich logisch und vernünftig zu erweisen. Ein solcher Versuch mag historisch verständlich, vielleicht vor 1800 Jahren sogar notwendig gewesen sein, – der «Erfolg» bestand darin, das Christentum zu akademisieren und zu kategorialisieren. Indem man die Glaubensinhalte in philosophischen Begriffen dogmatisierte, dogmatisierte man zugleich die philosophischen Begriffe mit. Man errichtete ein immer großartigeres Prachtgebäude aus versteinerten Gedanken, in dem nur die gehorsame Gelehrtenschaft der Kirche selbst zu Hause war; für alle anderen – «normalen» Gläubigen oder gar Andersgläubigen – wurde daraus eine gar feste Burg zur Durchsetzung der einzig wahren Lehre. Inzwischen reckt sich diese Burg zum Himmel wie das berühmte Castel del Monte des Staufenkaisers *Friedrichs II.*: bewundernswert, doch unbewohnbar. Zum Leben kommen kann man nur, wenn man von dort herabsteigt und bei den Fragen anknüpft, die den Menschen wirklich auf den Nägeln brennen. Nicht wer Gott an und für sich selbst ist, steht da zur Debatte, – das können wir so wenig wissen, wie es *Mose* wußte. Doch wie die Suche nach der Unmittelbarkeit und der Innerlichkeit Gottes hinfindet zu dem Glauben an seine unbedingte Gnade und Bereitschaft zur Vergebung, – das ist, als Grundlage des Neuen Bundes, der Ausgangspunkt der dringend notwendigen Kehrtwende im ganzen.

Betroffen sind davon der Reihe nach die sechs Hauptfächer klassischer Dogmatik:

1) die Frage nach dem Ursprung – die «Schöpfungslehre» christlicher Theologie. Man faßte sie auf wie die Frage der griechischen Naturphilosophie in ihrer Suche nach den Ursachen der Welt: Gott als die höchste und die letzte Ursache war Grund des Daseins aller Dinge. Der Gott der Bibel und das Sein der Griechen verschmolzen so

zu einer Einheit in der Vorstellung von Gott dem Schöpfer. Doch ist die Welt so, daß sie sich als Selbstdarstellung eines Gottes denken läßt, dem ontologisch wesenhaft die Eigenschaften der Allgüte und Allweisheit und der Allmacht zukommen? Der Begriff Gottes paßt nicht zur Weltwirklichkeit, – an *der* Erfahrung scheitert prinzipiell der Schöpfungsglaube des als Ursache der Welt bewiesenen Gottes in der christlichen Dogmatik. Die Wahrheit ist, daß Menschen nach Gott fragen nicht entsprechend dem Kausalsatz; wonach sie suchen, ist ein Gegenüber ihrer Angst und Einsamkeit, nach einem Trost in ihrem Schmerz, nach einem Halt inmitten der Vergänglichkeit. Erst wenn sie im Vertrauen zu sich selber finden, wenn sie auf dieser Erde sich berechtigt fühlen, vermögen sie die ungeheuere Veranstaltung der Welt recht eigentlich als «Schöpfung» zu erkennen. Vom Menschen her auf Gott und dann von Gott zur Welt – so müßte der Gedankengang verlaufen, nicht, wie bisher, «griechisch» gedacht, vom Seienden (der Welt) zum Sein (zu Gott) und dann zum Dasein, das der Mensch ist. Was diese Umkehrung bedeutet und warum sie unerläßlich ist, wird sich sogleich schon zeigen.

2) Der zweite klassische Traktat tradierter Theologie ist die Erlösungslehre (die «Soteriologie» mit einem griechischen Fremdwort). Da wird geschildert, wie der Mensch die Schöpfungsordnung Gottes durch die «Erbsünde» zerbrochen hat und wie er durch das «Kreuzesopfer» Christi von aller Schuld(strafe) befreit wurde. Diese Lehre, wohlgemerkt, bildet den Hauptinhalt des ganzen Christentums; um so verheerender die völlige Ratlosigkeit der Theologen selbst in gerade diesem Punkte! Denn eben hier gelingt es nicht und kann es in der vorgetragenen Form auch nicht gelingen, zu sagen, was gemeint ist. Die Unverständlichkeit beginnt schon mit dem Wort «Erbsünde», – es ist noch sinnentleerter als die Vokabel Sünde. Da soll am «Anfang» jemand eine «Schuld» begangen haben, die dann auf alle seine Kinder und Kindeskinder überging. So kann's nicht sein, so darf's nicht sein, Schuld läßt sich nicht «vererben». Und wodurch hätte «Adam» denn «gesündigt»? Durch Ungehorsam, heißt es. Dann wäre – wieder mal – das Heilmittel ein Mehr an Unterwerfung und Gehorsam. Und die Erlösung? Sie, sagt man, bestehe in der Hinrichtung des einzig ganz gewiß Unschuldigen (des Christus) zur stellvertretenden Sühneleistung für die Schuld der anderen, auf daß die Forderung nach göttlicher «Gerechtigkeit» Erfüllung fände. So aber ist es nicht gerecht, und wiederum begreift man, daß die ganze Lehre falsch gestellt ist: man redet über Gott statt von der Not der Men-

schen; man mißversteht das Grundproblem des Daseins; man setzt als ein historisches Geschehen, was nur als Wesensaussage über die Existenz des Menschen Sinn macht ... Eine falsche Diagnose und eine fatale Form von Therapie – mit Händen läßt sich gerad an dieser Stelle greifen, warum das Christentum selbst wirkt wie eine Krankheit. Erneut muß man das «Fernrohr» anders herum halten; – das Dogma von der «Erbsünde» des Menschen sollte der Anlaß sein, den Menschen tiefer zu verstehen, als es im Rahmen der simplen Grundannahme, Menschen handelten in Freiheit, möglich ist. Was wird aus uns inmitten einer buchstäblich gnadenlosen Welt? Das ist die Frage. Und: warum als erstes finden wir uns in gerade einer solchen Welt der Ungnade vor? Und: Wie, wenn es wesentlich derart mit uns bestellt ist, gelangen wir aus dem Gefängnis unserer selbst heraus? Und: Was heißt da «Gott», und was «Erlösung»? – Lauter Fragen, die der Antwort harren.

3) Im Mittelpunkt des Christentums, natürlich, steht die Gestalt des Christus, des «Messias», des «Gesalbten», des «Königs, wie die Worte im Griechischen und auf Hebräisch sagen. Doch allein darin liegt schon wieder ein Problem: In der Antike galten Könige als Söhne (eines) Gottes, und gerade so wird Jesus als der Christus auch verkündet; doch dies Bekenntnis ist erkennbar an die Ausdrucksform historisch bedingter mythischer Vorstellungen gebunden, die mit der demokratischen Verfassung der meisten westlichen Staaten heute unvereinbar sind; der letzte Kaiser, der noch als «Gottessohn» verehrt wurde, war Japans Tenno *Hirohito*, dessen Machtanspruch bei seiner Abdankung 1946/1947 auf die Rolle einer bloßen Symbolfigur der Einheit des Inselstaates reduziert wurde; seither gibt es keine «Gottessöhne» auf den Thronen mehr.

In welchem Sinn aber war Jesus «König» oder ein «Sohn Gottes»? Ganz sicher nicht nach Art der Pharaonen und der römischen Caesaren; wie aber dann?

Die Frage müßte existentiell geklärt werden; sie ist identisch mit der Frage, was Jesus mir als Einzelnem bedeutet; statt dessen suchten schon die «Kirchenväter» in den ersten nachchristlichen Jahrhunderten erneut nach einer Auskunft in der Begrifflichkeit der griechischen Philosophie, indem sie die Person des Jesus Christus für göttlich erklärten, und zwar so, daß diese ihre göttliche Natur mit der menschlichen Natur sich verbunden habe. Mit dieser Übertragung eines mythischen Bildes zur Deutung der Person Jesu in die Terminologie griechischer Philosophie gewann man freilich keine höhere Rationalität, man vermeinte lediglich, sich des mythischen Hintergrundes der eigenen Glaubensvorstellung ein für allemal entledigt zu haben – zugunsten einer historisch einmaligen objektiven Tatsachenbehauptung. Was in den Mythen der Völker von Gottessöhnen überliefert wurde, galt nunmehr für (teuflische) Lüge und Unwahrheit, – allein im Christentum beaß es geschichtliche Realität. Die mythenbildenden Schichten der menschlichen Psyche wurden damit ins Verführerisch-Diabolische gerückt, und zugleich wurde die Stellung des Christusglaubens absolut polemisch gegen alle anderen Religionsformen gewendet. Gewalt in jeder Form, psychologisch wie militärisch, war die unausweichliche Folge dieser Verkehrung eines Geschichte deutenden mythischen Bildes in die Behauptung eines geschichtlichen Faktums von unendlicher Bedeutsamkeit. – Es wird mithin darauf ankommen, den Christusglauben in historischer Ehrlichkeit auf seine Bedeutung zur Interpretation der menschlichen Existenz zurückzuführen. Was aber heißt dann: «Ich glaube Jesus als den Christus»? Das gilt es zu erörtern.

4) Göttlich beauftragt mit der Weitergabe und Verkündigung des Christusglaubens ist nach dogmatischer Lehre die «Kirche» als das, «was des Herrn ist» (so im Griechischen das Grundwort *kyriakē*) oder als die Versammlung (griech: *ekklesía*). Die «Ekklesiologie», die Lehre von der Kirche, nimmt in jeder Ausbildung von Theologen dementsprechend einen breiten Raum ein. Doch das Problem stellt sich sofort: Wie kann eine Gemeinschaft fehlbarer Menschen göttliche Wahrheit tradieren? Und welche Art von Wahrheit soll das sein? Jedwede Glaubenswahrheit läßt sich im Grunde nur bezeugen im gelebten Leben, in der Existenz von Menschen, doch Menschen können irren. Sie suchen Wahrheit, doch besitzen und verfügen sie die Wahrheit Gottes nicht. Das gilt auch für die Kirche als eine Gemeinschaft gläubiger Menschen, wie die protestantische Lehre von der Kirche denn auch betont; als Gemeinschaft von Menschen können selbst Konzilien irren, ja, es kann die gesamte Geschichte der Kirche 1500 Jahre lang in die Sackgasse laufen, – in dieser Erkenntnis begann mit dem Ernst eines *Jeremia* im 16. Jh. die Reformation des MARTIN LUTHER[22]. Dagegen aber steht das dogmatische Konzept der

22 Die Leipziger Disputation vom 27.6.–16.7.1519 mit *Johann Eck* brachte LUTHER dahin, zu erklären, das Papsttum sei menschlichen Ursprungs, der Papst besitze kein Primat über die christlichen Kirchen und auch Konzilien könnten irren. «Das beweist das Konstanzer Konzil, das unter den Artikeln des Hus auch einige wahrhafte christliche Sätze verurteilt hat.» HEINZ ZAHRNT: Martin Luther, 82.

Kirche Roms. Wohl, Menschen können irren, das weiß auch sie, doch bewahrt Gott, der Herr, die Kirche, *seine* Kirche, wie sie vermeint, als Institution davor, jemals als ganze sich zu irren. Durch seine «Gnade» stattet Gott die Kirchenämter mit der Gabe aus, in Fragen der Moral sowie des rechten Glaubens «unfehlbar» zu sein. Zwar nicht als einzelne Personen, dafür jedoch als Träger ihres Amtes sind Bischöfe und Kardinäle und insbesondere, mit ihnen im Verein, der Papst von Rom in ihren Lehrentscheidungen für die Gesamtkirche unfehlbar[23]. Menschen mögen «sündhaft» sein, doch «heilig» ist die Kirche. So war es immer. Niemals hat ein Konzil geirrt (auch nicht in Konstanz, als es 1415 den tschechischen Reformator JAN HUS verbrannte), und niemals im Verlauf ihrer Geschichte war die römisch-katholische Kirche als der einzige Ort der unverfälschten und ungeschmälerten Wahrheit Gottes ohne den Beistand des Heiligen Geistes, der sie davor bewahrte, eine verkehrte Richtung einzuschlagen oder an Verkehrtem festzuhalten. – Auf diese Weise wird den Gläubigen ein Maximum an Sicherheit in allen Glaubensfragen garantiert, jedoch um welchen Preis! Die «Wahrheit», von der jetzt die Rede geht, ist keine mehr des Daseins, sondern der dogmatischen Doktrin; sie ist nicht länger eine Lebensform, sie ist zu einer bloßen Lehrformel geronnen; sie ist nicht mehr der Ausdruck einer Umwandlung der personalen Existenz, sie ist der festgelegte Standard aller, die als «Gläubige» im Sinn des Lehramts zu homogenisieren und zu kontrollieren sind. Was Jesus wollte, war ganz offensichtlich anders; die Kirche Roms als «fortlebender Christus» löst mit solcher Glaubenswahrheit

23 So heißt es im *Codex Iuris Canonici*, Can. 331: «Der Bischof der Kirche von Rom, in dem das vom Herrn einzig dem Petrus, dem Ersten der Apostel, übertragene und seinen Nachfolgern zu vermittelnde Amt fortdauert, ist Haupt des Bischofskollegiums, Stellvertreter Christi und Hirte der Gesamtkirche hier auf Erden; deshalb verfügt er kraft seines Amtes in der Kirche über höchste, volle, unmittelbare und universale ordentliche Gewalt, die er immer frei ausüben kann.» Das 1. Vatikanische Konzil (1869–1870) erklärte als verbindlichen Glaubenssatz die Lehre von der Unfehlbarkeit des Papstes: «Wenn der römische Bischof in höchster Lehrgewalt (ex cathedra) spricht, das heißt, wenn er seines Amtes als Hirt und Lehrer aller Christen waltend, in höchster, apostolischer Amtsgewalt endgültig entscheidet, eine Lehre über Glauben oder Sitten sei von der ganzen Kirche festzuhalten, so besitzt er aufgrund des göttlichen Beistandes, der ihm im hl. Petrus verheißen ist, jene Unfehlbarkeit, mit der der göttliche Erlöser seine Kirche bei endgültigen Entscheidungen in Glaubens- und Sittenlehren ausgerüstet haben wollte. Diese endgültigen Entscheidungen des römischen Bischofs sind daher aus sich und nicht aufgrund der Zustimmung der Kirche unabänderlich.» DENZINGER – SCHÖNMETZER: Enchiridion Symbolorum, 3074. Vgl. Katholischer Erwachsenenkatechismus, 304.

den Glauben nicht nur von den Menschen ab, sie trennt ihn auch von der Person, auf die sie sich formal und formelhaft bezieht: von der Person Jesu aus Nazaret. Kann aber so noch «Kirche» das sein, was des «Herrn» sein sollte? Jetzt ist sie selbst die Herrin «ihres» «Christus», den sie als lebend preist und dessen Grab sie ist.

5) Und dann die Lehre von den letzten Dingen, griechisch: den *Eschata*, die «Eschatologie». Gott garantiert nicht nur das Heil der Kirche; indem die ganze Menschheit «objektiv» bereits im Kreuzestode Jesu Christi zur «Erlösung» kam, ist es jetzt nur die Frage, wie die Menschen sich als einzelne oder in ganzen Völkern und Kulturen diese Wahrheit subjektiv zu eigen machen. Im ganzen, weiß man durch die «Offenbarung», endet die menschliche Geschichte mit der «Wiederkunft» «Christi» und mit der Umwandlung der gesamten materiellen Welt in die Wirklichkeit Gottes. Was immer das heißen mag, – klar ist erneut die dogmatische Absicht, eine objektive Tatsache zu behaupten. Wie bereits in der «Schöpfungslehre» Gott als Ursache am Anfang der bestehenden Welt genommen wurde, so wird er jetzt auch in der «Lehre von den letzten Dingen» als Ursache für das Ende dieser Welt gehalten. Damit jedoch wird wieder aller Sinn verkehrt in Widersinn. Aussagen, denen in der Bibel allenfalls eine mythisch-symbolische Wahrheit über die menschliche Existenz zukommt, verwandelt das Dogma in kategoriale Mitteilungen über Ursprung und Untergang des ganzen Weltalls. Gestützt auf die Bilder der Apokalyptik, sieht man sich in den Stand kosmologischen Wissens versetzt und gibt sich offenbar bereit, alle Einwände von seiten der Astrophysiker zu diesem Thema in den Wind zu schlagen.

Mehr noch: mit Hilfe der Philosophie PLATONS von der unsterblichen Seele läßt sich dogmatisch scheinbar auch die Infragestellung des menschlichen Daseins angesichts des Todes widerlegen: metaphysisch läßt sich die Geistseele des Menschen als unzerstörbar dartun, und am Ende der Tage, so die Lehre der Kirche Roms, wird sie bei der «Auferstehung der Toten» wieder mit ihrem Leibe vereinigt[24]. Aus dem ganz und gar persönlichen Vertrauen, daß unser Dasein im Leben wie im Sterben in Gottes Händen steht, wird so eine Behaup-

24 Vgl. JOHANNES BRINKTRINE: Die Lehre von den letzten Dingen, 76. Bereits ATHENAGORAS von Athen: Über die Auferstehung der Toten, 15, in: Frühchristliche Apologeten und Märtyrerakten, S. 350, erklärte: «In Ewigkeit fortdauern muß also der aus Seele und Leib bestehende Mensch. Dies ist aber nur dann möglich, wenn er aufersteht.»

tung von dem Besitz einer unsterblichen Substanz. Erneut verformt sich damit eine Beziehungsaussage zwischen Mensch und Gott in eine Aussage über ein an und für sich bestehendes Sein der (menschlichen) Natur; die existentielle Hoffnung glaubender Sinnsuche jenseits des Todes vergegenständlicht sich auf diese Weise zu einer Wesensaussage über die Geistnatur des Menschen. Es ist klar, daß eine solche Position in große Schwierigkeiten kommen muß, sobald die Naturwissenschaften mit Hilfe von Biochemie und Neurologie «Geist» als eine Form der Gehirntätigkeit zu untersuchen beginnen. – Auch an dieser Stelle hat die protestantische Theologie, sich selber treu bleibend, mit der sogenannten Ganz-Tod-Lehre das Konzept einer unsterblichen Seelensubstanz im Sinne der griechischen Philosophie zu umgehen versucht – zugunsten der neutestamentlichen Lehre von der «Auferstehung»: der Mensch stirbt «ganz», mit Leib und Seele, Gott, der ihn schuf, erweckt ihn neu zu ewigem Sein[25].

Doch wie beschaffen ist die «Ewigkeit»? Auch Jesus hat im Neuen Testament – im Erbe altägyptischer Jenseitsvorstellungen – davon gesprochen, daß Gott im Tode «richte» über unser Leben und es bestimme entweder zur Ewigkeit des «Himmels» oder zur Unendlichkeit der «Hölle». Ganz ohne Zweifel war und ist es eben dieses Dogma von der Hölle, das nach der ungeheueren Wirksamkeit, die es im Mittelalter zu entfalten wußte, die Menschen in der Neuzeit immer mehr dem Christentum entfremdet hat. Wie kann ein Gott, der als die Liebe selbst gepredigt wird, so unversöhnlich strafen? – Das muß er tun, weil er des Menschen Freiheit ernst nimmt, lautet standardisiert die Theologenantwort. Wie aber kann man endliche Verfehlungen unendlich strafen? So ist es wieder nicht gerecht; so widerspricht es vollends der «größeren» «Gerechtigkeit», die Jesus seine Jünger lehrte, um menschlicher Gebrechlichkeit «gerecht» zu werden. Gerade die Lehren von den «letzten Dingen» machen Sinn nur, wenn man sie liest als Bilder zur Deutung des Entscheidungsernstes menschlicher Existenz.

6) Dann bleibt die «Gotteslehre», die «Theologie» in eigentlichem Sinne, und hier besonders springt der Unterschied zwischen der ursprünglichen Botschaft Jesu und dem, was sich im Kirchendogma draus entwickelt hat, geradezu grotesk ins Auge. Was Jesus uns zu bringen kam, war keine neue Gotteslehre, er wollte uns vielmehr dahin begleiten, Gott als dem Hintergrund des Daseins zu vertrauen

25 Vgl. E. DREWERMANN: Atem des Lebens, I 16; II 794–804.

wie Kinder ihrem Vater; im Schatten dieses Gottvertrauens wollte er uns mit uns selber und mit Gott versöhnen. Auch deshalb, weil er uns zu «Söhnen» Gottes machen wollte, vermochte man ihn – zuzüglich zum «Königs»titel – als «Sohn Gottes» zu bezeichnen. Es war ein Wort, das eine ganz und gar persönliche Beziehung zwischen Gott und Mensch ausdrückte. Doch – wieder – wurde unter dem Einfluß der griechischen Philosophie aus der Art des Personseins eine metaphysische Bestimmung des Gottseins des Christus: Nicht erst als Gottes Sohn kam er zur Welt, er war schon immer seinshaft Gottes Sohn, er ging von Ewigkeit durch «Zeugung» hervor aus dem Vater. – Die Ausdrucksweise dieses Dogmas schon erinnert an die alten Mythen, in denen Gott, der Vater, mit seiner Schwester (oder einer anderen Göttin) einen Sohn zeugt und alle drei: der Vater und die Mutter und ihr Kind, als eine Dreiheit in Erscheinung treten: die Drei sind eins, – sie bilden eine Urfamilie. Doch in *die* Richtung konnte sich das Christentum um keinen Preis entwickeln. Der Grund: die Bibel, nicht zuletzt auch *Jeremia* (Jer 44,1–23), bekämpfte kategorisch den Mythos von der Heiligen Hochzeit des Himmelsgottes mit der Himmelskönigin (oder der Erdgöttin). Gott durfte keine Partnerin an seiner Seite haben! Er zeugte autark, aus sich selber, seinen Sohn. Doch geht aus Vater und aus Sohn durch «Hauchung» (eben nicht durch Zeugung) nun auch der Heilige Geist hervor. Obwohl er selbst nicht als Person erscheint, sondern die Kraft ist, die Personen aneinander bindet, ist auch er selbst Person; die drei sind also drei Personen, doch haben sie in gleicher Weise Teil an der einen göttlichen Natur, so daß Gott einer ist in diesen drei Personen …

Diese im Verlauf von fünfhundert Jahren entwickelte Lehre von der Dreifaltigkeit ist theologisch bis heute weder den Juden noch den Muslimen zu vermitteln, – allein die Differenzierung der Begriffe von «Natur» und «Person» ist weder auf Hebräisch noch auf Arabisch auszudrücken; doch um so heftiger hat man dogmatisch gerade hier den Unterschied des Christentums vom «Heidentum» hervorgehoben. Auch innerhalb der Christenheit haben seit dem Schisma von 1054 zwischen der Kirche Roms und den orthodoxen Kirchen die Meinungen über die Dreifaltigkeit sich gegeneinander verfestigt: geht der Heilige Geist aus dem Vater *durch* den Sohn oder aus dem Vater *und* dem Sohn hervor? In den Augen der römischen Theologen ist allein das letztere der Fall; das war ein Hauptgrund für katholische Kroaten, nach 1941 unter der Besatzung der Deutschen in jugoslawischen Vernichtungslagern wie Jasenovac[26] etwa 700 000 orthodoxe Serben zu ermorden ... Alles, was in den Glaubenslehren nicht als Symbol verstanden, sondern als Begriff genommen wird, führt geistig und dann auch politisch oder ethnisch zu Gewalt.

Damit ist klar, wie Christentum vermittelt werden müßte. Es geht nicht länger durch Verstärkung aller möglichen innerkirchlichen Dogmenzwänge. Glauben als eine Existenzweise vor Gott läßt sich nur weitergeben von Person zu Person, und alle «Lehren» des Christentums sind dabei zu lesen als eine Art poetischer Beschreibung der Erfahrungen, die sich dann machen lassen.

Wie führt man speziell die Kinder an das Christentum heran? So fragen sich – immer noch – Eltern, die es gut meinen mit ihren Jungen und Mädchen. Es war der Däne SÖREN KIERKEGAARD, der schon um 1850 davor warnte, die christliche Glaubenslehre zu früh den Heranwachsenden beizubringen[27]. «Jesus Christus ist für dich am Kreuz gestorben. Dadurch bist du erlöst von der Erbsünde. Und an dieser Erlösung hast du teil, weil du auf den Tod und die Auferstehung des Christus getauft bist.» Wer, um Himmelswillen, hat das je verstanden und wer versteht es – noch –? Und wer, als Kind wie als Erwachsener, ist nicht – beim Anblick etwa des Isenheimer Altars von *Matthias Grünewald* um 1515 in Colmar[28] – entsetzt zu sehen, in welcher Gräßlichkeit die Kreuzigungspraxis der Römer Menschen zu Tode

26 VLADIMIR DEDIJER: Jasenovac – das jugoslawische Auschwitz und der Vatikan, 161–175: Der Franziskaner Miroslav Filipović, einer der Kommandanten von Jasenovac; S. 184–234: Die Haltung des Papstes zu den Massakern.

27 SÖREN KIERKEGAARD: Tagebücher, IV 110–111: Die gefährliche Situation für ein Kind in Hinsicht auf das Religiöse: «Entweder muß man ... in bezug auf das Kind am Christentum weglassen, was eigentlich Christentum ist ... oder man muß es sagen und dann wird das Kind veranlaßt, mehr bange zu werden vor dem Christentum als froh darüber.» TILMANN MOSER: Gott auf der Couch, 42, konstatiert zu Recht: «Strenge, Unerbittlichkeit und Grausamkeit Gottes durchziehen die meisten Biografien von Patienten mit religiös gefärbten Störungen.» Den Grund dafür sieht er mit FRANZ BUGGLE: Denn sie wissen nicht, was sie glauben, 1992, in der monströsen Gewalttätigkeit der Bibel; eine solche gibt es ohne Zweifel, doch muß man hier differenzieren: daß wir Gott noch immer sehen sollen mit den Augen des Alten Orients, liegt nicht ohne weiteres an der Bibel selber, sondern an Theologen, die das Zeitbedingte verewigen, statt die Revolution des Jesus von Nazaret zu begreifen. – Vgl. auch SÖREN KIERKEGAARD: Der Augenblick, 247–250: Daß die besonders im Protestantismus so hoch gepriesene christliche Kindererziehung in einem christlichen Familienleben, christlich, auf einer Lüge, einer reinen Lüge gründet.

28 Vgl. Kindlers Malerei Lexikon, V 205–223. PANTXIKA BÉGUERIE-DE PAEPE – SYLVIE RAMOND: Das Unterlinden-Museum zu Colmar, 59–81: Der Isenheimer Altar. HERVÉ GRANDSART: Der Isenheimer Altar, in: Museum Unterlinden Colmar, 10–23.

folterte? Wer will auf diese Weise schon «erlöst» sein, und was muß das wohl für ein Gott sein, der solche Greuel nötig hat, um Menschen ihre «Sünden» nachzulassen?

Will man die Kinder «christlich» unterweisen, so sollte man in Form und Inhalt gerade in der Weise «lehren», wie Jesus selber es getan hat. Gleichnisse wie die vom verlorenen Schaf und von der verlorenen Drachme (Lk 15,1–10) oder von dem gütigen Vater und den beiden Söhnen (Lk 15,11–32) oder von dem barmherzigen Samariter (Lk 10,25–37) oder das Gleichnis von der selbstwachsenden Saat (Mk 4,26–29) und viele andere, daneben auch Begebenheiten aus dem Leben Jesu: wie er die «Zöllner» und die «Sünder» aufnimmt (vgl. Lk 19,1–10: die Geschichte von Zachäus, und Lk 7,36–50: die Geschichte von der Sünderin) oder wie er die Kranken heilt, selbst wenn er dabei das Gebot des Sabbats bricht (vgl. Mk 3,1–6: die Heilung eines Mannes mit einer verdorrten Hand), – all diese Geschichten mögen zeigen und einüben, wie Jesus dachte und gelehrt hat; dann erst, für das erwachsene Bewußtsein, kann man die Frage einführen, wie man in einer Welt der Gnadenlosigkeit antworten wird auf eine Lehre und ein Leben reiner «Gnade»; und dann kann man und muß man weiterfragen, mit welcher Hoffnung auf die absolute Güte Gottes jemand wie Jesus in den Tod geht. Fest steht: man kann nicht annähernd auch nur versuchen, so zu leben, wie es Jesus tat, ohne wie er zu glauben.

Alles kommt so zusammen – die Schöpfungslehre, die Erlösungslehre, die Lehre von den letzten Dingen und das Bild von Gott, das Jesus wahrzumachen suchte; und auch wer Jesus selber ist und wie eine Gemeinschaft sein muß, die sich nach seiner Art zu leben auszurichten sucht, wird dabei deutlich werden. Wenn Glaube wieder glaubhaft werden soll, dann nur, indem man ihn vom Leben her begründet. Doch um dahin zu kommen, ist es unerläßlich, an jeder Stelle die tradierte Kirchenlehre umzukehren; zugunsten dessen, was Bestand hat, muß man das noch Bestehende beiseite räumen, – jeremianisch, jesuanisch, lutherisch oder ganz einfach: christlich. – So mag das Bild des Buchs als Sinnbild gelten: Nehmen wir an, ein Schiff fährt auf der Höhe von Manaus den Amazonas hinab, um den offenen Atlantik zu gewinnen; es kann nicht geradeaus Kurs halten, es muß dem Stromverlauf Biegung um Biegung folgen, mal in die eine Richtung, dann, gerade entgegengesetzt, in die andere Richtung. Der Grund: der Flußverlauf des Amazonas hat sich umgekehrt. Ursprünglich war er mal ein Teil des Niger, dann aber brach im Verlauf der

Trias vor rund 200 Millionen Jahren der Superkontinent Pangaia auseinander und Afrika und Südamerika, getrennt durch einen Ozean, der immer größer wird, entfernen sich stets weiter von einander. Der Amazonas aber floß zunächst noch immer in die gleiche Richtung: westwärts, bis daß die Anden vor ihm aufgefaltet wurden und er mit seinen Wassermassen einen riesigen Stausee bildete, der unter seinem Eigendruck die Strömungsrichtung umkehrte und in sich selbst zurückfloß - auf den eigenen Ursprung zu. Seither mäandriert er durch ein Gebiet, das eine Wüste wäre, trüg' nicht der Wind aus seiner alten Heimat Afrika in großen Mengen Flugsand aus der Sahara hinüber und schenkte ihm damit die Nährstoffe, die seine Ufer in das größte Biotop der Welt verwandeln ... Die Umkehrung der ganzen Strömungsrichtung, die Ahnung wenigstens vom Ort des eigenen Ursprungs sowie die Sehnsucht nach der Heimat, die so weit entfernt liegt und aus der doch alles Leben über das Meer der Zeit herüberweht – in solchen Bildern läßt sich wohl beschreiben, was es heute heißt, ein Christ zu sein. Im Vorfeld gelten die Worte des Juden MARTIN BUBER, der, als Interpret der biblischen Art zu «glauben», schrieb:

«Ich habe keine Lehre. Ich zeige
nur etwas. Ich zeige Wirklichkeit, ich zeige etwas
an der Wirklichkeit, was nicht oder zu wenig gesehen worden ist. Ich nehme ihn, der mir zuhört, an der Hand und führe ihn zum Fenster. Ich stoße
das Fenster auf und zeige hinaus. Ich habe keine Lehre, aber ich führe ein Gespräch.»[29]

29 MARTIN BUBER: Aus einer philosophischen Rechenschaft, in: Werke, I 1114.

I) Kosmologie oder: Schöpfungsglaube versus Evolutionslehre

Was Gott sei, was nicht,
welch Wesen dazwischen sich finde –
wer von den Sterblichen glaubt,
dies bis zu den äußersten Grenzen
erspüren, erforschen zu können,
wenn er das Walten der Götter betrachtet,
das hierhin und dorthin sich tummelt und wieder zurück,
niemals berechenbar in seinen Launen?

EURIPIDES: Helena, 1137–1143

1) Von Gottes Güte, Macht und Weisheit oder: Vom Widerspruch der Welt

Die Zerreißprobe des Bewußtseins kann größer nicht sein: Jedes Kind, das in der Schule (unter Staats- und Kirchenaufsicht) religiös erzogen wird, bekommt als erstes beigebracht, daß alles, die gesamte Welt, nur existiert, weil Gott «am Anfang» (Gen 1,1) sie durch sein Wort erschuf. Im Hintergrund von allem Sichtbaren also ist eine unsichtbare Macht am Werke, die alle Dinge lenkt zu unserem Wohle, die mit sich reden läßt und unsere Bitten hört und die, wenn nötig, immer wieder rettend und helfend in den Ablauf der Ereignisse eingreift. «Wenn man in Demut zu Gott betet, wird er geben, was wir brauchen, nur darf man auch das Danken nicht vergessen.» Frömmigkeitsunterweisungen für Kinder, für Erwachsene ..., so lauten sie, und dann? «Gott kann nicht aller Menschen Anliegen erhören; was Menschen wollen, ist zu widersprüchlich.» Ja, aber wählt er dann, in seiner Weisheit, diejenigen Bitten aus, die es, zu Gunsten aller, wert sind, bevorzugt behandelt zu werden? Sollten es also stets «Unwerte» sein, deren Flehen unerhört bliebe? Dagegen spricht die einfache Erfahrung. – Und was ist es andererseits mit den Gebetserhörungen? Bei einem Unglück, mitten in Kriegswirren, im Falle einer epidemischen Erkrankung, wenn Tod und Leben sich nach einer sinnlos scheinenden Statistik über große Menschengruppen hin verteilen, – wer kann da danken für die eigene Errettung, ohne zugleich zu fragen, warum der Freund, die Gattin oder das Kind im Nachbarhaus umkommen «mußte»? Das ganze Weltbild hinter dem Versprechen frommer Gebetserhörungen scheint falsch, und hier bereits, im ganz und gar Intimen und Privaten, bilden sich erste Risse und Verwerfungen im Mauerwerk des Glaubens, die bei ein bißchen größerer Belastung einsturzgefährlich werden.

Der Weg des 19. Jhs. in den Atheismus ist Punkt für Punkt gesäumt von Meilensteinen der Enttäuschung an Gebeten, die trotz all ihrer Dringlichkeit keinerlei Antwort fanden. – GEORG BÜCHNER in seinem Novellenfragment über den Dichter LENZ hat beispielhaft eine solche Szene verdichtet: Bei seinen Wanderungen im Steinthal hört der ohnedies zu melancholischen Gestimmtheiten und paranoiden Wahrnehmungen neigende Dichter, ein Kind in Fouday sei gestorben. «Er kam in's Haus, wo das Kind lag. Die Leute gingen gleichgültig ihrem Geschäfte nach; man wies ihm eine Kammer, das Kind lag im Hemde auf Stroh, auf einem Holztisch. – Lenz schauderte, wie er die kalten Glieder berührte und die halbgeöffneten gläsernen Augen sah. Das Kind kam ihm so verlassen vor, und er sich so allein und einsam; er warf sich über die Leiche nieder; der Tod erschreckte ihn, ein heftiger Schmerz faßte ihn, diese Züge, dieses stille Gesicht sollte verwesen, er warf sich nieder, er betete mit allem Jammer der Verzweiflung, daß Gott ein Zeichen an ihm tue, und das Kind beleben möge, wie er schwach und unglücklich sei; dann sank er ganz in sich und wühlte all seinen Willen auf einen Punkt, so daß er lange starr lag. Dann erhob er sich und faßte die Hände des Kindes und sprach laut und fest: Stehe auf und wandle (sc. wie Jesus sprach zu dem Gichtbrüchigen, Mk 2,9, und, ähnlich, zu der gerade verstorbenen Tochter des Jairus, Mk 5,41, und ebenso zu dem Jüngling von Nain, Lk 7,14, d. V.)! Aber die Wände hallten ihm nüchtern den Ton nach, daß er zu spotten schien, und die Leiche blieb kalt. Da stürzte er halb wahnsinnig nieder, dann jagte es ihn auf, hinaus ins Gebirg. Wolken zogen rasch über den Mond; bald Alles im Finstern, bald zeigte sich die nebelhaft verschwindende Landschaft im Mondschein. Er rannte auf und ab. In seiner Brust war ein Triumph-Gesang der Hölle. Der Wind klang wie ein (sc. gegengöttliches, d. V.) Titanenlied, es war ihm, als könne er eine ungeheure Faust hinauf in den Himmel ballen und Gott herbei reißen und zwischen seinen Wolken schleifen; als könnte er die Welt mit den Zähnen zermalmen und sie dem Schöpfer ins Gesicht speien ... Lenz mußte laut lachen, und mit dem Lachen griff der Atheismus in ihn und faßte ihn ganz sicher und ruhig und fest. Er wußte nicht mehr, was ihn vorhin so bewegt hatte, es fror ihn, er dachte, er wolle jetzt zu Bette gehn, und er ging kalt und unerschütterlich durch das unheimliche Dunkel – es war ihm Alles leer und hohl ...»[1]

Kein Kind der Welt «verdient», wie hier im kleinen Orte Fouday, in Einsamkeit zu sterben; wenn es trotzdem geschieht, empört sich das Gefühl gegen die ganze Einrichtung der Welt. Erzählt die Bibel nicht von einem ebensolchen Mitleid, als Jesus Lazarus, den Freund, aus seinem Grab herausrief und ihn den trauernden Geschwistern wiedergab (Joh 11)? Wenn es schon Schlimmes gibt in dieser Welt, müßte es Gott dann nicht gnädig revidieren? Daraufhin geht die Mehrzahl der Gebete. Die Welt, in der sie sich bewegen, ist erfüllt von «Wundern», wie sie die Bibel denn auch zu berichten scheint. Im «Wunder» ändert Gott den natürlichen Ablauf der Ereignisse, da zeigt er auf übernatürliche Weise seine Güte und Größe, da verhindert er, daß jenes Schreckliche wirklich eintritt, das in der natürlichen Ordnung der Dinge eigentlich eintreten müßte. Der Gedanke ist theologisch tief verankert. Gott wär' nicht Gott, wär' er nicht Herr auch über die Körperwelt, – so noch Papst BENEDIKT XVI. im Jahr 2012, um darzutun, warum zum Beispiel im Neuen Testament die (mythische) Erzählung von der jungfräulichen Empfängnis und Geburt des Christus als historische Begebenheit, als objektive Tatsache, als reines Wunder zu glauben ist[2]. Gott kann, so ist dran zu ersehen, zu jeder Zeit, an jedem Ort auf dem Klangkörper seiner Schöpfung die wun-

1 GEORG BÜCHNER: Lenz, in: Werke und Briefe, 150–151.

2 BENEDIKT XVI. (Joseph Ratzinger): Jesus von Nazareth. Prolog. Die Kindheitsgeschichte, 60–65: Jungfrauengeburt – Mythos oder geschichtliche Wahrheit? – Freilich, auch KARL BARTH: Die kirchliche Dogmatik, I 2, S. 197–198 setzte (gegen FRIEDRICH SCHLEIERMACHER) die These: «Die Kirche weiß wohl, was sie getan hat, indem sie dieses Dogma sozusagen als Wache vor die Tür zu dem Geheimnis der Weihnacht stellte.» «Die Bezeichnung des Geheimnisses der Offenbarung ist nach dem Dogma das Geschehen eines *Wunders* – ‹Wunder› nun in dem besonderen konkreten ... Sinn verstanden.» GERHARD LUDWIG MÜLLER: Katholische Dogmatik, 495–500, verteidigt die «Jungfräulichkeit Marias als Beweis für die wahre Menschennatur Christi» mit den Worten: «Gemeint ist nicht die Abweichung von einer biologischen Regel und die Entstehung Jesu aus einer theogamen (sc. gotteshochzeitlichen, d. V.) Verbindung, wie sie in den ägyptischen und hellenistischen Mythen vorkommt ... Thematisiert wird vielmehr der alle Möglichkeiten der Natur und der menschlichen Vorstellung übergreifende Vorgang der Selbstvermittlung des ewigen Wortes (Sohnes) Gottes ... ohne die Zweitursächliche und geschöpfliche Vermittlung einer geschlechtlichen Zeugung.» (495) MÜLLER ist Vorsitzender der römischen Glaubenskongregation.

dersamsten Weisen spielen, und wenn die Bibel solcherlei Wunder berichtet, so sind sie ganz wortwörtlich wahr zu nehmen. Das wird gelehrt im Unterrichtsfach Religion.

Die Stunde drauf ganz anders. Jetzt lernt dasselbe Kind Physik, Chemie, Biologie. Da gelten die Naturgesetze, ohne Unterbrechung, ohne Einschränkung, und alles, was geschieht, ist mathematisch eindeutig aus ihnen abzuleiten. Hatte nicht BARUCH DE SPINOZA recht, als er um 1660 schon mutmaßte, daß die Wunder der Bibel bloße Fehlwahrnehmungen oder Fehldeutungen noch unbekannter Naturgeschehnisse darstellten[3]? – Mal angenommen, in das Schwerefeld der Erde träte ein Meteorit, er raste auf die Erde zu, die Frommen unter den Bewohnern des Planeten beteten zu Gott, die Katastrophe zu verhindern, und wirklich böge der gefährliche Gesteinsbrocken im letzten Augenblick von seiner Bahn, – so fänden in den Kathedralen aller Länder wohl Dankgottesdienste statt; die Astrophysiker jedoch begäben unverzüglich sich an ihren Schreibtisch, um herauszufinden, welch ein erstaunlicher Effekt sich da ergeben hat. – Mit diesem Beispiel stellte der Physiker STEVEN WEINBERG seine Leser vor Jahren schon vor eine absolute Alternative[4]: Entweder ein Wunder in der Freiheit Gottes oder die Wirkung der Naturgesetze, – eins von beidem hat die Ablenkung der Meteoritenbahn bewirkt, dazwischen muß man wählen! Zwei Weltbilder, ganz offensichtlich, stehen da konträr einander gegenüber.

Der letzte große Philosoph, der im Methodenstreit zwischen Natur- und Geisteswissenschaften zu vermitteln suchte, war im 17. Jh. der Mathematiker und Philosoph GOTTFRIED WILHELM LEIBNIZ, indem er das mechanizistische Weltbild, das, beginnend mit der Methodenlehre des RENÉ DESCARTES[5], in den Lehrsätzen des ISAAC NEW-

3 BARUCH DE SPINOZA: Theologisch-politischer Traktat, 6. Kap.: Von den Wundern, S. 110–132.

4 STEVEN WEINBERG: Die ersten drei Minuten, 7, vermerkt: «In Mythos und Sage wird die Entstehung des Universums beschrieben, die ersten Kapitel der Bibel schildern die Schöpfung.» «Für einen Naturwissenschaftler kann nur das Gültigkeit haben, was er durch Beobachtungen von der Natur erfährt.» Und S. 162: «Je begreiflicher uns das Universum wird, um so sinnloser erscheint es auch.» DERS. Der Traum von der Einheit des Universums, 257: «Das einzig mögliche wissenschaftliche Verfahren (sc. um herauszufinden, ob ein «Komet von einer göttlichen Macht einen kleinen Schubs bekommt», d. V.) besteht ... in der Annahme, daß eine göttliche Intervention nicht stattfindet, um dann zu sehen, wie weit man mit dieser Annahme kommt.»

5 RENÉ DESCARTES: Abhandlung über die Methode, in: Descartes, ausgew. v. I. Frenzel, 47–91.

TON[6] zeitgleich Gestalt gewann, in Einklang mit den überkommenen Anschauungen der Religion zu setzen suchte: Wohl, meinte er, geschehe in der Natur ausnahmslos alles entsprechend den Gesetzen, nach denen Gott die Welt als beste aller möglichen geschaffen habe; doch wie dann das Gebet, das Wunder? Sie sind, so LEIBNIZ, schon seit Ewigkeit von Gott vorhergesehen worden und deshalb in dem Plan der Weltenharmonie des Schöpfers von eh und je bereits berücksichtigt[7]. Gut, mag man sagen, aber jetzt: Hat Gott dann auch die Übel und das Leid der Welt vorhergesehen? Ja, sagte LEIBNIZ konsequenterweise und demonstrierte seine These mit dem Ausschlußargument: man nehme in der Welt auch nur ein Winziges hinweg, das uns als Übel vorkommt, so müßte man die ganze Weltordnung verändern und würde alsbald merken, daß die Welt, so wie sie ist, nicht besser, sondern schlechter, wo gar nicht weiter funktionieren würde[8]. Nur: müssen, wenn es so steht, die Gebete, die an Gott sich wenden, nicht allesamt gesprochen werden mit Hinblick auch auf die Naturgesetze, nicht daß Gott sie durchbräche, sondern daß er sie erfüllte? Und was ist dann mit all dem Schrecklichen, das offensichtlich doch auch zur «Natur» gehört?

In seiner (in Nordfriesland noch immer zur Pflichtlektüre gehörenden) Novelle vom «Schimmelreiter» hat THEODOR STORM eine Szene geformt, die auf ihre Weise Denken und Glauben zu versöhnen sucht, die jedoch gerade deshalb den Orthodoxen höchst suspekt erscheint: Der Deichgraf Hauke Haien hatte sich, wie jeder redlich Denkende, «sein eigen Christentum zurechtgerechnet, aber es war etwas, das sein Gebet zurückhielt.»[9] Jetzt liegt seine Frau Elke sterbenskrank im

6 ISAAC NEWTON: Mathematische Grundlagen der Naturphilosophie (1686), Hamburg 1988.

7 GOTTFRIED WILHELM LEIBNIZ: Die Theodizee, 1. Teil, 78, S. 145: «In Wahrheit beabsichtigte Gott, als er den Plan der Schöpfung faßte, einzig und allein seine Vollkommenheiten ... offenbar werden zu lassen. Aber deswegen fühlte er sich verpflichtet, alle Handlungen der Kreaturen im Zustande reiner Möglichkeit zu berücksichtigen, um den angemessensten Plan zu realisieren.» 1. Teil, 54, S. 130: «Allein die Wunder, welche in der Welt geschehen, waren schon in derselben Welt, als reine Möglichkeit betrachtet, enthalten und als möglich vorgestellt; und Gott, der sie tut, hat sich damals, als er diese Welt erwählte, entschieden, sie zu tun ... Diese Gebete und Gelübde, diese guten und schlechten Handlungen, die heute geschehen, standen Gott schon vor Augen, als er den Entschluß faßte, die Dinge zu regeln.»

8 A. a. O., 2. Teil, 119. IV, S. 175–176: «Die Glückseligkeit aller vernunftbegabten Geschöpfe ist eines der Ziele, nach denen er (sc. Gott, d. V.) trachtete, aber sie ist nicht ... sein höchstes Ziel. Aus diesem Grunde kann also das Unglück einiger ... als Folge anderer weit größerer Güter eintreten.»

9 THEODOR STORM: Der Schimmelreiter, in: Werke, VI 2258.

Bett, wimmert um Hilfe und fleht ihn an: «‹halt mich, Hauke!›» – «Da wandte er sich und schob die Wärterin von ihrem Bette; er fiel auf seine Kniee, umfaßte sein Weib und riß sie an sich: ‹Elke! Elke, so kenn' mich doch, ich bin ja bei dir!› – Aber sie öffnete nur die fieberglühenden Augen weit und sah wie rettungslos verloren um sich. – Er legte sich auf ihre Kissen; dann krampfte er die Hände ineinander: ‹Herr, mein Gott›, schrie er, ‹nimm sie mir nicht! Du weißt, ich kann sie nicht entbehren!› Dann war's, als ob er sich besinne, und leiser setzte er hinzu: ‹Ich weiß ja wohl, du kannst nicht allezeit, wie du willst, auch du nicht; du bist allweise; du mußt nach deiner Weisheit tun – o Herr, sprich nur durch einen Hauch zu mir!›»[10] Diese Worte hört die Wärterin, Frau Levke, und trägt sie in den Kreis eines holländischen Konventikels, so daß schon bald sein sonderlich Gebet von Haus zu Haus läuft: «er hatte Gottes Allmacht bestritten; was war ein Gott denn ohne Allmacht? Er war ein Gottesleugner»[11]. Auch als Elke schließlich wieder gesundet – man weiß nicht, «hatte nun seine (sc. des Doktors, d. V.) Kunst die Krankheit besiegt, oder hatte auf Haukes Gebet der liebe Gott doch einen Ausweg finden können»[12] –, geht die Diskussion weiter: «‹Wer ... Gottes Allmacht widerstreitet, wer da sagt: ich weiß, du kannst nicht, was du willst ... – der ist von Gott gefallen und sucht den Feind Gottes, den Freund der Sünde, zu seinem Tröster; denn nach irgendeinem Stabe muß die Hand des Menschen greifen. Ihr aber, hütet euch vor dem, der also betet; sein Gebet ist Fluch!›»[13]

Was man in diesen Kreisen nicht bedenkt, ist etwas, das bereits am Anfang des 3. vorchristlichen Jahrhunderts der griechische Philosoph EPIKUR herausgefunden hat[14]: in Anbetracht der Welt scheint es un-

10 A. a. O., VI 2258.
11 A. a. O., VI 2259.
12 A. a. O., VI 2260.
13 A. a. O., VI 2260. – CHRISTIAN DEMANDT: Religion und Religionskritik bei Theodor Storm, 236, sieht das «zurecht gerechnete Christentum» bei STORM selbst «in der Vorstellung, dass da zwar ein Gott existiert, der aber den Menschen keine Antwort gibt.» Er zitiert (S. 237) die Tochter GERTRUD STORM: «Später sagte unser Vater wohl zu uns Kindern: ‹Wenn es einen Gott gibt, kann er nur ein Gott der Liebe sein, der weiß, daß wir ihn mit unserem schwachen Verstande nicht erkennen können›.»
14 EPIKUR: Von der Überwindung der Furcht, 136, sagte mit Recht: «Entweder will Gott die Übel beseitigen und kann es nicht, oder er kann es und will es nicht, oder er kann es nicht und will es nicht, oder er kann es und will es. Wenn er nun will und nicht kann, so ist er schwach, was auf Gott nicht zutrifft. Wenn er kann und nicht will, dann ist er mißgünstig, was ebenfalls Gott fremd ist. Wenn er nicht will und

möglich, die drei Haupteigenschaften Gottes – Allmacht, Allgüte und Allweisheit – nebeneinander zu behaupten; nur zwei von ihnen lassen sich miteinander kombinieren, die dritte aber ist jeweils ausgeschlossen . – Also: nehmen wir an, Gott sei bei der Schöpfung dieser Welt mit aller Macht und Weisheit zu Werke gegangen, die Welt sei genau so geworden, wie beabsichtigt, sie sei mithin höchst klug und weise eingerichtet, dann fehlte dieser Gottheit offenbar die Güte. Die Weltsicht nämlich, die auf diese Art entstünde, entspräche in etwa der Betrachtungsweise der Naturwissenschaften: Mit großem Interesse zum Beispiel kann man die Ausbreitung des Impulses verfolgen, den die Entladung einer Spannungszone im Oberen Erdmantel auslöst, und man kann, umgekehrt, von der Stärke eines Erdbebens an der Erdoberfläche aus auf die Lage des Hypozentrums (etwa in einem Randgebiet des Pazifik) zurückschließen, – alle geophysikalischen Gleichungen bestätigen ihre Gültigkeit, alle Naturgesetze bleiben in Kraft, doch die Notwendigkeit und die Stärke eines solchen Erdbebens vermag nur zu bewundern, wer die Tausende von Opfern übersieht, die es in Tod und Elend stürzt; von Güte ist definitiv die Rede nicht. – Oder: der Schöpfergott hätte die Welt geformt in Macht und Güte, er hätte sie zum Wohl der Kreaturen einzurichten unternommen, und alles, was er wollte, sei von ihm verwirklicht worden; dann, offenbar, gebrach es ihm an Weisheit: er war nicht klug genug, die schlimmsten Katastrophen seinen Geschöpfen zu ersparen. – Oder: der Schöpfer ging in Güte und in Weisheit vor, als er die Welt erschuf, er war getragen von den besten Absichten und Überlegungen, dann mangelte ihm offenbar die Macht, die Welt entsprechend seinen Planungen zu formen, sie wurde nicht so, wie man es als Ma-

nicht kann, dann ist er sowohl mißgünstig wie auch schwach und dann auch nicht Gott. Wenn er aber will und kann, was allein sich für Gott ziemt, woher kommen dann die Übel und warum nimmt er sie nicht weg?» Der «Kirchenvater» LACTANTIUS: Vom Zorne Gottes, 13, in: Schriften, 102, hat ein halbes Jahrtausend später versucht, dieses Argument zu widerlegen; doch so vergeblich sein Bemühen, – wir verdanken ihm das Zitat des großen griechischen Philosophen. Vgl. auch E. DREWERMANN: Der sechste Tag, 278–283: Vom Verzicht, das Absolute denken zu wollen, oder: Was die Theodizeefrage zeigen kann. – GERHARD STREMINGER: Gottes Güte und die Übel der Welt, 349, meint nicht zu Unrecht, die Widersprüche des theistischen Weltbildes ließen sich nur beseitigen unter der Annahme, «Gott sei endlich, also nicht allmächtig, oder Gott sei ein werdendes, experimentierendes, lernendes Wesen, also nicht allwissend, oder Gott sei ein zwiespältiges Wesen, also nicht allgütig.» In keinem Falle wäre er dann Gott. M.a.W.: Der Theismus widerlegt sich selber, wenn er von Gott her die Welt erklären will.

nifestation von höchster Güte und von höchster Weisheit denken sollte. – In jedem Fall also gebricht es Gott, wenn er die Welt geschaffen hat, an einer der drei Eigenschaften, die wesentlich zu ihm als Gott gehören; Gott kann mithin als Schöpfer dieser Welt nicht Gott sein oder, anders gesagt, die Welt kann nicht von Gott geschaffen sein[15]!

Auf merkwürdige Weise findet sich ein Hinweis auf die Schwierigkeit, die sich da ausspricht, sogar in einem Glaubenssatz der Kirche selber wieder: – im Dogma von der Existenz des Teufels[16]. Die Vorstellung von (bösen) Wesen, die den (guten) Göttern feind sind,

15 Die entscheidende Voraussetzung dieses Gedankens benennt STEVEN WEINBERG: Der Traum von der Einheit des Universums, 254, «daß wir unter dem Wort ‹Gott›, sofern es überhaupt einen Sinn haben soll, einen interessierten Gott verstehen sollten, einen Schöpfer und Gesetzgeber, der nicht nur die Naturgesetze und das Universum geschaffen hat, sondern auch Maßstäbe für Gut und Böse, eine Persönlichkeit, die an unserem Tun Anteil nimmt, etwas, das unsere Verehrung verdient.» – Demgegenüber konzipierte EPIKUR: Von der Überwindung der Furcht, 134, in jenem Fragment, das LACTANTIUS: Vom Zorne Gottes, 4, in: Schriften, 73, überliefert, einen Gott ohne Zorn und Gnade, ohne Affekte der Freude oder des Hasses, der Begierde oder der Liebe. «Gerade darum», schrieb EPIKUR, «ist Gott glückselig und vom Verderbnis unberührt, weil er um nichts sich kümmert und weder selbst Mühsal hat, noch jemand Mühsal verursacht.» Doch stellt an dieser Stelle richtig LACTANTIUS fest: «Dann ist er auch nicht Gott.»

16 Im Jahre 543 wird in einer Synode in Konstantinopel ausdrücklich die ewige Verdammnis der Teufel und der Gottlosen gegen ORIGENES ausgesprochen: DENZINGER – SCHÖNMETZER: Enchiridion Symbolorum, 411: «Wenn jemand sagt oder denkt, daß die Strafe der Dämonen oder der gottlosen Menschen nur auf eine Zeit ist und daß sie nach einer gewissen Zeit ein Ende nimmt oder daß eine Wiederherstellung der Dämonen oder der gottlosen Menschen statthat, der sei ausgeschlossen.» Zit. n. JOHANNES BRINKTRINE: Die Lehre von der Schöpfung, 190. Demgegenüber haben HERBERT HAAG – KATHARINA ELLIGER: Teufelsglaube, 1974, auf die historische Bedingtheit der symbolischen Sprechweise der Bibel vom «Teufel» hingewiesen; doch obwohl selbst der *Katholische Erwachsenen-Katechismus*, 111, von der «mythischen Bildersprache» des biblischen Zeugnisses sich überzeugt gibt, wurde der Tübinger Exeget bis zu seinem Lebensende von der katholischen Glaubenskongregation wie ein Irrlehrer behandelt, denn: «soll das den Menschen unfrei machende Böse nicht von einem bösen, von Gott unabhängigen Urprinzip stammen …, dann kann es nur auf Geschöpfe zurückgehen, die von Gott gut geschaffen, aber – wie das IV. Laterankonzil (1215) sagt – durch eigene Entscheidung böse geworden sind.» Vgl. DENZINGER – SCHÖNMETZER: Enchiridion Symbolorum, 800. «Nach kirchlicher Lehre gibt es also nicht nur das Böse, sondern auch den Bösen.» *Katholischer Erwachsenen-Katechismus,* S. 112. Im *Catéchisme de l' Église Catholique*, Nr. 391–395 aus dem Jahre 1992 schrieb der Vatikan den Katholiken in aller Welt den Glauben an die Macht des Satans erneut mit dogmatischem Anspruch vor. Auch Papst FRANZISKUS findet nichts dabei, vom «Teufel» so selbstverständlich zu reden wie vom Dom zu Sankt Peter in Rom.

taucht in den meisten Religionen auf: die Griechen kannten die Titanen, die von den Göttern des Olymp in den untersten Teil des Hades, in den Tartaros, verbannt wurden[17]; die Perser glaubten dualistisch an den Kampf zwischen dem Gott Ahura Mazda und dem bösen Ahriman, die beide an der Seite ihrer Geister die Welt in Zug und Gegenzug erschaffen hätten[18]; und von den Persern übernahmen die Hebräer dann den Glauben an die guten und die bösen Geister, die man identisch setzte mit den Mächten des Lichtes und der Finsternis (vgl. Ps 46,6; Apk 12,4). An der Spitze der guten Geister stand Michael, an der Spitze der bösen stand Satan bzw. Belial oder «Luzifer» (der Lichtbringer). Der letztere Name (griech: Phosphoros) erinnert an den Helel ben Schachar, den «Glanzstern, den Sohn der Morgendämmerung» in Jes 14,12, der (zur Strafe für seinen Stolz) allmorgendlich durch die Sonne vom Himmel vertrieben wird[19].

All diese Vorstellungen sind, wie man leichthin sieht, hochmythologisch und bedürfen dementsprechend einer symbolisch-poetischen Deutung; unglücklicherweise aber werden sie in der kirchlichen Lehre aufs buchstäbliche dogmatisiert, und in dieser Form ergibt sich eine wahrlich paradoxe Modifikation der Schöpfungslehre: Danach also hat Gottes Macht über die Schöpfung in der Tat durch den Abfall der ursprünglich guten Geister, die dadurch allererst zu «Teufeln» wurden, eine höchst verhängnisvolle Einbuße erlitten, indem diese Anhänger des Satans seither alles daransetzen, die Weltordnung durcheinander zu bringen: alles in der Welt, was «böse», verderblich

17 Vgl. HESIOD: Theogonie, 720–735, in: Sämtliche Gedichte, 65–66; 262–264: Das Gefängnis der Titanen.

18 Vgl. HELMUTH VON GLASENAPP: Die nichtchristlichen Religionen, 294–295: «Das gute Prinzip ist (sc. in der Zarathustrischen Religion, d. V.) der Mazda Ahura ... Sein Gegenspieler ist Angra Mainyu (der arge Geist), später Ahriman genannt. – Die Geschichte dieses Kampfes ist mit einer Lehre von vier Weltaltern von je 3000 Jahren Dauer verknüpft.»

19 Zur Stelle vgl. OTTO KAISER: Der Prophet Jesaja. Kapitel 13–39, S. 34: «Unter Aufnahme eines alten kanaanäischen Mythos wird der hybriden Absicht des Weltherrschers sein schließlicher Sturz in die Unterwelt entgegengesetzt. Der mit ‹Glanzstern› übersetzte Eigenname *Helel* ist von einer semitischen Wortwurzel abgeleitet, die ‹aufleuchten, lodern, glänzen› bezeichnen kann. Die griechische Bibel übersetzt das Wort mit *eosphóros*, ‹Bringer des Morgenlichts, Morgenstern›, und bietet damit sicherlich den richtigen Ansatzpunkt für die Rekonstruktion des zugrunde liegenden Mythos: Der Morgenstern hatte sich vorgenommen, hoch über den Wolken und den höchsten Sternen auf dem Berg der Götterversammlung im äußersten Norden seinen Thron zu errichten und damit dem höchsten Gott, dem El ʿEljon, die Weltherrschaft zu entreißen. Doch die Usurpation endete kläglich genug mit seinem Sturz in die Unterwelt.»

und leidvoll ist, sogar die physische Sterblichkeit des Menschen miteingeschlossen (vgl. Gen 3,19!), geht laut Kirchendogma nicht auf das Wirken Gottes, sondern auf das Tun des Teufels und seines Anhangs zurück. Warum der «Teufel» von Gott sich abgewandt hat, bleibt dabei freilich ebenso rätselhaft wie die sonderbare Langmut des Allerhöchsten selbst, der offenbar seinen gräßlichen Widersacher all die Zeit gewähren läßt, um erst am Jüngsten Tage ihn endgültig in Ketten zu legen. Bis dahin gehört das verderbliche Treiben des Teufels offenbar zur Welt, und es erklärt all die Vorkommnisse, die mit dem Bild eines allweisen und allgütigen Gottes ansonsten unvereinbar sind.

Doch daraus ergibt sich hier schon eine in allem Weiteren entscheidend wichtige Frage: Kann man wirklich mit mythischen Bildern, die zweifellos, wie wir noch sehen werden, ihre tiefe existentielle und psychologische Bedeutung besitzen, die Einrichtung der Welt erklären? Das Dogma schreibt genau dies vor, und eben damit trägt es selbst in eklatanter Weise dazu bei, den christlichen Glauben zu diskreditieren. Denn jedes Schulkind erlebt heute dies: Was in der Religionsstunde gerade noch als ein großes Geheimnis und als ein Abgrund unlösbarer Fragen erschien, das findet in der Stunde darauf, in Physik, in Biologie, eine überraschende und äußerst plausible Aufklärung. Insbesondere in darwinistischer Sicht, wie sie in Europa (anders als z. B. in den USA) gesetzlich verordnet die Grundlage des Unterrichts bildet, treten vor allem zwei Prinzipien zu Tage, die dem kirchlich verordneten Schöpfungsglauben in seiner überkommenen Form (als einer philosophisch-theologischen Erklärung für das «Dasein» und «Sosein» der Welt als ganzer) stracks zuwider laufen. Das ist

1) der methodische Grundsatz: «*natura non fecit saltūs*» – die Natur hat (in ihrer Geschichte, in der Evolution) keine Sprünge gemacht. Solche «Sprünge» (beziehungsweise Löcher) im Geflecht von Ursache und Wirkung entstünden notwendigerweise an all den Stellen, an denen ein besonderes «Eingreifen» Gottes in den Ablauf der Ereignisse der Welt zur Erklärung erfordert wäre. Als solche Stellen galten in den Lehrschreiben der Päpste noch bis weit in die Mitte des 20. Jhs. hinein: die Entstehung des Lebens aus anorganischer Materie, die Entstehung des Bewußtseins und die Entstehung des Menschen; im Sinne des «Kreationismus» ließen sich diese deutlichen Zäsuren in der Geschichte des Lebens nur durch einen unmittelbaren Akt des Schöpfers selber erklären, der den Pflanzen, den Tieren und

den Menschen ihre besondere Seele eingehaucht hat[20]. Den metaphysischen Hintergrund dieses Denkens bildete die Lehre des ARISTOTELES im 4. Jh. v. Chr. vom «Hylemorphismus», von der Unterschiedenheit und Einheit von «Materie» und «Form» in allem endlichen Seienden[21]; diese Lehre, die durch THOMAS VON AQUIN im 13. Jh. n. Chr. in ihre scholastische Form gebracht wurde und seither die Basis der Ausbildung katholischer Theologen weltweit abgibt, besagt, daß die Materie als etwas Passives allein durch ein geistiges Prinzip ihre jeweilige Gestalt empfängt; die geistigen Formen selber sind dabei so wohl von einander unterschieden und beständig, wie es sein muß, um in den Kategorien des Verstandes klar erkennbar zu sein. – Eine wichtige Folgerung, die sich aus diesem Denkansatz wie von allein ergibt und in der Theologie mit der Sicherheit vollkommener Evidenz denn auch vorgetragen wurde, bestand darin, der Materie jedwede eigene Aktivität (außerhalb gewisser mechanischer Wechselwirkungen) abzusprechen, – schon deshalb war so etwas wie eine Selbstorganisation der Materie zu komplexen Strukturen, die Leben und Bewußtsein erlauben (also «beseelt» sind)[22], undenkbar; und desgleichen war es unvorstellbar, wie es innerhalb des Geschaffenen von sich aus zu «substantiellen Veränderungen» gekommen sein könnte. Im kreationistischen Weltbild hat Gott ein jedes Lebewesen so geschaffen, wie es ist, – ein Pferd ist und bleibt ein Pferd und wird nicht ein Esel oder ein Zebra, und ein Affe ist eben ein Affe und wird nicht ein Mensch ...

20 JOHANNES BRINKTRINE: Die Lehre von der Schöpfung, 206–208, suchte die Lehre von der Konstanz der Arten bei AUGUSTIN, wonach Gott für jede Lebensform «eine besondere ratio seminalis», eine bestimmte Keimkraft, geschaffen hat, mit der modernen Entwicklungslehre zu vermitteln, indem er «vor die rationes seminales ... die Stammformen» setzen mochte, «aus denen sich alle Pflanzen und Tiere entwikkelt haben.» (S. 206) Besonders die «Menschwerdung» stellt für Kreationisten ein scheinbar unlösbares Problem dar; vgl. dazu RICHARD DAWKINS: Die Schöpfungslüge, 165–207: Fehlendes Bindeglied? Wieso «fehlendes»? S. 208–236: Fehlende Menschen? Sie fehlen nicht mehr. Es handelt sich um eine gut lesbare zusammenfassende Darstellung der Zusammenhänge und des Werdegangs der Evolution, die schließlich unter anderem auch zum Menschen führte.

21 ARISTOTELES: Metaphysik, 999^{b}15, S. 61: «Wenn es ... weder Stoff noch Wesen gäbe, so gäbe es überhaupt nichts. Da dies unmöglich ist, muß es etwas neben dem Konkreten geben: die Form und Gestalt.» Hylē ist griech. Stoff, morphē Gestalt.

22 HOIMAR VON DITFURTH: Wir sind nicht nur von dieser Welt, 60–84: Die Frage der Lebensentstehung, verwahrt sich bei der Darstellung des heutigen biologischen Weltbildes zu Recht gegen «vitalistische» Interpretationen, in denen man «die Entstehung der ersten Lebensformen für naturwissenschaftlich grundsätzlich unerklärbar hält.» (S. 63)

Man macht sich nur schwer wirklich klar, was in Kindern vor sich geht, die, erzogen in solchem Glauben, den Kern des darwinistischen Weltbildes zu begreifen beginnen. Der britische Biologe RICHARD DAWKINS, der es liebt, den amerikanischen Bibelgürtel mit atheistischen Vorträgen aus der Fassung zu bringen, hat mit gewissem Recht einmal gesagt, es sei bis zu DARWIN unmöglich gewesen, nicht an Gott zu glauben[23]. Was er meint, ist offenkundig: Man sieht die Schönheit einer Blume, die Geschmeidigkeit eines Kätzchens, das Lächeln eines Kindes, und es scheint unmöglich, sich vorzustellen, das alles könnte ohne eine unendliche planende Vernunft, einfach durch das Spiel bloßer (mechanistischer) Zufälle entstanden sein; doch genau das ist die Erklärung, die der Darwinismus bereithält: alles ist geworden durch ungerichtete Zufälle, die spontan entstanden sind und dann intern (im Körperinneren) und extern (entsprechend den Umweltbedingungen) auf ihre Funktionstauglichkeit geprüft wurden, – ein Wechselspiel von genetischer Mutation und äußerer Selektion, eine Kombination von Zufall und Notwendigkeit[24]. Ähnlich wie ein Züchter von Erbsen und Äpfeln oder von Hunden und Hühnern Generation für Generation diejenigen Exemplare unter den Pflanzen und Tieren zur Weitergabe von Leben auswählt, deren Eigenschaften ihm am wünschenswertesten erscheinen, so betreibt nach DARWIN auch die Natur eine Art Zuchtwahl, allerdings ohne einen bewußten Plan, ohne ein vorgegebenes Ziel; die Entscheidung über Leben und Tod wird getroffen nicht von einem bewußten Gestaltungswillen, sondern von den jeweiligen Voraussetzungen, unter denen ein Organismus zurechtkommen muß[25]. Manchmal, wie beim Nautilus, kann eine bestimmte Lebensform über unglaubliche Zeiträume von Hunderten von Jahrmillionen hin sich im Dasein halten, wofern sie das «Glück» hat, daß das Milieu, in dem sie entstanden

23 RICHARD DAWKINS: Der blinde Uhrmacher, 18–19.
24 Vgl. a. a. O., 363: «... viele Theologen, die sich selbst als Evolutionisten bezeichnen, ... schmuggeln Gott durch die Hintertür ein: Sie räumen ihm eine Art Überwacherrolle ein über den Verlauf, den die Evolution genommen hat, bei der er entweder entscheidende Momente in der Evolutionsgeschichte (besonders natürlich der *menschlichen* Evolutionsgeschichte) beeinflußt oder sogar in umfassenderer Weise in die tagtäglichen Ereignisse eingreift, die zusammenaddiert den evolutionären Wandel ausmachten.» Statt dessen stelle die «wahre Erklärung der Existenz von Leben» «das Kontinuum von Ein-Schritt-Selektion zu kumulativer Selektion» dar. (S. 364)
25 Vgl. E. DREWERMANN: ... und es geschah so, 35–61: Komplexität aus Zufall? S. 123–130: Eine molekulare und morphologische Synthese.

ist, relativ konstant bleibt[26]; andern Arten gelingt es, sich an die veränderten Lebensbedingungen ihrer Umgebung flexibel genug anzupassen, – dann werden etwa aus bärenähnlichen Landraubtieren im Verlauf von vielen Millionen Jahren die meere-bewohnenden Zahnwale[27]. Doch entscheidend ist, daß keiner der wirkenden Faktoren: weder die genetischen Veränderungen des Erbgutes noch die geologischen Veränderungen der Landschaft oder des Klimas, noch der wechselseitige Konkurrenzkampf *zwischen* den Arten und *innerhalb* der eigenen Art irgend etwas anderes zeigt als ein blindes «Es ist so». Es bedarf zur Erklärung der Geschichte des Lebens keiner göttlichen Wunder mehr, ja, es darf sie durchaus nicht geben; es bedarf keiner absichtsvollen Weisheit mehr, ja, es kann sie nicht geben; was es gibt, ist eine vom Ende her bewundernswerte Fülle und Vielfalt an Formen, die alle versuchen, das eigene genetische Material so fruchtbar wie möglich weiterzugeben; – ein amazonasähnlicher Fluß, der zwischen den Bergen dahinströmt, bis er die Weiten des Meeres erreicht, von denen er selber sich regeneriert, doch weiß er selbst nicht von seiner Mündung als Ziel noch von dem Regen, der ihm das Wasser der Wolken schenkt.

Bereits diese blinde, zufallsgeprägte Notwendigkeit der Natur als Erklärung all der «Wunder» des Lebens akzeptieren zu sollen wie zum Ersatz der vordem geglaubten Wundertaten des Schöpfergottes macht den Graben zwischen Wissen(schaft) und Glauben(slehre) unüberwindbar. Doch hinzu kommt erschwerend zum

2) die namenlose Qual der Kreaturen als Grundtatsache der Geschöpflichkeit. Rein genetisch mag es wie eine wertneutrale Aussage erscheinen, wenn sich feststellen läßt, daß es etwa 1 Mio. ungerichteter Mutationen braucht, um *einmal* eine Erbveränderung hervorzubringen, die für den betroffenen individuellen Organismus unter gegebenen Bedingungen einen gewissen Vorteil im Kampf ums Überleben mit sich bringt; alle anderen Fälle gehen einher mit frühem Tod oder lebenslanger Qual[28]. Im Prinzip sind Mutationen nichts weiter als Irrtümer beim Abschreiben der DNA, doch nur durch solche Kopierfehler entstehen in einem Meer von Leid zufällig dann auch die Erbveränderungen, mit denen die Evolution weiterarbeiten kann. Wer aber einmal die Wirkung von Erbschäden an Neugebore-

26 Vgl. PETER DOUGLAS WARD: Der lange Atem des Nautilus, 105–132: Nautilus und die letzten Ammoniten.

27 E. DREWERMANN: … und es geschah so, 120.

28 A. a. O., 131–132; G. CZIHAK – H. LANGER – H. ZIEGLER: Biologie, 160.

nen beobachten mußte – die etwa in Vietnam nach den Entlaubungsaktionen des US-Militärs mit dem Dioxin-haltigen Agent orange als späte Opfer zur Welt gekommen sind oder die im Südirak dem abgereicherten Uran der Panzergranaten ausgesetzt waren, die, 1991 im Golfkrieg, von den Alliierten verschossen wurden –, der sieht eine Welt vor sich, die so, wie vorzufinden, nicht sein dürfte. Aber kann ein Teufel sie so arrangiert haben? – Gäbe es wirklich eine Intelligenz, die ein solches Ergebnis ihres Handelns in Kauf genommen oder gar beabsichtigt hätte, so müßte es sich wirklich um ein «teuflisches» Wesen handeln; doch eine solche Kennzeichnung mag allenfalls taugen, um die Offiziere im Planungsstab des Pentagon oder in irgendeiner anderen Militärzentrale moralisch zu charakterisieren, – zum Verständnis der Abläufe der Natur trägt sie nichts bei.

Das Entscheidende an der darwinistischen Betrachtung der Natur besteht vor allem in der Tatsache, daß sie sämtliche Spekulationen der tradierten Theologie über das Wesen und Wirken von bösen Geistern erübrigt. Was erklärt werden soll: das Unmaß von Leid auf dieser Erde, erklärt sich viel einfacher, – nicht durch eine absichtsvoll gestörte Ordnung, sondern durch eine absichtslos aus chaotischen Prozessen hervorgegangene und deshalb jederzeit störanfällige Ordnung. Inmitten dieser Welt befinden wir, im Bild gesprochen, uns wirklich, wie der Wiener Biologe RUPERT RIEDL sagt, «in des Teufels Küche»[29], doch ist kein Teufel nötig, der sie als Hölle eingerichtet hätte.

Denn so geht es jetzt weiter: Bei der Weitergabe des Erbgutes erwies es sich als Vorteil, zur Beschaffung von Nährstoffen die Keimzellen mit einem Trägerorganismus zu umgeben; zum Schutz vor Kopierfehlern sowie vor Schädigungen der DNA durch Schadstoffe und Viren zeigte sich die Differenzierung in weibliche und männliche Keimzellen als nützlich –, die sexuelle Vermehrung trug zudem zur Beschleunigung der Evolution in großem Stil bei[30]; doch jeder dieser Schritte mußte teuer bezahlt werden. Die Trennung von Körper- und Samenzellen erkaufte sich mit dem Preis des Todes allen individuellen Lebens. In diesem Punkte mutet die «Strategie der Genesis» geradezu grotesk an, besteht sie doch, in RUPERT RIEDLS Worten, immer von

29 RUPERT RIEDL: Die Strategie der Genesis, 15–30: In des Teufels Küche; E. DREWERMANN: ... und es geschah so, 130–144: Was theologisch nicht mehr geht und wie es (vielleicht) weitergeht.

30 E. DREWERMANN: ... und es geschah so, 327–341: Die Entstehung der sexuellen Fortpflanzung.

neuem darin, zur Änderung eines einzigen kleinen Dachreiters am Kölner Dom die ganze Kathedrale niederzureißen und den gesamten Bau wieder und wieder neu aufzuführen[31]. Zu den unabänderlichen Betriebsbedingungen des Lebens gehört diese absolute Zumutung, daß gerade der Teil eines Lebewesens, der als einziger über Sinneswahrnehmungen, Affekte, Gefühle, Erinnerungen, Gedanken, Vorstellungen und Selbstentwürfe zu verfügen imstande ist: der Organismus des Individuums, scheinbar ohne Bedauern in den Tod gegeben wird, auf daß einzig ein paar Gameten potentiell weiterleben.

Doch gleich das nächste Schauspiel: Die Selektion setzt nicht erst nach der Verschmelzung der Keimzellen zu einem neuen Lebewesen an, sie sortiert vorweg bereits aus, welch ein männliches Individuum im Vergleichskampf mit einem anderen Vertreter der gleichen Art seine Gene an ein bevorzugtes Weibchen weitergeben kann. Von den Käfern bis zu den Säugetieren, von den Fischen bis zu den Primaten herrscht dieses brutale Auswahlprinzip. Da legen Schildkröten einander auf den Rücken, unbekümmert über das weitere Schicksal des Konkurrenten, der womöglich in der glühenden Sonne verdorren muß, da bringen Seebärmännchen sich im Kräftemessen um die Gunst des Weibchens blutige Verletzungen bei, da rottet ein Löwenmännchen, wenn es ihm gelingt, einen fremden Harem zu übernehmen, als erstes die Jungtiere aus dem Wurf seines Vorgängers restlos aus[32], auf daß nur seine eigenen Spermien sich fortpflanzen ... Als Egoismus der Gene[33] hat man dieses Verhalten bezeichnet, – zu Recht, denn von der Allgüte eines Gottes als Schöpfers dieser Weltordnung ist weit und breit nichts zu erblicken, dafür ein mathematisches Kalkül: die Nähe der Verwandtschaft bestimmt bereits bei manchen Insekten wie Bienen, Ameisen und Termiten den Aufbau riesiger «Völker» in staatenähnlicher Ordnung[34], welche die vielfältigen Formen der sozialen Verständigung und Kooperation festlegt, und auch bei Wirbeltieren und Säugetieren spielen Verwandtschaftsbeziehungen die größte Rolle[35].

31 RUPERT RIEDL: Die Strategie der Genesis, 187–188.

32 E. DREWERMANN: ... und es geschah so, 369–386: Löwen und andere Tiere zum Beispiel.

33 RICHARD DAWKINS: Das egoistische Gen, 121–153: Die egoistische Maschine und die Stabilität.

34 Vgl. WOLFGANG WICKLER – UTE SEIBT: Das Prinzip Eigennutz, 116–131: Soziobiologie von Bienen und Ameisen.

35 A. a. O., 101–111: Verwandtschaftsgrad und soziale Hilfeleistung im Löwenrudel; 320–333: Partnertreue.

Also: Tod als Folge der Mehrzelligkeit, Kampf zur Partnersuche als Folge der sexuellen Vermehrung, – es fehlt bei all dem noch der furchtbare Zwang des unaufhörlichen Tötens und Getötetwerdens zum Zwecke der Nahrungssuche. – Gerade an dieser Stelle sahen sensible Theologen nicht zufällig eine Art Beweis für ihre Auffassung, die Ordnung der Natur, wohleingerichtet von einem gütigen Gott, müsse nun wirklich von einem teuflischen Gegenspieler in das Gegenteil des Gemeinten verkehrt worden sein, denn zugeben muß man, daß der bloße Augenschein sie restlos bestätigt: kein Mensch auf der Suche nach den Manifestationen einer unendlichen Güte auf Erden wird nicht zutiefst irritiert sein durch den Anblick der endlosen Grausamkeit des ebenso unerläßlichen wie unablässigen Fressens und Gefressenwerdens. Die Geschmeidigkeit des Kätzchens – soeben noch bewundernswert als ein Beispiel für die Größe des Gottes der Schöpfung – erklärt seinen Körperbau darwinistisch ganz einfach durch seine Verwandtschaft mit den Feliden und durch seine Spezialisierung als Nachtjäger auf Kleinlebewesen wie Vögel und Mäuse: – mit einem Mal begreift man seine großen, Restlicht verstärkenden Augen, die federnden Fußballen, die dolchartigen Reißzähne und Krallen …, und schon geht der Blick ins Weite: plötzlich begreift man das unaufhörliche Wettrüsten zwischen Beutegreifern und Beutetieren[36], man begreift den Zusammenhang der «Nahrungspyramide» nach der einfachen Regel, daß es stets die Großen sind, welche die Kleinen fressen, ja, mit Mal fängt man an, die Energiemenge der Biomasse eines Biotops zu errechnen, die sich in der Vielzahl der Arten zwischen Geburt und Tod auf einem bestimmten Niveau des Fließgleichgewichts stabilisiert[37] … Wenn es eine «Intelligenz» in dieser «Ordnung» gibt, dann ist es eine, die sich am besten in der Sprache der Mathematik formulieren läßt, der aber so etwas wie Güte und Mitleid absolut abgeht.

Vergebens ist deshalb das Konzept von dem «intelligent design», mit dem gelegentlich in gewissen nach wie vor dem alten Schöpfungsdogma anhängenden Kreisen versucht wird, Gott und die Evolution als «Einheit» zu denken. Das «Argument», das sie vorbringen, erin-

36 Vgl. E. DREWERMANN: … und es geschah so, 540; 555–556; RICHARD DAWKINS: Der blinde Uhrmacher, 249 – zum «zyklischen Wettrüsten von Parasiten und Wirtstieren».

37 Der Begriff des «Fließgleichgewichts» stammt von LUDWIG VON BERTALANFFY: Die Evolution der Organismen, in: D. Schlemmer: Schöpfungsglaube und Evolutionstheorie, 53–56.

nert stark an eine Position, die ebenfalls schon von GOTTFRIED WILHELM LEIBNIZ vorgetragen wurde und die vor allem bei den sogenannten Deisten sehr beliebt war: man sah wohl, daß ein Gott, wie ihn die (Mono)Theisten glauben, ein Gott, der ständig in die Welt, die er geschaffen, «eingreifen» muß, um das Leben, das Bewußtsein, um den Menschen zu ermöglichen, einer höchsten Vernunft nicht gemäß sein kann, vielmehr, stellten sie sich vor, sollte Gott, wie ein sinnreicher Uhrmacher, das Kunstwerk seiner Welt so exakt und präzise eingerichtet haben, daß ihr gesamter Ablauf mit pünktlicher Notwendigkeit all die Effekte zeitigt, die dann im einzelnen als staunenswerte Wunder in Erscheinung treten. – Das Konzept des «intelligent design» besteht nicht unbedingt in einem solch strengen Determinismus, wie er in der deistischen Philosophie angelegt war und in der NEWTONschen Physik mit mathematischen Mitteln ausformuliert wurde, dafür aber büßt der Gedanke auch viel von seinem ursprünglichen Erklärungswert ein, ja, er gerät, wie etwa bei TEILHARD DE CHARDIN in den 50er Jahren des 20. Jhs., mit Leichtigkeit zu einem christologisch-mystischen Entwurf: Nach Meinung des französischen Jesuiten und Paläontologen besteht in der «radialen» Energie im Innern der Atome bereits eine Tendenz, sich «einzurollen» zu immer komplexeren Gebilden, die Leben formen und sich auf den Menschen hin entwickeln, in welchem die Menschwerdung Gottes durch die Offenbarung Christi bereits als Sinnmitte des Kosmos gewußt und als Endbestimmung der Evolution des Universums antizipiert wird[38] … Das ist «intelligent design» pur. Doch was wird da erklärt?

38 PIERRE TEILHARD DE CHARDIN: Der Mensch im Kosmos, 288–289. Protestantischerseits hat vor allem JÜRGEN MOLTMANN: Der Weg Jesu Christi, 298, dieses Konzept als neue «Umwelttheologie» vertreten: «Christus ist der Erstgeborene der ganzen Schöpfung: Jesus der Messias Israels – Jesus ist der Menschensohn der Völker – Jesus ist das Haupt des versöhnten Kosmos; Leib Christi ist der gekreuzigte und auferstandene Leib Jesu – Leib Christi ist die Kirche – Leib Christi ist der ganze Kosmos. Da war Christus existierend als Jesus von Nazareth, da ist Christus als ‹Gemeinde existierend›, da ist Christus als Kosmos existierend.» Diese Art von Theologie erlaubt sich, den Gang der Welt zu kennen, ohne von der Wirklichkeit der Welt auch nur Notiz zu nehmen. GÜNTHER SCHIWY: Der kosmische Christus, 128–147, sieht – im Erbe TEILHARD DE CHARDINS, aber auch der deutschen Mystik und Romantik – die «Anzeichen eines neuen Zeitalters» heraufziehen. Doch wenn «Romantiker» von Mond und Sonne reden, meinen sie eher Selene und Helios als unseren Erdtrabanten und den gigantischen Fusionsreaktor, der als Zentralgestirn der Erde ihre Energie verleiht. – Auf seine Weise versuchte HERMANN RINGELING: Der Christ im Kampf ums Dasein, 29, sich mit dem Weltbild des Darwinismus auseinanderzusetzen: «Die Anstößigkeit der Selektionstheorie für viele Menschen kommt aus dem Erschrecken, daß hier anscheinend jeder Glaube an eine sinnvolle

Zugeben muß man dieser Weltsicht allenfalls, daß sie die behauptete Gerichtetheit in der Entwicklung des Lebens konsequenterweise bereits mit der Physik der Elementarteilchen anheben läßt. Dieses «Argument», in verbesserter Form, könnte plausibel erscheinen; denn in der Tat: sind nicht schon die Werte der Naturkonstanten mit unerhörter Genauigkeit gerade so beschaffen, wie sie sein müssen, damit das Weltall eben die Gestalt annehmen kann, die wir jetzt vor uns sehen? Was wäre, wenn die Masse und die Ladung eines Protons etwa auch nur um einen winzigen Betrag von den zu messenden Daten abweichen würden[39]? Nichts hätte dann noch Bestand, alles zerfiele in Chaos! Ist also die Annahme nicht geradezu zwingend, daß eine höchste Intelligenz bereits den Elementarteilchen eben die Werte zuerteilt hat, die zur Hervorbringung und zum Bestand der Welt, wie wir sie kennen, erfordert sind?

Das Problem des Konzepts vom «intelligent design» besteht, wie bei jedem Versuch einer kreationistischen Erklärung der Welt, in der Behauptung eines bewußten Plans, welcher der Entwicklung der Welt zugrunde liege; dieses Konzept scheitert bereits in der Biologie, und da nutzt es auch nicht, daß man flugs die Ebenen wechselt und aus der Biologie abtaucht in die so viel klarer scheinende Physik; denn das Ausgangsproblem ist keinesfalls gelöst, im Gegenteil, es hat sich radikal verschärft. Das Ausgangsproblem – das ist nach wie vor das unsägliche Leid der Kreaturen, und nun zu hören, es sei alles das von Anfang an und von Grund auf vorhergesehen und beabsichtigt von einem Gott, der eben so die Welt in allen Teilen eingerichtet habe, –

Welt den Todesstoß erhält.» Dann aber rekurriert auch er auf TEILHARD und spricht von «der komplizierter werdenden Materie», die «mittels einer ‹Anordnung›» zu einer «durchsetzungsfähigeren Leistung» fähig sei (S. 38). Und bei aller Skepsis hält auch er «eine Steigerung in der absoluten Potenz der Menschlichkeit» (56) für möglich. – Nicht ganz unähnlich schreibt auch GERHARD EBELING: Dogmatik des christlichen Glaubens, I 323: «Die Unterscheidung von Schöpfer und Kreatur hat man nicht festgehalten, wenn man nicht ausnahmslos alles, was geschieht, dadurch in Bewegung gesetzt, davon getragen und davon abhängig glaubt, daß Gott in schlechterdings anderer Weise als die Kreatur, darum aber in schlechthinniger Universalität in ihr wirksam ist..., daß die causae secundae auch in actu nichts sind ohne Gott als causa prima.» Daß alles in der Welt von Gott umfangen ist, lehrt ganz allein der Glaube (der sich an der Seite Jesu formt); es ist kein Satz zur Welterklärung, einzig zur Sinngebung der Welt.

39 E. DREWERMANN: Im Anfang, 1039–1047: Das Problem der Anfangsbedingungen. R. J. BERRY (Hg.): Gott oder Zufall, 145, warnt zu Recht davor, Gott als «Lückenbüßer» zur Begründung fehlender Erklärungen zu gebrauchen; doch wie kann er dann behaupten: «Gott wirkt ebenso sehr in den ersten 10^{-43} Sekunden (sc. den PLANCK-Zeiten am «Anfang», d. V.) wie zu jeder anderen Zeit»?

das zieht das Gottesbild selbst ins Monströse, das macht das Göttliche vom Teuflischen nicht länger unterscheidbar.

Da hat – ein Beispiel nur zu nennen – das Leben vom Kambrium an, vor 550 Millionen Jahren beginnend, sich mühsam aus einer Reihe von Grundmustern emporentwickelt, es hat vom Meer aus das Festland erobert, es hat Saurier und Säugetiere hervorgebracht, Bewohner der Lüfte ebenso wie der Tiefsee[40], und dann, vor etwa 63 Mio. Jahren, stürzt – wieder mal! – ein Meteorit auf die Erde[41] und entfesselt ein Inferno: das Ruß der Feuer verdunkelt die Sonne, die Photosynthese der Pflanzen kommt zum Erliegen, viele Tiere, soweit sie nicht in der Gluthitze unmittelbar nach dem Einschlag zugrunde gegangen, verlieren die Nahrung, ein ganzes Erdzeitalter, das Mesozoikum, endet; allerdings: mit dem Dinosauriersterben hebt zugleich der Aufstieg der Säugetiere an, damals noch kleine rattenähnliche Wesen, die nun aus ihren Nischen heraus ihre Erfolgsgeschichte antreten, der auch wir Menschen uns schließlich verdanken ... Wenn irgendein «intelligenter» Plan uns hätte hervorbringen wollen, dann hätte er demnach das Zerbersten eines möglichen Planeten zwischen Jupiter und Mars bei der Bildung unseres Sonnensystems vor 4,5 Mrd. Jahren bereits beabsichtigen müssen[42], um aus den chaotischen Bewegungen der Trümmer innerhalb des Planetoidengürtels schließlich jene Katastrophe am Ende der Kreidezeit und am Anfang des Tertiär in Szene zu setzen; auch an den Einschlag eines Kometen aus den Bewegungen der Oortschen Wolke[43] könnte man denken; doch

40 STEPHEN JAY GOULD: Zufall Mensch, 53–61: Leben vor dem Burgess: Die kambrische Explosion und die Entstehung von Tierarten.

41 Vgl. E. DREWERMANN: ... und es geschah so, 604–613: Die Katastrophe am Ende der Kreide.

42 Vgl. E. DREWERMANN: Im Anfang ..., 67–69.

43 A. a. O., 78–83. – Es ist vor allem die gesamte Machart, die Welteinrichtung selbst, die «Strategie der Genesis», die es ehrlicherweise untersagt, die «Menschwerdung» theologisch so darzustellen, wie DOROTHEA SATTLER – THEODOR SCHNEIDER: Schöpfungslehre, in: Theodor Schneider (Hg.): Handbuch der Dogmatik, I 221, es versuchen: «Gott wirkt bei der Erschaffung des Menschen ein die vormenschlichen Möglichkeiten überbietendes und überschreitendes Eigenwirken der Geschöpfe. Gott ist der transzendente Grund, die Bedingung der Möglichkeit einer Evolution, in der menschliches Leben entstand.» Das überträgt KANTs Erkenntniskritik an der kirchlichen Metaphysik eins zu eins in die Begründung der dogmatischen Schöpfungsmetaphysik. Und, um keine Zweifel aufkommen zu lassen, was sich daraus ergibt, heißt es ausdrücklich (S. 223): «Jede Entwicklungsstufe im evolutiven Geschehen zeitlich vor und nach der Menschwerdung Gottes ist auf diese als ihre Zielursache hingeordnet und gewinnt von dieser ihren Eigenwert.» S. 222, geht die

wie auch immer: Ein Gott, der ein solch ungeheueres Maß an Leid ein«plant», widerlegt sich offenkundig und ein für allemal als ein Gott, der eine Welt geschaffen hätte haben können zur Manifestation von Weisheit und von Güte.

Das heißt: «Weisheit» vielleicht eben doch – auf jener ruhigen Betrachtungsebene der Physik! Wenn man die ganze Aufregung des Lebendigen tatsächlich einmal hinter sich läßt, um sich ungestört der kristallinen Schönheit einer Schneeflocke[44] oder eines Amethysten zuzuwenden, so mag man unausweichlich in ein staunendes Nachdenken geraten über jene Kräfte, die derartige Zauberwerke zu erzeugen imstande sind. So viel steht fest: «passiv», wie ARISTOTELES gedacht hat, ist die Materie auf keinen Fall. Mit welcher Eleganz etwa formuliert ALBERT EINSTEINS Spezielle Relativitätstheorie im Jahre 1905 die Äquivalenz von Materie und Energie und beschreibt zehn Jahre später seine Allgemeine Relativitätstheorie die Verformung der Raumzeit durch die Materie[45]: die Vorgänge im Inneren der Sterne, die Explosionen von Supernovae, die Bildung von Neutronensternen und Schwarzen Löchern, – alles läßt sich auf diese Weise verstehen! Und daneben die Quantenmechanik: Endlich erlaubt eine wissenschaftliche Theorie, den Aufbau der Atome, ja, – in der Quantenchromodynamik – den Aufbau von Neutronen und Protonen zu begreifen[46]! Wäre es möglich, die beiden Theorien des Allergrößten (die Relativitätstheorie) und des Allerkleinsten (die Quantentheorie) auf den Anfangszustand des Alls anzuwenden, so sollte es sogar möglich sein, den «Urknall» zu verstehen, der vor ca. 14 Mrd. Jahren den Kosmos in einem Zustand unvorstellbarer Dichte und Einfachheit entstehen ließ; man könnte dann zugleich erklären, wie die vier Grundkräfte der Natur (Gravitation, starke Kernkraft, Elektromagnetismus und schwache Kernkraft) in den diskreten Werten ihrer Austauschteilchen auseinander entstanden sind[47]. Und würden wir dann nicht den Traum der Physik von ISAAC NEWTON im 18. Jh. bis

Rede von der «Gerichtetheit, Nichtzufälligkeit des Evolutionsprozesses», von der «Intention beim Werden vom menschlichen Leben.»

44 Vgl. MANFRED EIGEN – RUTHILD WINKLER: Das Spiel, Abb. 22, S. 125.

45 Zur Relativitätstheorie vgl. E. DREWERMANN: Im Anfang ..., 534–602: Die gekrümmte Raum-Zeit oder: Wie Masse die Raumstruktur verformt.

46 Zur Quantenchromodynamik vgl. a. a. O., 827–844: Die Quarkstruktur der Hadronen und die Leptonen; S. 845–860: «Farbladungen», «Gluonen» und eine Theorie der starken Wechselwirkung.

47 A. a. O., 867–881: Die elektroschwache Kraft oder: Versuche einer Vereinigung aller Naturkräfte.

STEVEN HAWKING[48] in unseren Tagen einzulösen vermögen, daß wir in der Sprache der Physik die Gedanken des Schöpfers selbst zu enträtseln wüßten?

Nein, ganz und gar nicht, muß man entgegnen, außer man spräche überhaupt nur noch metaphorisch von Gott. Denn: so wenig wie die Biologie einen zielgerichteten (teleologischen) Weltentwurf oder einen Gott der ständigen Wunder benötigt, so wenig kann eine physikalische Theorie einen «Schöpfer» gebrauchen, stünde er doch für einen «Anfang», der prinzipiell sich jeder Erklärung entzöge, indem er sich nur als ein Akt reiner Freiheit begreifen ließe; methodisch kann kein Naturwissenschafter anders sprechen als PIERRE SIMON DE LAPLACE, der im 18. Jh. auf die Frage, wo er bei seiner (in großer Ähnlichkeit zu der von IMMANUEL KANT entwickelten) Theorie von der Entstehung des Planetensystems (unter dem Einfluß der Gravitation auf einen ursprünglich chaotischen Zustand)[49] Gott gelassen habe, lakonisch erklärte: «Diese Hypothese hatte ich nicht nötig, Sire.» Naturwissenschaftler, wenn sie die Ergebnisse ihrer Experimente und Berechnungen «religiös» interpretieren, können im Grunde nur dem Hauptgedanken des jüdischen Philosophen SPINOZA folgen und Pantheisten sein: der Uhrmachergott der Deisten ist als eine eigenständige Person hinter der Schöpfung eine überflüssige Komplikation; Gott ist selbst die Natur beziehungsweise die Natur selbst ist Gott[50]!

Dabei ist es freilich die Frage, was das Weltall ist. Dehnt es sich immer weiter aus, wie man derzeit annimmt, oder kollabiert es unter dem Einfluß der Gravitation zu einem gigantischen Schwarzen

48 STEPHEN W. HAWKING: Einsteins Traum, 176: «Ich glaube immer noch, daß das Universum einen Anfang in der realen Zeit hat, einen Urknall. Aber es gibt eine andere Art von Zeit, die imaginäre, rechtwinklig zur realen Zeit, in der das Weltall keinen Anfang und kein Ende hat. Das würde bedeuten, daß die Art und Weise, wie das Universum begonnen hat, von den physikalischen Gesetzen bestimmt wurde. Man müßte nicht sagen, daß Gott das Universum auf irgendeine willkürliche Weise in Gang gesetzt hat, die wir nicht verstehen können. Über die Frage, ob Gott existiert oder nicht, ist damit überhaupt nichts gesagt, nur daß er nicht willkürlich ist.»

49 Vgl. E. DREWERMANN: Im Anfang ..., 55–84: Die Entstehung des Sonnensystems oder: Von Planeten, Monden und Kometen; IMMANUEL KANT: Allgemeine Naturgeschichte und Theorie des Himmels, in: Werke, I 225–396

50 BARUCH DE SPINOZA: Die Ethik, 4. Teil, Vorrede, S. 187: «jenes ewige und unendliche Wesen, das wir Gott oder die Natur heißen, handelt mit der selben Notwendigkeit, mit der es existiert.» Vgl. E. DREWERMANN: Im Anfang ..., 723–748: «Der Alte» Einsteins oder: Die Gottheit Spinozas.

Loch[51]? Und was dann? Beginnt auf der Rückseite dessen, was uns als ein Schwarzes Loch erscheint, vielleicht in Wahrheit bereits eine neue Welt[52]? Ja, werden aus dem «Quantenschaum» nicht vielleicht immer wieder neue Welten geboren, von denen freilich nur diejenigen eine Zeitlang Bestand haben, deren Naturkonstanten zufällig die «richtigen» Werte aufweisen[53]? – Alles das läßt sich erwägen, und diese

51 E. DREWERMANN: Im Anfang ..., 1061–1070: Wie es vielleicht zu Ende geht. Vgl. STEPHEN HAWKING – ROGER PENROSE: Raum und Zeit, 105–142: Quantenkosmologie.

52 LEE SMOLIN: Warum gibt es die Welt? 108: «Wäre es möglich, daß hinter dem Horizont eines Schwarzen Loches ein neues Universum entsteht?» Zur Physik Schwarzer Löcher vgl. die leicht verständliche Darstellung bei STEPHEN HAWKING: Das Universum in der Nußschale, 122–137. Vgl. auch MARTIN BOJOWALD: Zurück vor den Urknall, 226–250: Quantentheorie Schwarzer Löcher. Vgl. auch STEPHEN HAWKING – ROGER PENROSE: Raum und Zeit, 55–86: Zur Quantentheorie schwarzer Löcher.

53 LEE SMOLIN: Warum gibt es die Welt?, 241–250: Jenseits des anthropischen Prinzips. – Jesuitenpater GEORGE V. COYNE: Ursprünge und Schöpfung, in: Tobias Daniel Wabbel (Hg.): Im Anfang war (k)ein Gott, 15, billigt den Naturwissenschaften die Begründung von «Veränderungen» innerhalb des Vorhandenen zu, doch können sie seiner Meinung nach nicht erklären, warum etwas existiert. Doch genau das wird heute versucht. Die alte metaphysische Frage: Warum ist etwas und nicht vielmehr nichts? ist selber zu einem Teil der Physik geworden. Vgl. LAWRENCE M. KRAUSS: Ein Universum aus Nichts, 187–202: Das Nichts ist etwas; S. 203–225: Das Nichts ist instabil. – Das Entscheidende dabei ist, daß der Begriff des Nichts in der Physik als «Vakuum» aufgefaßt wird, dessen minimale Energie nicht «Nichts» ist: «Dass es im leeren Raum Energie gibt – diese Entdeckung hat unser kosmologisches Universum erschüttert ... – bestärkt ... eine Einsicht in die Quantenwelt ... Der leere Raum ... zeigt sich als brodelndes Gebräu virtueller Teilchen.» (S. 203) Aus solchen Quantenvakuumfluktuationen könnte unser Universum nebst unendlich vielen anderen Welten entstanden sein. Die Tatsache, daß solche Spekulationen möglich sind, bedeutet das Ende der gesamten «Physikotheologie». Vgl. RÜDIGER VAAS: Parallele Welten, in: Bild der Wissenschaft, 1/2014, 38–53. – JOHN D. BARROW: Das Buch der Universen, 217–221, urgiert das Konzept ewig inflationärer Universen: «Eine ewige, sich ständig selbst reproduzierende Inflation heisst, dass unsere Blase (sc. «unser» Universum, d. V.) ihren Anfang hatte, das ganze Multiversum der Blasen-Universen aber weder Anfang noch Ende. Wir würden demnach in einer (vielleicht seltenen?) Blase leben, in der die Expansion lang genug anhielt, um die Bildung von Sternen, Planeten und Leben zu erlauben.» (219–220) MARTIN BOJOWALD: Zurück vor den Urknall, 104–127, favorisiert das Konzept der Schleifen-Quantengravitation, wonach die Raumzeit «durch sukzessives Hinzufügen oder Entfernen von Schleifen» beschrieben wird (S. 110). Das Ergebnis: «Die Zeit hört am Urknall nicht auf. – Stattdessen gibt es eine Vorgeschichte des Universums vor dem Urknall, mit Raum und Zeit, wie sie in der Allgemeinen Relativitätstheorie nicht gesehen werden können ... Dieses Universum vor dem Urknall ist gleichsam durch einen Vorhang verhüllt, den nicht die Gleichungen der Allgemeinen Relativitätstheorie, sondern erst die der Schleifen-Quantenkosmologie durchdringen können ... Die Urknall-Singularität stellt sich als Grenze der alten Sprache heraus ... Sie bedeutet jedoch keine

Tatsache allein bereits macht es unmöglich, die alte Frage der Metaphysik: Warum ist etwas und nicht vielmehr nichts? nach dem Kausalitätsprinzip noch länger mit Gott beantworten zu wollen, – die Physik selbst hält mögliche Lösungen des Problems der Entstehung von allem bereit!

Doch auch rein philosophisch führt der klassische «Gottesbeweis» aus der Kontingenz (der Zufälligkeit) der Welt[54] offenbar nicht zum Ziel: Ganz richtig sah man da, daß alles, was ist, nicht aus sich selbst existiert, – es ist kein *ens a se*, sondern ein *ens ab alio*, es verdankt sein Dasein einem anderen, aus dem es entstanden ist. So ist ein Kind entstanden aus den Eltern und diese ... letztlich aus der Materie der Erde und diese aus der Materie einer (oder zwei) Supernova(e)[55] und diese aus dem Wasserstoff des Weltalls und dieser ... aus dem Urknall und dieser ... Egal, wie im einzelnen die Kausalreihe verläuft, – es gibt kein endliches Seiendes, das wesenhaft in sich selber sein müßte, so daß Sein und Wesen, Dasein und Sosein identisch wären; eben deshalb ist seine Existenz nicht wesensnotwendig; da also nichts aus sich selbst existiert, kann die Existenz von allem nur erklärt werden durch das Dasein von etwas, das durch sich selbst existiert (ein *ens a se*), indem es den Grund seiner Existenz in sich selbst trägt (als die seiende Ursache seiner selbst – als *ens causa sui*); in einem solchen Seienden sind Sein und Wesen identisch, und insofern ist es der einzige hinreichende Grund von allem, was ist, schuf es doch alles kontingent Seiende aus einem dreifachen Nichts: aus dem Nichts seines Seins (daß es wurde), aus dem Nichts seines Wesens (daß es etwas werde) und aus dem Nichts zwischen Sein und Werden (daß, was es ist, wirklich sei)[56]. Bis dahin verläuft der «Gottesbeweis» aus der Kontingenz der Welt folgerichtig, indem er linear entlang der Kausalkette einen bündigen Schlußpunkt postuliert, statt einen Regreß *in infinitum* vorzuschlagen. Doch bereits KANT sah, daß auch ein ganz

Grenze der Welt.» (125–126) – Die exakte Erzeugung der Massen der Elementarteilchen erfolgt nach der Theorie des britischen Physikers PETER HIGGS durch Anregungsformen des nach ihm benannten Higgs-Feldes. Im Large Hadron Collider (LHC) am CERN bei Genf gelang 2012 der Nachweis eines Higgs-Teilchens und damit die Bestätigung des Standardmodells der Elementarteilchenphysik. Vgl. RÜDIGER VAAS: Das Higgs-Teilchen, in: Bild der Wissenschaft, 11/2012, 44–53.

54 Vgl. die «klassische» Argumentation in der Neuscholastik bei FRANZ SAWICKI: Die Gottesbeweise, 87–121: Der Kontingenzbeweis.

55 E. DREWERMANN: Im Anfang ..., 182–184.

56 EMERICH CORETH: Metaphysik, § 26, S. 196–204: Das Wesen als Prinzip des Begrenztseins; § 27, S. 204–209: Die Differenz von Sein und Wesen.

anderer Schluß genauso gut möglich ist: wie, wenn das Ganze, das Universum, nicht auf ein Absolutes hinführen müßte, sondern selber das Absolute wäre[57]? Warum sollte der Gedanke eines Wesens, das sich selbst in seinem Sein begründet, nur auf einen Gott jenseits des Kosmos anwendbar sein, statt auf den Kosmos selbst? Dann wäre, wie SPINOZA wollte, Gott und die Natur ein und dasselbe. Und: was spräche dagegen?

Eigentlich «nur» ein Einwand, den – noch einmal – GEORG BÜCHNER in seinem Drama «Dantons Tod» den Philosophen THOMAS PAYNE (1737–1809) geltend machen läßt: Wenn Gott mit der Natur eins ist, gibt es keine Schöpfung, vielmehr ist dann alles Gott und Gott ist alles; «das», sagte er, «wäre so übel nicht, aber Sie müssen mir zugestehen, daß es gerade nicht viel um die himmlische Majestät ist, wenn der liebe Herrgott in jedem von uns Zahnweh kriegen, den Tripper haben, lebendig begraben werden oder wenigstens die sehr unangenehmen Vorstellungen davon haben kann.» «Schafft das Unvollkommene weg, dann allein könnt Ihr Gott demonstrieren ... Man kann das Böse leugnen, aber nicht den Schmerz; nur der Verstand kann Gott beweisen, das Gefühl empört sich dagegen ... warum leide ich? Das ist der Fels des Atheismus. Das leiseste Zucken des Schmerzes und rege es sich nur in einem Atom, macht einen Riß in der Schöpfung von oben bis unten.»[58]

Es gibt inzwischen nicht wenige Theologen (und wohl auch Religionslehrer), die ihre im Grunde pantheistische Weltsicht mit einem berühmten Zitat des mittelalterlichen Mystikers ECKHART zu stützen suchen: es sei ebenso sinnlos, Gott gut oder böse zu nennen wie ihn weiß oder schwarz zu nennen[59], – alle Wertungen, ob ästhetische oder moralische, gelten als endliche nur im Endlichen, sie können daher nicht Anwendung finden auf das Unendliche; auch daß Gott als «Person» gedacht wird, betrachtete ECKHART als eine nur begrenzte, also unzutreffende Vorstellung; aber: ein Absolutes, das nicht Person ist,

57 Vgl. IMMANUEL KANT: Kritik der reinen Vernunft, in: Werke, IV 544–548: Entdeckung und Erklärung des dialektischen Scheins in allen transzendentalen Beweisen vom Dasein eines notwendigen Wesens. – STEPHEN HAWKING – LEONARD MLODINOW: Der große Entwurf, 177, resümieren: «Spontane Erzeugung ist der Grund, warum etwas ist und nicht einfach nichts, warum es das Universum gibt, warum es uns gibt. Es ist nicht nötig, Gott als den ersten Beweger zu bemühen.»

58 GEORG BÜCHNER: Dantons Tod, in: Werke und Briefe, 106; 107.

59 Vgl. DENZINGER – SCHÖNMETZER: Enchiridion Symbolorum, Nr. 978; die These wurde 1329 von *Johannes XXII.* verurteilt.

kann als etwas Plan- und Willenloses wohl auch nicht als «Schöpfer» angesehen werden, es müßte mit dem, was einmal als «Schöpfung galt, identisch sein; dieses Absolute wäre wirklich «alles»: Gutes ebenso wie Böses, Schönes ebenso wie Häßliches, es wäre, meinte ein Jahrhundert später, um 1400, NIKOLAUS VON KUES, der Zusammenklang und die Einheit aller Gegensätze[60]. Doch PAYNE hat recht: so kann nur sprechen, wer als Denker von der Wirklichkeit des Leids inmitten dieser Welt ganz einfach abstrahiert oder vor ihr als Mystiker die Augen schließt. Das Leiden in der Welt und an der Welt beweist, daß diese Welt nicht Gott sein kann.

Niemand hat diese These klarer und eindringlicher vertreten als im 19. Jh. ARTHUR SCHOPENHAUER. Im 2. Bd. seines Hauptwerkes «Die Welt als Wille und Vorstellung» wendet er sich nächst den Theisten ausdrücklich gegen die Pantheisten, «deren ganze Philosophie darin besteht, daß sie das innere, ihnen unbekannte Wesen der Welt ‹Gott› betiteln; womit sie sogar viel geleistet zu haben meinen. Danach wäre denn die Welt eine Theophanie (sc. Gotteserscheinung, d. V.). Man sehe sie doch nur ein Mal darauf an, diese Welt beständig bedürftiger Wesen, die bloß dadurch, daß sie einander auffressen, eine Zeitlang bestehen, ihr Daseyn unter Angst und Noth durchbringen und oft entsetzliche Qualen erdulden, bis sie endlich dem Tode in die Arme stürzen: wer dies deutlich ins Auge faßt, wird dem Aristoteles Recht geben, wenn er sagt: *hē phýsis daimonía, all' ou theĩá esti* (natura daemonia est, non divina, sc. die Welt ist dämonisch, nicht göttlich, d. V.) ...; ja, er wird gestehn müssen, daß einen Gott, der sich hätte beigehn lassen, sich in eine solche Welt zu verwandeln, doch wahrlich

60 NICOLAUS VON CUES: Die belehrte Unwissenheit, I. Buch, Kap. 5, S. 23: «Die absolute Einheit, der gegenüber es keinen Gegensatz gibt, ist die absolute Größe selbst, welche der benedeite Gott ist.» Vgl. HANS JOACHIM STÖRIG: Kleine Weltgeschichte der Philosophie, 296–299; KARL VORLÄNDER: Philosophie des Mittelalters. Geschichte der Philosophie II, 128–149. – Zu Recht verwahrt KURT FLASCH: Warum ich kein Christ bin, 176, sich gegen das «Argument aus der überragenden Größe der kosmischen Ordnung», so als habe der Schöpfer wie ein Künstler des Leids bedurft, um sein Werk spannungsreicher zu gestalten. Eine solche Rechtfertigung Gottes, meint er nicht ohne Zynismus gegen AUGUSTINUS, «ist vom Feinsinn edler Römerinnen, die sich in der Arena bei Hinrichtungen durch wilde Bestien amüsierten». GERHARD EBELING: Dogmatik des christlichen Glaubens, III 518, räumt ein, daß die «philosophische Theodizee dem leidenden Menschen wenig Hilfe zu bieten» habe; die Theologie könne uns auf die «Solidarität mit dem leidenden Menschen» verweisen. «Die Selbstrechtfertigung Gottes ist die Rechtfertigung des Menschen durch Gott. Das ist die entscheidende Antwort auf die Frage nach der Theodizee.»

der Teufel geplagt haben müßte.»[61] Nicht ein Gott erscheint sonach als das Wesen im Inneren der Welt, sondern der blinde Wille zum Leben, der sich, wie die Feder einer Uhr, als Antrieb in jedem Einzelnen zeigt und dessen Unmaß an sinnlosem Leiden beweist, daß ein weiser und gütiger Gott das Alles weder geschaffen haben kann noch von außen als sein Marionettenspiel in seinen Händen hält.

Man betrachte, schlägt SCHOPENHAUER vor, «die unabsehbare Reihe der Thiere ..., die endlose Mannigfaltigkeit ihrer Gestalten, wie sie, nach Element und Lebensweise stets anders modificirt sich darstellen, dabei zugleich die unerreichbare und in jedem Individuo gleich vollkommen ausgeführte Künstlichkeit des Baues und Getriebes derselben ..., und endlich den unglaublichen Aufwand von Kraft, Gewandtheit, Klugheit und Thätigkeit, den jedes Thier, sein Leben hindurch, unaufhörlich zu machen hat, ... die rastlose Emsigkeit kleiner, armsäliger Ameisen, die wundervolle und künstliche Arbeitsamkeit der Bienen ..., wie überhaupt das Leben der meisten Insekten nichts als eine rastlose Arbeit ist, um Nahrung und Aufenthalt für die aus ihren Eiern künftig erstehende Brut vorzubereiten, welche dann, nachdem sie die Nahrung verzehrt und sich verpuppt hat, ins Leben tritt, bloß um die selbe Arbeit von vorne wieder anzufangen; dann auch, wie, dem ähnlich, das Leben der Vögel größtentheils hingeht mit ihrer weiten und mühsamen Wanderung, dann mit dem Bau des Nestes und Zuschleppen der Nahrung für die Brut, welche selbst, im folgenden Jahre, die nämliche Rolle zu spielen hat, und so Alles stets für die Zukunft arbeitet, welche nachher Bankrott macht; – da kann man nicht umhin, sich umzusehn nach dem Lohn für all diese Kunst und Mühe, nach dem Zweck, welchen vor Augen habend die Thiere so rastlos streben, kurzum zu fragen: Was kommt dabei heraus? Was wird erreicht durch das thierische Daseyn, welches so unabsehbare Anstalten erfordert? – Und da ist nun nichts auszuweisen, als die Befriedigung des Hungers und des Begattungstriebes und allenfalls noch ein wenig augenblickliches Behagen, wie es jedem thierischen Individuum, zwischen seiner endlosen Noth und Anstrengung, dann und wann zu Theil wird. Wenn man Beides, die unbeschreibliche Künstlichkeit der Anstalten, den unsäglichen Reichtum der Mittel, und die Dürftigkeit des dadurch Bezweckten und Erlangten neben einander hält, so dringt sich die Einsicht auf, daß

61 ARTHUR SCHOPENHAUER: Die Welt als Wille und Vorstellung, Bd. 2, 2. Buch, Kap. 28, in: Sämtliche Werke, III 398–388.

das Leben ein Geschäft ist, dessen Ertrag bei Weitem die Kosten nicht deckt.»[62]

Und ist es etwa beim Menschen anders? Keinesfalls, eher noch tragischer. Denn: «Auch hier stellt das Leben sich keineswegs dar als ein Geschenk zum Genießen, sondern als eine Aufgabe, ein Pensum zum Abarbeiten, und dem entsprechend sehn wir, im Großen wie im Kleinen, allgemeine Noth, rastloses Mühen, beständiges Drängen, endlosen Kampf, erzwungene Thätigkeit, mit äußerster Anstrengung aller Leibes- und Geisteskräfte. Viele Millionen, zu Völkern vereinigt, streben nach dem Allgemeinwohl, jeder Einzelne seines eigenen wegen; aber viele Tausende fallen als Opfer für dasselbe. Bald unsinniger Wahn, bald grübelnde Politik, hetzt sie zu Kriegen auf einander: dann muß Schweiß und Blut des großen Haufens fließen, die Einfälle Einzelner durchzusetzen, oder ihre Fehler abzubüßen. Im Frieden ist Industrie und Handel thätig, Erfindungen thun Wunder, Meere werden durchschifft, Leckereien aus allen Enden der Welt zusammengeholt, die Wellen verschlingen Tausende. Alles treibt, die Einen sinnend, die Andern handelnd, der Tumult ist unbeschreiblich. – Aber der letzte Zweck von dem Allen, was ist er? Ephemere (sc. kurzlebige, d. V.) und geplagte Individuen eine kurze Spanne Zeit hindurch zu erhalten, im glücklichsten Fall mit erträglicher Noth und komparativer Schmerzlosigkeit, der aber auch sogleich die Langeweile aufpaßt; sodann die Fortpflanzung dieses Geschlechts und seines Treibens. – Bei diesem offenbaren Mißverhältniß der Mühe und dem Lohn, erscheint uns … der Wille zum Leben, objektiv genommen als ein Thor, oder subjektiv, als ein Wahn, von welchem alles Lebende ergriffen, mit äußerster Anstrengung seiner Kräfte, auf etwas hinarbeitet, das keinen Werth hat. Allein bei genauerer Betrachtung werden wir auch hier finden, daß er vielmehr ein blinder Drang, ein völlig grundloser, unmotivierter Trieb ist.»[63]

Wie also soll eine Welt, deren Lebewesen unter dem steten Zwang stehen, sich, so gleichgültig oder so grausam es geht, gegenseitig zu vernichten und dafür, als Masse und Maß der Zerstörung, durch Zeugung in der Geschlechterreihe immer aufs neue das nötige Material hervorzubringen, als Abbild oder Erscheinung eines Gottes begriffen werden? Wenn es so steht, wie geschildert, kann die Welt weder selber Gott sein noch von Gott sein. Eigentlich wäre GOTTFRIED WILHELM LEIBNIZ zuzustimmen, daß Gott, als das allervoll-

62 A. a. O., III 402–403.
63 A. a. O., III 407.

kommenste Wesen, es sich selber schuldig gewesen sein müßte, eine allervollkommenste Welt zu schaffen[64]; doch allzu deutlich widerlegt eben deshalb der Schmerz die Beweisführung, die LEIBNIZ zugunsten des Schöpfungsglaubens anstrengen mochte, indem er behauptete, die Welt, wie wir sie vorfinden, könne von allen möglichen denkbaren Welten *als ganze* durchaus nur die allerbeste sein. Das LEIBNIZsche Argument richtet sich gegen sich selbst. Wenn diese Welt erkennbar *nicht* die allerbeste ist, so kann sie auch nicht das Werk eines allervollkommensten Wesens sein.

In beiden Richtungen also, induktiv wie deduktiv, steht die real existierende Welt dem Schöpfungsgedanken im Wege: von einer unvollkommenen Welt läßt sich nicht auf eine allervollkommenste Ursache schließen, und mit einer allervollkommensten Ursache ist eine unvollkommene Wirkung nicht vereinbar[65]. Die Tatsache der Welt erfordert keinen Gott als Schöpfer; und die Einrichtung der Welt ist, wie sie ist, die Widerlegung jedwedes Gedankens einer Schöpfung.

Gemessen an der Wucht dieser Folgerung im Sinne eines SCHOPENHAUERschen Atheismus, nimmt es sich aus wie ein geringfügiges Aperçu, das freilich die Beweiskraft des Gedankens noch verstärkt,

64 GOTTFRIED WILHELM LEIBNIZ: Die Theodizee, 1. Teil, 8, S. 101: «Diese überlegene Weisheit (sc. die Gott ist, d. V.) konnte in Verbindung mit einer nicht weniger unendlichen Güte einzig und allein das Beste wählen. Denn wie ein geringes Übel eine Art Gut und ein geringes Gut eine Art Übel ist, wenn es ein größeres Gut verhindert, so hätte man Ursache, die Handlungen Gottes zu tadeln, wenn es ein Mittel gäbe, es besser zu machen ... gäbe es nicht die beste (*optimum*) aller möglichen Welten, dann hätte Gott überhaupt keine erschaffen.» – Dagegen verfängt das Standardargument der alten Apologetik nicht, mit dem MICHAEL SCHMAUS: Katholische Dogmatik, II 98–107, behaupten mochte: «Auch die Übel unterstehen der göttlichen Weltregierung», mit der Begründung, die «Naturübel» seien «mit dem Geschöpf-Charakter der Welt gegeben. Das Endliche wird im Lauf der Entfaltung notwendig erschöpft und aufgebraucht, eben weil es endlich ist. Es kann seine Nähe zum Nichts, also zu Tod und Untergang nicht verleugnen.» (S. 98)

65 Unwiderleglich klar ist hier DAVID HUME: Dialoge über natürliche Religion, Teil 11, S. 107–108: «Wenn ein durchaus beschränkter Verstand ... die Versicherung besäße, daß es (sc. das Universum, d. V.) die Schöpfung eines sehr guten, weisen und mächtigen, wenngleich endlichen Wesens sei, so würde er sich *im voraus*, aufgrund seiner Vermutungen, von diesem Universum ein anderes Bild machen, als wir es in der Erfahrung vorfinden. Und er würde bloß von diesen Eigenschaften der Ursache aus, über die er Bescheid weiß, niemals auf die Idee kommen, daß die Wirkung so voller Laster, Elend und Unordnung sein könnte, wie es in diesem Leben den Anschein hat ... Nehmen wir dagegen an ..., dieses Wesen ist *nicht* im voraus vom Dasein eines höchsten, mit Güte und Macht begabten Geistes überzeugt, sondern muß diese Überzeugung aus den Erscheinungen der Dinge gewinnen. Dann ändert sich der Fall vollkommen, und das betreffende Wesen wird für eine solche Schlußfolgerung nie einen Grund finden.»

wenn die Idee des «Anfangs» einer Welt, die in der Zeit als endliche begonnen haben soll, selber als Widerspruch zur Ewigkeit des Göttlichen erscheint. Als der Astronom EDWIN HUBBLE in den 20er Jahren des 20. Jhs. anhand der Rotverschiebung der Galaxien entdeckte, daß sich das Weltall in immer schnellerer Ausdehnung befinde, legte der Gedanke sich zwingend nahe, es müsse die Welt an einem einzigen Punkt begonnen haben, von dem aus sie durch eine unvorstellbare Explosion entstanden sei[66]; als dann in den 60er Jahren die Hochfrequenztechniker ARNO PENZIAS und BOB WILSON die sogenannte Hintergrundstrahlung entdeckten, dauerte es nicht lange, bis ROBERT DICKE darin das Echo eben jenes «Urknalls» zu vernehmen meinte, den GEORGE GAMOW bereits zwei Jahrzehnte früher vermutet hatte[67].

Jedoch: wenn die Welt einen Anfangszustand aufwies, lag darin nicht ein Beweis für die Tatsache der Schöpfung? – Unter Physikern ist es, wie gesagt, eine offene Frage, ob es einen solchen «Anfang» der Welt wirklich gab oder ob der «Urknall» nicht lediglich das Durchgangsmoment einer Wirklichkeit darstellt, die in Zeit und Raum immer neu beginnt; doch an sich muß die Welt nicht in der Zeit entstanden sein, um als eine Schöpfung durch Gott begriffen zu werden. Bereits THOMAS VON AQUIN stellte fest, daß eine ewige Weltschöpfung sich durchaus mit der Idee von Gott vereinbaren lasse[68]; und der Dominikanermönch GIORDANO BRUNO vertrat später sogar die Ansicht, die Welt müsse in Zeit und Raum unendlich sein, um der Unendlichkeit ihres Schöpfers würdig zu scheinen[69]; allerdings wurde er im Jahre 1600 für diese Ansicht bei lebendigem Leibe verbrannt (formal freilich wegen anderer Fragen), und manche halten bis heute BRUNO in Wahrheit für einen Pantheisten. THOMAS jedenfalls meinte, der zeitliche Anfang der Welt lasse sich nicht apriori mit rein philosophischen Mitteln erkennen, sondern er sei nur von der Offenbarung der Bibel her gegeben, deren erster Satz lautet: «*Im Anfang* schuf Gott Himmel und Erde.» (Gen 1,1) Der «engelgleiche Lehrer», wie THOMAS genannt wurde, mißverstand allerdings die Kategorie des

66 Vgl. STEVEN WEINBERG: Die ersten drei Minuten, 27–57; E. DREWERMANN: Im Anfang ..., 245–258.

67 E. DREWERMANN: Im Anfang ..., 332; STEVEN WEINBERG: Die ersten drei Minuten, 58–91: Die kosmische Mikrowellen-Hintergrundstrahlung.

68 THOMAS VON AQUIN: De aeternitate mundi (1264), Parma 1864; Opusculum 23, p. 318–320.

69 GIORDANO BRUNO: Das Aschermittwochsmahl, 3. Dialog, 3. Behauptung des Nundinio, S. 153: «daß dieser Raum als Wirkung und Erzeugnis einer unendlichen Ursache und eines unendlichen Prinzips auf unendliche Weise unendlich sein muß.»

«Anfangs» in mythischen Texten (und speziell im hebräischen Denken)[70], wie sich im nächsten Kapitel noch zeigen wird, aber er irrte zugleich auch in einem anderen wichtigen Punkte, den in BÜCHNERS Drama ebenfalls der freiheitsliebende THOMAS PAYNE darlegt, – zwar nicht im Fach Religion, doch gewiß im Fach Deutsch werden die meisten Schüler die folgenden Sätze zu lesen bekommen: «Es gibt keinen Gott, denn entweder hat Gott die Welt geschaffen oder nicht. Hat er sie nicht geschaffen, so hat die Welt ihren Grund in sich und es gibt keinen Gott, da Gott nur dadurch Gott wird, daß er den Grund alles Seins enthält. – Nun kann aber Gott die Welt nicht geschaffen haben, denn entweder ist die Schöpfung ewig wie Gott, oder sie hat einen Anfang. Ist Letzteres der Fall, so muß Gott sie zu einem bestimmten Zeitpunkt geschaffen haben, Gott muß also nach dem er eine Ewigkeit geruht einmal tätig geworden sein, muß also einmal eine Veränderung in sich erlitten haben, die den Begriff Zeit auf ihn anwenden läßt, was Beides gegen das Wesen Gottes streitet. Gott kann also die Welt nicht geschaffen haben. Da wir nun aber sehr deutlich wissen, daß die Welt oder daß unser Ich wenigstens vorhanden ist und daß sie dem Vorhergehenden nach also auch ihren Grund in sich oder in etwas haben muß, das nicht Gott ist, so kann es Gott nicht geben.»[71] Die Existenz einer Welt, die in der Zeit geschaffen wurde, widerlegt also die Idee Gottes als eines Schöpfers in Ewigkeit; ein Gott aber, der kein Schöpfer ist, ist kein Gott, er ist gar nicht …

Was auf diese Weise zu Tage tritt, ist die prinzipielle Unmöglichkeit, von der bestehenden Welt her auf Gott als ihren Schöpfer zu schließen oder die Idee Gottes mit der Wirklichkeit der Welt zu vereinbaren; mit anderen Worten: die gesamte Lehrtradition der klassischen Schöpfungstheologie erweist sich als gescheitert; sie «beweist»

70 Vgl. E. DREWERMANN: Strukturen des Bösen, 1. Bd. S. XVIII–XXXI: Das Selbstverständnis der jahwistischen Urgeschichte als einer Anfangserzählung.

71 GEORG BÜCHNER: Dantons Tod, 3. Akt, in: Werke und Briefe, 105. – Das Problem wirft bereits AUGUSTINUS: Bekenntnisse, XI 12, in: Ausgew. Schriften, VII 280–281, mit der Frage auf: «Was hat Gott vor Erschaffung der Welt getan?» Eine «witzige» Antwort wäre, Gott habe Höllen bereitet «für die, die so hohe Geheimnisse ergründen wollen». Doch die Wahrheit ist: Gott «tat nichts. Denn wenn er etwas getan hätte, so hätte er nur ein Geschöpf erschaffen können.» Tatsächlich erschuf Gott mit der Schöpfung auch die Zeit, und so «konnte keine Zeit vorübergehen, bevor du die Zeit schufest.» (A. a. O., XI 13; S. 281) PAYNES Problem indessen ist nicht der Beginn der Zeit, sondern die Veränderung, die in Gott vor sich ging, wenn er die Welt in der Zeit erschuf. Dagegen setzte AUGUSTINUS: Gottesstaat, XI 4, in: Ausgew. Schriften, II 146–149, die These, daß Gott von Ewigkeit die Schöpfung (in) der Zeit gewollt habe; aber warum?

in der Neuzeit eher die Nicht-Existenz als die Existenz Gottes; sie ist von Grund auf falsch.

Dabei kann man den Grundfehler in dieser Art der Gottesbegründung mit Händen greifen: Er besteht darin, den – mythischen – Gedanken der Schöpfung in der Bibel (und in den anderen Schöpfungsmythen der Völker) mit der Suche der griechischen Philosophie nach den «Anfängen» beziehungsweise den «Ursachen» oder «Prinzipien» in Verbindung gebracht zu haben. Wohlgemerkt, dieser Fehler ist nicht etwas *in* der Theologie, aus diesem Fehler ist die christliche (zum Teil auch jüdische und islamische) Theologie hervorgegangen. Statt an den «Gott der Väter», an den Gott Abrahams, Isaaks und Jakobs, zu glauben[72], wollte man diesen Glauben vor der Vernunft, wie sie im Zeitalter des Hellenismus und der Spätantike am ausgeprägtesten in der griechischen Philosophie zur Darstellung kam, mit rationalen Überlegungen rechtfertigen; man nahm für diesen Zweck in Kauf, daß unter der Hand aus Fragen des Existierens nunmehr Fragen des Dozierens wurden, und man vermeinte, damit sogar einen Fortschritt des christlichen Glaubensbewußtseins erreicht zu haben, – ganz wie 1700 Jahre später GEORG WILHELM FRIEDRICH HEGEL die Logik der Entwicklung des Geistes darin erblickte, daß die Religion als die Weise der Vorstellung sich durch die Philosophie aufhebe in die Weise des Begriffs[73]. Der Gedanke schien nur konsequent. Denn nachdem man im 2. Jh. n. Chr. den Glauben des Juden Jesus mit Hilfe der griechischen Philosophie in die christliche Theologie umgewandelt hatte, nötigte nun die Aufklärung im 19. Jh. mit ihrer Infragestellung des Dogmas zu einer Umwandlung der gesamten Theologie

72 Vgl. ALBRECHT ALT: Der Gott der Väter, in: Kleine Schriften, I 1–78. Der Glaube an den «Gott der Väter» stellt eine eigene Religionsform bei verschiedenen semitischen Stämmen dar, basierend auf einer Offenbarung, die dem Stammvater von seiten des Stammesgottes zuteil ward.

73 G. W. F. HEGEL: Vorlesungen über die Philosophie der Religion, 1. Bd., Dritter Teil: Die absolute Religion, III: Das Reich des Geistes, S. 353: «In der Philosophie erhält die Religion ihre Rechtfertigung vom denkenden Bewußtseyn aus. Die unbefangene Frömmigkeit bedarf dessen nicht, sie nimmt die Wahrheit als Autorität auf und empfindet Befriedigung, Versöhnung vermittelst dieser Wahrheit. – Im Glauben ist wohl schon der wahrhaftige Inhalt, aber es fehlt ihm noch die Form des Denkens ... Das Denken ist der absolute Richter, vor dem der Inhalt sich bewähren und beglaubigen soll. – Der Philosophie ist der Vorwurf gemacht worden, sie stelle sich über die Religion: dies ist aber schon dem Factum nach falsch, denn sie hat nur diesen und keinen anderen Inhalt, aber sie giebt ihn in der Form des Denkens; sie stellt sich so nur über die Form des Glaubens, der Inhalt ist derselbe.» «Die Philosophie denkt, was das Subjekt als solches fühlt, und überläßt es demselben, sich mit diesem Gefühl darüber abzufinden.»

in die Philosophie. So oder so sollte Gott nicht länger geglaubt, er sollte gewußt werden. HEGEL selbst beabsichtigte mit seiner Identifizierung von Gott und Vernunft, die Theologie zur Erfüllung ihrer selbst zu bringen; geistesgeschichtlich indessen führte dieser letzte große Rettungsversuch der christlichen Glaubenslehre vor rund 200 Jahren (durch die psychologische Religionskritik LUDWIG FEUERBACHS[74] sowie durch die Umkehrung dieser Kritik in der Analyse der kapitalistischen Gesellschaftsordnung bei KARL MARX)[75] direkt in den Atheismus (des dialektischen Materialismus), – es war, als hätte ein Sommergewitter eine faule Frucht ganz wie von selbst vom Baum (der Erkenntnis) gepflückt. Seither sollte es feststehen: es gibt in den Geleisen der gebahnten Theologie kein Fortkommen mehr; die Schienen sind bis zu Ende abgefahren worden, – man muß, soll es noch weitergehen, von der Kopfstrecke zurück bis zu der Weiche, die in genau die umgekehrte Richtung weist.

Eine solche Weichenstellung verbindet sich mit dem dänischen Religionsphilosophen und erklärten Antihegelianer SÖREN KIERKEGAARD, der um 1840 die Professoren auf den Lehrstühlen der «christlichen» Theologie derselben Kritik unterzog wie die diensttuenden Beamten der christlichen Kirchen[76]. Glaube ist nicht Gelehrsamkeit.

74 LUDWIG FEUERBACH: Vom Wesen der Religion, 53, in: Werke in 6 Bden., IV 144–145: «Der Glaube an einen *Gott* ist entweder der Glaube an die Natur (an das objektive Wesen) als ein menschliches (subjektives) Wesen oder Glaube an das menschliche Wesen als das Wesen der Natur. Jener Glaube ist Naturreligion, Polytheismus, dieser Geist-Menschreligion, Monotheismus. Der Polytheist opfert sich der Natur auf ...; der Monotheist opfert die Natur sich auf ... Der erste Grundsatz der Religion lautet: *Ich bin nichts gegen die Natur* ... Der Schlußsatz der Religion dagegen lautet: *Alles ist nichts gegen mich.*»

75 KARL MARX – FRIEDRICH ENGELS: Die deutsche Ideologie, 1. Feuerbach, in: Marx-Engels Werke, III 26–27: «Die Moral, Religion, Metaphysik und sonstige Ideologie und die ihnen entsprechenden Bewußtseinsformen behalten hiermit nicht länger den Schein der Selbständigkeit. Sie haben keine Geschichte, sie haben keine Entwicklung, sondern die ihre materielle Produktion und ihren materiellen Verkehr entwickelnden Menschen ändern mit dieser ihrer Wirklichkeit auch ihr Denken und die Produkte ihres Denkens. Nicht das Bewußtsein bestimmt das Leben, sondern das Leben bestimmt das Bewußtsein.»

76 SÖREN KIERKEGAARD: Tagebücher, 3. Bd., S. 50: «1. Das Christentum ist keine Lehre (So kam das ganze Unwesen der Orthodoxie auf, mit dem Streit um dieses und jenes, während die Existenz völlig unverändert bleibt, so daß man um das, was das Christliche streitet, ebenso wie um das, was platonische Philosophie und dergleichen sei), sondern eine Existenzmitteilung ... 2. Folglich ist es (da das Christentum keine Lehre ist) im Verhältnis zu ihm nicht, wie im Verhältnis zu einer Lehre, gleichgültig, wer es vorträgt, wenn er nur (objektiv) das Richtige sagt. Nein, Christus hat keine Dozenten eingesetzt – sondern Nachfolger.»

Glaube ist ganz und gar ein Existenzverhältnis, und seine Gründe liegen in der Existenz des Menschen selbst, sie können in nichts liegen außerhalb des Existierens. Anderenfalls ergäbe sich sogleich die Ungereimtheit, das Gottesverhältnis in eine wissenschaftliche Hypothese verwandelt zu sehen, die nach dem jeweils neuesten Stand der Physik und der Biologie bei der Erforschung der Ursachen in der Natur sowie der historischen Wissenschaften und der Philologie bei der Erforschung der Offenbarung in der Bibel mit annähernden Graden der Wahrscheinlichkeit erhärtet werden soll. Man kann das Unendliche, das Alles-Entscheidende, die Mitte des menschlichen Lebens – den Glauben – nicht mit Befunden an der Peripherie stützen wollen. In Rußland pflegt man zu sagen: Hundert Hasen machen noch kein Pferd. Mit KIERKEGAARD kann man nur sagen: Tausend Quisquilien auf dem Katheder machen keinen Glauben, sie sind im Gegenteil eine reine Ablenkung von der Existenz.

Wie also fragt jemand, wenn er nach Gott fragt? Und wonach sucht er, wenn er nach Gott sucht? Fragt er nach einer naturwissenschaftlichen Erklärung für die Entstehung und Eigenart der Welt im Sinne des objektiv bestehenden Universums? Und sucht er nach einem Ursprung des Weltalls in Zeit und Raum? Kein Mensch macht sein Leben abhängig von den Fortschritten der Hochenergie-Physik und ihren möglichen Erkenntnissen über die Struktur der Materie oder die Natur des «Urknalls»; vielmehr ist alles naturwissenschaftliche Fragen, wie MARTIN HEIDEGGER um 1930 schrieb, nur der abgeleitete Modus eines weit ursprünglicheren Sich-Verhaltens[77]. Die «Welt», nach deren Ganzsein Menschen auf der Suche sind, ist eine Form der Selbstauslegung und des Selbstverständnisses des Daseins. Wer – jenseits auch der existentialen Analyse der Phänomenologie HEIDEGGERS – nach Gott fragt, der sucht ein Gegenüber jenseits des kalten Schweigens des gesamten Universums, der sucht nach einem Grund, aus dem heraus er selber leben kann, der streckt die Hände aus nach einer anderen Person, die, als die ewig seiende, als absolute, die Lücke seiner eigenen Kontingenz im Dasein schließt. «Preisen will

77 MARTIN HEIDEGGER: Sein und Zeit, § 24, S. 112: «Das umsichtsfreie, nur noch hinsehende Endecken des Raumes neutralisiert die umweltlichen Gegenden zu den reinen Dimensionen ... Die Räumlichkeit des innerweltlich Zuhandenen verliert mit diesem ihren Bewandtnischarakter ... die Umwelt wird zur Naturwelt. Die ‹Welt› als zuhandenes Zeugganzes wird verräumlicht zu einem Zusammenhang von nur noch vorhandenen ausgedehnten Dingen.» Diese «*Entweltlichung* der Weltmäßigkeit des Zuhandenen» wurde vor allem von DESCARTES als Methodologie der Naturwissenschaften ausgearbeitet; § 19, S. 89–92.

Dich der Mensch, ein kümmerlicher Abriß Deiner Schöpfung, ja der Mensch, der herumschleppt sein Sterbewesen, herumschleppt das Zeugnis seiner Sünde und das Zeugnis, daß Du ‹den Hochfährigen widerstehst›», schrieb AUGUSTINUS in seinen «Bekenntnissen» um 400 n. Chr. «Und dennoch preisen will Dich der Mensch, ein kümmerlicher Abriß Deiner Schöpfung. – Du selber reizest an, daß Dich zu preisen Freude ist; denn geschaffen hast Du uns zu Dir, und ruhelos ist unser Herz, bis daß es sein Ruhe hat in Dir.»[78] Von welcher Art also ist jene «Ruhe», die da eintritt, wenn sich Gott als Grund des Seins enthüllt?

2) Von den Bedingungen menschlicher Existenz oder: Was Glauben an Gott als den Schöpfer meint

Nichts ist so lehrreich wie ein Fehler, wenn man ihn einsieht und daraus die Folgerungen zieht. Die Weichenstellung der christlichen Schöpfungstheologie, die Anfang des 2. Jhs. n. Chr. durch die Verschmelzung von griechischer Naturphilosophie und biblischem Glauben zustande kam, hätte man klar und deutlich als Fehler erkennen können spätestens an der Kritik, die um 175 der griechische Philosoph CELSUS in seiner Schrift «Ein wahres Wort» speziell gegenüber dem Vorsehungsglauben der Christen vortrug. Nach biblisch-christlicher Auffassung hat Gott nicht nur die Welt als ganze geschaffen, sondern er hat sie insbesondere zum Wohle des Menschen eingerichtet. Gerade eine solche hervorgehobene Stellung des Menschen im Kosmos leugnete indessen CELSUS mit Argumenten, die in ihrer Einfachheit und Überzeugungskraft an Aktualität bis heute eher gewonnen als verloren haben: Allein schon die Naturkatastrophen, die unterschiedslos über Menschen wie Tiere hinweggehen, zeigte ihm, daß der Gang der Welt auf Menschen durchaus keine besonderen Rücksichten nimmt[79]. Was der Kirchenlehrer ORIGENES rund hundert Jahre

78 AUGUSTINUS: Bekenntnisse, 1. Buch, Kap. 1, S. 7.
79 ORIGENES: Acht Bücher gegen Celsus, IV 78, in: Ausgew. Schriften, Bd. 2, S. 400: «Wenn uns jemand die Herrscher der belebten Schöpfung nennen wollte, da wir die übrigen lebenden Wese jagen und verspeisen, so werden wir fragen: Warum sind nicht wir vielmehr ihretwegen geschaffen, da sie doch Jagd auf uns machen und uns fressen?»

später dagegen vorzubringen suchte, offenbart die ganze Hilflosigkeit der christlichen Apologetik[80] in ihrer Auseinandersetzung mit der griechischen Weltsicht, solange diese sich authentisch zu Wort melden konnte. Doch so war es: man widerlegte sie nicht eigentlich, man rottete sie aus, man verbrannte ihre Schriften. Eine solche Unduldsamkeit und Gewalt rührte gewiß nicht aus einer Stärke des Glaubens, sondern aus einer tiefen Verunsicherung in einem Punkte, auf den es in der Tat zentral ankam.

Der Kern des biblisch-christlichen Schöpfungsglaubens nämlich besteht gerade in der Mittelpunktstellung des Menschen im ganzen Kosmos, mithin in der Anthropozentrik des gesamten Weltbildes[81]. Der Unterschied ist eklatant: Während die mythischen Religionen der Völker den Menschen in das Große und Ganze der Natur mit ihren als riesig vorgestellten Zeitmaßen einzuordnen suchen, hält einzig die Bibel lediglich ein paar tausend Jahre für die gesamte Geschichte der Welt und des Menschen bereit, – etwa gerade so viel, wie vom Beginn des Neolithikums an. Für die Ausbildung von Theologen bis heute bedeutet diese drastische Engführung der Perspektive allein auf den Auftritt des Menschen und dann wieder innerhalb der menschlichen Geschichte einzig auf die Erwählung Abrahams (Gen 12,1-4), daß von der gigantischen Veranstaltung der Evolution so gut wie nichts bekannt sein muß; nichts von der mühsamen, ungerichteten, in zahlreichen Varianten verlaufenen Entwicklung des Menschen in den letzten 6 Mio. Jahren, seit seine Wege sich von den Vorläufern des heutigen Schimpansen lösten[82]; nichts von den Jahrtausenden der Prähistorie vom Abschmelzen der Gletscher der letzten Eiszeit an bis hin zur Gründung erster Dörfer auf der Basis von Ackerbau und Viehzucht, – allein wichtig ist nach biblischer Darstellung die Hinführung auf Israel als auf das Volk der Erwählung. Die gesamte

80 A. a. O., IV 79; Bd. 2, S. 401–402, verweist ORIGENES auf die Überlegenheit des menschlichen Verstandes, doch aus der (vermeintlichen) Sonderstellung des Menschen folgt keine Sonderbehandlung von seiten der Natur. Zu Recht sagte CELSUS: A. a. O., IV 99; Bd. 2, S. 427–428: «Also nicht für den Menschen ist das Weltganze gemacht, wie auch nicht für den Löwen oder den Adler oder den Delphin, sondern damit diese Welt als Werk Gottes in ihren Teilen ganz vollständig und vollkommen sei in allen Stücken. Aus diesem Grunde sind alle Dinge wohl abgemessen, nicht mit Rücksicht aufeinander – höchstens beiläufig – wohl aber mit Rücksicht auf das Ganze.»

81 Vgl. E. DREWERMANN: Der tödliche Fortschritt, 67–110: Die christliche Anthropozentrik und die Zerstörung der Natur.

82 Vgl. E. DREWERMANN: Der sechste Tag, 56–197: Daten und Datierungen oder: Wie der Mensch zum Menschen wurde. S.o. Anm. 43.

Menschwerdung des Menschen ist unter diesen Umständen von vornherein kein theologisches Thema, vielmehr wird das allmähliche Heraufdämmern der Species des Homo sapiens aus den Tiefen der Natur in den einen Moment zusammengefaßt, da Gott der Herr den Menschen (durch das Einhauchen einer Vernunftseele) geschaffen hat.

In dieser Sicht der Dinge ist der ganze Kosmos nichts weiter als eine rasch gezimmerte Bühne für den Auftritt des Menschen, dem alles, was ist, zum Gebrauch zur Verfügung gestellt ist. Ausdrücklich lautet das Gebot Gottes in der Schöpfungserzählung der Priesterschrift (um 500 v. Chr.) an den Menschen, er solle sich die Erde untertan machen und herrschen über die Tiere (Gen 1,28); dieses Schöpfungsgebot hat im christlichen Abendland eine «Ethik» begründet, die den Begriff Verantwortung einzig und allein auf die Wahrnehmung der Interessen der Spezies Mensch gegenüber dem Rest der Welt bezieht[83]: gut ist, was Menschen im Daseinskampf nützt, böse, was dem abträglich ist. Zu Recht hat RICHARD DAWKINS diese Einstellung als Artegoismus bezeichnet[84], denn das ist sie. – Als Beispiel: Einen menschlichen Fötus abzutreiben, der nach medizinischer Prognose für immer schwerkrank sein wird, ja, auch nur mit künstlichen Mitteln die Fruchtbarkeit des menschlichen Keimguts zu verhindern, gilt im Rahmen einer solchen Ethik (katholischerseits) für eine schwere Sünde; die Ausrottung der tropischen Regenwälder hingegen, die entsetzlichen Qualen, die man in der industrialisierten Massentierhaltung den «Nutztieren» (Hühnern, Puten, Gänsen, Schweinen, Kühen) milliardenfach mit System und gestützt auf ein internationales Regelwerk rechtlicher Abkommen auferlegt, der immense Verbrauch von Tieren als Forschungsobjekten in der Pharmaindustrie (jährlich rund 2,8 Mio allein in der BRD) – das alles gilt in der anthropozentrischen Ethik des christlichen Weltbildes für unbedenklich, ja, für absolut in der Ordnung der Dinge. Daß die Bibel in der zweiten («jahwistischen») Schöpfungserzählung, in der Paradiesgeschichte (Gen 2,4b–25), wie zur Warnung und zur Korrektur möglicher Einseitigkeiten Gott dem Menschen sagen läßt, er solle den

83 Vgl. E. DREWERMANN: Der tödliche Fortschritt, 90–110: Die Rechtlosigkeit der Kreatur im christlichen Abendland.

84 RICHARD DAWKINS: Der blinde Uhrmacher, 136, spricht von den «art-chauvinistischen Annahmen der *Menschenrechte*, *Menschenwürde* und der Heiligkeit des *menschlichen* Lebens.»

Garten der Schöpfung «bedienen und bewahren» (Gen 2,15)[85], hat theologisch niemals eine vergleichbare Rolle gespielt wie das «macht euch untertan ...» In Gen 9,1–2 wiederholt der Gott der Bibel sogar seinen Herrschaftsbefehl an den Menschen noch einmal und fügt jetzt, nach der Sintflut, die sich selbst erfüllenden Worte hinzu: «Schrecken soll sein den Tieren vor dem Menschen.»

Dazu freilich besteht Grund: In jedem Jahr wird mit Kettensäge und Brandrodung in den tropischen Regenwäldern eine Fläche von der Größe Österreichs und der Schweiz zusammen ausgerottet, – im Jahre 2060 wird es diese Wunderwerke der Natur mit einer nirgendwo sonst auch nur annähernd erreichten Artenvielfalt ein für allemal nicht mehr geben, – doch wen kümmert's? Nur wenn die Sache uns selber, den Menschen, betrifft, tauchen Bedenken auf, und sicher: 40 % des Sauerstoffs der Atmosphäre wird freigesetzt in den tropischen Regenwäldern! Doch statt diese zu retten, «retten» wir mit Milliardeninvestitionen (bei stetiger Steigerung der Autoproduktion!) «das Klima». Bis zum Jahre 2060 wird die Menschheit sich noch einmal um 2 Mrde, von 7 auf 9 Milliarden Menschen, vermehrt haben, doch ist nicht auch das ein Gottesgebot: «Wachset und mehret euch» (Gen 1,28)? All diese Menschen brauchen Nahrung, Kleidung, Wohnraum, Infrastruktur, Arbeitsplätze, Rohstoffe, Energie ..., und so stirbt die Natur dahin – auf Grund des falschen Weltbildes der christlichen Theologie und der darauf fußenden anthropozentrischen Ethik[86].

Unter diesen Voraussetzungen des religiösen Bewußtseins kam es einem Desaster gleich, als in der Mitte des 15. Jhs. der ermländische Astronom NIKOLAUS KOPERNIKUS die Erde aus dem Mittelpunkt der Welt stürzte und sie zu einem unter den anderen Planeten erklärte, in deren gemeinsamen Bahnen die Sonne im Mittelpunkt stehe. Der Schrecken, den diese Denkmöglichkeit einer vereinfachten Himmelsmechanik (mehr war es damals noch nicht) auslöste, hat die zu Unrecht fast schon vergessene GERTRUD VON LE FORT im Jahre 1954 in der Novelle «Am Tor des Himmels» an der neuen Physik des GALILEO GALILEI zu Beginn des 17. Jhs. festgemacht; sie schreibt über den Eindruck des neuen Weltbildes: «Die Erde, dieser Schauplatz eines göttlichen Erlösungsdramas, sie befand sich nicht im Mittelpunkt der

85 E. DREWERMANN: Strukturen des Bösen, I 15; 91–93.

86 Vgl. *Le monde diplomatique* – Atlas der Globalisierung, 2007, S. 14–15: Die Hälfte aller Kulturböden ist degradiert; S. 22–23: Flächenfraß wie in den USA; S. 46–47: Das sechste Massensterben der Erdgeschichte.

Welt, sie war ein kleiner einfacher Planet, der mit seinem einen Mond demütig um die Sonne kreiste, wie der Jupiter mit seinen ‹Mediceischen Sternen›. Eine jahrtausendealte Täuschung flog auf wie ein vom Feuer ergriffener leichter Vorhang, und wir stürzten mit beiden Augen, nein mit allem, was wir bisher gedacht und geglaubt hatten, in die nackte Unendlichkeit des Weltenraums ... Unser Glaube hat keine Stätte mehr im All, es gibt nur noch die ewigen Gesetze und uns selbst ... haben wir denn nicht eben selbst erfahren, daß in der Unermeßlichkeit da droben kein Platz mehr für den Gott unseres Glaubens ist? Oder kannst du dir vorstellen, daß für die Geschöpfe unseres winzigen Sterns Gott vom Himmel stieg? ... Wir haben keinen Gott mehr, der sich um uns kümmert, wir haben nur noch uns selbst ... Es gibt keine ewige Seligkeit mehr, ... aber es gibt auch kein höllisches Feuer mehr – es gibt nur noch das Feuer, mit dem sie Giordano Bruno verbrannt haben.»[87] Anders als BERTOLT BRECHT in seinem Drama «Das Leben des Galilei»[88] aus dem Jahre 1955, ging es der katholischen Dichterin nicht um den grundsätzlichen Konflikt zwischen Wissenschaft und Dogma, sondern um den Widerspruch zwischen dem heliozentrischen Weltbild des KOPERNIKUS und dem geozentrischen Weltbild der Kirche; mit großer Eindringlichkeit in Inhalt und Sprache stellte sie heraus, daß der Geozentrismus der biblisch-christlichen Weltsicht wesentlich ein bibelgestützter Anthropozentrismus war. Ob die Erde sich um die Sonne dreht oder nicht, hätte den Leuten um Kardinal BELLARMIN vollkommen gleichgültig sein können, wenn es in der Bibel nicht schwarz auf weiß geschrieben stünde: Als Josua in der Schlacht gegen die Amoriter betete: «Sonne steh' still ... im Tale Ajalon» und die Sonne dort stillstand, um an diesem Tage möglichst viele der Feinde Israels hinmetzeln zu können (Jos 10,12.13), bewies das infolge der Unfehlbarkeit der Bibel als des reinen Wortes Gottes allem Anschein nach, daß sich die Sonne um die Erde dreht, nicht umgekehrt. Doch in der Bibel steht auch, daß der Hase ein Wiederkäuer ist (Lev 11,6) und daß es vierfüßige Insekten gibt (Lev 11,20), und noch nie ist solcher Fehlinformationen wegen ein Kirchendach eingestürzt; im Prozeß gegen GALILEI aber verhielt sich das anders, – da stürzte der Himmel ein beziehungsweise er weitete sich aus ins Unendliche; er hörte damit endgültig auf, des Menschen Haus zu sein. Es war der Mensch, der räumlich – und dann

87 GERTRUD VON LE FORT: Am Tor des Himmels, in: Die Erzählungen, 402–404.
88 BERTOLT BRECHT: Das Leben des Galilei, Berlin 1955.

wohl auch zeitlich – aus dem Mittelpunkt des Weltenlaufs vertrieben wurde – eine narzißtische Kränkung ohnegleichen.

Was LE FORT zudem vollkommen richtig darstellte, ist die gänzliche Unmöglichkeit, das entstandene Problem mit naturwissenschaftlichen Mitteln zu lösen. Die Fortschritte der Physik und der Astronomie enthalten nicht den geringsten Trost gegen die fundamentale Infragestellung des Selbstverständnisses des Menschen im christlichen Weltbild, im Gegenteil: um die verlorene Mittelpunktstellung zurückzuerobern, hat man zunehmend mehr Naturwissenschaft und Technik dazu instrumentalisiert, das alte «Macht euch untertan» desto energischer voranzutreiben. Vor allem die Entdeckung CHARLES DARWINS im letzten Drittel des 19. Jhs., daß der Mensch auch in der Geschichte des Lebens auf dem Planeten Erde keine Sonderstellung einnimmt und er keinesfalls als Ziel der gesamten Entwicklung immer schon «vor(her)gesehen» war[89], fügte dem Stolz des Menschen als der angeblichen Krone der Schöpfung noch einmal eine herbe Demütigung zu: Der Mensch – nichts weiter als eine Welle im Ozean des Lebens, nicht dessen Ziel und Hafen! Doch statt aus dieser Erkenntnis Bescheidenheit und Weisheit zu gewinnen, hat im Gegenteil ein quasi atheistischer Zynismus Platz gegriffen, der als den neuen Gott nurmehr die Interessen des Marktes und der Kapitalrendite zuzulassen scheint. Das Paradox besteht, daß wir von der Lebensweise und der Gefühlswelt der Tiere noch nie so viel gewußt haben wie heute, doch dieses Wissen wesentlich dazu verwenden, sie möglichst gewinnbringend auszubeuten. Offensichtlich kompensieren wir das metaphysische Minderwertigkeitsgefühl, in das uns die Naturwissenschaften durch den Abbau jenes von Anfang an falschen biblisch-christlichen Weltbildes mit Notwendigkeit gestürzt haben, ganz einfach dadurch, daß wir dieselben Naturwissenschaften dazu verwenden, das Leben, wenn es schon keinen höheren Sinn mehr besitzt, auf eine verzweifelte Weise auf Erden komfortabel einzurichten.

In dieser Situation wäre es eine Hauptaufgabe der Religion, die suchtartige Verklammerung der westlichen Kultur in rein endliche Ziele durch eine neue Sehnsucht nach dem Unendlichen aufzulösen, doch gerade dazu ist das Christentum am wenigsten imstande, hat doch seine irrige Doktrin über die Beschaffenheit der Welt wesentlich zu der bestehenden Krise des Bewußtseins beigetragen. Immerhin hat

89 CHARLES DARWIN: Die Abstammung des Menschen, 686–701: Allgemeine Zusammenfassung, spricht, S. 700, von der «hauptsächlichsten Folgerung ..., daß der Mensch von einer niedriger organisierten Form abgestammt ist.»

man theologisch vom 16. bis zum 21. Jh. gebraucht, um sich nach und nach einzugestehen, daß Faktenfragen keine Glaubensfragen sind: Tatsachen müssen und können als solche mit wissenschaftlichen Methoden erkannt und erforscht werden, – etwas zu glauben hilft da nicht weiter. Umgekehrt gehört der Glaube einer Ebene des Fragens an, in der jede Auskunftei über Tatbestände und Sachverhalte fehl am Platze ist. Mit einem Wort: die verhängnisvolle Mesalliance von griechischer Naturphilosophie und christlichem Dogma in der Schöpfungslehre gehört endgültig aufgelöst. Die Fragen des ANAXIMANDER (um 600 v. Chr.) und des ANAXAGORAS (im 5. Jh. v. Chr.) nach den Grundlagen der Welt begründen geistesgeschichtlich den Beginn der Naturwissenschaften[90], und allein dort finden sie ihre mögliche Antwort; die Frage nach dem Menschen hingegen gehört in die Theologie und hat nichts zu tun mit Naturwissenschaft. Oder anders ausgedrückt: Was in dem fatalen Prozeß der Kirche gegen die Wissenschaften in den Tagen GALILEIS, im ersten Drittel des 17. Jhs., deutlich wurde, ist die Unmöglichkeit, die mythischen Aussagen der Bibel über die Stellung des Menschen vor Gott *unsymbolisch* verstehen zu wollen, so als seien sie, statt Chiffren der Existenz, Informationen über die objektive Einrichtung der Welt. Bilder sind keine Begriffe. Zwar redet der Mythos von Gegebenheiten und Begebenheiten der Natur, doch nicht um naturwissenschaftliche Begründungen über dieses und jenes abzugeben, sondern um Weisen menschlicher Befindlichkeit zu schildern. Eben deswegen haben uns die griechischen Geschichten von der Liebe zwischen Aphrodite und Adonis[91] oder vom Sturz des Phaëthon und der Trauer des Helios[92] oder von dem Verlangen der Mondgöttin Selene nach dem schlafenden Schäfer Endymion[93] noch immer und zu allen Zeiten unendlich viel zu sagen, auch wenn unsere Botanik scheinbar viel besser Bescheid weiß über Adonisröschen und unsere Physik über Meteoriteneinschläge und bereits die Astronomie der Griechen über das scheinbare Kommen und Gehen des Mondes am Himmel.

Auch die Schöpfungsgeschichte (der Priesterschrift in) der Bibel (Gen 1,1–2,4a) ist ein Mythos, wenngleich ein recht später, der den

90 Zu ANAXIMANDER vgl. Die Vorsokratiker, I 32–69; zu ANAXAGORAS vgl. a. a. O., III 6–179.

91 Zur Auslegung der Mythe vgl. E. DREWERMANN: Liebe, Leid und Tod, 560–578: Aphrodite und Adonis oder: Das Bild der Blume.

92 A. a. O., 519–539: Phaëthon, Helios und Klymene oder: Das Bild des Bernsteins.

93 A. a. O., 540–559: Selene und Endymion oder: Das Bild des Mondes.

Sinn hat, den hebräischen Monotheismus gegen den mythischen Götterglauben der Völker zu richten. Auch er trifft wesentlich eine bildhafte Aussage über die Stellung des Menschen vor Gott, und man versteht diese erst richtig, wenn man sie von jeglichen äußeren Implikationen trennt. In gewisser Weise muß man zu diesem Zweck den hebräischen Mythos im Nachgang seiner eigenen Entstehung auf sich selber zurückführen, auch um zu verhindern, daß der monotheistische Glaube identisch bleibt mit gewalttätiger Intoleranz und fanatischer Polemik gegen die polytheistischen Frömmigkeitsformen der Alten.

Entscheidend festzustellen ist vorweg: die Bibel hat ihren Schöpfungsglauben durchaus nicht gefunden über die Betrachtung der Weltwirklichkeit! Ja, man muß sagen, daß sie niemals Gott als Schöpfer erkannt hätte, wenn sie nach Art der christlichen Kosmotheologen versucht hätte, Gott von der bestehenden Welt her zu denken oder von Gott her die bestehende Welt zu begreifen. Die Offenbarung des Stammesgottes Israels, Jahwes, an den Stammvater Abraham (Gen 12,1–4) war und ist keine Mitteilung über die Welt, sie war und ist ein Auftrag zur Lebensausrichtung und eine Verheißung zur Lebensführung[94], sie ist eine Antwort auf die Frage des Menschen nach sich selbst inmitten dieser Welt. Wie sich die Existenz des Menschen klärt, nicht wie die Einrichtung der Welt erklärt wird, ist der Inhalt dieser Selbstmitteilung Gottes.

Im Bilde gesprochen ist Jahwe religionsgeschichtlich zunächst ganz und gar ein Wegegott, der, wie der Mond in den Nächten den Hirtennomaden der Steppe, so einem jeden als Orientierung die richtige Richtung im Leben weist[95]. Erst sehr viel später, nach dem Einsickern der hebräischen Stämme ins Kulturland Kanaans (nach der «Land-

94 Die Berufung Abrahams stellt in der jahwistischen Urgeschichte einen absoluten Neueinsatz dar, mit dem Gott das Unheil der Menschheitsgeschichte ins Positive umgestalten möchte; vgl. E. DREWERMANN: Strukturen des Bösen, I 319; 323.

95 MARTIN BUBER: Moses, in: Werke, II 144–145: «Ursprünglich war er (sc. Jahwe, d. V.), was man einen Weggott genannt hat. Die Funktion eines Weggottes, der die wandernden Nomadenscharen und die Karawanen schützend durch die Wüste geleitet, hat in Mesopotamien der Mond, der Gott, ‹der den Weg eröffnet›, mit seinen Helfern, in Syrien neben ihm der Abendstern ausgeübt ... Es ist gewiß nicht ohne Belang, daß der Name der Stadt Haran, die neben Ur der Hauptsitz des mesopotamischen Mondkultes war, der Stadt, in der Abraham sich von seiner Sippe trennt, ‹Weg, Karawane› bedeutet und wohl den Ort bezeichnet, ‹wo die Karawanen sich treffen und von wo sie ausziehen›. Der Gott, von dem Abraham sich ... führen läßt, ist ... von allen solaren, lunaren und stellaren Gottheiten ... dadurch unterschieden, daß er nicht regelmäßig am Himmel zu sehen ist, sondern sich nur jeweils, wann und wo er will, seinen Erwählten zu sehen gibt.»

nahme»), wird es zur Frage, wie die Fruchtbarkeit der Felder anders begründet werden kann als durch die Heilige Hochzeit des Gottes Baal mit der Erdgöttin[96]. Es ist zunächst nichts weiter als die pure Machtausdehnung des israelitischen Stammesgottes auch auf die agrarische Lebensweise, wenn Propheten wie HOSEA im 8. Jh. v. Chr. erklären, daß es nicht die fremden Götter sind, welche den Menschen Öl und Brot und Most und Wein schenken, sondern allein Jahwe (Hos 8,7; 14,8)[97]. Man denkt nicht von der Natur her in Richtung

96 Von einem gewaltsamen Eindringen berichtet in den Quellenschriften des Pentateuch (der 5 Bücher Moses) vor allem das «*deuteronomistische Geschichtswerk*» (Dtr), das um 700 entstanden sein dürfte und auf die Bedrohung durch das assyrische Großreich mit dem Versuch strenger gewaltsamer Abgrenzung und der Vorstellung der Ausrottung alles «Kanaanäischen» antwortete. Doch historisch war es anders. Wahrscheinlich entstand «Israel» durch jene Katastrophe um 1200 v. Chr., die das ganze östliche Mittelmeer umfaßte und mit den «Seevölkern» in Verbindung gebracht wird. Archäologisch läßt sich *danach* eine Verzehnfachung der Bevölkerung im Bergland (in der Region des palästinensischen Autonomiegebietes heute im Westjordanland) nachweisen. Offenbar hat dort die ehedem unterdrückte kanaanäische Bevölkerung (ihr Sklavenanteil) nach dem Zusammenbruch der bestehenden Stadtstaaten in Kanaan im Bergland Zuflucht gesucht. Aus gebürtigen ortsansässigen Kanaanäern bildete sich demnach mit dem Ziel der Unabhängigkeit von alter Unterdrückung das spätere «Israel». Flüchtlinge aus Ägypten (die «Rachel-Stämme») dürften den Gottesnamen Jahwe aus Madian (dort Yahw) mitgebracht haben. – Eine andere Quellenschrift, die «*Priesterschrift*» (P), die im 6. Jh. im Exil von Priestern zusammengestellt wurde, die aus dem verbrannten Jerusalem die alten Texte retteten und neu redigierten, lehrte eine Frömmigkeit außerhalb des Tempels und schuf damit den Anfang der Synagogen, und es benötigte auch nicht mehr die (noch heute bei den Samaritern gepflegten) kultischen Opfer, die Blut als Vermittlung zwischen Gott und Mensch betrachteten; statt dessen setzte P den Zusammenhalt des Volkes in die Sabbatordnung und die Reinheitsvorschriften. Der Auszug Abrahams und seine Rückkehr aus Ägypten wurden jetzt aktualisiert als eine neue Hoffnung von Exodus und Heimkehr; mit Abraham verband sich zudem die Beschneidung (Gen 17,9–14). – Zu der Katastrophe um 1200 und dem Aufstieg Israels vgl. JONATHAN N. TUBB: Völker im Lande Kanaan, 97–104: Die frühe Eisenzeit und der Aufstieg Israels (1150–900 v. Chr.). Zu den Göttern Kanaans vgl. JOHN GRAY: Mythologie des Nahen Ostens, 66–101; OTHMAR KEEL u. CHRISTOPH UEHLINGER: Göttinnen, Götter und Gottessymbole, 199–321: Ba ͑al, El, Jahwe und «seine Aschera» im Horizont ägyptischer Sonnen- und Königssymbolik. Vgl. bes. OSWALD LORETZ: Ugarit und die Bibel, 54–94: Ugaritische und biblische Götter. Vom kanaanäischen Polytheismus zum jahwistischen Monotheismus.

97 Vgl. GERHARD VON RAD: Theologie des Alten Testaments, II 29–32, sieht in der Tötung der Baalspriester durch den Propheten *Elija* (1 Kön 18,17–40) «uraltes ... amphiktyonisches Recht praktiziert, demzufolge auf jeder Form des Abfalls von Jahwe die Todesstrafe stand.» (S. 31) Vgl. Ex 22,19; Dt 13,7–12. – *Hosea* ist der einzige Schriftprophet des Nordreichs, und seine Ehegeschichte mit einer «Frau, die an den kanaanäischen Fruchtbarkeitskulten teilgenommen hat, ... repräsentiert das typische Israel.» A. a. O., II 151; zu Hos 1,2–9.

auf Göttliches wie die Griechen, man denkt von Gott her zum ersten Mal in Richtung auf die Natur, und wieder nicht um sie rational zu erklären, sondern um den Menschen einen Ort in einer «Natur» zu geben, die in ihrer Andersartigkeit und Weite religiös weder begriffen werden muß noch begriffen werden kann. Gott und der Mensch – diese Ursprungsbeziehung erweitert sich, indem Jahwe nun auch der Erhalt der Natur zugetraut wird. Er bleibt der eine und einzige auch und gerade angesichts der Götter Kanaans. *Das* ist der Schöpfungsglaube Israels.

Was damit über den Menschen gesagt wird, gewinnt freilich eine neue, in manchem geradezu dramatische Bedeutung: Im Unterschied zu den Fruchtbarkeitsreligionen ist der Mensch als Geschöpf Gottes noch einmal und jetzt erst recht ein Herausgerufener und Herausgeforderter, und zwar nicht mehr nur im Rahmen der menschlichen Geschichte, sondern nunmehr inmitten der Welt als ganzer. In jeder Betrachtung, die von der Natur ausgeht, ist der Mensch ein Übergangswesen zwischen Geburt und Tod, ermöglicht, doch niemals gemeint, hervorgebracht nur, um wieder zurückgenommen zu werden ... Alle Bestimmungen über den Menschen, die von der Natur her den Glauben an einen Gott der Schöpfung formulieren möchten, müssen ihn deshalb geradewegs verstellen. Legt man indessen die Erfahrung radikaler Andersartigkeit und Fremdheit in die Existenz des Menschen selbst hinein, so wird sie zu dem wichtigsten Motiv, sich auf die Suche nach einem persönlichen Gott zu begeben. Wieder geht es zentral um das Problem der Kontingenz, nun aber nicht zunächst als einer metaphysischen Frage nach der Nicht-Notwendigkeit des Seins in allem endlich Seienden, sondern als die Grundinfragestellung einzig und wesentlich des menschlichen Daseins selbst, das ganz und gar individuell und persönlich eine Frage mit sich bringt, auf welche die gesamte Welt die Antwort nicht zu geben weiß: Warum bin ich? Der Unterschied zwischen der metaphysischen Betrachtungsweise und der existentiellen Fragestellung ist absolut: Im ersteren Falle geht die Frage auf eine äußere Notwendigkeit im Sein, – ein Seiendes, das nicht aus sich bestehen kann, hat seinen Grund in einem Anderen, und die Beziehung zwischen beiden regelt der Kausalsatz. Jetzt, auf der Ebene des existentiellen Fragens, geht es nicht länger um solch eine äußere Begründung für das bloße Faktum des Daseins; ein Seiendes von der Art des Personseins verlangt nach einer inneren Notwendigkeit; es fragt nicht nur danach, warum es rein kausal im Dasein sich befindet, es fragt nach einem Grund, der ihm eine Berechtigung zum Sein verleiht. Es ist, und dafür gibt es Gründe, jedoch es muß nicht sein, denn dafür gibt es keinen Grund.

Die Differenz (die MARTIN HEIDEGGER mit den Begriffen ontisch = seinshaft und ontologisch = seinsvernehmend ausgedrückt hat) ergibt sich daraus, daß alle Dinge einfach *sind*; ein Wesen aber, das Person ist, muß Stellung nehmen zu sich selbst, und es muß Stellung nehmen zu der Welt, in der es sich befindet, die Art jedoch, in der es Stellung nimmt, ist durch nichts festgelegt, sie liegt in seiner Freiheit. Es kann, worauf es trifft, bejahen oder auch verneinen, es kann Ja oder Nein desgleichen auch zu anderen Personen sagen, und diese gleiche Möglichkeit kommt ganz genauso auf es selbst zurück: Welch einen Grund also sollte es haben, sich bejaht zu finden? Die Art des Kontingentseins, die ein jeder als Person für sich entdeckt, ist daher nicht allein der bloß kausale Zufall dazusein, sie ist vielmehr in potenzierter Form gegeben durch die mögliche Verneinung anderer: «In unseren Augen», können sie erklären, «bist du nicht bloß nicht-notwendig, in unseren Augen bist du überflüssig, überzählig, in unseren Augen bist du besser nicht!» Person zu sein bedeutet, die Nicht-Notwendigkeit des Seins als innere Negiertheit zu erleben. Eben deshalb kann kein Mensch leben ohne das Verlangen nach einer unbedingten Seinsbejahung. Genau die aber kann ihm die Natur nicht geben; und so entsteht die Vorstellung von einem Willen jenseits der Natur, der möchte, daß wir sind, und uns eine Notwendigkeit aus Freiheit schenkt. Derjenige, der uns von Grund auf absolut bejaht, entdeckt sich als der Schöpfer unserer Existenz und dann auch als der Schöpfer der gesamten Welt. Es ist ein Schluß, der nicht entlang der rationalen Kette von Ursache und Wirkung abgeleitet wird, es ist die Ausdehnung einer Erfahrung ganz im Inneren der eigenen Person auf alles unpersönlich Seiende … Aber der Reihe nach, in einfacheren Worten.

Die eigentliche Schwierigkeit des Schöpfungsglaubens, über welche theologisch viel zu wenig nachgedacht wird, ergibt sich bereits aus der Wahrnehmung der Wirklichkeit: wie sollte sie als Schöpfung sich erschließen? Die mythischen Überlieferungen der polytheistischen Religionsformen milderten den Kontrast zwischen Sehnsucht und Erfahrung, indem sie die Naturkräfte selbst als göttliche Mächte vermenschlichten; die ungeheuerlichsten Katastrophen wurden dadurch emotional begreifbar und gewissermaßen akzeptabel – als Zorn des Zeus oder als Eifersucht der Hera. Die gleichen mythischen Eintragungen in das Gottesbild sind auch den zahllosen Anthropomorphismen der Bibel nicht fremd; gleichwohl erforderte bereits der monotheistische Ansatz der Offenbarungsreligion Israels eine gewisse psychologische Vereinheitlichung der göttlichen Motivationen, die zudem einer fortschreiend strengeren ethischen Normierung unterlagen: wenn der Wille eines Gottes zum Gebot des sittlichen Verhaltens von Menschen wird, muß dieser Gott in seinem eigenen Gebaren auch selber den Mindestansprüchen der Sittlichkeit genügen. Damit aber tritt eine Rationalisierung des Gottesbildes ein, die in Anbetracht der Weltwirklichkeit zunehmend widersprüchlich wird, soll doch nun auch der Gang der Natur mit all seinen empörenden Schicksalsschlägen und desaströsen Katastrophen (Hungersnöten, Erdbeben, Seuchen etc.) als Manifestation einer ethisch kontrolliert agierenden Gottheit verstanden werden. Daß die Pest im Lager der Achäer vor Troja ausbricht, weil Apoll verärgert ist über die Behandlung seiner Priesterin Chryseïs[98], mag man als (allzu) menschlich noch verstehen; doch daß eine Heuschreckenplage von Jahwe verhängt wird, um nach den Maßstäben seiner Gerechtigkeit Israel zu strafen, wie etwa der Prophet JOEL um 300 v. Chr. behauptet (Joel 1; 2), ist nur solange glaubhaft, als das Bewußtsein der Gläubigen noch dem Kollektivdenken verhaftet ist; mit einer entwickelteren Form der Individualität, wie sie gerade unter moralischem Gesichtspunkt unerläßlich wird, ist jede Strafe, die unterschiedslos ein ganzes Volk trifft, prinzipiell unvereinbar.

Je persönlicher, moralischer und vernünftiger das Gottesbild sich gestaltet, desto schwieriger wird es deshalb, von einem solchen Gottesbild her die konkreten Ereignisse in der Natur als göttliche Ratschlüsse verständlich zu machen. Letztlich ist es unmöglich. Wenn dann die Theologie den Versuch unternimmt, mit den Mitteln der Philosophie das so entstandene Gottesbild in ein logisches System zu bringen, wird es ihr nicht sehr schwerfallen, eine in sich widerspruchsfreie Idee von der Gottheit zu entwickeln, zu deren Prärogativen zweifellos die verunendlichten Begriffe von Güte, Macht und Weisheit zählen, doch je erfolgreicher sie dabei verfährt, wird ihr der Widerspruch der Welt nur um so krasser entgegentreten – als ein unbegreifbarer, unüberbrückbarer Gegensatz.

Und dennoch war und ist die Klärung des Gottesbegriffs nicht nur an sich verdienstvoll, sie war und ist ganz unerläßlich, – nicht zwar zur Weltbegründung und -erklärung, wie beabsichtigt, wohl aber zur

98 HOMER: Ilias, I 8–54, S. 3–4.

Begründung der menschlichen Existenz inmitten einer Welt, die immer fremder wird, je mehr der Mensch im Gegenüber seines Gottes zu sich selbst erwacht. Eine Situation entsteht, wie sie von keinem Theologen der frühen Kirche klarer ausgeführt wurde als von AUGUSTINUS: Gott und die Seele treten da in einen Dialog der Ewigkeit über den Abgrund der Zeit, in schmerzhafter Erkenntnis der Hinfälligkeit und Vergänglichkeit von allem, was ist, wenn es nicht Gott ist. «Du aber, Herr, welcher Du immer lebst,» redet der Bischof von Hippo in seinen «Bekenntnissen» Gott an, «in welchem nichts stirbt – denn vor der Zeiten Anfang und vor jeglichem, wovon sich das Vor auch nur sagen läßt, bist Du, und bist Gott und der Herr von allem, was Du erschaffen, und bei Dir haben aller der unbeständigen Dinge Ursachen ihren Stand, dauern alles des Wandelbaren unwandelbare Entsprünge und sind lebendig alles Nichtgeistigen und Zeitverfangenen immerseiende Geistgedanken.» «Ja, der Höchste bist Du und wandelst Dich nicht, und der heutige Tag geht nicht hin in Dir, und dennoch geht er in Dir hin, weil doch dies alles ist in Dir; denn es hätte keine Pfade des Dahingehens, wenn Du nicht der Allhaltende wärest.»[99]

Diese beiden Bestimmungen: «in Dir» und «der Allhaltende» sind die Quintessenz eines Daseinsverständnisses, das dem alten Schöpfungsglauben entwachsen ist und als existentielle Aussage über den Menschen gültig bleibt, auch und gerade weil die äußere Hülle einer vermeintlich bündigen Erklärung der Welt in objektivem Sinn dahinfällt. Es ist die Basis dafür, den Schöpfungsglauben rein aus dem Inneren des menschlichen Erlebens neu zu rekonstruieren, als Selbstaussage im Gespräch mit Gott. Denn: Die Natur denkt nicht, daß sie vernünftig wäre, sie fühlt nicht, daß sie gütig wäre, sie ist gegenüber ihren eigenen Gesetzen nicht frei, daß sie Macht besäße, – alles, was Menschen wesentlich suchen, weil sie Menschen sind, versagt ihnen die Welt; eben deshalb sind sie absolut verwiesen auf etwas, das nichts ist in der Natur, auch nicht die Natur selbst, – ein etwas, das weder eine Sache noch eine Ursache darstellt, etwas also, das nicht ein Ding sein kann, sondern Person sein muß, um auf das Grundproblem zu antworten, das mit dem Personsein des Menschen gegeben ist. – In der Wissenschaftstheorie gilt der Grundsatz: *de individuis non est scientia* – über das Individuelle gibt es keine wissenschaftlich begründbare Aussage; Aussagen lassen sich nur treffen entsprechend

99 AUGUSTINUS: Bekenntnisse, I 6; S. 12.

den immer und überall geltenden Gesetzen; das Individuum aber ist jetzt und hier, es ist nicht allgemein, es ist ein ganz Einmaliges und Einzigartiges; das Individuelle ist daher nicht ableitbar vom Allgemeinen her. Keine Naturnotwendigkeit begründet, was ich bin als Einzelner. Die einzig zureichende Begründung meiner Existenz als Person kann daher einzig eine andere Person sein. Aber wie und wodurch? Darauf ist die Antwort eigentlich nicht schwer.

Ein Kind fragt seine Eltern, wie es in die Welt gekommen ist; dann kommt es darauf an, wie die Eltern diese Frage auffassen: Sie können ihr Kind biologisch korrekt aufklären, – dann weiß es schließlich alles über Zeugung und Geburt; sie können aus der Frage aber auch so etwas heraushören wie eine Anfrage an sie selber: «Wer bin ich für euch? Wie steht ihr zu mir? Was bin ich euch wert?» Nicht dem physischen Dasein, sondern der Beziehung zwischen den Personen gilt der Sinn einer solchen Frage. Gehen die Eltern *darauf* ein, so können sie immer noch antworten: «Wir sind dein Vater und deine Mutter», doch werden sie dann nicht mehr sagen wollen, wie sie es angestellt haben, das Kind zu bekommen, sondern welche Gefühle sie leiteten, ein Kind bekommen zu wollen; sie begreifen, daß sich die Frage ihres Kindes auf eine tiefere Begründung der Existenz hinter den ursächlichen Gründen seines Daseins richtet und daß sie darauf nicht mit Auskünften über bestimmte äußere Tatsachen antworten können, sondern daß sie von sich selber sprechen müssen. Das Kind als Person fragt nach ihnen als Personen, und ihre Antwort kann deshalb auch nicht eine Mitteilung über bestimmte Motive in der Vergangenheit sein – daß sie sich vor vier Jahren überhaupt ein Kind gewünscht haben –, zur Frage steht, welche Gefühle sie dem Jungen, ihrem Mädchen *jetzt* entgegenbringen.

Ganz ähnlich, läßt sich hier schon sagen, meint der erste Satz der Bibel: «Im Anfang schuf Gott Himmel und Erde», nicht etwas, das Gott einmal in einer beliebigen Vergangenheit getan hätte, sondern er drückt ein bleibendes Verhältnis aus: Gott will, daß es alles das gibt, von dem in «Himmel und Erde» die Rede ist; und mit diesem seinem Wollen bildet er in jeder Zeit den positiven Hintergrund von allem Seienden. – Ähnlich besagt die Erklärung der Eltern: «Wir sind deine Mutter, dein Vater» nicht: «Wir haben dich hervorgebracht», sondern: «Wir möchten, daß du bist. Wir lieben dich. Und diese unsere Liebe ist der eigentliche Grund dafür, daß es dich gibt.»

Entscheidend ist, daß eine solche Mitteilung, je nachdem, ob sie glaubwürdig gegeben wird oder nicht, im Leben eines Kindes von allergrößter Bedeutung ist. Psychologisch wird die gesamte Persönlichkeit eines Kindes geprägt davon, ob es sich von Grund auf gemocht fühlt oder nicht. So wichtig ist diese Frage, daß ein Kind mit der Erwartung bereits auf die Welt kommt, es sei erwünscht in seinem Dasein, – vom ersten Atemzug an ist es angewiesen auf die positive Zuwendung der Mutter; von ihr und aus ihr lebt es. Diese Erwartung kann durch alle möglichen Erfahrungen enttäuscht, getrübt oder zum «Realismus» hin erzogen werden, – wenn sie zerstört wird und an ihre Stelle Angst und Mißtrauen Platz greifen, erkrankt die Seele eines solchen Kindes schwer; wird sie jedoch genügend unterstützt, bestätigt und gefördert, so wird sie sich im ganzen weiteren Leben erhalten und eine Art Vertrauensvorschuß in gewissermaßen jeder Lebenslage bilden. Als ganzes wird das Leben eines solchen Kindes ihm selbst als freundlich getönt erscheinen, als etwas, das es gerne annimmt, als Geschenk. – Und damit ändert sich das gesamte Gefüge der Wahrnehmung.

Als eine objektive Aussage über die Stellung des Menschen im Kosmos erschien es eben noch als eine vollkommen verkehrte, rein narzißtische Behauptung des Schöpfungsglaubens alter Schule, der Mensch sei Mittelpunkt und Höhepunkt aller Veranstaltungen der Natur; jetzt aber, da von all dem nur der subjektive Teil der Selbstaussage über die Befindlichkeit des Menschen übrig bleibt, versteht man den Sinn des ursprünglichen «Narzißmus» als etwas ganz und gar Notwendiges: Gerade so wird eine Mutter ihrem Kind erklären, daß die Sonne scheint – «damit du warm hast», und daß die Blumen blühn – «damit du schön hast», und daß die Vögel singen – «damit du Freude hast.» Die ganze Welt ringsum wird so vermittelt, als sei sie vollkommen zentriert auf dieses Kind, – nicht um zu sagen, daß die Ordnung der Natur nichts anderes im Sinne führe, als zum Vorteil dieses einen Jungen oder Mädchens da zu sein (noch einmal: es geht in keiner Weise um so etwas wie um eine objektive Sacherklärung!), sondern um etwas zu vermitteln, daß nur in der Beziehung zwischen Mutter und Kind sinnvoll ist: ein Vertrauen, daß die Mutter es gut meint mit ihrem Kinde und daß deshalb die ganze Welt vertrauensvoll betrachtet werden kann.

Nun ist Psychologie stets relativ, sie hängt ab von empirischen Bedingungen, die mal so sein können oder so; eine absolute Aussage läßt sich niemals psychologisch treffen, allenfalls daß sich im Zwischenmenschlichen Erfahrungen bilden, die als Modell dienen können, um sich vorzustellen, was im Absoluten gelten sollte. Ob ein

Kind in eine Welt hineingeboren wird, in der es sich wohlfühlt, weil es als irgendwie «gehalten» sich erlebt, hängt, objektiv betrachtet, wieder davon ab, wieviel Glück es hat – oder nicht; so wesentlich es ist, daß Vertrauen sich bildet, so unmöglich ist es, über das Zustandekommen eines solchen Vertrauens empirisch eine wesentliche Aussage zu treffen; empirisch kann es sich bilden – oder auch nicht. Zum menschlichen Dasein aber gehört, daß ein solches Vertrauen sich bilden *muß*, wenn es gelingen soll. Um von der Auslieferung an die Wechselfälle zufälliger äußerer Gegebenheiten sich zu lösen und aus dem psychologisch gesuchten Vertrauen der Kindertage eine innere Haltung, eine Überzeugung, einen Glauben zu machen, bedarf es der Dimension des Religiösen. Und damit eigentlich betritt man das Feld des Schöpfungsglaubens. Er bezeichnet nicht länger mehr ein «Glauben, daß» in Konkurrenz zum «Wissen(wollen), daß» in den Naturwissenschaften; er bezeichnet überhaupt nichts objektiv Beobachtbares beziehungsweise Beweisbares, in ihm drückt sich einzig und allein eine subjektive Einstellung aus, die freilich für das gesamte Selbstverständnis und für die gesamte Lebensführung grundlegend ist. Es geht um eine Beziehung, nicht mehr zwischen Mutter und Kind, sondern zwischen Mensch und Gott, und die Art dieser Beziehung ist die eines absoluten Vertrauens beziehungsweise eines Vertrauens ins Absolute. Statt von Schöpfungsglaube sollte man deshalb von einem Schöpfungsvertrauen sprechen – von einem Vertrauen in Gott, das groß genug ist, den Enttäuschungen der Welt standzuhalten, weil es von den gelegentlichen Bestätigungen der Welt nicht mehr wesentlich abhängt.

Aber wird damit nicht simpel die narzißtische Einstellung eines Kindes absolut gesetzt? Und welch eine Rechtfertigung sollte es dafür geben? – Die Rechtfertigung besteht in nichts anderem als in der menschlichen Bedürftigkeit: Mensch zu sein bedeutet notwendig, sich in seinem Anderssein gegenüber der Welt zu entdecken; diese Erfahrung ist damit identisch, inmitten der vollkommenen Haltlosigkeit im Endlichen absolut verwiesen zu sein auf ein Unendliches. Der Inhalt jeder Religion besteht darin: sie sucht Vertrauen zu begründen in den Hintergrund der Welt. Dabei legt es sich wie selbstverständlich nahe, ja, es ist unvermeidlich, an die positiven Erfahrungen der (frühen) Kindheit anzuknüpfen, – in allen Religionen der Menschheit wird das Göttliche als Vater oder Mutter oder als Urelternpaar gedacht; doch was dadurch erzielt wird, ist nicht einfach die projektive Überhöhung der verinnerlichten Bilder der Eltern (der Elternimagines in der Terminologie von CARL GUSTAV JUNG[100]) – obwohl gerade das in jedem autoritären System institutionalisierter Frömmigkeit der Fall zu sein pflegt –; was tatsächlich geschieht, kommt einer entscheidenden Umkehrung der Weltbetrachtung gleich: das Gottesbild entsteht nicht länger dadurch, daß bestimmte Kräfte der äußeren Natur oder gewisse Triebregungen der inneren Natur wie in den Mythen der Völker in einer Vielzahl von göttlichen Gestalten vermenschlicht würden, es wird vielmehr die Suche nach den Gründen eines absoluten Vertrauens, die im Erleben schon des Kindes beginnt, religiös jeder möglichen Welterfahrung vorgeschaltet; dadurch entsteht etwas, das sich psychologisch zwar in allen Lebensbereichen auswirken wird, doch psychologisch selber in diesen nicht begründbar ist: die liebste und beste Mutter der Welt wird ihrem Kind nur Gründe für eine begrenzte Vertrauenshaltung bieten können, schon weil sie selbst (mit ihrer Kraft, mit ihrer Zeit, mit ihrem Wohlwollen) begrenzt ist; sie wird im Erleben des Kindes zudem ein gewisses Maß an Ambivalenzgefühlen hinterlassen. Ein absolutes Vertrauen in Gott hingegen setzt voraus, daß diese Begrenztheiten und Ambivalenzen ausgefiltert werden zugunsten eines Gottesbildes der uneingeschränkten Bejahung; denn einzig so läßt sich bei Menschen ein uneingeschränktes Vertrauen ermöglichen. Nicht die Art der Welterfahrung, wohlgemerkt, begründet dies Vertrauen, umgekehrt: der religiös gegebene Vertrauensvorsprung modifiziert jedwede Welterfahrung. Wie vordem als Kind an der Hand seiner Mutter, geht man jetzt durch die Welt an Gottes Hand oder, richtiger ausgedrückt, man legt sein ganzes Leben voll Vertrauen in die Hände Gottes; was immer dann passieren mag, ist relativ, gemessen an der Absolutheit des «Gehaltenseins» in Gott. – Das eigentlich ist es, was «Schöpfungsvertrauen» bedeutet.

Wie aber kann ein solches Vertrauen erreicht werden vorab zu aller Welterfahrung? Gewiß, die (angeborene) Sehnsucht danach, Erfahrungsmomenten zu begegnen, die Vertrauen begründen oder bestätigen, erleichtert es, die tatsächlichen Erlebnisse wohlwollender Begegnung aus dem Endlichen hochzutransformieren ins Unendliche; doch unübersehbar klafft an dieser Stelle eine mit menschlichen Mit-

100 C. G. JUNG: Über die Energetik der Seele, in: Gesammelte Werke, VIII 25, setzte der kausalen Betrachtungsweise SIGMUND FREUDS die eigene finale Betrachtung entgegen und unterschied beide zum Beispiel an dem Begriff Regression: «kausal ist die Regression bedingt ... durch die ‹Fixierung an die Mutter›. Final aber regrediert die Libido zur Imago der Mutter.» Zum Begriff der «Elternimago» vgl. DERS.: Die Beziehungen zwischen dem Ich und dem Unbewußten, in: Ges. Werke, VII 205–206.

teln nicht zu schließende Lücke. Wohl, jede persönliche Begegnung, in der jemand sich trotz aller Einwände und Widersprüche angenommen und «gehalten» fühlt, läßt etwas ahnen von dem, was im Absoluten sein müßte – und ist; doch um im Absoluten sich gesichert zu fühlen, braucht es einer persönlichen Begegnung, die selber absolut ist, und in der Überzeugung, daß dies möglich ist, besteht im Grunde das Spezifische des christlichen Schöpfungsvertrauens: in der Person des Christus gibt es eine solche Person, die ein derartiges Vertrauen in Gott als den Vater vermittelt, daß darin die Welt als «Schöpfung» allererst in Erscheinung tritt.

Am klarsten gesehen hat diesen Zusammenhang das *Johannes-Evangelium*[101]. Die Welterfahrung ist viel zu gebrochen, als daß man einfach wie die «Priesterschrift» des Alten Testaments beginnen könnte mit den Worten: «Im Anfang schuf Gott Himmel und Erde» (Gen 1,1). Man sieht die Welt, doch wie soll man bei ihrem Anblick glauben können, daß sie «geschaffen» sei – von einem Gott der Güte? Das ist nur möglich, wenn man vorweg schon Liebe glauben kann; doch dazu muß man sie als absolute Wirklichkeit im Leben vorweg kennengelernt haben, und dafür steht im Neuen Testament die absolute Person Jesu. Bereits die ersten drei Evangelien (die Synoptiker) berichten übereinstimmend, daß dem Mann aus Nazaret nichts anderes so wichtig war, als Gott als einen «Vater» darzustellen, weit gütiger, als jeder irdische Vater es zu sein vermöchte, indem sich seine Güte dem am tiefsten aufschließt, der sich an ihn wendet mit dem Vertrauen, das ein Kind besitzt. Gefragt, worauf es ankomme im Leben, antwortet Jesus deshalb: «Wenn ihr nicht werdet (so vertrauensvoll) wie Kinder, könnt ihr in das Himmelreich nicht eingehen (werdet ihr niemals euch in Gott geborgen fühlen).» (Mk 10,15) Immer wieder schildert er bestimmte Situationen menschlichen Verhaltens, um dann nach rabbinischer Logik Gott mit einem «um wieviel mehr» als nicht nur ausnahmsweise oder gezwungenermaßen, sondern als ganz und gar großzügig und gnädig darzustellen (vgl. Mt 7,7–11); insbesondere die Angst vor Strafe und Vergeltung suchte der Mann aus Nazaret den schuldig Gewordenen im Gegenüber Gottes zu nehmen durch die Versicherung der grenzenlosen Bereitschaft Gottes zu vergeben: So selbstverständlich wie ein Hirte auf die Suche geht nach einem Schaf, das sich verlaufen hat, so sicher ist es, daß Gott niemanden verloren gibt (Lk 15,1–7); und wie ein Vater, der

101 Vgl. E. DREWERMANN: Das Johannes-Evangelium, I 13–29; 30–50.

tagaus, tagein die Rückkehr seines Sohns ersehnt, der in ein fernes Land gegangen ist, und ihm von weitem schon entgegenläuft, wenn er ihn sieht, so auch steht Gott bereit, denjenigen voll Freude zu umarmen, der von seinem Irrweg heimkehrt (Lk 15,11–32)[102]. Vor allem suchte Jesus zu erreichen, daß Menschen sich von Gott nicht erst auf Grund ihres moralisch einwandfreien Rechtverhaltens entsprechend den Bestimmungen der Schriftgelehrten und Gesetzeslehrer als akzeptiert empfinden konnten; Gott macht die Menschen gut durch seine Güte, davon war er zuinnerst überzeugt; mit Drohungen, Verboten und Ausgrenzungen ist niemandem geholfen, – in dieser Überzeugung lud er gerade die «Zöllner» und die «Sünder» bei sich ein. Das *Johannes*-Evangelium gibt dieses unerhört Neue und Skandalöse, doch eben dadurch Befreiende und Heilende der Person und Botschaft Jesu mit den Worten wieder: «Das Gesetz kam von Mose, doch die Gnade, die Unverborgenheit Gottes kam durch Jesus Christus.» (Joh 1,17)[103] Es ist dieser Wendepunkt des gesamten Existenzverständnisses, der auch den Blick auf die Weltwirklichkeit entscheidend umformt: sie wird als «Schöpfung» sichtbar durch eine Neuschöpfung des Menschen.

Die Erfahrung, die alles verändert, ist besser nicht zu beschreiben, als es das *Johannes*-Evangelium in *seinem* Anfangssatz tut, wenn es, in bewußtem Kontrast zu der Schöpfungsgeschichte der Priesterschrift im Alten Testament (Gen 1,1), erklärt: «Im Anfang war das Wort.» (Joh 1,1)[104] Sinngemäß läßt sich der Satz auch wiedergeben mit: «Grundlegend ist worthafter Geist», – denn was Gott tut, ist

102 Vgl. E. DREWERMANN: Das Lukas-Evangelium, II 233–257: Lk 15,11–32: Vom gütigen Vater und seinen zwei Söhnen.

103 E. DREWERMANN: Das Johannes-Evangelium, I 51–65: Johannes der Täufer oder: «Der nach mir kommt, ist mir zuvor.»

104 A.a.O., I 33–34. – Sehr richtig bemerkt EUGEN BISER: Glaubensbekenntnis und Vaterunser, 45, als Sinn der Aussage von Joh 1,1, «daß … die Menschen in der Begegnung mit ihm (sc. Jesus, d.V.) von Gott ins Einvernehmen gezogen wurden», und begründet diese Tatsache (S. 65) damit, daß «Jesus … die Konsequenz aus seinem eigenen Gotteserlebnis» zog. «Die bahnbrechende Entdeckung Jesu … bestand darin, daß sich dieser Gott in ihm und dem, was sich ihm als sein innerster Persongrund entschleierte, seit Ewigkeit erkannt, angenommen und geliebt hatte.» Vgl. DERS.: Der Freund, 57: «Da sich (bei den Autoren des Neuen Testaments, d.V.) weder Ansätze einer ‹metaphysischen Reflexion› noch gar zur Ausarbeitung eines Gottesbeweises finden …, läßt sich ihr Gottesbewußtsein letztendlich nur auf ihr Verhältnis zu Jesus zurückführen. Er muß jene Umschichtung ihres Denkens nach sich gezogen haben, durch die Gott für sie … zum Erstgegebenen und Erstgewissen ihres Denkens wurde.»

nicht als Beginn der Zeitreihe, als ein Akt in der Vergangenheit, zu denken, es ist vielmehr die Wesensgrundlage des Daseins insgesamt; die aber liegt in dem, wozu das ganze Universum nicht imstande ist: zu sagen, daß der Mensch als Einzelner sich *angeredet* fühlen darf. Im Angesicht der gigantischen Weiten des Kosmos, die erst von den Astronomen des 20. Jhs. in ihren wahren Ausmaßen entdeckt und erforscht werden konnten, ist das Empfinden der Einsamkeit und der Verlorenheit des Menschen schier ins unermeßliche gewachsen, – der Schock des KOPERNIKUS hat sich auf ungeahnte Weise vertieft. Um so wichtiger ist das Vertrauen, das sich in der Art, wie Jesus auf Menschen zuging, zu bilden vermocht hat: daß wir nicht als an sich völlig überflüssige Gebilde des Kosmos ins Dasein geworfen wurden, sondern daß ein jeder von uns in seiner Eigenart gewollt ist und erwünscht. «Zeig uns den Vater», bitten im *Johannes*-Evangelium die Jünger Jesus; der aber gibt zur Antwort: «Wie kannst du fragen, Philippus, zeige uns den Vater! Wer mich sieht, sieht den Vater.» (Joh 14,8–11)[105] Um Gott als «Vater», mithin als den wohlmeinenden Schöpfer dieser Welt zu erkennen und anzuerkennen, bedarf es der Person von jemandem, der mit seinem Vertrauen alle, denen er begegnet, mit sich und ihrer Existenz «versöhnt» sein läßt; erst so kann sich jenes Vertrauen bilden, das von Gott her die Welt als «Schöpfung» offenbart. Und so ist Jesus, der «Sohn» Gottes.

Alles findet jetzt zu seiner Ordnung: das Gottesbild, das Weltbild und das Selbstbild eines jeden Einzelnen.

Das *Gottesbild*! Im Rahmen der tradierten Theologie der Schöpfung standen die drei wesentlichen Prärogative Gottes: Allgüte, Allmacht und Allweisheit, in Anbetracht der Welt einander selbst im Wege, und zwar deswegen, weil sie als objektive Aussagen in dem Verhältnis Gottes zu der von ihm geschaffenen Wirklichkeit verstanden wurden. Jetzt, da der Schöpfungsglaube wesentlich aus der Beziehung des Vertrauens abgeleitet wird, sind auch die Wesenseigenschaften Gottes als Aussagen darüber zu verstehen, wie Gott demjenigen erscheint, der ihm *bedingungslos* vertraut.

Was heißt dann: «Gott ist *gut*», – wenn nicht: «Ich glaube an die Liebe»? – So sagt es ein Brief, der dem gleichen Autor(enkreis) zugeschrieben wird, wie das *Johannes*-Evangelium: «Gott ist Liebe.» (1 Joh 4,16) Doch jetzt zeigt sich: es ist nicht möglich und nicht länger nötig, die Liebe Gottes in den Einrichtungen der Natur zu suchen;

105 A. a. O., II 120–133: Joh 14,1–14: Ich bin der Weg ... oder: Zwischen Angst und Vertrauen.

sie wird gefunden und sie wirkt sich aus als erstes im Verhältnis zwischen Gott und Mensch. Gott als die Liebe glauben – das bedeutet, gerade nicht die Ordnung der Natur zum Maßstab für das menschliche Verhalten anzusehen. Eben weil Gott grundlegend anders ist, grundlegend anders *sein muß*, als die Gesetze der Natur sich darstellen, gewinnt der Mensch die Kraft, die Lebewesen, mit denen er lebt und denen er evolutiv sich selbst verdankt, von Grund auf anders zu behandeln, als die Natur es tut. Die «Herrschaft» über das Getier (Gen 1,28), bislang ein Gottesauftrag scheinbar zum Artegoismus, verwandelt sich nunmehr in die Befähigung und die Verpflichtung, die Güte, die in Gott geglaubt wird, weiterzugeben an die Mitgeschöpfe.

Denn mit dem Gottesbild verwandelt sich zugleich das *Weltbild* und das *Selbstbild*. Die relative Überlegenheit des Menschen gegenüber der Vielzahl der Tiere kann jetzt nicht länger mehr der Ausbeutung und Marktverwertung dienen; sie muß dazu genutzt werden, die Lebewesen etwas von der geglaubten Liebe Gottes spüren zu lassen. Tierseuchen etwa, Krankheiten und Verletzungen, – es sind nur Menschen, die da den Tieren (begrenzt) helfen können; desgleichen wenn es um die Eindämmung der Folgeschäden von Katastrophen großen Stils geht: Buschfeuer, Erdbeben, Tsunamis, Überschwemmungen, Vulkanausbrüche, was auch immer. In der Natur macht der Begriff der «Katastrophe» keinen Sinn: Schmerz, Tod, Vergeblichkeit, das alles ist ihr buchstäblich gleichgültig; Geltung allein hat für sie das Gesetz des 1. Hauptsatzes der Thermodynamik, wonach das Maß der Energie im Weltall nicht vermehrt oder vermindert werden kann. Doch was bei SCHOPENHAUER zu der Ethik einer resignativen Askese führte, enthüllt jetzt eine Fülle kreativer Möglichkeiten, aktiv Mitleid zu leben. Es ist nicht nur die Evidenz der Feststellung von ALBERT SCHWEITZER: «Ich bin Leben, das leben will, inmitten von Leben, das leben will»[106]; die Perspektive der Identität von allem Lebenden und Leidenden erweitert sich jetzt durch den Schöpfungsglauben. Wie zum Beispiel, wenn das Große Barrier Riff im Nordosten vor Australien – das größte Gebilde, das lebende Wesen auf dem Planeten Erde geschaffen haben, sichtbar für menschliche Augen sogar vom Mond aus – als etwas betrachtet wird, das aus Gottes Hand hervorgegangen ist? Oder der Amazonas-Urwald! 60 Mio. Jahre, von der Kreidezeit bis heute, hat es gedauert, ihn hervorzubringen; wenn er betrachtet

106 ALBERT SCHWEITZER: Kultur und Ethik, 330.

wird als eine Schöpfung Gottes, wie sollte es dann möglich sein zu glauben, es wäre unser gutes Recht, in ganzen 60 Jahren ihn endgültig (bis auf wenige Touristeninseln) zu vernichten? Der Kampf ums Dasein, darwinistisch der eigentliche Antrieb in der Geschichte des Lebens, weicht nunmehr einer Form der Achtsamkeit, der Schonung und Bewahrung aller Lebensformen in ihrer Eigenart und Vielfalt. In summa: Gottes Allgüte findet sich nicht objektiv als Tatsache in der Natur; doch wer an Gottes als des Schöpfers Liebe glaubt, der wird sich aufgefordert fühlen, gütig zu sein zu allen Mitgeschöpfen. Der Sinn des Schöpfungsglaubens folgt damit nicht länger mehr dem Ziel, die Welt und ihre Ordnung zu erklären, sondern sie zu verändern. Was KARL MARX im 19. Jh. in seinen Thesen über LUDWIG FEUERBACH von der Aufgabe der Philosophie insgesamt schrieb[107], sollte eigentlich der Inhalt einer jeden recht verstandenen Theologie der Schöpfung sein.

Und ganz genauso in bezug zu Gottes *Allmacht*. Als objektive Aussage über das Verhältnis von Gott und Welt ist das Problem in Hauke Haiens Gebetsworten nicht lösbar; jedoch als Aussage der Haltung des Vertrauens gegenüber Gott kann die Eigenschaft der Allmacht Gottes dies nicht mehr bedeuten, daß Gott, wenn er nur wollte, buchstäblich fünfe gerad zu machen wüßte; es geht durchaus nicht länger um die Zuversicht, Gott könnte oder würde nach Bedarf die Ordnung der Natur aufheben oder punktuell mal außer Kraft setzen; desgleichen der Gedanke mancher mystischer Entwürfe, Gott habe prinzipiell sich seiner Allmacht, tun zu können, was ihm irgend richtig schien, in dem Moment begeben, als er die Welt erschuf[108], – er führt erkennbar nicht aus dem Dilemma: warum denn sollte Gott, als der in objektivem Sinn Allmächtige, sich wie das Meer bei Ebbe zurückgezogen haben, um diese Welt gleich einem Watt voll Schlick zurückzulassen? Doch subjektiv gewendet, macht der Glaube an die Allmacht Gottes Sinn. *Zum einen* stellt es eine unerhörte Entlastung dar, in Anbetracht der zahllosen Wechselfälle und Notlagen des Lebens die eigene Verantwortung nicht ständig mehr zu überdehnen. Wir sind nicht Gott, wir müssen auch nicht, dem Titanen Atlas gleich, den Himmel tragen; an Gottes Allmacht glauben heißt, den

107 KARL MARX: Thesen über Feuerbach, 11, in: Marx-Engels Werke, III 7.

108 Vgl. E. DREWERMANN: Im Anfang ..., 1083–1091: Von der wachsenden Fremdheit des Menschen oder: Von der Unlösbarkeit der Theodizeefrage; 1104–1122: Die Rückgewinnung der religiösen Frage; 1123–1160: «Im Anfang war das Wort» (Joh 1,1) oder: Die grundlegende Anrede und das Ende der Fremdheit.

Lauf der Dinge ganz und gar, in jedem Augenblick, jenseits der eigenen Zuständigkeit und Handlungsmöglichkeit in Gottes Hand zurückzugeben. Im absoluten Sinne trägt nur Gott «Verantwortung» für diese Welt. Und das ist es, *zum zweiten* jetzt, was *im Gebet* geschieht. Die Hoffnung, flehend Gottes Planungen im objektiven Sinn zu ändern oder – wie LEIBNIZ meinte – als Betender vorweg bereits die Dringlichkeit der eigenen Bedürfnisse in Gottes Schöpfungs-Blaupause markiert zu haben, widerlegt sich immer wieder an der Bitterkeit herber Enttäuschungen oder auch an der Ungerechtigkeit einer überraschenden Bevorzugung. Doch subjektiv gewendet, spricht sich im Beten vornehmlich das Vertrauen aus, es werde und es könne nichts geschehen, das unausweichlich in Verzweiflung stürzen müßte.

Vorbildlich dargelegt ist diese Auffassung in der Gebetslehre des Neuen Testamentes selbst, – es ist erstaunlich, wie man je, in Kenntnis dessen, die Gläubigen so anders unterweisen konnte! – Aber hat Jesus denn nicht selber in ergreifenden Gleichnissen geschildert, daß Gott uns immer erhören werde, wenn wir ihn nur innig genug anflehten? «Jedem, der (Gott) bittet, dem wird (von ihm) gegeben», sagte er (Lk 11,9). Selbst ein Familienvater, der des Nachts für sich und seine Angehörigen nur Ruhe haben wolle, werde einem anderen helfen, der ihn laut lärmend um Brot bitte, – wie da erst Gott (Lk 11,5–8)! – Es stimmt: so hat Jesus gesprochen; was aber hat er damit gemeint? Wie Jesus selber betete im Augenblick höchster Bedrängnis, ist exemplarisch dargestellt in der Legende von der Szene im Ölberggarten (Lk 22,39–46): «Wenn es möglich ist, laß diesen Kelch (des Leids) an mir vorübergehen», habe der Christus da gesprochen, jedoch hinzugefügt: «Nicht mein Wille, sondern der deine geschehe.» Alles Beten im Sinne Jesu dient diesen Worten nach einer solchen entscheidenden Umwandlung des eigenen Wollens in den Gotteswillen.

Die Aufforderung, voll Vertrauen Gott nur immer vorzutragen, was wir auf dem Herzen haben, ist sonach ähnlich zu verstehen wie der Vertrag, den in der Psychoanalyse der Arzt mit seinem Patienten schließt: dieser verpflichtet sich, alles zu sagen, was ihm durch die Seele geht, – «das Peinliche zuerst»! So gut es geht, möge er unzensiert, spontan und nicht zurechtgedrechselt, äußern, was ihm einfällt, auch seine Sehnsüchte, geheimen Wünsche und verborgenen Neigungen. In keinem Falle geht damit die Vorstellung einher, man dürfe in der Therapie auf pünktliche Erfüllung aller Denkbarkeiten zählen; im

Gegenteil, der weise EPIKUR hatte ganz recht, als er nicht ohne Spott bemerkte, die Menschen sollten ihren Göttern am meisten für all jene Gebete danken, die sie *nicht* erhörten[109]. Es käme einem Albtraum gleich, wenn wirklich, wie im magischen Denken der Fünfjährigen, im Märchenalter, alle Wünsche, kaum gesprochen, in Erfüllung gingen! Und dennoch führt das Aussprechen selbst der intimsten Regungen ein höchst erwünschtes Resultat mit sich: In dem Vertrauen, vorbehaltlos akzeptiert zu sein, klärt sich die eigene Persönlichkeit, wird unterscheidbar, was sich lohnt, ernsthaft zu wünschen, und was nicht, und wird mit zunehmender Sicherheit des eigenen Standpunkts auch die äußere Realität, weil weniger verstellt durch Angst und Überforderungen aller Art, berechenbarer und passabler. Es wächst durch das Vertrauen in den, mit dem man da redet, zugleich auch das Vertrauen in die Fähigkeit der eigenen Person, mit dem, was kommt, in irgendeiner Weise umgehen zu können, und diese Zuversicht ist das, wodurch das Beten hilft oder, wohl richtiger, wozu Beten verhilft.

Den schönsten Ausdruck für diese Erfahrung hat *Lukas* gefunden. Aus der Tradition übernimmt er Jesu Versicherung, Gott werde uns alles geben, worum wir ihn bäten; doch wie um jeder objektivierenden Verdinglichung vorzubeugen, fügt er hinzu, das werde geschehen, indem uns Gott «seinen Geist» schenke. (Lk 11,13)[110] Sich mit Gott eins zu fühlen – das im letzten ist, so verstanden, die Erfüllung alles Betens. Es ist die wirksamste Form, den Enttäuschungsatheismus einer irreführenden Gebetsunterweisung zu vermeiden. Ruhe tritt ein, wie bei der Stillung des Sturms auf dem Meere (Mk 4,35–41), und zwar nicht, indem, wie in der buddhistischen Meditationspraxis, alles wünschende Anhaften an den Dingen ausgeblendet wird, sondern

109 EPIKUR: Von der Überwindung der Furcht, 137: «Wenn Gott die Gebete der Menschen erfüllen würde, wären schon lange alle Menschen zugrunde gegangen, da sie andauernd viel Schlimmes gegeneinander erbitten.»

110 E. DREWERMANN: Das Lukas-Evangelium, I 848–857: Vom vertrauensvollen Beten oder: Vom Geschenk der Liebe. – Sehr zu Recht betont im Gespräch mit EINSTEINS Ablehnung eines persönlichen Gottes PAUL TILLICH: Begegnungen, 302: «Die Vorstellung von einem ‹persönlichen Gott›, der sich in das Geschehen der Natur einmischt oder der als ‹eine unabhängige Ursache von Naturereignissen› betrachtet wird, macht Gott zu einem Naturobjekt unter anderen, zu einem Objekt unter Objekten ... Dies bedeutet in der Tat die Zerstörung nicht nur des physikalischen Systems, sondern mehr noch die Zerstörung eines jeden angemessenen Gottesgedankens.» «Allmacht» Gottes bedeute, daß kein Ereignis uns von dem «Grund des Seins und Sinns» zu trennen vermag.» (S. 301)

indem es zugelassen, vorgestellt, bewußt gemacht und in die eigene Person als zugehörig integriert wird. Das ist der Sinn und die Erfüllung dieses nie endenden Dialogs eines ganz und gar jesuanischen Vertrauens zwischen dem kleinen Ich des Menschen und dem unendlichen Du Gottes.

Und dann die *Allweisheit*, die metaphysisch zu dem Wesen Gottes zählt! Selbst in den Einlassungen der Normalverkündigung der Kirchen werden die Pfarrer davon sprechen, daß Gottes Ratschlüsse uns unerforschlich seien; nur reflektieren sie zu wenig, was sie damit sagen: Es heißt nichts anderes, als daß Gott über die Sichtlinie der Welt in seiner Weisheit nicht erkennbar ist. Auch diese also bleibt als objektive Größe in Betracht der Welt für unsere Augen unzugänglich. Das hindert nicht, daß die Gesetze der Natur, wie wir sie mathematisch modellieren können, immer erneut von ausgesuchter Raffinesse und überlegener Intelligenz Zeugnis ablegen; doch Weisheit ist ein anderes als jene rationale Funktionalität, nach der wir die Natur ihr Werk verrichten sehen. Das blinde, wenn auch höchst präzise, das mitleidlose, wenn auch höchst effiziente, das blutige, wenngleich gerade so am meisten artenbildende und formende Getriebe der Natur kennt keine Weisheit, schon weil es durchaus nichts von dem hat, was man Überlegung, Planung, Umsicht oder Rücksicht nennen könnte. Jedoch in dem Verhältnis zwischen Gott und Mensch, als subjektive Aussage mithin, stellt die Allweisheit Gottes einen äußerst wichtigen Teil des Schöpfungsglaubens als eines Aktes des Vertrauens dar: Nicht ein Verständnis der Natur vom Wesen Gottes her, womöglich besser, jedenfalls in Konkurrenz mit den Naturwissenschaften, ist durch das Offenbarungs«wissen» und durch den Vernunftgebrauch den Theologen möglich, einzig ein Einverständnis mit dem, was geschieht, ist Inhalt dieses demütig gewordenen Schöpfungsvertrauens. Es ist genau das, was THEODOR STORM in dem Gebet des Deichgrafen verdichtete, wenn dieser davon sprach, auch Gott habe ja seine Gesetze und könne nicht einfach tuen, was er wolle (das also, was aus menschlicher Sicht als notwendig oder zumindest doch als wünschenswert erscheint). In dem Appell an diese «Weisheit» Gottes, die zu hoch ist menschlichem Begreifen und die doch hilft, sich in das Unvermeidliche zu fügen, spricht Hauke Haien, wenngleich resignativ, kapitulierend angesichts des drohenden Tods seiner Gattin, den notwendigen Rest von Schöpfungszuversicht im Namen Gottes aus. Wär's nur Natur, was Menschen tötet, es wäre unerbittlich und es bliebe unversöhnlich. So aber läßt sich beten, wie EDUARD MÖRIKE als Pfarrer in Hamburg-Wandsbeck um 1850 es versuchte, als er in seinem Gebet eines großen Einverständnisses dichtete[111]:

> Herr, schicke, was du willst,
> Ein Liebes oder Leides;
> Ich bin vergnügt (sc. begnüge mich, d. V.), daß beides
> Aus deinen Händen quillt.

Erst jetzt, nachdem die Güte, Macht und Weisheit Gottes sich als wesentliche Teile jenes Dialoges zwischen Gott und Mensch im Angesicht der Welt erzeigen, den man Schöpfungsvertrauen nennen darf, kommt eine weitere Eigenschaft alles Geschaffenen ins Spiel, die seit jeher zum Hauptinhalt der Naturfrömmigkeit der Pantheisten wie Polytheisten zählt: die *Schönheit*. Als Naturforscher müsse man Pantheist sein und als Dichter Polytheist, meinte J. W. VON GOETHE in seinen «Maximen», nur als Moralist bekenne man sich zum Monotheismus[112]. In gewissem Sinne ist es umgekehrt: was die Schönheit der Welt angeht, so entdeckt sie sich erst von einem Standpunkt aus, auf dem der Kampf um bloße Daseinssicherung nicht mehr den wesentlichen oder gar ausschließlichen Inhalt des Lebens bildet; erst ein bestimmtes Maß an innerer Geborgenheit in Gott schenkt die Zweckfreiheit der Betrachtung, die für Schönheit offen ist. – Rein biologisch ist noch einmal SCHOPENHAUER zuzustimmen: was uns als schön gilt, ist nichts weiter als ein Trick, mit welchem die Natur uns sexuell zum Zeugen aneifert, ein Mittel, das der Wille einsetzt, uns zum Dasein zu verlocken[113]. Doch kann und muß man deshalb allem Schönen widersagen? Asketen, Weltverächter, Frauenfeinde – Käuze und Hagestolze aller Art mögen hinter einer solchen Fahne sich versammeln, doch menschlich stimmiger erscheint es, die Freiheit Gottes einzuatmen und zu lernen, wie man das Schöne anschaut ohne jede Absicht und ohne jeden Zweck, als eine Kostbarkeit an sich, in reiner «Kunstanschauung», wie man im Deutschen Idealismus sich auszudrücken pflegte[114].

111 EDUARD MÖRIKE: Werke, 113.
112 JOHANN WOLFGANG VON GOETHE: Maximen und Reflexionen, 807, S. 154: «Wir sind naturforschend Pantheisten, dichtend Polytheisten, sittlich Monotheisten.»
113 ARTHUR SCHOPENHAUER: Die Welt als Wille und Vorstellung, 2. Bd., Kap. 44, 607–651: Metaphysik der Geschlechtsliebe.
114 Vgl. F. W. J. SCHELLING: System des transzendentalen Idealismus, 297: «Die Kunst ist eben deswegen dem Philosophen das Höchste, weil sie ihm das Allerheiligste gleichsam öffnet, wo in ewiger und ursprünglicher Vereinigung gleichsam in

An jeder Stelle der Natur ist eine solche Kunstanschauung möglich. «Da ist das Meer, breit und zuhanden», heißt es Ps 104,25, in einem Gebet über die Schönheit der Welt, das sich nicht zufällig zu großen Teilen dem Sonnengesang des ägyptischen Pharaos ECHNATON (1364–1347) verdankt[115]. – Man stelle sich, um das Gemeinte recht zu würdigen, an einen Strand oder betrete eines der Kliffs von Helgoland oder von Rügen und schaue einfach hinaus auf das Schauspiel der «ruhelos wogenden Salzflut» in den Worten HOMERS (um 700 v. Chr.)[116]. Wie schimmerndes Blei liegt sie da, grau blinkend oder in silbrigem Glanz, je nach dem Stand der Wolken vor der Sonne, gebreitet bis zum Horizont, sehnsüchtig stimmend nach dem Punkt, an dem der Himmel sich mit ihr vereinigt. In ihrem Zauber ist die See wie jene Okeanos-Tochter Klymene, in die Helios so sehr sich verliebte, daß er mit ihr Phaëthon zeugte[117]; in seiner Majestät ist dieses selbe Meer der Gott Poseidon, der Bruder des Zeus und des Hades, die sich die Herrschaft teilen über den Himmel und die Unterwelt. Leben und Tod, Erhebung und Verderben, heitere Freude oder sturmgepeitschte Furcht – alles ist Meer. Das Spiel der Farben und der Formen, das die Sonnenstrahlen mit den Wolken treiben, findet sein Spiegelbild auf dieser endlos hingedehnten Fläche, die gelblich sich verfärbt, wenn Sturm aufzieht, oder «weinsichtig», mit HOMER gesprochen[118], wird in einem milden Sonnenuntergang oder auch strahlend blau an einem hellen Tage unter azurnem Himmel. Und wie die Wellen sich gegen die Küste werfen, – mal den Strand zärtlich streichelnd, mit weiß gebänderten Schaumkronen, in denen sich die Dünung bricht, in heiterem Kontrast zum malerischen Himmel, mal wild verlangend, ungebärdig, das Land umschlingend und verschlin-

Einer Flamme brennt, was in der Natur und Geschichte gesondert ist ... Was wir Natur nennen, ist ein Gedicht, das in geheimer wunderbarer Schrift verschlossen liegt.» Im künstlerischen Schaffen tritt für SCHELLING die Gottheit nicht nur in Erscheinung, darin *wird* und *ist* sie; S. 272: «Gott *ist* nie, wenn Sein das *ist*, was in der objektiven Welt sich darstellt: *wäre er*, so wären *wir* nicht; aber er *offenbart* sich fortwährend.»

115 Ägyptische Hymnen und Gebete, 199–209: Große literarische Amun-Re-Hymnen von Amarna; 209–225: Hymnen der Amarnazeit.

116 Vgl. HOMER: Odyssee, V 52, S. 147; VIII 49, S. 221 u.ö.

117 Vgl. E. DREWERMANN: Liebe, Leid und Tod, 519–539: Phaëthon, Helios und Klymene oder: Das Bild des Bernsteins.

118 Vgl. HOMER: Odyssee, XIX 274, wo ROLAND HAMPE, S. 603, das griech. *oinops* freilich mit «purpurn» übersetzt; HOMER: Odyssee, V 56, S. 147, spricht auch von dem«veilchenfarbenen Meere» oder IX 564, S. 289, von dem «grauen Salz», das die Seeleute «mit den Rudern» schlagen.

gend! Und über allem die Domäne, in welcher Zeus, der wolkensammelnde und blitzefreudige, regiert: mal deckt er Dunkel über das gesamte Himmelszelt, dann wieder bricht die Sonne durch die Wolkenränder und breitet ihre Strahlen aus wie Finger, die die Erde segnen möchten ... So meinte GOETHE es: wer Schönheit schildern möchte, der kann es nur «polytheistisch».

Oder ein Anstieg im Gebirge. Noch lagert Nebel in den Tälern, doch dann, jenseits der Wolkengrenze, erscheint der klare Himmel. «Du fährst auf den Wolken wie auf einem Wagen», heißt es in jenem wunderschönen ägyptisch-hebräischen Ps 104,3, und schon die schiere Höhe verleiht der Seele das Gefühl, Gott nahe zu sein. Wie klein und winzig ist die Welt dort drunten! Es ist, als hätte man die Niederungen nicht nur der Erdentiefe, sondern auch der eigenen Seele hinter sich gelassen ...

Alles, was schön ist, berührt uns im Gefühl der Freude und der Dankbarkeit, es macht uns scheu, behutsam, andächtig, verträumt, es lehrt uns, zu lieben auf eine ehrfürchtige absichtslose Weise; es setzt den Wunsch frei, zu beschützen, zu erhalten, zu bewahren, was da unsere Sinne und unser Sinnen fesselt. Und ist es gar ein Mensch, in dessen Schönheit unsere Liebe sich verströmt, so zieht er wie von selbst die Wunder der gesamten Welt auf sich und wird uns Meer und Berg und Himmel, und Sonnenlicht und Wolke, und Welle, Strand und aller Farben Spiel. Dann wirklich wird, was nur ästhetisch scheint, zu einem Lobgesang auf Gottes Schöpfung, die sonst so unbegreifbare, unheimliche, abgründige. Sie kann auch *so* erscheinen, sobald der Sturm sich legt und Stille eintritt in Vertrauen (Mk 4,39). Im Erleben der Schönheit beginnen wir auf Erden schon zu ahnen, was es heißt, die Welt zu sehen mit Gottes Augen.

II) Soteriologie (Erlösungslehre) oder: Woher das Böse?

Das ganze Leben besteht aus
Wollen und Nicht-Vollbringen,
Vollbringen und Nicht-Wollen.

JOHANN WOLFGANG VON GOETHE: Maximen und Reflexionen, 915

So könnte diese Welt als «Paradies» erscheinen, wofern in einer Haltung des Vertrauens die Welt als Schöpfung glaubhaft wäre. Was aber wird aus Menschen, denen dieser Halt, der an sich möglich wäre, fehlt? Tatsächlich, meint besonders das *Johannes*-Evangelium, doch schon Jahrzehnte vorher PAULUS, kam Jesus nicht nur als Erneuerer der Religion der «Väter» Israels in diese Welt; vielmehr indem er Gott gegen den Widerstand und Widerspruch der zeitgenössischen Gesetzeslehrer als eine väterliche Macht im Hintergrund des Menschendaseins wiederfand, ward er zum «Retter», zum «Erlöser» aller Menschen aus einem Grundproblem, das sich mit eigenen Mitteln nicht beheben, nur vertiefen läßt. Von «Erbsünde» spricht man im kirchlichen Dogma, und von «Sündenfall» mit Bezug zu der Erzählung, die in der jahwistischen Urgeschichte gleich im Anschluß an die Schilderung des «Paradieses» davon berichtet, wie die Menschen aus dem «Garten Eden» vertrieben wurden (Gen 3,1–24). Doch eben damit setzen die Fehler des objektivierend-verdinglichenden Denkens in der Theologie auf verhängnisvolle Weise sich fort, die schon die Schöpfungslehre um jeden Kredit bringen mußten.

Der Begriff «Erbsünde» sei schlechterdings nicht mehr zu retten, meinte um 1940 bereits der deutsch-amerikanische Theologe PAUL TILLICH[1], denn in der Tat: Wie soll eine «Sünde» sich «vererben»

1 PAUL TILLICH: Die Frage nach dem Unbedingten, 233: «Der traditionelle Ausdruck für den Zustand der Entfremdung ist ‹Sünde›, ein Begriff, dessen Sinn mehr Verzerrung und Mißdeutung erfahren hat als jede andere religiöse Aussage und der darum auch mehr zum Widerspruch reizt als irgendein anderer Begriff. ‹Sünde› ist im Licht der Existentialanalyse die Entfremdung des Menschen von seinem eigentlichen Sein, eine Entfremdung, die sowohl tragische Notwendigkeit als auch persönliche Schuld bedeutet. Der außerordentlich fragwürdige Begriff ‹Erbsünde› drückt das tragische Element, aktuelle Sünde das persönliche Element in dieser Verflochtenheit von tragischer Notwendigkeit und persönlicher Schuld aus. Das Wort ‹Erbsünde› sollte gänzlich fallengelassen werden. Es ist wahrscheinlich nicht mehr zu retten.» – GERHARD LUDWIG MÜLLER: Katholische Dogmatik, 134–135, stützt die alte Erbsündenlehre mit den üblichen Zitaten aus Röm 5,19; Eph 2,3; 1 Kor 15,22

können? Wenn Menschen schwere Fehler begehen, mag das belastende Wirkungen auch für nachfolgende Generationen zeitigen, doch kann da nicht von (Erb)Schuld, allenfalls von Haftung oder von einer Pflicht zur Wiedergutmachung die Rede sein. Das (katholische) Kirchendogma aber meint ein anderes: daß wegen der Tat *eines* Menschen (Adams) am «Anfang» alle Menschen unter Gottes Strafe stünden; denn, so die Begründung, durch die Tat dieses einen sei der unendliche Gott unendlich beleidigt worden, so daß es einer unendlichen Sühneleistung bedurft habe, um Gott mit der Schuld der Menschen, *aller* Menschen zu versöhnen. Letztlich sei solch eine unendliche Sühne nur zu erbringen gewesen, indem Gott seinen eigenen Sohn (Jesus Christus) opferte – den einzig Unschuldigen stellvertretend für die Schuld aller anderen.

Ein jedes Kind, das auf die Welt kommt, ist nach dieser Vorstellung geprägt von der «Erbsünde», und es kann nur gerettet werden, indem es durch das Sakrament der Taufe in den Kreuzestod Christi und seine Auferstehung hineingenommen wird. Die Grundlagen solcher Doktrinen meinte man, im *Römer*brief PAULI zu finden, wo der Apostel sich ausdrücklich auf die Geschichte vom Fall Adams bezieht (Röm 5,12–21); doch mißversteht man damit nicht nur die entsprechenden Passagen in Röm 5–8, man mißversteht vor allem die biblische Geschichte vom Sündenfall (Gen 3,1–7) selbst.

Die entscheidende Frage im Vorfeld lautet bereits, was eigentlich mit «Sünde» gemeint ist, und an dieser Frage schon scheitert offenbar die gesamte kirchliche Dogmatik ebenso wie die kirchliche Sakramentenpraxis.

und meint: «Zur Weitergabe der Sünde Adams gehören drei Aspekte: *Erbsünde, Erbschuld, Erbstrafe.* Diese Lehre ist nur antithetisch zum Erlösungsereignis in Jesus Christus zu entwickeln.» Der letzte Satz wäre vollkommen wahr, würde das «Erlösungsereignis» nicht als «Reinigung ... durch Christi Blut» begriffen (S. 375; 381–383). PIET SCHOONENBERG: Theologie der Sünde, 92, hat versucht, das Dogma von der «Erbsünde» als die vor jeder Eigenentscheidung situierte Freiheit des Einzelnen zu beschreiben, der nicht nur sozial, sondern existential in einer gnadenlosen Lage sich befinde; doch hält auch er an der Vorstellung fest, daß die Entscheidung eines Einzelnen (Adam) zum Schicksal aller geworden sei. – Inzwischen ist das Wort «Sünde» nur noch ein rein privates Vergehen, das in der Öffentlichkeit als dem einzigen noch verbliebenen «Gott» als harmlos gilt. In einem Artikel über Steuerhinterziehung und Selbstanzeige merkt HERIBERT PRANTL: Der Staat als Schweinchen Schlau, in: SZ 14.2.2014, S. 2, zu Recht an: «Kein Mensch bezeichnet einen Dieb oder einen Betrüger als ‹Eigentumssünder› oder einen Urkundenfälscher als ‹Urkundensünder›; würde man einen Vergewaltiger als ‹Sexualsünder› bezeichnen, wäre die Empörung groß. Nur Steuerstraftäter sind immer noch possierliche ‹Steuersünder›.»

Was da geschieht, ist keine Kleinigkeit. Seinem ganzen Selbstverständnis nach ist das Christentum eine Erlösungsreligion; wenn sich nun zeigt, daß bereits der Begriff dessen, wovon «erlöst» werden soll, in die Irre geht und daß des weiteren die «Erlösungs»praxis schon ihrer kultischen Veräußerlichung wegen unwirksam bleiben muß, so befindet sich das Christentum auf geradezu groteske Weise in der Lage eines Arztes, der bei der Diagnosestellung nicht mehr weiß, wovon er redet, und der in der Vorgehensweise seiner Therapie als rechter Scharlatan erwiesen ist. Schlimmer kann es kaum kommen, doch so steht es mit der tradierten Theologie des Kirchenglaubens.

1) Die «Sünde» am «Anfang» oder: Der Teufel zum Beispiel

Ein Hauptproblem der kirchlichen Sündenlehre besteht in der Re-Ethisierung eben jenes Begriffs, der eigentlich dazu angetan sein müßte, alle Ethik zu zersprengen. Bereits 100 Jahre vor PAUL TILLICH hat diesen Übelstand der Däne SÖREN KIERKEGAARD zum Dreh- und Angelpunkt seiner prophetischen Theologie und Kirchenkritik gemacht: Für die gängige Kirchendoktrin, stellte er fest, bedeutet das Wort «Sünde» nichts weiter mehr als die Übertretung eines Gottesgebotes[2]; der Schuldcharakter eines bestimmten Tuns ergibt sich aus der

2 Das gilt, indem sogar PAUL TILLICH: Die Frage nach dem Unbedingten, 161, schreibt: «Die Existenz des Menschen vor Gott ist vom Standpunkt der biblischen Religion aus vor allem ethische Existenz. In den ersten Kapiteln der Genesis wird dies häufig geäußert und zwar mit großem Nachdruck. Der Mensch ist ins Paradies gestellt mit einem Gebot und mit einem Verbot. Er wird versucht und entscheidet sich gegen das Gebot.» – SILJA LUFT-STEIDL: Die Sündenlehre Eugen Drewermanns – Chance für eine moderne theologische Anthropologie, 29–46, hat die Auffassung vom (Sünden)«Fall» bei TILLICH sehr richtig als «Übergang von der Essenz zur Existenz» beschrieben und angemerkt, daß die Darlegungen TILLICHS «rein ontologisch» (36) und «sehr spekulativ» (46) anmuten; das trifft ganz und gar zu und liegt ohne Zweifel daran, daß der große protestantische Theologe unter «Existenzphilosophie» im wesentlichen HEIDEGGER begreift und KIERKEGAARDS Einfluß erstaunlicherweise bei ihm erkennbar keine Rolle spielt; desgleichen wird das Thema der «Angst» weder von KIERKEGAARD noch von SIGMUND FREUD her in seiner grundlegenden Bedeutung verstanden. Am Ende ist die «Sünde» denn doch ein ethisches Phänomen, und das Ergebnis:– eine «Existentialanalyse» ohne «existentielle» Durcharbeitung. Vgl. auch HEINZ ZAHRNT: Die Sache mit Gott, 351–532, der skeptisch – bei aller Anerkennung – fragt: « ... gelingt Tillich diese enge Beziehung zwischen der Wirklichkeit Gottes und der Wirklichkeit der Welt, zwischen

Voraussetzung, die für alle ethische Betrachtung des menschlichen Verhaltens unerläßlich ist: der Annahme von der Freiheit des Menschen. Demnach können Menschen wählen zwischen Gut und Böse; wenn sie freiwillig sich für das Böse entscheiden, müssen sie deshalb zur Rechenschaft gezogen werden, denn schon aus Gründen der Gerechtigkeit ist es unerläßlich, sie entsprechend der Schwere ihres Vergehens zu bestrafen. Mit anderen Worten: der Begriff der «Sünde» verbleibt unter solchen Umständen ganz und gar in dem Rahmen einer Gesetzesreligion, in der von einer «Erlösung» des Menschen aus der Macht des Bösen in Wahrheit keine Rede sein kann, – sie ist schlicht überflüssig. Auch versteht man nicht, wie es eine Form von Schuld geben könnte, die *alle* Menschen wesentlich betrifft, wenn jeder Einzelne durch die Wahl seiner eigenen Freiheit schuldig wird. Man kann nicht beides haben: den alten moralischen Begriff der Sünde, wie er in der jüdischen Auffassung vom Gesetz üblich war und ist, und das Dogma von der «Erbsünde» mit der Behauptung der radikalen Erlösungsbedürftigkeit des Menschen. In der «Erbsünde» hat der Mensch laut Dogma seine Freiheit zum Guten verloren, und er findet sie erst wieder in der «Erlösung». Nur: was soll eine solche Lehre?

Prinzipiell steht man in der zentralen Auffassung des Christentums über die Situation des Menschen vor Gott einer Alternative gegenüber: Entweder ist die Lehre von der «Erbsünde» eine unerträgliche Demütigung der sittlichen Größe und Autonomie des Menschen, wie es die Moralphilosophen aller Zeiten denn auch dargestellt haben[3],

dem Unbedingten und dem Bedingten, nicht nur um den Preis einer ungeheuren Abstraktion? Macht die Ontologie sein Reden von Gott nicht notwendig farblos und monoton?» – Bemerkenswerterweise hat GERHARD EBELING: Dogmatik des christlichen Glaubens, I 345, die Grundbestimmung des Menschen als «Sünders» so ernst genommen, daß er die übliche Reihenfolge der theologischen Darlegungen umkehrt und erst von ihm als Sünder und dann (sc. als «Erlöstem», d. V.) von ihm als «Ebenbild Gottes» spricht. Und sehr zu Recht betont er (S. 357): «Die nächstliegende Ursache dieses Glaubwürdigkeitsschwundes (sc. in der Sündenlehre, doch damit des gesamten Christentums, d. V.) ist die Moralisierung des Sündenverständnisses.»

3 NICOLAI HARTMANN: Ethik, 3. Teil, 6. Abschn., § 85, S. 817–818: «Das Übel ... ist vom Standpunkt der (sc. christlichen, d. V.) Religion gar nicht eigentlich die böse Tat, bzw. der böse Wille ..., sondern das eigentliche Übel ist ... das sittliche Gehemmtsein durch die Last.» «Diesen Sündenbegriff kennt die Ethik nicht. Sie hat für ihn keinen Raum.» – Sehr richtig hat KARL BARTH: Die kirchliche Dogmatik, IV 1, 439, herausgearbeitet, daß einzig «die Existenz Jesu Christi die Stelle (ist), wo wir es mit der menschlichen Sünde in ihrer schlechthin reinen, reifen, unzweideutigen Gestalt zu tun haben.» Nicht durch menschlich-moralische Selbsterkenntnis, son-

oder die Sicht des Christentums auf den Menschen führt in genialer Hellsichtigkeit zu einem tieferen Verstehen der Tragödie menschlicher Freiheit, die mit moralischen Mitteln nicht aufzulösen ist; in letzterem Falle kommt natürlich alles darauf an, zu erläutern, warum das so sein soll, – es bedarf der psychologischen Durchdringung einer letztlich dogmatischen Behauptung, deren Plausibilität damit identisch ist, daß man am Ende mehr vom Menschen versteht, als es im Rahmen einer ethischen Betrachtung möglich wäre, ja, daß man seine desperate Lage überhaupt erst anfängt zu begreifen, statt ihn moralisch und juridisch zu verurteilen. Genau das war es, was mit seinen beiden Schriften «Der Begriff Angst» (1844) und «Die Krankheit zum Tode» (1849) der dänische Religionsphilosoph SÖREN KIERKEGAARD beispielgebend versucht hat.

Der kirchlichen Erbsündenlehre ist häufig vorgeworfen worden, daß sie den Menschen seiner (sexuellen) Triebhaftigkeit wegen als sündhaft angesehen habe, und sicherlich läßt sich eine massive Sexualfeindlichkeit der kirchlichen Moraltheologie im Verlauf der Jahrhunderte nicht leugnen; zweifellos hat sie mit ihren moralisch-asketischen Verdrängungen und Abspaltungen zu einer erheblichen Neurotisierung des Bewußtseins beigetragen. Doch weit folgenschwerer noch als dieses ist, neben der genannten Re-Ethisierung, die zum Dogma erhobene Historisierung des Mythos von der Erbsünde, mit der man in der katholischen Kirche bis heute an die Stelle einer Wesensbeschreibung des Menschen einen unbegreifbaren geschichtlichen Kollektivzusammenhang und an die Stelle einer verständlichen Psychologie des Bösen eine ausgesprochene Dämonologie setzt ...

Die Unfreiheit, die Erlösungsbedürftigkeit des Menschen rührt in dieser Erklärung daher, daß *der Teufel* Einzug gehalten habe in die menschliche Seele[4], und wie zum Beleg dafür beruft man sich eben

dern allein im Gegenüber Christi, im Anspruch der Gnade, erkennt der Mensch «das Böse in seiner Wirklichkeit ..., daß es zugleich Gottesfeindschaft, Brudermord und Selbstzerstörung ist ... Er (sc. der Mensch in der Sünde, d. V.) ist ... ganz Widerwilligkeit: ganz Gottesleugner ... ganz Brudermörder ..., ganz Selbstzerstörer.» (441–442)

4 Auch KARL BARTH: Die kirchliche Dogmatik, III 1a, S. 300, versichert vom «Teufel»: «Den gibt es allerdings. Der existiert und wirkt. Mit ihm hat man zu rechnen.» In IV 1, 469, in der Auslegung der «Sündenfallerzählung», sieht BARTH gleichermaßen den Teufel am Werk, und zwar als «das Urbild aller falschen Götter», «als das independente (sc. von Gott unabhängig sein wollende, d. V.) Unwesen». «... daß der Mensch sich, indem er jene Ausrichtung wählt, dem Teufel verschreibt, und ‹zum Teufel geht›, das wird sich ... nicht leugnen lassen.» – Für die katholische Kirche steht fest, daß die Teufel aus einem Urabfall der Engel hervorgegangen sind – *Ca-*

auf die jahwistische Sündenfallerzählung (Gen 3,1–7), die in der Tat davon spricht, eine Schlange habe die ersten Menschen zur Übertretung eines göttlichen Gebotes verführt. Jedoch: dieses mythische Bild weiß durchaus nichts von einem Teufel. Exegetisch duldet der Punkt keinen Zweifel: wenn Gott in Gen 3,14 die Schlange dazu verurteilt, auf dem Bauch zu kriechen, so paßt das ganz gewiß zur Fortbewegungsweise aller Schlangen, doch sicher nicht zur Kennzeichnung von «Teufeln». Das Alte Testament hat in den etwa 1000 Jahren seiner Entstehungsgeschichte in seinem Glauben an Gott sich festzumachen gesucht, ehe es recht spät die Vorstellung eines Teufels aus zoroastrischer Tradition[5] (und den Überlieferungen des Volksglaubens[6]) aufgenommen hat, – die jahwistische Erzählung vom Sündenfall weiß davon nichts.

Doch wichtiger noch als dies ist die Frage: Was macht es mit Menschen, denen man beibringt, in ihnen hause der Teufel, wofern sie nicht durch die von Gott verliehene Gnadenmacht der (katholischen) Kirche «erlöst» würden? Sie werden (und sollen!) sich absolut abhängig von eben dieser Kirche fühlen: deren Macht wird durch eine solche Sündenlehre unendlich, die Menschen aber sinken im Umgang mit sich selbst in die vollkommene Ohnmacht. All die abgespaltenen, verdrängten und unbewußten Teile ihrer Psyche werden sie für Versuchungen und Einflußnahmen des Teufels halten[7], und selbst Psy-

téchisme de l' Église Catholique, Nr. 391–395. GERHARD LUDWIG MÜLLER: Katholische Dogmatik, 124, weiß: «Der Teufel ist ... ein personales Geschöpf, das in Perversion seiner Willenstranszendenz sich von einem erfüllenden Ziel, der Liebe Gottes abgewandt hat.» Nach dem *Catéchisme de l' Église Catholique*, Nr. 394, steht fest, daß der Satan den Menschen zum «Ungehorsam gegen Gott» verführt hat (Nr. 398); warum Gott ihn gewähren läßt, gilt für ein «großes Mysterium» (Nr. 395). – Zu der Praxis der Teufelsaustreibung in dem neuen (!) Exorzismus-Ritual von 1999 vgl. MARCUS WEGNER: Exorzismus heute, 102–105. Eine historische Übersicht über den Teufelsglauben in Bibel und Christentum bietet BERNHARD LANG: Teufel/Satan/Dämonen, in: Peter Eicher (Hg.): Neues Handbuch theologischer Grundbegriffe, IV 260–272. Vgl. auch E. DREWERMANN: Das Matthäus-Evangelium, I 346–353: Der Teufel – wer ist das eigentlich?

5 Zu der Lehre ZARATHUSTRAS vgl. KURT RUDOLPH: Zarathustra – Priester und Prophet, in: BERNFRIED SCHLERATH (Hg.): Zarathustra, 305: «Es ist ... *ein betont ethischer Dualismus*, den wir hier vor uns haben, und Zarathustra hat auf diese Weise das Problem des Bösen und der Ungerechtigkeit zu lösen versucht. Seine Theodizee besteht darin, daß er das Böse aus Gott ausklammert und es zu einer eigenen Macht gemacht hat, die sich selbst dafür entschieden hat.»

6 Zum Dämonenglauben im Alten Israel vgl. ANTON JIRKU: Die Dämonen und ihre Abwehr im Alten Testament, in: Von Jerusalem nach Ugarit, 1–97, der (S. 97) eine babylonische Beeinflussung für fraglich hält.

7 Vgl. die Tätigkeiten des Jesuitenpaters *Adolf Rodewyk* (1894–1989), dargestellt

choanalytikern und Ärzten wird es unter solchen Umständen schwerfallen, gegen die Dämonologie des Kirchendogmas in ihren Patienten die Psychologie einer verängsteten Seele zurückzugewinnen. Eine Kirche, die mit den Glaubensvorschriften einer auf falsche Weise «wörtlich» (also unsymbolisch) genommenen mythischen Vorstellung die Menschen bis zur Krankheit hin sich selber entfremdet, sollte in einem säkularen Staat einen Fall für das Gesundheitsministerium darstellen, statt daß man es hinnimmt, wie 1000e von neuen Exorzisten vom Vatikan derzeit in aller Welt gegen den Teufel in Einsatz gebracht werden[8]. Fast zum Glück, muß man deshalb sagen, prallen die entsprechenden theologischen Ansichten inzwischen an der Widerstandskraft der psychischen Gesundheit der Normalbevölkerung ab, – man glaubt's einfach nicht mehr oder macht sich über den «mittelalterlichen Aberglauben» im Kabarett lustig.

Dabei verdient die Gestalt des Teufels, wie alle mythischen Symbole, die größte Aufmerksamkeit, verdichten doch die entsprechenden Bilder eine Fülle wichtiger Aussagen über den Menschen. Freilich, zur Erklärung des Bösen taugt der «Teufel» gerade nicht, – sein Auftreten selbst bedarf der Erklärung.

Zu Recht fragte schon AUGUSTINUS in den «Bekenntnissen», wenn der Teufel das Böse in den Menschen gelegt habe – «woher kommt der Teufel? Und wenn auch er durch Verkehrung des Willens aus einem guten Engel der Teufel geworden ist, woher dann bei ihm der böse Wille, der ihn zum Teufel machen sollte, wenn er doch als vollkommener Engel (sc. als Lucifer, der Morgenstern, d. V.) vom allguten Schöpfer erschaffen wurde?»[9] Darüber erteilt die Bibel keine

in: MARCUS WEGNER: Exorzismus heute, 42–54: Der «Fall Magda» oder: Ein teuflisch naiver Exorzist?! sowie S. 71–92: Der «Fall Klingenberg» oder: Eine Kranke löst in Deutschland ein Umdenken aus.

8 Vgl. EUGEN DREWERMANN: Atem des Lebens, II 247–248.

9 AUGUSTINUS: Bekenntnisse, VII 3; S. 111. – Eine eigenartige Spekulation trägt KARL RAHNER: Zur Theologie des Todes, 47–51: Tod und Teufel, vor. Danach hat der Teufel, an dessen Existenz auch RAHNER glaubt, die Macht des Todes inne (Hebr 2,14). An sich komme den Engeln ein «allkosmisches Verhältnis» zur Welt zu: «der Engel will die Vollendung der Welt, weil in ihrer Vollendung seine eigene zur Erscheinung kommt. Insoweit ... Tod ... Vollendung besagt, muß der Engel den Tod in der Welt wollen.» In einer Welt der Gnade wären die Menschen einem «todüberhobenen Ende» zugeordnet gewesen; aber: «Da der gefallene Engel die Vollendung seines Wesens in selbstherrlicher Autonomie ohne Gnade will, will er damit auch ... die Vollendung der Welt ohne Gnade ... den Tod schlechthin.» (48–49) Die Auffassung von der «Sünde» als «Stolz» wird hier in die «reinen Geister» hineinprojiziert.

verwertbaren Auskünfte; hingegen enthält der Islam einen äußerst nachdenkenswerten Hinweis: Der Koran erzählt, daß Iblis (von griech: diábolos – der Durcheinanderbringer) ursprünglich der oberste der dienstbaren Geister Allahs war, geschaffen aus Feuer und begeistert für Gott; doch dann habe Allah aus Erde den Menschen geschaffen und Iblis aufgefordert, dieser Staubgeburt zu dienen; das habe er abgelehnt – aus verletztem Stolz[10]. Demnach wäre der Ursprung des Bösen in einer Kränkung des Selbstwertgefühls gelegen, – ein zum Verständnis menschlicher Bosheit psychologisch überaus geeigneter Ansatz; wie aber kann er zur Erklärung eines Teufels taugen? Sollte ein reiner Geist seiner selbst so unsicher sein können, daß er auf narzißtische Weise verletzbar wäre?

Die Legende im Koran könnte auf ältere christliche Spekulationen zurückgehen, deren Sinn sich allerdings erst erschließt, wenn man das Kernproblem des Schöpfungsglaubens alter Prägung noch ein Stück weiter treibt: wäre es möglich, daß die ärgste Form des «Bösen» aus einer Geisteshaltung sich erhebt, die von Grund auf gegen eine Schöpfungsordnung rebelliert, die allzu sehr den Idealen widerspricht, die man von einem guten, gütigen und weisen Gott in seiner Kreatur verwirklicht sehen möchte? Das Bessere ist stets der Feind des Guten, sagt man; doch der bedingungslose Wille zum Besten, das zu bewirken, wie auch LEIBNIZ meinte, Gott im Schöpfungsakt sich selber schuldig war, muß einen prinzipiellen Widerspruch gegen die ganze Welteinrichtung provozieren, wenn deutlich wird, daß diese Welt in keinem Fall die allerbeste ist. Dann kann der Wunsch entstehen, Gott selber in den Arm zu fallen und seine Schöpfung rückgängig zu machen. Ein solcher Geist, der stets das Gute will und doch das Böse schafft, wäre der «Teufel».

In einer milden Form, doch rigoros in der Gedankenklarheit seiner Konsequenzen steckt ein solcher Fundamentalprotest aus Enttäuschung an der Welt in allem Atheismus, wie vornehmlich bei ARTHUR SCHOPENHAUER deutlich wird. Aus lauter Leiden an der Welt kann selbst – und gerad! – bei frommen Menschen der Wunsch erwachsen, besser möge nichts mehr sein, als daß sich dies Getriebe nicht endender Qual und Mühsal ewig weiter fortsetze.

In seinen Tagebuchaufzeichnungen «Winter in Wien», aus dem Jahre 1958 hat der in all seiner Empfindsamkeit und Leidensfähigkeit um Glauben ringende Dichter REINHOLD SCHNEIDER aus autobiogra-

10 Koran, II 31.35, übers. v. Ludwig Ullmann, S. 24.

phischer Erfahrung beschrieben, wie angesichts all der Entsetzlichkeiten dieser Welt sein Wille zum Leben langsam erstarb: «... ein gewagtes theologisches Gespräch an der Grenze», notiert er; «ich verfalle nur allzu leicht auf an das Häretische streifende Fragen ... Natürlich war der Partner an Wissen, Zitaten, Belegen, Taktik mir weit überlegen. Ich kann nur staunen über diese Kunst, über alle Gefährlichkeiten hinweg und ohne diese zu leugnen, den Gott der Liebe zu demonstrieren. Für mich ist die Offenbarung der Liebe ein personales Wort an den, der glaubt, der zu glauben vermag, kein Wort an die Kreatur, die Räume, die Gestirne, auch nicht an die Geschichte (so paradox das zu sein scheint). Aus einer unbegrenzbaren kosmischen Dunkelwolke schimmert schwach ein einziger Stern; das muß uns genug sein; mehr ist nicht geoffenbart. Natürlich kann das kein Theologe akzeptieren; ... ich aber wünsche mich unter die Schläfer von Ephesus (sc. nach der Legende von den Siebenschläfern, die vor Kaiser *Decius* im Jahre 251 in eine Höhle flüchteten und dort eingemauert wurden[11]; 200 Jahre lang schliefen sie, und bekannten, als sie befreit wurden, den Glauben an die Auferstehung, d. V.); wenn der Sand unter dem Kiele knirscht, drehen sie sich um im Schlaf; sie verschlafen Gericht und Seligkeit (sc. wie R. SCHNEIDER die Legende in seinem Sinne abwandelt, d. V.), denn allzu müde ist ihre schwache Kraft im Wettlauf geworden, kein Posaunenschall kann sie ermuntern. Ganz betroffen war ich von der Kühnheit einzelner Definitionen. Aber die sind wie Lurche: sie schlüpfen durch die Finger. Und es ist alles gesagt – und nichts ist gesagt. Und nie werde ich mir den Schlaf meines Kummers und das Leid meiner Schuld aus den Augen reiben.»[12] – In diesen Zeilen spricht sich das Fremdheitsgefühl gegenüber einer Welt der blinden Grausamkeit in dem Gefühl klagender Ohnmacht und grenzenloser Müdigkeit aus: man möchte nur, daß endlich Ruhe sei; man ist nicht fähig mehr und auch nicht willens, «die Verdammnis zum Dasein», diese «rotierende Hölle», dieses «Nichts in der Erscheinungsform der Qual»[13] weiter mitzutragen. Es droht, wie TEILHARD DE CHARDIN sich ausgedrückt hat, ein Streik in der Noosphäre (dem Bewußtsein)[14]. Bei stärkerer Gestimmtheit in-

11 Vgl. JOHN BOWKER (Hg.): Das Oxford-Lexikon der Weltreligionen, 923.

12 REINHOLD SCHNEIDER: Winter in Wien, in: Gesammelte Werke, X 374–375.

13 A. a. O., 351.

14 PIERRE TEILHARD DE CHARDIN: Die große Entscheidung, in: Die Zukunft des Menschen, 63: «Muß man, ja oder nein, dem Universum einen Sinn, eine Zukunft, einen Ausgang zuerkennen? ... jetzt schon ist in dieser grundsätzlichen Frage die Menschheit virtuell in zwei Lager gespalten: hier die Leugner jeden Sinnes, jeden

dessen, wenn mehr an vitaler Kraft und Energie sich geltend macht, kann der «Streik» sich auch als Rebellion nach außen richten – als Wille zu zerstören, was zerstört.

Auf klassische Weise hat der amerikanische Dichter HERMAN MELVILLE im Jahre 1851 in seinem Roman «Moby Dick» den kämpferischen Widerspruch gegen das Böse in der unheimlichen Gestalt des leidvoll umdüsterten Kapitän Ahab verdichtet[15]. Als Achtzehnjähriger ist er von einem weißen Pottwal verletzt worden: das Tier hatte mit der Fluke die drei Fangboote des Mutterschiffs zerschmettert, als Ahab es in blinder Wut mit dem Kappmesser anzugreifen suchte; arglistig aber, so schien es, hatte der Wal die Sichel seines Unterkiefers so unter seinem Körper durchgezogen, daß ein Bein schwer verletzt wurde – man mußte es amputieren. Seitdem sinnt Ahab auf Rache. Ursprünglich ein Feueranbeter, hat die Welt aus Schmerz und Enttäuschung sich in seinen Augen umdunkelt; obwohl ein Krüppel,

Wertes und folglich allen Fortschritts im Sein; dort jene, die an einen Wert und an die Möglichkeit eines größeren Bewußtseins glauben. – Den ersteren ist nur eine einzige Haltung erlaubt: die Weigerung weiterzugehen ... Lassen wir sie.» DERS: Leben und Planeten, in: A. a. O., 158: «Die Menschheit soll (sc. in einem pessimistischen Weltbild, d. V.) in unserem kleinen privaten Dasein kulminieren, die Evolution soll in jedem von uns ihre Maximalhöhe erreichen – und die gewaltige, mühselige Arbeit der irdischen Organisation, in die wir von Geburt her eingeschirrt sind, ist tragisch überflüssig. Wir sind betrogene Narren: halten wir an oder bremsen wir wenigstens den Lauf. Töten wir die Maschine, schließen wir die Laboratorien. Suchen wir einen Fluchtweg, jeder nach seinem Geschmack, im reinen Genießen oder im reinen Nirwana.» HANS URS VON BALTHASAR: Theodramatik, III 181–182, meint zu den «Wachstumsschmerzen» bei TEILHARD: «Man hat versucht, das vor-menschliche Weltleid dadurch plausibler zu machen, daß es von Anfang an, im Physikalischen wie im Biologischen ‹Vorentwürfe› der menschlichen Freiheit gibt, die, als das letzte Ziel der Evolution, die Gestalt ihres eigenen Werdens prädeterminiert. Überzeugend scheint dies deswegen nicht, weil ja nicht im voraus festliegen kann, daß die menschliche Freiheit sich negativ entscheiden wird.» Das ist richtig, übersieht aber das Wesentliche: was wird aus einem Lebewesen, das inmitten dieser Welt, mit dieser Vorgeschichte einer darwinistischen Evolution, auf dem Planeten Erde seiner selbst und seiner Lage bewußt wird? BALTHASAR (a. a. O., III 177) erklärt: «Sieht man hinter der aufgerichteten Weltordnung einen Gott, der sie in Liebe begründet hat und begleitet, dann erscheint es nicht unverständlich, daß seine Liebe ... die Verletzung seiner Ordnung durch verhängtes Leid straft.» Gewiß, wem die «Schöpfung» als Manifestation von Gottes «Herrlichkeit» erscheint, dem wird die «Erbsünde» stets «irgendwo am Rand des noch Begreiflichen» begegnen (III 176); doch wer vor Augen hat, was Angst aus Menschen macht, versteht den «Fall» in die Gnadenlosigkeit und auch die Mühe, die es kostet, Güte je wieder zu glauben.

15 Vgl. E. DREWERMANN: Moby Dick oder: Vom Ungeheuren, ein Mensch zu sein, 86–96: Ahab, der Krüppel oder: Von Krankheit und Kränkung; 127–140: Ahabs Leben und Leiden; 150–176: Ahab und Fedallah oder: Sonnenanbeter im Widerspruch.

ist er, im Kampf gegen seine eigenen Minderwertigkeitsgefühle, aufgestiegen zu einer titanenhaften Größe: uneingeschränkt gilt er als der tüchtigste Seemann von Nantucket. Doch all seinen hohen Verstand sowie die unermüdliche Ausdauer seines Willens setzt er als Kapitän der «Pequod» für das eine wahnhafte Ziel ein: Moby Dick zu erlegen. Genau 40 Jahre später nach jenem Ereignis, an dem genau gleichen Ort, in den Fanggründen vor Japan, soll es geschehen. Doch Ahab selbst mitsamt seiner Mannschaft wird bei dem Kampf gegen Moby Dick zugrunde gehen, – er, der das Böse bekämpft, wird mit seinem Haß auf den Wal zu einer Gestalt, die, in ihrem Trotz der Selbstbehauptung, dem Teufel in JOHN MILTONS Versepos «Paradise Lost»[16] aufs genaueste gleicht. Und was er damit verkörpert, ist eine in der Tat dämonische Möglichkeit: Inmitten einer unvollkommenen Welt kann es zu einer teuflischen Versuchung werden, im Verlangen nach dem Unbedingten lieber die ganze Welt zugrunde zu richten, als sie in ihrem Leid noch länger zu ertragen. Die Mentalität eines «reinen» Geistes, der beim Anblick dieser Welt zum «Teufel» wird, – das wäre die Auflösung des mythischen Bildes von der Entstehung des Teufels.

Ja, die Bibel, die in der jahwistischen Urgeschichte von einem Teufel nichts weiß, erzählt, Gott selber sei in dieser Weise verführbar gewesen! In Gen 6,5–8,21, in der Geschichte von der Sintflut[17], schildert sie einen Gott, der den Anblick der Bosheit der Menschen nicht länger erträgt: er schreitet ein und beschließt, das Antlitz der Erde wie einen Augiasstall vom Unrat des Menschen zu reinigen, indem er bis auf Noah und die Insassen seiner Arche alles Leben auf Erden vernichtet. Dann aber (Gen 8,21.22) beschließt er zum Glück, sich von der Dämonie, die offenbar gerade dem Göttlichen innewohnt, in alle Zukunft fernzuhalten und nie mehr eine solche Katastrophe zu verhängen, *weil* der Mensch ist, wie er ist: böse in all seinem Tun! Statt sich vom Bösen erbosen zu lassen und dabei selber böse zu werden, gibt es auch für Gott offenbar nur einen Weg, die Verlockung des «Teufels» zu besiegen: – indem er versucht, die Gründe des menschlichen Handelns zu begreifen und ihnen geduldig nachzugehen. Für uns Menschen aber heißt das: Es gibt keinen «Teufel» außer in uns selber, dann nämlich, wenn wir, verletzt und verbittert, lieber den Tod als das Leben wählen. Es ist eine ständige Versuchung, wie

16 JOHN MILTON: Das verlorene Paradies (1667), Berlin 1984.
17 Zur Sintfluterzählung vgl. E. DREWERMANN: Strukturen des Bösen, I 191–229: Reinigung und Erneuerung.

Ahab zu glauben, man müsse die Harpune nur einmal entschlossen genug auf die richtige Stelle schleudern, dann werde alles gut: wer beginnt, alle «Bösen» zu töten, macht die Welt nicht besser, er totalisiert vielmehr die Hölle, die er bekämpfen möchte, er wird im Kampf gegen den «Teufel» selber zum Teufel. Die Alternative kann nur darin bestehen, die Motive für all' die Taten durchzuarbeiten, die auf der Symptomebene der Moral als «böse» erscheinen, während sie auf der Ebene der Existenz auf einer schweren Deformation des ganzen Daseins basieren.

Vor allem in der «schwarzen Romantik» des 19. Jhs. versuchten Dichter und Maler, dem Rätsel der Verformung des Bewußtseins vom Guten ins Böse auf ihre Art näherzukommen. So hat LUDWIG TIECK im Jahre 1826 in seinem Novellenfragment «Der Aufruhr in den Cevennen» am Beispiel der Unterdrückung der Hugenotten unter *Ludwig XIV.* die ständige Gefahr der Perversion einer seelenvollen Inbrunst des Glaubens in einen unseligen Fanatismus zu beschreiben versucht. Der Krisenaugenblick, der den Umsturz des einen ins andere bewirkt, ist stets eine tiefe Erschütterung des bisher so sicher Scheinenden. Einen solchen Einbruch aller geistigen Gewißheit hat der junge Edmund, ein ursprünglich streng orthodoxer Katholik, erlebt, als er den prophetischen Verzückungen der Protestanten begegnete, – da ward aus ihm «ein neuer Mensch», wie er sagt: «Ich kannte mein Gestern nicht mehr. Im Spiegel meines Innern sah ein ander Auge mir entgegen, als das gewohnte, und doch war dieses nur mein wahres Selbst.»[18] «Ich kann es in keinen menschlichen Worten wiedergeben, wie mir plötzlich ... jedes glaubende Gefühl, jeder edle Gedanke untersank, wie mir die Schöpfung, die Natur, und das seltsamste Rätsel, der Mensch, mit seinen wunderbaren Kräften und seiner gemeinen Abhängigkeit vom Element, wie toll, widersinnig und lächerlich mir das alles schien ... Da war kein Gott, kein Geist mehr, da war nur Albernheit, Wahnwitz und Fratze in allem, das kreucht, schwimmt und fliegt, am meisten in dieser Kugel, die denkt, sinnt und weint, und unterhalb frißt und käut ... Vernichtung, totes kaltes Nichtsein, schienen mir einzig wünschenswert und edel. Ich war ganz zerstört, und schwer ward mir der Rückweg zum Leben.»[19] Es ist die «Hülfe des Erbarmenden», welche schließlich die «Versuchung in der Wüste» endet. Und doch bleibt die Erfahrung, daß ein

18 LUDWIG TIECK: Der Aufruhr in den Cevennen, Novellenfragment, 1826, in: Werke, IV 77.
19 A. a. O., IV 77; 78.

solcher Bewußtseinseinbruch möglich ist, in dem alles, was bisher für fest und unverrückbar galt, mit einem Mal wie etwas Lächerliches und Verächtliches erscheint.

Was Edmund freilich weder in seinem alten noch in seinem neuen Glauben zu bemerken versteht, ist der Faktor der Angst, der ihn so oder so dahin bringt, entweder die Weisungen der Kirche oder die Weissagungen seiner inneren Gefühlserregungen als göttliche Gewißheiten festzuschreiben. Er gehört zu wenig sich selbst, er ist zu wenig eine eigene Persönlichkeit, sein Ich ist zu schwach, um mit sich im Gleichgewicht zu bleiben; statt dessen ist es (in der Sprache der Psychoanalyse) entweder identifiziert mit seinem Überich oder mit seinem Es; und eben das ist der Grund, weswegen existenzphilosophisch bereits KIERKEGAARD meinte, man solle, um Menschen in ihrer dämonischen Getriebenheit zu verstehen, nicht länger den Ausdruck «Sünde» gebrauchen, sondern das Wort *Verzweiflung* dafür setzen[20].

Den Begriff der Verzweiflung definierte er gerade so: als ein Mißverhältnis zu sich selbst, hin und her schwankend zwischen Schwäche und Trotz, zwischen Abhängigkeit und Selbstbehauptung, zwischen Nicht-sein-Wollen, was man ist, und Sein-Wollen, was man nicht ist. Beides trifft auf einen Charakter wie MELVILLES Ahab genauso zu wie auf TIECKS Edmund; was jedoch in solchen Darstellungen und Analysen erreicht wird, ist vor allem ein gänzlich anderer Umgang mit menschlicher Not.

Solange noch in quasi ethischem Verständnis die Rede geht von «Sünde», wird man gegen die Fehler und Verfehlungen von Menschen immer wieder nur die üblichen Ermahnungen, Vorhaltungen, Belehrungen, Strafdrohungen und Zwangsmaßnahmen setzen, – der andere muß halt nur wirklich wollen, dann wird vermeintlich alles gut werden. Wer aber hinter den Verfehlungen des andern das Fehlen eines eigentlichen Selbst erkennt, der weiß, daß es gegen Verzweiflung kein anderes Mittel gibt, als die Ichschwäche selber anzugehen durch genau die gegenteiligen Verfahren: Ermutigung, Bestätigung, Zutrauen in die eigene Urteilsfähigkeit, Verständnis und Begleitung. Nicht ein womöglich noch drakonischeres Überich, sondern die Stärkung des zu schwachen Ich ist die erforderliche Antwort, wenn es um Verzweiflung geht. Das in gewissem Sinne lernt der Gott der Bibel

20 Zu dem Begriff der Verzweiflung bei KIERKEGAARD vgl. E. DREWERMANN: Strukturen des Bösen, III 460–479: Die Neurosenlehre der Psychoanalyse und «Die Krankheit zum Tode»; 487–492: Verzweiflung verstanden als Schwäche oder Trotz (zur Bewertung von Psychoanalyse und Existenzphilosophie).

selbst am Ende seiner Sintflut, und das in jedem Falle soll lernen auch der Leser der sogenannten «Sündenfall»-Geschichte des Jahwisten (Gen 3,1–7) am «Anfang» der Bibel.

Im Grunde ist die Geschichte von «Adam», dem «Menschen» auf hebräisch, und von «Eva», dem «Leben», ein Wesensportrait, in dem ein jeder sich selber wiedererkennen kann und soll[21]. Von vornherein war und ist es auch deshalb ein schwerer Fehler des Kirchendogmas, diese psychologisch meisterhaft erzählte Geschichte als Mitteilung eines historischen Faktums gelesen zu haben, das irgendwann auf phantastische Weise am «Anfang» der menschlichen Geschichte gespielt hätte[22]. Denn natürlich beschäftigen sich, im Falle es um objektive Tatsachen in der (Vor)Geschichte des Menschen gehen soll, die Paläontologen und Prähistoriker, aber auch die Evolutionsbiologen,

21 A. a. O., I S. XVIII–XXXI: Das Selbstverständnis der jahwistischen Urgeschichte als einer Anfangserzählung.

22 So verkündet der *Catéchisme de l' Église Catholique*, Nr. 400, noch im Jahre 1992, daß mit der Sünde Adams «der Tod seinen Einzug in die Geschichte der Menschheit genommen» hat, und fragt, Nr. 404, wie dann die Sünde Adams auf all seine Nachkommen übergegangen sein kann. GERHARD LUDWIG MÜLLER: Katholische Dogmatik, 132, betont, «daß offenbar der ‹Erste Mensch› (als Exponent der humanitas originans) seine apriorische und auf Gott hin offene Freiheit gerade im Angesicht der angebotenen Liebe und Gnade in einer negativen Weise kategorialisiert hat.» Vgl. dazu E. DREWERMANN: Der sechste Tag, 56–63; 213–215. PIERRE TEILHARD DE CHARDIN: Über einige mögliche historische Darstellungen der Erbsünde, in: Mein Glaube, 60, konstatiert zu Recht, daß «das (buchstäblich vorgestellte) irdische Paradies in unsere wissenschaftliche Perspektiven einzufügen, ... unmöglich» ist. Der Grund: er nimmt selber die Rede vom «Tod» als Folge der «Sünde» «buchstäblich» und erklärt sie, das heißt: eben nicht die «Sünde», sondern «das Übel», «zu einem natürlichen Zug in der Struktur der Welt.» Vgl. DERS.: Christologie und Evolution, in: A. a. O., 100. So glaubte, im Ernst, TEILHARD *Paulus* zu verstehen. Von «Sünde» und von Sündenstrafe ist nicht länger mehr die Rede, sondern um dem Dilemma der Unvereinbarkeit eines objektiven historischen Verständnisses der Erbsünde mit den Ansichten von Geologie, Biologie und Paläontologie auszuweichen, nahm der französische Jesuit die «objektiven» Folgen der «Sünde» als Grundzustand der Schöpfung. Auf die Idee einer symbolisch-existentiellen Deutung von Gen 3,1–7 kommen weder die einen noch die anderen. Auch der Jesuit KARL RAHNER: Die Christologie innerhalb einer evolutiven Weltanschauung, in: Schriften zur Theologie, V 195–196, betonte, der Mensch sei nicht «eine Art Eintagsfliege auf der Erde», vielmehr komme «die Natur in *ihm* zu sich selbst»; sie sei auf die «Menschwerdung» angelegt. – Verständlicherweise fällt es KURT FLASCH: Warum ich kein Christ bin, 177, leicht, die tradierte «Erbsündenlehre» in ihrer historisierten Fassung als unsinnig abzulehnen: «Adams Sünde habe nicht nur ihn als Einzelnen betroffen, sondern wir alle...seien bei der Erstsünde dabeigewesen.» Das sind wir auch – wesentlich, doch nicht historisch, mit dem «Urvater...als Rechtsvertreter der Menschheit.» Daß dann noch die Natur als vom «Teufel» verderbt hingestellt wird, kann – natürlich – nur Spott erregen.

Verhaltensforscher und Kulturanthropologen mit der Frage, was empirisch die Gründe sein könnten, die von alters her das menschliche Verhalten mit Gewalt, Raub, Mord, Krieg und Zerstörung heimsuchen, und zur Klärung dieser Frage bedarf es wiederum durchaus keiner göttlichen Offenbarungen, im Gegenteil: wer erst einmal sich gebührend klar macht, aus welchen Grundlagen der Tierreihe sich der Mensch in den letzten rund 3 Mio. Jahren entwickelt hat, der fragt sich erneut, wie man ernsthaft ausgerechnet diesen Werdegang als die Schöpfung eines gütigen Gottes zu interpretieren vermag[23].

Zwar ist gerade in verhaltenspsychologischer Sicht der Mensch kein geborenes Raubtier, aber er konnte, wie seine nächsten Verwandten, die Schimpansen, wohl in seinen Anfängen schon in (Männer)Gruppen auf die Jagd nach Beutetieren gehen und bis zu wechselseitigem Totschlag die eigenen Reviergrenzen gegen die Mitglieder einer anderen Gruppe verteidigen[24]. Was dabei mit fortschreitender Intelligenz, im Gebrauch von Feuer und Steinwerkzeugen, als wichtige Erfolgsstrategie im Kampf ums Überleben gelernt wurde, war die Fähigkeit zur gemeinschaftlichen Kooperation im Gruppenzusammenhalt sowie zu einer «gerechten» Teilung der Beute entlang der Rangpyramide. Die bedeutsamsten Quellen «moralischen» Verhaltens dürften in solchen Zusammenhängen ihren Ursprung haben. Doch gelernt wurde mit wachsendem Bewußtsein auch noch ein anderes: nämlich daß kein Lebewesen einem Menschen so gefährlich werden kann wie ein anderer Mensch[25]. Wenn etwa im Kommentkampf zwei Hirsche ihre Kräfte messen, um ein Weibchen zu erobern, werden sie diese grausame Zeremonie nach rituellen Regeln der Fairneß erledigen: der Stärkere wird sich durchsetzen, die Gunst des begehrten Weibchens erringen und in ihm seine Gene fortzeugen; der Schwächere hat für diesmal verloren und muß woanders sein Glück suchen.

Anders bei Menschen.

Sie allein wissen, daß ein besiegter Feind gefährlicher zurückkehren wird, als er vordem war. Denn er ist intelligent. Er wird darüber nachdenken, warum er unterlegen war, und so wird er beim nächsten Mal mit verletzenderen Waffen in Ausnutzung einer günstigeren

23 Vgl. E. DREWERMANN: Der sechste Tag, 213–231: Jenseits von Gut und Böse.
24 Vgl. JANE GOODALL: Ein Herz für Schimpansen, 118–133; E. DREWERMANN: Der sechste Tag, 103.
25 Vgl. E. DREWERMANN: Die Spirale der Angst, 74–75: Die Angst die aus dem Geist entsteht.

Wahl von Zeitpunkt und Standort den Kampf fortsetzen. Er kann nicht endgültig verloren haben, denn sonst müßte er sich selbst verloren geben.

Darin liegen zwei Konsequenzen, die sich schon aus der Tatsache ergeben, daß wir, von Tieren stammend, als Menschen denkende Tiere geworden sind. *Zum einen*: wir haben im Verlaufe von Jahrhunderttausenden gelernt, daß es in kriegerischen Auseinandersetzungen nur *eine* endgültige Lösung gibt, – den Tod des Gegners. Und *zum anderen*: Wir können planend in die Zukunft schauen und sehen voraus, daß es nicht genügt, den einen Gegner geschlagen zu haben; was man anderen zugefügt hat, kann von anderen einem selbst zugefügt werden; also muß man sich in die Lage bringen, am effizientesten töten zu können. Bereits die gesamte Naturgeschichte des Lebens geht, darwinistisch betrachtet, als ein ständiges Wettrüsten zwischen Jägern und Beutetieren dahin, indem innerartlich diejenigen ihr Keimgut fortpflanzen, die durch Schönheit am verlockendsten und durch Kraft am durchsetzungsfähigsten sind. Auch die Kulturgeschichte des Homo sapiens tritt in dieses vorgeprägte Schema ein, nur daß Menschen vermittels ihres Verstandes die biologisch vorgegebenen Lösungsstrategien aus einer begrenzt sinnvollen Reaktionsweise ins Absurde und Maßlose zu steigern vermögen. So hat allein das Wettrüsten der Stadtstaaten und Staaten in den letzten 5000 Jahren sich dahin entwickelt, mit atomaren, chemischen und biologischen Waffen heutigentags beliebig viele Menschen auf einmal töten zu können. 100 000 Tote in wenigen Sekunden wie am 6. August 1945 in Hiroshima um 8.45 Uhr – dazu sind zweifelsohne nur wir Menschen imstande. Und der Wahnsinn geht immer weiter. Von den Atombomben sind wir in den letzten 60 Jahren fortgeschritten zu den Wasserstoffbomben und von diesen zu den Neutronenbomben. Ein einziger Staat, die USA, gibt jährlich 700 Milliarden Dollar nur für Militär und Rüstung aus. Gerade soeben entwickeln wir in Form der sogenannten Predator-Drohnen Tötungsautomaten, die gezielt, ohne gerichtliches Urteil, auf bloßen Verdacht hin, Menschen mit Hell-fire-Raketen ermorden; wir basteln herum an Robotern, die, groß wie Insekten, verdächtige Keller und Bunker ausspähen oder Sprengkörper zu Zielpunkten transportieren und dort zur Detonation bringen können, – immer raffinierter wird das Töten, immer technisierter, immer unmenschlicher, und es beschreibt das Stützsystem, das tragende Skelett des Fortschritts menschlicher Geschichte.

All das aber hat einen einzigen Grund: Mit dem Zuwachs an Verstand wächst auch die Angst. Tiere erleben Gefahren situativ; sie antworten darauf instinktiv-reflexhaft, ganz so, wie es im Durchschnitt der Evolution ihrer Art sich bewährt hat. Menschen indessen können sich so nicht beruhigen. Mit Hilfe ihres Verstandes vermögen sie sich jede beliebige Gefahrensituation im Vorlauf bereits vorzustellen und, um ihr zu begegnen, auf bestimmte Vorsichtsmaßnahmen zu sinnen. Prinzipiell erweitert sich im Menschen dadurch die endliche Angst der Tiere ins Unendliche und taucht die ganze Welt, der Natur ebenso wie der Kultur, in eine Sphäre des allseits Bedrohlichen, des Paranoischen. So wie ein «reiner» Geist in die Gefahr kommt, allseits nur Leid und Qual wahrzunehmen, bis daß er schließlich geneigt ist, in hilflosem Protest die gesamte Weltordnung zugrunde zu richten, so gehört es zur Tätigkeit des Verstandes, in der Welt eine unendliche Stätte von Angst zu erblicken.

Was also ist es, das den Menschen böse macht? Es sind, wie sich jetzt zeigt, nicht einfach die Triebausstattungen, die dem Menschen aus der Tierreihe mitgegeben sind, es ist die Angst, die dahin drängt, für die Problemstellungen des natürlichen Daseins nach endgültigen Antworten zu suchen. Alles wird dadurch ebenso unnatürlich wie unmenschlich; was wir Kultur nennen, erscheint in Wahrheit als der gigantische Transmissionsriemen einer sich immer weiter ausdehnenden Maschinerie: der Angst. – Du hast Angst, von einem Beutegreifer umgebracht zu werden? Dann mußt du dafür sorgen, daß du selbst alle anderen zu deiner Beute machen kannst. – Du hast Angst, zu verhungern? Dann mußt du so reich und vermögend werden, daß du alles erwerben kannst, was dir nötig scheint, auch wenn du dabei eine beliebig große Anzahl anderer in den Ruin treibst. – Du hast Angst, von deinen Mitmenschen als schuldig betrachtet und abgeurteilt zu werden? Dann mußt du versuchen, so viel an Macht zu gewinnen, daß du dein Urteil über alle und gegen alle anderen durchsetzen kannst. – Sämtliche Formen der Angst[26], die bereits im Erleben der Tiere eine Hauptrolle spielen, geben auch dem menschlichen Leben die Themen vor, nur, daß diese Infragestellungen des Daseins sich durch die Tätigkeit des Verstandes verunendlicht haben. Der Preis für den Aufstieg des Menschen vermöge von Verstand und Bewußtsein ist die Totalisierung des Welterlebens in Angst; und die Überdimensionierung der Lösungsversuche auf Grundfragen, die sich

26 E. DREWERMANN: Strukturen des Bösen, II 221–235: Die Strafen Gottes und die fünf paläoanthropologischen Grundformen der Angst, dargestellt nach RUDOLF BILZ: Das Syndrom unserer Daseins-Angst, in: Paläoanthropologie, 427–464.

bereits in den Jahrmillionen der Entwicklung der Psyche von Säugetieren und Wirbeltieren gestellt haben, trägt ein von vornherein zerstörerisches Potential in sich. Es gilt die Diagnose, die in GOETHES «Faust» Mephisto vom Menschen gibt: «Er nennts Vernunft und brauchts allein, um tierischer als jedes Tier zu sein.»[27]

In all dem findet sich zur Erklärung des Bösen im Menschen ein Konglomerat von Gründen, die in der Tat historisch am «Anfang» der Geschichte des Menschen gestanden haben dürften, wenngleich dieser «Anfang» sehr verschieden lokalisiert werden kann, – auf der altpaläolithischen Stufe des Homo habilis vor 2,5 Mio. Jahren, auf der Stufe des Homo erectus vor 1,5 Mio. bis ca. 300 000 Jahren, auf der mittelpaläolithischen Stufe des Neandertalers zwischen 300 000 bis 38 000 Jahren oder auf der jungpaläolithischen Stufe des Homo sapiens, der, vermutlich vor 150 000 Jahren in Afrika entstanden, um jene Zeit nach Eurasien vordrang, – er stellt die Menschengruppe dar, die als einzige von allen Vertretern der Gattung Homo überlebt hat[28].

Allein in diesen wenigen Zahlen widerlegt sich, nebenbei gesagt, die Idee der Schöpfungslehre alter Prägung, Gott habe den Menschen in einem singulären Elternpaar durch Einhauchung der «Seele» in einem einzigen Augenblick erschaffen; vielmehr sind Jahrhunderttausende dahingegangen, in denen während der riesigen Zeitmaße des Altpaläolithikums zwischen 2,5 Mio. und 300 000 Jahren die Abschlagstechnik des Acheuléen bei der Herstellung von Faustkeilen kaum verbessert wurde; mühsamst nur vermochten die Frühmenschen «am Anfang» auf den Klimawandel zu reagieren, der vor 2,5 Mio. Jahren in Ost-Afrika zur Versteppung ehemaliger Urwaldgebiete führte und zur Aufnahme harter pflanzlicher Nahrung zwang: damals spaltete sich die Linie des Australopithecus in eine robuste Art mit riesigen Zähnen und Kaumuskeln und in die grazile Art der Gattung Homo. Doch war dieser Beginn der Menschwerdung mitnichten der «Urabfall», von dem die Bibel erzählt. Die Wurzeln heutiger Kultur beginnen eigentlich erst in der Nacheiszeit um 9500 v. Chr., im frühen Mesolithikum und in der nachfolgenden neolithischen Revolution, als Menschen zum ersten Male nicht mehr nur als Jäger und Sammler der Natur entnahmen, was diese ihnen bot, sondern als sie dazu übergingen, die Natur zur Gewinnung von Nahrung

27 JOHANN WOLFGANG VON GOETHE: Faust, Vers 285–286, S. 17.
28 E. DREWERMANN: Der sechste Tag, 63–165: Fakten und Faktoren, Funde und Befunde. Vgl. ALMUT BICK: Die Steinzeit, 15–51: Die Steinzeit auf einem Blick.

durch die Züchtung eigener Pflanzen- und Tierarten massiv zu verändern.

Und das scheint es historisch zu sein, was der Bibel in ihrem äußerst begrenzten Weltbild vorschwebt: Wenn in Gen 3,19 Jahwe den Menschen («Adam») wegen seines «Sündenfalls» dazu verurteilt, im Schweiße seines Antlitzes den Boden zu bearbeiten, aus dem er selbst genommen wurde, so scheinen dahinter Erinnerungen an jene Zeit des Wandels zu stehen, als die Natur aufhörte, dem Menschen Heimat zu sein, und die Lebensform ehemaliger Wildbeuter überging in die Kultur seßhafter Viehzüchter und Ackerbauer[29]. Nicht *der* Mensch, – *die* Menschen der Spezies des Homo sapiens in den letzten 10000 Jahren sind das Thema der Sündenfall-Erzählung, sagt die Prähistorie. Es sind die Theologen selber, die mit ihrem historisierenden, objektivierenden Verständnis des «Sündenfalls» als eines geschichtlichen Ereignisses am «Anfang» der Menschheit sich mit dem Fortschritt naturwissenschaftlicher Erkenntnis auch auf ihrem eigensten Gebiete: der Anthropologie, der «Erlösungslehre» (!), um ihre vermeintliche Zuständigkeit gebracht haben, – oder: sie fragen sich endlich, was denn ein Text wie die Sündenfallerzählung wirklich besagt, der *den* Menschen *wesentlich* aus seiner Stellung vor Gott und zu Gott verstehen will.

Denn das Entscheidende liegt ganz und gar in dieser religiösen Dimension der menschlichen Existenz. Vordergründig läßt sich die Geschichte von Gen 3,1–7 in der Tat als Beschreibung der Bewußtwerdung des Menschen im Raume der Natur verstehen, – in vielen Mythen vermitteln «Schlangen» ein geheimes Wissen, und zwar nicht bloß bezüglich der Rätsel der Sexualität, sondern vor allem bezüglich der Unheimlichkeit der Lage, in der ein Mensch sich auf Grund seiner natürlichen Ausstattung befindet: Er existiert als Mann und als Frau, und beide scheinen dazu verurteilt, sich aneinander aufzureiben (Gen 3,16b); die Frau trägt das Verlangen in sich, Kindern das Leben zu schenken, doch wieviel Schmerz ist damit verbunden (Gen 3,16a)? Als Ackerbauer wird der Mensch die Last und die Mühsal bemerken, die darin bestehen, mit seiner Hände Arbeit sich seine Lebensgrundlage allererst schaffen zu müssen (Gen 3,17); und nicht zuletzt: er entdeckt die radikale Endlichkeit seines Daseins (Gen 3,19). Anders als alle Tiere, muß er nicht nur sein Leben im Tode beenden, er muß

29 E. DREWERMANN: Strukturen des Bösen, 1. Bd., S. XXXIV – LXXXV: Synopse der verschiedenen Deutungsebenen der jahwistischen Urgeschichte. Vgl. bes. HERMANN MÜLLER-KARPE: Geschichte der Steinzeit, 15; 78–85; 275–276.

vielmehr sein ganzes Dasein mit dem Wissen seiner Sterblichkeit und Nichtigkeit hinbringen[30]. – Solange Menschen ihren Verstand nur dafür einsetzen, mit intelligenten Mitteln auf jeweils erweiterter Skala zu tun, was im Prinzip die Tiere auch tun, müssen sie den Kampf ums Dasein unter diesen Umständen ins äußerste steigern. Kein Wunder, daß die «Kultur»geschichte in ihren Grundmustern nach wie vor eine fatale Ähnlichkeit zur Natur«geschichte» aufweist, wenngleich in einer kaum wiederzuerkennenden Steigerung brutaler Konsequenz.

An dieser Stelle ist es, daß die Theologie ihrerseits den Geltungsbereich der Naturwissenschaften ebenso radikal in Frage stellen müßte, wie sie sich in ihrer tradierten Form von den Naturwissenschaften in Frage gestellt sieht. Sie darf gar nicht anders! Denn alle Naturwissenschaft kann nur sagen, warum Menschen sind, wie sie sind, und sie kann zugleich die technischen Mittel verbessern, um ihr Elend von Stufe zu Stufe im kleinen zu verringen und im großen zu vermehren; ja, indem ihre rein weltimmanente Betrachtungsweise sich als einzig vertretbare Form einer wahren Aussage («wissenschaftlich») festschreibt, droht sie selbst zu einer Totalanschauung zu geraten, in welcher die Lage des Menschen in seinem Verhältnis zur Natur als letztgültig und unentrinnbar beschrieben wird. Wenn es so steht, ist und bleibt der Mensch dazu verurteilt, gegen die Ängste anzukämpfen, die ihn als Naturwesen (KANT hätte gesagt: als empirisches Ich) zutiefst prägen. Mit anderen Worten: alle Naturwissenschaft kann nur die Falle vermessen, in welcher wir stecken, und ihre Geschlossenheit für unentrinnbar erklären. Auf die radikale Infragestellung der menschlichen Existenz durch die natürlichen Daseinsvoraussetzungen vermag keine Naturwissenschaft sinnvoll zu antworten.

Dabei besteht, noch einmal gesagt, der Kern der ganzen Herausforderung in der Individualität des Personseins. Alles Angsterleben ist gebunden an ein einzelnes Bewußtsein, das einer drohenden Gefahr inne wird; die Entdeckung eines Menschen aber, der seiner Vereinzelung bewußt wird, besteht darin, daß er ineins damit begreift, wie absolut gleichgültig er der gesamten Natur ist. Deswegen ist der Augenblick der menschlichen Bewußtwerdung tatsächlich so etwas wie ein Abfall aus jener tierischen Geborgenheit, die allen Lebewesen sonst zueigen ist; doch wenn es jetzt für solch ein Wesen, das endgültig nicht mehr zur «Natur» gehört, im ganzen keine andere Auskunft gibt als eben die Natur, entsteht ein Teufelskreis, wie er verzweifelter

30 E. DREWERMANN: Strukturen des Bösen, I 87–97: Das bestrafte Leben.

nicht sein könnte. Schaut man genau hin, wie die jahwistische Geschichte von dem «Sündenfall» sich fortsetzt, beschreibt sie genau dies: wie Schritt für Schritt die Menschen mit naturhaften, technischen Mitteln gerade diejenigen Probleme zu lösen versuchen, die sich aus den Grundängsten ihrer Existenz ergeben, und sie merken nicht, daß sie damit nur alles verschlimmern. Schon damit die Naturwissenschaften den angstgetriebenen Turbulenzen der menschlichen Existenz nicht immer neue Energien zuführen, ist es wortwörtlich notwendig, nach einem Standpunkt außerhalb der bloßen Naturhaftigkeit des Daseins zu suchen.

Und eben diesen Standpunkt nimmt die sogenannte Sündenfallerzählung des Jahwisten ein, indem sie *nicht* einen «Abfall» des Menschen von der «Natur», sondern: – von Gott schildert. Der Unterschied ist absolut. Eigentlich wäre es ganz selbstverständlich, daß Menschen, die der Natur entstammen und jederzeit ihr ausgeliefert sind, alles daran setzen, ihre ursprüngliche Verhaftetheit an die Natur mit fortschreitender Kenntnis der Naturgesetze aufzulösen durch Umgestaltung der natürlichen Gegebenheiten. Jedoch: ein Mensch weiß zugleich auch, daß diese Selbstverständlichkeit trügt; in Wahrheit ist er ein anderer, als er der bloßen Herkunft aus der Tierreihe nach sein muß. Er darf so nicht sein, wie die Natur ihn gemacht hat. Er ist schuldig von Grund auf, wenn er in der Art seines Menschseins nur zu existieren sucht als erweiterte Tierheit. Es ist die Idee der Schöpfung durch Gott, die es als illegitim erscheinen läßt, nichts weiter sein zu wollen als ein Produkt der Natur, das sich selbst reproduziert im Rahmen und nach Maßgabe der Natur. Ist der Mensch Gottes Schöpfung, unterliegt er anderen Gesetzen und anderen Maßstäben.

Gewiß, die evolutive Erfolgsgeschichte des Menschen verdankt sich unter anderem auch einigen Elementen, die dem unmittelbaren «Egoismus der Gene» und dem darwinistischen «Kampf ums Dasein» begrenzt Paroli bieten: Ohne ein hohes Maß an Kooperation in Gruppen, an sozialer Verantwortung, an Verpflichtungsgefühl gegenüber der zuerteilten Rolle, sogar an Opferbereitschaft und Hingabe wäre der Aufstieg zum Homo sapiens mit seiner Sprach- und Kulturfähigkeit nicht möglich gewesen; doch selbst diese ausgesprochen «menschlichen» Eigenschaften stehen jederzeit in der Gefahr, von den archaischen, «naturhaften» Antrieben eingeholt zu werden: So muß, um im engsten Umkreis der Angstproblematik zu bleiben, nur das Wort «Krieg» ausgesprochen werden, und wir stürzen durch die

Jahrtausende zurück in die Vorzeit, im Willen, einander umzubringen bloß einer anderen Gruppenzugehörigkeit wegen; das menschlich Verbindende: Kultur und Sprache, wird mit einem Mal zum tödlich Trennenden, – das Fremde, als das Andere des Eigenen, gehört nunmehr bekämpft und ausgerottet, der Fremde als sein Träger hat eliminiert zu werden ... Diese Unheimlichkeit schwindet nie, sie lauert unter der nur dünnen Decke der Zivilisation ständig auf die Gelegenheit zu ihrem Ausbruch.

Es bedarf mithin eines grundlegend anderen Selbstverständnisses der menschlichen Existenz, als es sich den soziobiologischen Herkunftsbedingungen entsprechend nahelegt, um die latent jederzeit gegenwärtige Möglichkeit des Rückfalls in die Barbarei zu bannen. So wie der Schöpfungsglaube bereits einen grundlegend anderen Umgang des Menschen mit den Kreaturen an seiner Seite zur Auflage machte, so jetzt um so mehr im Verhältnis von Mensch zu Mensch. Als Geschöpf Gottes ist jeder Mensch «ein Tempel Gottes» (vgl. 1 Kor 3,16), ein Heiligtumsort, eben jenes Absolute im Dasein, das ihm nur durch die absolute Person Gottes zugesprochen werden kann.

Religionskritisch mag ein Einwand an dieser Stelle lauten, daß es sich bei solchen Überlegungen logisch um einen Zirkelschluß handle, auf dem letztlich allerdings die gesamte Religion basiere: sie verdichte das Ideal der Menschlichkeit projektiv in der Vorstellung Gottes, um es dann als sittlichen Anspruch von außen auf den Menschen zurückkommen zu lassen; in dem Maßstab einer die «Natur» überwindenden Güte Gottes stelle sich lediglich das Wesen des Menschen selber dar, der sich auf diese Weise nicht länger als bloßes Naturwesen, sondern als geistiges Wesen (in der Sprache KANTS: als intelligibles Ich) begreife, hineingestellt in die Sphäre sittlicher Verantwortung und Freiheit; mit anderen Worten: im Schöpfungsglauben erschaffe nicht Gott den Menschen, sondern der Mensch, um sich seiner selbst zu versichern, erschaffe sich seinen Gott; denn zum Beweis: alle Eigenschaften, die dem Schöpfergott verliehen würden, entstammten den Begriffen der Menschlichkeit selbst, nur ins Unendliche gedehnt; die Daseinsbegründung des Menschlichen durch das Göttliche bewege sich in einem Kreis von Projektion und Introjektion, in dem das Anderssein des Menschen gegenüber der Natur zum Absoluten erhoben werde.

Dieser Vorwurf, nichts weiter zu sein als Projektion, wird der Religion gegenüber als Hauptargument ihrer Ablehnung seit den Tagen

LUDWIG FEUERBACHS um 1840 geltend gemacht[31], doch verweist er gerade im vorliegenden Zusammenhang auf das fundamentale Mißverständnis, Religion sei ganz im Sinne der Aufklärungsphilosophie reduzierbar auf Ethik. Wäre die Gottesvorstellung in genannter Weise identisch mit den idealen Inhalten der Sittlichkeit, so richtete der Schöpfungsglaube in der Tat die moralische Forderung an den Menschen, sich anders zu verhalten, als es den unmittelbaren Regungen seiner natürlichen Triebe und Affekte entspricht; doch weithin wäre nicht abzusehen, wie ein bloßer Moralanspruch Macht haben könnte über die Urgewalt der Angst. Eine nur moralisch verstandene Gottheit ist zudem selbst stets brandgefährlich: kein Krieg, der nicht zur Angstabwehr mit moralischen Gründen im Namen des eigenen «Gottes» gerechtfertigt worden wäre und, wie zu fürchten, auch in Zukunft noch werden wird. Der Gott der Bibel trägt dabei das Banner voran, solange und sofern er als Gesetzgeber und als Garant der bürgerlichen Ordnung (miß)verstanden wird: – man lese nur Num 31,1–18, wo *Mose* von Jahwe den Auftrag erhält, Rache zu nehmen an den Midianitern – mit deren Priestertochter Zippora er selber verheiratet war, Ex 2,21 –, so daß von ihnen alles, was männlich ist, aber auch alle Kinder und alle Frauen, die keine Jungfrauen mehr sind, getötet werden; nur die Mädchen, die unberührt sind, dürfen am Leben bleiben (um mit ihnen eigene Kinder zu zeugen), Num 31,17–18. In Ri 21,1–23 verfährt man genau so mit der Bevölkerung von Jabesch in Gilead, um dem Stamm Benjamin bevölkerungspolitisch aufzuhelfen, – man vollstreckt im Heiligen Krieg den Bann[32] an allem, was männlich ist, auch an allen Frauen, die einem Mann angehört haben, und behält lediglich vierhundert Mädchen zum Zeugen eigener Nachkommenschaft übrig (Ri 21,11.12). – Selbst wenn man heutigentags beim Kriegführen nicht (mehr) unmittelbar auf Brautraub aus sein wird, so ist doch die Entführung einer beliebigen Anzahl von Menschen in die Lohnsklaverei sowie die Installierung politischer Marionettenregime zur Vermehrung der eigenen «Pro-

31 LUDWIG FEUERBACH: Das Wesen des Christentums, 270: «Der religiöse Objektivismus hat zwei Passiva, zweierlei Gedachtwerden. Einmal wird Gott von uns gedacht, das andere Mal von sich selbst. Gott denkt sich, unablässig davon, daß er von uns gedacht wird … Es ist dies der höchste Punkt des religiösen Anthropopathismus. Um Gott von allem Menschlichen frei und selbständig zu machen, macht man aus ihm lieber geradezu eine menschliche Persönlichkeit … Die Religion macht … das Gedachtwerden Gottes zum Selbstdenken Gottes.»

32 Zum «Bann» vgl. ROLAND DE VAUX: Das Alte Testament und seine Lebensordnungen, II 71–72.

duktivkräfte» nach wie vor ein Anliegen, für das sich allemal «humanitäre» (hochmoralische) Gründe finden lassen, und die Religion fungiert, wie auf dem Boden der Bibel bereits, wohl immer noch als Legitimationshintergrund in letzter Autorität. Der Glaube an Gott als den Schöpfer enthält zwar den Impuls zu einem gegenüber den natürlichen Vorgaben moralisch veränderten Verhalten, doch tritt die Religion selbst in den Dienst der stets stärkeren Motivation archaischer Ängste und deren Verarbeitungsformen, wenn unter Gott nichts anderes verstanden wird als der Grund und Inhalt der Moralität – als ein oberster Gebieter und Gesetzgeber. Kein strafebewehrtes Du-mußt beruhigt die Angst in der Tiefe der menschlichen Existenz und ihre mit dem Geist als Bastard gezeugte Tochter: die KIERKEGAARDsche Verzweiflung.

Die wohl eindringlichste Darstellung einer Unmoral der Verzweiflung unter dem Eindruck der zynischen Sinnlosigkeit von Natur wie Kultur hat der Schweizer Pfarrerssohn FRIEDRICH DÜRRENMATT in seinem Kriminalroman «Der Verdacht» aus dem Jahre 1953 gegeben. Kommissar Bärlach kommt nach und nach darauf, daß der ihn im Salemspital in Bern behandelnde Arzt Dr. Emmenberger in Wahrheit der ehemalige KZ-Arzt Nehle ist, der im Lager Stutthof bei Danzig als SS-Folterknecht Operationen ohne Narkose vorgenommen hat und auch jetzt noch vornimmt, indem er damals wie heute seine Patienten mit der Droge Hoffnung paralysiert: sie stimmten damals freiwillig ihrer Qual zu in der Erwartung, nach gelungener Behandlung in ein Nicht-Vernichtungslager verlegt zu werden, und sie glauben jetzt, sich noch ein Stück Lebensverlängerung kaufen zu können. Ihm zur Seite steht die Ärztin Edith Marlok, die in ihrer Zeit als Häftling Emmenbergers Geliebte geworden war und dadurch ihr Leben gerettet hatte. Doch was sie zu einer wahren Seelenverwandten dieses Ungeheuers in weißem Kittel gemacht hat, war seinerzeit die völlige Desillusionierung ihrer kommunistischen Ideale mit dem Glauben, es müsse möglich sein, «dieses traurige Ding da aus Stein und Lehm, das sich um die Sonne dreht, unsere Erde», zu lieben, «daß es unsere Pflicht sei, dieser Menschheit im Namen der Vernunft zu helfen, aus der Armut und der Ausbeutung herauszukommen.»[33]

Irgendwann mußte sie erkennen: «Unser Lehrsatz vom Kampf gegen das Böse, der nie, unter keinen Umständen und unter keinen Verhältnissen aufgegeben werden darf, stimmt im luftleeren Raum

33 FRIEDRICH DÜRRENMATT: Der Verdacht, 81.

oder, was dasselbe ist, auf dem Schreibtisch; aber nicht auf dem Planeten, auf dem wir durch das Weltall rasen wie Hexen auf dem Besen.»[34] Ediths Glaube war einmal so groß, daß sie nicht verzweifelte, als die Russen sie ohne Verhör und Urteil von einem Lager in ein anderes verschoben, – immer noch glaubte sie, «daß auch dies im großen Plan der Geschichte einen Sinn habe.»[35] Erst als sie nach dem Hitler-Stalin-Pakt 1939 an die SS ausgeliefert wird, begreift sie «den Verrat, der da getrieben wurde, nicht nur an uns gottverlassenen armen Teufeln, die nun Stutthof entgegenwankten, nein, auch an der Idee des Kommunismus selbst, der doch nur einen Sinn haben kann, wenn er eins ist mit der Idee der Nächstenliebe und der Menschlichkeit.»[36]

Wie aber kann man den Menschen lieben, wenn man erst einmal nach Durchschreiten des untersten Hades-Bereichs, des Tartarus, zu wissen bekommt, «wie der Mensch beschaffen ist, so nämlich, daß man alles mit ihm machen kann, was sich je ein Machthaber oder je ein Emmenberger zu seinem Vergnügen und seinen Theorien zuliebe erdenkt; daß man aus dem Munde der Menschen jedes Geständnis zu erpressen vermag, denn der menschliche Wille ist begrenzt, die Zahl der Foltern Legion. Laßt jede Hoffnung fahren, die ihr mich durchschreitet! Ich ließ jede Hoffnung fahren. Es ist Unsinn, sich zu wehren und sich für eine bessere Welt einzusetzen. Der Mensch selbst wünscht seine Hölle herbei, bereitet sie in seinen Gedanken vor und leitet sie mit seinen Taten ein.»[37]

Es ist indessen nicht allein die elementare Angst vor dem physischen Leid in Form von Schmerz und Tod, die Menschen vermittels trügerischer Hoffnungen zu Freiwilligen ihrer eigenen Folter macht; wirksamer noch als die Hoffnung ist die Entwürdigung des Menschlichen angesichts der Willkür der Macht. Das ist die neue Überzeugung der einstigen Kommunistin, der ehemaligen KZ-Internierten, der heutigen Privatklinik-Ärztin Edith Marlok, daß verbindlich einzig die Macht ist. Denn, so ist sie sich durch leidvolle Erfahrung sicher, es gibt kein Gesetz, es gibt keine Bestimmung über Menschen, «die ohne Rücksicht auf das Maß der Macht gelten könnte, die ein Mensch besitzt! Das Gesetz ist nicht das Gesetz, sondern die Macht; dieser Spruch steht über den Tälern geschrieben, in denen wir zu-

34 A. a. O., 82.
35 A. a. O., 82.
36 A. a. O., 83.
37 A. a. O., 83.

grunde gehen. Nichts ist sich selber in dieser Welt, alles ist Lüge. Wenn wir Gesetz sagen, meinen wir Macht, sprechen wir das Wort Macht aus, denken wir an Reichtum, und kommt das Wort Reichtum über unsere Lippen, so hoffen wir, die Laster dieser Welt zu genießen. Das Gesetz ist das Laster, das Gesetz ist der Reichtum, das Gesetz sind die Kanonen, die Trusts, die Parteien; was wir auch sagen, nie ist es unlogisch, es sei denn der Satz, das Gesetz sei das Gesetz, der allein die Lüge ist ... Was wollen Sie denn ...? Da werden wir, ohne gefragt zu werden, auf irgendeine brüchige Scholle gesetzt, wir wissen nicht wozu; da stieren wir in ein Weltall hinein, ungeheuer an Leere und ungeheuer an Fülle, eine sinnlose Verschwendung, und da treiben wir den fernen Katarakten entgegen, die einmal kommen müssen – das einzige, was wir wissen. So leben wir, um zu sterben, so atmen und sprechen wir, so lieben wir, und so haben wir Kinder und Kindeskinder, um mit ihnen, die wir lieben und die wir aus unserem Fleische hervorgebracht haben, in Aas verwandelt zu werden, um in die gleichgültigen, toten Elemente zu zerfallen, aus denen wir zusammengesetzt sind. Die Karten wurden gemischt, ausgespielt und zusammengeräumt. C'est ça. Und weil wir nichts anderes haben als diese treibende Scholle von Dreck und Eis, an die wir uns klammern, so wünschen wir, daß dieses unser einziges Leben – diese flüchtige Minute angesichts des Regenbogens, der sich über dem Gischt und dem Dampf des Abgrunds spannt – ein glückliches sei, daß uns der Überfluß der Erde geschenkt werde, die kurze Zeit, da sie uns zu tragen vermag.»[38]

Intensiver, als es hier geschieht, läßt sich der Blick in den Abgrund, der diese Welt ist, nicht schildern: in einem Taumel metaphysischen Schauderns und Erschreckens klammern die Menschen sich reflexhaft an eine Welt, von der sie nur zu deutlich spüren, daß sie Halt nicht bieten kann. Es ist, als wenn jemand, dem das Geländer einer Brücke, an die er sich zu lehnen sucht, wegbricht, die Holzteile nur um so heftiger umfaßt, mit denen gemeinsam er in die Tiefe stürzt.

Und das gerade ist es, was jenes Bild der Sündenfallerzählung des Jahwisten von der «*Schlange*» eigentlich beschreibt: Sie ist kein «Teufel», sie verkörpert «nur» das Riesenmaul des Nichtseins und der Nichtigkeit im Untergrund alles Geschaffenen[39]; sie windet sich als

38 A. a. O., 84–85.

39 Zum Schlangensymbol vgl. E. DREWERMANN: Strukturen des Bösen, II 69–152: Die Schlange und die sexuelle Problematik; III. Bd., Abb. 7; 14; 16; S. 235–237: Der Mangel und die Schlange des Nichtseins.

«Schwanzbeißer», als *Ourobóros* griechisch, zu einem Kreis ewiger Wiederkehr und ewiger Vergeblichkeit, und das Fatale der Geschichte von Gen 3,1–7 besteht darin, daß Menschen in der Angst nur noch die «Schlange» mit sich reden hören, – als ob es Gott nicht gäbe! Daß ihnen beim Erwachen über die erschreckende Realität der Staubgeburt, als die sie sich empfinden, jeglicher Blick auf jene Macht, der sie in Wirklichkeit, religiös betrachtet, sich verdanken, aus den Augen schwindet und sie nur noch nach unten starren, – das ist die eigentliche «Schuld» *des* Menschen, der wahre Ursprung alles Bösen[40].

Man hat, erneut moralisch denkend, kirchlicherseits die «Sünde» Adams gern als Gegenstück der Demut: als Hochmut und als Stolz betrachten wollen, geht doch die Rede davon, die Schlange habe die Frau dazu verlockt, wie Gott werden zu mögen, wissend um Gut und Böse (Gen 3,5); dieses «Wissen» hat man, um die Hochmut-Hypothese zu belegen, zudem als Selbst-verfügen-Wollen über Gut und Böse ausgelegt. Doch beide Annahmen sind unzutreffend und führen außerdem dazu, sich Gott nach Art eines Despoten vorzustellen, dem daran liegen könnte, seine menschlichen Untertanen möglichst klein zu halten. Vom «Ungehorsam» als der Ursünde spricht man deshalb im gleichen Atemzug; aber auch das ist's nicht, was der Bericht vom Urabfall des «ersten» Menschenpaars beschreibt: Eva will überhaupt nicht gegen göttliches Gebot verstoßen, sie wiederholt im Gegenteil der Schlange gegenüber Wort für Wort, was Gott gesagt hat, ja, sie verschärft noch sein Verbot in ihrer Angst und auferlegt sich, an den Baum in der Mitte des Gartens gar nicht zu rühren (Gen 3,2.3); es ist die Tragik ihrer Angst, daß ihr, wo nur die Schlange immer weiterredet, gerade der Gegenstand der «Sünde» wie hypnotisch überwertig wird: am Ende ist der Baum des Wissens um Gut und Böse der Punkt, an dem alles Glück der Welt sich sammelt und zum Unausweichlichen verdichtet (Gen 3,6). Als «ungehorsam» kann man ganz gewiß doch einen Menschen nicht bezeichnen, der auf solche Weise wider Willen in den Untergang getrieben wird. Insbesondere geht die Theorie vom «Stolz» vollkommen in die Irre, schon weil sie «Gut» und «Böse» als moralische Begriffe auffaßt; in diesem Falle aber müßte man annehmen, Gott habe gerade den Erwerb moralischer Erkenntnis dem Menschen unter Schuld verbieten wollen. Ein solches Gottesbild taugt zwar, um G. W. F. HEGELS Dialektik von der Selbstentfal-

40 A. a. O., III 540–562: Die Schuld an der Notwendigkeit der Sünde.

tung des Geistes zum Bewußtsein zu begründen[41], doch macht es «Gott» auf eine Weise widersprüchlich, die das genaue Gegenteil des Gottes in der biblischen Erzählung abgibt.

«Gut» und «Böse» lassen sich jenseits der Mißverständnisse am besten so verstehen, wie bereits in der Paradieserzählung, in jener Szene, als Jahwe konstatieren mußte, daß es «nicht gut» ist, wenn der Mensch (Adam) für sich allein bleibt (Gen 2,18). Das Wort «nicht gut» (= böse) beschreibt an dieser Stelle ein Begriffsfeld von Freudlosigkeit, Trostlosigkeit, Sinnlosigkeit, Unglück und Inhaltsleere, «gut» meint in allem das konträre Gegenstück dazu[42]. Erst in einem solchen nicht-moralischen Sinn von Gut und Böse versteht man, daß es überhaupt etwas gibt, das Gott dem Menschen verbieten mußte, um es ihm zu ersparen: nie hätte der Mensch kennenlernen sollen, was es bedeutet, Gott (vor lauter Angst) aus den Augen zu verlieren und als bloßes Geschöpf leben zu müssen, ohne sich getragen zu fühlen von dem gütigen Hintergrund des Schöpfers. Alles in der eigenen Kreatürlichkeit ist nur solange «gut» für einen Menschen, als er sich selbst von Gott gemeint und von Gott her berechtigt fühlt; alles hingegen wird ihm zur Last, zur Qual, zum Fluch, wird für ihn «böse», wenn dieses Grundgefühl, bejaht zu sein, entfällt, ganz wie es in den Strafworten über den Menschen nach dem Sündenfall von Gott ausformuliert wird (Gen 3,14–24): als ein Vertriebener muß fortan sich der Mensch empfinden, als ein Verbannter aus dem Garten Eden, als Exulant des Daseins, als ein Unbekannter, Fremder inmitten einer Welt, die auf ihn keine Rücksicht nimmt.

Nicht «Stolz» und «Hochmut» ist es, sondern die Reaktion auf dieses Grundgefühl des gnadenlosen Abgelehntseins und Verstoßenwerdens, daß Menschen selbst «wie Gott sein» wollen. Kein prometheischer Titanenhochmut, sondern allein der Mut der Verzweiflung treibt sie dazu an.

Um zu schildern, wie ein solcher Nihilismus der Glaubenslosigkeit sich in letzter Konsequenz in gottähnliche Allmachtsphantasien hineinsteigern muß, läßt DÜRRENMATT Doktor Emmenberger selber seine Einstellung mit diesen Worten näher erklären: «Ein Mensch der

41 Vgl. G. W. F. HEGEL: Philosophie der Religion, II 264–268: «Der Mensch als solcher ist Bewußtseyn, eben damit tritt er in diese Entzweiung.» (S. 266) Vgl. E. DREWERMANN: Strukturen des Bösen, III 76–83: Die Hegelsche Auffassung des Bösen; 83–92: Hegels Interpretation der biblischen Sündenfallerzählung.

42 E. DREWERMANN: Strukturen des Bösen, I 45–53: Redaktionsgeschichtliche Überlegungen, – zum «Erkennen von Gut und Böse».

heutigen Zeit antwortet nicht gerne auf die Frage: Was glauben Sie? Es ist unschicklich geworden, so zu fragen. Man liebt es nicht, große Worte zu machen, wie man bescheiden sagt ... Man weiß ja auch nicht recht, woran man denn eigentlich glaubt, es ist nicht etwa nichts, weiß Gott nicht, man glaubt doch – wenn auch recht dämmerhaft, als wäre ein ungewisser Nebel in einem – an so etwas wie Menschlichkeit, Christentum, Toleranz, Gerechtigkeit, Sozialismus und Nächstenliebe, Dinge, die etwas hohl klingen, was man ja auch zugibt, doch denkt man sich immer noch: Es kommt ja auch nicht auf die Worte an; am wichtigsten ist es doch, daß man anständig und nach bestem Gewissen lebt. Das versucht man denn auch, teils indem man sich bemüht, teils indem man sich treiben läßt. Alles, was man unternimmt, die Taten und die Untaten, geschieht auf gut Glück hin, das Böse und das Gute fällt einem wie bei einer Lotterie als Zufallslos in den Schoß; aus Zufall wird man recht und aus Zufall schlecht.»[43]

In dieser Unentschiedenheit der Existenz vermeidet man es wie zum Selbstschutz, hineinzuschauen in den Abgrund, der sich da gähnend vor den eigenen Füßen öffnet, man spürt deswegen aber auch nicht das Bedürfnis, zum Himmel aufzuschauen, um dem Abgrund zu entrinnen; man grast dahin wie eine Gemse im Gebirge – in völliger Gedankenlosigkeit – und meidet damit das Geständnis, nicht, wie man gern sagt, ein «Agnostiker» zu sein, sondern in Wirklichkeit ein reiner Nihilist. Jeder Kommunist, der es nicht nur – wie die meisten Christen – aus bloßem Mißverständnis ist, sondern aus Überzeugung, meint Emmenberger, ist selbst dann, wenn er den Weg zu einer besseren Welt mit Millionen Menschenopfern ebnen will, «viel weniger ein Nihilist ... als irgendein Herr Müller oder Huber, der weder an einen Gott, noch an keinen glaubt, weder an eine Hölle, noch an einen Himmel, sondern nur an das Recht, Geschäfte zu machen – ein Glaube, den als Kredo zu postulieren sie aber zu feige sind. So leben sie denn dahin wie Würmer in irgendeinem Brei, der keine Entscheidung zuläßt, mit einer nebelhaften Vorstellung von etwas, das gut und recht und wahr ist, wie wenn es in einem Brei so etwas geben könnte.»[44]

Demgegenüber hat ein Mann wie Dr. Emmenberger sich zu einem entschiedenen Glauben durchgerungen, – dem Glauben des Nihilismus, des Materialismus und des absoluten Amoralismus, zu einem Glauben gottgleicher Freiheit, wie er denkt. «Was ist der Mensch?»

43 FRIEDRICH DÜRRENMATT: Der Verdacht, 106–107.
44 A. a. O., 107–108.

lacht er und führt aus: «Wie die Christen an drei Dinge glauben, die nur ein Ding sind, an die Dreieinigkeit, so glaube ich an zwei Dinge, die doch ein und dasselbe sind, daß etwas ist und daß ich bin. Ich glaube an die Materie, die *gleichzeitig* Kraft und Masse ist, ein unvorstellbares All und eine Kugel, die man umschreiten kann, abtasten wie einen Kinderball, auf der wir leben und durch die abenteuerliche Leere des Raums fahren; ich glaube an eine Materie (wie schäbig und leer ist es daneben zu sagen: ‹Ich glaube an einen Gott›), die greifbar als Tier, als Pflanze oder als Kohle und ungreifbar, kaum berechenbar, als Atom ist; die keinen Gott braucht, oder was man auch immer hinzuerfindet, deren einziges unbegreifliches Mysterium ihr Sein ist. Und ich glaube, daß ich bin, als ein Teil dieser Materie, Atom, Kraft, Masse, Molekül wie Sie, und daß mir meine Existenz das Recht gibt zu tun, was ich will. Ich bin als Teil nur ein Augenblick, nur Zufall, wie das Leben in dieser ungeheuren Welt nur eine ihrer unermeßlichen Möglichkeiten ist, ebenso Zufall wie ich – die Erde etwas näher bei der Sonne, und es wäre kein Leben –, und mein Sinn besteht darin, *nur* Augenblick zu sein. O die gewaltige Nacht, da ich dies begriff! Nichts ist heilig als die Materie: der Mensch, das Tier, die Pflanze, der Mond, die Milchstraße, was auch immer ich sehe, sind zufällige Gruppierungen, Unwesentlichkeiten, wie der Schaum oder die Welle des Wassers etwas Unwesentliches sind: es ist gleichgültig, ob die Dinge sind oder nicht sind; sie sind austauschbar. Wenn sie nicht sind, gibt es etwas anderes, wenn auf diesem Planeten das Leben erlischt, kommt es, irgendwo im Weltall, auf einem anderen Planeten hervor: wie das große Los immer einmal kommt, zufällig, durch das Gesetz der großen Zahl. Es ist lächerlich, dem Menschen Dauer zu geben, denn es wird immer nur die Illusion einer Dauer sein, Systeme an Macht zu erfinden, um einige Jahre an der Spitze irgendeines Staates oder irgendeiner Kirche zu vegetieren. Es ist unsinnig, in einer Welt, die ihrer Struktur nach eine Lotterie ist, nach dem Wohl der Menschen zu trachten, als ob es einen Sinn hätte, wenn jedes Los einen Rappen gewinnt und nicht die meisten nichts, wie wenn es eine andere Sehnsucht gäbe als nur die, *einmal* dieser einzelne, einzige, dieser Ungerechte zu sein, der das Los gewann. Es ist Unsinn, an die Materie zu glauben und *zugleich* an einen Humanismus, man kann nur an die Materie glauben und an das Ich. Es gibt keine Gerechtigkeit – wie könnte die Materie gerecht sein –, es gibt nur die Freiheit, die nicht verdient werden kann – da müßte es eine Gerechtigkeit geben –, die nicht gegeben werden kann – wer könnte sie geben –, sondern die man sich nehmen muß. Die Freiheit ist der Mut zum Verbrechen, weil sie selbst ein Verbrechen ist.»[45]

Die Freiheit, die Dr. Emmenberger meint, ist eine Freiheit, göttlich in ihrer Absolutheit und gegengöttlich zugleich in ihrer notwendigen Weigerung, noch irgendeine Bindung zuzulassen, die sich nach festgelegten Werten messen ließe. «Ich wagte es, ich selbst zu sein und nichts außerdem», erläutert der Arzt, «ich gab mich dem hin, was mich frei machte, dem Mord und der Folter; denn wenn ich einen anderen Menschen töte – und ich werde es um sieben wieder tun –, wenn ich mich außerhalb jeder Menschenordnung stelle, die unsere Schwäche errichtete, werde ich frei, werde ich nichts als ein Augenblick, aber was für ein Augenblick! An Intensität gleich ungeheuer wie die Materie, gleich mächtig wie sie, gleich unberechtigt wie sie, und in den Schreien und in der Qual, die mir aus den geöffneten Mündern und aus den gläsernen Augen entgegenschlägt, über die ich mich bücke, in diesem zitternden, ohnmächtigen, weißen Fleisch unter meinem Messer spiegelt sich mein Triumph und *meine* Freiheit und nichts außerdem.»[46]

Inmitten einer Welt, die ungerührt und kalt auf jede nur erdenkliche Weise die Kreaturen unablässig foltert und mordet, ist es nur konsequent, Freiheit als das Vermögen zu verstehen, sämtliche Fragen nach Recht und Unrecht, Gut und Böse, Menschlich und Unmenschlich hinter sich zu lassen und sich so zu verhalten, wie die Natur es selber tut: folternd und mordend. Der in moralischer Betrachtung der «Materie» innewohnende Zynismus wird zur Wesenskennzeichnung eines Menschseins, das seiner Stellung in der Welt bewußt geworden ist; er ist der Kern einer zum Glaubenssatz erhobenen Vergottung seiner selbst, die Quintessenz der Tödlichkeit des Daseins, wenn diese als endgültig angesehen wird. Bewußt stellt DÜRRENMATTS Dr. Emmenberger seinen gegengöttlichen Glauben an die Materie so provozierend in den Raum, als wollte er auf Widerspruch geradezu hoffen: wagt jemand noch, dem Materialismus als der neuen Religion der Zeit mit einem eigenen Glauben zu begegnen?

DÜRRENMATTS Kommissar Bärlach verfügt über keinen solchen Glauben, – die Frage deswegen geht an den Leser weiter. Wir sollten «die Welt nicht zu retten suchen, sondern zu bestehen,» das sei «das einzige wahrhafte Abenteuer, das uns in dieser späten Zeit noch

45 A. a. O., 108–110.
46 A. a. O., 110.

bleibt,» meint Bärlach[47]. Doch woher sollte die Kraft dazu kommen? Allein das Gefühl, jener Zynismus eines KZ-Arztes könne und dürfe nicht die Wahrheit sein, bedarf einer anderen Sicht auf die Wirklichkeit; und eben das ist es, was die biblische Sündenfallerzählung zu vermitteln versucht, indem sie die Bewußtwerdung des Abgrundes, an dessen Rand die Schöpfung lagert, im Gegenüber Gottes sich vollziehen läßt. «Es ist nicht richtig, so zu denken wie ein Doktor Emmenberger.» Ja! Doch gerade weil das innere Empfinden dafür alles andere als wohlbegründet im Anblick dieser Welt erscheinen muß, spricht sich darin die Stimme eines gänzlich Anderen aus, die jene zwangsläufig anmutende Verzweiflungsreaktion als falsch, ja, als an sich vermeidbar hinstellt.

Freiheit?

Das ist der ganze Stolz der Emmenbergers. Jedoch sie haben keine Freiheit! Sie unterliegen wie hypnotisiert der Logik der Zerstörung. Die Art, in der sie sich als Herren aufspielen, die Tod und Leben über andere verfügen, macht es unmöglich, daß sie noch dem Leben dienen, sie sind nichts mehr als Handlanger des Todes; sie spielen Gott, um im Gefühl der Macht die Ohnmacht zu ertragen, die dazu gehört, nur Mensch zu sein. Man sagt, der Teufel sei der Affe Gottes. *Ihr* Narrenspiel ist teuflisch. Jedoch es gilt, diesen Aspekt einer Bewußtwerdung im Bann der «Schlange» sich bewußt zu machen.

Viel bereits ist gewonnen, wenn man begreift, wie unfrei jene absolut gesetzte Freiheit materialistischer Vergottung seiner selbst tatsächlich ist. Eine solche «Nacht» der Bewußtwerdung geht einher mit einem metaphysischen Entsetzen, ganz wie Gen 3,1–7 es im Gespräch der Schlange mit der Frau beschreibt, und nötigt zu einer Reaktion, die in der Terminologie von SÖREN KIERKEGAARD vollkommen zutreffend als die Verzweiflungsform des Trotzes zu bezeichnen ist: als entschiedener Wille, nicht zu sein, was man ist[48]. Was die Gestalt des Dr. Emmenberger zeigt, ist die Unmöglichkeit, sich außerhalb eines vorgängigen Feldes von Gnade selbst in seiner Ausgeliefertheit zu akzeptieren. Doch damit tritt ein neues Reflexionsmoment in die Betrachtung ein. Bisher genügte es, die Problematik zu verstehen, die

47 A.a.O., 119–120.

48 SÖREN KIERKEGAARD: Die Krankheit zum Tode, 1. Abschn., C. B b α, S. 48–65: Verzweifelt nicht man selbst sein wollen, die Verzweiflung der Schwachheit; C. B b ß, S. 65–72: Die Verzweiflung, verzweifelt man selbst sein wollen: Trotz. Vgl. E. DREWERMANN: Strukturen des Bösen, III 487–492: Verzweiflung verstanden als Schwäche oder Trotz.

sich aus der Bewußtwerdung der Situation des Menschen inmitten der Natur ergibt; wie aber, wenn der Mensch zu dem Bewußtsein seiner eigenen Freiheit kommt? Auch dafür kann das Bild der «Schlange» stehen. Denn auch die Freiheit ist am Rand des Nichts gelagert, sie gründet in dem Nichts an äußerer Bestimmung: wer sich als frei erlebt, fühlt sich nicht länger festgelegt. Und wie vermag er damit umzugehen?

Was KIERKEGAARD mit seiner Diagnose der Verzweiflung meinte, ergibt sich aus der Unerträglichkeit der Freiheit selbst, wofern sie nicht getragen ist von der Bejahung eines Anderen[49]. Sie selber kommt zustande nur durch die Synthese zweier Gegensätze: von Möglichkeit und von Notwendigkeit sowie von Endlichkeit und von Unendlichkeit; doch eine solche Synthese ist einzig möglich, wenn sich das Dasein selbst getragen weiß im Absoluten; geht diese innere Fundierung aus lauter Angst verloren, so wird es unvermeidlich, die Freiheit aufzukündigen durch Flucht in eine ihrer Spannungspole[50]: Man lebt zum Beispiel einzig in der Dimension des Möglichen, das heißt, man hält seine Entscheidungsfreiheit ständig in der Schwebe, indem man sich gar nicht entscheidet, sondern sich stets weiterer Wahlalternativen zu versichern sucht, – die Neuroseform der *Hysterie* läßt sich daseinsanalytisch in dieser Form beschreiben. – Oder genau anders: man läßt nur das Notwendige noch gelten, – auch so entfällt die Angst, die dem Abgrund der Freiheit entsteigt, denn alles steht dann immer schon fest, und man braucht nur noch zu tun, was geboten ist, – die seelische Erkrankung der *Zwangsneurose* ist in dieser Form interpretierbar. – Oder man verkriecht sich im Endlichen; alles wird dann scheinbar einfach und klar, übersichtlich und faßbar; doch man kann nicht leben mit der naturhaften Selbstverständlichkeit einer Kaulquappe im Tümpel: ein Mensch ist kein Amphibium; wenn er sich selbst derart verdumpft, wird ein Monstrum aus ihm, und das am erfolgreichsten zweifellos im Status der Verleugnung jeder höheren Berufung zu sich selbst: man tarnt sich in der Anony-

49 SÖREN KIERKEGAARD: Die Krankheit zum Tode, 1. Abschn., A. B, S. 14–17: Die Möglichkeit und Wirklichkeit der Verzweiflung: «Verzweiflung ist das Mißverhältnis in dem Verhältnis einer Synthese, das sich zu sich selbst verhält.» (S. 15) «Woher kommt ... die Verzweiflung? Von dem Verhältnis, in dem die Synthese sich zu sich selbst verhält, indem Gott, der den Menschen zu einem Verhältnis machte, dieses gleichsam aus seiner Hand gleiten läßt, d. h., indem das Verhältnis sich (sc. nur, d. V.) zu sich selbst verhält.» (S. 16)

50 Vgl. E. DREWERMANN: Sünde und Neurose, in: Psychoanalyse und Moraltheologie, I 128–162, S. 132–136: Die Angst als Ursprung der Verzweiflung.

mität der Menge, man entschuldigt sich mit dem Inkognito der Umstände, man bläht sein Ich auf ins Unendliche, nur weil man nach dem Verlust des Unendlichen kein Selbst mehr besitzt, – von der Neuroseform der *Schizoidie* läßt sich daseinsanalytisch bei solch einer Einstellung sprechen. – Oder man weicht genau umgekehrt der Angst vor Verurteilung aus, indem man alle möglichen Forderungen der Umgebung selber ins Unendliche dehnt und sich im Vorlauf schon vor allen schuldig bekennt, – die Neuroseform der *Depression* ist von dieser Erlebnisbereitschaft geprägt. – Jeder dieser vier Fluchtpunkte der Freiheit vor sich selbst liegt metaphysisch dem Bewußtsein gleich nah; welcher von ihnen tatsächlich «gewählt» wird, entscheidet sich empirisch natürlich durch den Werdegang der jeweiligen Biographie. Das Ergebnis aber ist in jedem Falle das gleiche: die Angst vor der Freiheit deformiert das Dasein im ganzen, so daß ein Mißverhältnis zu sich selbst entsteht.

Der Absturz in Angst erzeugt mithin Verzweiflung. Ist dies der Urabfall, so tritt unmittelbar die Folge ein, daß alle Forderungen der Moral ins Zweideutige beziehungsweise Unerfüllbare geraten. Man kann nicht erwarten, daß ein Auto geradeaus fährt, dessen Radaufhängungen nicht funktionieren; genauso wenig kann ein Mensch mit dem bewußten Wollen sein Verhalten steuern, wenn er im Aufbau seiner eigenen Persönlichkeit durch und durch widersprüchlich ist. Alles, was in den Wertungen der Moral sich als «Tugend» ausnimmt, läßt sich betrachten als die Verhaltensform einer Persönlichkeit, die mit sich selbst identisch ist, und was man «Laster» nennt, dementsprechend als die Verhaltensform einer Persönlichkeit, die mit sich nicht identisch ist[51]. Die Moral selbst – mit Begriffen wie «Stolz», «Hochmut» und «Ungehorsam» beziehungsweise «Demut», «Treue» und «Gehorsam», aber auch mit allen anderen negativen wie positiven Verhaltensbewertungen – spielt an der Oberfläche; sie beschreibt Symptome; sie ist tauglich für die Diagnose, doch hat sie ihren Nutzen nur als Einladung, sich um die Ursachen zu kümmern, die das Dasein bis zum Krankheitswert verformen, und dann darüber nachzusinnen, wie sich *Verzweiflung* heilen läßt. Mit Drohungen und Strafen geht es nicht.

Denn das erzählt die Sündenfallgeschichte des Jahwisten meisterhaft: Die Menschen, die aus lauter Angst vor der Natur, die sie umgibt, und vor den Möglichkeiten, die in ihrer Freiheit liegen, in eine

51 Vgl. E. DREWERMANN: Ein Mensch braucht mehr als nur Moral, 18–26.

Welt ohne Gott hineingestürzt sind, werden fortan die ganze Religion mit Strafangst überziehen, und eben dieses Bild von einem Gott, der nur noch kommt, um abzuurteilen und hinzurichten, wird sie unfähig machen, zu sich selbst zu stehen und Verantwortung zu übernehmen. Wahrhaftigkeit ist unmöglich, solange die Angst währt, für das, was man selbst ist, von Grund auf abgelehnt zu werden[52]. Also muß man versuchen, sich mit Ausreden und Lügen zu behelfen. Am Ende trägt Gott selbst die Schuld am Zustand der Verlorenheit des Menschen: «Die Frau, die du mir gabst, gab mir vom Baum. Da aß ich», erklärt Adam (Gen 3,12) die Tragik seines Tuns; wie denn auch sollte er die Gabe derjenigen ablehnen, die Gott als Gabe seiner Liebe ihm zur Seite stellte (Gen 2,20–23)? Jetzt entartet die Liebe selbst zu einer partriarchalen Form von Herrschaft (Gen 3,16), denn stets muß man fortan befürchten, mit dem, was man ist, unter den kritischen Augen des Partners bloßgestellt zu werden. Das buchstäblich unverschämte Glück der Einheit von Mann und Frau in der Liebe (Gen 2,25), wie es eigentlich sein könnte, verwandelt sich in die Angst, vor einander «nackt» dazustehen (Gen 3,7)[53].

Und so wird der Kampf um Gott jetzt weitergehen: Menschen, die sich von Grund auf abgelehnt und ausgewiesen fühlen, haben nur *eine* Chance zu überleben: sie müssen alles tun, um ihre Existenz, die niemand will, als nützlich, ja, als unentbehrlich zu erweisen. Sie müssen sich mit allem, was sie sind und tun, zum Vorteil anderer zum Opfer bringen. Gleich im Anschluß an die Vertreibung des Menschen aus dem «Paradies» erzählt die Urgeschichte des Jahwisten deshalb, wie die Kinder Adams und Evas, wie Kain und Abel, versuchen, die Hypothek des Abgelehntseins, der mangelnden Berechtigung zum Dasein, der scheinbar ein für allemal verlorenen Geborgenheit durch Vorleistungen abzutragen. «Wenn ich das Beste hervorbringe, was ich kann, und es nicht für mich selbst verbrauche, sondern es auf dem Altar eines stets zweifelhaften Gottes zum Opfer darbringe, so muß man mich doch akzeptieren!» Nach der Devise bringt in Gen 4,3–4 der Ackerbauer Kain ein Opfer von den Früchten seines Feldes dar, während der Schafhirte Abel ein Opfer darbringt von den Erstlingen der Herde. «Und der Herr sah gnädig an Abel und sein Opfer, aber

52 Vgl. zu Gen 3,12 – E. DREWERMANN: Strukturen des Bösen, I 79–86: Im Versteck und auf der Flucht. DERS.: Jesus von Nazareth, 132–140: Die Tragödie der Angst (Gen 3,1–7): Die Geschichte von Adam und Eva.

53 Vgl. E. DREWERMANN: Strukturen des Bösen, I 87–97: Das bestrafte Leben (Gen 3,14–19).

Kain und sein Opfer sah er nicht gnädig an.» Da ergrimmte Kain vor Zorn, daß er Abel, seinen Bruder, tötete. Es ist die Geschichte vom ersten Mord, und sie beginnt mit einer gottesdienstlichen Handlung!

Manch einer unter den Lesern wird womöglich mit den religionskritischen Überlegungen und Bemerkungen, die hier vorgetragen werden, irgendwie sympathisiert haben und sich doch zugleich irritiert gefühlt haben an all den Stellen, da von Gott affirmativ die Rede war: was eigentlich ist hier mit «Gott» gemeint? Und warum überhaupt ist immerzu von Gott die Rede? – Für die meisten ist Gott identisch mit dem Kultobjekt einer bestimmten Religionsform, bevorzugtermaßen ihrer eigenen. So auch erblicken christliche Theologen bei der Auslegung der Geschichte von Kain und Abel einen bedeutenden kulturellen Fortschritt in der Institution des Opfers, und sie schreiben der rituellen Praxis ihrer Priester heilwirkende Bedeutung zu[54]. Die gleichen Theologen allerdings verstehen nicht, wieso Gott seine Gunst so ungleich auf das Brüderpaar verteilt. War Kain vielleicht schon «böse», als er opferte, so daß Gott seine Gabe übersehen mußte? Davon kann keine Rede sein! Vielmehr: «Jenseits von Eden» können Evas Kinder als Vertriebene gar nicht anders, als sich durch Abtretung der selbst geschaffenen Glücksmöglichkeiten trotz allem doch als brauchbar zu erweisen[55]. Und dies Problem hat jeder Mensch; es ist durchaus auf keinen Ort der Religionsgeschichte zu beschränken; es ist im Gegenteil so allgemein, daß alle es verstehen können, – in einem völlig säkularen Felde menschlicher Erfahrung wird damit deutlich, was die Rede von Gott meint und was sie sicher nicht meint.

Das Kain-und-Abel-Problem existiert in unseren Tagen schon im Kinderzimmer, in den Kindertagesstätten, in den Grundschulen, in den Gymnasien, an den Akademien und den Universitäten, in den Betrieben – überall! An sich haben wir unsere Kinder lieb, doch eben deshalb müssen wir für sie das Beste wollen, was sich gesellschaftlich anbietet: sie müssen in ihrem Leben erfolgreich sein. Das aber können sie nur, wenn sie fleißig und tüchtig sind. Also lieben wir sie nicht ganz einfach dafür, daß sie da sind, wir lieben sie bedingungsweise – wenn sie die auferlegte Leistungsforderung erfüllen. «Also streng dich an, mein Junge, paß gut auf, mein Mädchen! Nur wenn du dich im Leistungssektor durchsetzt, bekommst du später einen Arbeits-

54 Zur Interpretation der Kain- und Abel-Geschichte vgl. a.a.O, I 111–147: Jenseits von Eden (Gen 4,1–16). – Zur Opferthematik vgl. 120–122.
55 Vgl. a. a. O., III 263–278: Herr und Knecht, Kain und Abel (Gen 4,1–16).

platz und kannst du deine Rente sichern.» Nicht früh genug können den Kindern diese Regeln beigebracht werden, – sie sollen schließlich Deutschlands Wirtschaftskraft im internationalen Marktgeschehen festigen. Schon lange ist es her, daß es noch «Kindergärten» gab, als wüchse dort das Leben auf gleich Blumen auf dem Felde; die «Kindertagesstätte», Kurzsprech: Kita, ist ein Ort der Unterbringung – mit dem Ziel des «Förderns und des Forderns», um das Polit-Deutsch des Bundestages zu verwenden. «Wir müssen die Ausbildung an die Wirtschaft ankoppeln», sagt die Bildungsministerin; «wir müssen die Demokratie marktkonform gestalten», erklärt die Kanzlerin. Aber was macht es mit Menschen, wenn ihre Existenzberechtigung der gesellschaftlich prämierte Leistungsnachweis sein soll?

Da alle unter dem gleichen Anspruch stehen, wird jeder für jeden zum Konkurrenten bei der Erreichung ein und desselben Ziels: die Anerkennung zu gewinnen, die dazu gehört, leben zu dürfen. Was in der Tierreihe in den Kommentkämpfen der Männchen ausgetragen wird, das wiederholt sich jetzt totalisiert im Sozialdarwinismus des kapitalistischen Wirtschaftssystems. Ganz wie in der biblischen Erzählung ist nunmehr am gefährlichsten derjenige, der mir am nächsten steht. Wären Kain und Abel von einander durch den halben Erdball getrennt wie Inuits und Bantus, so kämen sie sich niemals ins Gehege; doch wenn sie «Brüder» sind und sich so nahe stehn wie Kain und Abel, dann muß man gerade das am anderen am meisten hassen und bekämpfen, was eigentlich am meisten liebenswert sein könnte. Der Wettkampf selbst ist mörderisch; der Mord aber geschieht in dem verzweifelten Bemühen, die Liebe zu erringen, die der andere mit seinem bloßen Dasein zu verstellen droht.

Auch wenn jemand niemals einen Religionsunterricht besucht hat, so wird er doch verstehen, was Menschen benötigen, um nicht, wie Kain und Abel, inmitten einer Welt der Gnadenlosigkeit in mörderischer Konkurrenz gegeneinander anzutreten: sie brauchten, um sich zu verbrüdern, jeder für sich ein Gegenüber, das jenseits aller inneren wie äußeren Negiertheiten bedingungslos zu ihnen steht. Dies Gegenüber – das ist Gott. Er ist in der Bedingungslosigkeit der Zuwendung die absolut benötigte Bedingung aller Menschlichkeit. Wenn es vorhin noch als beachtenswerter Einwand der psychologischen Religionskritik im 19. Jh. galt, die Idee von Gott bereits bewege sich logisch in einem Zirkelschluß aus Projektion (des menschlichen Wesens) und Introjektion (der moralischen Inhalte der Menschlichkeit), so zeigt sich jetzt, daß der verheerende Teufelskreis von Angst, Deformation des Daseins, neuerlicher Angst und Destruktion des Eigenen wie Fremden sich nur durchbrechen läßt durch das Vertrauen in die Wahrheit jenes existentiellen «Zirkelschlusses», daß man in Gott alles, was menschlich ist, absolut glauben muß, um einer Welt, die menschlich nicht sein kann, in Wahrung eigener Menschlichkeit aus Überzeugung standzuhalten.

Doch um so schlimmer ist es, philosophisch, theologisch oder psychologisch in «Gott» nichts andres anzutreffen als die Verkörperung – bloßer Moral! Es ist die Auffassung der Urgeschichte des Jahwisten, daß die fatale Gleichsetzung von Religion und Ethik sich überhaupt erst für das Erleben von Vertriebenen und von Grund auf Zurückgewiesenen ergibt[56]; dann allerdings erscheint sie subjektiv als evident: Gott verlangt Opfer, um die Existenz schuldig gewordener Menschen hinnehmbar zu finden; Gott will, daß sich die Menschen an all die Gebote halten, die er selbst erlassen hat; – beide Erfahrungen kommen zusammen in dem Grundempfinden eines jeden nur bedingungsweise akzeptierten Daseins: es ist gefangen in fundamentalen Schuldgefühlen, Strafängsten, Wiedergutmachungsbemühungen, Vorleistungen, Aufopferungen, Anstrengungen ... und, als die Folge einer solchen ständigen Selbstunterdrückung: in wachsenden Ambivalenzgefühlen von Auflehnung und Unterwerfung, Mut und Demütigung, Revolte und Resignation.

Da redet in der Bibel Gott, der kein Wort sagte während des Gesprächs der Schlange mit der Frau, mit Mal zu Kain, er möchte, daß die aggressiv zum äußersten gespannte Stimmung kontrollierbar bleibe; er redet Kain entsprechend ins Gewissen, mit einem Satz, der im Hebräischen jedwede Syntax fahren läßt, – stammelnde Worte und Wortunterbrechungen, ganz wie bei einer Rundfunkübertragung, deren Sendeleistung viel zu schwach ist, um die Hörer ohne Störgeräusche zu erreichen: «Nicht wahr, wenn Gutes du – Erheben! Wenn aber nicht Gutes du – am Eingang die Sünde ein Lagerer! Nach dir ihr Verlangen! Du aber walte ihr ob.» (Gen 4,7)

In den Fluchworten über Adam und Eva sollte die Frau Verlangen tragen nach ihrem Mann, und der sollte über sie herrschen (Gen 3,16); dieses Verhältnis zwischenmenschlicher Zerrissenheit ist jetzt ganz innerlich geworden[57], und was der Gott jenseits von Eden sagt,

56 A.a.O., I 128–131, zu Gen 4,7. Vgl. E. DREWERMANN: Jesus von Nazareth, 140–151: Von Opfer, Konkurrenz, Verzweiflung und Zerstörung (Gen 4,1–16): Die Geschichte von Kain und Abel.

57 E. DREWERMANN: Strukturen des Bösen, I 129.

ist absolut nichts anderes, als was zu allen Zeiten die Moral im Umgang mit der lauernden Gefahr des Herzens sagt: Beherrsche dich! Nimm dich zusammen! Disipliniere dich! Anders als so kann Ethik niemals sprechen. Doch damit löst sie den Konflikt nicht, sie verschärft ihn: Kain sucht mit Abel noch einmal zu reden, dann aber fehlen ihm die Worte, die zu sagen wären[58]; und an die Stelle des Gesprächs tritt die Ersatzsprache des Ausbruchs einer mörderischen Wut: Kain erschlägt Abel, seinen Bruder ... (Gen 4,8)

So geht es immer, und so wird es weitergehen: Kain leugnet vor Gott seine Mordtat, er weigert die Verantwortung für seinen Bruder (Gen 4,9), er wird in eine Welt hinausgetrieben, in der der Boden, blutbesudelt, sich der Nutzung durch den Ackermann versperrt (Gen 4,11.12); der Flüchtling wird am Ort der «Flucht», im Lande Nod, die erste Stadt erbauen (Gen 4,16); und sein Sohn Lamech wird vor seinen Frauen damit protzen, daß er es ist, der jedwede Verwundung, die ihm zugefügt wird, siebenundsiebzigmal mit Rache überzieht (Gen 4,23.24). Es war Gott, der nach dem «ersten» Mord die Angst der Menschen vor einander durch eine Art göttlichen Strafrechts einzugrenzen suchte: siebenfach wollte er bestrafen jeden, der sich am Mörder Kain vergreifen sollte (Gen 4,15); doch jetzt: die Angst der Menschen bricht durch alle Zäune; an ihr gemessen scheint Gott selber hilflos; die Menschen müssen den Schutz ihres Lebens in die eignen Hände nehmen, – Abschreckung, Stärke, Sicherheit, Gewalt: wer *das* verkörpert, macht als mächtigster der Männer sich beliebt bei seinen Frauen. Er ist Sieger, er alleine setzt sich fort[59]. Der Kreis des Bösen, der Erbostheit und der Bosheit, ist geschlossen, und er scheint unentrinnbar. Selbst die Moral, sogar die Religion jenseits von Eden dreht sich mit in der Spirale immer ausgedehnterer Brutalität.

Und alle glauben, daß es zu den Praktiken des Tötens «keine Alternative» gibt. Das Paradox der «Erbsünde» der Angst und der Verzweiflung, wie der Jahwist sie schildert, besteht darin, daß all die Greuel der menschlichen Geschichte für absolut normal und unvermeidbar, ja, für ganz richtig und notwendig gelten. Sie *sind* es auch, solange man sie nicht mit Gottes Augen sieht; sie *wären* es, wenn sich Gott nicht noch einmal und ganz anders zeigen würde. Alle Verzweiflung wartet auf eine Erlösung, an die sie selber nicht mehr glauben

58 E. DREWERMANN: Strukturen des Bösen, I 131–133, zu Gen 4,8.
59 A. a. O., I 149–161: In der Nachfolge Kains (Gen 4,17–24), S. 155–159: das Lamech-Lied (Gen 4,23.24).

kann. Und eben darin liegt die einzige und eigentliche Schuld: daß man aus lauter Angst in dieser Welt Gott nicht mehr sieht. Als Schuld begreifbar aber wird die anscheinende Selbstverständlichkeit der Angst nebst all den daraus folgenden Formen der Selbstablehnung und der Destruktion erst dann, wenn sich der Abgrund schließt durch eine gänzlich gegenteilige Erfahrung. Erst mit dem Blick nach rückwärts, als Entronnener, Geretteter merkt man, wie unnötig, ja, wie monströs das seinerzeit notwendig scheinende Verhalten brutaler Angstabwehr gewesen ist. Wie aber soll es möglich sein, die Fluchtrichtung der Angst noch einmal umzukehren und jeden Einzelnen zurückzuführen in die Geborgenheit eines Vertrauens, in dem die Welt wieder als Paradies erscheinen könnte? Davon handelt der Kern des Christentums: sein Glaube an Erlösung durch die Person und Botschaft Jesu. Erst von ihr her läßt sich mit Blick auf das, was aller Welt sonst als «alternativlos» richtig vorkommt, von (Erb)Sünde, das heißt: Verzweiflung sprechen. Die skandalöse Grausamkeit der Welt entdeckt sich erst im Gegenüber der Gnade.

2) Der Ausweg oder: Vertrauen gegen Angst

Die Geschichte der Vertreibung der Menschen aus dem «Paradies» endet damit, daß Gott vor den Eingang des Gartens Eden zwei Wächter-Engel mit dem Flammenschwert postiert (Gen 3,24); dies also ist der Anblick Gottes, den die Menschen auf der Flucht in ihre Welt mitnehmen müssen, vorangetrieben wesentlich von Schuldgefühlen und von Strafangst, als Opfer der unendlichen Geschichte einer Furcht, die sich in ihren «Kindern» fortsetzt und Stufe um Stufe sich steigert. Wenn es aus der Tragödie, die unser Leben ist, jemals soll einen Ausweg geben, so muß er jetzt darin bestehen, das Schreckensbild von Gott zu revidieren. Doch wie?

Das Kirchendogma sagt, der Herr Jesus Christus habe «die Welt» «erlöst» durch seinen Tod am Kreuz. Die Schwierigkeiten dieser Lehre sind rechtlich und psychologisch in dieser Form nicht überwindbar: die Ungerechtigkeit, die darin liegt, das «Opfer» des einzig Unschuldigen für alle Schuldigen zu fordern, der Masochismus, der sich bilden muß, wenn Gott selbst solche Qual verlangt, der Sadismus, der aus Revanchebedürfnis und aus Lust am Leid entsteht, – auf diese Brüche wurde mehrfach schon verwiesen; jedoch wie irreführrend, wie «verkehrt» (ganz wörtlich!) dieser Hauptpunkt der christlichen Erlösungslehre ausfällt, zeigt sich in ganzem Umfang erst, wenn man die Not im Herzen jedes Menschen, seine Ohnmacht, seine Verlorenheit, seine Verzweiflung, all das, wovon «Erlösung» wirklich nötig wäre, vergleicht mit dieser Theologen-Auskunft: Gott habe seinen Sohn geopfert und so die Welt mit sich versöhnt! Aus einem Drama, das auf unheimliche Weise in einem jeden Menschen selber tobt, weil und solange sein Vertrauen in den Hintergrund der Welt zerbrochen ist, wird theologisch nunmehr ein Problem, das Gott mit sich hat in bezug zum Menschen: er möchte ihm vergeben, kann es aber nicht, ehe nicht juridisch der Gerechtigkeit genug geschieht, und deshalb dies! Da man zudem die «Erbsünde» des Menschen mit den Worten «Stolz» und «Ungehorsam» zu begründen sucht, legt man, auf seine Weise konsequent, den Inhalt der «Erlösung» in eine Haltung eben jener «Demut», jenes «Gehorsams» in den Willen Gottes, wie Jesus exemplarisch sie vermeintlich vorgelebt hat. Was man mit solchen Ansichten riskiert, ist klar: gerade die «Erlösungslehre» verwandelt sich unter der Hand in eine neue – alte Tugendlehre, die innerlich den Druck nicht nimmt, sondern ins Ungemessene erhöht. Vor allem: der ganze Schrecken eben jenes Gottesbildes, das als die eigentliche Katastrophe sich durch die ganze menschliche Geschichte zieht, versteinert jetzt zu einem Bild des Grauens: Kain, eben noch, wurde im Willen, Gott in seinem Opfer zu versöhnen, zum Mörder seines Bruders; das Christentum, indem es die Erschlagung eines unschuldigen Menschen zu einem göttlichen Verdienst erklärt, hat selbst mit solchen Lehren die Grundlage nicht endender Gewalt in seiner eigenen Praxis sich erschaffen. Auf diese Weise hat man das Problem «Kains» nicht gelöst, man hat es ins Monströse ausgedehnt. Nirgends, in keiner anderen Religion, erscheint das Gottesbild so widersprüchlich wie im Christentum auf Grund einer «Erlösungslehre», die nicht erlöst, sondern den Grundkonflikt in Gott auf unendliche Weise festschreibt.

An diesem Punkt ist alles kirchentreue Weiter-noch-Rechtfertigen vergebens, schlimmer: es ist schädlich, am schlimmsten: es steht ganz und gar in Widerspruch zu dem Bemühen Jesu selbst, indem es den Grund der gräßlichen Ermordung Jesu vom Menschen weg in Gott hinein verlagert. Was Jesus wollte, war zentral die Revision des stets ambivalenten Gottesbildes. Bildlich gesprochen, wollte er die Menschen bei der Hand nehmen und, an den Seraphen vorbei am Paradieseseingang, zurückführen zum Baum in der Mitte des «Gartens», in dessen Schatten sie das unbedingt erforderliche Urvertrauen in Gott wiederfinden würden.

Alles, was Jesus tat und sagte, macht Sinn von diesem Ansatz her[60]: er mochte, daß die Menschen, denen er begegnete, aufhörten, sich als abgelehnt, verstoßen und verworfen vorzukommen. Sie sind nicht perfekt, sie sind schuldig, sie machen vieles falsch, ja, was sie tun, kann manchmal, wie bei Kain, auf einen Mord hinauslaufen, – das alles stimmt. Doch wie lebt man mit Menschen, die so sind? Man kann sie sich vom Halse halten, indem man sich damit begnügt, sie nach der Elle der Moral zu messen. Gott hat gesagt – das göttliche Gesetz besagt – jemand hat so getan – darum verdient er diese Strafe. Alles in diesem moralisch-juridischen Schematismus ist eindeutig und klar, denn: es ist völlig unpersönlich. Wer der Mensch ist, dessen Verhalten da beurteilt wird, spielt keine Rolle, – man will ihn objektiv bewerten, befreit von allen subjektiven Maßstäben; zwischen Ich und Du vermitteln nicht persönliche Gefühle und Interessen, der Andere ist lediglich der Gegenstand, auf den es gilt, die immer schon im Überich gespeicherten Gesetze anzuwenden. Kain also hat gemordet. Kain also ist ein Mörder. Kain selber also muß getötet werden. «Wer Menschenblut vergießt, des Blut soll auch vergossen werden,» ordnet der Gott der Bibel nach der Sintflut an (Gen 9,6). Also! Bis heute re-

60 Vgl. E DREWERMANN: Jesus von Nazareth, 162–176: Mk 1,9–13: Von Wiedergeburt und Selbstfindung. – HANS KESSLER: Christologie, in: Theodor Schneider (Hg.): Handbuch der Dogmatik, I 409, sieht durchaus in der «Deutung des Kreuzestodes Jesu als gehorsames Sühnopfer für die Sünden der Welt» die Gefahr, «daß das hier nahegelegte Bild von Gott als grausam-patriarchalem Herrscher ... der Botschaft Jesu widerspricht und Gott nicht vertrauenswürdig macht.» Statt dessen betont er (S. 410): «Jesu Weg der vorbehaltlos liebenden ... Zuwendung zu den Erniedrigten ... erregt den Widerspruch derer, die von der Erniedrigung und Verfemung anderer ... leben.» Die «Erlösung» in Christus sieht er «in dem Zeugnis der erlösenden Güte Gottes» (S. 402–403), in der Ermöglichung eines vertrauenden Gottesverhältnisses (Versöhnungsmotiv) (S. 403–404), in der Entmachtung des Bösen (Befreiung vom Bann dämonischer Mächte und Götzen) (S. 404–406) sowie in der Erlösung von der Daseinsangst und ihren Folgen (S. 406–408) nebst der Ermöglichung zu Solidarität und Gemeinschaft (S. 408–409). HANS URS VON BALTHASAR: Theodramatik, III 444, meint: «Der in Christus wiedergeborene Mensch erhält Anteil an der Analogie der Freiheit Christi: befreit zu einer echt vollziehbaren Verantwortung Gott und der Welt gegenüber besitzt er den Heiligen Geist ... nicht in jener Fesselung, die für den gefallenen Zustand kennzeichnend ist.» Christus habe innerlich das Un- und Widergöttliche der Sünde übernommen und auf diese Weise den Willen des Vaters, nicht als den eigenen, bejaht. S. 311: «Es kann ja nicht der Wille des Sohnes sein, mit dem Nein der ganzen Welt vor dem Vater zu erscheinen, sondern nur, den Willen des Vaters – die Sendung – bis in die äußerste Finsternis hinein zu erfüllen.»

kurriert die Rechtsprechung der Todesstrafe in den USA, in God's own country, auf Bibelsätze wie diesen. Dabei versucht Gott gerade in der jahwistischen Erzählung den «Mörder» Kain zu schützen: niemand soll ihn erschlagen, dafür stellt Gott selbst ihn unter seinen Schutz; siebenfach wird er rächen, was jemand ihm zuleide tut (Gen 4,15). Wenn *das* im Weißen Haus in Washington gelesen würde ...?

Jesus, ganz offensichtlich, *hat* es gelesen. Wenn er die «Sünder» ohne Vorbedingung zu sich einlädt, dann in der Absicht, einem jeden das Gefühl zu schenken, von Gott angenommen, zugelassen, eben nicht: «verflucht» zu sein. Wenn Kains Tragödie darin bestand, daß Gott zu ihm einzig «moralisch»-mahnend redete, dann kommt es offensichtlich darauf an, die Worte nachzuformulieren, die jenen Brudermord hätten verhindern können. «Wieso nur glaubst du, Kain, ich sähe lediglich das Opfer deines Bruders und nicht genauso deines an?» hätte Gott jenseits von Eden sagen können, sagen müssen. «Ich möchte überhaupt nicht, daß ihr glaubt, mit Opfern mich wohlwollend stimmen zu sollen. Ihr seid und bleibt die Menschen, die ich geschaffen habe, einzig weil ich euch von Grund auf liebe. Ich möchte, daß ihr seid. Wie überhaupt glaubst du, ich möchte deinen Bruder lieber als dich? Würde ich wollen, daß du bist wie er, so hätte ich dich gleich wie ihn erschaffen können. Ich liebe aber dich. Ich liebe dich in deiner Eigenart, weil du gerade nicht wie Abel bist. Es ist ein Fehler, wenn du stets auf deinen Bruder schaust und dich mit ihm vergleichst, immer unter dem Eindruck deiner Minderwertigkeit. In meinen Augen bist du weder besser noch schlechter als Abel; du bist du selber, und nur darauf kommt es an, daß du dich selber lebst.»

Tatsächlich hat der Jesus des *Matthäus*-Evangeliums in einem seiner letzten Gleichnisse geschildert, wie es Menschen geht, die in der Dauerkonkurrenz mit anderen sich prinzipiell, schon von den Startbedingungen an, als benachteiligt empfinden: der eine hat fünf Talente, ein anderer zwei, man selber aber nur ein einziges (Mt 25,14–30)[61]; wie soll man unter derart ungleichen Bedingungen des Wettbewerbs mithalten können? Es hat doch alles keinen Zweck! Der Mann mit nur dem *einen* Talent in dem Gleichnis Jesu vergräbt, was er besitzt; er zieht in dem Gefühl der Ungerechtigkeit des Schicksals sich in den Schmollwinkel einer Art metaphysischer Resignation zurück. Jedoch ist es von Grund auf falsch, aus lauter Angst das ganze

61 Zur Stelle vgl. E. DREWERMANN: Das Matthäus-Evangelium, III 214–221: Mt 25,14–30: Das Gleichnis von den Talenten.

Leben als Kampf um die Zulassungsbedingungen entsprechend der erbrachten Leistung zu betrachten; das Leben ist gerade nicht ein Kampf um die Berechtigung zum Dasein; das Leben kann sich menschlich nur vollziehen, wenn ihm das Grundgefühl der inneren Berechtigung zurückgegeben wird. Von dieser Evidenz geht Jesus aus und hält sie durch sogar und gerade angesichts des desperaten Grundgefühls der Schuld.

Es ist die feste Überzeugung Jesu, daß Menschen, solange Priester sie zu Opfern nötigen, nicht zu sich selber finden können[62]. Die Angst vor Gott auf Grund von Schuldgefühlen wird durch das Institut des Opfers lediglich in das Bedingungsweise abgeleitet, doch niemals wirklich überwunden. Gott akzeptiert mich, wenn ich mich, mein Glück und meine Möglichkeiten, mutwillig einschränke und zu der Wiedergutmachung begangener Fehler anderen, Gott selber, zur Verfügung stelle. Das ist die Überzeugung aller Opferpraktiken. Stets hängt der Glaube, von Gott anerkannt zu sein, von Vorleistungen ab, und damit bleiben all die Ungewißheiten und die Außenlenkungen, die Abhängigkeiten und die ritualisierten Heilsversprechungen bestehen. Nie wird der Stand der Priester die Grundangst vor Gott aufheben, er wird sie allenfalls erträglich halten; sie selbst, die Priester, würden überflüssig, könnten die Menschen hinfinden zu dem, was Jesus wirklich mochte: zu einer Haltung kindlichen Vertrauens, in der man sprechen kann, wie Jesus seine Jünger beten lehrte: «Lieber Vater, himmlischer du, … vergib uns unsere Schuld, wie wir (hiermit) vergeben unsern Schuldigern.» (Mt 6,12) Die Menschen können ihre Schuld vor Gott nicht wiedergutmachen – mit noch so großen Opfern nicht. Nach Jesu Meinung befinden sie sich vielmehr in der Lage eines Mannes, der weiß, daß er infolge seiner Mißwirtschaft von seinem Herrn mit Sicherheit aus seinem Amt entlassen werden wird; die letzte Chance, die ihm noch bleibt, besteht darin, den Schuldnern seines Herrn großzügig ihre aufgelaufenen Kredite nachzulassen (vgl. Lk 16,1–9: Das Gleichnis vom ungerechten Verwalter)[63]. Oder noch dramatischer: Sie befinden sich in der Situation eines Hofbeamten, dessen Fehlbeträge so horrende sind, daß sein König auf jede Rück-

62 Vgl. E. DREWERMANN: Jesus von Nazareth, 458–467: «Ihr aber habt es zu einer Räuberhöhle gemacht» (Mk 11,17) – Die Tempelreinigung oder: Das Ende der Geduld. DERS.: Die Apostelgeschichte, 355–366: Das Ende des Tempels oder: Die Tötung des Stefanus (Apg 6,8–8,4).

63 Zur Stelle vgl. E. DREWERMANN: Das Lukas-Evangelium, II 258–274: Lk 16,1–9: Das Gleichnis vom betrügerischen Verwalter oder: Ein Schuldennachlaß per Urkundenfälschung als verständiger Ausweg.

zahlung verzichtet und ihm alles erläßt auf Grund erwiesener Zahlungsunfähigkeit; das einzige, was daraus folgt, ist eine Haltung der Vergebung allen anderen Menschen gegenüber, – auch sie sind außerstande, ihre «Verbindlichkeiten» einzulösen (vgl. Mt 18,21–53: Das Gleichnis vom Schalksknecht)[64]. «Gerecht» ist so zu denken nicht; es ist im Gegenteil die Preisgabe der endlosen Verrechnerei von Schulden, die kein Mensch je bezahlen kann. Es ist ein Schuldenschnitt nach eingegangener Insolvenz. Nicht aus Gerechtigkeit, aus Gottes Gnade existieren wir als Menschen. Gott also ist nicht länger mehr der Strafende und der Verfolgende, er, der Vergebende, sucht nach den Menschen, wenn sie sich verlaufen haben. Anders erscheint es nur im Teufelskreis von Schuld und Strafangst. Durchbricht man die Gefüge von Hartherzigkeit, Rechthaberei und innerer wie äußerer Gewalt, erzeigt sich, wie Gott wirklich ist; dann erst können auch Menschen wieder so sein, wie Gott sie gemeint hat.

Vermutlich gibt die Legende von der Taufe Jesu[65] auch historisch völlig richtig jene Erfahrung wieder, die Jesu Botschaft ebenso entscheidend wie entschieden inhaltlich bestimmt hat. Der Mann aus Nazaret war offensichtlich fasziniert davon, wie *Johannes der Täufer* am Jordan zur «Umkehr» aufrief: wer jetzt nicht sein Leben vor Gott ganz und gar ändere, verfalle unnachsichtig seinem Gericht (Mt 3,7–10)! So stimmt es, muß Jesus gespürt haben. Endlich war da wieder ein Mann, der mit prophetischer Kraft, von Person zu Person, die Menschen vor Gott stellte, und wie völlig anders müßten wir leben, daß es Gottes Willen entspräche! Dann aber machte Jesus selber offenbar die gleiche Entdeckung, die 600 Jahre zuvor bereits der Prophet *Jeremia* mit der Vision von der Notwendigkeit eines Neuen Bundes beschrieben hatte: es ist unmöglich, daß Menschen von sich aus ihr Leben unter dem Damoklesschwert der Angst vor Gottes Strafgericht zu ändern imstande wären.

Was denn bewirkt das Drohpathos, wie Gott die Menschen unerbittlich in seiner Gerechtigkeit zur Rechenschaft ziehen werde, außer daß es die Angst noch vermehrt? Geht man in einen Krankensaal, um mit der Peitsche die Patienten flott zu machen? Selbst wenn man das versuchen wollte – wie man in den letzten Kriegsmonaten in Deutschland 1945 selbst die Schwerkranken noch als «kriegsverwendungsfä-

64 E. DREWERMANN: Das Matthäus-Evangelium, 443–458: Mt 18,15–35; 19,1–2: «Wie ich mich deiner erbarmt habe» oder: Wovon die Menschen leben.
65 E. DREWERMANN: Jesus von Nazareth, 162–176: Mk 1,9–13: Von Wiedergeburt und Selbstfindung.

hig» deklarierte –, erhöht man damit doch nur den Grad der Grausamkeit im ganzen. Wenn man den Menschen helfen will, die bis zum Krankheitswert an ihren Fehlhaltungen leiden, dann muß man ihre Angst umformen in Vertrauen, und dazu brauchen sie nicht länger mehr die Botschaft der Bestrafung, sondern der Vergebung. *Das* ist die wahre «Umkehr», die man nicht mit noch mehr Druck den Menschen abverlangen kann, sondern die eine Umkehr ihres ganzen Lebens darstellt, weg aus der Fluchtrichtung vor Gott zurück in den Vertrauensursprung jener Welt, wie Gott sie eigentlich gewollt hat.

Und diesen Gott der Gnade zu verkünden, fühlte sich Jesus innerlich berufen und bevollmächtigt. In dem Moment, da ihn *Johannes* taufte zum Zeichen einer, wie er dachte, wesentlich moralischen Erneuerung, sah Jesus über sich den Himmel offen und hörte eine Stimme, die ihm sagte: «Du bist mein geliebter Sohn». (Mk 1,11) Mit einem Wort wie diesem ernannte man im Alten Orient den neuen König, wenn er sein Amt antrat und den Thron bestieg, zum irdischen Repräsentanten des (Sonnen)Gottes am Himmel (wie im nächsten Abschnitt III 1 sich des näheren zeigen wird). Doch dieses Bild der Legende von der Taufe Jesu trifft die Wahrheit: Als Jesus sich mit einer eigenen Botschaft an die Menschen wandte, da sah er sich beauftragt, im Namen Gottes die Versöhnung aller in und mit der Gnade und Vergebung Gottes anzusagen. «Ich nenne glücklich jeden, der seine Armut und Armseligkeit kennenzulernen wagt und anerkennt», – so ließe sich der erste Satz der Bergpredigt paraphrasieren (Mt 5,3), «denn nur ein solcher wird je fähig werden, Frieden zu stiften und in dieser Welt heimisch zu werden». «Alle, die arm dran sind» (Mt 4,24), werden verstehen, daß sie nur leben können, wenn Worte wie diese Geltung haben. «Glücklich nenne ich, wer (in der Welt erkalteter Gefühle) weinen kann» (Lk 6,21), – das ist ein Satz, der in die gleiche Richtung weist[66].

Nur: was machen damit alle, die sich «reich» und «richtig» genug vorkommen, daß sie weder die «Umkehr» des *Johannes* in der Strenge des Gesetzes noch erst recht die Umkehr Jesu in der Gnade Gottes brauchen? Sie werden sich herausgefordert fühlen, und sie werden reagieren, wie sie es gelernt haben: sie werden töten, was sie retten könnte. Das *Jeremia*-Schicksal wird, gesteigert noch, zum Schicksal Jesu. Einzig deswegen mußte Jesus sterben, – nicht Gottes wegen, sondern unseretwegen.

66 E. DREWERMANN: Das Matthäus-Evangelium, I 367–427: Mt 5,1–12: Die Bergpredigt und die Seligpreisungen.

Wie es kaum anders sein kann, entscheidet sich auch Jesu Leben an dem Ort, da nach der Überzeugung aller Priesterfrömmigkeit Gott selber wohnt: im Tempel. – Ein Tempel sollte sein ein Gotteshaus, er ist die Stätte, da die Priester ihrem Gott und ihren Göttern opfern, und eben deshalb ist er – die Urform aller Banken und Geldinstitute[67]! Damit die Priester zur rechten Zeit und in der rechten Art Opfer verrichten, muß man sie für die Dienstleistungen und für die Opfertiere und für die Kenntnis der geheimen Formeln und für die Darbringung der nötigen Kultpraktiken mit Geld und Geldäquivalenten entsprechend ihrer Forderung entlohnen. Schon deshalb können Priester gar nicht wünschen, daß irgendwann einmal die Angst vor Gott verschwände, – sie leben von der Angst vor Gott! Und desto mehr Angst, um so besser! Deswegen muß bereits der Priestersohn *Johannes* den Priestern zur Gefahr geworden sein, als er, vorbei am Tempel und am Gottvermittlungsdienst der Kleriker, die Menschen, die ihm zuhörten, unmittelbar ins Gegenüber Gottes stellte. Jesus jedoch, als er zum Tempel kam und sah, wie Gott erniedrigt wird zum bloßen Macht- und Wirtschaftsfaktor in der Hand der Sadduzäer, ertrug es nicht; er demonstrierte öffentlich dagegen, – er trieb die Käufer und Verkäufer aus dem Vorhof, er stieß die Tische der Geldwechsler und der Taubenhändler um, und er zitierte, nein: er führte auf die Worte des Propheten *Jeremia*: «Mein Haus soll ein Bethaus heißen für alle Völker» – so hatte *Jesaja* (56,7) gesagt; «ihr aber habt eine Räuberhöhle daraus gemacht,» warf *Jeremia* den Frommen seiner Tage vor (Jer 7,11; Mk 11,15–17). Und ganz so Jesus jetzt[68].

Symbolisch geschah in dem Moment der Tempelreinigung nichts anderes, als daß der ganze Geldzufluß der Gläubigen in die Zentrale ihrer Frömmigkeit ins Unberechtigte, ins Widergöttliche und ins Gottwidrige gerückt ward. Es ist ein Schritt, der provozierend wirken mußte, ein ungeheuerer Skandal, umstürzend, – gerad die «Umkehr», die der Glaube an die Gnade Gottes nach sich zieht. Gott braucht die Opfer nicht, er will nicht das Geschacher um die Angst, die man vor ihm erzeugt; er sucht «Barmherzigkeit», wie Jesus zweimal bei *Matthäus* sagt (Mt 9,13; 12,7), nicht «Opfer». Wenn man im Volk

67 E. DREWERMANN: Jesus von Nazareth, 458–467: Die Tempelreinigung (Mk 11,15–17).
68 Vgl. zu Mk 11,12–26 E. DREWERMANN: Das Markus-Evangelium, II 188–215: Zwischen Glauben und Geschäft – die Tempelreinigung und der verdorrte Feigenbaum.

beginnt, derlei zu glauben, ist es geschehen um alle Priesterherrschaft; auf solche Auflehnung steht laut Gesetz die Todesstrafe.

Und auch die Schriftgelehrten und die Pharisäer macht Jesus sich mit seiner Botschaft der Gnade notwendig zu Todfeinden. Wie kann er einen Gott verkünden, der bedingungslos vergibt, der durch Vergebung überhaupt erst die Bedingung dafür schafft, daß Menschen «gut» im Sinne der Moral zu sein vermögen? Was fällt ihm ein, die Ordnung der Gerechtigkeit mutwillig außer Kraft zu setzen? Auch die Autorität der Schriftgelehrten fällt dahin, wenn diesem Mann aus Nazaret geglaubt wird. Selbst wenn die Laiengruppe ultraorthodoxer Pharisäer die Priesteradelsschicht der Sadduzäer herzhaft haßt, – im Falle Jesu treffen sich ihre Interessen: er muß vernichtet werden; im Namen Gottes: er ist des Todes schuldig! Der römischen Besatzungsmacht liegt nur daran, in der syrisch-judäischen Unruheprovinz Ruhe zu halten, wenn sie dem Hinrichtungsersuchen gegen Jesus nachgibt. Thron und Altar – selbst Rom und Israel verbünden sich gegen den Aufruhr, der entsteht, wenn man begreift, was Jesus will.

Doch was er wollte, ist genau das, was Gott will! In dieser Überzeugung eigentlich entstand im Neuen Testament bereits die Theorie vom «Opfer» Jesu. Wie war es möglich, daß ein Mann wie er auf eine solche Weise scheiterte? Daß er als Gotteslästerer, Lügenprophet und Teufelsdiener hingerichtet wurde? Gott selber hatte es gewollt! Das war die Antwort und Erklärung; das fand man in den «Gottesknechts»-Passagen in Jes 53; das nahm man aus den Leidenspsalmen (Ps 22; 69 u. a.) und formte dementsprechend sogar die Passionserzählung Jesu (Mk 15,23.24.29.34.35). Sein Tod am Kreuz stand nicht im Widerspruch zu Gott, in ihm «erfüllten» sich all die «Verheißungen» der Bibel. Er war das «Lamm», das man im Tempel opferte, Gott zu versöhnen (Joh 1,29). Man dachte von Gott her, um zu verstehen, was sich am Karfreitag zugetragen hatte, und man bediente sich dabei der priesterlichen Opfervorstellung. Man wollte damit eigentlich die Opferpraxis ein für allemal beseitigen (Hebr 9,13–15), indem man Jesus selbst zum «Hohen Priester» machte (Hebr 9,11); und doch, indem man sich auf den Gedankengang der Priesterlogik einließ, geriet die antiklerikale Haltung des Propheten Jesus gänzlich in den Hintergrund. In Jesu Augen stand ein Priester, der vom Tempel kommt, aber an einem Schwerverletzten «pflichtbewußt» vorübergeht, um seine rituelle «Reinheit» zu erhalten, Gott unendlich fern, während ein Samariter, der den ganzen Tempelkult strikt ablehnt, Gott findet, weil er ungehindert dem Impuls des Herzens folgt und jenem Mann am Straßenrande hilft (Lk 10,25–37: Das Gleichnis vom barmherzigen Samariter)[69].

Aus all dem folgt: Nicht weil es Gott so wollte, mußte Jesus sterben; umgekehrt muß man formulieren: Jesus erfüllte Gottes Willen, als er den Menschen den Blick öffnete für das, wozu sie ursprünglich bestimmt sind; das brachte ihn – und wird ihn immer wieder bringen! – in Widerspruch zu allen diensttuenden Religionsbeamten, Theologen und Gemeinde-Frommen. Und wirklich jetzt: «gehorsam» gegenüber Gott, der aller Menschen Glück und Leben möchte, ging Jesus bis zum äußersten; er überwand im Garten von Getsemane die Todesangst (Lk 22,39–46), er öffnete damit den Weg zurück zum Garten Eden.

Für uns, um unsretwegen, mußte Jesus sterben, damit geschehe, was Gott will, – der Satz ist richtig, bezogen auf die Überwindung unserer Angst vor Gott; er wird indessen völlig falsch, wenn man ihn nutzt, um wieder neue Angst vor Gott und neue Priesterfolgsamkeit zu fördern.

Und noch ein anderer Deutungssatz erweist sich dem Gesagten nach als irrig.

Immer mal wieder findet sich die Auffassung von dem Putschisten Jesus, der von den Römern hingerichtet worden sei, weil er zum Aufstand gegen sie gerufen habe. Besonders bei Autoren, die dem Christentum im Grunde fernstehen, ist die Gestalt des Revolutionärs Jesus beliebt. Doch: Davon steht im Neuen Testament kein Wort, – man denkt sich's aus, indem man die rein religiöse Rebellion des Christus ins Sozial-Politische verschiebt; damit ist seine eigentliche Botschaft aufgehoben. Auch er wär' dann nur einer in der Reihe der Gescheiterten, – uns Heutigen hätte er allenfalls als abschreckendes Beispiel noch etwas zu sagen; die Rechnung des Kajaphas wäre damit aufgegangen! Und: nichts auf dieser Erde hätte sich geändert! Die Welt befände sich, in der mythischen Sprache des Neuen Testamentes, noch immer unverändert in der Hand des «Teufels». Der eigentliche Kern der «Umkehr»-Botschaft Jesu wird dadurch im Kontrast freilich nur um so deutlicher: er ist absolut nicht politisch motiviert, obwohl er gerade drum im Raum der Politik alles verändert.

Wie Jesus sich historisch die «Erlösung» dieser Welt gedacht hat,

69 Vgl. E. DREWERMANN: Das Lukas-Evangelium, I 755–776: Lk 10,25–37: Das oberste Gebot und das Gleichnis vom barmherzigen Samariter oder: Von Gottes- und von Menschenliebe, S. 771–777: Die Geschichte vom barmherzigen Samariter oder: Wo wohnt der liebe Gott?

verrät wohl am getreuesten eine weitere Legende, die sich in der Logiensammlung, der sogenannten Q-Quelle, erhalten hat: Gleich nach der Taufe am Jordan wurde Jesus vom Geist in die Wüste getrieben, um vom «Teufel» versucht zu werden (Mt 4,1–11; Lk 4,1–13)[70]. Um nicht mehr und nicht weniger geht es als um die Frage, wie die Durchbrechung all der «Teufels»kreise möglich ist, die jeden Einzelnen, ja, die gesamte Welt gefangen halten. Was, wenn man könnte, wollte man als erstes ändern, um Ordnung in die Welt zu bringen? Es ist, meint Jesus in der angegebenen Legende, eine zentrale Versuchung, darauf «politisch» antworten zu wollen, statt den Primat der Politik selbst zu durchbrechen, – es ist wie die Einflüsterung des «Teufels», Steine in Brot zu verwandeln, um den Hunger zu besiegen, und Weltmacht zu erobern, um die Erde zu «befrieden»; und es ist die allergrößte und allergefährlichste Verlockung, die Religion selbst als Schauspiel zu «vermarkten» ... Jedoch der Reihe nach.

Zwei Fragen, die sofort, in aller Dringlichkeit, gelöst zu werden hätten, ergeben sich aus dem Bedürfnis nach Gerechtigkeit und Frieden. Wann immer man sich fragt, wie uns die Mächtigen der Welt regieren, sind dies die Maßstäbe dafür, ob sie es richtig machen oder falsch. Und doch, gerade die «Großen» der Geschichte waren und sind noch immer ganz groß darin, die Oberschicht der Reichen zu favorisieren und den Großteil der Bevölkerung vom Wohlstand abzuhängen. Zumindest das sollte man unbedingt erwarten dürfen, daß es gelingt, die Güter dieser Welt so zu verteilen, daß alle Menschen hinreichend zu leben haben. Jeder Verhungernde ist ein Ermordeter, meint der Schweizer Autor JEAN ZIEGLER[71], – er müßte nicht verhungern, er ist das Opfer der Verteilungsungerechtigkeit zwischen den Industrieländern und den Entwicklungsländern, zwischen Nord und Süd. Rund 50 Mio. Menschen sterben inmitten einer Welt ständiger Überproduktion an Hunger. Gerechtigkeit! Wie ist sie zu erreichen?

Und dann der Umgang mit der Macht! Bis heute lernen Kinder in «Geschichte» wesentlich die Jahreszahlen kriegerischer Auseinandersetzungen. Wann war die Schlacht *Ramses II.* bei Kadesch gegen die

70 A. a. O., I 210–234: Lk 4,1–13: Die Versuchung oder: Dreimal Nein zugunsten reiner Menschlichkeit.

71 JEAN ZIEGLER: Die neuen Herrscher der Welt und ihre globalen Widersacher, 103: «Nach Zahlenangaben ... der UN ... belief sich die Zahl der in den 122 Ländern der Dritten Welt durch wirtschaftliche Unterentwicklung und extreme Armut verursachten Todesfälle im Jahr 2001 auf etwas über 58 Millionen.» Das entspricht in etwa der Zahl der im 2. Weltkrieg (in sechs Jahren) getöteten Soldaten und Zivilisten.

Hethiter? Wann war die Schlacht der Griechen bei Marathon, wann die Schlacht bei Salamis gegen die Perser? Von wann bis wann währte der Peloponnesische Krieg zwischen Athen und Sparta? So geht das quer durch die Jahrhunderte, durch die Jahrtausende, bis zum 1. Weltkrieg, bis zum 2. Weltkrieg, bis zum Koreakrieg, zum Vietnamkrieg, bis zu drei Kriegen um und im Irak, bis zu den über 12 Jahren bereits des Kriegs von USA und Nato in Afghanistan ... Die Menschen wollen keinen Krieg, jedoch die Regierenden rüsten mit irrsinnigen Mitteln zu immer neuen Kriegen. Die Hälfte aller Kriegsausgaben global entfallen auf die USA, – kein Präsident seit 1942, der nicht zumindest *einen* Krieg in seiner Amtszeit führen mußte, um als «stark» in die Geschichte einzugehen. Unrecht, Gewalt, Elend und Gier – all das greift ineinander. Wer die Welt erlösen will, der muß die Kette unserer Selbstversklavung an *der* Stelle sprengen.

Es zeugt von meisterlicher Einfühlung, wenn die Legende in der Q-Quelle erzählt, es habe Jesus selber, bevor er öffentlich sich an die Menschen wandte, grundsätzlich klären müssen, wie seine Erfahrung von der absoluten Gnade Gottes, die ihm am Jordanfluß geschenkt wurde, sich übersetzen ließe in die Wirklichkeit der Welt. Gott will nicht, daß Menschen verhungern, Gott will nicht, daß sich Menschen auf Befehl ermorden, das ist klar. Wie aber kann man diese Selbstverständlichkeit vermitteln? Es gibt drei Grundideen, die sich pragmatisch nahelegen und dennoch völlig in die Irre gehen, so daß sie Jesus wohl in der Tat vorkommen mußten wie eine teuflische Versuchung; – es sind genau diejenigen Ideen, nach denen alle Welt, selbst wenn sie Richtiges erreichen möchte, nur alles weiter in das Unheil treibt.

Als Erstes: Die Verwandlung von Steinen in Brot. – Will man den Hunger in der Welt besiegen, empfiehlt sich scheinbar ein ganz einfaches Rezept: Wenn Mangel herrscht, Mangel an Nahrungsmitteln insbesondere, muß man die Warenproduktion erhöhen. Man muß die Produktivkräfte solange steigern, bis der Bedarf gedeckt ist. Das weitere regelt der Markt im Wechselspiel von Angebot und Nachfrage. Der Schlüsselbegriff aller liberalen Wirtschaftstheorien lautet: Wachstum. Alle Versorgungsengpässe, alle Probleme von Überschuldung, Rezession und Arbeitslosigkeit hofft man regierungsamtlich zu kurieren mit dem einen Breitbandrezept: Wachstum. Der Vordenker für diese Vorstellungen war schon um 1780 der britische Volkswirtschaftler ADAM SMITH in seinem Buch vom «Wohlstand der Nationen»: wenn in einer Gesellschaft jeder für sein eigenes Wohlergehen sorgt, so müsse, meinte er, rein rechnerisch das Wohlergehen aller steigen[72]. SMITH sah nicht oder übersah absichtlich, daß das Problem nicht eigentlich darin besteht, Wohlstand zu schaffen, sondern ihn gesellschaftlich gerecht auf alle zu verteilen. Wie sorgt man dafür, daß nicht die Reichen immer reicher und die Armen immer ärmer werden? Fast scheint es ein Naturgesetz, daß es so kommt; denn wer bereits ein ansehnliches Kapital besitzt, kann leicht sein Eigentum vermehren, – er braucht für seine Unternehmungen sich nur die nötige Anzahl von Habenichtsen als Arbeitskräfte zu verdingen; wenn er dann ihren Lohn weit niedriger hält, als all die Waren wert sind, die er mit ihrer Hilfe umsetzt, vermehrt sich auf der Stelle der Wohlstand einseitig zu seinen Gunsten: sein Reichtum ist identisch mit der wachsenden Verarmung derer, die auf dem «Arbeitsmarkt», wie es so (un)schön heißt, nichts weiter anzubieten haben als ihre geistigen und körperlichen Fähigkeiten.

ADAM SMITH stellte für dieses Problem der wachsenden Verelendung großer Teile der Bevölkerung eine einfach scheinende Lösung vor Augen: Wenn nur erst das Vermögen der wenigen hablichen Leute ein gewisses Maß überschritten habe, werde es, wie bei einem überkochenden Topf, dahin kommen, daß jenseits eines gewissen Sättigungsgrades des Reichtums das überschüssige Vermögen auf die notleidenden Teile der Bevölkerung zurückfließe[73]. – Also: wer wirkungsvoll den Hunger in der Welt bekämpfen will, der sollte als erstes «Steine in Brot verwandeln» (Mt 4,3; Lk 4,3), der sollte die Nahrungsmittelproduktion (und jede andere Art von Produktion) anheben. Der Gedanke ist so naheliegend, daß er ganz offenbar auch

72 ADAM SMITH: Der Wohlstand der Nationen, XL–XLII: Horst Claus Recktenwald: Würdigung. Vgl. ADAM SMITH: Theorie der ethischen Gefühle, 2. Teil, 2. Abschn., 2. Kap., S 122: «Zweifellos – jedermann ist von der Natur in erster Linie und hauptsächlich seiner eigenen Obsorge anvertraut worden; und da er mehr dazu geeignet ist, für sich selbst zu sorgen als für irgendeinen anderen, so ist es recht und billig, daß er für sich selber sorge.» Allerdings gilt es, «die Anmaßungen seiner Selbstliebe» zu dämpfen, wenn man auf die Anerkennung anderer zählen will. A. a. O., 1. Teil, 3. Abschn., 2. Kap., S. 74, schildert SMITH die «Unterwürfigkeit gegen diejenigen, die über uns stehen». «Ihre Wohltaten können sich nur auf wenige erstrecken; aber ihre Schicksale interessieren beinahe jedermann.»

73 Vgl. JEAN ZIEGLER: Die neuen Herrscher der Welt und ihre globalen Widersacher, 71–73, der schildert, wie statt des «trickle down effect» «der Weltkrieg gegen die Armen» im Gange ist. *Papst* FRANZISKUS: Die Freude des Evangeliums, Nr. 54, schließt sich dem an: «Diese Ansicht (sc. die Überlauf-Theorie, d. V.), die nie von den Fakten bestätigt wurde, drückt ein undifferenziertes, naives Vertrauen auf die Güter derer aus, die die wirtschaftliche Macht in Händen halten, wie auch auf die sakralisierten Mechanismen des herrschenden Wirtschaftssystems.»

Jesus kommen mußte, als er darüber nachdachte, wie sich die Notlage so vieler Menschen bessern ließe; doch um so wichtiger: er sah darin eine im Grunde teuflische Versuchung, die er energisch meinte zurückweisen zu müssen. Die Gründe dafür liegen auf der Hand.

Es ist nicht nur, daß jener Überfluß-Effekt, den ADAM SMITH in Aussicht stellte, niemals eingetreten ist, – er konnte gar nicht eintreten! Wenn jeder Unternehmer einer Branche in direkter Konkurrenz zu allen Unternehmern in der gleichen Branche antritt, kann es niemals ein überflüssiges Vermögen geben; vielmehr muß aller Überschuß reinvestiert werden zu weiterer Steigerung der Produktivität, und damit zugleich auch wächst der Faktor der Ausbeutung. An dieser Logik liegt es, daß wir die Erde verwüsten, riesige Sklavenheere von Arbeitern ins Elend zwingen und das Maß der Ungerechtigkeit ins Gigantische treiben.

Und welch eine Alternative schwebte Jesus vor?

Der Mann aus Nazaret erblickte das Kernproblem des Elends großer Teile der Menschheit in der Unfähigkeit der Reichen, von ihrem Besitz den Besitzlosen mitzugeben; – die Angst vor dem eigenen Fiasko steht ihnen im Wege. Wenn es hingegen gelingen würde, die Existenzangst der Besitzenden aufzulösen in Vertrauen, wäre das Problem von Hunger, Elend und Ausbeutung wie von selbst gelöst.

Tatsächlich erzählen die Evangelisten übereinstimmend in einer weiteren Legende davon, daß Jesus dieses Wunder vollbracht habe: Jenseits des Sees von Tiberias, zeitnah zum Pessah-Fest, war es, berichtet Joh 6,1–15, daß Jesus angesichts der Menge des Volkes, das ihn umdrängte, Philippus fragte, woher sich das Brot kaufen lasse, die vielen zu speisen; der aber antwortete, selbst mit 200 Denaren könne man nicht einmal einen Bruchteil des Nötigen auftreiben. Da verweist ein anderer Jünger, Andreas, auf einen Jungen, der fünf Gerstenbrote und zwei Fische bei sich habe, – doch was sei das für so viele? Jesus aber läßt die Leute sich setzen; dann nimmt er die Brote, spricht den Segen über sie und teilt sie an die Menge aus, die allein an Männern 5000 Menschen zählt, und desgleichen tut er mit den Fischen. Und das Wunder geschieht: Alle bekommen genügend zu essen, ja, es bleiben sogar noch zwölf Körbe mit Brotresten übrig[74].

Das Problem des Hungers löst sich, mit anderen Worten, nicht dadurch, daß einige wenige Reiche genügend besäßen, um sich so etwas wie mildtätiges Mitleid leisten zu können, – sie werden niemals

74 Vgl. E. DREWERMANN: Das Johannes-Evangelium, I 265–279: Brotvermehrung und Seewandel oder: Großzügiges Geben und furchtloses Gehen.

genügend besitzen! Sie müssen, wie etwa die USA und die Nato-Mitgliedsstaaten, zunächst mal die Militärausgaben erhöhen, oder sie müssen die Infrastruktur ausbauen, oder sie müssen zuvor noch die maroden Banken retten ..., – irgend etwas müssen sie ganz sicher «zuvor» noch erledigen, ehe sie an die Grundbedürfnisse der Hungernden denken dürfen. In der Logik der Eigeninteressen gibt es keine Grenze, von der an Menschlichkeit möglich wäre. Es bleibt daher nur, aus kalkulierenden Erwachsenen Kinder zu machen, die geben und teilen, was sie haben, ohne daß es sich «rechnet». Dann ist es geschafft! Und genau das erzählt die Legende bei *Johannes*. Freilich, es kommt in jedem Falle einem «Wunder» gleich, wenn es gelingt, doch ist ein solches Wunder nur ein Ausdruck dafür, daß ein Mensch mit seinem Leben vor Gott hintritt. Die soziale Frage löst sich nicht im Rahmen des Renditefetischismus; sie löst sich nur mit Menschen, die zu Menschlichkeit befreit sind.

Aber: kann man darauf warten, daß «die da Droben» werden «wie die Kinder» (Mk 10,15)? Und soll man es für eine Lösung halten, daß jeder für sich, in eigener Freiheit und Verantwortung, zu Werken der Menschlichkeit findet? Wohl scheint es richtig, alles Menschliche ineins zu setzen mit dem Persönlichen und Personalen, doch müssen Probleme, die sich in großen Menschengruppen, kollektiv, ergeben, nicht auch mit Maßnahmen beantwortet werden, die *alle* angehen? Mit politischen Maßnahmen also doch? – Auch dieser zweite Gedanke: Weltherrschaft zu erzwingen, liegt derart nahe, daß er sich wie von selbst aufdrängt, und doch beurteilt Jesus gerade dies als eine quasi «teuflische» Versuchung, im Namen Gottes in die Politik zu gehen.

Verführerisch nahe liegt es, dem menschlich «Richtigen», wenn es und weil es sich offensichtlich in Öffentlichkeit *nicht* durchsetzt, mit öffentlichen Mitteln zum Durchbruch zu verhelfen. Was recht ist, muß Recht werden, – so einfach ist das! Es braucht eine rechtliche, für alle verbindliche Ausgestaltung per Gesetz. Damit das Richtige das Leben ordnet, muß man es *ver*ordnen, so wie ein Arzt dem Kranken vorschreibt, was zu tun ist: Er darf dabei nicht auf das Weh und Ach des Patienten achten, notfalls muß er sogar mit Gewalt seine Anordnungen durchsetzen. Jedoch je konsequenter man diesen Gedanken vorantreibt, desto unübersehbarer zeigt sich seine Gefahr: wieviel Gewalt soll «richtig» sein, um das «Recht» durchzusetzen? Und wie soll «Recht» noch gelten, wenn seine Geltung auf Gewalt beruht? Soll man, wie in den Tagen der Französischen Revolution, den «Terror der Vernunft» wieder einführen, – den Terror, damit die

Vernunft ihre Macht erzeige, und die Vernunft, damit der Terror Sinn erhalte?

Eigentlich müßten die Zweifel an dem Konzept einer politischen Lösung der Menschheitsprobleme noch früher beginnen: Selbst wer ernsthaft den Völkern mit Mitteln der Macht Gerechtigkeit und Frieden zu bringen beabsichtigte, der müßte als erstes die Macht erringen, und dazu brauchte er Geld, Verbündete, Militärs ... Das eindrucksvollste Beispiel dafür liefert der Regent Roms, den man als ersten nach seinem Tode zum Gott erklärte und dessen Name allen späteren Herrschern den Titel gab: *Caesar*. Der Mann führte Krieg in Gallien (von 58–51) und tötete 1,5 Mio. Menschen, um das nötige Geld aufzutreiben und damit die Herrschaft in Rom zu erringen, dann führte er drei Schlachten gegen seinen ehemaligen Freund und neuerlichen Konkurrenten *Pompeius*, den er 48 v. Chr. bei Pharsalos besiegte, – Friede war nie, und Gerechtigkeit gar nicht. Mit diesen Attributen schmückte sich erst sein Adoptivsohn *Augustus*: der wußte geschickt seine Siege zu nutzen, z. B. als er nach dem Tod seines Gegners *Antonius* im Jahre 31 v. Chr. milde mit dem Andenken *Kleopatras VII.* verfuhr und die Stadt Alexandria sogar mit Sonderzahlungen an seine Soldaten vor der drohenden Plünderung bewahrte[75]. Er konnte sich's endlich leisten, großzügig zu sein, und das mußte er auch, um sich den Zugriff auf das Gold und das Korn der Ägypter auf Dauer zur finanziellen und wirtschaftlichen Versorgung Roms offenzuhalten. Nennt man Frieden die Ermüdung der Unterworfenen? Ihre erzwungene Ohnmacht? Ihre Überformung und Überfremdung durch fremde Überlieferungen und Überzeugungen? Wagt man es, wie noch bis 1989, als Frieden das «Gleichgewicht des Schreckens» zwischen zwei Mächten zu bezeichnen, die beide willens und imstande waren, die ganze Welt mit mörderischer Machtgier in ihre Geiselhaft zu nehmen? Wie skrupellos, wie korrumpiert, wie weit entfernt von wahrem Frieden muß man sich selber machen, um auf solche Weise an die Macht zu kommen und als Machthaber sich an der Macht zu halten? – So viel stand Jesus fest: Wer diese Welt beherrschen will, der muß, der ganzen Geistesart und Machart nach

75 CASSIUS DIO: Römische Geschichte, Buch I 17,7; Bd. IV 30: «Überdies forderte man allen übrigen Leuten ... zwei Drittel des Besitzes ab. Aus diesen Schätzen erhielten sämtliche Truppen alle Ansprüche erfüllt, und wer auch damals zu Caesars (sc. des Augustus, d. V.) Kampfgefährten zählte, bekam noch weitere eintausend Sesterze unter der Bedingung, daß eine Plünderung der Stadt (sc. Alexandria, d. V.) unterblieb.» Zu der (heuchlerischen) Milde des *Augustus* im Umgang mit *Kleopatra* vgl. PLUTARCH; Antonius 84–86, in: Lebensbeschreibungen, VI 178–180.

zu schließen, den «Teufel» selbst anbeten, um sich von ihm die «Herrlichkeit» der Reiche dieser Erde ausleihen zu lassen (Lk 4,5–8). Nie und nimmer kann und wird sich ein Jesus darauf einlassen! – Es ist eine Situation, wie sie vergleichbar die Legende vom BUDDHA erzählt: Auch ihm, wird überliefert, sei bei seiner Geburt schon die Wahl prophezeit worden, was in Zukunft er sein wolle: entweder werde er ein Großer auf dem Throne Nepals sein oder er werde aller Macht entsagen, um groß zu sein im Reich des Geistes, als Lehrer wahrer Weisheit[76].

Ganz analog mochte Jesus eine Welt hinterlassen, die jenseits der Machtpolitik Frieden möglich macht. Ein solcher Friede läßt sich so wenig per Gesetz verordnen wie das Wort Gottes, das auf Steintafeln geschrieben stand; wenn es dem Menschen nicht ins Herz geschrieben wird, wird es nie wirklich werden. Ins Herz des Menschen aber schreibt sich Friede ein mit jedem Wort, das Angst beruhigt, und darum also muß es zentral gehen. Mit Recht hat – erneut – das *Johannes*-Evangelium dieses Hauptanliegen Jesu gewissermaßen als sein Testament in den «Abschiedsreden» formuliert: «Dies (sc. daß Gott als der Vater mit mir ist, d. V.) habe ich euch gesagt, auf daß ihr in mir Friede habt. In der Welt habt ihr Angst; aber faßt Mut: ich – besiegt habe ich die Welt.» (Joh 16,33)[77] Die «Erlösung», die Jesus mit seiner Person verbindet, ist eine Befreiung von der Angst, die in rein irdischer Betrachtung unvermeidbar sich ins Unendliche hindehnt; sie ist die Umwandlung des Teufelskreises zwischen Angst und Aggression in ein Vertrauen, das zu Güte und Verstehen fähig macht; sie setzt gegen die «Teufelei» politischer Gewaltkuren die Nähe eines Gottes, der seine «väterlichen» Züge zurückgewonnen hat. «Frieden hinterlasse ich euch», sagt Jesus zu seinen Jüngern, «Frieden, meinen, gebe ich euch. Nicht wie die Welt gibt, gebe ich euch. Nicht erzittere euer Herz, nicht verzage es.» (Joh 14,27.28)[78]

Wie diese neu gewonnene Befreiung von der Angst sich auswirkt, ist – wieder – in der Bergpredigt ausformuliert, wenn Jesus das gesamte Schema von Aktion und Reaktion, dieses «Gesetz» des «Aug um Auge, Zahn um Zahn» (Ex 21,24 ff.; Lev 24,20; Dtn 19,21),

76 HERMANN OLDENBERG: Buddha, 87–94, zur Versuchung Buddhas durch Mara, den Bösen. ERNST WALDSCHMIDT: Die Legende vom Leben des Buddha, 134–136; vgl. a. a. O., 48-53: Die Weissagung des Sehers Asita.

77 Vgl. E. DREWERMANN: Das Johannes-Evangelium, II 186–197: Joh 16,16–33: In der Welt habt ihr Angst, doch: besiegt habe ich die Welt.

78 A. a. O., II 134–149: Joh 14,15–31: Von Liebe und Treue oder: Vom «Trost», der Jesus bleiben wird.

durchbricht und anmahnt: «Überhaupt nicht reagieren auf den Bösen! Sondern: wer dich schlägt auf deine rechte Wange – wende ihm auch die andere zu.» (Mt 5,39)[79] Moralisch gebieten läßt sich so etwas nicht, doch anregen und begleiten läßt sich im Inneren eines jeden ein Prozeß, der eine solche Haltung ermöglicht und in ihrer Menschlichkeit bestätigt.

Der Friede Gottes, so verstanden, kommt nicht in Form einer Paraphe unter einem Staatsvertrag zustande, so wichtig eine solche rechtsgeschichtlich, diplomatisch und politisch von Fall zu Fall auch sein mag, er entsteht einzig in einem Vertrauen letzter Unbedrohtheit. Der eine hat geschlagen, und es tut sehr weh; jedoch er hat mit links geschlagen – unbewußt, aus Gründen, die er selbst vermutlich gar nicht kennt; natürlich kannst du dich auf den Rechtsstandpunkt stellen und nach Strafe rufen, doch wenn der andere sich *auch* im Recht sieht? Dann wird er sich in dem Gefühl sogar bestätigt finden, daß er dich ganz berechtigt attackiert hat. Jedoch: wenn es schon feststeht, daß der andere im Irrtum war, als er dich derart anging, mit wem hat er dich dann verwechselt? – Man muß den «Schlag» noch einmal, jetzt mit rechts, bewußt, ausführen lassen, bis dem Betreffenden im Gegenüber des Getroffenen klar wird, was eigentlich ihn so in Harnisch gebracht hat; erst wenn er selber seinen Fehler einsieht und all die Szenen durcharbeitet, die früher einmal – ganz zu Recht – ihn zornig machten, hat er, hast du den Konflikt endgültig befriedet; dann ist das Böse überwunden; dann hat der Friede eine Chance bekommen. Friede ist nicht ein Gegenstand gesetzlicher Erlasse, er ist nur als Ergebnis gütiger Begegnung, wie sie erst möglich wird jenseits der Angst.

Wenn sich die Grundfragen des Lebens letztlich also nur durch ein Vertrauen lösen lassen, wie es allein im Gegenüber eines «väterlichen» Gottes möglich wird, so wird es zur wichtigsten Frage, wie man *Religion* vermittelt. Wenn es buchstäblich über alles entscheidet, welch ein Vorzeichen unser Dasein erhält: ob es sich vollzieht in

79 Vgl. E. DREWERMANN: Das Matthäus-Evangelium, I 482–489: Mt 5,38–39: «sondern wenn dich einer auf die rechte Wange schlägt, dann halte ihm auch die andere hin.» Vgl. G. W. F. HEGEL: «Der Geist des Christentums», 432: «Aug um Auge, Zahn um Zahn, sagen die Gesetze; die Wiedervergeltung, und die Gleichheit derselben ist das heilige Prinzip aller Gerechtigkeit, das Prinzip, auf dem jede Staatsverfassung ruhen muß. Aber Jesus fordert im allgemeinen Aufgebung des Rechts, Erhebung über die ganze Sphäre der Gerechtigkeit oder Ungerechtigkeit durch Liebe, in welcher mit dem Rechte, auch dies Gefühl der Ungleichheit und das Soll dieses Gefühls, das Gleichheit fordert, d.i. der Haß gegen Feinde verschwindet.»

Angst oder in Vertrauen, so ist eine Erlösung der Welt nur denkbar, wenn möglichst viele Menschen, am besten alle, ihre Ängste religiös beruhigen, und wie soll das geschehen, außer die Religion nimmt eine Form an, die Sicherheit, Schutz und Geborgenheit garantiert? Wie selbstverständlich legt als drittes die Idee des Machterwerbs durch Religion sich nahe. – In allen Religionen herrscht diese Tendenz, den Glauben «dingfest», zweifelsfrei, beweisbar zu vertreten, und doch wird damit Gott, so wie er wirklich ist, verraten: er ist kein magischer Garant fürs Glücklichwerden und Gelingen. In allen Religionen suchen Priester, Schriftgelehrte und «Propheten», die Angst der Menge zu beruhigen: die Priester, indem sie durch kultische Verrichtungen und Festlichkeiten vorgeben, Gott für Stunden zum Erfahrungsgegenstand machen zu können, die Schriftgelehrten, indem sie durch glasklare Anweisungen für jede Lebenslage die Sicherheit des unzweideutig Richtigen vermitteln, und die «Propheten», indem sie manches Wünschbare zu Gottes Plan erklären. Ach, wenn man Gott beweisen könnte! Allein bereits, wenn viele Leute in derselben Glaubenshaltung zu einander finden, wächst subjektiv der Überzeugungsfaktor: derart viele können doch nicht irren! Also sollte man es dahin bringen, Frömmigkeit als Massenevent zu organisieren, mit Amtsträgern, die glauben machen, von Gott selbst gesetzt zu sein, und Lehrern, die unfehlbar sind, sobald sie Gott im Munde führen. Muß, wofern man mit Religion die Not der Menschen lindern will, die Religion nicht selbst so selbstverständlich werden wie die Mode – ein Allgemeingeschmack, ein Comme il faut des Üblichen, ein Common sense? *Sentire cum ecclesia*, denken gemeinsam mit der Kirche, so nannten und so nennen das die Theologen Roms bis heute!

Es ist gewissermaßen der prophetische, an *Jeremia*s Ernst geschulte religiöse Instinkt Jesu, daß er derlei Ansichten und Anmutungen als ärgste aller denkbaren Versuchungen begreift. Es kommt ihm vor, als führte ihn geradewegs der «Teufel» auf die Tempelzinne und forderte ihn auf, sich dort hinab zu stürzen (Lk 4,9), um aller Welt spektakulär zu demonstrieren, wie Gott doch einen jeden rettet, der ihm vorbehaltlos sein Vertrauen schenkt. Die Religion als Unterhaltungsschauspiel – so würde sie im Handumdrehn erfolgreich sein! Das Wunder würde ihre Macht erweisen; Gott selber wär' beglaubigt jenseits aller Zweifel; und jede Kirche, jede Kulthandlung würde erlebt als Ort und Hort tiefster Geborgenheit. So aber ist nicht Gott, – so sieht er aus, wenn ihn die Angst vom Bild des Wächterengels mit dem Flammenschwert umformt in die Versicherung eines der 14

Nothelfer: ganz sicher, wenn man ihn nur «richtig» anfleht, wird er uns erhören!

In Wahrheit glaubt zu wenig, wer in dieser Weise glaubt. – Ein Kind möchte die Liebe seiner Eltern glauben und macht sie fest an den erfüllten Wünschen auf dem Weihnachtsteller; je unsicherer es sich fühlt, für desto wichtiger mag es die Gegenstände halten, die es erhalten möchte, sie sind als Zeichen für die Liebe seiner Eltern von Bedeutung. Je mehr Angst, desto wichtiger das Zeichen. Will man indes die Angst der Menschen überwinden, darf man nicht immer neuen Zeichenforderungen nachkommen, – sie werden sich erübrigen, wenn das Vertrauen wächst; und *das* zu stärken sollte das Bemühen sein.

Wie Angst rein durch persönliche Begegnung sich in Vertrauen wandelt, zeigt eine andere Legende im *Matthäus*-Evangelium (Mt 14,22–33), unmittelbar im Anschluß an die Geschichte von der «wunderbaren» Brotvermehrung: Jesus nötigt die Jünger, über den See ihm vorauszufahren, und zieht sich selbst auf einem Berge ins Gebet zurück. Das Boot mit seinen Jüngern aber macht bei widrigen Winden nur ganz mühsam Fahrt. Da sehen sie um die vierte Nachtwache jemanden über den See auf sich zukommen und schreien auf vor Angst, denn sie glauben, ein Gespenst vor sich zu haben. Jesus aber redet sie an: «Faßt Mut, ich bin! Fürchtet euch nicht.» (Mt 14,27) Petrus, als er vernimmt, es ist der Herr, bittet, zu ihm über das Wasser gehen zu dürfen, und Jesus fordert ihn dazu auf. «Komm», sagt er. Und tatsächlich steigt Petrus aus dem Boot und geht über das Wasser auf Jesus zu. «Wie er aber den Wind sah, ward er voll Furcht, und (schon) begann er zu versinken und schrie auf, sprechend: Herr, rette mich. Sogleich aber streckte Jesus die Hand aus und ergriff ihn, und sagt ihm: Du so wenig Vertrauender, wozu bekamst du Zweifel? Und wie sie ins Boot stiegen, beruhigte sich der Wind.» (Mt 14,30–32)

Auch diese Geschichte vom Seewandel Jesu hat eine Parallele in buddhistischen Überlieferungen[80], und sie trägt symbolisch eine ver-

80 E. DREWERMANN: Mt-Evgl., II 324–338: Mt 14,13–36: Brotvermehrung und Seewandel oder: Von Halt und Lebensinhalt. – ELSE LÜDERS: Buddhistische Märchen, 51–53: Der Lohn der Tugend, überliefert (Dschātaka 190) die Geschichte von einem erlesenen Schüler des Buddhas, der über den Fluß Atschirawatī setzen wollte. «Da er nun an der Überfahrt kein Schiff erblickte, versetzte er sich in die Freudigkeit, die durch das Gedenken an den Buddha entsteht, und stieg in den Fluß. Aber seine Füße sanken nicht im Wasser unter. Er schritt dahin wie auf trockenem Lande. Als er bis zur Mitte gelangt war, sah er die Wellen. Da wurde die Freudigkeit, die

gleichbare Bedeutung: Unser ganzes Leben ist wie ein solcher Gang über den Abgrund, – das Bild der «Schlange» im Paradies schon stand für die innere Haltlosigkeit, für die Kontingenz unseres Daseins, und so ist es die Frage, wie wir mit der grundsätzlichen Zufälligkeit des Lebens umgehen. Im «Boot» sitzend, vertrauen wir auf die künstlichen Maßnahmen und Vorrichtungen, mit denen wir uns vor äußeren Gefahren schützen können; die Hinfälligkeit unserer Existenz aber ist innerlich, – es ist nicht möglich, hinter einer Wand aus Holz sich davor in Sicherheit zu bringen. Doch wer das nicht tut, wer sich ins Offene wagt, wird denen im «Boot» wie ein «Gespenst» erscheinen, – er macht ihnen offenbar, was es heißt, wirklich zu leben; er ängstigt sie wesentlich schon durch seine Angstfreiheit. Allerdings, gerade diese Szene faßt in *einem* Bild zusammen, wie Jesus überhaupt auf alle gewirkt haben wird, die ihm begegneten, – er kam auf sie zu wie schwebend über dem «Wasser», und denen die darauf eingingen, gab er die Kraft, es ihm gleichzutun. Sie vermieden nicht mehr die Gründe der Angst, die dazugehört, daß wir nur endliche Menschen sind, sie gingen da durch mit dem Blick auf den Mann, der vom anderen Ufer her auf sie zukam. Freilich, so zu tun ist nicht ein einmaliger Entschluß; es bleibt die Frage, wie wir unsere Situation jeweils wahrnehmen und beurteilen. Sehen wir nur den Wogengang und hören wir nur den rauschenden Wind, wird Angst uns umspülen, und es wird uns nach unten ziehen; nur wenn wir unverwandt weitergehen in Richtung der Gestalt, die uns entgegenkommt, gewinnen wir einen tragenden Grund unter den Füßen.

Daß insbesondere *Matthäus* in diesem Bild nicht mehr und nicht weniger sieht als ein Symbol der gesamten «christlichen» Existenz, zeigt er in der Osterszene: Da sagt der Engel am Grab zu den Frauen, welche den Verstorbenen noch einmal betrachten möchten, Jesus sei auferweckt worden von den Toten und schon vorausgegangen nach Galiläa, dort würden sie ihn sehen (Mt 28,7); als sie aber vom Grabe weggingen, es den Jüngern zu sagen, kam ihnen Jesus entgegen (Mt

durch das Gedenken an Buddha entsteht, schwach in ihm, und seine Füße fingen an einzusinken. Nachdem er aber die Freudigkeit, die durch das Gedenken an den Buddha entsteht, wieder gefestigt hatte, schritt er wieder über die Wasserfläche dahin. So gelangte er in das Dschētawana, begrüßte den Meister und setzte sich zur Seite nieder.» (S. 51) Offenbar hat diese Geschichte die Legende auch im Mt-Evgl. geprägt. LUDWIG BIELER: Theīos Anēr, 96, sieht den Seewandel als legendären «Beweis der Göttlichkeit» an.

28,9)[81]. – Von der hypnotischen Aussichtslosigkeit des Todes kommen wir nur weg, besagt das, wenn wir uns zurückbewegen zu dem Ort, da zum ersten Mal diese Worte erklangen: «Glücklich nenne ich jeden, der seine Armut und Armseligkeit kennenzulernen wagt und anerkennt» (Mt 5,3). Diese Worte sind Leben. Die Jesus töteten, haben nur gezeigt, daß sie selber der Tod sind, – sie und all die Motive, die sie mit der Welt, wie sie ist, verbinden. Wer in dieser Überzeugung durchs Leben geht, dem wird Jesus entgegenkommen. Der hat «die Welt besiegt» (Joh 16,33), der ist nicht mehr «aus der Welt» (Joh 15,18), der ist «erlöst». Von daher gibt es keine «Erlösung» der «Welt» im Kollektiv, sie ist nichts Organisierbares, nichts Verwaltbares.

Am besten und am erfahrungsnächsten ist es, die Befreiung von Angst in der Botschaft Jesu nach dem Modell heutiger Psychotherapie zu verstehen. Ein Hauptgrund: auch die Psychotherapie geht aus der Überzeugung hervor, daß es zu einfach ist, das menschliche Verhalten nach der moralischen Elle zu bemessen und es dann mit Mahnung und Drohung, mit Lob und Tadel, mit Belohnung und Strafe in Ordnung halten oder bringen zu wollen; wer einem Menschen wirklich helfen will, der muß sich für seine Erfahrungen und Gefühle, für seine Geschichte und seine Prägungen, für seine Persönlichkeit und seinen Charakter interessieren, und das wird er nur können, wenn er den anderen nicht bewertet und beurteilt, sondern wenn er ihn nimmt, wie er ist. Nur in dem Empfinden, akzeptiert zu sein, kann ein Mensch sich öffnen. – Was Jesus nach dem Zeugnis der Evangelien versucht hat, war solch eine Psychotherapie des Menschen im Vertrauen auf Gott. Er setzte ins Wesentliche, was in den Sitzungen eines Psychotherapeuten eher erscheint wie eine Behandlungsvarietät: grundsätzlich und absolut brauchen Menschen einen Ort, an dem sie sich, allen Widerständen zum Trotz, als berechtigt und erwünscht erleben können. Diese Zuversicht verband Jesus mit dem Glauben an Gott als den «Vater», und in diesem Vertrauen ging er auf Menschen zu. Was er damit bewirkte, kam einem Wunder der Heilung gleich, wie es immer wieder von den göttlichen Ärzten[82] und göttlichen

81 Vgl. E. DREWERMANN: Das Matthäus-Evangelium, III 269–279: Mt 28,1–15: Der Ostermorgen oder: Vom Sieg des Lebens über den Tod.

82 Vgl. bes. KARL KERÉNYI: Der göttliche Arzt, 17–48: Die Heilungen in Epidauros. ERWIN LIEK-DANZIG: Das Wunder in der Heilkunde, 42–68: Die Stellung des Arztes im Krankheitsgeschehen, vergleicht das «Wunder des Lebens» mit dem Schwingen eines Pendels und die Krankheit als eine Störung des Schwingungszustandes.

Männern der Antike[83] berichtet wird, doch hatte es zur Voraussetzung einen Umsturz der gesamten Lebenseinstellung, dessen Auswirkungen – neben den Fragen der Sozial- und Friedenspolitik – vor allem die Religionspsychologie betreffen.

Daß Menschen sich nicht erst in Abhängigkeit erbrachter Leistungen akzeptiert fühlen können, sondern daß sie sich gewissermaßen «gratis», einfach dafür, daß sie da sind, angenommen finden, wird gern als eine maternale (oder matriarchale) Einstellung im Unterschied zum patriarchalen Gesellschaftssystem bezeichnet. So meinte in der Mitte des 20. Jhs. der Deutsch-Amerikaner ERICH FROMM, Jesus habe in seiner Botschaft vor allem die drohenden, strafenden Züge aus dem Gottesbild entfernen wollen zugunsten der eher mütterlichen Attribute der Güte und Gnade Gottes[84]. Das trifft gewiß zu: die religiöse Revolution Jesu verändert die gesamte Art des gesellschaftlichen Zusammenlebens. Sie ändert aber auch den Umgang mit sich selbst, sie ändert den gesamten Charaktertyp des Frommen.

Psychoanalytisch macht es einen entscheidenden Unterschied aus, ob jemand aus der Mitte seiner Person, aus seinem Ich heraus, lebt oder ob sein Ich gänzlich abhängig ist von den Dressaten, die er als Kind bereits in der Strenge der elterlichen Erziehung in sich aufnehmen mußte und dann im sogenannten Überich verfestigt hat. Um eine einigermaßen ichstarke Persönlichkeit zu formen, bedarf es eines Gegenübers, das die Person des Kindes in ihrer Eigenart zu fördern

83 LUDWIG BIELER: Theĩos Anḗr, 116 meint, der Sinn der Wunder sei ursprünglich, einem Notstand abzuhelfen, doch als «der notwendige Ausfluß einer höheren Macht» erhöhten sie «auch den Ruhm des Wundertäters». – Zur Auslegung der Heilungswunder vgl. E. DREWERMANN: Tiefenpsychologie und Exegese, II 141–188: Parallelen in der antiken Welt oder: Das Beispiel göttlicher Ärzte; II 188–238: Psychoanalytische und psychosomatische Auslegungsregeln antiker Wundererzählungen.

84 ERICH FROMM: Die sozialpsychologische Bedeutung der Mutterrechtstheorie, I 84–109; DERS: Die Entwicklung des Christusdogmas, VI 11–68, spricht (S. 36) von dem «Haß des *am-haarez* (sc. des Volks vom Lande, d. V.) gegen den Pharisäer, des Zeloten und Sikariers (sc. Dolchmannes, Guerilla-Kämpfers, d. V.) gegen das wohlhabende und mittlere Bürgertum, der leidenden und gequälten Stadt- und Landbevölkerung gegen die Herrschenden und Großen, wie er sich in den vorchristlichen Kämpfen und messianischen Schwärmereien ausgedrückt hatte. – Mit diesem Haß gegen die geistlichen und sozialen Autoritäten, dem Haß der Brüder gegen den Vater, hängt aufs engste ein wesentlicher Zug der sozialen und psychischen Struktur des Urchristentums zusammen: ihr demokratischer, brüderlicher Charakter.» Allerdings betrachtet FROMM den Glauben der Christen als eine bloße Wunschphantasie, geboren aus politischer Aussichtslosigkeit. In Wirklichkeit ist es Jesus nie um «Politik» gegangen.

sucht; nur dann entsteht später die Fähigkeit, im Dialog mit anderen nach neuen, kreativen Lösungen für die Konflikte und Problemstellungen in der Gegenwart zu suchen. Eine überich-abhängige Persönlichkeit hingegen wird in Kindertagen schon erlebt haben, daß eine fremde Autorität (der «Vater») im Gefälle der Macht festschreibt, was für richtig und für falsch zu gelten hat. Eine starke Überich-Bindung ist identisch mit Autoritätsabhängigkeit, Außengelenktheit, Traditionsgebundenheit, Selbstunterdrückung und Starrheit des Urteils. Um Menschen, wie Jesus es wollte, zu befreien, muß man ihnen gegen die Vorwürfe des Überich – und der sie tragenden Gruppen und Instanzen der Gesellschaft – ihr Ich mit einer eigenen Entscheidungskompetenz zurückgeben. In der Sprache des Neuen Testamentes ist das Zurückdrängen der Fremdbestimmung so viel wie die Auflösung einer dämonischen «Besessenheit».

Von daher gehört es wesentlich zur Botschaft Jesu, daß seine Art, von Gott zu sprechen, Menschen heilt, die bis ins Körperliche, bis zum Krankheitswert, an ihren Ängsten, Schuldgefühlen und Verdrängungen zu leiden haben. «Dein Vertrauen hat dich gerettet», sagt Jesus zum Beispiel zu einer Frau, die zwölf Jahre lang schon an ihrem Blutfluß (ihrer Menorrhagie) litt, – es ist in seinen Augen ganz und gar die Macht des Vertrauens, welche die Heilung bewirkt. Doch was da in Mk 5,25–34 erzählt wird[85], ist identisch mit jenem Paradigmenwechsel vom Patriarchat zum Matriarchat, von der Überich-Abhängigkeit zur Persönlichkeitsreifung, von der moralisch-juridischen Starre der Frömmigkeitseinstellung zu einer menschlich befreiten Form des Frauseins.

Psychosomatisch wird man nicht zögern, in der Krankheitssymptomatik dieser Frau ein tiefes Leiden an sich selbst in ihrer Weiblichkeit zu sehen. Was im Blutfluß sich ausdrückt, ist in aller Regel das Gefühl, durch die Lieblosigkeit anderer zutiefst verletzt zu sein. Diese Frau hier hat aber auch «viel ... gelitten von vielen Ärzten, und aufgebraucht hatte sie ihren ganzen Besitz, doch nichts hatte es ihr genützt, sondern eher noch schlimmer war es mit ihr gekommen.» (Mk 5,26) Fast hat es den Anschein, als ob schon seit langem für diese Frau der Arztbesuch die ursprünglich ersehnte Beziehung zu einem Mann ersetzt hätte; «wenn ich dafür bezahle, daß sich jemand professionell mit meinem Schmerz auseinandersetzt, steht er doch in

85 Zur Deutung der Stelle vgl. E. DREWERMANN: Tiefenpsychologie und Exegese, II 277–309: Die Heilung der blutflüssigen Frau und der Tochter des Jairus (Mk 5,21–43).

der Pflicht, mich zu kurieren», mag sie gedacht haben. Jedoch das gesamte Beziehungsschema: ich muß als erstes dafür bezahlen, daß man mich zuläßt, ergibt einen Teufelskreis ständigen Ausblutens. Und daraus ergibt sich in den Tagen Jesu eine dramatische Verschärfung der Lage: der «Blutfluß» macht eine Frau kultisch «unrein»; wenn sie «die Tage» hat, darf sie mit keinem Mann zusammenkommen; selbst die Gerätschaften, die sie berührt, laden sich auf mit «Unreinheit» (vgl. Lev 15,19–32).

Dieselbe Frau also, die an der fehlenden Liebe und Nähe zu anderen bis ins Körperliche hinein leidet, wird durch die Vorschriften des mosaischen Gesetzes gehindert, erlaubtermaßen zu Männern Kontakt aufzunehmen! Erst vor diesem Hintergrund versteht man die Not der Frau, die in ihrer Verzweiflung einen außerordentlichen Entschluß faßt: «wenn ich auch nur seine (sc. Jesu, d. V.) Gewänder berühre», sagt sie sich, «werde ich gerettet sein.» (Mk 5,28) Sie, die mit ihrer Symptomatik keinen Mann berühren darf, setzt sich in den Kopf, unbemerkt, von hinten, sich an Jesus heranzuwagen und zumindest materiell Kontakt zu ihm aufzunehmen. Sie setzt sich damit bewußt über die Reinheitsvorschriften des *Mose* hinweg; sie wagt es, sich selbst für wichtiger zu nehmen, als die gesamte Kultordnung Israels. Und der Erfolg gibt ihr recht! Der Blutfluß versiegt. Jesus aber merkt, wie es heißt, «daß aus ihm die Kraft herausgegangen ist; er wandte sich zu der Volksmenge um und sagte: Wer hat meine Gewänder berührt?» (Mk 5,30) Es soll nicht dabei bleiben, daß diese Frau sich ihre Gesundheit wie in einem Diebstahl hinterrücks erschleicht; was sie getan hat, war dem Wortlaut des Gesetzes entgegen, doch in Jesu Augen war eben darin auch ihr besonderes Vertrauen zu erblicken, daß Gott sie mit ihrer so leidvollen Biographie verstehen und ihr Tun gutheißen werde. Da ist kein Schrecken vor Strafe mehr nötig; da tritt an die Stelle eines magischen Arrangements eine persönliche Begegnung, die den anderen zuläßt und im Gewühl der Menge als Einzelnen sucht; da hört Gott auf, nur der Gesetzgeber zu sein, und wird wieder jene begütigende Macht im Hintergrund der Existenz, die ausdrücklich und ohne Einschränkung bejaht, was sie erschuf.

Alles ändert sich da: die Soziologie, die Psychologie, die Theologie, und es *muß* alles sich ändern, damit auch nur diese eine Frau ins Leben zurück gelangt. In den Heilungswundern Jesu erzeigt sich, wer und wie Gott wirklich ist, und im Namen dieses Gottes fühlt Jesus sich wesentlich gesandt zu den Bedürftigen und Ausgegrenzten: «Keine Not haben die Gesunden nach dem Arzt, sondern (nur) die übel dran sind», erklärt er den Schriftgelehrten der Pharisäer gegenüber dem Vorwurf, er «halte mit Sündern und Zöllnern Mahlgemeinschaft.» (Mk 2,16.17) Das (er)neue(rte) Gottesbild verlangt eine gründlich veränderte Frömmigkeitshaltung.

Wie konträr die Einstellungen gerade in diesem Punkte: zwischen Güte und Gesetzlichkeit, zwischen Ich und Überich, zwischen Freiheit und Starrheit aufeinander prallen, macht eine andere Episode des *Markus*-Evangeliums deutlich: An einem Sabbat-Tage, als er die Synagoge betritt, trifft Jesus einen Mann mit einer ausgedorrten Hand. Es steht dahin, in welchem Umfang auch eine Muskelatrophie seelischer Ursache sein kann; das Problem an der Stelle lautet: Darf man am Sabbat heilen? Kranke zu heilen ist eine ärztliche Tätigkeit; ist es da erlaubt, eine solche auszuüben an einem gesetzlich vorgeschriebenen Feiertag? – An dieser Frage trennen sich zwei grundverschiedene Einstellungen. Für die «Pharisäer» ist klar, daß ein Gesetz, ein göttliches gar, so und nicht anders zu verstehen ist, als wie es schwarz auf weiß dasteht. Der Buchstabe gilt, nicht weil er Sinn macht, sondern weil er geschrieben ist. Das Gesetz ist das aufgezeichnete Gotteswort, und es fordert Gehorsam. So der Überich-Standpunkt. Ihm entgegen steht der Ich-Standpunkt; er fragt: Was denn hat Gott gemeint, als er das Sabbat-Gebot erließ? Er mochte, daß Menschen Zeiten fänden, sich von der Mühe ihres Alltags zu erholen; er wollte, daß sie sich ihrer Würde und Unverzweckbarkeit bewußt werden könnten; er trug im Sinn, sie dankbar zu machen für die Gunst ihres Daseins. Wenn aber dies, so kann es der Absicht des Sabbat-Gebots nicht gemäß sein, darin ein Verbot menschlicher Hilfeleistung zu sehen. «Ist erlaubt am Sabbat Gutestun oder Böswirken, Leben Retten oder Töten?» fragt Jesus die Pharisäer. Auch eine unterlassene Hilfeleistung kann wirken wie eine mutwillig verursachte Verletzung. Die «Antwort» der so Herausgeforderten aber ist typisch: sie schweigen! Es gibt nicht *ein* Wort, das sie selber zu sagen vermöchten. Sie sind das Wort Gottes,– ein anderes gibt es nicht. Damit sind sie identisch. Das ist ihr Überich. Besser – und schlimmer! – kann es nicht kommen. «Voll Zorn, von Trauer (sc. Resignation, d. V.) erfüllt ob ihrer Herzensstarre», hat Jesus selber die Hand des Kranken genommen und sie geheilt. Doch «hinausgingen die Pharisäer und suchten gleich mit den Herodianern einen Beschluß zu fassen gegen ihn, wie sie ihn vernichten könnten.» (Mk 3,5.6)[86]

86 Vgl. E. DREWERMANN: Das Markus-Evangelium, I 280–294: Mk 3,1–12: Die Starrnis des Herzens und die Erlaubnis zum Guten.

Die Pharisäer sind in den Tagen Jesu eine orthodoxe Laiengruppierung, deren Zahl auf nur 10 000 zu schätzen ist, doch deren Einfluß auf die Volksmenge infolge ihrer mustergültigen Gesetzestreue nur schwer überschätzt werden kann[87]. Die Herodianer (die Anhänger der Dynastie *Herodes*' des «Großen») sind eigentlich die geborenen Gegner der Pharisäer, die aus dem Protest gegen das hasmonäische Königtum hervorgegangen sind; jetzt aber schließen sich Thron und Altar zu einer Aktionseinheit zusammen, um die Ruhestörung des Jesus aus Nazaret zu beenden. Die Unterwerfung unter den Willen Gottes als des Herrschers des Himmels und die Unterwerfung unter den Machtwillen der Herrschenden auf Erden formen sich zu den Fangeisen der tödlichen Falle jeglicher Freiheit. Dieser Typ von Religionsausübung und Machtausübung ist in seiner Unlebendigkeit und Lebensverweigerung in sich selber die Quelle von Krankheit und Tod; er muß überwunden werden, wieder: um wenigstens diesen einen zu heilen. Er wird seine Eigenhändigkeit und Eigenständigkeit nur wiedergewinnen, wenn ein Vertrauen wächst, das von Gott her die Entfaltung einer eigenen Persönlichkeit möglich macht.

«Erlösung», therapeutisch verstanden, ist somit das Ende aller «Besessenheit». In Mk 5,1–20 wird berichtet, daß Jesus im Gebiet der Gerasener auf einen Mann «mit einem unreinen Geist» getroffen sei, «der seine Behausung in den Gräbern hatte.»[88] Was da in der Dogmensprache der Kirchentheologie als eine teuflische Obsession betrachtet wird, erscheint in dieser Geschichte als ein Leben, das kein Leben ist, als ein lebendig Totsein, als ein Zuhause-Sein dort, wo kein Zuhaus mehr ist. Und es ist eine Form äußerster Widersprüchlichkeit: immerzu nimmt dieser Mann alle anderen wahr als die Bringer von Sklavenfesseln und -ketten, die er zerreiben und zersprengen muß, um seine Freiheit unter Beweis zu stellen. Gleichzeitig ist niemand unfreier und getriebener als er. «In jeder Nacht und am Tage in den Gräbern und in den Bergen war er am Schreien und schlug auf sich

87 Zur Pharisäerbewegung vgl. PAUL VOLZ: Die biblischen Altertümer, 255–259, der meint: «Im Volk waren die Pharisäer beliebt, bewundert und verehrt.» (S. 256) «Trotzdem sie gewiß eine kleine Schar waren, ging doch ein entschiedener Einfluß von ihnen aus; die Schriftgelehrsamkeit war von pharisäischem Geist beherrscht.» (S. 257) JOACHIM JEREMIAS: Jerusalem zur Zeit Jesu, 279–303: Die Pharisäer, 303, resümiert: «Es war ein Wagnis ohnegleichen, als Jesus aus der Vollmacht seines Hoheitsbewußtseins heraus öffentlich und furchtlos auch an diese Männer den Bußruf richtete.»

88 Zur Auslegung der Geschichte vgl. E. DREWERMANN: Tiefenpsychologie und Exegese, II 247–277: Die Heilung des Besessenen von Gerasa (Mk 5,1–20).

ein mit Steinen,» – als sei er verurteilt zu einem unausgesetzten Kampf gegen sich selbst, gehetzt von nicht endenden Schuldgefühlen und gezwungen zu einem ständigen Bußakt der Selbstverurteilung und Selbstverletzung. Kaum daß er Jesus sieht, läuft er von weitem ihm entgegen, und denken müßte man, er bäte ihn flehentlich um Heilung von seiner Pein. Statt dessen schreit er ihn an: «Was habe ich mit dir zu schaffen, Jesus, Sohn des höchsten Gottes? Ich beschwöre dich bei Gott: quäle mich nicht.»

In der Psychotherapie sind solche «Behandlungswiderstände» gang und gäbe: Jede seelische Erkrankung schließt sich zusammen zu einem System der inneren Verneinung, das sich seiner Auflösung widersetzt; zudem: die Ursachen einer Neurose liegen im Unbewußten, und ihre Bewußtmachung zum Zweck einer Heilung setzt all die Ängste und Schamgefühle wieder frei, die seinerzeit die Verdrängung erzwungen haben; schon deshalb ist eine Gesundung nur möglich, wofern der Leidensdruck der Krankheit in etwa größer ist als die Zumutungen, vor welche die mögliche seelische Gesundung stellen wird. Am wichtigsten aber in diesem Zusammenhang: eine Heilung des Kranken von seiner sogenannten «Besessenheit» kann gerade nicht so zustande kommen, wie es die gängige Exorzismuspraxis sich vorstellt; denn genau nach deren Vorbild hat an dieser Stelle auch Jesus selber vorzugehen versucht: «Ausfahre, unreiner Geist, aus diesem Menschen», hatte er gesagt, nur um zu erleben, wie alles in seinem Patienten sich gegen einen solchen umweglosen Machtspruch zur Wehr setzt. Wenn überhaupt diesem Mann zu helfen sein soll, dann nur mit einem geduldigen Zuhören und Durcharbeiten. «Was ist dein Name?» fragt ihn Jesus, – es ist die Bitte, auf welche alle Psychotherapie, wie wir sie heute kennen, hinausläuft: «Sage, wenn es dir möglich ist, wie du geworden bist; laß uns deine Biographie miteinander durchgehen, um zu verstehen, wie die Konflikte sich gebildet haben, an denen du heute herumlaborierst; und versuchen wir, durch Verstehen der entsprechenden Zusammenhänge Kohärenz im Erleben und Kompetenz im eigenen Leben aufzubauen.» Wer der andere ist, kann nur er selber sagen, – der Therapeut ist auf die Mitteilungen seines Patienten absolut angewiesen, und er kann nur hoffen, daß diese Mitteilungen um so verstehbarer werden, je mehr an Vertrauen während der Therapie gewonnen wird. In diesem Falle aber bricht es aus dem «Besessenen» heraus: «Legion ist mein Name, denn viele sind wir.» Er könnte auch sagen: «Wenn du mich wirklich meinst, so nimm zur Kenntnis, daß es mich gar nicht gibt. Was es gibt, ist der Besatzungszustand durch eine fremde Armee, die, straßauf, straßab, in mir herummarschiert und herumparadiert; sie redet in einer Sprache, die ich nicht verstehe, aber sie agiert geschlossen zu dem einen Ziel: meine Persönlichkeit auszuhöhlen und auszubeuten. Ich bin nicht ich, verstehst du?»

Um die Zerspaltenheit der Psyche zu einer neuen Einheit zusammenzuschließen, ist es nötig, die Widersprüche «auszuagieren»: die «Dämonen» bitten Jesus, er möge es ihnen gestatten, in eine Schweineherde zu fahren, und wirklich setzen die 2000 Tiere sich den Hang hinab in Bewegung und ertrinken im See. – Auch dieses Bild ist rein symbolisch zu verstehen (2000 Schweine werden niemals eine «Herde» bilden; und überhaupt: was tut der Jude Jesus unter Schweinezüchtern?); es geht darum, die Aggression gegen sich selbst, die Schikanen des Überich gegen das Ich, nach außen zu setzen und dadurch aus der eigenen Persönlichkeit zu entfernen. Eine solche Chance kann Psychotherapie tatsächlich bieten: in geschützten Räumen symbolisch all die Gefühle erlebbar und damit als ichzugehörig erfahrbar zu machen, die sonst, in der Realität, äußerst schädigend wirken müßten. Wenn aber erst einmal all das verdrängte, als «unrein» verteufelte Material der Seele zum Bewußtsein zugelassen wird, kann es auch nach und nach vom Ich wieder gesteuert und beherrscht werden. Am Ende sitzt der ehedem Besessene «bekleidet, vernünftig» da; er gehört wieder dem Kreis der Menschen an; er darf als «resozialisiert» gelten.

Um so erschreckender dann, daß die Anwohner von Gerasa von Jesus verlangen, er solle aus ihrem Gebiet fortgehen und keine derartigen Wunder mehr unter ihnen verrichten, – der Preis dafür scheint ihnen ersichtlich zu hoch. Man ahnt, welche Interessen der Umgebung einmal diesen «Besessenen» ausgegrenzt und in «Fesseln» und «Ketten» geschlagen haben. Der Geheilte hingegen bittet Jesus, sich ihm anschließen zu dürfen; der aber trägt ihm auf, zu seinen Angehörigen zurückzukehren und ihnen zu sagen, was alles der Herr (sc. Gott) ihm «getan hat und wie er sich ... erbarmt hat.» In Jesu Augen kommt es offenbar einer Bewährungsprobe des Heilungs«wunders» gleich, wenn dieser Mann im Kreis seiner Familie, inmitten derer, die seit Kindertagen sich ihm so schrecklich einprägten wie eine «Legion» von bösen Geistern, verkündet, wie er im Gegenüber Gottes zu sich selbst gefunden hat; erst wenn er sich versöhnt mit seiner eigenen Vergangenheit und mit all denen, die das Leben ihm zur Hölle machten, kann er in eigener Identität auftreten. Gleichwohl beginnt er, in der Dekapolis (im Zehnstädteland) «zu verkünden, was alles ihm Jesus getan hatte». So wie er es erfahren hat, kann er von Gott nicht anders reden, als davon zu sprechen, wie er Jesus erlebt hat; denn es war Jesus, vor dessen Augen am Jordan der Himmel sich öffnete und der fortan den Menschen in seiner Nähe den Himmel erschließt.

So und nur so demnach hebt an die «Erlösung» der «Welt», – in jedem Einzelnen, von Person zu Person, in Form einer Selbstfindung, die darauf beruht, in Vertrauen (wieder) zu Gott hinzufinden. Nur so schließt sich der Abgrund der Angst im Anblick der Zufälligkeit des Daseins inmitten der Welt und in Anbetracht der Ungesichertheit menschlicher Freiheit. Und nur so hebt die Daseinsverformung der Verzweiflung sich auf, die im Feld der Gnadenlosigkeit und der Gottesferne selbst die besten Absichten und Energien des Menschen in ihr Gegenteil verkehrt. So und nicht anders tritt spürbar Gott seine Herrschaft in unseren Herzen an. – Wer aber ist der, der da kommt und den Himmel uns öffnet? Das ist die Frage im nächsten Abschnitt.

III) Christologie oder: Die Lehre vom Erlöser

«Christus wird von den Malern immer
nach den biblischen Überlieferungen
dargestellt;
ich würde ihn anders malen …
ich würde nur ein kleines Kind bei ihm lassen …
Sie sind unschuldig und in ihrer Unschuld
liegt ihre ganze Vollkommenheit.»

F. M. DOSTOJEWSKI: Der Idiot, III 10; S. 442

Vorhin im *Markus*-Evangelium war es der «Besessene» von Gerasa, der Jesus anschrie mit den Worten: «Was habe ich mit dir zu schaffen, Jesus, Sohn des höchsten Gottes?» (Mk 5,7) Nur an dieser Stelle geschieht es im Leben Jesu, daß laut *Markus* jemand ihn bezeichnet als «Gottessohn»; doch der Besessene tut es nicht, um ein «christologisches» Glaubensbekenntnis abzulegen, sondern um in seinem Zustand völliger Entfremdung und Verzweiflung im Extrem den quälenden Widerspruch zu sich selbst herauszuschreien; Jesus erlebt er als vollkommene Bedrohung dessen, was er ist, und er verwendet den «Titel» der «Gottessohnschaft» nur, um den Nazarener von sich fern zu halten. Es ist also möglich, Jesus mit einer im Sinne des Kirchendogmas völlig korrekten Formel zu bezeichnen, allein in der Absicht, mit ihm nichts zu tun zu haben. – Nur ein zweites Mal noch spricht im *Markus*-Evangelium jemand von Jesus als «einem Gottessohn» – das ist der römische Hauptmann unter dem Kreuz (Mk 15,39), der angesichts des Todes Jesu mit Erschütterung feststellt, wen er hat hinrichten lassen[1]! – Wichtiger also als das «Bekenntnis» ist offenbar die Frage, welch eine Bedeutung es für denjenigen hat, der es ablegt. «Wenn jemand dich fragt: ‹Glaubst du, daß Jesus der Sohn Gottes ist?› so frage ihn, was er darunter versteht», meinte sinngemäß PAUL TILLICH[2] schon Mitte des 20. Jhs.

1 Vgl. EDUARD SCHWEIZER: Das Evangelium nach Markus, 195.

2 PAUL TILLICH Die Frage nach dem Unbedingten, 209: «Man hat … ein Recht zu sagen, daß z. B. Christus oder Buddha Symbole sind, sofern in ihnen das Unbedingt-Transzendente angeschaut werden kann. Aber sie sind Symbole, die zugleich eine empirisch-historische Seite haben und in deren Symbolsinn das Empirische enthalten ist … Es ist die Aufgabe der historischen Kritik, … zu verhindern, daß diese Gruppe von Symbolen der falschen Vergegenständlichung anheimfällt.» «Daß diese Gegen-

Man kann die Person Jesu nicht bekennen oder verkünden, ohne das Verhältnis zu beschreiben, in dem man zu dem Mann aus Nazaret steht. Davon legt der Besessene von Gerasa am Ende seiner Heilungsgeschichte selber Zeugnis ab: Jesus hatte ihm aufgetragen, seinen Angehörigen zu sagen, was Gott ihm getan hat; der aber geht hin und verkündet, was Jesus ihm getan (Mk 5,19.20). Er redet von Gott, indem er redet von Jesus, und anders kann es nicht sein. Denn: Wie nahe Gott ihm in Wahrheit steht, hätte er nie erfahren, wäre er nicht dem Mann aus Nazaret begegnet. Daß Gott mit ihm wider Erwarten doch etwas zu tun haben will, weiß er erst, seit Jesus ihn von seiner «Besessenheit» befreit hat. In ihm also ist für ihn Gott selbst gegenwärtig geworden. Daraus ergibt sich: Indem er von Jesus spricht, spricht er von Gott, und um von Gott zu sprechen, muß er schildern, was passiert ist, als Jesus ihn mit den Worten anredete: «Was ist dein Name?» (Mk 5,9) – Zwischen der korrekten Formel, die nur der Abwehr von allem Persönlichen dient, und dem formlosen Sprechen, das die innerste Verbindung zu der Person Jesu bezeichnet, zwischen der «Dämonensprache» und der «Personensprache» über Jesus erstreckt sich die ganze Spannweite sogenannter «Christologie».

1) *Dogmatische Verdinglichung oder: Die «hypostatische Union»*

Wer die kirchlichen Glaubensformulierungen zur «Christologie» als apersonale «Dämonensprache» bezeichnen würde, der träfe den Kern des Problems: Nicht nur in der Schöpfungs- und Erlösungslehre, auch in der Lehre von Jesus, dem «Christus», herrscht die Festlegung auf die Scheinsicherheit einer «objektiven» Wahrheitsverkündigung; alle kirchlichen Glaubenssätze über die Person Jesu geben vor, das «Ge-

wärtigkeit (sc. des Unbedingt-Transzendenten, d. V.) als empirischer Vorgang (etwa die Auferstehung) angeschaut wird, ist die Uneigentlichkeit, die jeder Vergegenständlichung des Transzendenten anhaftet.» DERS.: Begegnungen, 246, meint zum Thema «Mythos und Geschichte»: « ... in den Evangelien ... wird eine Geschichte erzählt, die von Anfang bis zu Ende und in allen Schichten ihrer Überlieferung Einheit von Historie und Mythos ist. Es wird eine Geschichte erzählt, die in jedem ihrer Worte von dem Glauben zeugt, der sie geformt hat, und darum in keinem ihrer Worte von einem objektiv-historischen Vorgang ... Schon der Evangelienstil enthält das Dogma von Jesus dem Christus, d. h. von dem tatsächlichen Menschen, der Gegenstand des Glaubens und eben damit gottheitlich ist.»

heimnis» der «Menschwerdung» Gottes in Jesus aus Nazaret als eine von Gott geoffenbarte Tatsache zu beschreiben, die man in gültigen Formeln festlegen könnte, um über den Menschen als glaubendes Subjekt nichts, dagegen alles über das Erkenntnisobjekt: die Natur des Erlösers, mitzuteilen. Punkt für Punkt verlangt das Dogma zu tun, was die «Dämonen» bei Gerasa gemacht haben: ein Bekenntnis zu dem «Sohn Gottes» abzulegen, das den Entfremdungszustand des Kranken schützt und es geradewegs verbietet zu tun, was dem Geheilten am Ende gelang: die Erfahrung seiner Rettung zu schildern und damit, als Person, die Person Jesu als des «Retters» zu verkünden.

Erneut stellt sich das historische Mißverständnis (oder die historische Unaufrichtigkeit!) als ein Hauptproblem der kirchlichen Glaubenslehre auch und gerade in den festgelegten Bekenntnisformeln der «Christologie» dar. «Jesus Christus war der Sohn Gottes.» Wer von den Gläubigen, der diesen Satz nachspricht, weiß wirklich, daß «Christus» die griechische Übersetzung des hebräischen Wortes «Messias» darstellt, das so viel bedeutet wie «der Gesalbte» und die übliche Anrede eines Königs war? Jesus, der König! Solch ein Titel klingt heutigentags antidemokratisch, und er gehört denn auch ganz und gar in die absolutistischen Vorstellungen von der Machtfülle eines altorientalischen Monarchen hinein. Doch eben deshalb muß man den mythischen Hintergrund jenes Denkens begreifen. Ein Herrscher, wenn er den Thron bestieg, hörte auf, ein gewöhnlicher Mensch zu sein, – im Alten Ägypten wurde er zu dem «Sohn» des Sonnengottes Ra (beziehungsweise des Windgottes Amun), der ihn am Tage der Thronbesteigung als seinen Sohn «adoptierte»[3]. Rein

3 Vgl. ADOLF ERMAN – HERMANN RANKE: Ägypten und ägyptisches Leben im Altertum, 60: «Schon diese ... Königstitulaturen zeigen deutlich, daß der König für die ägyptische Anschauung ein Gott auf Erden war. Durch den Titel *Horus* wird er ... diesem mächtigen Lichtgotte geradezu gleichgesetzt, und der letzte Titel *Sohn des Rê*ᶜ bezeichnet ihn als leiblichen Nachkommen des Sonnengottes.» S. 62: «Der König war ... für die ägyptische Anschauung nicht ein Mensch wie andere Menschen, er war ein Gottessohn und damit selber ein Gott.» S. 69–70: «Wenn der König gestorben und bestattet ist ..., findet die feierliche Thronbesteigung seines Sohnes statt.» «Da wird der König von den Göttern Horus und Seth ... einem Reinigungsbad unterzogen ..., da umarmt der Reichsgott den neuen König und verewigt seine Titulatur in den Zweigen des heiligen Isched-Baumes.» In Horus und Seth vereint der Pharao Unter- und Oberägypten leiblich in seiner Person. Vgl. JOHN A. WILSON: Ägypten, in: H. A. Frankfort u.a. (Hg.): Alter Orient – Mythos und Wirklichkeit, 84. JAN ASSMANN: Ägypten, 143, verweist auf den Zusammenhang von Königsgeburt und Thronbesteigung: «Dem Szenenzyklus der Königsgeburt folgt überall ein Zyklus mit Szenen der Krönung und Thronerhebung. Dies ist das eigentliche Ereignis, auf das sich ... die Geburtsszenen, und zwar im Sinne einer Vorge-

religionsgeschichtlich ist es eigentlich dies, was insbesondere *Markus* in der Szene von der Taufe Jesu am Jordan vorschweben wird: Die Stimme aus dem Himmel, die ihn anredet mit den Worten: «Du bist mein Sohn, der geliebte» (Mk 1,11), inthronisiert ihn als den erwarteten König (der Endzeit) in Israel[4].

Wenn es in der christlichen Dogmatik mit rechten Dingen zuginge, müßte man sich folglich hier bereits fragen, was man historisch im Alten Ägypten mit dem Titel «Sohn der Sonne» für den Pharao verband. Man kann das leicht einer anderen Formel entnehmen, die in den altägyptischen Inschriften zum festen rituellen Standard gehörte: der König (der Pharao – «das große Haus») ist (auf Erden) «wie die Sonne am Himmel»[5], das heißt, er repräsentiert die lichtbringende, fruchtbarkeitschenkende, zeitenlenkende Gottheit in ihrer Machtfülle auf Erden, und er sorgt dafür, daß ihr Wesen (ihr «Ideal») sich in der Realität verwirklicht; er ist insofern die «fleischgewordene», inkarnierte Gestalt der Gottheit, – ganz entsprechend der Namengebung des durch sein Grab wohl berühmtesten Pharao im Alten Ägypten: des als Herrscher unbedeutenden, schon mit 18 Jahren verstorbenen (vielleicht getöteten) *Tut-anch-Aton*: «das lebende Bild (der Sonnenscheibe) Aton» lautet sein Name, der nach dem Sturz seines Vaters *Amenophis IV.* geändert wurde in Tut-anch-Amun, «das lebende Bild

schichte beziehen. Die Thronbesteigung des Königs wird *in das Licht einer mythischen Vorgeschichte gestellt.*» So und nicht anders sind auch und gerade die «Kindheitsgeschichten» Jesu im *Matthäus*- und *Lukas*-Evangelium zu verstehen – als die «mythischen Vorgeschichten» des Christusbekenntnisses. EMMA BRUNNER-TRAUT: Pharao und Jesus als Söhne Gottes, in: Gelebte Mythen, 48, schreibt: «Solange der spätere Pharao Kronprinz ist, solange gilt er als der Sohn seines irdischen Vaters, des regierenden Königs. Erst wenn mit seiner Thronbesteigung die Erwählung durch den Himmel offenbar wird, dann heißt er ‹Gottes Sohn›, und dann erst wird seine Geburt als wunderbar berichtet.» «Das heißt aber auch, daß Pharao als Kind Sohn seiner Mutter, der Königsgemahlin, und erst vom Augenblick seiner Inthronisation als von der ‹Jungfrau› geboren gilt, der Gottesgemahlin.»

4 Vgl. mit Bezug zu Ps 110,1 MANFRED GÖRG: Mythos, Glaube und Geschichte, 91–92: Erwählung des Königs. Zur Taufszene bei *Markus* vgl. E. DREWERMANN: Das Markus-Evangelium, I 136–141: Mk 1,9–11: Wie der Himmel sich öffnet. JÜRGEN VON BECKERATH: Handbuch der ägyptischen Königsnamen, 33, verweist darauf, daß im Neuen Reich die Thronnamen und auch die Eigennamen des Königs durch Epitheta (Beiwörter) erweitert werden, «unter denen mrj-Jmn ‹geliebt von Amun› das weitaus häufigste ist.»

5 Die Formel mj R^{c} m pt – «wie der Sonnengott am Himmel» wird in Beischriften des Herrschers standardisiert verwandt. Der «Himmel» steht figürlich auch «als Symbol für Stabilität und Dauer.» RAINER HANNIG: Großes Handwörterbuch Ägyptisch-Deutsch, 269.

(des Wind- und Geistgottes) Amun»[6]. Namen und Titel solcher Art drücken eine Amtsbezeichnung aus, sie beschreiben die soziale Stellung, die eine Person in der Gesellschaft einnimmt, sie sind rein funktional zu verstehen.

Gerade das aber hat in bezug zum Christus-Titel die Dogmengeschichte der kirchlichen Theologie nicht getan, sondern sie hat das funktionale Verständnis zugunsten einer metaphysischen Seinsaussage geradewegs bekämpft. Zum Ausgangspunkt nahm man dabei ein anderes mythisches Bild, mit dem die Göttlichkeit des Pharao vorstellbar wurde: die Darstellung seiner göttlichen Geburt, die man als ein jungfräuliches Wunder (fehl)interpretierte. Der gesamte Vorgang findet sich in neun Szenen abgebildet in der Geburtshalle im Totentempel der Königin *Hatschepsut* in Deir el-Bahari aus dem 15. Jh. v. Chr. (Tafel 1)[7] Dort sieht man, wie der ibisköpfige Götterbote Thot den Gott Amun zu der auserwählten Königinmutter führt und wie beide in Liebe auf einem Mattenbett Platz nehmen, das von zwei Genien getragen wird. Der Gott und die Königin, welche die Geierhaube der thebanischen Göttin Mut trägt, berühren einander mit den Händen, während Amun das Anch-Kreuz als Zeichen des Lebens (ein Symbol des weiblichen Schoßes) in den Atem und an den Leib der Königin hält. Parallel zu der heiligen Hochzeit erteilt Amun, dessen mächtige Federnkrone auf seine Natur als Gott des Geistes und des Windes hinweist, dem widderköpfigen Schöpfergott Chnum den Auftrag, auf seiner Töpferscheibe aus Lehm den Leib und die Seele (den Ka) des göttlichen Königskindes zu formen; das geschieht, während die froschköpfige Heket, als ein weibliches Pendant des Chnum, den beiden Gebilden das Anch-Kreuz entgegenhält. – Nach diesem Vorspiel im Himmel tritt nun, ganz wie in der biblischen Verkündigungsszene der Engel Gabriel (Lk 1,26–38), der Götterbote Thot zu der Königinmutter und Gottesgemahlin hin und preist sie als «Genossin des Horus, seine Geliebte, die spricht, was immer – es wird ihr getan;

6 So schreibt GISELA GOTTSCHALK: Die großen Pharaonen, 137: «Tut-ench-Amun starb 1338 im Alter von etwa 19 Jahren. Die röntgenologische Untersuchung seiner Mumie ergab, daß er ermordet wurde, und zwar durch einen Keulenschlag auf den Hinterkopf.» Demgegenüber glaubt der britische Forscher HUTAN ASHRAFIAN vom Imperial College London nach einer Meldung des dapd vom 7. Sept. 2012, daß Tut-anch-Amun an einer erblichen Form der Epilepsie gestorben sei. «Sie könnte seinen frühen Tod … verursacht haben und auch für seine fast feminine Gestalt verantwortlich sein.» Zu dem Namen vgl. ERIKA SCHOTT: Die Namen der Pharaonen, 35.
7 Vgl. E. DREWERMANN: Dein Name ist wie der Geschmack des Lebens, Tafel nach S. 56, Beschreibung: S. 167.

die den Widder (Chnum) sieht, die Geliebte, das Gegenüber des Widders, der groß ist gegenüber der Fürstin, die groß ist an Liebenswürdigkeit, die Herrin der Fröhlichkeit des Herzens.» Sodann geleiten Chnum und Heket, der Schöpfergott und die Lebensspenderin, die schwangere Königin in das Geburtszimmer. Nach der Niederkunft trägt die glückliche Königinmutter eine spezielle Geburtshaube und hält freudig den neugeborenen Gottessohn in den Armen; eine Amme kniet vor ihr, um das Kind in Empfang zu nehmen, während Genien ihr mit beiden Händen das Anch-Kreuz entgegenstrecken. «Unterstützt» (ganz wörtlich) wird die Königinmutter von zwei Genien, die auf ihrem Kopf und in ihren Händen, in Gedanken und Werken, ihr Leben, Gesundheit und Ewigkeit wünschen. Hernach stellt die gütige Himmelskuh Hathor, die Göttin der Liebe, dem Windgott Amun seinen Sohn, den neugeborenen Gottkönig, vor, und Amun (an)erkennt ihn mit den Worten: «Du mein leiblicher Sohn.» Der an Leib und Seele neugeborene Sohn Gottes, der neue Herrscher über Ober- und Unterägypten, wird zum Schluß den Göttern des Landes vorgestellt.

Wer oder was also ist ein Pharao? Er ist als Sohn von Wind und Licht, von Amun-Ra, ein Gottessohn, er ist als Sohn der Königinmutter ein bloßer Mensch. Man sieht ihm äußerlich die Göttlichkeit zunächst nicht an, – man kann sie erst wirklich erkennen am Tag seiner «Adoption», seiner Thronbesteigung; da wird er aller Welt als Gottessohn verkündet: als solcher kam er schon zur Welt, als solcher wird er, wenn er stirbt, zum Himmel auffahren, um Platz zu nehmen an der rechten Seite des Sonnengottes Ra[8]. Sein ganzes Dasein, von Anfang bis Ende, ist göttlich, doch rechtsgültig durch öffentliche Promulgation seines Wesens wird diese Tatsache erst, wenn er seine Macht antritt.

Zu Recht feiert deswegen die Ostkirche die Taufszene Jesu mit den Worten: «Mein Sohn bist du» als das Fest der «Erscheinung», der Sichtbarwerdung des «Herrn», das heißt: der Göttlichkeit Jesu als eines Gottessohns. Wohlgemerkt kommt *Markus* mit dieser *einen* Szene vollkommen aus, um seine «Christologie» zu begründen; erst *Matthäus* und *Lukas* haben eine eigene «Kindheitsgeschichte» vorgeschaltet, die sich bei *Matthäus* stärker an ägyptische Vorbilder an-

8 Vgl. Spruch 439 aus den Pyramidentexten, bei ADOLF ERMAN: Die Literatur der Aegypter, 28: «Er (sc. der Pharao, d. V.) ist zum Himmel gestiegen und hat den Re gefunden, wie er aufstand, als er sich ihm nahte. Er setzte sich an seine Seite und Re ließ nicht zu, daß er sich (sc. als Unterwerfungsgeste, d. V.) auf den Boden lege, denn er weiß, daß er größer ist als er (selbst).»

lehnt[9], während sie bei *Lukas* in der Szene von der Anbetung der Hirten (Lk 2,8–20) deutliche Parallelen zu dem griechischen Heilgott Asklepios aufweist: der kam als Kind des Lichtgottes Apoll und der Nymphe Aigle-Koronis im thessalischen Trikka zur Welt; dort fand ihn der Hirt *Aresthanas* zwischen einer Ziege und einem Hund, die für die Nahrung und den Schutz des Neugeborenen sorgten; eine Himmelsstimme aber verkündete über Erde und Meer, der Neugeborene werde alle Heilmittel für die Kranken finden und die Toten wiedererwecken[10]. Auch Anklänge an den persischen Mithras, dem Hirten, als er zur Welt kam, ihre Gaben opferten, sind unüberhörbar[11].

Wüßte man Mythen «richtig», das heißt symbolisch, zu deuten, so entstünde ein «Problem» gar nicht, das der christlichen Dogmatik bis heute die größten Schwierigkeiten bereitet: die Lehre von der physischen Unversehrtheit, der immerwährenden «Jungfräulichkeit» Mariens als der «Mutter Gottes». Die ägyptische ebenso wie die griechische oder persische Mythologie wollte über den biologischen Zustand der Mutter des Gottessohnes überhaupt keine Aussagen machen; das einzige, woran ihr lag, ist die Ausschaltung eines irdischen Vaters als des Wesensursprungs eines Pharao: gezeugt oder / und geschaffen worden ist das Kind allein von der Gottheit. Das Liebesleben der Mutter spielt dabei absolut keine Rolle – sie kann nach ihrem Erstgeborenen als dem Nachfolgeberechtigten noch so viele Kinder geboren

9 Vgl. E. DREWERMANN: Das Matthäus-Evangelium, I 280–285: Mt 1,18–23: Die Engelbotschaft von dem König des Heils.
10 Vgl. E. DREWERMANN: Dein Name ist wie der Geschmack des Lebens, 85–98: Asklepios – der Heiland zwischen Traum und Tag.
11 MAARTEN J. VERMASEREN: Mithras, 59–63: Seine wunderbare Geburt: «Am 25. Dezember (sc. am Weihnachtstage der Kirchen des Westens, d. V.) ist der große Festtag im Mithräum. Man feierte die Wiederkunft des Lichts: die Geburt Gottes.» (59) Mithras «ist der Schöpfergott des Lichts ... Er ist aus dem Felsen geboren ... Durch seine Geburt ... wird er der Felsgeborene» (59–60), – so wie das Feuer dem Stein entspringt. «Die Geburt des Mithras ist ein kosmisches Ereignis. Bei seiner Geburt bereits umfängt er mit der Hand den Globus» (61), – wie auf den christlichen Darstellungen das Jesus-Kind die Erde wie einen Reichsapfel in der Hand hält. «Es kommt ... vor, daß in der Geburtsszene Hirten als Helfer erscheinen.» (61) – Wenn man – bei so vielen Aneignungen der Mithras-Religion in der christlichen Überlieferung – hinzunimmt, daß «man gerade beim Militär zu Mithras finden konnte» (S. 24), so versteht man den Sinn der lukanischen Hirtenszene: Der Heilgott Asklepios bietet das Vorbild für die therapeutische Art des Messias aus Israel, und der Friede, den die Engel verkünden, bietet das Gegenbild zu der «Friedens»-Politik der römischen Caesaren und ihrer Legionen. REINHOLD MERKELBACH: Mithras, 160, nennt den Mithras-Kult bei den Männern in kaiserlichem Dienst geradezu den «‹Zement› des Kaiserreiches». Um so zersetzender mußte die Friedensbotschaft der Christen wirken.

haben, wie sie will –, eine «immerwährende Jungfräulichkeit» ist keines ihrer Attribute. Ja, wenn sich zeigt, daß ein später geborenes ihrer Kinder den Thron besteigt, so erweist sich dann überhaupt erst, daß sie es nicht einfach von ihrem Gatten, sondern von dem Gott Amun-Ra empfangen hat. Das Credo der göttlichen Geburt deutet die Machtfülle des Pharao unbeschadet der natürlichen Seite seiner Zeugung. Damit vereinbar ist es, daß *Markus* (6,3) von einer übernatürlichen Geburt Jesu nichts berichtet, dafür aber eine ganze Reihe von Brüdern und Schwestern Jesu in Nazaret mit Namen zu nennen weiß und daß selbst *Matthäus* (1,20–24) annimmt, es habe Joseph erst durch einen Engel über die göttliche Herkunft des Gotteskindes im Schoß seiner Verlobten unterrichtet werden müssen.

Gemeint mit der Vorstellung von der Gottessohnschaft ist schon im Alten Ägypten mithin nur dies: Der König, indem er die Gottheit repräsentiert, ist selber deren Verkörperung; einerseits ist er ihr Sohn, andererseits ist er Mensch; er ist «wahrer Gott und wahrer Mensch», wie es auch das christliche Bekenntnis später von dem «Messias» Jesus aussagen wird. Beide «Naturen» bestehen ineinander und nebeneinander, «unvermischt und ungetrennt», in der späteren Dogmensprache. – Ein ursprüngliches Bild auch dieser Vorstellung bietet eine Doppelstatue des Pharao *Ni-user-Ra* (vielleicht: «dem die Macht des Ra gehört»–2390–2360 v. Chr.)[12] aus der 5. Dynastie im Alten Reich (Tafel 2)[13]: da sieht man die rechte Figur mit einem straffen Gesicht und einem jugendlichen Körper, während die linke Figur gekennzeichnet ist durch die schlaffen Gesichtszüge und durch die «füllige Körperbildung» eines alternden Königs. «Der irdische, sterbliche König, dessen Fortleben die Rituale in den Tempeln seiner Pyramidenanlagen galten, hatte eine zweite Natur als Gott auf Erden, für die die Sonnenheiligtümer errichtet wurden.» Diese «auch für das Alte Reich» einmalige «Doppelstatue» spiegelt die Dualität des Wesens des Pharao wider[14]: er ist zeitlos ewig und immer jung, zugleich aber der Zeitlichkeit unterworfen, alternd und sterbend als Mensch. In seiner Person einigen sich zwei Naturen.

All diese Anschauungen, das kann man mit Sicherheit sagen, wären für das Christentum absolut folgenlos geblieben, wenn die ägyptische Königsmythologie nicht auch auf die biblischen Königs-

12 Vgl. ERIKA SCHOTT: Die Namen der Pharaonen, 15.
13 Vgl. SYLVIA SCHOSKE – DIETRICH WILDUNG: Das Münchner Buch der Ägyptischen Kunst, 47, Abb. 38.
14 A. a. O., 49.

psalmen und damit auf die Vorstellungen von dem «Messias» Einfluß genommen hätte. Allerdings war der israelitische Monotheismus absolut unvereinbar mit der Vorstellung von Göttern, die auf Erden Kinder zeugen, – ein Motiv, das nur ganz am Rande mal zur Begründung der Sintflutlegende auftaucht (Gen 6,1–4). Im Hellenismus allerdings, in der Zeit nach *Alexander dem Großen*, also vom 3. Jh. v. Chr. an, setzt sich die Vergöttlichung großer historischer Persönlichkeiten, die in Ägypten allein mit dem Königstitel verbunden war, immer mehr durch, und ungeniert erzählt man von ihnen, wie ein Gott sie gezeugt oder eine Göttin sie geboren hat. *Alexander* selber, so die Sage, war von seiner Mutter *Olympias* durch eine Schlange empfangen worden beziehungsweise durch den Verkehr mit einem höheren Wesen[15], und er selber galt den Ägyptern als Verkörperung des Amun-Ra, – als der neue Pharao. Mit einem vergleichbaren Machtanspruch suchte das antike Rom sich zu schmücken: Der Gründer der Stadt, *Romulus*, kam der Sage nach als Sohn des Kriegsgottes Mars und der Vestalin *Rhea Silvia* zur Welt[16], – er war ein Gottessohn, der in seinem Tod während einer Truppenparade auf dem Marsfeld auffuhr zum Himmel[17]. Insbesondere das Julische Kaiserhaus, das in *Caesar* seinen kometenhaften Aufstieg feierte, führte sich auf den Trojaner *Aeneas* zurück, – jenes Kind, das die Liebesgöttin Aphrodite von dem König von Dardanos, von *Anchises*, empfangen hatte[18]. *Caesar* wurde nach seinem Tode denn auch als erster der Julier mit göttlichen Ehren umkränzt, und *das* gab allem weiteren die Richtung vor. *Augustus* verbat sich noch jede Verehrung in Tempeln und duldete sie in der Provinz nur, wenn der Name der Göttin Roma zu dem seinen hinzugefügt wurde[19], – erst *Domitian* (81–96) bean-

15 PLUTARCH: Alexandros, 2, in: Lebensbeschreibungen, IV 265.
16 LIVIUS: Römische Geschichte, I 4,2; S. 19.
17 A. a. O., I 16,1–2; S. 53.
18 Die Verschmelzung der Aphrodite mit Anchises wird geschildert in: Homerische Hymnen. 6. Auf Aphrodite (V), Vers 45–291, S. 34–40.
19 MARTIN GIEBEL: Augustus, 63: Ein Komet hatte «als Sidus Julium (sc. als Julisches Gestirn, d. V.) die Aufnahme Caesars unter die Himmlischen verkündet ... Der Gedanke einer postumen Vergottung, einer Apotheose, geht auf griechische wie römische Vorstellungen zurück. Im griechischen Heroenkult verehrte man seit altersher besonders die Göttersöhne, die wie Herakles segensreiche Taten vollbracht hatten.» MATTHIAS STEINHART: Die Vergöttlichung des Herrschers, in: Florian S. Knauß (Hg.): Die unsterblichen Götter Griechenlands, 398, stellt fest: Nach «der postumen Vergöttlichung des Ptolemaios I. setzte in Ägypten bald die Verehrung der lebenden Herrscher ein: Seit Ptolemaios III. (reg. 246–221 v. Chr.) wurden auch diese kultisch verehrt, was ägyptischen Vorstellungen über die Göttlichkeit des

spruchte als lebender Kaiser die Bezeichnung *dominus* und *deus* (Herr und Gott)[20], eine Formel, die mit *Aurelian* (270–275) üblich wurde[21] Das hinderte freilich nicht, daß auch *Augustus* schon nach seinem Tode im Jahre 14 n. Chr. durch «Consecratio», durch eine eigene Weihehandlung, zu einem «divus», einem «Göttlichen», erhoben wurde; das gleiche geschah mit *Claudius* (41–54), mit *Vespasian* (69–79), mit *Titus* (79–81) und später dann mit jedem Kaiser, der nicht dem Fluch der Erinnerung, der «*damnatio memoriae*», anheim fiel[22]. Kein Wunder, daß auch in jüdischen Kreisen die Messias-Erwartung von solchen Vorstellungen geprägt ward, nicht zwar im hebräisch-aramäisch sprechenden Kernland Israel, wohl aber in der griechisch sprechenden Diaspora.

Pharao nahekam.» Diese Vorstellungen und Praktiken sind es, die sich im römischen Kaiserkult fortsetzen. S. 402: «im September 44 v. Chr. ... ernannte der Senat Caesar zum *Divus Iulius*, zum Gott *Iulius*. Nach dem Tod seines Nachfolgers Augustus im Jahre 14 n. Chr. konnte dann zum ersten Mal in Rom eine Vergöttlichung vom städtischen Publikum regelrecht miterlebt werden.» SUETON: Leben der Caesaren, Augustus, 100; S. 118–119, beschreibt, wie bei der Einäscherung des *Augustus* auf dem Marsfeld «ein ehemaliger Prätor ... eidlich bezeugte, er habe das Bild des Verbrannten zum Himmel aufsteigen sehen.» Zu Lebzeiten duldete *Augustus* göttliche Verehrung in den Provinzen nur, «wenn der Name der Göttin Roma zu dem seinen hinzugefügt wurde», wie SUETON: A. a. O., 52; S. 88, schreibt. Kap. 53; S. 88, notiert er: «Die Anrede ‹Herr› verabscheute er (sc. *Augustus*, d. V.) immer wie eine persönliche ... Beleidigung.» Vgl. auch HANS-JOSEF KLAUCK: Die religiöse Umwelt des Urchristentums, II 45–53: Der römische Kaiserkult, zu *Caesar* und *Augustus*. SUETON: A. a. O., Caligula, 22, S. 176, erzählt, *Caligula* (37–41 n. Chr.) habe die Götterbilder des Olympischen Jupiter aus Griechenland nach Rom bringen und ihre Köpfe gegen den seinen austauschen lassen; vgl. KLAUCK: A. a. O., II 55–56.

20 Vgl. MATTHIAS STEINHART: Die Vergöttlichung des Herrschers, in: Florian S. Knauß (Hg.): Die unsterblichen Götter Griechenlands, 403: «Der erste Kaiser, der sich selbst als Gott bezeichnete, soll Domitian (reg. 81–96 n. Chr.) gewesen sein.» Nach SUETON: Leben der Caesaren. Domitian, 13,2; S. 338, erließ er ein amtliches Rundschreiben im Namen seiner Steuerbeamten mit den Worten: «Unser Herr und Gott befiehlt folgendes.»

21 Vgl. HANS VOLKMANN: Herrscherkult, in: Konrat Ziegler u. Walther Sontheimer (Hg.): Der Kleine Pauly, IV 1111.

22 A. a. O., IV 1111. – s. AURELIUS VICTOR: Die römischen Kaiser, 39,2; S. 113, allerdings schreibt erst wieder *Valerius Diokletianus*, der von 284–305 regierte, die Beanspruchung von Göttlichkeit zu: «er ließ sich als allererster nach Caligula und Domitian offiziell ‹Herr› nennen und anbeten und anrufen wie einen Gott.» – Zu Recht meint HANS-JOSEF KLAUCK: Die religiöse Umwelt des Urchristentums, II 73: «An die Ankunft des Herrschers in seiner Stadt erinnert die sprachliche Stilisierung der Parusie des Kyrios in neutestamentlichen Überlieferungen. Noch grundsätzlicher könnte man fragen, ob die Fleischwerdung des Gottessohns und seine Mittlerstellung ... zu tun hat mit der ... Vergöttlichung von Menschen in der nichtjüdischen Welt der Antike.» Aber ja!

Das beredteste Beispiel dafür ist die berühmte (Fehl)Übersetzung der Prophetenweissagung von Jes 7,14: da kündet *Jesaja* dem Hause *Ahas* an, daß es seine Macht bald schon verlieren werde: «Siehe, ein junges Mädchen (eine *ᶜalmah*) wird schwanger werden und einen Sohn gebären, den werden sie nennen Immanuel (Gott mit uns).»[23] Worauf der Prophet mit diesen Worten hinweisen will, ist die Beendigung der in seinen Augen gottvergessenden Dynastie *Ahas* durch die Machtergreifung eines künftigen Heilbringers, dessen Ankunft gerade eben sich vorbereitet. Diese Stelle hat die griechische Übersetzung der «Siebzig», der Septuaginta, im 3. Jh. v. Chr. ganz im Sinne der ägyptisch-hellenistischen Königsmythologie verstanden und darin die Ankündigung eines göttlichen Wunders erblickt: Gott werde eine «Jungfrau» (ohne Dazutun eines Mannes) schwanger werden lassen, um einen König auf den Thron zu heben, der seinen Willen besser erfülle als das Haus *Ahas*. Und diese Lesart, die im hellenistischen Diasporajudentum vor allem in Ägypten maßgebend wurde, fand unmittelbar Eingang auch in das rein griechische Neue Testament: Insbesondere das *Matthäus*-Evangelium beruft sich in seiner Legende von der Geburt Jesu ausdrücklich auf Jes 7,14 in der Fassung der Septuaginta-Übersetzung (Mt 1,23)[24], und so wird der Glaube an die «Jungfrauengeburt» zu einem Zentralpunkt der dogmatischen Chri-

23 Zu der politischen Situation in Jes 7,1–9 vgl. OTTO KAISER: Der Prophet Jesaja, 1. Bd., 68–76; zu dem Immanuel-Zeichen Jes 7,10–17 vgl. a. a. O., 76–84: «Seit Mt. 1,22 f. wird in den Abschnitt teilweise bis in die Gegenwart hinein eine geheimnisvolle Ankündigung der wunderbaren Geburt Jesu Christi gesehen. Diese Auffassung stützt sich auf die griechische Übersetzung des hier mit ‹junge Frau› wiedergegebenen hebräischen Wortes *ᶜalmā* mit ‹Jungfrau› ... Gegen die alte christologische Deutung spricht, daß der ganze Zusammenhang ein bald eintretendes Ereignis erfordert, und daß das hebräische Wort ... nicht einfach dem deutschen Wort Jungfrau entspricht, sondern eine junge Frau ohne Rücksicht auf ihren verheirateten oder ledigen Stand bezeichnet.» (S. 80) «Angesichts des Vorausgegangenen kann m. E. kein Zweifel daran bestehen, daß der Gesamttenor des von Jesaja angekündigten Gotteszeichens Unheilsbedeutung besitzt.» (S. 81) Umsonst also, daß im 4. Jh. CYRILL VON JERUSALEM: Katechese an die Täuflinge, XII 21, in: Des hl. Cyrillus Katechesen, S. 192–193, darauf hinweist, daß auch die «junge Frau» in 1 Kön 1,4 *David* wohl als «Jungfrau» zugeführt worden sei, – es handelt sich um *Abischag von Schunem*, die den welken Leib des alten Königs mit ihrer Weiblichkeit erwärmen sollte.

24 IRMTRAUD HÖHN: Jungfrauengeburt, in: Volker Drehsen u. a. (Hg.): Wörterbuch des Christentums, 581, sieht in der Jungfrauengeburt eine ethische Entwertung des menschlichen Zeugungsaktes, die in mythologischer Form auf die Stifter der Weltreligionen (Buddha, Jesus, Zarathustra) übertragen worden sei. Doch verhält es sich eher umgekehrt: am Anfang steht die Vergöttlichung des Königs; die ethische Hochschätzung der Jungfräulichkeit macht sich – viel später erst – das Motiv der Herkunft des Herrschers von Gott als ein Ideal weiblicher Keuschheit zu Nutze.

stologie werden, nicht zuletzt deshalb, weil Alexandrien, diese Hochburg der griechisch sprechenden Ptolemäer in der Nachfolge *Alexanders des Großen* in Ägypten, in der Auseinandersetzung mit Antiochien, dem Ausgangspunkt der Missionstätigkeit noch des Apostels *Paulus*, dogmengeschichtlich im 4. und 5. Jh. n. Chr. den Ton angeben wird.

Die Frage lautet: Was wird aus einem mythischen Bild zur Beschreibung und Begründung von Herrschermacht, wenn man es auf die vollkommen herrschaftsfreie Person des Jesus aus Nazaret anwendet und dabei das «Bild» selbst in die philosophische Sprache metaphysischer Begrifflichkeit übersetzt? Es sind griechisch sprechende und griechisch denkende Christen, die das altägyptische Bild des Pharao zum Christusdogma entwickeln und eben dadurch die untergegangene Macht der Pharaonen mitten im römischen Imperium als Kirchenmacht zurückgewinnen. Der Unterschied zwischen bildhaftem und begrifflichem Denken tritt dabei besonders deutlich in Erscheinung: Die beiden Statuen des *Ni-user-Ra* zeigen zwei Aspekte an ein und derselben Person, und alle Interpretationen, die im mythischen Denken verbleiben, können selber nur aspekthaft sein; 2500 Jahre lang hat die ägyptische Religion darin ihre Konsistenz und Kontinuität bewahrt, daß sie neue Einflüsse, Strömungen, Akzente und Deutungen in die überkommenen Frömmigkeitsformen als Ergänzungen, Erweiterungen oder Erklärungen zu integrieren wußte[25].

Einfach gesagt: Ein Bild und ein Bild ergeben niemals einen Widerspruch, sondern stets nur zwei Ansichten derselben Sache. Ganz anders verhält es sich bei einem begrifflich-rationalen Zugangsweg zu einem Phänomen. Begriffe müssen präzise definiert werden, um mit ihnen eine objektive Gegebenheit begreifbar zu machen, und das Verfahren, Begriffe miteinander zu verknüpfen, gründet als erstes auf dem logischen Prinzip der Widerspruchsfreiheit: a ist a und nicht b, ein Drittes ist ausgeschlossen. Die gesamte christliche Dogmatik als der Versuch, das mythische Bild des Königs (des Messias) als eines «Gottessohnes» mit rationalen Begriffen als eine historisch gegebene Tatsache begreifbar zu machen, mußte und sollte als ein irrtumsfreies Verfahren zur Definierung und Identifizierung einer endlosen Schar

25 Vgl. EMMA BRUNNER-TRAUT: Frühformen des Erkennens, 124: «Das Symbol ist keine Metapher, kein Gleichnis, es ist Sinnbild und gewissermaßen die Sache selbst ... Symbole scheinen die einzigen Vokabeln zu sein, die das Unvorstellbare vorstellbarer machen, der Mythos die einzige Sprache, die dem Numinosen angemessen ist.»

von «Irrlehrern» und «Häretikern» wirken, – immer neue Personen und Gruppen von Gläubigen wurden ausgeschlossen, um den Weg zur «Wahrheit» eindeutig zu markieren, und je komplizierter und akribischer die Fragestellungen wurden, desto inkompetenter mußte der «einfache» Gläubige bei der Lösung der theologischen Quisquilien sich vorkommen. An jedem Buchstaben, sollte er glauben, hing sein Heil in Zeit und Ewigkeit; alles kam darauf an, dem «richtigen» Lehramt zu folgen, nur: wo befand sich das und wo war es zu finden? Aus Fragen des Existierens wurden Fragen des Dozierens, aus Fragen des Dozierens Fragen der Machtgewinnung und der Machtdurchsetzung, aus Personen des Glaubens wurden (wieder!) Hofbeamte: dies der Preis beziehungsweise der Gewinn dafür, aus Jesus von Nazaret einen «Christus», einen griechisch gedachten Pharao, gemacht zu haben. Und warum dies?

Der Ausgangspunkt aller theologischen Nachdenklichkeit in der christlichen Dogmengeschichte der ersten 500 Jahre ist die in sich bereits problematische «Erlösungslehre», die man mit der Auffassung von der Sühneleistung des gekreuzigten Christus für die Schuld der Menschen ineins setzte: Damit eine angemessene Strafe über die sündige Menschheit ergehe, mußte der «Erlöser» in seinem Leiden selbst Mensch sein; damit aber die Buße dem unendlichen Gerechtigkeitsanspruch Gottes zu genügen vermochte, mußte er selber Gott sein. Zwei Naturen also waren – wie in der gott-menschlichen Doppelgestalt des *Ni-user-Ra* – in einer Person zusammen zu sehen. Wie aber ist so etwas denkbar? Wenn Gott und Mensch in ein personales Verhältnis zueinander treten, so läßt sich denken an eine Beziehung zweier Personen, die eins sind in wechselseitiger Liebe; doch ein solches Verhältnis des Willens (wie zwischen Mann und Frau) erschien als zu unsicher, um die Gewißheit des Heils auszusagen; nicht ein Wollen, – ein Sein mußte die Einheit des Gottmenschen begründen, und dieses Sein mußte zusammengesetzt sein aus zwei Substanzen: einer göttlichen und einer menschlichen, und beide mußten zu einer substantiellen (eben nicht nur willentlichen, also nur «akzidentellen») Einheit zusammentreten[26]. Als eine solche substantielle Einheit galt

26 Vgl. ADOLF VON HARNACK: Lehrbuch der Dogmengeschichte, I 688–689: «Die Vorstellung von zwei Naturen-Subjekten, die allmählich zur vollkommenen Einheit (durch Aufgehen der menschlichen Natur in den Logos) miteinander verschmelzen, bleibt der leitende Grundgedanke» des ORIGENES (um 185–254), der – vor AUGUSTINUS – der einflußreichste Theologe war. S. 685: «Indem er (sc. ORIGENES, d. V.) in Christus den Erlöser erkannt hat, musste dieser Christus, der Gottmensch, so vielseitig sein, wie es die Erlösung ist. Nur … mit Hilfe jener phantastischen Vorstellung,

auch die Person jedes Menschen, der aus einer geistigen Substanz (der Seele) und einer materiellen Substanz (dem Körper) zusammengesetzt ist[27]. Doch die gottmenschliche Einheit in Christus ist von einer sol-

die ein reales Wesen dem anderen innewohnen lässt, konnte es scheinbar gelingen, eine einheitliche Person vorzustellen, die in Wahrheit keine Person mehr ist, sondern das Symbol der Erlösungen ... Die ganze ‹Menschheit› des Erlösers mitsamt ihrer Geschichte fällt vor den Augen des Vollkommenen schliesslich ab; übrig bleibt das Prinzip, die durch Christus kund und erkennbare Vernunft.» Zu Recht betont zur Deutung des Denkansatzes des ORIGENES GERHARD LUDWIG MÜLLER: Katholische Dogmatik, 330: «Er (sc. ORIGENES, d. V.) ist philosophisch vom Neuplatonismus geprägt. Es geht ihm aber nicht um eine begriffsspekulative Erfassung des Mysterium, sondern um die soteriologische (sc. auf die Erlösung bezogene, d. V.) Ausrichtung des christlichen Wirklichkeitsverständnisses. Wenn Gott das Heil als Einigung mit dem Menschen will, dann muß der Mittler Jesus Christus ganz Mensch und ganz Gott sein.» In der Tat basiert die gesamte dogmatische Christologie auf dem ontisch verstandenen Grundsatz, «daß Gott zu den Menschen komme, um ihnen die Heimkehr zu Gott zu ermöglichen. Der Logos muß dem Menschen ganzheitlich in Leib und Seele begegnen, damit es zur Vergöttlichung ... des Menschen komme.» Auf diese Weise aber wird die «Erlösung» als eine Seinseinheit der göttlichen und der menschlichen Natur (des «Logos» und der Menschheit) begriffen, statt als eine Umwandlung der Existenzweise jedes einzelnen Menschen als Person im Gegenüber der Person Gottes (in der Haltung des Vertrauens, das Jesus ermöglicht hat). «Die Auseinandersetzungen um die ... Darstellung des Christus-Ereignisses ergaben, daß zwei Kategorien (Natur und Person) unterschieden werden mußten, um die gottmenschliche Einheit Jesu theologisch stringent zur Sprache bringen zu können», schreibt MÜLLER, um dann fortzufahren: «Im Fall der menschlichen Natur Jesu ist das aktualisierende Prinzip seiner Existenz ... das Sein des ewigen Logos selbst, der in einer personalen Relation zum Vater sein Gottsein besitzt und der es personbildend im Akte der Einigung mit der menschlichen Natur Jesu verbindet.» (S. 321–322) Die «substantiale Vereinigung» der beiden Naturen in Christus darf nun aber laut Kirchendogma nicht «essentiell» (monophysitisch) gedacht werden, sondern sie ist eine personale Einigung. Der Begriff der Substanz (griech: der Hypostase) darf also *nicht* als Wesen (Essenz) oder Natur gedacht werden, wie es an sich nahe läge, vielmehr soll «substantiell» jetzt «Suppositum» beziehungsweise «Person» bedeuten. Vgl. JOHANNES BRINKTRINE: Die Lehre von der Menschwerdung und Erlösung, 96. Eigentlich müßte man schlicht von einer personalen Einheit sprechen, doch das könnte man als ein Verhältnis zwischen Person und Person (zwischen Gott und dem Menschen Jesus aus Nazaret) verstehen; hier aber soll es um die Einigung zweier Naturen in der einen Person des Logos gehen, mithin um eine (bzw. um *die*) «hypostatische Union». – Im Grunde verstehen die griechischen Theologen die «Erlösung» als Annahme der «Natur» des Menschen in ihrer Todverfallenheit durch Gott und damit als Erhöhung zu ewigem Leben (vermittelt durch Taufe und Eucharistie), während der Sühnegedanke der Vorstellung der römischen Gerechtigkeit bei den Lateinern entspringt und klassisch im 11. Jh. bei ANSELM VON CANTERBURY: Cur deus homo? – Warum Gott Mensch geworden, Kap. 25: Daß der Mensch notwendig durch Christus gerettet wird, ausformuliert ist.

27 Die «substantielle» Einheit der menschlichen Natur ergibt sich – aristotelisch – aus der Verbindung zweier unvollständiger Substanzen, «die sich verhalten wie die substantiale Potenz zum substantialen Akte, wie die Materie zur Form, wie der Leib

chen «einfachen personalen Einheit» absolut zu unterscheiden; denn: Seele und Körper sind «unvollständige Substanzen», durch deren Vereinigung die menschliche Person allererst gebildet wird; in Christus aber ist es die (zweite) Person (der dreifaltigen Gottheit) des Logos, die seit Ewigkeit vollständig war, ehe sie in Christus, ohne eine Veränderung zu erleiden, inkarnierte[28]. Eben dies wird mit dem Schlüsselbegriff der ganzen kirchlichen Christologie als «hypostatische Union» bezeichnet.

Eigentlich bezeichnet «Hypostase» das «zugrunde Liegende»; das griechische Wort entspricht dem lateinischen *substantia*; «hypostatische Union» könnte deshalb eine «wesenhafte» oder «naturhafte» Einheit bezeichnen, doch in einer solchen bildeten die beiden Substanzen (die Göttlichkeit und Menschlichkeit) ein einziges Wesen, – es ergäbe sich eine nur «monophysische» Einigung; – das so Zusammengefügte bildete eine einzige Natur, und eben das kann auf Christus nicht zutreffen[29]. Bei ihm handelt es sich um eine personale

zur Seele.» JOHANNES BRINKTRINE: Die Lehre von der Menschwerdung und Erlösung, 98. In dieser Weise vorgestellt, bestünde der Christus aus einer Seele, die göttlich, und einem Körper, der menschlich wäre. Genau das wird in der Mitte des 4. Jhs. der Standpunkt des *Apollinaris von Laodicea* sein (s. u. Anm. 53), der lehrte: «Gott und das Fleisch brachten eine einzige Natur hervor ...; dieser eine Sohn besteht nicht aus zwei Naturen ..., sondern ist die eine fleischgewordene Natur des Gott-Logos.» HANS KESSLER: Christologie, in: Theodor Schneider (Hg.): Handbuch der Dogmatik, I 343, bemerkt dazu: «Der Versuch, Christus in einer naturhaften Synthese als Substanzeinheit zu denken, geht ... auf Kosten der Menschheit Jesu: Sie ist ihrer menschlichen Geistseele als eines eigenen Lebensprinzips beraubt.»

28 Die göttliche Natur ist nicht – wie die menschliche Seele – ergänzungsbedürftig durch einen menschlichen Körper. Die begrifflichen «Schwierigkeiten» erläutert GEORG ESSEN: Die Freiheit Jesu, 37, durch den «Ansatz, die ‹alexandrinische Intuition› ... dadurch einzuholen, daß es zu einer prädikativen Ansiedlung der ‹einen Hypostase› im präexistenten Logos kommt: die *eine* – göttliche – Hypostase ist Ausgangspunkt und Grund der Einheit beider Naturen.» «Dieser Schritt hatte nicht nur zur Folge, daß fortan in der Trinität von einer Natur und drei Hypostasen und in der Christologie von der einen Hypostase (aus der Trinität) in zwei Naturen die Rede sein mußte. Vor allem war festzuhalten, daß, begrifflich gesprochen, der Akt der Inkarnation des präexistenten Logos als das Geschehen zu begreifen war, in dem die zweite trinitarische Hypostase zugleich auch zur christologischen wird.» Während innertrinitarisch die Begriffe Hypostase und Ousia (Wesen) oder Physis (Natur) klar unterscheidbar sind, ist man in der «Heilsökonomie» (der Christologie) «genötigt, beide Begriffe synonym zu verwenden.»

29 Es ist die Einheit der Gottheit und Menschheit in Christus also nicht zu denken als die Einheit zweier vollständiger Substanzen, bei denen entweder die eine in die andere aufginge oder beide zu einem neuen Dritten sich zusammenschlössen. GEORG ESSEN: A. a. O., 42, sieht zu Recht «die hypostatische *hénōsis* (sc. Einigung, d. V.), die der Logos der menschlichen Natur gegenüber ausübt», als einen «Schöpfungs-

Einigung, in der die beiden vereinigten Substanzen eine Person, *ein* suppositum, bilden, und so ist jetzt der Begriff der Hypostase zu verstehen: Er ist der Sache nach identisch mit dem Begriff Person, – statt von einer personalen Union kann man daher auch sprechen von der «hypostatischen» Union[30], einer seinshaften Personalunion.

Gleichwohl ist an dieser Stelle die Begrifflichkeit zur Beschreibung des Christus noch einmal zu differenzieren: hier nämlich vereinigt sich die göttliche Person, der Logos, mit einer vollständigen menschlichen Substanz, die selber bereits Vernunft besitzt; der Begriff der Person in Christus bezeichnet somit die Hypostase einer vernünftigen Natur[31], – etwas, das einmalig ist und nur in der Menschwerdung des Gottessohnes vorkommt. Wie es zu einer Person bzw. Hypostase gehört, ist auch die Person Christi in sich eins; da sie aber in der göttlichen und der menschlichen Natur subsistiert, ist sie eine auf übernatürliche Weise «zusammengesetzte Natur».[32]

akt: ihr Erschaffenwerden und ihr Aufgenommensein in die Hypostase des Logos fallen zusammen. Die menschliche Natur (sc. in Christus, d. V.) ist nur wirklich und existent als vom Logos angenommene und in ihm enhypostasierte.» Hier bezeichnet «Hypostasierung» «den Akt, durch den eine Natur ihren Selbststand wie ihre Existenz gewinnt.» (42–43)

30 Demnach kann gar keine Einheit in der Natur vorliegen – es muß sich um eine Einheit in der Person handeln. Vgl. JOHANNES BRINKTRINE: A. a. O., 98. – Mit Mal bedeutet «Substanz» (Hypostase) also nicht länger mehr «Wesen» oder «Natur», sondern die «substantiale» (griech: hypostatische) Einheit von Göttlichem und Menschlichem in Christus muß als eine «personale» Einheit verstanden werden. – Diese ständigen Begriffsvertauschungen bzw. Uminterpretationen bestehender Begrifflichkeiten sind in der Christologie (ebenso wie in der Trinitätslehre) unerläßlich, um etwas auszusagen, das begrifflich nicht zusammengehen *kann*. Der ganze Jahrhunderte lange Streit wurde nötig, weil man nicht länger in schwebenden Symbolen, sondern in «sicheren» Dogmen formulieren wollte, worin des Menschen Heil gelegen sei. Und der Zwang dazu ergab sich aus der Verleugnung der mythischen Bilder, mit denen man die Gestalt des «Christus» interpretierte: nicht mit menschlichen Archetypen der Vorstellung, sondern mit göttlichen Seinsweisen und Offenbarungswahrheiten hatte man es nunmehr vermeintlich zu tun.

31 Nachdem «substantiell» (hypostatisch) für die christologische Dogmatik mit «personal» zu übersetzen ist, muß natürlich auch der Begriff der Person selbst geändert werden: an sich läßt sich der Begriff der Person (mit BOËTHIUS) definieren als «die individuelle Substanz einer vernünftigen Natur». (JOHANNES BRINKTRINE: Die Lehre von der Menschwerdung und Erlösung, 104); eine vollständige menschliche Substanz, wie sie in Christus vorliegt, müßte demnach selber bereits als «Person» begriffen werden; nun sind aber in Christus nicht zwei Personen, sondern zwei Naturen vereinigt, und der Grund dieser Vereinigung soll die Person des Logos sein.

32 Es muß also die göttliche Person Christi als Träger der jeweils in sich vollständigen göttlichen wie auch menschlichen Natur geglaubt werden; eben das meint der Begriff der «Subsistenz»: er bezeichnet die Art und Weise, wie eine individuelle vollständige Substanz (Wesenheit bzw. Natur) «unmittelbar» oder «real» wird; ob

mit «unmittelbar» oder «real» nun aber schon gemeint ist, daß sie als solche in die Existenz tritt, ist in der Christologie freilich umstritten. Fest stehen muß allerdings, daß die Person (oder Hypostase) Christi an sich «einfach» ist (sie ist nicht wie beim Menschen aus Leib und Seele «zusammengesetzt»); da sie aber in der göttlichen wie in der menschlichen Natur «subsistiert», handelt es sich in Christus um eine «persona composita». Vgl. JOHANNES BRINKTRINE: Die Lehre von der Menschwerdung und Erlösung, 104. Wir haben es demnach in Christus mit einer substantiellen (nicht akzidentellen) Einheit zu tun, die indessen nicht essentiell (wesenhaft), sondern personal ist, und zwar so, daß es sich nicht um eine *einfache* personale Einheit (wie bei der Einheit von Seele und Körper) handelt, sondern um eine personale «hypostatische» (wesenhafte) Einheit. A. a. O., 101. Für eine solche «unio personalis hypostatica» gibt es nur *ein* Beispiel: eben den Gottmenschen Jesus Christus selbst. – Es lohnt sich, dieser alten Begrifflichkeit nachzugehen, nicht nur, weil ihre Herausbildung enorme (z.T. äußerst gewalttätige) Auseinandersetzungen gekostet hat, sondern weil zweierlei dabei ganz deutlich wird: 1) man hantiert mit Begriffen so lange, bis sie etwas beschreiben, das nicht zu begreifen ist – etwas Singuläres, das ein «Geheimnis» darstellt, weil es in keinen Allgemeinbegriff mehr hinein paßt. Und 2) zeigt sich, wie weit bei allem Reden von der «Person» des Christus man sich von allem Personalen entfernt hat: Es geht nicht länger um die Verbindung der einzelnen Menschen als Personen mit Gott, vermittelt durch die Person und das Wirken Jesu, es geht um die Annahme bzw. Vereinigung der göttlichen Natur mit der menschlichen Natur. LEO «DER GROSSE» (Papst von 440–461) erläuterte später diesen Denkansatz in den klassisch gewordenen Formulierungen seiner 1. Weihnachtspredigt folgendermaßen: «So ist also das ‹Wort Gottes›, ‹Gott›, Gottes Sohn ... Mensch geworden, um den Menschen vom ewigen Tode zu befreien. Dabei hat er sich ohne Minderung seiner Majestät in *der* Weise zur Annahme unserer Niedrigkeit herabgelassen, daß er die wahre Knechtsgestalt mit jener verband, worin er Gott dem Vater gleich ist. Er blieb, was er war und nahm an, was er nicht war. In *der* Weise hat er sich herabgelassen, daß er beide Naturen so miteinander vereinte, daß weder die Erhebung der niedrigeren Natur diese (in ihrer göttlichen) aufgehen ließ, noch ihre Annahme der höheren Abbruch tat. Indem also die Eigenart beider Wesenheiten gewährt bleibt und sich zu ein und derselben Person verbindet, bekleidet sich die Majestät mit Niedrigkeit, die Stärke mit Schwachheit, die Ewigkeit mit Sterblichkeit.» LEO DER GROSSE: Sermo XXI 2, in: Leo der Große: Sämtliche Sermonen, I 76–77. – Den eigentlichen Grund für diese Naturalisierung des Erlösungsgeschehens in Christus sieht ADOLF VON HARNACK: Lehrbuch der Dogmengeschichte II 161, bereits bei ATHANASIUS (um 295–373) ausgesprochen: es geht um die ganz und gar griechisch gedachte «Erschöpfung des Todesverhängnisses ... Der Leib, den der Logos annimmt, gewinnt Theil an der Allgemeinbeziehung des Logos. Die Auferstehung des Leibes und des Logos verbürgt die allgemeine Auferstehung und *aphtharsía* (sc. Unverweslichkeit, d. V.) ... der klar hervortretende Gedanke des Athanasius ist, daß in der Menschwerdung selbst bereits die Wendung vom Todesverhängnis zur *aphtharsía* für die christgläubige Menschheit liege, sofern die physische Verbindung des Menschenwesens mit dem Göttlichen in Mitte der Menschheit diese selbst in das Gebiet der göttlichen Ruhe und Seligkeit erhebt.» Indem man den *Tod*, der nach Gen 3,19 als Strafe der Sünde (Röm 5,12–14) über die Menschheit kam, nicht – wie man sollte – als eine Veränderung der menschlichen Existenz im Erleben ihrer naturgebenden Sterblichkeit interpretiert, sondern indem man die naturhafte Sterblichkeit des Menschen als Folge einer Existenzentscheidung (der «Sünde Adams») versteht, muß man jetzt die Folge einer neuerlichen Existenzentscheidung (des Glaubens)

Und auf eben diese Einheit des Verschiedenen kommt es in der kirchlichen Christologie entscheidend an, da anders das vollkommene Opfer, das der Gottmensch am Kreuz zur Erlösung der Menschheit von ihrer Schuld dargebracht hat, sich vermeintlich nicht aussagen läßt. Seinshaft muß Christus deshalb auf Grund seiner beiden Naturen als Mittler zwischen Gott und den Menschen verstanden werden. Dieses substantielle Ineinander der beiden Naturen in Christus, das eine eigene Seinsgrundlage bildet, besteht in einer wechselseitigen Durchdringung (griech: der *Perichorese*) und Steigerung[33]:

ebenfalls «naturhaft» ausdeuten: So seinshaft die Folgen der «Sünde», so seinshaft müssen sein die Voraussetzungen der Erlösung. Vgl. ADOLF VON HARNACK: Das Wesen des Christentums, 138: «Unter allen den möglichen Erlösungsvorstellungen – Vergebung der Schuld, Erlösung aus der Macht der Dämonen usw. – trat ... im 3. Jahrhundert diejenige souverän in der Kirche in den Vordergrund, welche die christliche Erlösung als Erlösung vom Tode (sc. als von einem natürlichen Schicksal, das der Mensch sich schuldhaft zugezogen hatte, d. V.) und damit als Erhebung zu göttlichem Leben, also als Vergottung, faßte. Diese Vorstellung hat im Evangelium zwar einen sicheren Anhaltspunkt und in der paulinischen Theologie eine Stütze; in der Gestalt aber, in der sie nun ausgebildet wurde, ist sie ihnen fremd und ist griechisch gedacht: die Sterblichkeit an sich gilt als das größte Übel und als die Ursache aller Übel, der Güter höchstes aber ist, ewig zu leben. Wie streng griechisch das gemeint ist, geht daraus hervor, daß 1. die Erlösung vom Tode ganz realistisch als *pharmakologischer* Prozeß vorgestellt wurde – die göttliche Natur muß einströmen und muß die sterbliche Natur umbilden – und daß 2. ewiges Leben und Vergottung identifiziert werden. Handelt es sich aber um einen realen Eingriff in die Konstitution der menschlichen Natur und um ihre Vergottung, so muß der Erlöser selbst Gott sein und Mensch werden.» ATHANASIUS: Über die Menschwerdung des Logos, 7, in: Schriften II 611, erläutert: «Wenn ... die Menschen einmal nach geschehener Sünde dem natürlichen Tode preisgegeben ... waren, was mußte da geschehen? ... wessen Tiefe war dann zu solcher Gnade und Wiederherstellung nötig, wenn nicht die des Logos Gottes, der auch im Anfange alles aus nichts gemacht hat? Ihm stand es ja wieder zu, sowohl das Verwesliche zur Unverweslichkeit zurückzuführen, als auch für alle die Ehrenschuld beim Vater einzulösen.» DERS: Gegen die Arianer, II 69, in: Schriften, I 217, betont, daß «das Wort das Fleisch angezogen hat, ... damit der auf die Sünde folgende Tod beseitigt» werde.

33 Der Begriff spielt – wie weiter unten in *VI. Gotteslehre* noch deutlich werden wird – eine große Rolle in der Trinitätslehre. Hier gilt: «Die göttlichen Personen sind nicht Teile oder Vollzugsmomente Gottes, sondern eine jede ist der eine und wahre Gott. Jede göttliche Person ist in der anderen. Sie durchdringen sich gegenseitig (Perichorese).» GERHARD LUDWIG MÜLLER: Katholische Dogmatik, 422. Aber auch die göttliche und die menschliche Natur in Christus durchdringen einander. Im 8. Jh. wird JOHANNES VON DAMASKUS: Darlegung des orthodoxen Glaubens, IV 18, in: B K V 44, S. 236–237, erklären, «wegen der hypostatischen Einigung wird vom Fleische gesagt, es sei vergottet, Gott geworden und zugleich Gott wie das Wort, und vom Gott-Logos, er sei Fleisch und Mensch geworden ..., nicht als hätten sich die zwei Naturen in *eine* zusammengesetzte Natur verwandelt – denn es ist unmöglich, daß die natürlichen Gegensätze in *einer* Natur zugleich sind –, sondern weil die

durch die Einheit mit der göttlichen Natur erscheint die Menschlichkeit in Christus nicht vermindert, sondern gesteigert, und auch das Göttliche zeigt sich in der Menschlichkeit nur um so deutlicher. Daher sind die Tätigkeiten und Eigenschaften (die «*Idiomata*») der beiden Naturen in Christus austauschbar[34].

zwei Naturen hypostatisch geeinigt und ohne Vermischung und Verwandlung ineinander sind. Die Durchdringung (Perichorese) erfolgte nicht von seiten des Fleisches, sondern von seiten der Gottheit. Denn unmöglich kann das Fleisch die Gottheit durchdringen.» – Andererseits bezieht sich die rationalisierte theologisch ver«wissenschaftlichte» Umformung der alten mythischen Bilder natürlich nicht nur auf das «Geheimnis» des «Christus», erreicht werden soll ja gerade eine völlige Umformung der menschlichen Natur. Deren «Vergöttlichung» versuchte KARL RAHNER: Zur Theologie der Menschwerdung, in: Schriften zur Theologie, IV 149, so zu formulieren: « ... wenn der Logos Mensch wird, dann ist diese seine Menschheit nicht das Vorgegebene, sondern das, was wird und im Wesen und Dasein entsteht, wenn und insofern der Logos sich entäußert. Dieser Mensch ist genau als Mensch die Selbstentäußerung Gottes in ihrer Selbst*ent*äußerung, weil Gott gerade *sich* äußert, wenn er sich *ent*äußert, *sich* selbst als die Liebe kundmacht, wenn er die Majestät dieser Liebe verbirgt und sich zeigt als die Gewöhnlichkeit des Menschen.» Bei diesen Worten möchte man meinen, man habe es mit dem Problem des Zeus zu tun, als er sich Semele nahte: er mußte sich verhüllen, um sie nicht zu zerstören, doch gelang es ihm nicht hinreichend gut, – er blieb ja Gott und wurde nicht Mensch. In Christus aber soll Gott bleiben, indem er Mensch wird. Alles ist hier von Gott her gedacht; wir hören nicht Jesus zu, wie er uns lehrt, zu Gott aufzuschauen, wir werden unterwiesen, das einzigartige Wesen des Christus von Gott her zu erschauen, dessen Geheimnisse in ihm sich offenbaren. Und zugleich treten wir ein in die restlose Mystifikation des Menschen; denn so geht es bei KARL RAHNER weiter, IV 150: «Man könnte ... den Menschen definieren als das, was entsteht, wenn die Selbstaussage Gottes, sein Wort, in das Leere des gott-losen Nichts liebend hineingesagt wird; das abgekürzte Wort Gottes hat man ja den menschgewordenen Logos genannt. Die Abkürzung, die Chiffre Gottes ist der Mensch ... Wenn Gott Nicht-Gott sein will, entsteht der Mensch ... wenn alle Theologie darum in Ewigkeit Anthropologie bleibt, wenn es dem Menschen verwehrt ist, gering von sich zu denken, da er dann von Gott gering dächte, ... dann ist der Mensch in Ewigkeit das ausgesagte Geheimnis Gottes.» – Die «Anthropologie», die so entsteht, hat nichts zu tun mit dem konkreten Weg der Menschwerdung auf dem Planeten Erde – nichts mit Physik und Biochemie, nichts mit Biologie und Neurologie, nichts mit Psychologie und Kulturanthropologie, sie schaut nicht von unten auf einen Gott, den trotz allem hinter den Wolken zu glauben uns Jesus gelehrt hätte; sie betrachtet vielmehr von oben her die Wirklichkeit des Menschen, um zu erklären, daß diese «immer schon» als Gottes Eigenstes von der unendlichen Liebe des Ewigen «angenommen» und «umgriffen» und als sein «Anderes» ihm zugehörig sei, – ein «Trost» im Sein, statt eine Auseinandersetzung mit der trostlosen Faktizität des Daseins.

34 So erklärt CYRILL VON ALEXANDRIEN im Jahre 431 in den Anathematismen (Verurteilungssätzen) gegen NESTORIUS: «Wenn jemand auf zwei Personen oder Hypostasen die in den evangelischen und apostolischen Schriften enthaltenen Aussprüche verteilt ... und ihm die einen als einem Menschen, der neben dem von Gott (ausgehenden) Logos für sich zu denken wäre, anheftet, die anderen aber als gottwürdig

Allerdings entstehen damit sogleich neue Schwierigkeiten: Was ist es mit dem Selbstbewußtsein Christi, – besaß er ein eigenes personales göttliches Bewußtsein[35]? Das kann nicht sein, denn da es in der Trinität nur ein einziges Selbstbewußtsein gibt, kann die zweite Person, der «Sohn» bzw. der «Logos», durch die hypostatische Union kein eigenes göttliches Bewußtsein erlangt haben. (Die Christologie ist an jeder Stelle auf das engste mit der Trinitätslehre verbunden; zu dieser des näheren S. 416 ff.). Aber auch andererseits: hat Christus, der Gottmensch, ein menschliches Ich mit einem eigenen Selbstbewußtsein besessen[36]? Auch das ist unmöglich, denn die menschliche Persönlichkeit existiert in Christus nur in Einheit mit dem Logos. Daraus wiederum könnte man folgern (und hat man im 7. Jh. gefolgert), es habe Christus auf Grund seines göttlichen Selbstbewußtseins

allein dem vom Vater (ausgehenden) Logos, der sei ausgeschlossen.» DENZINGER-SCHÖNMETZER: Enchiridion Symbolorum, Nr. 255. Genauer gesagt fällt in Christus nicht die menschliche Natur mit der göttlichen zusammen, sondern identisch ist beiden Naturen nur die göttliche Hypostase. Da sich konkret nur das Subjekt (eben: die Hypostase) bezeichnen läßt und abstrakt nur die Natur ohne das Subjekt, so muß als Regel der «Idiomenkommunikation» gelten, daß alle bejahenden Aussagen konkret, alle negativen Aussagen aber abstrakt zu halten sind. Von dem konkreten Menschen Christus können daher göttliche Eigenschaften ausgesagt werden, nicht aber von der Menschheit (der menschlichen Natur) Christi. Vgl. JOHANNES BRINKTRINE: Die Lehre von der Menschwerdung und Erlösung, 131–132. Wie aber soll dann die «Vergöttlichung» der menschlichen Natur, an welche nach ATHANASIUS die Erlösung hängt (s.o. Anm. 32), jemals «konkret» werden? – Zu Recht bemerkt HANS KESSLER: Christologie, in: Theodor Schneider (Hg.): Handbuch der Dogmatik, I 347: «Das entscheidende Motiv der Alexandriner (sc. wie *Athanasius* und *Cyrill von Alexandrien*, gest. 444, d. V.) ist ... das soteriologische: Erlösung kann nur durch jemanden bewirkt werden, der nicht weniger als Gott im vollsten Sinne ist und der sich, ohne aufzuhören, Gott zu sein, so völlig und unlösbar mit der Menschheit vereinigt hat, daß das Göttliche das Menschliche ganz und gar durchdringt und ihm am göttlichen Leben, an seiner Kraft und seiner Unvergänglichkeit teilgibt. Der inkarnierte Logos vermittelt Gott und Mensch (ist Gott-Mensch), die Glaubenden sind in diesen mystischen Prozeß einbezogen und erfahren ihn schon lebendig im Mysterium der Eucharistiefeier.» – Kann man deutlicher schildern, wie in diesem Denken alle Fragen der menschlichen Existenz in göttliche Seinsaussagen verwandelt werden? «Mystisch» ist das nicht, wohl aber eine metaphysische Mystifikation. Die «Gefahr» dieses Ansatzes war zudem der latente Monophysitismus, den wenig später *Eutyches* (gest. 454), so formulierte, die «Menschheit Christi sei von der Gottheit aufgesogen, so wie ein ins Meer fallender Honigtropfen sich darin auflöse.» (HANS KESSLER: A. a. O., I 347)

35 Vgl. JOHANNES BRINKTRINE: Die Lehre von der Menschwerdung und Erlösung, 104.

36 JOHANNES BRINKTRINE: Die Lehre von der Menschwerdung und Erlösung, 105. Und das, obwohl in Christus eine vollständige vernünftige menschliche Natur vorliegen soll.

auch nur einen einzigen (göttlichen) Willen besessen[37]; doch der Wille gründet – wie in der Dreifaltigkeit! – nicht in der Person (sonst müßte es in der Trinität mit ihren drei Personen drei verschiedene Willen und Tätigkeiten geben!), sondern in der Natur als dem Grund aller Aktivität[38]; da in Christus zwei Naturen sich vereinigt haben, ist auch

37 Zum sog. «Monotheleten»- (Ein-Willen)Streit vgl. ADOLF VON HARNACK: Lehrbuch der Dogmengeschichte, II 425–436: Anlaß des Streites war «die Politik, die monophysitischen Provinzen wieder zu gewinnen»; so wollte Kaiser *Heraklius* (610–641) durch seinen Patriarchen *Sergius* den Monophysiten mit der Formel entgegenkommen, «der Gottmensch, aus zwei Naturen bestehend, habe Alles mit *einer* gottmenschlichen *Energie* gewirkt.» (426–427) Aber: «Jedes Entgegenkommen gegen die Monophysiten hat den byzantinischen Kaiser stets in Conflict mit Rom gebracht ... Papst Johann IV. (sc. 640–642, d. V.) verdammte ... 641 auf einer römischen Synode den Monotheletismus.» (428–429) «Unstreitig ist, dass Rom ... *seine* Formel dem Orient gegeben hat, und dass diese Formel nur mit Aufwendung theologischer Kunst eine griechisch-cyrillische (sc. von CYRILL VON ALEXANDRIEN geprägte, d. V.) Deutung zulässt.» (434) Letztlich entweicht, meint HARNACK, im 7. Jh. «das Dogma ... in den *Cultus* und in die *Wissenschaft*» (435) bzw. in die Unendlichkeit mystisch-magischer Spekulationen. Demgegenüber sucht HANS KESSLER: Christologie, in: Theodor Schneider (Hg.): Handbuch der Dogmatik, I 356–357, den Sinn und die Bedeutung des Monotheleten-Streits so zu verdeutlichen: «Da (sc. im 7. Jh., d. V.) ... alle offen apollinarischen und monophysitischen Ansätze durch die konziliaren Anatheme verwehrt waren, blieb, wollte man dem hellenistisch-monophysitischen Vergöttlichungs- und Einheitsverlangen entgegenkommen, nur noch ein letzter Rückzug übrig: Man konnte die enge Einheit Christi wenn schon nicht in einer einzigen Natur (Monophysitismus) so doch in einem einzigen Wirken und Wollen suchen. Das ist die Wurzel des ... *Monotheletismus* ..., (des Versuchs), die Einheit zwischen Gott und Mensch in Christus als Natureinheit zu begreifen.» «In der Sache ging es um ganz Entscheidendes: Wenn der menschliche Wille (die Freiheit) Jesu nichts wäre als das passive Instrument des göttlichen Willens, ohne eigene Bewegung, dann hätte der inkarnierte Sohn gerade das nicht angenommen und geheilt, was im Menschen der Ort der Verweigerung wie des Gehorsams gegen Gott ist. Das hatte der große griechische Theologe MAXIMUS CONFESSSOR (gest. 662) durchschaut (der ... eine glänzende neuchalcedonische Synthese altkirchlich-hellenistischer Christologie bietet). Aus der Zweiheit der Naturen folgt für ihn zumindest die Zweiheit der Willens- und Wirkvermögen: Zu jeder Natur gehört ein willentliches Grundvermögen (thelema physikon). Das konkrete Wählen und So-Wollen (thelema gnomikon) hingegen ist Sache der Person und in Christus eines, weil die menschliche Willenstätigkeit Jesu unter dem leitenden Einfluß des göttlichen Willens und in voller Übereinstimmung mit diesem steht.» Aber: kann die menschliche «Natur» wollen? Gibt es einen Willen ohne Personalität und Bewußtheit?

38 Gewiß, zu einer vollständigen vernünftigen Natur gehört auch der Wille, doch nun wird es wieder kompliziert: man muß den menschlichen Willen in Christus ohne eine menschliche Person denken (die «Hypostase» ist ja göttlich), und auch der göttliche Wille in Christus ist nicht der Wille des göttlichen Logos als Person, denn wäre der Wille in Gott an die Personen gebunden, so gäbe es in Gott drei (verschiedene) Willen. Also kann der Wille in Christus nur von der Natur ausgehen: von der

ein zweifaches Wollen und Wirken anzunehmen. – Und was schließlich ist es mit dem Wissen der Seele Christi? Da gilt – auf Grund der «Perichorese» –, daß die Seele des Herrn die vollkommene Erkenntnis Gottes besaß und irrtumsfrei auch auf Erden alles erkannte[39]; desgleichen war es ihr – trotz der zwei Willen – unmöglich, zu sündigen, denn wie sollte sie, im Besitz der beseligenden Anschauung Gottes, sich gegen Gott stellen können?

Das, in groben Umrissen, ist die Lehre von Christus entsprechend dem kirchlichen Dogma; sie muß so und nicht anders von einem jeden geglaubt werden, um nicht als Irrlehrer verdammt und von der Teilhabe am Heil des Erlösers ausgeschlossen zu werden. Doch was ist das für ein Glaube? Wer, noch einmal, die Doppelstatue des *Niuser-Ra* betrachtet oder wer die – seit der IV. Dynastie bekannte[40] – Formel: Sohn des Sonnengottes (Ra) bedenkt, versteht intuitiv den Sinn des Mythos: der Sonnengott von Heliopolis, als nunmehr höchster der Götter, hat mit einer irdischen Mutter als seinen Sohn den Pharao gezeugt[41]; ursprünglich noch ein Beiname des Königs, wird «Sohn des Ra» zum ständigen Titel des Eigennamens ; Person (Eigen-

menschlichen Natur also ein menschlicher Wille und von der göttlichen Natur ein göttlicher Wille. Vgl. JOHANNES BRINKTRINE: Die Lehre von der Menschwerdung und Erlösung, 155–156. Das gleiche Argument führte aber vorhin (s.o. Anm. 35; 36) noch zu dem Schluß, daß Christus kein eigenes göttliches oder menschliches Bewußtsein besaß! Wir haben jetzt also in Christus zwei Willen anzunehmen, doch ohne ein je eigenes Bewußtsein, – eine psychologisch geradewegs phantastische Konstruktion.

39 KARL RAHNER: Dogmatische Erwägungen über das Wissen und Selbstbewußtsein Christi, in: Schriften zur Theologie, V 222–245, stellt zu Recht fest, daß «ein ausdrückliches Wissen über alle Menschen aller Zeiten und Zonen», wie es in der Tradition Christus auf Grund der unmittelbaren Gottesschau zugeschrieben wird, «fast mythologisch» wirkt (S. 223). Seine «Lösung» besteht indessen in dem Vorschlag, «daß diese unmittelbare Gottesschau ... gar nichts anderes ist, als das ursprüngliche ungegenständliche Gottessohnbewußtsein, das einfach damit schon gegeben ist, daß diese Hypostatische Union *ist.*» (236–237) Es ist demnach von einem «unthematischen, unreflexen» Wissen um sich selbst auszugehen, das sich seiner zwar bewußt, aber keine «*ge*wußte Gelichtetheit für sich selbst» sein muß. (237–238) Auf diese Weise soll «die gottunmittelbare Grundbefindlichkeit (sc. Christi, d. V.) ... vereinbar mit einer echten menschlichen geistigen Geschichte» gemacht werden (239). Vgl. GEORG ESSEN: Die Freiheit Jesu, 68–85: Zur Christologie Karl Rahners , der (S. 85) vermerkt: «Weil Rahner das ursprüngliche Sichverhalten menschlicher Freiheit nicht in ihrer formalen Unbedingtheit entspringen läßt, sondern metaphysisch in Gott selbst fundiert, übergeht er die ursprüngliche Fähigkeit der Freiheit, sich zu allem, zum eigenen Dasein, der eigenen Bestimmung und zu Gott verhalten zu können.»

40 JÜRGEN VON BECKERATH: Handbuch der ägyptischen Königsnamen, 32.

41 A. a. O., 32.

name) und Funktion (Titel) treten zur Einheit zusammen[42], um die Macht des Herrschers als des Repräsentanten der Sonne zu zeigen, der auf Erden ist und zu sein hat «wie Ra am Himmel». Dieses «wie» ist ein einfacher Vergleich, der unmittelbar verständlich ist und nicht danach verlangt, begrifflich genauer definiert zu werden. – Ganz anders indessen fand sich die Ausgangslage der christlichen Dogmatik. Nach ihrer Vorstellung hat nicht Gott in dem König (s)einen «Sohn» gezeugt, sondern der Sohn Gottes, der Logos, inkarnierte (wurde Mensch) in der «Jungfrau» Maria. Die «Gottessohnschaft» ist hier nicht erst eine Aussage der Christologie, sie besteht schon in der Gottheit und setzt sich als solche in Christus fort. Genauer gesagt: Christus ist nicht «Gottes Sohn», weil die «Jungfrau» ihn durch den Heiligen Geist empfangen hat, sondern es ist der «Sohn Gottes» selbst, der durch die «Jungfrau» die menschliche Natur angenommen hat.

Wie aber verhält sich *in Gott* der «Sohn» zum «Vater»? Ausgehend vom jüdischen Monotheismus der Bibel mußte es schon schwerfallen, neben Gott, den «Vater», überhaupt noch einen «Sohn» als eine eigene Person zu stellen. Weit verbreitet war im 2. Jh. deshalb die Gruppe der «*Monarchianer*», so benannt, weil sie die «Alleinherrschaft» (die Monarchie) Gottes vertraten[43]; Gott war und blieb

42 A. a. O., 33: «Späterhin (sc. erst, d. V.) wird ‹Sohn des Re› zum ständigen Titel des Eigennamens. Diese Eigennamen trugen die Pharaonen ... seit ihrer Geburt, bei denen ihnen ihr künftiges Königtum noch keineswegs bestimmt war ... Nur gelegentlich haben ägyptische Herrscher, wenn sie zum Thron gelangt waren, ihren Eigennamen geändert.»

43 ADOLF VON HARNACK: Lehrbuch der Dogmengeschichte, I 211–212, meint, daß schon im apostolischen Zeitalter zwei «Lehren» über Christus vorhanden waren: «Entweder galt Jesus als der Mensch, den Gott sich erwählt hat, in dem die Gottheit oder der Geist Gottes gewohnt hat, und der nach seiner Bewährung von Gott adoptiert und in die volle Herrscherstellung eingesetzt worden ist (*adoptianische Christologie*), oder Jesus galt als ein himmlisches Geistwesen (resp. das höchste himmlische Geistwesen nach Gott ...), welches auf Erden erschienen ist, ein Menschenleben durchlaufen hat und nach Vollendung seines Werkes wieder in den Himmel zurückgekehrt ist.» – Als einziges erhaltenes Werk einer rein adoptianischen Christologie darf *Der Hirte des Hermas* gelten, der im 9. Gleichnis, Kap. 1 und Kap. 12, in: Die apostolischen Väter, S. 257–258; S. 268–269, die Vorstellung entwickelt hat, daß der Heilige Geist als der «Sohn Gottes ... älter (ist) als seine ganze Schöpfung, so daß er auch der Ratgeber seines Vaters bei seiner Schöpfung sein konnte.» (IX 12,2; S. 268) «Den Heiligen Geist, der schon vorher da war und der jegliches Ding erschaffen hat, verpflanzte Gott in einen Leib, den er wollte. Dieser Leib nun, in dem der Heilige Geist wohnte, diente dem Geiste gut durch einen Wandel in Heiligkeit und Reinheit ... (Gott) hatte ... Wohlgefallen an dem Wandel dieses Leibes, weil er sich mit dieser Welt nicht befleckte, da er den Heiligen Geist besaß. Als Ratgeber

für sie *eine* Person, Jesus aber war in ihren Augen ein Mensch, der auf wunderbare Weise durch die Kraft des Heiligen Geistes zur Welt gekommen war und in seinem Tode von Gott zum «König» (zum Messias) und damit zu gottgleicher Größe erhoben worden war, – ganz wie *Paulus* im *Römer*-Brief davon spricht, Jesus sei «eingesetzt als Sohn Gottes in Kraft durch die Auferstehung von den Toten». (Röm 1,3) Diese Vorstellung entspricht in etwa der «Adoption» oder der Vergottung, die den römischen Caesaren im Tod zuteil wurde. Auch wenn in Lk 1,35 der Engel Gabriel zu Maria sagt, Heiliger Geist werde über sie kommen, des Höchsten Kraft werde sie umschatten und deshalb werde «das so Gezeugte als heilig gerufen werden: Sohn Gottes», so klingt das ganz danach, als werde Christus zum «Sohn» Gottes erst durch die Geburt aus der «Jungfrau». Für die «Monarchianer» und Adoptianisten ist Christus ein Prophet, der von Gott zu einem gottgleichen Herrscher erhoben ward, – eine Ansicht, die sich in etwa (noch) mit den «Verheißungen» eines kommenden Messias in der Bibel vereinbaren läßt. Nun aber wurde um 190 der Anführer der Monarchianer in Rom, der Lederarbeiter THEODOTUS, von dem römischen Bischof VIKTOR exkommuniziert[44], ohne daß

zog er seinen Sohn und die herrlichen Engel bei, auf daß auch dieser Leib, der dem Geiste ohne Tadel gedient hatte, eine Wohnstätte habe.» (6,5–7; S. 239) Auf diese in Rom, aber auch in der griechischen Kirche in hohem Ansehen stehende Schrift, die etwa um 150 entstanden sein könnte, vermochten im 3. Jh. sich die «Adoptianisten» bzw. «Monarchianer» zu berufen, deren Lehren weit verbreitet waren. HARNACK: A. a. O., I 703, konstatiert: « ... die Geschichte der Christologie von Athanasius bis Augustin ist die Geschichte der fast vollständigen Verdrängung des Logosbegriffes (bzw. des Heiligen Geistes, d. V.) durch den alles kosmischen Inhaltes entbehrenden Begriff des Sohnes – zugleich die Geschichte der Substitution der immanenten und absoluten Trinität an Stelle der ökonomischen und relativen. Die volle Gottheit des Sohnes war damit gewonnen, aber in der Form einer complicierten und künstlichen Spekulation, die ... den Schutz einer alten Überlieferung (sc. nicht, d. V.) für sich hatte.»

44 Näherhin unterscheiden läßt sich von dem so skizzierten «dynamistischen Monarchismus» (oder Adoptianismus) ein «modalistischer Monarchismus»; vgl. ADOLF VON HARNACK: Lehrbuch der Dogmengeschichte, I 707. Dafür stand der Lederarbeiter *Theodotus*. Er war ein römischer Adoptianer, und seine Verurteilung «ist der erste uns bekannte Fall, dass ein auf der Glaubensregel stehender Christ ... als Irrlehrer gemassregelt worden ist ... In Bezug auf die Person Jesu lehrte er: ... Jesus sei ein Mensch gewesen, der nach einem besonderen Rathschluss Gottes durch Wirkung des h. Geistes aus einer Jungfrau geboren sei, nicht aber sei in ihm ein himmlisches Wesen, welches in der Jungfrau Fleisch angenommen habe, zu erkennen. Nach einer vollkommenen Bewährung in einem frommen Leben sei in der Taufe der h. Geist auf ihn herabgestiegen, dadurch sei er zum Christus geworden ... Indessen berechtige die Herabkunft des Geistes auf Jesus noch nicht dazu zu behaupten, er sei nun ‹Gott›.» (I 709) EUSEBIUS: Kirchengeschichte, V 28, in: Ausgew. Schriften, II

dadurch freilich der Einfluß seiner Einsichten entscheidend geschwächt worden wäre. Im Gegenteil, die geistige Entwicklung trat allererst in ihre Konsequenz: War nicht Jesus erkennbar ein Mensch? Und ist nicht der Gott der Bibel absolut einer? Man mag von dem «Logos», von der «Vernunft» Gottes sprechen und sie sogar als seinen «Sohn» bezeichnen, – es handelt sich dabei doch um eine geistige Kraft, die nicht selber Person ist.

Ganz so lehrte um 260 der Bischof von Antiochien, PAUL VON SAMOSATA; er betrachtete den «Logos», den «Sohn Gottes», nicht als die zweite Person in der Gottheit, sondern in etwa so, wie die Kirche später den Heiligen Geist «definierte»: der «Logos» war für PAUL VON SAMOSATA die Kraft der Inspiration, die Jesus zu dem größten unter den Propheten machte und ihn befähigte, die Einheit mit Gott zu wahren, so daß er durch Tod und Auferstehung zur Größe und Würde (eines) Gottes erhoben wurde[45]. – Deutlich ist, daß dieser Bischof von Antiochien die entscheidende Erlösungstat Christi (noch!) ganz in die Beziehung des Menschen Jesus zu Gott als dem Vater verlegte, in welcher die Macht Gottes seiner Meinung nach am wirksamsten zum Ausdruck gekommen war. Jedoch: Im Jahre 381, auf dem Konzil von Konstantinopel, wurde diese Lehre unter anderen «subordinatianischen» Ansichten als Irrlehre verworfen[46]; ein Jahr

257–258, machte daraus die Behauptung, *Viktor*, «der nach Petrus der 13. Bischof in Rom war,» habe *Theodotus* aus der Gemeinschaft ausgeschlossen ..., weil er als erster Christus einen bloßen Menschen nannte.» – Eine Darstellung der Lehre des *Theodotus* gibt HIPPOLYTOS: Die Widerlegung aller Häresien, VII 35; S. 221–222; X 23; S. 280–281.

45 ADOLF VON HARNACK: Lehrbuch der Dogmengeschichte, I 724–725, kennzeichnet die Lehre PAULS VON SAMOSATA so: «Gott ist schlechthin einpersönlich zu denken. Vater, Sohn und Geist sind der eine Gott ... Wohl kann in Gott ein Logos (Sohn), resp. eine Sophia (Geist) unterschieden werden ..., aber sie sind *Eigenschaften*. Gott setzt den Logos von Ewigkeit her aus sich heraus, ja, zeugt ihn, so dass man ihn Sohn nennen und ihm ein Sein beilegen kann, aber er bleibt eine unpersönliche Kraft ... Dieser Logos hat in den Propheten gewirkt ..., am meisten ... in dem von der Jungfrau aus dem h. Geist geborenen Davidssohn. Der Erlöser ist seinem Wesensbestande nach ein Mensch ... Die Verbindung des Logos mit dem Menschen Jesus ist vorzustellen als eine Einwohnung vermittels einer von außen wirkenden Inspiration ... Maria hat ... nicht den Logos geboren, sondern einen uns wesensgleichen Menschen.» Zu Leben und Wirken PAULS VON SAMOSATA vgl. I 722–732.

46 Vgl. DENZINGER-SCHÖNMETZER: Enchiridion Symbolorum, Nr. 151 – gegen die Subordinatianer und Modalisten; vgl. auch im Jahre 574 das Konzil von Braga, Nr. 453: «Wenn jemand sagt, der Sohn Gottes, unser Herr, sei nicht gewesen, bevor er aus Maria, der Jungfrau, geboren ward, wie Paul von Samosata, der sei ausgeschlossen.»

später, in einer Versammlung der katholischen Bischöfe in Rom, wurde in einer besonderen Erklärung zu der rechten Lehre über die Dreifaltigkeit Gottes und die Inkarnation auch die Natur und die Funktion des Heiligen Geistes als einer eigenen Person in Gott definiert – gegen die «Irrlehre» des PAUL VON SAMOSATA[47].

Auf dem Wege dahin galt es freilich, noch eine weitere Gefahr des rechten Glaubens auszuschalten. Folgende Denkmöglichkeit lag auf der Hand: Wenn Gott als Person einer ist und bleibt (wie es Juden und Muslime bis heute betonen), so konnte von einem «Sohn Gottes» weder in der Gottheit selber noch in Christus wirklich die Rede sein; wenn doch, so mußte es sich lediglich um gewisse Erscheinungsweisen oder Modifikationen des einen wahren Gottes handeln. Diese Auffassung des «Modalismus» vertrat um 220 der Libyer SABELLIUS, indem er erklärte, der Vater, der Sohn und der Heilige Geist seien im Grunde ein und derselbe, nur in verschiedenen Darstellungsformen[48]. Für die Christologie ergab dieser Ansatz eine Folgerung, die NOËTOS VON SMYRNA vertrat, dessen «Irrlehren» unter anderem von dem römischen Bischof HIPPOLYTUS in seiner «Widerlegung aller Häresien» (den *Philosophumena*) bekämpft wurden. HIPPOLYT zitiert seine und seiner Anhänger Lehre mit den Worten, «es gebe einen Vater und Gott des Universums; dieser Allschöpfer sei für die existierenden Wesen verborgen gewesen, wenn er wollte; er sei in Erscheinung getreten dann, wenn er wollte; er sei unsichtbar, wenn er nicht gesehen werde, und sichtbar, wenn er gesehen werde; ungezeugt, wenn er nicht gezeugt werde, gezeugt, wenn er aus der Jungfrau gezeugt werde; leidensunfähig und unsterblich, wenn er nicht leide und sterbe, wenn er sich Leiden unterziehe, leide und sterbe er. Diesen Vater halten sie zugleich für den Sohn, der je nach den Umständen

47 A. a. O., Nr. 168–177, die Erklärungen 16–24. Die Erklärung 16 (DENZINGER-SCHÖNMETZER, Nr. 168) setzt fest: «Wer nicht sagt, der Heilige Geist sei wahrhaft und wesenseigentümlich vom Vater, wie der Sohn, von göttlicher Substanz (Natur) und wahrer Gott, der sei ausgeschlossen.»

48 ADOLF VON HARNACK: Lehrbuch der Dogmengeschichte, I 760–761: «Da der Name ‹Sabellianer› seit dem Ausgang des 3. Jahrhunderts im Orient die allgemeine Bezeichnung für die modalistischen Monarchianer geworden ist …, so ist die Überlieferung über die Lehrweise des Sabellius und seiner nächsten Schüler sehr getrübt.» S. 762: «Als mehrere Jahre nach dem Tode des Origenes, um das Jahr 260, in der Pentapolis (sc. in der westlichen Kyrenaika mit Berenike, Arsinoë. Ptolemais, Kyrene und Apollonia, d. V.) die monarchianische Lehre die dortigen Gemeinden … gewann …, war Sabellius schwerlich mehr am Leben, und doch ist sein Name damals an die Spitze gestellt worden.»

bald den einen, bald den anderen Namen führe.»[49] – Nach dieser Ansicht ist kein Unterschied zwischen dem Vater und dem Sohn; es ist also letztlich Gott selbst, der Vater, der am Kreuze gelitten hat. Von «Patripassianismus» (pater = Vater, passus est = er hat gelitten) sprach man deshalb auch, um die Lehre der Noëtianer zu kennzeichnen[50].

Ohne auf die zahlreichen Spielarten häretischer Lehren weiter einzugehen, die HIPPOLYTUS in seiner frommen Wahrheitsliebe mit polemischem Eifer in möglicher Vollständigkeit katalogisierte, wird doch schon in dieser kurzen Übersicht das Grunddilemma der dogmatischen Lehre von Jesus Christus in aller Klarheit sichtbar: Da sie das mythische Bild von dem Gottmenschen nicht als die Beschreibung der Existenzweise des «Königs» (Israels) bzw. des «Erlösers» der Menschheit versteht, sondern mit metaphysischen Begriffen zu klären sucht, ob Jesus ontisch (seinshaft) Gott war oder nicht, steht sie vor einem logisch unüberwindbaren Dilemma: entweder war Jesus «nur» ein Mensch, ein Prophet, der von Gott durchdrungen war und von ihm im Tod «erhöht» ward, oder, wenn er selber Gott war, mußte der eine Gott in ihm erschienen sein. Zwischen dem sogenannten Monarchismus oder «Subordinatianismus», wonach Christus nur ein Geschöpf Gottes war, und dem «Modalismus» (oder auch Doketismus), wonach die menschliche Seite Christi nur die scheinbare, den Menschen sichtbare Seite Gottes war, wurde man geistig wie ein Pingpong-Ball zwischen zwei Schlägern hin und her getrieben. Entweder die Göttlichkeit Christi wurde geleugnet und er selber auf den Status eines bloßen Menschen beziehungsweise eines antiken Heros verkleinert oder die Göttlichkeit Christi wurde bejaht, aber als eine bloße Modifikation des einen Gottes verstanden. In beiden Fällen blieb zwar die Einheit Gottes gewahrt, doch auch der christologische Konflikt selbst blieb bestehen.

49 A. a. O., I 737, urteilt: «Die ältesten litterarischen Vertreter des Modalismus ... haben ein ausgeprägt monotheistisches und wirklich biblisch-christliches Interesse gehabt. Für die Gegner aber (sc. wie HIPPOLYT, d. V.) ist es charakteristisch, daß sie sofort den Gott Heraklits und (sc. des eleatischen Philosophen, d. V.) Zeno's gewittert haben – ein Beweis, wie tief sie selbst in der neuplatonischen Philosophie steckten.» Vgl. HIPPOLYT: Die Widerlegung aller Häresien, X 27; S. 281–282.

50 Von «Patripassianern» spricht CYPRIAN: Briefe, 37,4, in: Schriften, II 339. Der Name war bei den Orientalen so wenig geläufig wie «Monarchianer». «Die Orientalen bezeichnen sie seit der zweiten Hälfte des 3. Jahrhunderts insgemein als ‹Sabelliani› nach dem berühmten Schulhaupt.» ADOLF VON HARNACK: Lehrbuch der Dogmengeschichte, I 735.

Um zwischen den Fronten zu vermitteln, versuchte in Alexandrien der Presbyter ARIUS um 300, den Modalismus des SABELLIUS durch eine nähere Bestimmung des Verhältnisses von «Vater» und «Sohn» zu überwinden. Nach ARIUS ist zwischen Gott und «Vater» zu unterscheiden, denn zum «Vater» wurde Gott erst, als er den «Sohn» aus dem Nichts schuf, um in ihm die Menschheit erlösen zu können. Der «Sohn» bzw. der «Logos» ist insofern das oberste aller Geschöpfe Gottes, das schon vor der Schöpfung der Welt, doch nicht seit Ewigkeit war; wesentlich ist in seiner Zeitlichkeit der Logos von der ewigen und unveränderlichen Natur des «Vaters» verschieden; anders kann es nicht sein, denn wäre der Logos göttlicher Natur, so müßte es zwei Götter geben. – Tatsächlich zeigt sich für ARIUS dieser Unterschied zwischen Vater und Sohn (Logos) auch in dem Zeugnis der Evangelien, wonach Christus (der Sohn) durchaus ungöttliche, wahrhaft menschliche Züge zugeschrieben werden. Wäre der Logos wirklich – entsprechend dem Sabellianismus – ein vollkommenes Abbild des Vaters, so müßte der Sohn zeugen können wie der Vater, er müßte demnach sein eigener Vater sein und sich gezeugt haben, bevor er gezeugt wurde[51].

Doch selbst dieses Argument einer Rückführung des gegnerischen Standpunktes aufs Absurde gilt nur, solange Gott als *eine* Person geglaubt wird; der weitere Gang der Dogmengeschichte hingegen versuchte, die Lehre von den zwei Naturen (der göttlichen und der menschlichen) in der einen göttlichen Person des Christus zu begründen und zu ergänzen durch die Lehre von den *drei Personen* (dem Vater, dem Sohn beziehungsweise dem Logos und dem Heiligen

51 Als den «Mutterschooss des Arianismus» bezeichnet ADOLF VON HARNACK: Lehrbuch der Dogmengeschichte, I 731, LUCIAN, der «vom Geiste des Paulus (sc. von Samosata, d. V.) befruchtet worden» war. S. 731–732: « … aber indem sich Lucian zur Annahme eines, freilich sehr untergeordneten, geschaffenen Logos bequemte und diesen an die Stelle des Menschen Jesus setzte, hat er den Grundgedanken des Paulus gefälscht, und seine Schüler, die Arianer, haben in dem Bilde, das sie von der Person Christi entwarfen, die Züge nicht mehr festhalten können, in denen Paulus es geschaut hat … Man muss aber urtheilen, dass der Arianismus überhaupt nichts anderes ist als ein Compromiss zwischen der adoptianischen und der Logos-Christologie, der da beweist, dass seit dem Ausgang des 3. Jahrhunderts jede Christologie, welche nicht die persönliche Präexistenz Christi anerkannte, in der Kirche unmöglich war.» Zu LUCIANS Christologie vgl. a. a. O., II 186–190, mit dem Resultat: «In der lucianischen Doctrin ist der Adoptianismus … mit den Mitteln der aristotelischen Philosophie durchgeführt und kritisch-exegetisch aus der Bibel begründet … Der Gedanke der wirklichen Erlösung tritt zurück.» Zur Person und Lehre des ARIUS vgl. a. a. O., II 190–204.

Geist) in der einen Natur Gottes. Der Ort, an dem das geschah, war Nicaea, wo unter Leitung des ersten «christlichen» Kaisers *Konstantin* zur Vereinheitlichung der verschiedenen Lehren in der Christenheit im Jahre 325 das erste ökumenische Konzil stattfand, mit dem Ergebnis, daß fortan staatliche Macht und geistlicher Zwang festzulegen vermochten, wie man auf Silbe und Buchstabe genau sprechen mußte, um Christus «richtig» zu bekennen und in diesem Bekenntnis des richtigen Glaubens des Heils teilhaftig zu werden, das der Sohn Gottes gewirkt hatte. Die Formel, in welcher allein Christus seither «richtig» bekannt wird, besteht in dem Begriff der Wesenseinheit (griech: der Homo-ousía). Nur wer sagt, daß der Vater und der Sohn (Logos) eines Wesens sind, drückt sich dogmatisch korrekt aus[52]. Vor allem der Bischof von Alexandrien, ATHANASIUS, wurde zum großen Gegner des ARIUS samt seiner teils extremen, teils gemäßigten Anhänger, die eine Zeitlang sogar die Unterstützung des Kaisers fanden[53].

52 ADOLF VON HARNACK: Lehrbuch der Dogmengeschichte, II 198–199, kennzeichnet die Lehre des ARIUS so: «Gott, der Einzige, neben dem es keinen anderen gibt, ist allein ungezeugt, anfangslos und ewig; er ist unaussprechlich, unerfassbar und hat schlechterdings nicht seines Gleichen. In diesen Merkmalen liegt sein eigentliches Wesen. Er hat Alles aus freiem Willen *geschaffen*, und es gibt nichts neben ihm, was er nicht geschaffen hätte. ‹Zeugen› ist lediglich ein Synonym für Schaffen. Andernfalls würde die strenge Einfachheit und Geistigkeit Gottes vernichtet sein. Aus seinem eigenen Wesen kann Gott Nichts heraussetzen; er kann auch dem Geschaffenen sein *Wesen* nicht mitteilen; denn dieses ist eben ungeschaffen. Er ist demgemäß auch nicht immer Vater gewesen; denn sonst wäre das Geschaffene nicht geschaffen, sondern ewig.» M.a.W.: Der «Logos» kann nicht gleichen Wesens wie der Vater sein (*«homooúsios tōi patrí»*), denn dann wäre Gott nicht Gott.

53 ADOLF VON HARNACK: Lehrbuch der Dogmengeschichte, II 208–209, faßt die Lehre des ATHANASIUS (in der Zeit nach Nicaea) so zusammen: «Alles, wofür Athanasius sein Leben eingesetzt hat, ist beschrieben in dem *einen* Satz: Gott selbst ist in die Menschheit eingegangen. – In dem Erlösungsgedanken wurzelt die Theologie und Christologie des Athanasius. Heidenthum und Judenthum haben die Menschen nicht in die Gemeinschaft mit Gott gebracht, auf die alles ankommt. Durch Christus (sc. allein, d. V.) sind wir in diese Gemeinschaft versetzt worden; er ist gekommen, um uns zu vergöttlichen, d. h. uns per adoptionem zu Gottessöhnen und Göttern zu machen ... Also muss Christus aus dem Wesen der Gottheit sein und mit ihr Eins. Wer das leugnet, ist nicht Christ, ist Heide oder Jude.» Sein Hauptargument sieht ATHANASIUS: Gegen die Arianer, II 69, in: Ausgew. Schriften, I 216, darin, daß «der Mensch, wenn der Sohn ein Geschöpf war, trotzdem sterblich (blieb), ohne Verbindung mit Gott. Denn ein Geschöpf konnte die Geschöpfe nicht mit Gott verbinden, da es selbst nach dem Verbindenden sich umsehen mußte.» – Da die Verbindung des Menschlichen mit dem Göttlichen auf diese Weise nicht als Verbindung zwischen Ich und Du, sondern seinshaft gedacht wird, entsteht natürlich sogleich ein neues Problem. «So straff und klar wie Athanasius hat kein griechischer Theologe nach ihm die Frage, warum Gott Mensch geworden sei, beantwortet. Aber die unbeanstandet orthodoxen Väter gehen alle in seinen Bahnen und zeigen sogleich, dass

seine Lehrauffassung nur auf dem Boden des *Platonismus* zu halten war», schreibt HARNACK: A. a. O., II 164–165 und führt den Kappadokier GREGOR VON NYSSA (um 335 – um 394) an, der in: Große Katechese, 17, in: Ausgew. Schriften, S. 39, die Menschwerdung mit dem gütigen und machtvollen Entschluß Gottes begründet, «die Wiedereinführung ins Leben» dem Menschen nach dem Sündenfall zu schenken. Vgl. Große Katechese 21,2, in: A. a. O., S. 45–46: «Weil er (sc. Gott, d. V.) die Güte selbst ist, so hat er Mitleid mit dem gefallenen Menschen.» Durchaus neuplatonisch, ist für GREGOR VON NYSSA der «Sündenzustand der Tod. Gott allein ist Sein. Darum ist alle Abkehr von Gott zum Sinnlichen, d. h. zum Nicht-Seienden, Tod.» HARNACK: A. a. O., II 165. – Jedoch: wie läßt sich der Satz: «Das Wort ist Fleisch geworden», verstandesmäßig klar formulieren? Der «genuine Anhänger des Athanasius und ... bedeutendste Theologe seines Zeitalters, ... der bei aller Mystik nüchterne Aristoteliker» (HARNACK: A. a. O., II 324–325), war APOLLINARIS VON LAODICEA (um 310–390), der sah, daß die Lehre, «in Christus habe sich der wesensgleiche Gott-Logos mit einem vollkommenen Menschen verbunden, nothwendig zu *zwei* Gottessöhnen (einem natürlichen und einem adoptierten) führe. Ein vollkommener Gott und ein vollkommener Mensch geben niemals ... ein einheitliches Wesen; sie constituiren vielmehr eine Zwittergestalt, d. h. ein Fabelwesen (Minotaurus ...). Ist aber die Union zwischen einem vollkommenen Gott und einem vollkommenen Menschen ein Unding, so fällt, wenn diese Prämissen gelten, die Idee der Menschwerdung Gottes, auf die alles ankommt, dahin. Es fällt ferner die Unwandelbarkeit und Sündlosigkeit Christi dahin, denn zur Natur des vollkommenen Menschen gehört Wandelbarkeit und Sünde. Also ist in dem Erlöser *nicht* ein vollkommener Mensch anzuerkennen, sondern es ist anzunehmen und zu glauben, dass der Logos menschliche Natur, nämlich die belebte *sarx* (sc. das Fleisch, den Stoff, d. V.) angenommen habe, aber selbst in dieser *sarx* das Prinzip des Selbstbewußtseins und der Selbstbestimmung (noûs, sc. Verstand, d. V.) geworden sei.» (HARNACK: A. a. O., II 326) Im Grunde wendete APOLLINARIS den Hylemorphismus der aristotelischen Metaphysik auf die christologische Frage an, wonach alles aus «Form» und «Materie» zusammengesetzt ist, – in Christus also aus dem formgebenden göttlichen Logos und der (allerdings schon belebten) passiven Materie. Damit löste APOLLINARIS das Problem, daß die Annahme einer vollständigen Eigenpersönlichkeit in Christus seine Erlösermacht aufheben müßte. «Er war ehrlich genug, um nicht weiter von der vollkommenen Menschheit Christi zu reden, sondern offen zu bekennen, Christus war *kein* completer Mensch.» (A. a. O., II 331) – Nun war im Kampf gegen ARIUS indessen gerade die Betonung der vollen Menschennatur zur orthodoxen Pflicht geworden, und so lehnten vor allem die Kappadokier (BASILIUS von Caesarea, sein Bruder GREGOR VON NYSSA und GREGOR VON NAZIANZ) auch die Lehre des APOLLINARIS ab. Auf der Synode in Rom wurde 377 bereits unter Leitung des Bischofs *Damasus* der Apollinarismus verdammt, und die Synode von Antiochien 379 schloß sich den Römern an; im Konzil von Konstantinopel 381 wurden im 1. Kanon die Apollinaristen ausdrücklich verdammt. (A. a. O., II 333) Vgl. DENZINGER-SCHÖNMETZER: Enchiridion Symbolorum, Nr. 146; 151. – Entscheidend für die «Theologie» (s.u. VI a) ist schon hier zu merken, daß auf diese Weise die «christologische Frage ... in die trinitarische hineingezogen und diese durch jene illustriert (wurde). Die volle Menschheit sollte die volle Gottheit ex analogia beweisen.» (HARNACK: A. a. O., II 332) D.h.: Man projizierte die «Heilsökonomie» des Erlösungsgeschehens in die Gottheit hinein mit der Begründung, daß die Gottheit in ihr sich selbst vollgültig «geoffenbart» habe; man nahm – nach Leugnung des mythischen Charakters der eigenen religionsgeschichtlich überkommenen Symbolvorstellungen – die vorgegebe-

Für ARIUS waren der Vater und der Sohn wesensunähnlich (griech: *anhomoios*), und so lehrte wenig später AËTIUS denn auch die vollkommene Unähnlichkeit, ja, den absoluten Wesensabstand zwischen Vater und Sohn[54], – eine solche Ansicht galt inzwischen als ganz und gar «atheistisch». Doch es gab auch vermittelnde Ansichten. Die «Semiarianer» bezeichneten das Verhältnis zwischen Gott-Vater und Sohn als wesensähnlich (griech: als *homoi-oúsios*)[55], andere sprachen nur von einer bloßen Ähnlichkeit (griech: *hómoios*) ... Doch all das waren Irrlehren, die bekämpft werden mußten. Man stritt auf Leben und Tod, auf Heil und Unheil um Buchstaben![56] Beendet werden

nen Bilder der menschlichen Seele als geoffenbarte, dem Menschen mitgeteilte Selbstdarstellung des Göttlichen; so gewann man aus der mythologisierten «heilsökonomischen» Trinität die geoffenbarte «immanente» Trinität aus Vater, Sohn und Geist.

54 Es ist hier nicht möglich, der Vielzahl von Namen und Richtungen in den christologischen Streitigkeiten auch nur annähernd nachzugehen. AËTIUS aber verdient besonders erwähnt zu werden, weil er als Aristoteliker den platonischen Spekulationen am schärften entgegentrat. Seine Formel, die ihn – und seinen Mitstreiter EUNOMIUS – als «Heterousiasten» und «Anhomoier» charakterisierte, war eindeutig: «*heterótēs kat' ousían*» – Andersartigkeit im Wesen und: «*anhómoios kaì katà pánta kaì ousían*» – unähnlich in allem, auch im Wesen. EPIPHANIUS VON SALAMIS: Anakephalaiosis. Auszug aus dem Panarion, Häresien des 1. Abschnittes vom 2. Buch, Nr. 76, in: Ausgew. Schriften, S. 216, gibt die Lehre der Aëtianer dahin wieder, «daß Christus und der Hl. Geist von Gott ganz und gar verschieden seien; indem nämlich diese beiden geschaffen seien, hätten sie gar keine Ähnlichkeit mit Gott. Durch gewisse aristotelische ... Syllogismen suchen sie darzutun, daß Gott Vater sei und daß Christus wegen dieser Relation gar nicht aus Gott sein könne.»

55 Die «Homoiousianer» oder «Semiarianer», die unter Kaiser *Konstantius* (337–361) aus Gründen der Reichseinheit Unterstützung fanden, anerkannten wohl eine Gleichheit der Qualitäten (eine Gleichbeschaffenheit) von Vater und Sohn, lehnten hingegen eine substantielle Einheit ab, d. h. «man schritt noch immer nicht, wie Athanasius, von der Einheit zum Geheimnis der Zweiheit vor, sondern man ging von der Zweiheit aus und suchte die Einheit durch die vollkommene Gleichsetzung von Vater und Sohn zu erreichen. Man hatte also immer noch einen *theòs deúteros* (sc. zweiten Gott, d. V.) und schloss demgemäß die volle Wesens*gemeinschaft* aus.» ADOLF VON HARNACK: Lehrbuch der Dogmengeschichte, II 253. Die Formel der «Gleichbeschaffenheit» (der Homoiousie) sollte offen genug sein, um weder die Ungleichbeschaffenheit (das «*anhómoios*») noch die Wesensgleichheit (das «*homooúsios*») auszuschließen. Im Jahre 358, auf der 4. Synode von Sirmium, brachten die «Homoi-ousianer» den Kaiser auf ihre Seite, indem sie den Einfluß des ARIUS zurückdrängten.

56 Im ganzen ist der Weg hin zum Konzil von Konstantinopel 381 wohl so zu verstehen, wie ADOLF HARNACK: Lehrbuch der Dogmengeschichte, II 260–261, es zusammenfaßt: «Das ‹Homousios› hat schließlich nicht gesiegt, sondern die homöusianische Lehre, welche mit dem ‹Homousios› capitulirt hat ... Eine Lehrformel siegte, welche die wissenschaftliche Theologie nicht ausschloß, die dem Athanasius und den alten Abendländern stets gleichgültig gewesen ist. Aber Athanasius hat selbst zu

konnte der Streit demgemäß nur mit Gewalt: Kaiser *Theodosius I.* (der «Große», 379–395) ließ in einer einzigen Aktion 30 000 Christen, die den «Sohn» nur als «wesensgleich» (als *homoi-oúsios*) und nicht als wesenseins (als *homo-oúsios*) mit dem Vater bekannten, im Amphitheater abschlachten[57]; ARIUS selber war schon im Jahre 336 nach einem Besuch im Kaiserpalast tot zusammengebrochen (als Opfer eines Giftmords, wie man vermuten muß)[58].

Was hat das alles noch mit dem Anliegen und der historischen Person des Jesus aus Nazaret zu tun? mag man sich fragen, und es dürfte schwerfallen, dem Eindruck zu widersprechen, den der Psychoanalytiker THEODOR REIK in seiner Studie «Dogma und Zwangsidee» bereits im Jahre 1927 von der Bizarrerie der christlichen Streitigkeiten nebst ihrem Resultat gezeichnet hat: «Das Christentum lehrt,» faßte er zusammen, «Christus sei ein wahrer Gott, aber auch ein wahrer Mensch, die zweite Person der Trinität, aber auch der Sohn der Jungfrau Maria; er hat zwei Naturen, besteht aber aus drei Substanzen (Logos, Leib und Seele); die beiden Naturen sind unvermischt, sie sind aber auch untrennbar. Das katholische Dogma lehrt sowohl die Zweiheit in der Einheit als auch die Einheit in der Zweiheit. Es findet aber auch ein gegenseitiger Austausch göttlicher und menschlicher Eigenschaften statt (Idiomenkommunikation), insofern von Gott Menschliches und vom Menschen Göttliches ausgesagt werden darf und muß wie z. B. ‹Gott hat gelitten› und ‹der Mensch ist Gott›. Man hat in Christus zwei Willen zu unterscheiden usw.»[59]

dem Umschwung der Dinge beigetragen; ob er ihn in seiner ganzen Tragweite übersehen hat, ist fraglich.» – Die bahnbrechende Bedeutung von HARNACKS hier so oft zitierter «Dogmengeschichte» hat PAUL TILLICH: Begegnungen, 162, klar erfaßt: «das Dogma, so meint Harnack, ist nicht eine Sache, die mit dem Christentum für alle Zeiten verbunden ist. Es ist eine Schöpfung des griechischen Geistes auf dem Boden des Evangeliums; aber es gehört nicht notwendig zum Evangelium. Im Gegenteil: Es ist ein Gebilde, das für seine Zeit von entscheidender Bedeutung war, das aber in seiner Bedeutung längst erschöpft ist.» Dieser Auffassung schließt sich die vorliegende Darstellung ganz und gar an.

57 KARLHEINZ DESCHNER: Kriminalgeschichte des Christentums, 1. Bd.: Die Frühzeit, 446, nennt das Massaker von 390 «eines der scheußlichsten … der Antike», er setzt die Zahl der Getöteten aber nach unterschiedlichen Quellen auf «nur» 7000 (oder 15000) an; ein Jahr später, im Jahr 391, erhob der Kaiser das Christentum zur Staatsreligion und verbot alle heidnischen Kulte. So wurde er zum «Idealbild eines christlichen Fürsten.» (A. a. O., 446)

58 Vgl. a. a. O., 374.

59 THEODOR REIK: Dogma und Zwangsidee, 73. – Von einer «Aporetik» (Ausweglosigkeit) der «Zweinaturenlehre» spricht – unter Verweis bes. auf SCHLEIERMACHER – auch GEORG ESSEN: Die Freiheit Jesu, 192–198, die er (S. 313) dadurch zu

Mit solchen Lehren wollte man vermeiden, daß der Sohn als ein bloßer Mensch (PAUL VON SAMOSATA) oder daß der Logos als ein bloßes Geschöpf (ARIUS) betrachtet wird; andererseits aber darf er auch nicht für eine bloße Erscheinungsform des Göttlichen gehalten werden, wie es die Modalisten und Doketisten behaupteten; es muß die eine Natur Gottes gewahrt bleiben und trotzdem die Göttlichkeit des Logos ausgesagt werden; das Ergebnis ist ein vollendetes Paradox, eine quasi mathematische Formel, deren (Un)Möglichkeit ein unbegreifbares Mysterium darstellt, doch deren Tatsächlichkeit mit dem Anspruch göttlicher Gewißheit zu glauben ist; sie lautet:

drei Personen in einer Natur: die Trinität
zwei Naturen in einer Person: Christus,
die hypostatische Union.

Die begrifflichen Unterscheidungen zwischen Person (griech: *prosōpon*) und Natur (griech: *phýsis*) sowie zwischen *hypóstasis* als Substanz und als Person wurden nach und nach im Verlauf von vierhundert Jahren ausgearbeitet, sie bildeten nunmehr aber das unentbehrlich scheinende Rüstzeug einer dogmatisch gültigen Aussageweise in Fragen der Trinitätslehre und der Christologie; diese Art, von «Person» zu sprechen, hatte indes nichts Persönliches mehr, sowenig wie die Rede von «Natur» noch irgend etwas Natürliches aufwies. Im Grunde hatte man den Glauben als eine Existenzform den Gläubigen weggenommen und in ein Lehrsystem autoritärer Weisungsgebundenheit verwandelt. Vor allem ERICH FROMM hat das «Christusdogma» als ein Verfahren dargestellt, mittels dessen die ursprünglich revolutionäre Botschaft Jesu in ein vollendetes Herrschaftsinstrument pervertiert wurde[60]: je göttlicher der Christus,

überwinden sucht, daß er «die inkarnatorische Fortbestimmung» «von der *einen* Freiheit des ewigen Sohnes» auszusagen sucht: «Im Lebensweg Jesu bestimmt sich ... eine Freiheit fort, die in der menschlichen Wirklichkeit Jesu die Instanz darstellt, die als ewiges Korrelat der Gottheit des Vaters zur Person Jesu gehört und deshalb seiner ‹zeitlich-menschlichen› Geburt vorausgeht.» Um die Sprache und das Gedankengut vom Chalkedonense in den Personalismus der Neuzeit zu integrieren, sucht man Zuflucht in einer Metaphysik der Freiheit, die es erlauben soll, das Dasein der Person Jesu von Gott her zu begründen; doch das existentielle Selbstverständnis des Menschen Jesus enthält wohl eine Aussage über das «Wesen» Gottes, doch läßt sich – ohne Idealismus – Bewußtsein nicht in Sein verwandeln.

60 ERICH FROMM: Die Entwicklung des Christusdogmas, 4. Kap.: Die Wandlung des Christentums und das homoousianische Dogma, in: Gesamtausgabe, VI 42–54, schreibt: «Etwa von der Mitte des zweiten Jahrhunderts an beginnt das Christentum immer mehr Anhänger unter den mittleren und höheren Bevölkerungsschichten des

desto heilsnotwendiger die Hierarchie der Macht in Kirche und Gesellschaft. Eine Verfremdung des Christus, eine Entfremdung des Menschen – das kirchliche Dogma!

Tatsächlich sollte man meinen, zumindest der Jude Jesus selber besäße ein Recht darauf, daß von ihm nur in einer Weise gesprochen würde, die er auch selbst zu verstehen und gutzuheißen vermocht hätte. Doch gerade das ist nicht der Fall. Eben jener alles entscheidende Begriffsunterschied von Person und Natur war und ist selbst im Griechischen und Lateinischen nicht einfach zu vermitteln; in die semitischen Sprachen (Hebräisch, Aramäisch, Arabisch) ist er kaum zu übersetzen[61]. Mit anderen Worten: der Weg der kirchlichen Glaubenslehre hat in den ersten Jahrhunderten nach Christus bereits eine Richtung genommen, die nirgendwo hinführt außer zu sich selber. Und nicht einmal das.

In der Sprache des Nizaeno-Konstantinopolitanischen Glaubensbekenntnisses läßt sich heutigentags der heranwachsenden Generation nicht mehr sagen, was, den Erklärungen nach, das Wichtigste in ihrem Leben darstellt; sogar in der Theologenausbildung ist das Erlernen und Verstehen der griechisch-lateinischen Sprachspiele im Fach Dogmatik kaum mehr zu vermitteln. Selbst die ingeniösen Interpretationen der überkommenen Denkmuster durch Theologen wie

römischen Imperiums zu gewinnen.» (S. 44) «Zweihundertfünfzig bis dreihundert Jahre nach der Entstehung des Christentums sind die Menschen, die diesem Glauben angehören, ... nicht mehr Juden ..., sondern Griechen, Römer, Syrier, Gallier ... Wichtiger als diese nationale Verschiebung (sc. aber, d. V.) ist die soziale ... der Christusglaube ist ... die Religion der vornehmen und herrschenden Klasse des römischen Weltreichs geworden.» (S. 45) «Das frühe Christentum war autoritäts- und staatsfeindlich ... Das Christentum, das dreihundert Jahre später zur offiziellen Religion des römischen Imperiums erhoben wurde, ... erfüllt die Funktion, die Kaiser- und Mithraskult nicht annähernd so gut erfüllen konnten, die große Masse in das absolutistische System des römischen Imperiums einzuordnen.» (S. 49) Genauer gesagt: Staatstragend konnte des Christentum erst werden, indem die Gestalt des Christus in den mythischen Bildern des altägyptischen Pharao zum Dogma erhoben wurde, – rationalisiert allerdings in den Begriffen der griechischen Philosophie. HANS KESSLER: Christologie, in: Theodor Schneider (Hg.): Handbuch der Dogmatik, I 356, konzediert denn auch: «Die Kirchenpolitik Kaiser Justinians I. (gest. 565) war ganz bestimmt von dem Willen, die Glaubenseinheit als Grundlage der Wohlfahrt des Reiches wiederherzustellen. Wie ein roter Faden durchzog seine lange Regierungszeit das vergebliche Ringen um eine Verständigung mit den Monophysiten.» Was aber ist das für ein Glaube, der zu einem Herrschaftsinstrument verkommt?

61 Von dem Schweizer Kulturgeschichtler JACOB BURCKHARDT (1818–1897) stammt der nur allzu berechtigte Satz: «Man kann keine Seite Plato ins Hebräische übersetzen.» Zit. n. HORST KLIEMANN: Stundenbuch für Letternfreunde, 117.

KARL RAHNER oder HANS URS VON BALTHASAR in der Mitte des vergangenen Jahrhunderts konnten weder den wachsenden Abstand der Zeit noch den Abstand vom Leben auch nur aufhalten, geschweige denn überwinden. Das Absolute von einst erscheint als das Obsolete von heute. Und so soll es anscheinend bleiben, denn es fehlt jede Erlaubnis zu einem grundlegenden Neuanfang. Gemessen an den Festlegungen der Konzilien vor 1500 Jahren kommt der bloße Versuch schon, die ursprünglichen Anliegen und Aussagen der Botschaft Jesu zurückzugewinnen, einer arianischen oder semiarianischen oder modalistischen oder gnostischen Irrlehre gleich.

Wer aber war er? Wer aber ist er? Jesus aus Nazaret! Darf man so fragen? Im Schatten des Dogmas verwandelten sich vor allem die Evangelien zu einem Steinbruch für die Errichtung des immer glänzenderen Lehrgebäudes der Kirche. Die Architektur des Gefüges war dabei einfach: Jesus hungert, schläft, weint, trauert, zürnt, leidet – das zeigt seine Menschlichkeit; er widersagt dem Satan, er besänftigt den Sturm, er sagt den Untergang Jerusalems voraus, er geht über das Wasser, er vermehrt Brote, er heilt Kranke, er treibt Dämonen aus – das zeigt seine Göttlichkeit. Die einfachsten gattungsgeschichtlichen Unterscheidungen biblischer Erzählweisen fallen dahin: die Geschichten von der «jungfräulichen Geburt» oder von der «Himmelfahrt» dürfen nicht als mythische Bildaussagen gelesen werden, sie müssen als historische Tatsachenberichte verstanden werden[62]. Es steht in der Bibel – also ist es Gottes Offenbarung – also ist es wahr; und wahr ist es nur, wenn es historisch stimmt. – Diese fälschliche Historisierung des Mythos bzw. diese Verdinglichung der mythischen Darstellungsweisen der Bibel ist die Grundlage des Dogmas, und das Dogma wird zur Vorschrift eben dieser systematischen Fehlinterpretation der heiligen Texte. Es ist nicht anders als in der Schöpfungslehre, es ist nicht anders als in der Erlösungslehre, – der Wille zum objektiv Tatsächlichen hält sich durch, metaphysisch im Wesen Gottes, historisch in all seinen biblisch berichteten Taten. Wahr und wirklich ist nur das «objektiv» Festgelegte und Festgestellte, alles «Subjektive» ist das Unsichere, Eingebildete, Unmaßgebliche und Unzureichende. Prinzipiell und systematisch wird das Glauben als eine Haltung, welche das Leben des Einzelnen an der Seite Jesu von Angst in Vertrauen und

62 Das ist bis heute so! Vgl. E. DREWERMANN: Worum es eigentlich geht, 91–101: Die Himmelfahrt Jesu – ein konsensfähiges Paradigma? S. 125–145: Jungfrauengeburt biologisch? – ein Dissens.

von Gewalt in Güte verwandeln sollte, aus dem Leben und Erleben der Menschen herausgenommen und als *der* Glaube (der Kirche) in die Verlautbarungen und Maßregelungen hochrangiger Amtsträger verlegt. Der Pharao befiehlt, der Kaiser ordnet an, der Papst verkündet – und das «Volk» gehorcht. Es spricht nach – ohne Überzeugung. Es tut – ohne innere Beteiligung. Es ist Mitglied – aus Angst vor Ausgliederung[63]. – Um das Ausbluten eines Schwerverletzten zu verhindern, legt man einen Pressverband an; das Dogma ist beides: Verbund und Verwundung, eine schwärende Sepsis. Wenn nicht schon die Amputation der erkrankten Organe des Fühlens ebenso wie des Denkens!

Daß die Lehre vom Opfertod des Christus am Kreuz masochistische Schuldgefühle und sadistische Rachephantasien zu erzeugen vermag, ist an sich schon arg genug; doch der Prozeß der Zerstörung der menschlichen Person im Reden von der göttlichen Person in Christus geht noch einen Schritt weiter. Auf daß Gottes Sohn als Christus zur Welt kommt und Maria zur «Gottesgebärerin» wird, muß die jungfräuliche Geburt des Erlösers als biologisches Faktum geglaubt werden[64]: die Madonna ist sogar «immerwährende Jungfrau» – vor

63 ADOLF VON HARNACK: Das Wesen des Christentums, 140–141, führt dieses Bedenken in die gesamte Entwicklung der christologischen Dogmen im 3./4. Jh. ein, «daß in der griechischen Dogmatik die verhängnisvollste Verbindung geschlossen ist zwischen dem antiken Wunsche nach unsterblichem Leben und der christlichen Verkündigung ..., daß diese Verbindung, eingestellt in die griechische Religionsphilosophie und ihren Intellektualismus, zu Formeln geführt hat, die unrichtig sind, einen erdachten Christus an Stelle des Wirklichen setzen und außerdem der Selbsttäuschung Raum geben, daß man die Sache habe, wenn man nur die richtige Formel besitze.» «Mit dem Traditionalismus und Intellektualismus ist ... verbunden ... der *Ritualismus*. Stellt sich die Religion als eine überlieferte, weitschichtige Lehre dar, die nur wenigen wirklich zugänglich ist, so vermag sie nur als *Weihe* bei der Mehrzahl der Gläubigen praktisch zu werden. Die Lehre wird appliziert in stereotypen Formeln, die von symbolischen Handlungen begleitet sind. So läßt sie sich zwar nicht innerlich verstehen, aber es läßt sich etwas Geheimnisvolles dabei empfinden.» «Der Verkehr mit Gott vollzieht sich durch einen Mysterienkultus, durch Hunderte von ... wirksamen Formeln ... und Weihehandlungen, die, wenn sie pünktlich und gehorsam beobachtet werden, göttliche Gnade mitteilen und auf das ewige Leben vorbereiten. Auch die Lehre als solche bleibt wesentlich unbekannt: in liturgischen Sprüchen tritt sie allein in die Erscheinung.» «Um diese Art von Religion aufzulösen, hat sich Jesus Christus ans Kreuz schlagen lassen; nun ist sie unter seinem Namen und seiner Autorität wieder aufgerichtet!»

64 Vgl. GERHARD LUDWIG MÜLLER: Katholische Dogmatik, 495–497, der die Realität der Jungfrauengeburt gegen die «Adoptionschristologie» und gegen den «gnostischen Doketismus» stellt, aber auch gegen die jüdische Kritik und die griechische Philosophie. – Bereits JUSTIN: 1. Apologie, 21, in: Frühchristliche Apologeten, I 87–88, setzt die Himmelfahrt Christi in Beziehung zu der Versetzung an oder in den

und nach der Geburt, denn in so wunderbarer Weise kam ihr Kind auf die Erde, daß ihre mädchenhafte Unversehrtheit und Reinheit auch im Vorgang der Geburt niemals tangiert ward[65]. – Auch solche Bilder sind – zum Beispiel in der buddhistischen Legende von der

Himmel bei Asklepios, Dionysos, Herakles und Perseus; die übernatürliche Geburt Jesu vergleicht er mit der Befruchtung Danaës durch Zeus (1. Apol., 23; in: a. a. O., I 89); doch dann argumentiert er mit der moralischen Verderbtheit der olympischen Götter und der sittlichen Lauterkeit des Christus zugunsten des Wahrheitsgehaltes einzig der Erzählung von der göttlichen Geburt Jesu. 1. Apol., 33, in: a. a. O., I 100–101, sieht er in Jes 7,14 den Beweis dafür, «daß die Jungfrau ohne Beiwohnung empfangen werde», – sehr im Unterschied zu Zeus, der «aus Liebeslust zu Weibern gekommen» sei. ORIGENES: Acht Bücher gegen Celsus, I 32, in: Ausgew. Schriften, II 44–45, setzt sich mit der These des griechischen Philosophen CELSUS auseinander, Maria habe ihren Sohn von einem Soldaten namens Panthera geboren, und rekurriert (I 35, in: A. a. O., II 48) ebenfalls auf Jes 7,14. Auch er sieht sich konfrontiert mit den griechischen «Jungfrauengeburts-Geschichten», wonach (I 37, in: A. a. O., II 52) PLATON nicht von Ariston, sondern von Apoll durch Amphiktione geboren wurde; und dann sind da die Geschichten der Danaë, Melanippe, Auge, Antiope …

65 Die immerwährende Jungfräulichkeit Mariens wird auf dem 2. Konzil von Konstantinopel im Jahre 553 zum Dogma erhoben. DENZINGER-SCHÖNMETZER: Enchiridion –Symbolorum, Nr. 427. – GERHARD LUDWIG MÜLLER: Katholische Dogmatik, 497–499, bringt es fertig, die Jungfräulichkeit im Geburtsvorgang «nicht» als «abweichende physiologische Besonderheiten in dem natürlichen Vorgang der Geburt (wie etwa die Nichteröffnung der Geburtswege, die Nichtverletzung des Hymen und der nicht eingetretenen Geburtsschmerzen)» zu interpretieren, sondern darin «den heilenden und erlösenden Einfluß der Gnade des Erlösers auf die menschliche Natur» zu erblicken, «die durch die Ursünde ‹verletzt› worden war.» (498) Man beachte: in Gen 3,16 wird die Frau dazu verurteilt, unter Schmerzen Kinder zu gebären; nichts anderes als eine vollkommen schmerzfreie Niederkunft meint das mythische Bild von der Jungfräulichkeit in der Geburt; doch das darf man katholischerseits nicht denken. Nur: da der Erlöser als Gottessohn die menschliche Natur angenommen hat, wie gelehrt wird, sollte seine «Gnade» fortan den «Fluch» des Geburtsschmerzes bei *allen* Frauen wieder rückgängig gemacht haben, – so besäße das «Wunder» wenigstens einen konkreten Inhalt und eine gewisse Konsequenz, – nur leider im Widerspruch zur Wirklichkeit. – Eine «Rettung» des Dogmas unternahm KARL RAHNER: Virginitas in partu, in: Schriften zur Theologie, IV 173–205, indem er, bei Anerkennung des späten Auftauchens der Legende in den Apokryphen, eine «materiale, biologisch-konkrete und eindeutige Inhaltlichkeit dieses Begriffs» von der Jungfräulichkeit in der Geburt ablehnte (197); wie aber geht es dann uneindeutig und unkonkret? Also: «Diejenige, die als von der Konkupiszenz Freie die passiven Vorgänge im Bereich ihres Lebens restlos (wenn auch infralapsarisch, sc. unter den Bedingungen der gefallenen Natur, d. V.) in die Grundentscheidung ihrer Person hineinintegriert, das passiv Erfahrene zum reinen Ausdruck ihrer aktiven Entscheidung zu machen vermag, erfaßt das passive Widerfahrnis der (aktiven) Geburt nicht in der gleichen Weise wie diejenigen Menschen, die das an ihnen durch die Mächte des Lebens in der Welt Geschehende immer als das Fremde, das Einschränkende, das über sie zum Schaden ihrer Freiheit Verfügende erfahren.» (201) Damit soll das Dogma dem Begriff nach erhalten bleiben, indem es einen neuen, das

Geburt des Prinzen *Gautama*[66] – in der Religionsgeschichte weit verbreitet; doch sie behalten ihre symbolische Stringenz und ihre poetische Pracht nur so lange, als sie nicht «wörtlich» genommen werden; genau das aber muß geschehen, wenn man für «wahr» einzig das hält, was objektiv, in Raum und Zeit, als historische Tatsache «wirklich» ist. Kein Mythos, kein Märchen, keine Legende, keine Sage, kein Traum, kein Gedicht, keine Dichtung vermag, wenn es so steht, irgend etwas «Wahres» zu sagen; was nicht als «Faktum» sich ereignet hat, ist nur «Fiktion», also unwahr, also gleißnerisch, also «teuflisch». Die zahlreichen Parallelen, die die mythischen beziehungsweise mythennahen Erzählungen der Bibel zu den Überlieferungen der «Völker» aufweisen, müssen jetzt allen Ernstes als ein satanisches Gaukelspiel gewertet werden, indem der Teufel lange schon vor dem Erscheinen Christi lauter Lügen in Umlauf brachte, um, wenn die

heißt eigentlich: gar keinen Sinn erhält, – kein Frauenarzt wird je das psychosomatische «Wunder» einer schmerzfreien Geburt auf Grund einer völligen Einwilligung einer Frau in den Geburtsvorgang erlebt haben. Wenn aber Gott zur Welt kommt ...?

66 ERNST WALDSCHMIDT: Die Legende vom Leben des Buddha, 42: Als die Königin (im Hain von Lumbini) nach dem Zweige eines Baumes greift, wird der Bodhisattva aus ihrer rechten Seite geboren. – Vgl. E. DREWERMANN: Dein Name ist wie der Geschmack des Lebens, nach S. 24, die Abb. von der jungfräulichen Empfängnis und Geburt des Buddhas. – Dringend notwendig zur Klärung wäre an sich die Abhandlung von PAUL TILLICH: Das religiöse Symbol, aus dem Jahre 1930 (!), wo er von der Wahrheit religiöser Symbole am Beispiel der Jungfrauen-Geburt schreibt: «Vom Standpunkt der historischen Forschung aus hat diese Erzählung einen eindeutigen legendären Charakter ... Sie ist eine späte Schöpfung und versucht verständlich zu machen, daß Jesus den göttlichen Geist in seiner ganzen Fülle besessen hat.» Aber: «Dieses Symbol steht theologisch an der Grenze des Ketzerischen. Denn es setzt eine der fundamentalen Lehren des Konzils von Chalzedon außer Kraft, ... daß die volle Menschlichkeit Jesu neben seiner vollen Göttlichkeit bestehen müsse. Ein menschliches Wesen, das keinen menschlichen Vater hat, hat auch keine volle Menschlichkeit. Also muß dieses Symbol aus innersymbolischen, nicht aber aus historischen Gründen abgelehnt werden.» In: PAUL TILLICH: Die Frage nach dem Unbedingten, 222. Im Namen des einen Dogmas also ist ein anderes Dogma abzulehnen! So kommt es, selbst bei TILLICH, wenn «Historie» und Glaubenssymbol gemeinsam gegen die mythischen Wurzeln der eigenen Überlieferung gestellt werden; auch TILLICH (und der protestantischen Theologie) gegenüber ist zu betonen: ein Widerspruch der Dogmen tritt erst dann ein, wenn man mythische Bilder als Informationen über historische Tatsachen (miß)versteht und sie zugleich als begriffliche Beschreibung (Offenbarung) göttlicher Seinsweisen (fehl)interpretiert. Der Mythos deutet die Wirklichkeit eines königlichen Menschen: er kommt vom Himmel auf die Erde (Jungfrauengeburt), hat eine doppelte Natur als Gott und Mensch und ersteht aus dem Grabe, um zum Himmel zurückzukehren. Nichts widerspricht sich da in den Bildern des Mythos.

Wahrheit Gottes in seinem Sohn Jesus Christus der Menschheit sich mitteilt, Zweifel und Zwietracht zu säen[67].

Als das entscheidende Wahrheitskriterium, «Mythos» und «Logos» von einander abzugrenzen, galt jetzt also die Behauptung, daß Christus «verwirklicht» habe, was die heidnischen Religionen fälschlich von ihren Göttern und Helden behaupteten; die gesamte Religionsgeschichte der Menschheit findet, wenn das zutrifft, ihre faktische Widerlegung ebenso wie ihre Erfüllung in Christus. Der Sieg des Christus scheint damit vollständig. Doch die ganze «Schlacht» ist verkehrt, – zu viele Menschen, *die Menschlichkeit selber* kommt darin um.

Maria, um bei dem Beispiel zu bleiben, hat ihren Sohn empfangen ohne Begegnung mit einem Mann, wie das *Lukas*-Evangelium es dem Engel Gottes in den Mund legt (Lk 1,34.35), und so wurde, entsprechend der katholischen Glaubenslehre, auch während der Geburt die Jungfräulichkeit ihres Schoßes nicht verletzt. Wenn dies nicht als Bild, sondern, wie gesagt, als reale Tatsache zu glauben ist, so gebietet das Dogma als erstes die Selbstzerstörung der menschlichen Vernunft. Keinerlei theologische Ausflucht hilft, wenn es so steht, gegen die einzig sichere Tatsache, daß Dogma und Denken bei solcherlei Tatsachenbehauptungen gegeneinander stehen wie Feuer und Wasser. Vergebens, daß kein Geringerer als der deutsche Papst BENEDIKT XVI. noch im Jahre 2012 das «Mysterium» der Jungfrauengeburt mit dem Postulat zu verteidigen suchte, Gott sei nur Gott, wenn er Macht habe auch über die Materie[68], – wenn er, mit anderen Worten, in und

67 Vgl. E. DREWERMANN: Strukturen des Bösen, II 514–540: Die Mythenfeindlichkeit des Christentums, der Widerstreit der Konfessionen und die innere Zerrissenheit des Menschen. – JUSTIN: 1. Apologie 54, in: Die frühchristlichen Apologeten, I 121–123, bereits erklärte die Mythen als «zur Betörung und Verführung des Menschengeschlechtes auf Antrieb der bösen Geister ersonnen.»

68 JOSEPH RATZINGER / Benedikt XVI.: Jesus von Nazareth. Prolog. Die Kindheitsgeschichte, 60–65: Jungfrauengeburt – Mythos oder geschichtliche Wahrheit?, summiert alle alten Vor- und Fehlurteile, wenn er erklärt: «Die Erzählungen bei Matthäus und Lukas (sc. von der Jungfrauengeburt d. V.) sind nicht weiterentwickelte Mythen. Sie ... stammen ... aus Familientradition, sind weitergegebene Überlieferung, die Geschehenes festhält.» (61) Dieses «Geheimnis» habe aber erst nach dem Tode Marias öffentlich werden können. Darüber hinaus hält RATZINGER die alte Fehldeutung von Jes 7,14 aufrecht (63). So wird die Jungfrauengeburt – wie die «wirkliche Auferstehung aus dem Grab» – zu einem der «Prüfsteine des Glaubens.» Denn: «Wenn Gott nicht auch Macht über die Materie hat, dann ist er eben nicht Gott ... Deswegen ist die Empfängnis und Geburt Jesu aus der Jungfrau Maria ein grundlegendes Element unseres Glaubens und ein Leuchtzeichen der Hoffnung.» (65) Nebenbei: Fehlgedeutet wird (S. 62) in dieser «Argumentation» bezeichnender-

mit seiner Schöpfung machen könne, was er wolle, also eben auch, daß eine Jungfrau Kinder kriegt, wenn es sein soll. «Denn nichts ist unmöglich von seiten Gottes», hat ja der Engel zu Maria gesagt (Lk 1,37). Und was ein Engel sagt, stimmt! –

Wie aber sieht man Engel zu sich kommen, und wie hört man, was sie sagen? Wenn man sie nicht mit Kamera und Handy photographieren kann (was jedenfalls bisher noch nicht gelungen ist) und wenn auch noch kein Mikrophon und Tonband jemals Engelsstimmen aufgezeichnet hat, so darf man doch vielleicht der Meinung zuneigen, man könne Geistwesen (Engel) einzig geistig, innerlich wahrnehmen; dann aber wird wohl auch der Inhalt ihrer Botschaft geistig, innerlich zu denken sein, und es gibt keinen Grund anzunehmen, die Bibel wolle partout Gott als eine Macht beschreiben, die sich bevorzugt in spektakulären Wundertaten kundtut und der es offensichtlich besonderes angelegen ist, den Verstand bereits von Kindern jenseits des Märchenalters auf immer zum Narren zu halten.

Doch es kommt noch schlimmer. Die intellektuelle Infantilisierung durch das Kirchendogma wird im Fall der Lehre von der jungfräulichen Geburt des Christus sekundiert von einem moralischen Tugendideal, das eine gesunde Entwicklung zu Liebesfähigkeit und erwachsener Sexualität förmlich verhindert. Schon im 4. Jh. mahnt der heilige ZENO VON VERONA: «Wenn es ... etwas Besseres gäbe als die Jungfrauschaft, so hätte der Sohn Gottes dieß seiner Mutter um so mehr gewähren können, als er ihr gewährte, die Ehre göttlicher Jungfrauschaft zu bewahren. Also in dem Stande, in welchem du geboren worden bist, als Jungfrau nämlich verharrend, rühme dich, und die Blüthe heiliger Keuschheit keinem Ehejoche unterwerfend bewahre den Schatz des Glaubens, sei heilig an Leib und Seele, lösche die Gluth des Fleisches durch die Liebe zu Christus aus.»[69] – Die Argumentation des Bischofs ist logisch unwiderleglich: Wenn man die

weise auch die Schilderung der Zeitenwende bei VERGIL: Hirtengedichte, IV 6, S. 16, wo die Rede von der Wiederkehr «der Jungfrau» geht, durch welche ein neuer Sproß aus himmlischen Höhen entsandt werde. Mit einer «Jungfrauengeburt» hat das nichts zu tun. Die «Jungfrau» ist das Sternbild Virgo, das «mit Astraea oder Dike, Gerechtigkeit, gleichgesetzt wurde. Sie zog sich im silbernen Zeitalter in eine Höhle, mit Beginn des eisernen gänzlich von der Erde in Sternenhöhen zurück.» (Hirtengedichte, S. 48–49)

69 ZENO VON VERONA: Die Traktate oder geistlichen Reden, I 5, 3, S. 89. – PETER DE ROSA: Der Jesus-Mythos, 354–381: Der Mythos Maria, 360, bemerkt lakonisch: «Aus Mythos wurde Moral. Ohne jede biblische Grundlage wurden die Christen von der Idee besessen, Sex sei schmutzig.» NESTORIUS, der 431 sich gegen das Dogma von der «Gottesgebärerin» Maria aussprach, soll gesagt haben: «Ich wei-

Bildsprache der Kindheitsgeschichte Jesu in den Evangelien als Information über eine Vielzahl historischer Ereignisse interpretiert, stellt sich natürlich die Frage, warum eigentlich Gott die Jungfräulichkeit der Mutter seines Sohnes gegen alle Natur unbedingt hat erhalten wollen, und der Grund dafür ist unschwer zu finden: Gott liebt augenscheinlich ganz besonders jungfräuliche Mädchen, er möchte sie in dem Zustand erhalten, in dem er sie schuf, er will nicht wirklich, daß sie sich weiterentwickeln; er, der Schöpfer der Natur, will doch die Menschen über die Natur ins Übernatürliche erheben ... Die Verdinglichung des mythischen Symbols der jungfräulichen Geburt des «Gottessohnes» zerstört die menschliche Vernunft, die Moralisierung des «historischen» «Eingreifens» Gottes jetzt zerstört die natürlichen Gefühle: Die Liebe eines väterlichen Gottes, der seine Töchter am liebsten im Zustand sexueller Unberührtheit halten möchte, trägt psychoanalytisch ohne Frage durch und durch ödipale Züge an sich[70]. Vor allem die Sexualmoral der Kirche Roms ist von dieser Grundhaltung zutiefst geprägt, indem sie mit der Absolutsetzung der Vaterautorität zugleich die Repression der Triebe und eine extreme Ambivalenz des Frauenbildes zwischen Madonna (Maria) und Hure (Eva) verbindet, – selbst der «Sündenfall» erhält unter diesen Umständen eindeutig den Inhalt des Erwachens zur Geschlechtlichkeit (wie in den Initiationsriten mancher Stammeskulturen).

Es nimmt daher nicht wunder, daß im 11. Jh. unter Papst *Gregor VII.* nicht allein der Machtanspruch des Bischofs von Rom ins Ungemessene wuchs, sondern zugleich der Zölibat des Priesterstandes zum Gesetz erhoben wurde[71]. Erst mit der Reformation MARTIN LUTHERS im 16. Jh. wurde wieder bewußt, daß es im Sinne Jesu nicht richtig sein kann, die Liebe zu Gott in Widerspruch zu der Liebe zu Men-

gere mich ... von Gott im Alter von drei oder zwei Monaten zu sprechen», und fügte hinzu: «laßt die Jungfrau nicht zur Göttin werden.» (S. 364)

70 Vgl. ERNEST JONES: Die Empfängnis der Jungfrau Maria durch das Ohr, in: Jahrbuch der Psychoanalyse, IV 135–204. – Die Auswirkungen einer solchen Moral der «Jungfräulichkeit» im Umkreis vor allem der Zölibatsforderung für die Kleriker der katholischen Kirche schildert PETER DE ROSA: Der Vatikan – von Gott verlassen?, 137–158: «In den letzten 20 Jahren sind bis zu 120 000 Priester – ein Viertel aller Priester der Welt – aus dem Amt geschieden.» (S. 138) Die Tragödien: uneheliche Kinder (142–148), verheiratete Priester (148–150), homosexuelle Priester (150–151), Priester, die sich an Kindern vergehen (151–158)!

71 Vgl. KARLHEINZ DESCHNER: Das Kreuz mit der Kirche, 161–186: Die Unterdrükkung der Priesterehe, 176: «Im Grunde ... brachte ... Gregor nichts Neues, weder an Motiven noch an Strafen. Neu war nur die Härte, mit der er ... das Ansehen der verheirateten Priester als ‹Konkubinarier› untergrub.»

schen (zwischen Mann und Frau) zu setzen[72]; nicht länger mehr sollte die Gnade Gottes die Prämie für die Sondermoral von besonders Erwählten (von «Klerikern») bilden, vielmehr sollte sie begriffen werden als die Bedingung eines menschlich gelingenden Lebens, jenseits der Zwänge von Angst, Gewalt und Unterwerfung. Diese Rückkehr zur ursprünglichen Botschaft Jesu wurde notwendigerweise in den protestantischen Ländern Nordeuropas identisch mit dem Rückgang der Marienfrömmigkeit, wie sie in den katholischen Ländern des Mittelmeerraums in einer Weise gepflegt wird, die sich geradezu an die Stelle der Christusverehrung gesetzt hat. Ja, das Bekenntnis zur «Madonna» scheint vor allem unter dem Einfluß des lateinamerikanischen Katholizismus die Katholiken Roms fast ebenso, wenn nicht noch mehr, zu einen, als die «Treue» zum Papst als ihrem Oberhaupt: der Stellvertreter Gottes, der Papst, neben der Mutter Gottes, die den «Sohn» auf ihrem Arm hält, – so präsentierte sich Papst *Johannes Paul II.* im mexikanischen Wallfahrtsort Guadelupe in sichtbarer «Dreifaltigkeit» dem Volke.

In alledem, grad weil es so grotesk erscheint, wird überdeutlich, wie tief derartige mythische Bilder von Mutter und Sohn psychisch in der Religionsgeschichte der Menschheit verankert sind. Der Grund dafür ist einfach zu finden: Die Geburt eines Kindes stellt innerhalb des ganzen Stammes der Wirbeltiere jedesmal ein elementares Ereignis dar, das bei den Vögeln, als den Nachfahren der Saurier, ebenso wie bei den Säugetieren von einer langen Zeit der Fürsorge für die Jungtiere abgelöst wird. Es gibt nur wenige Szenen, die sich dem kollektiven Gedächtnis und Gefühl der Lebewesen so nachhaltig eingeprägt haben wie Zeugung, Geburt und Jungenaufzucht. Insbesondere die Bildung familienähnlicher Zusammenschlüsse könnte am Beginn

72 ERIK H. ERIKSON: Der junge Mann Luther, 261, irrt, wenn er LUTHERS Heirat 1525 auf das Drängen des Vaters zurückführt. In dem Brief an seinen Vater *Hans Luther* vom 21.11.1521 erklärt LUTHER vielmehr: «Mein Gewissen ist frei geworden, d. h. aufs gründlichste frei ... Ich bin eine neue Kreatur, nicht des Papstes sondern Christi. Denn ... der Papst erschafft ... Puppen und Pappen, d. h. ihm ähnliche Larven und Götzenbilder ... Deine Gewalt über mich bleibt ... Aber dieses bedeutet ... nichts mehr für mich.» In: Luther Deutsch, II 327–328. Klarer läßt sich die Freiheit vom «Ödipuskomplex» (Vater, Papst, Ordensoberer) nicht aussagen. – Zur Marienfrömmigkeit heute notiert PETER DE ROSA: Der Jesus-Mythos, 367: «Johannes Paul II. bezeichnete sich in einer Ansprache gegen Abtreibung im August 1980 als ‹Stellvertreter dessen, der das Leben der Welt ist›. Die enge Verbindung zwischen Papst und jungfräulicher Mutter ist ... mehr als Zufall.» «Maria wird heute so glühend verehrt wie eh und je. Sie ist die Trösterin der Hinterbliebenen ... Sie ist die archetypische Mutter und der Trost der Menschheit.»

speziell der eigentlichen Menschwerdung gestanden haben[73]. Alles, was mit Vaterschaft und Mutterschaft und Kindsein zu tun hat, besitzt psychologisch deshalb von vornherein eine hohe Eignung als Symbolträger bedeutender religiöser Aussagen.

Von daher ist es nicht nur legitim, sondern an sich geradezu unentbehrlich, daß auch die Religion des Christentums zahlreiche Bilder aus der Überlieferung der Völker zur Deutung der Gestalt des Christus in sich aufgenommen hat. In dem religionsgeschichtlichen Synkretismus des christlichen Dogmas[74] könnte insofern sogar die Chance eines äußerst wichtigen Integrationsangebots der menschlichen Psyche enthalten sein, eine Synthese von Bewußtsein und Unbewußtem, von Ich und Es, von Individuum und Kollektiv, von Person und Institution[75]. Doch gerade diese Möglichkeit wird von der offiziellen Mythenfeindlichkeit des Dogmas förmlich in ihr Gegenteil verkehrt: Soll der mythische Inhalt der «jungfräulichen Geburt» des Christus seinen Grund nicht in den Wurzeln des psychischen Erlebens haben, sondern in äußeren Tatsachen der Historie, so ist es, wie wenn man eine Blume, die gerade zu blühen beginnt, aus dem Boden reißt, – sie verdorrt; das Duftende wird übelriechend, das Heilende wird giftig, das Vereinende wird trennend. Die Historisierung des mythischen Bildes von der Geburt des Gottessohnes ist (gewolltermaßen!) identisch mit der Behauptung, daß das Erzählte sich gerade nicht immer wieder und allerorten im Inneren von Menschen ereignet habe und ereignen könne, sondern daß es sich nur hier bei uns, ein einziges Mal, als historisches Faktum, unwiederholbar für alle Zeiten, zugetragen habe. Aus der Mythologie und ihrer allverbindenden Poesie wird eine Ideologie der Einmaligkeit des Eigenen mit der Pflicht zum Ausschluß von allem anderen. Fortan entsteht der Anspruch absoluter Exklusivität und exklusiver Absolutheit, und in dessen Folge der Wille, allen anderen mit Gewalt das Eigene aufzu-

73 Aus der Sicht der Verhaltensforscher reichen die Wurzeln der menschlichen Familie tief in die Stammesgeschichte zurück. Vgl. DESMOND MORRIS: Der nackte Affe, 222: «Neben der Verteidigung des Reviers und der inneren Gliederung der Gruppe beim gemeinsamen Jagen erforderten die verlängerte Abhängigkeit der Jungen und die dadurch notwendig gewordene enge Paarbindung in Gestalt der Familie eine weitere Form der Selbstbehauptung. Jeder Mann hatte nun, als Haupt der Familie, die Verteidigung seiner eigenen Familienheimstatt innerhalb des Lagers zu übernehmen.»

74 Vgl. E. DREWERMANN: Tiefenpsychologie und Exegese, I 502–528: Die jungfräuliche Geburt oder: Die Magier und der König, die Flucht und die Heimkehr.

75 A. a. O., I 262–271: Kollektives und Individuelles im Begriff des Archetypus.

zwingen, – ein Missionsbefehl zur Unterdrückung und zur Zwangsbeherrschung alles Fremden.

Dabei wirkt diese Einstellung nicht nur nach außen destruktiv, sie wirkt auch psychisch dissoziativ. Bereits die Moralisierung des mythischen Bildes von der Jungfrauengeburt nötigte zu einem neurotisierenden Ideal der Jungfräulichkeit; schon das ist schlimm. Der Schaden der historisierenden (Fehl)Interpretation des mythischen Bildes geht indessen noch viel weiter: die Inhalte der mythischen Erzählung(en) kommen in historischem Verstande nicht länger mehr aus dem Inneren der menschlichen Psyche, sie treten einzig durch gewisse Informationen über die absolut außergewöhnlichen Ereignisse des Handelns Gottes in der Geschichte von außen in das menschliche Bewußtsein; alles «Glauben» bezieht sich jetzt nicht auf die Integration des Unbewußten der menschlichen Seele im Bewußtsein, sondern auf das Fürwahr-Halten äußerer Tatsachen[76]. Und wenn es dann noch heißt, der «Teufel» habe die nämlichen Ereignisfolgen von urlängst her vorweg erfunden, um mit seinen versucherischen Einbildungen die Wahrheit Gottes, wenn sie endlich doch erscheint, gleich wieder zu verdunkeln, so werden damit die mythenbildenden Schichten der menschlichen Psyche selber als Erfahrungsorte von Wahrheit diskreditiert und dämonisiert. Man muß ihnen mißtrauen, man darf ihnen nicht glauben, man muß sie nach Möglichkeit meiden. Mithin: Die Perversion ist komplett! Das Innere ist das Verkehrte, das Äußere ist das Wahre; die Entfremdung des Einzelnen verlangt geradezu nach der Außenlenkung aller; aus einem Glauben, der heilt, wird ein kranker Glaube, der kränkt.

Was aber bleibt dann noch von dem vermeintlich so wichtigen Dogma der Jungfrauengeburt? Diese Frage wird jetzt entscheidend; die ehrliche Antwort kann nur lauten: Nichts bleibt, wenn für wahr nur gelten darf, was in Raum und Zeit sich faktisch historisch ereignet (hat), alles indessen, wenn wahr ist, was hilft, persönlich wahr zu werden. Erneut ist der Unterschied absolut: Ist Glauben ein Fürwahr-

76 Im Abwehrkampf gegen den Mythos wird die Historizität des Faktischen zum Wahrheitsbeweis gegenüber den teuflischen Einflüsterungen der heidnischen (griechischen) Göttergeschichten; vgl. JUSTIN: Dialog mit dem Juden Tryphon, LXIX 1–4.7; S. 113–115. Zuzustimmen ist EUGEN BISER: Glaubensbekenntnis und Vaterunser, 75, wenn er von der «Jungfrauengeburt» sagt, sie sei «der lyrische Vorgriff auf Tod und Auferstehung» und hinzufügt: «Mit physiologischen Folgerungen würde der Artikel ins Mirakulöse herabgespielt.» Wer so verfährt, «verwechselt das Mysterium mit einem Mirakel.»

Halten des historisch einmal Geschehenen, so erübrigt in der Gegenwart nur, die Großtaten Gottes in der Vergangenheit zu rühmen; ist Glauben indessen die existentielle Aneignung eines nur bildhaft zu Sagenden, so liegt die Wahrheit des Erzählten nicht in der objektiv korrekten Information über etwas Gewesenes, sondern darin, das Mitgeteilte subjektiv sich einzuprägen und danach das eigene Leben zu formen. In letzterem Falle bedarf es einer Interpretation, die dichterisch genug ist, um die symbolischen Bildsequenzen verbindlich in Richtung der eigenen Existenz zu verdichten.

Gerade die Geschichte von der Jungfrauengeburt erzählt dann nicht etwas, das sich in der Vergangenheit real, wie überliefert, zugetragen hätte; als eine Mythe von der Geburt Christi als des Sohnes Gottes erzählt sie vielmehr von der Möglichkeit, die eigene Lebensführung im Gegenüber Jesu von Grund auf zu ändern. Nicht um objektive (biologische) Tatsachen (der Historie) geht es, sondern um die subjektive (geistige) Bedeutung einer bestimmten Botschaft in der Gegenwart, und deren Inhalt kann nicht streitig sein: Es ist, besagt das Bild der Jungfrauengeburt, unmöglich, die Person Jesu aus den üblichen «natürlichen» Gegebenheiten zu verstehen: die Gene seiner Eltern, die Erziehungseinflüsse der Kindheit, die Formung des Milieus – Biologie, Psychologie, Soziologie, alle anthropologisch relevanten Fächer, versagen an dem Geheimnis seiner Gestalt. Er ist nicht aus den üblichen geschichtlichen Gegebenheiten abzuleiten, und zwar schon deshalb nicht, weil er grundlegend alles anders machte, als es quer durch die gesamte Menschheitsgeschichte für unvermeidbar, für normal, ja, für vorbildlich und verbindlich gilt. Macht, Geld, Karriere, Einfluß – Angst, Rüstung, Tapferkeit, Gewalt – Gruppenzusammenhalt, Korpsgeist und Tradition – Gesetz, Anpassung, Recht und Ordnung –: es gab und gibt nicht *eine* Themenstellung des privaten wie des öffentlichen Lebens, in der der Mann aus Nazaret nicht geradezu extrem konträre Positionen eingenommen hätte. Er war nicht «von der Welt», in der Sprache des *Johannes*-Evangeliums (Joh 15,19; 17,14), er war «im Vater» und der «Vater» war in ihm (Joh 14,11); – es war, daß er inmitten einer Welt der Angst sich festmachte in dem Vertrauen zu dem «väterlichen» Gegenüber Gottes und daß er so die Freiheit fand, zu leben, wie es von Gott her «ursprünglich» (dargestellt in dem Mythem vom Paradies) gemeint war. Das Bild trifft auf ihn zu, daß er die Sonne auf die Erde holte; denn allen schenkte er die Kraft, ihr Dasein neu zu ordnen.

So ist «Erlösung»: Das Bild von der Geburt des Pharao, des Gottessohns, – es könnte und es sollte seither für einen jeden Geltung haben: er selber sei sein Souverän! Zuende jenes Leben nur in Angst und in Abhängigkeit, vorbei der Schmerz der Fremdbestimmung und der Uneigentlichkeit, erledigt die Verstrickungen in Halbwahrheiten, falschen Rücksichtnahmen und in faulen Kompromissen! Endlich ist es möglich, geradeaus zu gehen. «Götter seid ihr!» zitiert der Jesus des *Johannes*-Evangeliums den Psalm 82,6, «allzumal Söhne des Höchsten» (Joh 10,34), und er möchte nicht länger, daß dieser Titel den Machthabern auf den Thronen von Kirche und Gesellschaft vorbehalten bleibe[77]; in seiner Person wird er zum Ausdruck eines neuen Selbstbewußtseins für Menschen, die im Gegenüber Gottes davon lassen können, sich als Untertanen weisungsabhängig zu halten, unmutig und unfähig jeder eigenen Entscheidung. Die Angst vor der Welt, die Angst vor der Freiheit – sie spielen keine Rolle mehr für den, der sich in Christus selbst gefunden hat. Auch er ist nicht mehr darzustellen als Produkt der Umstände, die ihn faktisch ermöglicht haben, er ist ein eigenes Wesen, als «Subjekt», als Träger dessen, was er wirklich ist.

Das Symbol der «jungfräulichen» Abkunft eines «Gottessohnes» markiert mithin den absoluten Neuanfang menschlichen Daseins von Gott her; es drückt genau das aus, was kultisch in dem Bild der Taufe anklingt und was Jesus selbst am Jordan als seine Berufung angenommen hat: die Rückkehr in den Urgrund unbedingter Gnade. Da kommen Hirten, um das neugeborene Kind Gottes anzubeten – wie bei der Ankunft des persischen Mithras, des Gottes der römischen Legionäre; doch der Christus verkörpert das Gegenteil des Mithras: «Friede auf Erden» wird man nicht erkämpfen mit den Mitteln der Gewalt, eher schon in der Art des Asklepios, den der Hirte *Aresthanas* fand: indem man die Träume der Menschen versteht, indem man die Angst der Menschen beruhigt, indem man ihre Verwundungen heilt.

Hebt so das Leben eines Gotteskindes an, kann es auch nur als göttlich enden. Die Erhöhung zum Himmel, die Auffahrt zu den Sternen beschloß im Alten Ägypten nicht anders als in Rom das Leben gottähnlicher Herrscher[78]. Auch von Jesus wird derlei berichtet (Lk

77 E. DREWERMANN: Das Johannes-Evangelium, I 457–471: Joh 10,22–42: Das Zeugnis der Werke und das Zeugnis des Johannes.
78 S. o. Anm. 8; 19. Vgl. MANFRED GÖRG: Mythos, Glaube und Geschichte, 153–155. Vgl. auch E. DREWERMANN: Ich steige hinab in die Barke der Sonne, 80–95: «Wer fliegt, der fliegt» oder: Das Symbol der Himmelfahrt.

24,51; Apg 1,1–14), und wie nun jetzt? Unverdrossen beharrt das katholische Lehramt auf der historischen «Wahrheit» des mythischen Bildes der Himmelfahrt Jesu: Vierzig Tage nach Ostern sei er leibhaftig vor den Augen seiner Jünger zum Himmel emporgehoben worden, – wer so nicht glaubt, ist ungläubig, besagt das Kirchendogma[79]. Doch wo, bitte, befindet sich der Himmel? Und wie vermochte man den Vorgang wahrzunehmen? – Es tut weh, gerade an der Auffahrt Jesu zum Himmel zu sehen, zu welch einem Possenstück der Christusglaube im Kirchendogma herabgekommen ist und wie er gerad das Gegenteil von dem erzeugt, was in dem Bildgehalt versprochen wird: statt weltenthobner Freiheit Knechtschaft, statt wahrer Größe Selbsterniedrigung, statt innerer Bestätigung Entmündigung. Die Zerstörung des Denkens und die Unterdrückung des Gefühls – weiter kann sie nicht gehen, als mitten im Zeitalter der Raumfahrt 1,2 Milliarden Menschen zu lehren, sie hätten in der räumlichen Erhebung des «verklärten» Christus den krönenden Abschluß seines irdischen Lebens zu erkennen.

Dabei bedarf die Welt der Botschaft von der «Himmelfahrt» dringend. Denn was eigentlich ist «groß» in der menschlichen Geschichte? War *Romulus* «groß», als er Rom begründete, indem er *Remus*, seinen Bruder ermordete und die Frauen des Nachbarstamms der Sabiner raubte, um für die neue Stadt Kinder zu zeugen? Er fuhr auf zum Himmel und verkündete den Anspruch Roms auf machtpolitisch-militärische Vorherrschaft über die ganze Welt. Das war seine Größe. Auch Kaiser *Augustus* war «groß» in ganz gleichem Sinne. Und ebenso all die anderen Pharaonen, Caesaren, Kaiser und Imperatoren. Aber jetzt! «Die Könige der Völker», sagt Jesus zu seinen Jüngern während der Abschiedsszene im Abendmahlssaal, «spielen die Herren über sie, ja, ihre Machthaber lassen sich Wohltäter nennen. Ihr aber – nicht so, sondern der Größte bei euch werde wie der

79 S. o. Anm. 62! – GERHARD LUDWIG MÜLLER: Katholische Dogmatik, 304, betont, der «Gang Jesu ... in den ‹Himmel› ist nicht ein räumlicher Ort jenseits der Welt, sondern die Lebensgemeinschaft Jesu mit dem Vater und die gemeinsame Ausübung der Gottesherrschaft.» So kann man «christologisch» sagen; doch wenn die «Jungfrauengeburt» als historisches Faktum zu glauben ist, warum dann nicht auch die «Himmelfahrt»? Ist letztere ein Bild, so jene doch wohl gleichermaßen! Zur Interpretation der Himmelfahrtserzählung vgl. E. DREWERMANN: Die Apostelgeschichte, 53–80: Apg 1,1–14: Himmelfahrt oder: Vom Ziel und Maßstab menschlicher Geschichte. Zum Thema Mythos und Geschichte vgl. einleitend auch E. DREWERMANN: Das Markus-Evangelium, I 80–107: Zwischen Zeit und Ewigkeit.

Jüngste, und der Führende wie ein Dienender.» (Lk 22,23–26)[80] – Alles, was in den mythischen Bildern von den absoluten Größen der menschlichen Geschichte ausgesagt wird, kann und muß man gewiß erst recht auch auf die Person des Jesus aus Nazaret beziehen: er *ist* der «König» (der «Messias»), der «Retter», der «Sohn Gottes» – er ist das alles; nur: er ist es in absolutem Gegensatz zu all den bisherigen Trägern des gleichen Bildes! Er übernimmt all die Titelsymbole, doch nur, um sie mit genau gegenläufigem Inhalt zu besetzen. Wahre Größe ist dienen, nicht herrschen. Das ist das Resultat des Gesprächs mit dem «Teufel». Das ist die «Himmelfahrt» Jesu. Dahin aufzublikken (Apg 1,10) ist Freiheit.

In summa: Man braucht die Bilder des Mythos, um die Person Jesu als die Erfüllung des Harrens der Menschheit auf ihre Erlösung von den Fesseln der Angst zu verstehen, doch man braucht die Botschaft des Jesus aus Nazaret, um die Bilder des Mythos als Symbole der Erlösung zu begreifen und zu ergreifen. Das Göttliche und das Menschliche – in seinem Vertrauen in die «väterliche» Güte Gottes wurden sie eins. Und so, als Beschreibung eines Daseins jenseits der Angst, gilt es jetzt, mit den Mitteln der Dichtung die Ikone des Christus noch einmal zu malen.

2) *«Kommt, seht selbst» (Joh 1,39) oder: Vom Saum seines Gewandes*

Jeder, der wagt, anders von Christus zu sprechen, als das kirchliche Lehramt es vorspricht, riskiert seine Steinigung. Die christologischen Dogmen liegen als Wurfgeschosse bereit, und es ist eine Glaubenspflicht, sie unverzüglich auf alle Falsch-, Anders- und Ungläubigen zu schleudern, kaum daß diese als solche erkennbar werden. Solange der

80 Zur Stelle vgl. E. DREWERMANN: Das Lukas-Evangelium, II 774–781: Lk 22,21–30: Wie man als Jünger Jesus verraten kann oder: Die Rangordnung Gottes. – EUGEN BISER: Der Freund, 124, drückt den zentralen Gedanken Jesu von dem Anbruch der Gottesherrschaft so aus: «Er meint die Ausrichtung alles Bestehenden auf Gott, aber nicht im Sinn einer Unterwerfung unter seine Macht; er meint eine Ordnung, aber nicht nach Art eines Herrschaftssystems, er meint einen Lebensraum, aber keine Gemeinschaft von Beherrschten ... Jesus spricht von keinem Traum ... Und schon gar nicht denkt er an etwas, das auf dem Weg politischer Aktionen heraufgeführt werden sollte, obwohl ... mit ihm ‹große Politik› erst wirklich ihren Anfang nimmt.»

Zwang zur fertigen Formel besteht, wird das obrigkeitlich gelenkte System (un)geistiger Knechtschaft sich fortsetzen. Es kann deshalb nicht länger darum zu tun sein, die Außenmauern der Zwingburg mit einem gefälligeren Neuanstrich zu versehen oder mit komplizierten statischen Umbaumaßnahmen den Einsturz des Palas zu verzögern. Es kann nur versucht werden, Jesus wiederzusuchen dort, wo er immer schon war: bei den «Einfachen» drunten, die er vom Frondienst der «Burg» zu befreien trachtete.

Der Kern- und Angelpunkt des Christusglaubens liegt in dem Bekenntnis, Jesus sei der «König», der «Messias» (Israels). Doch niemals wollte Jesus so verkündigt werden. In Mk 8,27–31 fragte er einmal seine Jünger: «Wer, sagen die Leute, wäre ich?». Die meisten vermuteten in ihm einen der Propheten; doch entscheidend kam es ihm darauf an, daß man nicht rezitiere, was andere über ihn sagten, sondern persönlich Stellung zu ihm bezöge: «Ihr aber, wer, sagt ihr, wäre ich?» darauf wollte er eine Antwort. Da sagte Petrus zu ihm: «Du bist der Messias!» Jesus aber verwies es ihm und den Jüngern: «niemandem dürften sie (es) sagen über ihn.»[81] In der Exegese spricht man an dieser Stelle von dem «Messiasgeheimnis»[82], das redaktionsgeschichtlich vor allem im *Markus*-Evangelium eine Rolle spielt; doch was heißt das inhaltlich?

Klar erkennbar geht es um einen Generalverzicht auf all die Machtallüren, die mit den chauvinistischen Vorstellungen der Messiastheologie von einem davidischen Großreich Israels in jenen Tagen einhergingen[83]. Spätestens als Jesus – laut Legende – demonstrativ nicht in der Pose eines siegreichen Feldherrn hoch zu Roß, sondern wehrlos und demütig, entsprechend der «Weissagung» aus Sach 9,9, auf einer Eselin in Jerusalem einzieht (Mt 21,5), wird auch der Menge seine radikale Absage an den «Teufelsdienst», nach Weltherrschaft zu streben, als eine bittere Enttäuschung aufstoßen; gerade den nationalstolzen Titel eines «Messias» höhlt Jesus derart aus, daß er

81 Vgl. E. DREWERMANN: Das Markus-Evangelium, I 532–541: Mk 8,27–30: Wer ist Jesus von Nazareth? – S. 541–559: Noch einmal Mk 8,27–30.31: Das Messiasbekenntnis des Petrus und das Leiden des Menschensohns.

82 Der Begriff vom «Messiasgeheimnis» geht zurück auf W. WREDE: Das Messiasgeheimnis in den Evangelien, (1901) ³1963.

83 Vgl. E. DREWERMANN: Das Lukas-Evangelium, II 522–547: Lk 19,28–44: Der Einzug in Jerusalem und die Wehklage über die Stadt oder: Die vertane Chance zum Frieden. II 870–887: Lk 23,13–25: Jesus und Barabbas oder: Eine allesbestimmende Entscheidung. Vgl. auch EUGEN BISER: Wege des Friedens, 44–46: Der Friedensfürst.

die tradierten Erwartungen auf ein politisch zu denkendes «Heilshandeln» Gottes förmlich brüskiert und desavouiert.

In letzter Konsequenz sollte es Jesu Einstellung demnach für alle Zeiten unmöglich machen, im Namen Gottes Machteliten, Militärs und ein bigottes Management zu etablieren; jedoch wie jeder weiß: das Gegenteil trat ein! Mit Kaiser *Konstantin* wird *Romulus* zurückgeholt, drapiert mit den Kostümen eines «Christus»[84],– sogar das Bild der Himmelfahrt» wird dieser erste «christliche» Monarch in (Ost)Rom für sich beanspruchen[85], und er wird gerade damit, ganz entgegen der Gesinnung Jesu, das Vorbild für das gesamte «christliche» Abendland abgeben. Was sich da «christlich» nennt, entspricht exakt dem Bild jenes «Messias», das Jesus kategorisch abgelehnt hat. Paradoxerweise suchte man politisch die altisraelitische Messiasvorstellung in einem Königtum salomonischer Prägung zu verwirklichen, während man die völlige Umprägung des «Königtums Gottes» in der Botschaft des Juden Jesus geflissentlich überhörte; andererseits richtete man gerade an die Juden den Vorwurf, daß sie an «ihren» «Messias» als an den «Sohn Gottes» nicht glaubten. Man verleugnete den wirklichen Jesus zugunsten des altjüdischen Machtideals, okkupierte dasselbe für sich und beschuldigte hernach das Volk, dem Jesus selber entstammte, daß es den «Christus» ablehnte, den man sich dogmatisch zurechtgelegt hatte. Was, unter solchen Umständen, soll es dann noch bedeuten, Jesus als «Messias» zu glauben?

Neben den Machtinstrumenten von Amtsenthebungs- und Exkommunikationsverfahren hält das kirchliche Lehramt gedanklich nur ein einziges nicht gänzlich falsches Argument zur Stützung seiner christologischen Formelfestlegungen bereit: daß es vergeblich sei, fernab der kirchlichen Dogmatik sich ausrichten zu wollen an dem Jesus, wie er historisch «wirklich» war. Die «Leben-Jesu»-Forschung hat gerade *das* jahrzehntelang versucht, jedoch mit einer für sie bitteren Erkenntnis: die Evangelien sind nicht geeignet für historische Rekonstruktionsversuche[86]. Hielt Jesus selber sich für den «Messias»? Sah

84 Vgl. E. DREWERMANN: Die Apostelgeschichte, S. 74–80.
85 A. a. O., 79–80. Vgl. BRUNO BLECKMANN: Konstantin der Große, 129–130.
86 So «argumentiert» JOSEPH RATZINGER: Schriftauslegung im Widerstreit, 15–44: Weil die Christus-Botschaft sich historisch nicht begründen lasse, sei das kirchliche (römische!) Lehramt als der tragende Grund des Glaubens anzunehmen; und die Exegeten stehen daher in der Pflicht, sich nach den lehramtlichen Vorgaben der päpstlichen Verlautbarungen zu halten.

er sich als den «Gottesknecht»? Den «Menschensohn»[87], Und glaubte er, wie manche Stellen (etwa Mt 10,23; 24,34) nahelegen, der Untergang der Welt sei nahe? – All diese Fragen nach dem Selbstbewußtsein Jesu lassen sich historisch ganz offensichtlich nicht hinlänglich klären; ja, es ist nicht einmal möglich, aus den Worten Jesu so etwas zu erstellen wie ein kohärentes Weltbild oder ein System, das theologisch sich verbindlich machen ließe. Doch dieser Negativbefund ist nicht allein methodisch, sondern vor allem existentiell von größter Wichtigkeit, macht er doch deutlich, was grundsätzlich gilt: So falsch es ist, Gott objektiv, als Ursache der Welt und der Natureinrichtung, festmachen zu wollen, und so sehr es in die Irre führen muß, mit metaphysischen Begriffen das Personsein und das Wesen Christi zu erklären, so haltlos muß es enden, herausfinden zu wollen, wer Jesus objektiv-historisch war. Es ist gerad so unmöglich, wie daß man einen Menschen liebgewinnen könnte, indem man seine Daten beim Einwohnermeldeamt heranzieht oder Einsicht in seine Krankenakte nimmt. Ein persönliches Verhältnis ist kein sachliches Verhältnis; es ist keine Beziehung zwischen Ich und Er (oder Es), sondern eine Beziehung zwischen Ich und Du; es lebt allein in der Verschränkung zwischen zwei Subjekten, – es würde nicht vertieft, es würde nur zerstört, wenn es vom Leben miteinander verwandelt würde in ein Erkennenwollen des einen durch den anderen.

«Erkennen» meint hier wohlgemerkt gerade nicht «verstehen». Zwei Menschen, die einander lieben und miteinander leben, werden sich wechselseitig Tag um Tag ein Stückchen mehr verstehen; sie lernen sicher auch einander wechselseitig besser kennen; und dennoch tritt der Unterschied nur um so deutlicher hervor: Sämtliche Sachinhalte, Mitteilungen und Informationen spielen zwischen Ich und Es, sie sind für mich als Liebenden nicht wesentlich; denn sie entscheiden nicht unmittelbar darüber, wer ich selber bin.

Religiös ist es deshalb von vornherein verkehrt, nach der Person des Christus so zu fragen, wie es historisch-kritisch in der vorherrschenden Form der Bibelauslegung geschieht. Wäre es wirklich von Belang, zu wissen, wer der Mann aus Nazaret «objektiv» war, so hätten vor 2000 Jahren die Pharisäer und die Schriftgelehrten in Judäa über einen unendlich genaueren Kenntnisstand verfügt als

87 Zur Herkunft und Bedeutung der verschiedenen christologischen Titel vgl. E. DREWERMANN: Jesus von Nazareth, 565–572: Menschensohn; 572–589: Christus; 589–607: Davidssohn; 607–632: Gottessohn; 633–655: Der Herr.

jeder Bibelforscher heute; sie waren aber keine Gläubigen, – sie wußten nichts von dem, was Jesus wirklich war, und was er wollte, war das Gegenteil von dem, was sie als pflichtgemäß und orthodox-korrekt begriffen. Um Jesus zu verstehen, muß man von ihm berührt sein; man muß an etwas zutiefst leiden, das sich nicht mehr ändern läßt, es sei denn, diese Einsicht, dieses Wort, diese Gebärde Jesu erwiese sich als Lösung. Religiös ist die Person des Christus nur zu glauben als Antwort auf Probleme, die im eigenen Dasein über alles, über Sein und Nichtsein, mitentscheiden. In solchen Fällen kann man nicht sein Leben, wie es Bibel-Wissenschaftler in ihren Theoriebildungen zu tun versuchen, von den jüngsten textkritischen oder traditionsgeschichtlichen Forschungsergebnissen bezüglich eines bestimmten Logions abhängig machen. Glauben, meinte SÖREN KIERKEGAARD, sei eine Form der Gleichzeitigkeit in der Existenz[88]. Alles Professorale ist unangemessen der Ernsthaftigkeit der existentiellen Fragestellung.

War also Jesus der Messias? Das läßt sich «objektiv» nicht feststellen. Gerade die Juden, denen man den Vorwurf macht, an Christus nicht zu glauben, können entsprechend ihrem eigenen Verständnis des Messias nur erklären: «Wenn der Messias kommt, verändert sich die Welt. Deshalb kann Jesus ganz unmöglich der Messias sein, und ihr, die Christen selbst, seid der Beweis dafür. Die Welt *hat* sich geändert, ganz gewiß, durch euch – vom Circus maximus bis Auschwitz, von *Nero* bis zu *Hitler*. Alles ist so geblieben, wie es war, nur in den Dimensionen ist es immer schrecklicher geworden. Und gerade eure Art, den Juden Jesus als den Christus zu verkünden, hat dazu beigetragen oder es sogar begünstigt. Es ist unmöglich, daß der, den ihr den Christus nennt, tatsächlich der Messias war. Wär' er's gewesen, würdet ihr nicht sein!»

Um diesen «Einwand» im Gefälle von Jahrtausenden zu «widerlegen», kommt man nicht einen Zentimeter weiter, wenn man den Typ Theologie fortschreibt, der all die Zeit das sogenannte «christliche» Abendland geistig geprägt hat; wer Jesus als den Christus glaubt, muß anders leben, als er sonst, fernab der Botschaft Jesu, leben würde. «Als ich ihn traf, hat alles sich verändert», müßte ein solcher sagen. «Nicht die Welt draußen, – meine Welt hat sich geändert, und

88 SÖREN KIERKEGAARD: Philosophische Brosamen, 4. Kap., S. 84: «Solch ein Gleichzeitiger ... ist ja nicht Augenzeuge (unmittelbar verstanden), aber als Glaubender ist er der Gleichzeitige, in der *Autopsie* des Glaubens.» Vgl. DERS.: Der Augenblick, 279–287: Die Gleichzeitigkeit; was Du in der Gleichzeitigkeit tust, ist das Entscheidende.

zwar ganz.» Wer Jesus als den Christus glaubt, der müßte schildern, wie er gelernt hat, an der Seite Jesu zu vertrauen, und wie dieses Vertrauen ihn dazu befähigt, inniger zu lieben, mutiger zu handeln und unbeirrter seinen Weg zu gehen. Ein anderes Zeugnis seines Glaubens gibt es nicht und braucht es nicht zu geben.

«Aber was soll das heißen, Jesus sei der ‹König›?» Man hat dem Christentum immer von neuem und zu Recht seinen dogmatischen Exklusivitätsanspruch als Anmaßung, Intoleranz und als Intransigenz zur Last gelegt. Daß alles «Heil» von «Christus» kommen soll, hat in dogmatischer Diktion zu der Ideologie eines Christozentrismus geführt, der allen Christgläubigen förmlich die Pflicht zur Gewaltmission der ganzen Erde auferlegte, – Eurozentrismus, Kolonialismus, Imperialismus ... alles gedeckt von scheinbar «christlichen» Motiven. Millionen Schwarzafrikaner beispielsweise wurden von «christlichen» Völkern und ihren «allerchristlichsten» Herrschern kriegerisch unterworfen, in die Sklaverei deportiert, aller ihrer Rechte beraubt[89], – doch dafür getauft auf den Namen des Christus und damit selber zu Christen gemacht. Folgenschwerer konnte die komplette Veräußerlichung des «Glaubens» in dogmatischer und ritueller Form sich nicht auswirken. In GOTTHOLD EPHRAIM LESSINGS Drama «Nathan der Weise» sagt Saladins Schwester Sittah warnend zu ihrem allzu gutmütigen Bruder:

> Du kennst die Christen nicht, willst sie nicht kennen.
> Ihr Stolz ist: Christen sein; nicht Menschen. Denn
> Selbst das, was, noch von ihrem Stifter her,
> Mit Menschlichkeit den Aberglauben würzt,
> Das lieben sie, nicht weil es menschlich ist:
> Weils Christus lehrt; weils Christus hat getan. –
> Wohl ihnen, daß er so ein guter Mensch
> Noch war! Wohl ihnen, daß sie seine Tugend
> Auf Treu und Glauben nehmen können! – Doch
> Was Tugend? – Seine Tugend nicht; sein Name
> Soll überall verbreitet werden; soll

89 Vgl. FELIX RETTBERG: Menschenhandel mit päpstlichem Segen, in: Der Spiegel. Geschichte, Nr. 5, 2009: Die Geburt der Moderne, 98–99. – Einen Überblick bietet SUSANNE EVERETT: Die Geschichte der Sklaverei, 1998, aber ohne bes. Bez. zur Papstgeschichte. Anders GERT VON PACZENSKY: Verbrechen im Namen Christi, 102–115: Der Kampf gegen die Vielehe; 176–184: Kinderfang; 185–193: Das Ziel: Fromme Knechte, – usw.: die schier endlosen Folgen (eurozentrischer) Missionsarbeit als einer systematischen Zerstörung der einheimischen Kulturen.

Die Namen aller guten Menschen schänden,
Verschlingen. Um den Namen, um den Namen
Ist ihnen nur zu tun.[90]

Wer wollte selbst 235 Jahre später diesen Zeilen widersprechen? Selbst wenn er's tut, müßte er eingestehn, was LESSING sagen wollte: Christ sein, an Christus glauben ist eine Form nicht des dogmatischen Bekenntnisses oder des Akts der Sakramentenspendung, es ist nichts anderes als eine Art des Menschseins, beziehungsweise, da es nur *eine* Art des Menschseins gibt, es ist identisch damit, Menschlichkeit zu leben. Menschen zu «Christen» machen, ist deswegen auch nicht anders möglich, als daß man ihnen hilft, in Menschlichkeit zu reifen. Ist dies der Maßstab, endet alle Machtanmaßung und Rechthaberei: das Christentum ist, so wie jede andere Religion, gelebte Menschlichkeit oder es widerlegt sich selbst. Bis hin zu diesem Punkt ist LESSING unbedingt von Herzen zuzustimmen.

Und dennoch ist und bleibt die Person Jesu einzigartig, denn sie entscheidet über alles, und nur wer das an sich erfahren hat, glaubt an die «Messianität» des Christus. Was LESSING, wie die ganze Geistigkeit der «Aufklärung», nicht sehen wollte, ist die Bedürftigkeit des Menschen nach Erlösung aus der Umklammerung der Angst und der Verzweiflung. «Menschsein» ist «gut» – doch nicht so einfach und so selbstverständlich, als es LESSING schien. Der ethische Optimismus, den er lehrte, benötigt wirklich nicht viel mehr als Redlichkeit und Rechtlichkeit, – auf dieser Ebene ist Jesus allenfalls ein Tugendlehrer, ersetzbar durch beliebig viele andere und relativ zu der Kultur, die sich mit ihm jeweils verbindet. Erst wem das Weltbild der Gesetzesreligion nicht minder als des Moralismus ein für allemal zerbrochen ist, der braucht die Botschaft Jesu; erst der beginnt zu ahnen, wofür der Mann aus Nazaret sein Leben einsetzte; für den gibt es nirgends entfernt auch nur etwas Vergleichbares zu der Person des Christus. Er kann nur leben aus dem gleichen Glauben, den Jesus uns zu bringen kam: Gnade statt Gesetz, Vergebung statt Verurteilung, ein Überlieben der Gewalt in Güte ... *Gudea*, *Hammurabi*, *Solon*, *Mohammed* – sie alle ordneten zu ihrer Zeit die Formen des Zusammenlebens ihrer Völker, und was sie sagten, zeugt von Weisheit, Menschlichkeit und sittlicher Vernunft, doch eben: die Tragödien des Daseins offenbaren immer wieder, daß es nicht möglich ist, das Leben

90 GOTTHOLD EPHRAIM LESSING: Nathan der Weise, 2. Aufz., 1. Auftr., in: Werke, I 857–858.

eines Menschen in Ordnung zu bringen, ohne seine Angst im Untergrund zu überwinden durch Vertrauen. Der BUDDHA lehrte das Loslassen von den verkehrten Weisen des Anhaftens an die Welt[91], doch stellte sich ihm nicht das Problem der Angst im Erleben des Einzelnen; seine Lehre befreit asketisch von den Fesseln der Gier, doch rettet sie nicht aus dem Abgrund der Kontingenz des Daseins noch der Nichtfestgelegtheit der Freiheit ... Man kann sie alle durchgehen. Für die Art Jesu gibt es keinen Vergleich; sie ist absolut gültig, sie betrifft einen jeden.

Wer also das alt-ehrwürdige Bild vom «König» (vom Messias) benutzen will, um diese Erfahrung zum Ausdruck zu bringen, der mag zu Recht Jesus als «Christus» bekennen, wofern er sich bewußt hält, daß keinerlei äußerer Machtanspruch sich mit diesem Worte mehr vereinbart. Christus «bekennen» – das heißt: gegen die Welt der Natur und gegen die Welt der Kultur an Güte zu glauben; das heißt: das Böse zu überwinden durch das Gute; das heißt: in dem schuldig Gewordenen einen Unglücklichen zu sehen, der als erstes der Hilfe bedarf. Es heißt: mit Jesus, vermittelt durch ihn, getragen von ihm, Gott als Liebe zu glauben. Es heißt: dem Mann aus Nazaret seinen Glauben zu glauben. Es heißt: sich von ihm mit Gott versöhnen zu lassen. Denn nur als in dieser Weise Versöhnter vermag man die «Gottessohnschaft» des Christus zu erkennen und zu bekennen. – Im ganzen Altertum basierte das Bekenntnis zu dem Gott-König, dem Gottessohn, dem Divus Caesar auf der Preisgabe der eigenen Rechte, – vor ihm, dem lebenden Bild Gottes, blieb einem bloßen Menschen nur das Eingeständnis seiner Nichtigkeit. Indes: Jesus bekennen als den Christus heißt: die Würde und die Schönheit jedes Menschenlebens zu entdecken; es heißt: sich selbst vor Gott als Souverän in seiner eigenen Freiheit und Verantwortung zu sehen; es heißt: im eigenen Herzen Gott als Liebe zu empfinden. Als Dogma wirkt der Christus-Glaube wesentlich zum Ausschluß aller, die (noch) keine Christen sind; als Lebensform gibt sich der Glaube an den Christus Jesus in der Vertiefung und Verwesentlichung der Einstellung zu sich und allen Menschen kund.

Daß «glauben» anders als in dieser Form, als Existenzweise, nicht «richtig» sein kann, zeigt das Beispiel Jesu selbst. Da kommt jemand

91 Vgl. GAUTAMA BUDDHA: Die vier edlen Wahrheiten, Nr. 22,18, S. 120: die «Art des Festhaltens am Bewußtsein ... als Leiden». Nr. 22,20, S. 122: «Und was ... ist die edle Wahrheit von der Aufhebung des Leidens? ... (es ist) das Aufgeben (des Durstes), der Verzicht (auf ihn), die Loslösung (von ihm, seine) Beseitigung.»

zu ihm, der – wie im Orient im Hofstil üblich – vor ihm auf die Knie fällt; der fragt ihn: «Guter Meister, was muß ich tun, um ewiges Leben zu erben?» Jesus aber hat ihm gesagt: «Was nennst du mich gut? Keiner ist gut denn einer: Gott.» (Mk 10,17.18)[92] Kein Mensch, soll das wohl sagen, auch Jesus selber nicht, vermag aus eigner Kraft, wie es die Ethik gerne hätte, «gut» zu sein; alles, was in moralischem Sinne «gut» an Menschen ist, verdankt sich ganz und gar dem Glauben an die Güte Gottes, und die zu leben war der Inhalt aller Worte, aller Taten Jesu. Er mochte hinweisen auf Gott, so wie der Lichtglanz überm Meer am Morgen auf die Sonne hinweist, doch niemals mochte er mit seiner eigenen Person dem Licht im Wege stehen und mit dem eigenen Schattenwurf das Leben anderer umdunkeln. Die Sonne zeigen jenseits der Begrenzungen, – an jeder Stelle, da man Jesu Lebensweise näher kommt, heben die geistigen Barrieren des bürgerlichen Anspruchsdenkens in moralischen, juridischen und religiösen Ansichten sich hinweg, und ganz wie hier in der Geschichte von dem «reichen Jüngling» tritt jemand, der soeben noch vermeinte, selber sich sein «Heil» erarbeiten zu können und zu müssen, in jenen Raum der Gnade ein, der ihn sein Leben völlig neu begreifen läßt.

Was ist dann das Kriterium dafür, daß solch ein Christusglaube «wahr» ist? Dogmatisch «wahr» ist einzig, was mit dem Wortlaut einer kirchlichen Glaubensfestlegung bis aufs Jota übereinstimmt; doch so ist nicht die Wahrheit, die das Neue Testament in Jesus angebrochen sieht. Griechisch bedeutet «Wahrheit» so viel wie «Unverborgenheit», religiös: die Unverborgenheit *Gottes*[93]; und worin besteht *diese*? Die ganze Botschaft und Bedeutung Jesu faßt das *Johannes*-Evangelium in einem einzigen Satz zusammen, wenn es bereits im «Prolog» schreibt: «das Gesetz ward durch Mose gegeben; (aber) die Gnade, die Unverborgenheit Gottes, ward durch Jesus Christus.» (Joh 1,17)[94] Zweifellos enthält dieser Satz alles, was über

92 Zur Stelle vgl. E. DREWERMANN: Das Markus-Evangelium, II 115–128: Von Armut und Reichtum. – Kein Geringerer als KARL JASPERS: Der philosophische Glaube, 85, sah in dieser Stelle die Widerlegung des Christus-Dogmas: «Jesus wird zum Christusgott. Aber von vornherein steht dagegen der Satz von Jesus selbst: Was nennst du mich gut? Niemand ist gut als der eine Gott. (Mark. 10,18)»

93 Vgl. E. DREWERMANN: Das Johannes-Evangelium, II 409–430: Zur Übersetzung des Johannes-Evangeliums, S. 410–413.

94 A. a. O., I 51–65: Joh 1,1–18: «Im Anfang war das Wort»–3. Teil: Johannes der Täufer oder: «Der nach mit kommt, ist mir zuvor.» – PAUL TILLICH: Die neue Wirklichkeit, 85, konnte schreiben: «Würde man mich auffordern, die christliche Botschaft in zwei Worte zusammenzufassen, so würde ich mit Paulus sagen: sie ist die Botschaft von der ‹Neuen Schöpfung› … Gerade darum wird Jesus der Christus

die Person und das Wirken Jesu zu sagen ist. «Ich bin der Weg, die Unverstelltheit Gottes, das Leben», läßt das gleiche Evangelium Jesus zu seinen Jüngern sagen (Joh 14,6)[95], – ein Satz, der immer wieder als dogmatischer Beleg des Exklusivitätsanspruchs des Christus aufgefaßt wurde und der doch das genaue Gegenteil besagt: Nur wer die Lebensweise Jesu als «Weg» für sich begreift[96], wer darin griechisch: die Met-hode, die Wegbeschreibung seines eigenen Denkens, Handelns und Verhaltens sieht, der wird die «Unverstelltheit» Gottes, seine «Wahrheit» – seine *Gnade* als eigentliche Grundlage der Existenz entdecken, der weiß zugleich, daß alles andere kein «Leben» ist. Und wer es so erlebt, glaubt Jesus als den «König» seines Daseins, – kein anderer hat ihm noch etwas Letztentscheidendes zu sagen.

Oder noch anders: In der Legende von der Berufung der ersten Jünger folgen zwei von den *Johannes*-Jüngern Jesus, indem der Täufer ihn als (Opfer)Lamm (oder als «Knecht») Gottes bezeichnet; doch was sie bei ihm suchen, ist nichts Geringeres als jenen «Ort», da seine «Bleibe» ist. Die räumlichen Angaben der Erzählung sind unübersehbar Chiffren für die «Befindlichkeit» des Daseins: jeder, der Jesus nachgeht, sucht eine Stätte, wo er sein darf. Wenn es von Kain hieß, daß er nach dem Mord an seinem Bruder Abel, als ein von Gott Vertriebener und wurzellos Gewordener, seßhaft geworden sei im Lande Nod (hebräisch: Flucht) (Gen 4,16)[97], so kehrt dies Bild sich hier ins Gegenteil: der Ort der «Flucht» verwandelt sich in ein Asyl der Zuflucht, das Umgetriebensein in Angst und Schuldgefühl kehrt endlich ein zur Ruhe, und was bisher rein peripher nach außen hin verwirbelt war, gelangt in seine Mitte. Jedoch, was das bedeutet, muß jeder für sich selbst erfahren. «Kommt, seht selbst», sagt Jesus zu den Suchenden (Joh 1,39). Er lädt sie ein in seinen Raum der Selbsterfahrung und Selbstfindung, und das bestimmt die beiden Jünger, schon wenig später anderen zu sagen: «Wir haben ihn gefunden, den Messias.» (Joh 1,41)[98]

genannt. Denn der Christus, der Messias, der Auserwählte, der Gesalbte, er ist es, der den neuen Zustand bringt.» S. 95: «Das Christentum verkündet nicht das Christentum, sondern eine Neue Wirklichkeit.»

95 E. DREWERMANN: Das Johannes-Evangelium, II 120–133: Joh 14,1–14: Ich bin der Weg ... oder: Zwischen Angst und Vertrauen.

96 In der *Apostelgeschichte* wird der Wandel der frühen Christen überhaupt als «Weg» beschrieben. Vgl. E. DREWERMANN: Die Apostelgeschichte, 43.

97 E. DREWERMANN: Strukturen des Bösen, I 143.

98 E. DREWERMANN: Das Johannes-Evangelium, I 84–98: Joh 1,35–51: Von der Nachfolge oder: Zwei Arten von Berufung.

Wie ein zusätzlich nachgestellter Kommentar zum Stichwort «Selbstfindung» und «Selbsterkenntnis» wirkt die anschließende Geschichte von der Begegnung Jesu mit Natanaël. Philippus hatte ihm gesagt, er glaube den gefunden zu haben, von dem *Mose* und die Propheten geschrieben: Jesus, den Sohn Josefs aus Nazaret. Doch «Natanaël hat ihm gesagt: Aus Nazaret – kann da was Gutes sein? Sagt ihm Philippus: Komm, sieh!» (Joh 1,46) Wie Natanaël aber auf Jesus zugeht, sieht Jesus ihn und sagt über ihn: «Da, wahrhaftig, ein Israelit, an dem kein Trug ist. Sagt ihm Natanaël: Woher kennst du mich? Als Antwort hat Jesus ihm gesagt: Bevor dich Philippus rief, als du unter dem Feigenbaum warst, hab' ich dich gesehen.» (Joh 1,47.48) Daraufhin bekennt Natanaël: «Rabbi, du bist der Sohn Gottes, du bist der König Israels.» (Joh 1,49)[99] – Der Feigenbaum gilt als Symbol der Todverfallenheit des Daseins, – gerade mit Feigenlaub meinten die Menschen nach dem «Sündenfall», ihre beschämende Blöße bedecken zu müssen (Gen 3,7)[100]; doch trotzdem von Jesus schon immer «gesehen» zu sein und bei ihm ein «Ansehen» zu haben, das ist ein Geschenk, das nur er zu verleihen vermag. «Selbstfindung» – das heißt, im letzten zu merken, daß man stets schon «gefunden» worden ist. – «Eingeholt» nannte eine Frau in einer jahrelangen Therapie das einmal: sie war geflohen und geflohen – vor ihren Eltern, vor sich selbst als Frau, vor allen Menschen, die ihr irgendwie «zu nahe» kamen; dann fiel ein Satz, in dem sie sich erkannt, nein: anerkannt, gesehen, angesehen fühlte. Sie fand zu sich als im Versteck Gefundene.

Ein langes Gespräch, das exemplarisch Stufe für Stufe den Weg zur Erkenntnis Jesu als des Christus und Gottes als der Macht des «Geistes» darstellt, ist im *Johannes*-Evangelium die Begegnung Jesu mit der Frau am Jakobsbrunnen (Joh 4,1–42)[101]. Äußerer «Durst» kontrastiert da mit innerem Überfluß, die Äußerlichkeit religiöser Tradition («Vater Jakob») mit der Innerlichkeit des Ruhens in Gott, die endlose Suche nach Liebe («fünf Männer») mit dem Begreifen der Sehnsucht nach einer Zuwendung, die bei sich ankommen läßt, und es ist erneut diese Stelle der «Selbstfindung», an welcher das Gespräch zwischen der Samariterin und dem Juden Jesus in sein religi-

99 A. a. O., I 97–98. – Das Thema der «Selbstfindung» im Gegenüber Gottes artikuliert EUGEN BISER: Glaubensbekenntnis und Vaterunser, 42–44.

100 E. DREWERMANN: Strukturen des Bösen, I 74; III 238–245: Der Ekel.

101 E. DREWERMANN: Das Johannes-Evangelium, I 187–203: Joh 4,1–42: Die Frau am Jakobsbrunnen oder: Stufen der Wahrheit.

öses Zentrum tritt: «Ich sehe: Ein Prophet bist du», sagt die Frau (Joh 4,19). Doch «Religion» – das ist (ganz wie im Kirchenchristentum) das Menschen Trennende, – jede hat ihre Lehren und Gesetze, Kultrituale und Gebräuche, und da sie allesamt Gott meinen, beansprucht jede, wahr zu sein im Unterschied zu allen andern. Wer Jesus kennenlernt, wird merken, daß in ihm selbst «Wasser des Lebens» sprudeln (Joh 4,14), und er wird Gott als innerlich, als «Geist» entdecken (Joh 4,24); in seinen Augen wird es eins, das Licht zu sehen und die Sonne; Christus und Gott – sie sind ein und dieselbe Wirklichkeit als Licht, als Wahrheit und als Leben (Joh 4,26). «Er hat mir alles gesagt, was ich getan habe», erklärt die Frau später den Leuten in Sychar (Joh 4,39). Diese Worte sind ihr «Messias»bekenntnis: in Jesu Nähe hat sie begonnen, sich selbst auf Gott hin durchsichtig zu werden, und die Person, die das vermittelt, ist der Christus. Wie der Besessene von Gerasa, als er, gerettet aus der Hölle der Grabhöhlen, verkünden sollte, was Gott ihm getan, doch nur bekunden konnte, wie Jesus ihm die Einheit als Person zurückgegeben hat (Mk 5,19–20), so kann die Samariterin zum Zeugnis ihres Glaubens an den Messias Jesus nur davon berichten, wie sie durch ihn zu sich und in sich selbst zu Gott gefunden hat. Und ganz genau so geht es weiter. Auch die Bewohner Sychars können durch das Bekenntnis dieser Frau nur aufmerksam auf Jesus werden; glauben jedoch, so sagen sie, das heißt, selber zu hören und zu wissen: «Dieser ist wirklich der Retter der Welt.» (Joh 4,42)

«Und glaubst du, daß Jesus Gott ist?» In «orthodoxen» Kreisen gilt das wohl immer noch als Prüfungsfrage. Jedoch: Es ist nicht länger möglich, das Nachsprechen von Formeln als Glauben zu begreifen. In der Sprache des Konzils von Nizaea oder von Konstantinopel bekennt man nicht Christus, sondern lediglich die Zugehörigkeit zu dem Machtbereich einer bestimmten Kirchenaufsicht, deren Einfluß stark genug ist, ihr jeweiliges Sprachspiel als «Wahrheit» durchzusetzen; die Unverborgenheit Gottes, seine Gnade, könnte ärger nicht verdunkelt werden. Statt im Dogmatischen sich zu versperren, läßt sich indes die Antwort auf die Frage: «Glaubst du Jesus als (Sohn) Gott(es)?» recht einfach, weil vom Leben her, «empirisch», geben.

Gott, meinte der Schweizer Tiefenpsychologe CARL GUSTAV JUNG, sei faktisch diejenige Stelle, an welcher die meiste psychische Energie gebündelt werde[102]. Viele mögen sich den Worten nach zu «Gott»

102 CARL GUSTAV JUNG: Gut und Böse in der analytischen Psychologie, in: Ges. Werke, X 505: «wie das Tao. Es ist die psychische Totalität.» «Als Empiriker inter-

oder zu «Christus» bekennen, doch schaut man genauer nach, was ihnen wirklich wichtig ist, so ist es unter Umständen alles mögliche: Geld, Geltung und Gesundheit, Karriere, Ruhm und Anerkennung, Macht und Einfluß und die Durchsetzung bestimmter materieller oder ideeller Ziele, die eigene Familie, Freundschaften und Beziehungen – was immer es auch sei, als «Gott» gilt jener Lebensinhalt, dem alles andere zugeordnet wird. Die faktische Sinnmitte, das Zentrum, um das alles andere sich ordnet, das ist im Leben eines Menschen sein eigentlicher Gott. Natürlich läßt sich überlegen, was einem Menschen Gott sein sollte und wo er anfängt, Götzendienst zu treiben; man wird dann schnell feststellen, daß alles, was das Leben eines Menschen einengt, statt erweitert, was es fixiert, statt freisetzt, was es verarmt, statt innerlich bereichert, was es im Kern seiner Person zersplittert, statt zusammenführt, – nicht mit dem Namen Gott bezeichnet werden sollte, sondern ein Götze heißen muß. «Du sollst den Namen Gottes nicht aufs Wahnhafte heben», heißt es im Zweiten Gebot (Ex 20,7)[103]; es warnt davor, Nicht-Göttliches so ernst zu nehmen, wie nur das Göttliche verdient, daß man es ernst nimmt. – Die Botschaft und die Person Jesu sind zweifelsohne von der Art, daß sie absolut ernst zu nehmen sind, steht doch mit ihnen alles auf dem Spiel: das Bild von Gott, das Selbstverständnis, die gesamte Weltanschauung. Man kann sich gegen alles das entscheiden, wovon sich Jesus überzeugt gab: daß unser Dasein in den Händen eines «väterlichen» Gottes ruhe, der möchte, daß wir sind, und der uns selbst im Tode nicht verlassen werde, – dann aber muß man sich für eine Welt entscheiden ohne Gnade, und man muß dann auch wissen, was man damit auf sich nimmt; *oder* man wählt für sich den Standpunkt Jesu, dann wird der Mann aus Nazaret zum Grund für eine Menschlichkeit, wie sie sonst nicht zu leben wäre, er wird zum letztgültigen Sprachrohr Gottes, er wird absolut.

An Jesus glauben als den Christus, den «Sohn Gottes», ist deshalb eine Aussage über den Glaubenden, nicht über eine Wirklichkeit, die als für sich bestehend, als objektives Faktum zu beschreiben wäre. Nur der kann sagen, daß er Jesus als den Christus glaube, dem die Person und Botschaft Jesu alles ist: prägend für die Gestaltung seines

essiert mich nur der Erlebnischarakter dieser übergeordneten Ganzheit ... Dieses ‹Selbst› steht nie und nimmer an Stelle Gottes, sondern ist vielleicht ein *Gefäß* für die göttliche Gnade.»

103 So nach MARTIN BUBER: Die fünf Bücher der Weisung, 205; zur Begründung a. a. O.: Zu einer neuen Verdeutschung der Schrift, [33].

Lebens, tragend in Augenblicken schwerer Zweifel, tröstend in Leid und Elend, und vor allem: das Hauptmotiv, nicht zu verzweifeln angesichts von eigener und fremder Schuld. Wer ohne Jesus nicht zu leben wüßte, dem ist er Gott und Gottes Sohn und Christus.

Die Frage bleibt, wie subjektiv reflex und ausdrücklich dieses Bekenntnis sich darbieten muß, um wahr zu sein. So wie es Leute gibt, die sich den Worten nach als Christen zu erkennen geben, obwohl in Wirklichkeit ihr Leben einem skandalösen Götzendienst gleichkommt, so wird es andere geben, die den Worten nach nicht sagen würden, daß sie Christen seien, und die es doch entsprechend dem «empirischen» Kriterium in vollem Sinne sind. Wie viele gibt es, die wie selbstverständlich aushalten unter schwierigsten Bedingungen – an der Seite eines schwererkrankten Mannes, eines dement gewordenen Vaters, eines drogenabhängigen Sohnes? Sie fragen nicht lange nach Begründungen und Prinzipien, doch die Treue, die sie leben, hat etwas von Jesu Gleichnis vom barmherzigen Samariter (Lk 10,25–37): der Mann gehörte nicht zum orthodoxen Judentum, doch er war nah bei Gott, er tat, was Jesus wollte, er war ein vorbildlicher Christ. Oder ein Mann wie MAHATMA GANDHI. Er war niemals Mitglied einer der «christlichen» Kirchen, und dennoch gibt es keinen Politiker im 20. Jh, der die Bergpredigt Jesu überzeugter und überzeugender zu leben versucht hätte, als den indischen Freiheitskämpfer und Staatsmann. «Es ist ein eigenartiger Kommentar auf den Westen», schrieb er, «daß es dort, obwohl es sich zum Christentum bekennt, kein Christentum und keinen Christus gibt – sonst hätte es dort keinen Krieg gegeben.»[104] Man kann nicht Jesus als den «Friedensfürsten» feiern und dann Kriegsrüstung und Kriegsvorbereitung «nötig» finden, geschweige all die Kriege, die angeblich zugunsten wichtiger «humaner» Zielsetzungen geführt werden und wurden. Worte sind trügerisch; was zählt, ist die Person des Glaubenden.

«Judäa, will einen König haben und gegen die Legionen Roms aufmarschieren», läßt der libanesische Dichter KHALIL GIBRAN seinen Jesus einmal in den Erinnerungen des Joseph von Arimathäa sagen. «Ich aber werde nicht ihr König sein. Die Diademe Zions wurden für kleinere Stirne angefertigt. Und der Ring Salomons ist zu eng für diesen Finger. Schaut meine Hand an! Seht ihr nicht, daß sie zu stark ist, um ein Szepter zu halten, und zu kraftvoll für ein gewöhnliches Schwert? Nein, ich habe nicht die Absicht, die Syrer gegen die Römer

104 MAHATMA GANDHI: Freiheit ohne Gewalt, 122, aus: Harijan, 17.11.1946.

anzuführen. Ihr aber werdet mit meinen Worten die Stadt wecken, und mein Geist wird zu ihrer zweiten Morgenröte sprechen. Meine Worte werden eine unsichtbare Armee sein mit Pferden und Streitwagen; ohne Beil und ohne Schwert werde ich die Priester von Jerusalem und seine Caesaren besiegen. Ich will auf keinem Thron sitzen, auf dem Sklaven saßen, die andere Sklaven regierten. Ebensowenig habe ich vor, gegen die Söhne Italiens ins Feld zu ziehen. Vielmehr werde ich ein Sturm an ihrem Himmel sein und ein Lied in ihrem Herzen. Und sie werden sich meiner erinnern. Sie werden mich Jesus, den Gesalbten, nennen.»[105] Jesus – der Christus!

Es gibt andere Weisen und Worte in den Evangelien, mit denen man versucht hat, Jesus zu begreifen; sie stehen nicht im Widerspruch zum Christus-Titel, doch sie zeigen, daß es auch andere genauso legitime Zugangswege mit eigenen Akzenten (und zum Glück weit weniger dogmatischen Verstellungen und Überfrachtungen) gibt. «Der Lehrer» (Rabbi) oder «der Retter» (der Heiland) oder «der Prophet» sind solche Möglichkeiten einer gültigen Vergegenwärtigung der Eigenart und der Bedeutung Jesu, wofern nur der Charakter der zentralen Absolutheit nicht verloren geht[106]; «der Herr» ist gleichfalls eine solche Anrede, die allerdings vom Sprachgebrauch des Alten Testamentes in sich bereits die Dimension des Göttlichen berührt. Wenn Jesus selber von sich redete, so liebte er es, sich den «Menschensohn» zu nennen, und es hat in der Auslegung der Bibel einen langen Streit darum gegeben, wie gerade dieses Wort gemeint ist[107]. Mitunter redet Jesus mit dem Begriff des Menschen(sohnes) gewissermaßen in der dritten Person von sich selbst, ohne daß dem Wort eine besondere theologische Bedeutung zukäme; dann wieder spricht er von der Ankunft des Menschensohnes, wie sie in *Daniel* 7,13.14 verheißen wird. So antwortete er im Verhör dem Hohen Priester auf die Frage, ob er der Messias sei, mit einer Vision: «ihr werdet schauen: den Menschensohn, zur Rechten sitzend der Macht (sc. Gottes, d. V.) und kommend mit den Wolken des Himmels.» (Mk 14,62)[108] Hat er mit diesem kommenden «Menschensohn» sich selbst identisch gesetzt,

105 KHALIL GIBRAN: Jesus Menschensohn, 51–52.

106 Zur Gestalt des «Propheten» vgl. E. DREWERMANN: Tiefenpsychologie und Exegese, II 355–377: Prophetien und Propheten oder: Visionen zwischen Ich und Du.

107 Vgl. E. DREWERMANN: Jesus von Nazareth, 565–574: «Für wen halten die Menschen den Menschensohn?» (Mt 16,13)

108 Vgl. E. DREWERMANN: Das Markus-Evangelium, II 525–544: Mk 14,53–65: Kaiphas oder: «Es ist besser, wenn einer stirbt, als das Volk.»

und wenn ja, in welcher Weise? Darüber ist endgültig wohl kaum Klarheit zu gewinnen, und es ist hier auch nicht das Entscheidende. Entscheidend ist die Gleichsetzung, die Jesus in dem Bild vom Menschensohn mit seiner eigenen Person und Botschaft vornimmt.

«Was ist der Mensch, daß du seiner gedenkst, des Menschen Kind, daß du seiner dich annimmst?» heißt es in Psalm 8,5. Der «Menschensohn», des «Menschen Kind» oder richtiger: «das Menschlein» erinnert ganz und gar an die Hinfälligkeit der Kreatürlichkeit des Menschen, der nach der Schöpfungsgeschichte des Jahwisten aus Staub ist und zum Staub zurückkehrt (Gen 3,19), indem sein ganzes Leben voller Müh' und Plage dahingeht von Staub zu Staub. Ein Wesen, so armselig, kann nur leben aus und in Erbarmen, und Menschlichkeit ist weiter nichts, als diese Haltung des Erbarmens gegenüber allen Menschen einzunehmen, eben weil sie solche hilflosen, ausgelieferten Gebilde sind. Menschlichkeit ist, so verstanden, nicht ein fernes Ideal, sondern die spontane Antwort auf die Wirklichkeit, wenn man sie ohne Angst und Vorurteil betrachtet. Und beides: Menschsein (als die Frage) und Menschlichkeit (als Antwort) verdichten sich im Bild des Menschensohns. *Das* wollte Jesus sein: ein Mensch, so wie ihn Gott gemeint hat, als er ihn erschuf; ein Mensch, so wie er sein kann, wenn er sich getragen fühlt von Gott; ein Mensch, so wie er werden sollte, wenn er Gott zum Maßstab nimmt. «Wenn der Menschensohn kommt in seiner Herrlichkeit und all die Engel mit ihm», erzählt Jesus in dem letzten seiner Gleichnisse im *Matthäus*-Evangelium, «... dann wird sprechen der König zu denen zu seiner Rechten: Herbei, ihr Gesegneten meines Vaters, nehmt es zum Erbe – bereitet ist's euch, das Königtum, seit Grundlegung der Welt. Denn: hungrig war ich, und ihr gabt mir zu essen, durstig war ich, und ihr gabt mir zu trinken ...» (Mt 25,31.34–35)[109] Da geht die Gestalt des «Menschensohnes» und des «Königs» (Messias, Gott) ineinander über; beide verschmelzen miteinander, und Jesus, wie er menschlich war, und Jesus wie er als der Maßstab der Menschlichkeit im letzten auf uns zukommt, erweisen sich als eins.

Um noch einmal KHALIL GIBRAN zu zitieren, – er läßt einen «Philosophen» mit Blick auf den Mann aus Nazaret einmal darüber nachsinnen, wie anders sich das altgewordene Denken in Abstraktionen und Begriffen zu der erfrischenden Konkretheit einer dichterischen Wahrnehmung und einer verdichteten Existenzweise verhält; er

109 Vgl. E. DREWERMANN: Das Matthäus-Evangelium, III 222–244: Mt 25,31–46: Das große Weltgericht oder: Der einzig gültige Maßstab.

schreibt: «Als Er (sc. Jesus, der Menschensohn, d. V.) unter uns lebte, betrachtete Er uns und unsere Welt mit staunenden Augen, denn sein Blick war nicht unverhüllt (sc. verhüllt, d. V.) vom Schleier der Jahre; alles, was Er sah, war hell und erschien ihm im Lichte seiner Jugend. – Obwohl Er die Schönheit zutiefst kannte, ließ Er sich immer wieder überraschen von ihrer Pracht und ihrem Frieden. Er betrachtete die Erde, wie der erste Mensch den ersten Tag anschaute. – Wir, deren Sinne abgestumpft sind, blicken auf die Erscheinungen des Tages und sehen nichts, wir hören und vernehmen nichts, wir strecken unsere Hände aus und fühlen nichts. Und wenn man für uns den gesamten Weihrauch Arabiens verbrennen würde, wir würden unseren Weg fortsetzen, ohne etwas zu bemerken. – Wir sehen nicht, wie der Bauer bei Anbruch der Nacht von seinen Feldern heimkehrt, wir hören nicht die Flöte des Hirten, wenn er seine Herde auf die Weide führt, und wir strecken unsere Hand nicht aus, um das Abendrot zu berühren. Unsere Nasenflügel sehnen sich nicht nach dem Duft der Rosen von Saron. – Nein, wir ehren keinen König ohne Königreich, und wir hören den Klang der Harfen erst, wenn die Finger ihre Saiten berühren. Wir sehen nicht das Kind in unserem Olivenhain spielen, als wenn es selbst ein junger Olivenbaum wäre. – Alle Worte müssen von den Lippen kommen, sonst glauben wir, daß wir ein Gespräch mit Taubstummen führten. – Wahrlich, wir schauen und sehen nichts, wir hören und vernehmen nichts, wir essen und trinken, ohne etwas zu schmecken. Und darin unterscheiden wir uns von Jesus, dem Nazaräer. – Seine Sinne waren stets wach; für ihn war die Welt immer wieder eine neue Welt. – Ihm galt das Stammeln eines Kindes nicht weniger als der Schrei der ganzen Menschheit, während es für uns einfach nur ein Stammeln ist. – Für ihn bedeutete die Wurzel einer Butterblume das Streben nach Gott, während wir in ihr lediglich die Wurzel einer Blume sehen.»[110]

Das Bild des «Menschensohnes» – in einer solchen Jugendlichkeit und Unmittelbarkeit des Fühlens und Empfindens läßt sich's malen: als eine Sensibilität der Wahrnehmung und Empathie, als Kreativität des Vorstellungsvermögens und der inneren Verbundenheit, als ein Gespür für Gründe und Zusammenhänge hinter dem oberflächlich Sichtbaren, als eine Haltung des Respekts und Wohlwollens im Umgang mit allem, was nicht fertig ist, sondern noch wächst. Aus solchen Elementen setzt sich Menschlichkeit zusammen, und nur danach

110 KHALIL GIBRAN: Jesus Menschensohn, 79–80.

bemißt sich die Bedeutung unseres Lebens. Wenn es drauf ankommt, wird uns Gott nicht fragen, welchen Dogmen wir gefolgt sind; die Frage ist allein, wie wir auf notleidende Menschen zugegangen sind. Darin erzeigt sich, ob wir Jesus als den «Menschensohn» tatsächlich glauben.

Doch woher will man wissen, wer Jesus war, was er gesagt hat und wie er sich verhalten hat? – Es ist kein Zufall, daß gerade die aussagestärksten Szenen in den Evangelien in legendärer Form berichtet werden. Die Taufe Jesu am Jordan, die Austreibung der «Dämonen» bei Gerasa, die Heilung der blutflüssigen Frau, die Vermehrung der Brote, der Gang über das Wasser, – all das sind Erzählungen, die deutlich legendäre oder «novellistische» Züge aufweisen; daneben stehen zahlreiche Geschichten mit ganz offenkundig mythischen Motiven: die Geburt des Gottessohnes aus der Jungfrau, seine Versuchung durch den «Teufel», seine Himmelfahrt ... es ist unmöglich, aus Berichten dieser Art einen historisch harten Kern von objektiven Tatsachen zu eruieren. Doch gerade diese Eigenart der Evangelien kommt einer religiösen Aneignung der Texte – buchstäblich: Gott sei Dank – am nächsten.

In einem etwas kühnen Vergleich läßt sich der Umgang mit religiösen Urkunden ähnlich beschreiben wie die Untersuchung eines Teilchens in der Quantenphysik: man muß sich entscheiden, was man messen will: den Ort oder den Impuls; beides zugleich kann man nicht bestimmen. Die «Orts»messung eines Ereignisses ist Aufgabe der historischen Forschung, – in der Bibelauslegung mit Hilfe der historisch-kritischen Exegese; ihre Ergebnisse stellen eine Handlung, einen Ausspruch in einen bestimmten, zeitlich fixierbaren, mithin einmaligen, unwiederholbaren Kontext und zeigen zugleich, von welchen zeitbedingten Interessen seitens bestimmter Kreise die Überlieferung veranlaßt und geleitet wurde. Vieles davon muß hypothetisch bleiben, doch selbst die bestgesicherten Ergebnisse können im Grunde nur die Differenz des historischen Abstandes zwischen Entstehungszeit und Gegenwart markieren. Die «Impuls»messung setzt demgegenüber voraus, daß die «Orts»festlegung zu vernachlässigen ist, wenn und weil man die Wirkung erkunden will, die von jenem Ereignis ausgeht. – Religiös geht es allein darum: daß der «Impuls», der von einer bestimmten Szene erregt ward, uns Heutige erreicht, und dieses Anliegen zeigt sich schon darin, daß in den religiösen Überlieferungen selbst im wesentlichen einzig die «Welle» weitergegeben wird. Nicht was historisch «wirklich», objektiv-faktisch, sich ereignet hat, soll im Sinne moderner Geschichtsschreibung so korrekt wie möglich aufbewahrt und aufgezeichnet werden; vielmehr soll die Bedeutung dessen, was einmal gewesen ist, als etwas Wesentliches, bleibend Gültiges für alle Zeiten sich erzählen. Die «Ungeschichtlichkeit» der biblischen Berichterstattung ist daher gerad nicht das Bedauerliche, sondern das in religiösem Sinn Begrüßenswerte. Das Sagen- und Legendenhafte, das Mythische und Märchenhafte ihrer Darstellungsweise lädt förmlich dazu ein, sich in der Seele derer, die es hören, fortzuträumen und in ihrem Leben selbst sich zu verdichten.

Wenn es um Dichtung geht, betrachten die Historiker, die Rezensenten und die Interpreten zumeist nur die ästhetische, die künstlerisch-formale Seite; persönlich betreffen und erschüttern lassen sie sich so wenig gern wie alle «Wissenschaftler». Jedoch genau zu diesem Zweck: zur «Reinigung» der Seele, wurden im 5. Jh. v. Chr. im Dionysos-Theater zu Athen bereits die großen Tragödien aufgeführt[111]; sie folgten niemals nur ästhetischem Vergnügen; sie wollten, daß der Zuschauer sich in den handelnden Personen wiederfindet; sie wußten, daß ihre Geschichten sich nur scheinbar für den Augenblick am Fuße der Akropolis aufführen, da sie in Wahrheit immer wieder im Herzen jedes Menschen sich ereignen können. Dichtung ist ein Verfahren, von außen so zu sprechen, daß im Inneren sich Einsichten, Gestaltungsmöglichkeiten und Entscheidungen heranbilden, die das eigene Dasein neu zu verstehen lehren. Besonders religiöse Dichtung wäre mißverstanden, nähme man sie zum Anlaß, sich ins Romanhafte hineinzuphantasieren, um die «Lücken» der historischen Informationslage mit eigenen Vorstellungen auszufüllen: – war Jesus verheiratet, hatte er Kinder, wie war sein Verhältnis zu Maria Magdalena ... Wenn uns irgend etwas davon angehen sollte, stünde

111 G. W. F. HEGEL: Ästhetik. III. Teil: Die Poesie, C III. Die dramatische Poesie, 3 a: Das Prinzip der Tragödie, Komödie und des Dramas, S. 310, vernachlässigte das entscheidende psychologische bzw. psychotherapeutische Moment der Aristotelischen «Katharsis» vollständig, indem er «die wahrhafte Wirkung der Tragödie» als Erregung von «Furcht und Mitleid» zum Zwecke der Reinigung in der Theaterauffassung des ARISTOTELES gerade *nicht* als «die bloße Empfindung der Zustimmung oder Nichtzustimmung zu meiner Subjektivität» betrachtete; «dem Kunstwerk», meinte er statt dessen, dürfe «es nur darauf ankommen, das zur Darstellung zu bringen, was der Vernunft und Wahrheit des Geistes zukommt.» Furcht richte sich in Wahrheit nicht auf «die äußere Gewalt», sondern auf «die sittliche Macht». Jedoch: Die Tragödie ist kein moralisches Lehrstück (als warnendes Beispiel), wie es bereits die Stoiker (SENECA z. B.) in ihren Nachdichtungen darzustellen suchten.

es in den Evangelien; doch da es religiös uns absolut nichts angeht, steht davon nicht eine Silbe in den Evangelien.

Man kann und muß als Glaubensuchender also durchaus nicht darauf warten, bis im Treibsand menschlicher Geschichte die Forscher ein paar harte Fundamentsteine freilegen. Was die bildhaft-symbolischen Erzählungen der Bibel besagen, ist deutlich genug und langt aus, persönlich sein Leben darauf zu gründen. Es ist, um einen anderen Vergleich zu gebrauchen, in etwa wie beim Zeitunglesen: der Nachrichtenteil informiert über «Geschichte», wie sie üblicherweise ist, – Verhandlungen, Parteienstreit, Ministerwechsel, Neuwahlen, Krieg, Hunger, Katastrophen ... aktuell sind alles das Mitteilungen von hohem Aufmerksamkeitswert, doch geistig und religiös bedeuten sie wenig; nach Tagen schon sind sie zumeist vergessen. Doch dann steht im Feuilletonteil ein Fortsetzungsroman, eine Novelle, ein Gedicht, und man ahnt darin eine andere Welt. – So wollen die «unhistorischen» Geschichten religiöser Überlieferung wirken: sie wollen nicht die reale Geschichte weitertreiben, sie wollen in die Betonwände unserer irdischen Gefangenschaft Fenster einfügen, durch welche das Licht in den Innenraum unseres Kerkers hereinfällt, und wir beginnen zu glauben, daß draußen Blumen blühen und Vögel singen und Wolken ziehen und Weite und Freiheit Wirklichkeit sind. Solche «Fenster» widerlegen durch ihre Tatsache die Alternativlosigkeit unserer Knechtschaft; sie schließen sich mit unseren Träumen, Hoffnungen und Sehnsüchten zusammen, und sie nötigen uns, den Aufbruch und Ausbruch zu wagen.

Gerade hier ist noch einmal der Unterschied zum kirchlichen Dogma absolut. Das Dogma beharrt auf der objektiven Tatsächlichkeit des Berichteten und weigert sich, darin Bilder Gottes in der menschlichen Seele zu sehen; es erklärt, daß nur wahr ist, was in Raum und Zeit wirklich sei; doch wer zwischen Bild und Bedeutung, zwischen Symbol und Tatsache, zwischen Bezeichnendem und Bezeichnetem nicht unterscheiden darf, gerät in den Bewußtseinszustand einer blühenden Schizophrenie[112]: alles zu Wünschende, alles zu Fürchtende, alles, was möglich ist, kann auch schon wirklich sein, und es gibt keine realen Kriterien mehr, um zwischen Innen und Außen zu unterscheiden. Die Bilder religiöser Überlieferung hingegen behaupten keine historischen Wahrheiten; ihre Gültigkeit beanspru-

112 Vgl. GREGORY BATESON: Vorstudien zu einer Theorie der Schizophrenie, in: Ökologie des Geistes, 274–278. Vgl. E. DREWERMANN: Atem des Lebens, II 203–209.

chen sie darin, daß sie in der Existenz von Glaubenden bewahrheitet werden. Ihr Wahrheitsanspruch ist nicht das Gewesene damals, sondern das Wesentliche heute. So ist zu glauben die jungfräuliche Geburt des Erlösers, indem man selber sich definiert wie er, im Gegenüber Gottes; so ist zu glauben seine Gottessohnschaft, indem man in ihm das «Wort» vernimmt, mit dem Gott von Ewigkeit her einen jeden von uns gerufen hat bei seinem Namen; so glaubt man seine Himmelfahrt, indem man ihn selber in seiner Menschlichkeit sich zum Richtmaß nimmt zur Bewertung des menschlichen Daseins und der menschlichen Geschichte; so glaubt man den Gang über das Wasser, indem man aufhört, von Sturm und Wellengang sich irritieren zu lassen, – wenn «Leben» doch heißt: auf den zuzugehen, der vom anderen Ufer her auf uns zukommt ...

Diese auf existentielle Unmittelbarkeit zielende Art religiöser Überlieferung zeigt sich besonders deutlich bei der Tradition *der Worte* Jesu. Im Interesse historischer Korrektheit und Verständlichkeit sollte man erwarten, daß die verschiedenen Aussprüche, Gleichniserzählungen, Streitgespräche und Schriftauslegungen Jesu in eine entsprechende Situationsangabe eingebettet wären, die den Redeanlaß, den Gesprächspartner, mithin die Zielsetzung des Gesagten verständlich machen könnte; doch das ist nicht der Fall. Wie es im *Thomas*-Evangelium sich noch in schriftlicher Form erhalten hat[113], wurden die Lehren Jesu, zum Teil stichwortartig, Ausspruch für Ausspruch isoliert überliefert, – es sind erst die Evangelisten, die im nachhinein, ohne historische Kenntnis des Zusammenhangs, eine für sie passende Rahmung geschaffen haben. Um so wichtiger ist es, beim Lesen der Worte Jesu sich selbst zum «ursprünglichen» Hörer zu machen, statt die «ursprüngliche Situation» oder den «Sitz im Leben» damals mit noch so scharfsinnigen historisierenden Hypothesen in der Vergangenheit rekonstruieren zu wollen[114]. Auf welch eine Fragestellung hin, für welch eine Verfaßtheit, in welch einer Lebenslage kann ein bestimmter Satz als Lösung erscheinen? Das eigene Dasein sollte die Einfassung des jeweiligen Wortes bilden und seine Auffassung bestimmen.

113 Vgl. GERHARD MARCEL MARTIN: Werdet Vorübergehende, 12: «Die Sprüche (sc. im *Thomas*-Evangelium, d. V.) sind frei flottierender als das meiste neutestamentliche Material, das ... aufs Ganze erstarrter wirkt.»

114 Zur Auslegung der Wortüberlieferungen vgl. E. DREWERMANN: Tiefenpsychologie und Exegese, II 666–673: Die Isolation der Überlieferung vom historischen Kontext und die existentielle Rekonstruktion des inneren Zusammenhangs.

Bei dieser Vorgehensweise wird man eine erstaunliche Entdeckung machen: So disparat, manchmal sogar widersprüchlich die verschiedenen Aussprüche Jesu auch erscheinen mögen, so sehr ergeben sie doch, wie Eisenfeilspäne entlang den magnetischen Kraftlinien, das Muster eines in sich geordneten Feldes, das sich zwischen zwei Polen: der Person des Christus und der Person des Hörenden, ausspannt. Manche Worte sagen einem vielleicht im Moment gar nichts, und man muß warten, bis in der eigenen Entwicklung die Zeit dafür reif ist; andere erschließen sich wie eine physikalische Gleichung, deren Formel (etwa das Gesetz der Massenanziehung) man einmal gelernt hat, ohne ihre Bedeutung für die Gestaltung der Wirklichkeit des gesamten Universums wirklich zu begreifen. Der protestantische Dichter JOCHEN KLEPPER (1903–1942) vermerkte während der bedrükkenden Jahre im Nationalsozialismus an der Seite seiner jüdischen Frau Hanna in seinem Tagebuch einmal, es sei das für ihn wichtigste Ereignis des zurückliegenden Jahres gewesen, ein, zwei Jesus-Worte tiefer zu verstehen[115]. So muß es sein, wenn man die Stimme Jesu als des «wahren» Königs, als des Messias, vernimmt und es lernt, die unsäglichen Tiraden von Haß und Gewalt aus dem Munde des – vermeintlich von der «Vorsehung» eingesetzten – «Führers» zu überhören.

Als ein gutes Beispiel zur Verdeutlichung des Gemeinten kann – erneut – jenes Gleichnis dienen, das *Lukas* überliefert und das man gemeinhin als die Geschichte von dem ungerechten Verwalter bezeichnet (Lk 16,1–9)[116]; die Erzählung eignet sich besonders gut, weil sie in der exegetischen Literatur zwar zu zahlreichen historischen Erklärungen, aber zu keiner wirklich schlüssigen Auslegung geführt hat; eine solche kann es auch solange nicht geben, als man sich nicht selbst mit der eigenen Existenz in genau der Lage befindlich wahrnimmt, in welcher Jesus jenen «Verwalter» schildert. Dieser Mann hat mit – nicht näher definierten – Unterschleifungen immer mal wieder in die eigene Tasche gearbeitet; man hat ihn bei seinem Chef

115 JOCHEN KLEPPER: Unter dem Schatten deiner Flügel, 550: «Aufs Irdische gesehen habe ich nur das Gefühl, einem Abgrund entgegenzuleben – angesichts dessen ich mich klammere an die Bibelworte ...» S. 533: «Ich habe jahrelang, in meinen besten Jahren, nichts geschaffen. Aber ich habe in ihnen das Vaterunser beten gelernt und fand alle meine Gedanken und Gefühle und Erfahrungen allein darauf bezogen.»

116 Vgl. E. DREWERMANN: Das Lukas-Evangelium, II 258–274: Lk 16,1–9: Das Gleichnis vom betrügerischen Verwalter oder: Ein Schuldennachlaß per Urkundenfälschung als verständiger Ausweg.

angezeigt, und er weiß, daß er nach dem bereits anberaumten Kassensturz achtkant gefeuert werden wird. Seine Lage ist fatal, und es gibt keinen Ausweg ... – Genauso, will Jesus sagen, stellt sich bei Licht betrachtet die Lage eines jeden dar, wenn Gott ihn zur «Rechenschaft» zieht. Unser ganzes Dasein gehört nicht uns selber, es ist ein geliehenes Gut, mit dem wir verantwortlich umgehen sollten. Doch nun gibt es nicht wenige (von den Pharisäern damals, von uns Heutigen allenthalben), die fest davon überzeugt sind, mit ihrem Leben «ins Reine» gekommen zu sein: nach ihrer Schätzung haben sie stets sich gesetzestreu, anständig und ordentlich verhalten, und so wähnen sie sich im Anspruch auf eine gerechte Belohnung für so viel Wohlverhalten, – anders als jene «Sünder», «Gesetzesbrecher» und Übeltäter, die einer hoffentlich gestrengen Strafe aus der Hand Gottes entgegensehen. Es ist exakt diese Selbstwahrnehmung, der Jesus mit seinem Gleichnis jegliche Grundlage entzieht. Menschlich betrachtet, scheint er zu sagen, magst du nach den Maßstäben des bürgerlichen Zusammenlebens als ein netter Zeitgenosse und als ein tüchtiger Kerl gelten, doch was wird sein, wenn man einmal Gottes Maßstäbe an dein Leben anlegt? Du hast soeben die Worte noch gehört: «hungrig war ich ..., durstig war ich ...», und wo warst da du? Glaubst du wirklich, bei Gott mit deinen Vorstellungen von «Verdienst» und «Lohn» nach «Gerechtigkeit» durchzukommen?

Der entscheidende «Magnetpol» der Predigt Jesu, zu dem man immer wieder gelangen wird, wenn man der Ausrichtung der «Eisenfeilspäne» folgt, die Kernüberzeugung, von der aus alles wie von selber sich versteht, liegt offenbar in jener Evidenz der Tauferfahrung Jesu: «verdient» hätte ein jeder für seine Schuld ein strenges Strafgericht Gottes; es ist nicht möglich zu leben nach Maßgabe der «Gerechtigkeit». Es geht, wie dargestellt, um den Zusammenbruch der gesamten moralisch-juridischen Weltsicht. Kein Mensch wird im Gericht Gottes zu bestehen vermögen! Diese Überzeugung verdichtet sich in der Lagebeschreibung des «ungerechten Verwalters» in dem Gleichnis Jesu, und nur wer sie in eigener Einsicht als gültig für sich selber akzeptiert, wird verstehen, was Jesus allen Ernstes als «Lösung» aus dem Dilemma vorschlägt: Er läßt seinen «Verwalter» eine verzweifelte Flucht nach vorn antreten; denn so überlegt dieser: Daß ihm gekündigt wird, ist unvermeidlich, aber was dann? Er kann sich als Bettler an den Straßenrand setzen und die Hand aufhalten – eine blamable Aussicht. Oder er muß als Tagelöhner sich verdingen und eventuell beim Straßenbau den Rücken krumm machen – eine physische Überforderung. Er muß etwas finden, das ihm eine erträgliche, einträgliche Zukunftssicherung in Aussicht stellt, und da hat er eine tollkühne, geradezu unverschämt freche Idee: An seinem Schuldenstand gegenüber seinem Herrn ist nichts mehr zu verbessern; aber er ist schließlich nicht der einzige, der bei ihm in der Kreide steht! Wozu ist er – noch – Verwalter? Wie, wenn er hingeht und den Schuldnern seines Herrn einen ansehnlichen Teil ihrer Creditsumme erläßt? Er muß dafür ja nicht selber aufkommen, das ganze ist ein Rechenspiel einzig zu Lasten seines Herrn, doch für ihn selbst hat es einen klar kalkulierbaren Vorteil: Die Schuldner werden ihm auf ewig für seine «unbürokratische» Hilfe zu Dank verpflichtet sein. «A Hund issa scho», werden sie mit anerkennendem Schmunzeln sagen, «aber als es drauf ankam, als ich nicht mehr weiterwußte, da hat er mir äußerst großzügig geholfen. Ja, gewiß, er hat seinen Herrn schlimm hintergangen, er ist ein Betrüger, doch im Grunde ist er ein Robin Hood, ein Räuber und Dieb, der's mit den Armen hält; er ist ein durchtriebener Gauner, doch als solcher ein Wohltäter der Menschheit.» So werden sie sprechen, denkt der Verwalter, und so werden sie ihn nach seiner «Freisetzung» aus seinem Dienst mit allen Ehren auf ihren Schultern durch die Stadt tragen, und sie werden ihn bei sich aufnehmen in Anerkennung und Würdigung seiner Verdienste so ganz anderer Art.

Aber er hat seinen Herrn doch betrogen! lautet der Einwand aller noch irgendwie rechtlich Gesonnenen. Und: man wird doch Gott nicht mit Mätzchen und Tricks hinters Licht führen können! Das alles stimmt natürlich. Doch wie mit einem Paukenschlag endet Jesus seine Geschichte auf geradezu bizarre Weise: «und gelobt hat der Herr den Ungerechtigkeitsverwalter: Ja, verständig hat er gehandelt!» (Lk 16,8)

Was ist das für eine «Verständigkeit», die vor Gott derart lobenswert ist? Es geht nicht um eine knifflige Schlauheit oder hinterhältige Durchtriebenheit. «Unter Piraten Ehrlichkeit!» pflegt man bei Bankern und Steuerberatern zu sagen. Wenn du eins und eins zusammenzählst bei deiner Bilanz, will Jesus mit seinem Gleichnis offenbar nahelegen, so wirst du wissen, daß deine Schuld vor Gott auf keinem Wege zu begleichen ist; es gibt für dich als Schuldner deines Herrn nur einen einzigen Ausweg: du vergibst von dir aus all denen, die, wie du, bei deinem Herrn ihre Schuld nicht bezahlen können. – Aber das ist doch nicht gerecht! – Nein, gerecht ist das nicht. Doch ist es die einzig verbleibende Rettung für alle Betroffenen. Um vor Gott und mit Gott klarzukommen, gibt es im wesentlichen nur *eine* Haltung: die Bereitschaft zu vergeben.

Was Jesus in seinem Gleichnis verdeutlicht, ist die Unumgänglichkeit jener Gesinnung, in welcher er die Jünger beten lehrte: «Und laß uns nach unsere Sünden, denn auch wir lassen nach jedem, der uns schuldig wird.» (Lk 11,4)[117] In dieser Formulierung des Vater(-unsers) bei *Lukas* ist die eigene Vergebungsbereitschaft geradewegs die Bedingung dafür, daß Gott uns vergibt: – in gewissem Sinne führt das Verständnis, das wir für andere aufbringen, unmittelbar auch zu einem gütigeren Umgang mit uns selbst. Doch auch das Umgekehrte gilt (obwohl an dieser Stelle davon nicht die Rede ist): wir können anderen nur vergeben in dem Bewußtsein, daß uns selbst vergeben worden ist, – so wie es Jesus in dem bereits erwähnten Gleichnis vom «Schalksknecht» angedeutet hat (Mt 18,23–35)[118]: Da schildert er Gott in der Weise eines Königs, der seinem Knecht (oder Minister) die ungeheuere Summe seiner Schuld (10000 Talente) vergibt, weil in gar keiner Form daran zu denken ist, daß er zu einer nennenswerten Rückführung der Schuldenlast auch nur ein wenig beizutragen hätte. Wenn er nicht völlig sinnlos (und auf des Königs Kosten!) im Kerker den Rest seines Lebens unnütz und qualvoll dahinsiechen soll, so muß der König ihm alles nachlassen, und das tut er aus reiner Barmherzigkeit. Ist *das* die wahre Grundlage unserer Existenz, so läßt sich ehrlich damit nur umgehen, wenn auch wir selber all unseren Schuldnern alles vergeben. Wir können vergeben, weil uns vergeben wurde, und es wird uns vergeben, weil wir vergeben haben; beides greift ineinander und verstärkt sich gegenseitig, – *einer* der «Widersprüche» in den Worten Jesu, die sich wie selbstverständlich lösen, wenn wir uns auf sie nur entschieden genug einlassen.

Aber können wir denn wirklich so leben? Und begreifen wir so, wer Gott ist? Absolut! Nur so! war die Antwort des Juden Jesus, und er gab sie so entschieden, daß für einen jeden, der sie begreift, eine Wende seines gesamten Weltverständnisses eintreten wird. – In den «Erzählungen der Chassidim» erzählt MARTIN BUBER einmal von Rabbi *Nachum von Tschernobil* (gest. 1772): Zu diesem «kam ein Mann aus Litauen und klagte, ihm fehle das Geld, um seine Tochter zu verheiraten. Der Zaddik (sc. der jüdische Rechtschaffene, d. V.)

117 Vgl. E. DREWERMANN: Das Lukas-Evangelium, I 823–832: Und laß uns nach unsere Sünden ...

118 Vgl. E. DREWERMANN: Das Matthäus-Evangelium, II 443–458: Mt 18,15–35; 19,1–2: «Wie ich mich deiner erbarmt habe» oder: Wovon die Menschen leben.

hatte grad fünfzig Gulden zu anderem Zweck bereitgelegt, er gab sie dem Armen und seinen Seidenrock dazu, damit er auf der Hochzeit würdig auftreten könne. Jener nahm's, ging stracks in die Branntweinschenke und begann zu trinken. Nach Stunden kamen Chassidim herein und fanden ihn schwerberauscht auf der Bank liegen. Sie nahmen ihm den Rest des Geldes und den Seidenrock ab, brachten's Rabbi Nachum und erzählten ihm, wie schmählich sein Vertrauen mißbraucht sei. Zürnend rief er: ‹Ich fasse Gottes Eigenschaft beim Zipfel, ‹des Guten, der guttut den Bösen und den Guten› (sc. vgl. Mt 5,45, d. V.), und ihr wollt sie mir aus den Händen reißen! Tragt sogleich alles zurück!›»[119]

An Jesus als den Christus glaubt ein jeder, der so denkt und handelt, gleich, ob als Jude, Christ, Muslim, Buddhist oder sogar als «Atheist». Er berührt, wie die blutflüssige Frau (in Mk 5,27), etwas vom Gewande Jesu, er berührt etwas vom Saume des Gewandes Gottes – von seinem Erbarmen, das er bedingungslos einem jeden schenkt, einfach weil er es braucht.

Wer also ist Jesus? Man kann ALBERT SCHWEITZER nur zustimmen, wenn er am Ende seiner umfangreichen «Geschichte der Leben-Jesu-Forschung» resümierte: «Die Namen, mit denen man Jesum im spätjüdischen Vorstellungsmaterial als Messias, Menschensohn und Gottessohn bezeichnete, sind für uns zu historischen Gleichnissen geworden. Wenn er selbst diese Titel auf sich bezog (sc. oder zurückwies! d. V.), so war dies ein zeitlich bedingter Ausdruck dafür, daß er sich als einen Gebieter und Herrscher (sc. im Widerspruch zu allen Gebietern und Herrschern der Welt, d. V.) erfaßte. Wir finden keine Bezeichnung, die sein Wesen für uns ausdrückte. – Als ein Unbekannter und Namenloser kommt er zu uns, wie er am Gestade des Sees an jene Männer, die nicht wußten, wer er war, herantrat (sc. Mk 2,13–14, d. V.). Er sagt dasselbe Wort: Du aber folge mir nach! und stellt uns vor die Aufgaben, die er in unserer Zeit lösen muß. Er gebietet. Und denjenigen, welche ihm gehorchen, Weisen und Unweisen, wird er sich offenbaren in dem, was sie in seiner Gemeinschaft an Frieden, Wirken, Kämpfen und Leiden erleben dürfen, und als ein unaussprechliches Geheimnis werden sie erfahren, wer er ist.»[120]

119 MARTIN BUBER: Die Erzählungen der Chassidim, in: Werke, III 292.
120 ALBERT SCHWEITZER: Geschichte der Leben-Jesu-Forschung, II 630.

IV) Ekklesiologie (Die Lehre von der Kirche) oder: Einheit in Freiheit

«Seit dem 5. Jahrhundert ist der Bischof von Rom der größte Grundbesitzer im Römischen Reich. Die neue Herrenklasse – der Klerus – profitierte von allen Rechts- und Wirtschaftsordnungen des untergehenden Imperiums zuletzt fast als einzige.»

KARLHEINZ DESCHNER – HORST HERRMANN: Der Antikatechismus, 215.

Und wenn nun Menschen, die so sind, in Scharen zueinander fänden? So müßte wie von selbst, sollte man meinen, sich eine Zufluchtsstätte bilden, an welcher die Not eines Menschen *mehr* zählt als der Nutzen, den er einbringt, wo man das Resultat eines verlorenen Lebens nicht mit Ausschluß abstraft, sondern den Gründen nachgeht, die hinter all dem aufdringlich sichtbaren Unglück stehen, und wo man nicht mehr fragt, was jemand nach dem Maßstab der «Gerechtigkeit» verdient, sondern was er, gemessen an den Forderungen absichtsloser Menschlichkeit, benötigt[1]. Nur eine solche Menschengruppe formte sich in der Art, wie Jesus, als ihr Leiter, es gemeint hat; nur sie dürfte sich als *kyriakē* bezeichnen, als «die dem Herrn gehörige Gemeinschaft», mit einem Lehnwort aus dem Griechischen: als Kirche. Tatsächlich fehlt es denn auch nicht an einer Vielzahl von Gruppierungen, die sich mit diesem schönen Wort: Kirche, benennen, doch inwieweit wird solch ein Anspruch ihrer eigenen Wirklichkeit gerecht?

Als das zentrale Beispiel für den Zustand «christlicher» Verfaßtheit in «Gemeinde» darf und muß anstandslos die «katholische» Kirche Roms genommen werden: sie darf es, weil sie mit mehr als 1 Mrde. Mitgliedern weltweit die machtvollste religiöse Organisation überhaupt darstellt, sie muß es, weil nach ihrem Selbstverständnis sie als die einzig wahre Kirche schlechterdings betrachtet werden will, – an ihrer Seite existiert durchaus nicht eine zweite Kirche; was es, etwa im Protestantismus, außerhalb von Rom an religiösen Gruppie-

1 So die «größere» Gerechtigkeit in Mt 5,20; vgl. E. DREWERMANN: Das Matthäus-Evangelium, I 441–447: Mt 5,17–20: Zwischen Gesetzlichkeit und Chaos.

rungen noch geben mag, sind allenfalls Sozialgebilde mit gewissen christlichen Inhalten, doch Kirchen nicht, denn selbst das, was in ihnen christlich ist, verdankt sich, römisch, einzig: Rom!

1) Die verordnete Erlösung oder: Die verweigerte Aufgabe

Es war bereits im Jahre 1832, daß JOHANN WOLFGANG VON GOETHE im Gespräch mit JOHANN ECKERMANN bemerkte: «Es gibt gar viel Dummes in den Satzungen der Kirche. Aber sie will herrschen, und da muß sie eine bornierte Masse haben, die sich duckt und die geneigt ist sich beherrschen zu lassen. Die hohe reich dotierte Geistlichkeit fürchtet nichts mehr, als die Aufklärung der untern Massen. Sie hat ihnen auch die Bibel lange genug vorenthalten, so lange als irgend möglich. Was sollte auch ein armes christliches Gemeindeglied von der fürstlichen Pracht eines reich dotierten Bischofs denken, wenn es dagegen in den Evangelien die Armut und Dürftigkeit Christi sieht, der mit seinen Jüngern in Demut zu Fuße ging, während der fürstliche Bischof in einer von sechs Pferden gezogenen Karosse einherbrauset! – Wir wissen gar nicht ..., was wir LUTHERn und der Reformation im allgemeinen alles zu danken haben. Wir sind frei geworden von den Fesseln geistiger Borniertheit, wir sind infolge unserer fortwachsenden Kultur fähig geworden, zur Quelle zurückzukehren und das Christentum in seiner Reinheit zu fassen. Wir haben wieder den Mut, mit festen Füßen auf Gottes Erde zu stehen und uns in unserer gottbegabten Menschennatur zu fühlen. Mag die geistige Kultur nun immer fortschreiten, mögen die Naturwissenschaften in immer breiterer Ausdehnung und Tiefe wachsen und der menschliche Geist sich erweitern, wie er will, – über die Hoheit und sittliche Kultur des Christentums, wie es in den Evangelien schimmert und leuchtet, will ich nicht hinauskommen! – Je tüchtiger aber wir Protestanten in edler Entwicklung voranschreiten, desto schneller werden die Katholiken folgen. Sobald sie sich von der immer weiter um sich greifenden großen Aufklärung der Zeit ergriffen fühlen, *müssen* sie nach, sie mögen sich stellen wie sie wollen, und es wird dahin kommen, daß endlich Alles nur Eins ist. ... Denn sobald man die reine Lehre und Liebe Christi, wie sie ist, wird begriffen und in sich eingelebt haben, so wird man sich als Mensch groß und frei fühlen und auf ein bißchen so oder so im äußeren Kultus nicht mehr sonderlichen Wert legen. – Auch werden wir alle nach und nach aus einem Christentum des Wortes und Glaubens immer mehr zu einem Christentum der Gesinnung und Tat kommen.»[2]

Was GOETHE sich als notwendigen Gang der Kirche in die Zukunft dachte, ist ihre unausbleibliche Vergeistigung, und dafür sah er die Mentalität der Aufklärung in Wirksamkeit: «Aufklärung» hieß, dem Geist Gottes im eigenen Denken Geltung zu verschaffen. Nicht «weil es Gott gesagt hat», gilt etwas als wahr, vielmehr: «weil es vernünftig ist», muß es das sein, was Gott zu sagen hat. «Wage, selber zu denken», dieser Aufruf zur Mündigkeit richtete sich direkt gegen jedwede Form von Dogmatismus. «Ein durchgeführter Dogmatism leugnet ... entweder, daß unser Wissen überhaupt einen Grund habe, daß überhaupt ein System im menschlichen Geiste sei; oder er widerspricht sich selbst. Durchgeführter Dogmatism ist ein Skeptizism, welcher bezweifelt, daß er zweifelt», schrieb JOHANN GOTTLIEB FICHTE in seiner «Grundlage der gesamten Wissenschaftslehre»[3] von 1794; eine kirchenamtlich verordnete «Wahrheit» ist in sich bereits die Unwahrheit, weil sie den Geist, der wahre Einsicht schenken könnte, mutwillig selbst zerstört, aus Angst, von ihm zerstört zu werden. Was bleibt, ist eine Position der Macht, die um so grandioser sich nach außen hin gebärden muß, als sie im innern hohl ist.

«Aufklärung», diese späte Frucht des Humanismus schon im 16. Jh, konnte nicht anders, als Schritt für Schritt auch in die Auslegung der Bibel historisch-philologische Korrektheit einziehen zu lassen[4]. Es war die katholische Kirche, die bis weit in die Mitte des 20. Jhs. einen jeden ihrer «Geistlichen» unter Eid allen «modernistischen» Gedanken abschwören ließ[5], um selbst nach einer zögerlichen Zulassung der historisch-kritischen Methode in der Exegese in den 50er

2 JOHANN WOLFGANG VON GOETHE – JOHANN PETER ECKERMANN: Gespräche mit Goethe, Sonntag, den 11. März 1832, S. 786–788.

3 JOHANN GOTTLIEB FICHTE: Grundlage der gesamten Wissenschaftslehre, 1. Teil, § 3, S. 40.

4 Vgl. E. DREWERMANN: Tiefenpsychologie und Exegese, I 28–29.

5 Die «Irrtümer der Modernisten» sind aufgezählt bei DENZINGER – SCHÖNMETZER: Enchiridion Symbolorum, Nr. 3401–3466; ihnen abzuschwören wurde unter Eid bis Mitte der 60er Jahre des vergangenen Jahrhunderts von jedem verlangt, der zum Priester der katholischen Kirche geweiht werden wollte. *Pius X.* stellte es im Jahre 1907 unter Verbot, auch nur zu denken, die Erzählungen des *Johannes*-Evangeliums z. B. seien «mystische Betrachtungen des Evangeliums» und «nicht in eigentlichem Sinn Historie» (Nr. 3416).

Jahren[6] ungeniert weiter an den dogmatisierten Resultaten ihrer all die Zeit verfehlten Historisierung der mythisch-legendären Bilder in der Bibel festzuhalten. Bis in die Gegenwart hinein zwang sie und zwingt sie damit ihre geistliche Beamtenschaft auf Kanzel und Katheder zu steter Unaufrichtigkeit. SIGMUND FREUD meinte einmal, ein Neurotiker wisse zwar um die Realität, wolle aber von ihr nichts wissen, wohingegen ein Psychotiker die Realität durch den Traum ersetze[7]; von den Theologen in katholischem Lehrauftrag gilt berufsspezifisch und durch die Bank, daß sie die Wahrheit wohl wissen, doch nicht wissen dürfen; sie müssen vorgeben zu glauben, was der Wahn des Dogmas ihnen vorschreibt.

Allerdings kann man verstehen, woher die lehramtliche Rigidität der römischen Zentrale kommt, – ungewollt erzeigen es die Kirchen der Reformation durch ihr eigenes Beispiel. Für die Professoren in Wittenberg galt die Bibel als absolute Grundlage von allem; sie war die «*norma normans, non normanda*», der Maßstab, mit welchem man wohl mißt, der aber selber nicht gemessen werden darf. Doch wenn die Auslegung der Bibel selbst nicht anders vor sich gehen kann als nach den Regeln der Vernunft, so gibt es unausweichlich einen Maßstab, der als Kriterium der Wahrheit Gottes auch in der Bibel gelten muß: Gott kann nicht der Vernunft entraten, mit welcher er den Menschen ausgestattet hat. – Es war die Ehrlichkeit und die Gewissenhaftigkeit von protestantischen Pastoren und von Professoren, die Zug um Zug die Eigenart biblischer Überlieferung ans Licht gehoben hat. Mit dem 19. Jh. schon, als man begann, geschichtlich zu denken und diese Einstellung methodisch zu handhaben, gewann man zunehmend Einblick in die zeitgeschichtliche Bedingtheit und Wandelbarkeit der biblischen Vorstellungen und Aussagen von Gott und seinem Handeln an «seinem» Volke; viele Erzählungen, wie die Sintflutgeschichte, gingen offenbar auf weit ältere mesopotamische Quellen zurück; und vor allem: gerade die am meisten wunderbaren Geschichten erwiesen sich als Mythen und Legenden ohne historischen Informationsgehalt, sie waren nicht Geschichtsberichte über

6 Vgl. a. a. O., Nr. 3825–3831, aus der Enzyklika *Pius XII.*: «Divino afflante Spiritu», vom 30. Sept. 1943, wo immerhin anerkannt wird, man müsse die Schrift entsprechend dem auslegen, «was der Hagiograph beim Schreiben mitteilen wollte» (Nr. 3829), doch das selbstverständlich nur entsprechend auch dem kirchlichen Lehramt (Nr. 3831).

7 SIGMUND FREUD: Der Realitätsverlust bei Neurose und Psychose, in: Ges. Werke, XIII 361–368.

objektive Tatsachen, sondern bildhafte Deutungen von Geschehnissen, deren Bedeutung dem Subjekt des Lesers sich mitteilen sollte. Doch kann man mit historisch unglaubwürdigen Geschichten Glauben bezeugen? Löste sich nicht die ganze Religion in eine fromme Märchenstunde auf?

An dieser Stelle wurde und wird notwendigerweise auch die protestantische Theologie von dem alten Problem eines rechten Verständnisses mythischer Bilder eingeholt, – die ganze Fragestellung: fiktiv oder faktisch, ist in sich selbst verkehrt. Der Katholizismus tut so, als ließe sich gegen den historischen Zweifel das Dogma als Glaubensbehauptung setzen, der Protestantismus indessen findet aus dem historischen Zweifel in keiner Form mehr zum urkirchlichen Dogma zurück. Beide Kirchen stehen mit ihren konträren Ansichten im Grunde vor demselben Problem und können es solange nicht lösen, als sie beide gleichermaßen die psychologischen Voraussetzungen außer acht lassen, unter denen im Unbewußten der menschlichen Seele die großen Traumbilder der Religionsgeschichte als Ausdruck von Glauben sich formen. In der Verkürzung des philosophischen Menschenbildes nur auf die bewußte Ichspitze wurde im Verlauf der Theologiegeschichte der gesamte Bereich von Gefühl und Vorstellung mehr und mehr zum religiös Unwichtigen, wo nicht zum versucherisch Gefährlichen gestempelt, mit dem Ergebnis, daß die christliche Botschaft heute den Menschen selber zwischen aufgeklärter Vernunft und unvernünftigem Glauben zu zerreißen droht; sie zwingt zu einer «Wahl», die keine sein dürfte: zwischen Atheismus («wissenschaftlich») und Aberglaube («unwissenschaftlich»).

Näherhin steht der Protestantismus für den Geist der Neuzeit, dem er sich verdankt: für die Entdeckung des Subjekts, für die Mündigkeit des Denkens, für die Freiheit der Forschung, aber eben auch für die notwendige Enttäuschung, daß Gott sich nicht «objektiv» «denken» läßt; und da er in der ganzen Welt sich nicht «beweisen» läßt, wie sollte da die Bibel ihn bezeugen[8]? Aus lauter Angst, LUDWIG FEUER-

8 Vgl. PAUL TILLICH: In der Tiefe ist Wahrheit, 121–122: «Es ist schlechte Theologie und religiöse Schwäche, zu meinen, daß es irgendeinen Ort gäbe, von wo aus wir auf Gott sehen könnten, als ob er etwas außerhalb von uns wäre, dessen Existenz bejaht oder verneint werden könnte ... Gott ist uns näher als wir uns selbst sind.» S. 123: «Wir dürfen keine künstlichen Steine des Anstoßes verteidigen oder ausgraben: absurde Wundergeschichten, offensichtliche Legenden und Mythen, unechte Paradoxien ... echte theologische Existenz heißt Zeugnis ablegen für ihn ..., der das wahre Paradox ist.»

BACH könnte doch recht haben mit seiner These, Gott sei nichts weiter als eine Projektion des menschlichen Wesens, fürchtet man sich paradoxerweise vor einer weiteren «Psychologisierung» des Religiösen, wie vor allem FRIEDRICH SCHLEIERMACHER (1786–1834) sie versuchte, als er die Religion als ein Gefühl schlechthinniger Abhängigkeit beziehungsweise als den Geschmack am Unendlichen bestimmte[9]. Innerhalb des protestantischen Ausgangs vom Subjekt droht Gott selber zu einer subjektiven Einbildung zu werden. Oder anders ausgedrückt: der Protestantismus, sobald er seine Kraft verliert, steht stets vor der Gefahr des Unglaubens (des Atheismus). Der Katholizismus hinwiederum glaubt sich um «Psychologie» gar nicht erst bekümmern zu müssen; er betrachtet in angegebener Weise die mythisch-legendären Bilder der Bibel als Tatsachenmitteilungen, die «objektiv» das «Heilshandeln» Gottes in der Geschichte wiedergeben. Der Katholizismus, gerade infolge seiner vermeintlichen Stärke, steht stets vor der Gefahr des Aberglaubens (des Polytheismus und des Geisterglaubens).

Die Kirchenspaltung, die (nach dem Schisma zwischen Ostrom und Westrom im 11. Jh.) im 16 Jh. zu den zwei Konfessionen der protestantischen und der katholischen Kirche geführt hat, bedeutet nicht nur eine Trennung der Christenheit zwischen den «germanischen» Kulturen Nordeuropas und den «romanischen» Kulturen Südeuropas; in ihr kommt zugleich die innere Zerspaltenheit der gesamten abendländischen Theologie zum Ausdruck, die bis heute nicht begreifen will oder kann, daß es in der menschlichen Psyche Vorstellungsinhalte gibt, die der subjektiven Reflexion objektiv vorgegeben sind. Insbesondere die Tiefenpsychologie C. G. JUNGS hat in ihrer Archetypenlehre auf eben diese Tatsache immer wieder mit Nach-

9 FRIEDRICH SCHLEIERMACHER: Der christliche Glaube, § 32–35, Bd. 1, S. 171–184: 1. Teil, Einleitung. DERS.: Über die Religion, S. 58: «Das neue Rom, das gottlose aber konsequente, schleudert Bannstrahlen und stößt Ketzer aus; das alte, wahrhaft fromm und religiös im hohen Stil, war gastfrei gegen jeden Gott, und so wurde es der Götter voll. Die Anhänger des toten Buchstabens, den die Religion auswirft, haben die Welt mit Geschrei und Getümmel erfüllt, die wahren Beschauer des Ewigen waren immer ruhige Seelen ... allein mit sich und dem Unendlichen.» «Im Bewußtsein dieser ihrer eigenen Unendlichkeit macht Religion überhaupt den Blick weit und frei gegen alle anderen Geistes-Gebiete und rettet von Pedanterie und Einseitigkeit.» Zu einem «besseren» Verständnis SCHLEIERMACHERS (gegenüber der Kritik von KARL BARTH) vgl. HANS KÜNG: Das Christentum, 791–817: Theologie im Geist der Moderne: Friedrich Schleiermacher; bes. auf «die grundlegende Wichtigkeit der Erfahrung, die kognitive Bedeutung von Gefühlen, die Dimension der Innerlichkeit» habe SCHLEIERMACHER aufmerksam gemacht (872).

druck hingewiesen[10], nur um von protestantischen wie katholischen Theologen kategorisch abgewiesen zu werden: den Protestanten erschien sie als zu «unhistorisch», den Katholiken als zu «subjektiv». Und so bleibt auch seelisch die Zerrissenheit zwischen Bewußtsein und Unbewußtem, Denken und Fühlen, Wissen und Glauben, Begriff und Symbol, Menschlichem und Göttlichem weiter bestehen. Um die konfessionelle Spaltung zwischen Protestanten und Katholiken zu überwinden, bedürfte es einer Vertiefung des theologischen Menschenbildes zugunsten einer Integration des Unbewußten, und solange diese verweigert wird, mag man an kirchenbehördlichen Memoranden so viele austauschen, als man will, – es wird die Versöhnung zwischen den Konfessionen nicht geben ohne eine ganzheitliche Sicht auf den Menschen. Die Einheit des Psychischen ist die Bedingung für eine Einigung der Konfessionen; wenn diese weiterhin mit «göttlichen» Gründen verweigert wird, läßt sich die strukturelle Vergewaltigung des Subjekts im Katholizismus so wenig überwinden wie die objektive Leere des protestantischen Subjektstandpunkts. Was Rom «zu viel» an Kirchesein vorgibt, bieten die evangelischen Kirchen zu wenig; so oder so kommt es zwischen der kollektiven Außenlenkung im Katholizismus und der individuierten Innerlichkeit im Protestantismus nicht zu der dringlich erforderten Synthese. Unglaubwürdig ist die Christenheit mithin nicht allein durch den Skandal der Kirchenspaltung selbst, schlimmer als diese ist das Faktum, daß die psychische Zerrissenheit, die damit einhergeht, die Menschen selbst zunehmend unfähig zum Glauben macht.

Überdeutlich tritt dieser Sachverhalt in Erscheinung auf den beiden Gebieten, die für das kirchliche Zusammenleben am meisten von Belang sind: auf dem Gebiet der *Moraltheologie* und der *Sakramentenpastoral*.

Moraltheologisch nötigt die zunächst rein «christologisch» bedingte Abwehrhaltung gegenüber den mythischen Vorstellungen in der Religionsgeschichte der Völker zu geradewegs fatalen Konsequenzen. Aus den Überlieferungen mythischer Erzählungen hatte sich bereits im 5. Jh. v. Chr. die attische Tragödie entwickelt, indem sie die menschliche Seele zum Kampfplatz des Ringens der Götter gegeneinander und der Menschen um die Gunst ihrer Götter erklärte. Was ist gut, was ist böse, wenn Apoll den Gattenmord an Agamemnon rä-

10 CARL GUSTAV JUNG: Theoretische Überlegungen zum Wesen des Psychischen, in: Ges. Werke, VIII 252: «Es gibt objektive seelische Faktoren, die praktisch mindestens soviel bedeuten als das Automobil oder das Radio.»

chen läßt durch Orest, der seine Mutter Klytaimnestra erschlägt[11]? Wie viele Gefühle von Abscheu und Haß, von Schuld und Verzweiflung wüten in Menschen, wenn sie solcherlei Taten begehen? Oder was ist es mit Phädra, die zum Opfer des Machtkampfes zwischen der Liebesgöttin Aphrodite und der Jagdgöttin Artemis wird[12]? Was empfindet eine alternde Frau, deren königlicher Gemahl Theseus zumeist in der Fremde weilt? Und wer ist sie selbst als die Tochter der Pasiphaë, die in ihrer rasenden Liebe zu einem Stier das Monstrum Minotaurus gebar? – Solche Fragen stellte sich in seinen Dramen der griechische Tragödiendichter EURIPIDES, und überaus einfühlsam ging ihm 400 Jahre später der römische Lyriker OVID in seinen Gedichtwerken nach; er entwickelte die überkommenen Stoffe zu erschütternden psychologischen Studien über menschliche Einsamkeit, Hilflosigkeit und Verlorenheit weiter, – Angst, Liebesverlangen und Schicksal wurden zu seinen großen Themen in dem Bemühen, wenigstens in etwa die gigantischen Gebirgsformationen in den Tiefen des Meeres der menschlichen Seele auszuloten[13]. In einem derart sich darbietenden tragischen Weltbild ist es unmöglich, einen Menschen moralisch zu verurteilen, – er verfügt mitnichten über jene Freiheit und Selbstbestimmtheit, welche die ethische Wertung seines Verhaltens voraussetzt. In der Tragödie meldet sich das uralte Wissen um die radikale Erlösungsbedürftigkeit des Menschen wieder zu Wort; in ihr fände die christliche Erbsündenlehre mithin ihre tiefste Begründung und dichteste Darstellung.

Was aber macht daraus die «christliche» Moraltheologie? Sie leugnet schlicht die Möglichkeit, daß es Tragödien gibt[14], – für «Heiden»

11 Vgl. EURIPIDES: Orestes, Vers 285–291, in: Tragödien, II 999; E. DREWERMANN: Liebe, Leid und Tod, 709–710.

12 Vgl. EURIPIDES: Hippolytos, Vers 715–731, in: Tragödien, I 307; E. DREWERMANN: Liebe, Leid und Tod, 152–180: Phädra und Hippolytos oder: Verlorene Jugend.

13 In OVID: Briefe der Sagenfrauen, S. 25, schreibt HEINRICH NAUMANN in der «Einführung»: «Neben Bildern und Stimmungen von tragischer Wucht stehen Bilder von idyllischer Schönheit und Lieblichkeit – auch sie nicht ohne tragische Färbung und Umschattung.»

14 Vgl. E. DREWERMANN: Das Tragische und das Christliche, in: Psychoanalyse und Moraltheologie, I 19–78; HELMUT THIELICKE: Theologische Ethik, I 262–263, sieht im Tragischen die Schuld «entmächtigt», indem – auf Grund der Theogonien – «das Gesetz des Tragischen» «Götter und Menschen gemeinsam» umgreife, wohingegen die Lehre von der Schöpfung Gott «als souveränes Subjekt jenseits aller geschöpflichen Bezüge» zeige. Die gleiche Schöpfung aus Nichts ereigne sich auch in der erlösenden Gnade Gottes gegenüber dem gefallenen Menschen. Die Sünde ist, so betrachtet, «überhaupt nicht ‹Natur›, sondern die leibhaftige ‹Unnatur›.» (S. 265)

vielleicht, nicht aber für Christen. Denn die sind erlöst. Durch das Opfer Jesu Christi am Kreuz sind sie der Macht der Sünde entrissen. Das ist's. Und Einzug hält die ganz «normale» bürgerliche Ethik mit ihren Geboten und Verboten, mit ihren Setzungen und Satzungen, mit ihren Bestimmungen und Strafen, staatstragend und streng, ungütig, aber «gerecht». Da es Jesus Christus gegeben hat, kann man in Kirche, Staat und Gesellschaft so weiterleben, als wenn es ihn nie gegeben hätte. Wir sind erlöst. Drum brauchen wir keine Erlösung mehr.

Insbesondere die katholische Kirche hat zu ihrem Selbsterhalt auch über die Frage nach dem sittlichen Vermögen der menschlichen «Natur» ein dichtes Netz von widersprüchlichen Erklärungen gelegt. Unter der «Natur» des Menschen versteht sie, erneut metaphysisch-«objektiv», die Geistnatur des Menschen; diese befindet sich durch den «Sündenfall» Adams nicht mehr auf der Seinshöhe ihrer ursprünglichen Schöpfungswirklichkeit, sie ist selbst eine «gefallene Natur» (eine «*natura lapsa*»), doch ist sie «nicht zerstört» («*non deleta*»); wohl ist sie geschwächt, aber nicht ohnmächtig, deshalb bedarf der Mensch der Gnade Gottes, die ihm das nötige sittliche Vermögen schenkt, doch muß er auch mit der Gnade Gottes mitarbeiten; ja, er ist imstande, sich durch gute Werke die Gnade Gottes zu verdienen. Denn wohl ist Gott frei in seiner Gnadenwahl, aber er ist auch gerecht; wohl ist Gott allwissend und kennt schon im voraus die Taten der Menschen, doch diese sind frei in ihren Entscheidungen; wohl bestimmt Gott vorweg, welche Menschen zum Heil «prädestiniert» und welche zum Unheil verworfen («reprobiert») sind[15], doch schließt das die Eigenverantwortung der Menschen nicht aus ... Gottes freie Gnadenwahl und seine Allwissenheit sind, «objektiv» gedacht, mit der sittlichen Freiheit des Menschen logisch, wie jeder sehen kann, unvereinbar, doch wie in der «Christologie» säumen

Damit erübrigt es sich scheinbar, die gewaltige psychologische Hypothek der evolutiven Herkunft des Menschen aus der Tierreihe, seine «empirische» Natur, theologisch zu reflektieren, und es ist genauso überflüssig, die griechischen Tragödien als Schlüssel zum Verständnis des Menschen in der Getriebenheit seiner Angst und Ausgesetztheit aufzugreifen.

15 So JOHANNES CALVIN: Unterricht, III 22,11; S. 634: «Nun wenden wir uns den *Verworfenen* zu, die der Apostel (Röm. 9–11) zugleich in seine Betrachtung einbezieht ... Wir können ... dafür, daß er (sc. Gott, d. V.) den Seinen Barmherzigkeit zuteil werden läßt, nur *einen* Grund anführen: weil es ihm so *wohlgefällt*; – aber ebenso haben wir auch für die Verwerfung anderer keine andere Ursache als seinen *Willen*.» Dagegen DENZINGER-SCHÖNMETZER: Enchiridion, Nr. 335; 1567.

auch in der «Gnadenlehre» die Gräber theologischer Gedankenverbrecher den Pflasterweg der rechten Lehre. Was man partout nicht sehen möchte, ist die Notwendigkeit, «Erlösung» praktisch zu beschreiben und zu betreiben: Menschen als «Sünder», als Verzweifelte, sind unfrei, das ist wahr; sie können erst frei werden durch «Erlösung» aus ihren Ängsten und Gebundenheiten, auch das ist richtig. Doch wie kommt es von Unfreiheit zu Freiheit? Welch eine Art von Therapie formt Krankheit in Gesundheit? Davon müßte die Rede sein. Vom Subjekt Mensch müßte gesprochen werden. Doch eben weil das nicht geschieht, versteht man nicht, wie Menschen sich in einer «gnadenlosen» Welt erleben, noch auch, wie sich ihr ganzes Dasein ändert, wenn sie hinfinden zu Vertrauen.

Die ersten Ansätze dazu hätte freilich schon der Ernst der Rechtfertigungslehre MARTIN LUTHERS bieten können und müssen. Von der Knechtschaft des freien Willens schrieb der Reformator im Jahre 1525, mitten in der Zeit der Bauernkriege, gegen den Vertreter des Humanismus, ERASMUS VON ROTTERDAM[16]; Menschen können so lange nicht «gut» in moralischem Sinne sein, als sie sich ungerechtfertigt in ihrem ganzen Dasein vorkommen, – die biblischen Geschichten, Kain und Abel, bieten den Beweis dafür. Von Anfang an sprachen die Reformatoren nicht von dem metaphysischen Sein des Menschen, sondern in existentiellem Sinne von seinem Dasein, nicht von seiner geistigen Natur, sondern von der Verfaßtheit seines «Geistes» im Feld der Gottesferne; doch diese Unterschiede, statt sich als Differenzen zwischen mittelalterlichem und neuzeitlichem Denken zu klären, gaben dem Krieg der Konfessionen nur immer neue Nahrung, bis hin zu den Verwüstungen von zwei Dritteln Europas zwischen 1618 und 1648, – man stritt sich letztlich um das «richtige» Verständnis der «Gnade» Gottes[17]! «Richtig» hätte es in der Tat wohl

16 MARTIN LUTHER: Vom unfreien Willen, in: Luther Deutsch, III 174–175, beruft sich ausdrücklich auch auf das Zeugnis etwa des VERGIL von der Macht des Schicksals. «Daran sehen wir, daß im einfachen Volk nicht minder das Wissen um die Vorherbestimmung und das Vorherwissen Gottes als die Gottesvorstellung selbst geblieben ist.» – HELMUT THIELICKE: Theologische Ethik, I 479, sieht das «Verantwortungsproblem» von LUTHER «auf die schärfste Formel» gebracht, «wenn er sagt, daß der sich selbst überlassene Mensch zugleich seinem servum arbitrium (sc. versklavten Willen, d. V.) überlassen sei, daß diese ‹Transsubjektivität› aber keine ihn entlastende *coactio* (sc. äußeren Zwang, d. V.) bedeute, sondern den Charakter der *necessitas* (sc. der inneren Notwendigkeit, d. V.) besitze.»

17 Vgl. LUISE WAGNER-ROOS u. REINHARD BARTH: Es war ein Hauen und Stechen – Das Inferno der Schlachten, in: Hans-Christian Huf (Hg.): Mit Gottes Segen in die Hölle, 228–253, S. 240: «Gustav Adolf … ließ … regelmäßig im Lager Betstunden

werden können, wenn die protestantische Theologie ihren Ausgang vom Subjekt konsequent zu einer Psychologie des Menschen im Gegenüber Gottes weiterentwickelt hätte: die Unfähigkeit zum moralisch «Guten» in Angst und Verzweiflung – alle Bilder der griechischen Tragödien hätten zur Anschauung dienen können, die gesamte Neurosenlehre der Psychoanalyse stünde heutigentags zur Interpretation bereit, doch nein! Die Furcht vor einer Verpsychologisierung des göttlichen Heilsgeschehens beziehungsweise der Wille auch hier zur «Objektivität» der Gnadenzusage Gottes in Christus verhinderten dies, und der Ausfall der Psychologie, die Verdrängung der Dynamik des Unbewußten im Getto der Angst, die Verstandeseinseitigkeit der gesamten theologischen Anlage hüben wie drüben vertiefte die Gräben zwischen den Konfessionen, statt sie zu schließen.

Dabei befindet die katholische Kirche sich vergleichbar in einer geradezu famosen Lage. Die Menschen sind schwach, doch sie ist stark, hat ihr Gott doch von Amts wegen die Gnade der Irrtumsfreiheit in allen Fragen der Glaubens- und der Sittenlehre verliehen[18]!

abhalten. ‹Gott mit uns› war der Schlachtruf seiner Männer – ‹Sancta Maria› riefen die Katholiken.»

18 Vgl. GERHARD LUDWIG MÜLLER: Katholische Dogmatik, 578: «Das charismatisch-sakramentale Amt (Hierarchie) zeigt sich in der episkopalen Verfassung der Ortskirche und im Kollegium aller Bischöfe, die die Communio der Gesamtkirche repräsentieren. Dem sichtbaren Träger der Einheit des Bischofskollegiums und der ganzen Kirche ist die Einheit der Leitung (Jurisdiktionsprimat) sowie der Dienst an der Wahrheit und der Vollständigkeit des Glaubensbekenntnisses im Sinne einer besonderen Ausübung der Infallibilität (sc. Unfehlbarkeit, d. V.) der Gesamtkirche anvertraut.» LEOPOLD VON RANKE: Die Geschichte der Päpste, 13, meinte von der Herausbildung der Sonderstellung des Bischofs von Rom: «Zwar ist es ein eitles Vorgeben, daß denselben (sc. den römischen Bischöfen, d. V.) in den ersten Jahrhunderten und überhaupt jemals ein allgemeiner, von Osten nach Westen anerkannter Primat zugestanden habe; aber allerdings erlangten sie sehr bald ein Ansehen, durch das sie über alle anderen kirchlichen Gewalten hervorragten ... In einem Gesetz, das für die Herrschaft des Christentums entscheidend geworden ist, gebietet Theodosius der Große (sc. im Jahre 391, d. V.), daß alle Nationen, die von seiner Gnade regiert werden, dem Glauben anhangen sollen, der von dem heiligen Petrus den Römern verkündet worden. Valentinian III. (sc. 425–455, d. V.) untersagte den Bischöfen sowohl in Gallien als in anderen Provinzen, von den bisherigen Gewohnheiten abzuweichen, ohne die Billigung des ehrwürdigen Mannes, des Papstes der heiligen Stadt. Unter dem Schutze der Kaiser selbst erhob sich demnach die Macht des römischen Bischofs.» Aber: die Teilung des Reiches in Ost und West verhinderte einen allgemeinen Primat. «Unmöglich konnten die morgenländischen Kaiser, die sich ihre kirchlichen Rechte so eifersüchtig vorbehielten, die Ausdehnung der Gewalt des abendländischen Patriarchen in ihrem Gebiete begünstigen.» Patriarch des Westens – das wäre – rein historisch, nicht durch göttliche Setzung – der passende Titel des «Papstes». – Die Entwicklung zum heutigen «Katholizismus» setzt eigentlich

Diese Auffassung ist nicht, wie es manche Reformtheologen gerne sähen, eine nur historisch bedingte Attitüde absolutistischer Macht, die sich durch ein «demütigeres» Auftreten ihrer Amtsträger wie von selbst korrigieren ließe[19], – eine allzu menschliche Schwäche, die, mit der Zeit gekommen, auch mit der Zeit wieder vergehen könnte; zu tun hat man es vielmehr mit der Essenz des katholischen Kirchenverständnisses: gerade wegen der Schwachheit und Fehlbarkeit des menschlichen Wollens und Denkens hat Gott in seiner Güte die Kirche als eine vollendete Gemeinschaft gegründet[20]. Sündhaft sind die Menschen, doch heilig sind die Ämter der Kirche, irrig ist ein jeder als Individuum, doch irrtumsfrei ist die Kirche Gottes als ganze, als Privatperson ist der Einzelne ausgesetzt der Versuchung des «Teufels», doch als Träger des Bischofsamtes, als Träger des Papstamtes ist er das Sprachrohr des Göttlichen selber. Und so muß es vermeintlich sein, um in den Strom der Zeit die Pfeiler der Wahrheit zu stellen, über die sich die Brücke zur Ewigkeit spannt.

Mit einem Wort: die Unfehlbarkeit der katholischen Kirche ist die rettende Antwort Gottes auf die Fehlbarkeit des Menschen. Statt die

erst im 11. Jh. ein – nach der Trennung von Ostrom (1054) und mit der Regierung von Papst *Gregor VII.* (1073–1085), von dem es heißt: «Er verkörperte das theokratische Element des Papsttums in seinem höchsten Ausdruck, aber auch in einer gewissen Härte.» HANS KÜHNER: Lexikon der Päpste, 62. – Die Militarisierung des Papsttums im 11. Jh. findet sich ausführlich geschildert bei GERD ALTHOFF: «Selig sind, die Verfolgungen ausüben», 39–43; 215–220; 220–229. CARL ANDRESEN – GEORG DENZLER: Wörterbuch der Kirchengeschichte, 452, konstatieren: «Erst Gregor VII. ... reservierte den Titel Papst ausdrückl. und ausschließlich für den Inhaber des röm. Bischofssitzes ... Der heute am meisten verwendete Titel ‹Heiliger ... Vater› geht auf das 12. Jh. zurück. Im 5. und 6. Jh. nannte der Bf. von Rom sich häufig ‹vicarius Petri› (Stellvertreter Petri), wenngleich dieser Titel noch im 11. und 12. Jh. auch von anderen Bischöfen beansprucht wurde. Bei Innozenz III. (1198–1216) trat der Titel ‹vicarius Petri› zurück hinter den nun mit Jurisdiktionsgewalt gefüllten Autoritätstitel ‹vicarius Christi› (bei Innozenz IV. sogar ‹vicarius Dei›). Der heute viel gebrauchte Titel ‹Summus Pontifex› für den Papst wurde bis in das 11. Jh. noch für alle Bischöfe verwendet.»

19 So klingt es erfreulich anders akzentuiert, wenn FRANZISKUS: Die Freude des Evangeliums, Nr. 102, erklärt: «Die Laien sind schlicht die riesige Mehrheit des Gottesvolkes. In ihrem Dienst steht eine Minderheit: die geweihten Amtsträger.» Die «Bewußtwerdung der Verantwortung» habe «aufgrund eines übertriebenen Klerikalismus, der sie nicht in die Entscheidungen einbezieht, keinen Raum gefunden.»

20 Der Begriff von Kirche als einer «societas perfecta» spielte bes. im 18./19. Jh. in den Auseinandersetzungen mit den staatlichen Autoritäten eine Rolle; vgl. GERHARD LUDWIG MÜLLER: Katholische Dogmatik, 610. Geistig geht das Konzept zurück auf ROBERT BELLARMIN (1542–1621), von dem selbst MÜLLER: A. a. O., 608, feststellt, daß seine Ekklesiologie, welche die Kirche «bis ins 20. Jh. hinein geprägt hat», die «reformatorische Kritik ... nicht positiv aufgegriffen» hat.

«Erlösung» in Christus im Erleben erlösungsbedürftiger Menschen Wirklichkeit werden zu lassen, bedingt die uneingelöste Erlösung eine übergangslose seinshafte Entgegensetzung von «Sünde» und «Heiligkeit» in Individuum und Institution, in Person und Amt, in Menschlich und Göttlich. Genau die gleichen Denkmuster, die schon die Christologie geprägt haben, finden ihre Fortsetzung in den Dogmen der katholischen Kirche über sich selbst. Anders kann es nicht sein, will sie doch geglaubt werden als «der Leib Christi»[21], als «der fortlebende Christus»[22] oder auch als «die Braut Christi»; denn: Wie in

21 HERIBERT MÜHLEN: Una mystica persona, 115–136: Christus und sein Leib als Groß-Ich bei Paulus, verwandte die Vorstellung des archaischen Clan-Denkens vom «Groß-Ich» (bzw. von der «Korporativperson») zur Beschreibung des «Mysteriums» des «Leibes» Christi und sah die «Identität des Heiligen Geistes in Christus und den Christen» als den Grund von «Kirche» an. Die vereinnahmenden Folgen eines solchen absolut undialektischen, organizistischen Gemeinschaftsmodells waren nicht Teil seiner Betrachtung.

22 Das Selbstverständnis der katholischen Kirche faßt GERHARD LUDWIG MÜLLER: Katholische Dogmatik, 611, mit den Worten zusammen: «Kirche ist keine von den Menschen begründete Religionsgemeinschaft. Ihr Sein und ihre Sendung lassen sich nur im universalen Horizont der Selbstmitteilung des dreifaltigen Gottes in Schöpfung, Erlösung und Endvollendung verstehen ... In Ursprung und innerer Struktur resultiert die Kirche aus der ökonomischen (sc. heilsgeschichtlichen, d. V.) Trinität ... In ihm (sc. Christus, d. V.) wird das Volk Gottes zum ‹Leib Christi›, weil er, Christus, der Mittler des Heiles ist.» Wie stark mythologisch (bzw. ideologisch) diese Selbststilisierung ausfällt, zeigt ein einfacher Vergleich: Noch im antiken Griechenland gab es kaum einen Stadtstaat, der seine Existenz nicht auf die Zeugung eines Gottes (am liebsten des Zeus) und dessen bleibenden Schutz zurückgeführt hätte; alle jungsteinzeitlichen Herrscher(dynastien) leiteten sich nicht vom «Volk», sondern von «Gott» ab und rechtfertigten so ihren hierarchischen Absolutismus. – SIEGFRIED WIEDENHOFER: Ekklesiologie, in: Theodor Schneider (Hg.): Handbuch der Dogmatik, II 76–77, referiert: «Vor dem Hintergrund einer Ekklesiologie der Gemeinschaft und eines pneumatologischen (sc. vom Geist geleiteten, d. V.) Aktualismus muß die westliche Entwicklung der Kirchenvorstellung abgelehnt werden. Im 13. und 14. Jh. geschieht dies im Widerstand gegen den westlichen Unionsversuch ausdrücklich als Kritik (sc. von seiten der Ostkirche, d. V.) (an) der Papstmonarchie und als Betonung einer kollegialen und patriarchalen Kirchenverfassung.» «Die Kirche wird mehr und mehr zu einer Institution göttlichen Rechts, deren Ordnung einer streng rechtlichen Verfassung bedarf und deren Einheit in einem sichtbaren Haupt, dem römischen Papst, gründet. Kirche ist also Leib Christi im Sinne eines hierarchisch geordneten Organismus, dessen Haupt der römische Papst ist.» CARL ANDRESEN – GEORG DENZLER: Wörterbuch der Kirchengeschichte, 197–198, stellen den «Episkopalismus» (die bischöfl. Jurisdiktion stammt von Gott, nicht vom Papst) dem «Papalsystem mit dem Universalepiskopat des Papstes» in Rom gegenüber und heben hervor, daß «für die alte Kirche, ... im Grunde für die ungeteilte Christenheit des 1. Jahrtausends», das Episkopalsystem in Geltung war und «erst vom 11. Jh. an ..., als die Kirchen des Ostens immer mehr von Rom abrückten,» sich im Westen der Papalismus durchgesetzt habe. – Für die Einheit der Kirche und für die Leben-

Christus selber Gottheit und Menschheit sich einten, so auch in der Kirche. In ihr setzt die Menschwerdung Gottes seinshaft sich fort, und wie Gott durch seinen Geist die Jungfrau Maria zur Gottesgebärerin machte, so ist die Kirche gleichsam die Verkörperung auch der Mutter Maria, in deren Schoß der Sohn Gottes unter den Menschen Gestalt annahm. «Niemand kann Gott zum Vater haben, der nicht die Kirche zur Mutter hat», schrieb schon im 3. Jh. der karthagische Bischof CYPRIAN[23]. Ganz so, wie man die mythischen Bilder der Christologie als objektive Gegebenheiten in Gott metaphysizierte, so vergöttlichte man die Kirche als den «fortlebenden Christus».

In dieser vorteilhaften Position obliegt es dem katholischen Lehramt selbstredend, der irrigen, sündhaften Menschheit in Gottes Namen unter Leitung des Geistes durch Lehre und Tat wirksam aufzuhelfen. Sie ist es, die weiß und die Weisung erteilt über das, was wahr ist, was falsch, was Sünde, was Heiligkeit, und die beides festlegt in jedem Einzelfall, vorweg zu jeder denkbaren Situation, in welcher ein Mensch sich befinden mag. Durch göttliche Offenbarung, mehr noch aber durch die eigene Lehrtradition gibt sie sich sicher, verkünden zu können, was Menschen frommt[24]. Dabei heraus kommt notwendigerweise freilich ein bloßer Sieg der Vergangenheit über die Zukunft, der Gruppe über den Einzelnen, der Autoritätsabhängigkeit über die Freiheit, des Überich über das Ich. An die Stelle eines offe-

digkeit der Kirche kann es demnach keine andere «Reform» geben als die Beseitigung des Papstzentralismus sowie die Preisgabe einer «Theologie», die erkennbar nur die Ideologie der römischen Papstmacht als einer von Gott gegebenen (am besten: von «Christus» in Petrus «eingesetzten») Institution darstellt.

23 CYPRIAN: Über die Einheit der katholischen Kirche, 6, in: Traktate, Schriften, I 138.

24 GERHARD LUDWIG MÜLLER: Katholische Dogmatik, 617–626, erklärt die Kirchenhierarchie als durch «göttliches Recht» bestehend und hebt dann hervor: «Da der Bischof von Rom in seiner primatialen Stellung die Gesamtkirche und die Einheit des Episkopates repräsentiert, hat er auch in besonderer Weise teil an der Unzerstörbarkeit und Untrüglichkeit (Infallibilität) der Kirche. In ihm kommen diese Grundzüge der Kirche aufgrund einer spezifischen Vollmacht Christi in einer eigenständigen Weise zum Zuge.» (623) – Der König (oder der Kaiser) als der gottgegebene Repräsentant des Volksganzen – das ist erkennbar die Form von Reichsmetaphysik, die ihre Wurzeln im Alten Orient hat. – HANS KÜNG: Das Christentum, 833–836, erörtert demgegenüber, was hätte werden können, wenn die Ideale der Französischen Revolution: «Freiheit, Gleichheit, Brüderlichkeit» in die Kirche hätten Einzug halten können, – so wie es Abbé *Henri-Baptiste Grégoire*, der Bischof der «konstitutionellen Kirche», 1791 versucht hat, und erhebt dann den Irrealis der Vergangenheit zum Postulat der Zukunft. Zur «Entstehung der hierarchischen Kirche» vgl. a. a. O., 151–167.

nen Dialogs zwischen entscheidungsmündigen, kompetenten Individuen tritt der weisungsabhängige Gehorsam der Vielen, in paralleler Unbezüglichkeit ausgerichtet allesamt auf die befehlsausgebende Zentrale, – die Psychologie einer Masse, wie SIGMUND FREUD sie auf archaische Weise in Militär und Kirche repräsentiert fand[25], ein quasi neurotischer Zustand, der die verinnerlichte Gewalt der Elterngestalten aus Kindertagen in der Gestalt Gottes überhöht und verewigt. Es ist genau der Typ von Frömmigkeit, gegen den Jesus auftrat, als er «neuen Wein in neue Schläuche» zu gießen gedachte (Mk 2,22) und zur Befreiung der Menschen von der paternalen Unterwerfungsreligion in aller gebotenen Klarheit unterschied zwischen der absoluten Autorität Gottes und der nur relativen Erziehungsverantwortung irdischer Eltern: «‹Vater› nennt niemanden von euch auf Erden,» sagte er zu seinen Jüngern. «Einer nämlich ist euer Vater, der Himmlische.» (Mt 23,9)[26] Worte wie diese markieren die Auflösung des kirchlich verfestigten «Ödipuskomplexes» durch sein genaues Gegenteil: durch das befreiende Vertrauen in die unbedingte «Rechtfertigung» der eigenen Existenz im Gegenüber Gottes als unseres eigentlichen «Vaters».

Das katholische System indes funktioniert anders. Da gibt es abso-

25 SIGMUND FREUD: Massenpsychologie und Ich-Analyse, in: Ges. Werke, XIII 102: «In der Kirche ... gilt wie im Heer ... die nämliche Vorspiegelung (Illusion), daß ein Oberhaupt da ist – in der katholischen Kirche Christus, in der Armee der Feldherr, – der alle Einzelnen der Masse mit der gleichen Liebe liebt ... Nicht ohne tiefen Grund wird die Gleichartigkeit der christlichen Gemeinde mit einer Familie heraufbeschworen und nennen sich die Gläubigen Brüder in Christo ... Ähnliches gilt für das Heer; der Feldherr ist der Vater, der alle seine Soldaten gleich liebt, und darum sind sie Kameraden untereinander.» S. 104: «Merken wir an, daß in diesen beiden künstlichen Massen jeder Einzelne einerseits an den Führer (Christus, Feldherrn), andererseits an die anderen Massenindividuen libidinös gebunden ist.» Auf diese Weise erklärt sich die Unfreiheit, in gewissem Sinn die künstlich herbeigeführte regressive Infantilisierung des Kirchen-Gläubigen ebenso wie des Rekruten. Natürlich liegt darin eine eigene Verführungskraft. «*Band of Brothers* – Wir waren wie Brüder» heißt zum Beispiel eine Kriegsserie, die mit großem Erfolg im Jahre 2014 auf RTL 2 im deutschen Fernsehen gezeigt wird, um am Vorbild des amerikanischen Militärs auch den Deutschen wieder Mut für neue Kriegs- (d. h. im Neusprech: Friedens-) Einsätze zu machen.

26 Vgl. E. DREWERMANN: Das Matthäus-Evangelium, III 143–160: Mt 23,1–12: Wehe euch, ihr Schriftgelehrten, oder: Vom Unterschied zwischen Leben und Lehren. SÖREN KIERKEGAARD: Zur Selbstprüfung der Gegenwart anbefohlen, in: Erbauliche Reden, 160, schrieb unverblümt: «O, wir Toren oder wir Listigen; nein, nie hat irgendeine Lehre – bedient von dem was niederdrückt und verendlicht, von Würdenträgern und besoldeten Beamten – die Gestalt der Welt umgeschaffen ... Nein, sondern das Christentum ... ward bedient von *Wahrheitszeugen.*»

lute und eindeutige Gebote, die buchstäblich unter allen Umständen in Geltung bleiben. Doch wie soll das gehen?

GERHART HAUPTMANN zum Beispiel hat im Jahre 1903 auf seine Weise die Tragödie der unglücklich liebenden Phädra in neuem Gewande, als Arme-Leute-Geschichte, in der Gestalt der «Rose Bernd» auf die Bühne gebracht[27]: Die schlesische Landarbeiterin ist schwanger von dem Gutsbesitzer Christoph Flamm, doch verheiratet werden soll sie nach dem Willen ihres streng moralisch-fromm denkenden Vaters mit dem hilflos biederen Buchbinder August Keil. Zwar ist sogar die an den Rollstuhl gefesselte Frau Flamm bereit, Rose zu helfen, obwohl sie weiß, daß ihr eigener Mann der Vater des werdenden Kindes ist, und tatsächlich hofft Rose auf eine rasche Heirat mit dem gutmütigen Keil, der auch bereit wäre, ihr den Fehltritt zu vergeben, doch bedroht wird sie von dem Maschinisten Streckmann, einem gewissenlosen Angeber und Weiberhelden, der Rose mit seinem Wissen um ihr voreheliches Verhältnis erpreßt, vergewaltigt und öffentlich verhöhnt. Um die verletzte Ehre ihres Vaters wiederherzustellen, leistet Rose im Prozeß gegen Streckmann einen Meineid. Als die Wahrheit herauskommt, ziehen sich alle von ihr zurück: Frau Flamm begreift nicht, wie man vor Gericht lügen kann, Herr Flamm wirft ihr vor, sich mit Streckmann eingelassen zu haben, der alte Bernd übergibt sie dem Gericht Gottes, und dem gutmütigen Keil will Rose ihre Schande nicht antun. Völlig allein und hilflos bringt sie ihr Neugeborenes um, eine Kindsmörderin aus Verzweiflung, zerrieben zwischen Bigotterie und Geilheit, zwischen Überich und Es, zwischen göttlichem Gesetz, gesellschaftlicher Ehre und triebhaftem Verlangen.

Oder man nehme die Gestalt der Marianne in ÖDÖN VON HORVÁTHS Drama «Geschichten aus dem Wiener Wald»[28]: Um der Zwangsverheiratung mit dem bigotten Schlachter Oskar zu entkommen, flüchtet sie in die Arme des leichtlebigen Stutzers Alfred, von dem sie ein Kind bekommt; in ihrer Not wendet sie sich an einen Beichtvater. In den Bänken vorne sieht man eine Gruppe von Frauen den Rosenkranz beten: «Gegrüßet seist du, Maria, du bist voll der Gnaden.» Das ist Marianne nicht, sie ist voller Schuld, und doch weiß sie, daß sie kein schlechter Mensch ist. «Bitte, zeig mir, was aus meinem Leben wird», lautet sinngemäß ihr Gebet. Der Priester im Beichtstuhl hingegen spricht zu ihr: «Da hast du also deinem armen

27 GERHART HAUPTMANN: Rose Bernd, Berlin 1903.

28 ÖDÖN VON HORVÁTH: Geschichten aus dem Wiener Wald, in: Ges. Werke, I 157–251.

Vater so viel an Kummer und Schande bereitet, – hast ein Kind empfangen in einer Beziehung ohne den Segen Gottes. Kann denn daraus etwas Gutes werden? Tut es dir wenigstens leid?» Und als Marianne, fast empört, diese Frage verneint – all ihre Gefühle als Mutter sprechen überdeutlich eine andere Sprache –, da fährt er sie an: «So geh erst mal hin und bring dein Leben in Ordnung, ehe du herkommst und den Herrgott bittest um Vergebung.»[29]

Die Welt der Doppelbödigkeit und der Heuchelei, der sadistischen Triebunterdrückung und der wollüstigen Gier, der bürgerlichen Fassade und einer Lebensfeindlichkeit bis zum Kindsmord, wie HORVÁTH sie in seinem Drama karikiert und persifliert, findet ihren Mittelpunkt in der sonderbaren «Moral» der katholischen Kirche, nach welcher Gott einem Menschen nur dann vergibt, wenn er sein Leben aus eigener Kraft wieder «in Ordnung» gebracht hat. Eine uneheliche Beziehung ist Sünde. Künstliche Empfängnisverhütung ist Sünde. Abtreibung ist Sünde. ... Das alles steht fest und gilt ein für allemal. Danach muß man sich richten, um zu Gott hin zu finden. Aber: wie weit entfernt ist all das von dem Vater-Gott Jesu, der sich selbst, wie der Hirte im Gleichnis (Lk 15,1–7), auf die Suche begibt nach dem «verlorenen Schaf»? Gibt da nicht die reformatorische Rechtfertigungslehre die Botschaft Jesu vollkommen korrekt wieder, wenn sie sagt, ein Mensch vermöge gar nicht «zurückzukehren» aus eigener Kraft; er könne sich nur finden lassen von Gott[30]?

Tatsächlich geben sich die Kirchen der Reformation durch die Bank offener und toleranter menschlichen Notlagen gegenüber. Die katholische Kirche gefällt sich in ihrer Macht, von oben nach unten anordnen zu können, wie Menschen, die von der Sünde in Christo erlöst sind, zu leben haben. In der protestantischen Theologie weiß man, daß ein Mensch so «fertig» nicht sein kann, er ist stets sowohl «Gerechtfertigter» als auch «Sünder» (*simul justus et peccator*)[31],

29 A. a. O., 1. Teil, VII: Im Stephansdom, in: Ges. Werke, I 215–217.

30 Vor allem HELMUT THIELICKE: Theologische Ethik, I 464, hat die grundlegende Bedeutung der Erbsünden-Lehre für jede kirchliche Moraltheologie herausgearbeitet: «Erlösung bedeutet ..., daß der Mensch sich nur dann zu sich selbst als dem Träger der Schuld, zu der Totalität seiner Schuld zu bekennen vermag, wenn er um den gnädigen Gott weiß.»

31 A. a. O., II 1, S. 388–389, sieht in der berühmten lutherischen Formel die «Verbindung zwischen dem ‹Im-Namen-Gottes-Handeln› und dem ‹Gleichwohl-unter-der-Vergebung-stehen›» ausgedrückt. Die Gefahr der Ideologisierung dieses Standpunktes zur Rechtfertigung des Falschen muß freilich stets mitgesehen werden, so wenn THIELICKE, II 1,387, dem «christlichen Kriegsmann» (sic!) in einem «gerechten Krieg» zuspricht, er dürfe bei der «Erfüllung seiner Pflicht» «nicht einfach ein

und so muß man versuchen, sein Vertrauen in die Berechtigung seines Daseins vor Gott so weit zu stärken, daß er die Motive zum «Bösen» verliert. Dabei bedarf er des Respekts und der Wertschätzung, aber auch einer Veränderung im moraltheologischen Denken. – Im Umgang mit Homosexuellen zum Beispiel quittieren viele Reformkatholiken derzeit mit Erleichterung, daß Papst FRANZISKUS in einem Interview fragte, wenn Homosexuelle in ihrem Leben Gott suchten, wer sei dann er, sie zu verurteilen[32]. Zweifellos hört sich das anders an als die Erklärungen von BENEDIKT XVI., es sei noch keine schwere Sünde, homosexuell zu sein, doch sei es nicht in der Ordnung Gottes, homosexuell zu leben[33]. Soll aber wirklich eine Änderung in der Lehrtradition der katholischen Kirche erreicht werden, so müßte sie von der protestantischen Moraltheologie etwas lernen, das im Prinzip die gesamte Betrachtung des menschlichen Lebens auf eine neue Grundlage stellen würde: ein Denken vom betroffenen Subjekt her.

Worum es geht, ist die bisher katholischerseits stets abgewehrte Situationsethik, wie sie, in Anlehnung an den Existentialismus, entwickelt wurde, um der Vielschichtigkeit des menschlichen Lebens besser gerecht zu werden[34]. Statt nach einem ausnahmslos immer und

‹gutes› Gewissen, aber ... ein ‹getröstetes› Gewissen haben.» Um Verständnis für die Berechtigung der lutherischen Formel hat KARL RAHNER: Gerecht und Sünder zugleich, in: Schriften zur Theologie, VI 262–276, geworben.

32 Vgl. THOMAS SEITERICH: Franziskus macht Revolution, in: Publik Forum, 23/2013, S. 31: «Beispiel Homosexuelle: Um endlich zu einem nächstenliebenden Umgang mit sexuellen Minderheiten zu gelangen, müsste die Kirchenspitze endlich eine angemessene Anthropologie ... erarbeiten. Rom müsste dem immer noch vorherrschenden statischen Naturrechtsdenken den Abschied geben.»

33 *Catéchisme de l' Église Catholique*, Nr. 2357–2359, erklärt eindeutig: «Homosexuelle sind zur Enthaltsamkeit aufgerufen» und dazu, «den Willen Gottes zu realisieren.» HELMUT THIELICKE: Theologische Ethik, III 788–810, war es, der sich mit Nachdruck gegen die Kennzeichnung der Homosexualität als «Perversion, Dekadenz, Zerfall» etwa bei KARL BARTH: Kirchliche Dogmatik, III 4, S. 184–185, verwahrte.

34 HELMUT THIELICKE: Theologische Ethik, II 1, S. 215, meint zu Recht: «Es ist allzu leicht, eine natürliche Theologie zu erstellen, wenn die ‹Welt› nur mit der Normal-Brille des Naturästheten betrachtet wird. Wie steht es aber mit diesem Unternehmen der natürlichen Theologie und der ihm zugrunde liegenden analogia entis angesichts von Erdbeben, Fliegerangriffen und einigen anderen Rätseln der Geschichte?» Deshalb wählte THIELICKE mit Bedacht die «Konfliktsituation» und darin die «Grenzsituation» zum Ausgangspunkt moraltheologischen Nachdenkens. – Die Bedeutung eines situativen Denkansatzes in der Moraltheologie hat KARL RAHNER: Zur «Situationsethik» aus ökumenischer Sicht, in: Schriften zur Theologie, VI 537–544, herausgestellt. Vgl. auch FRANZ BÖCKLE: Möglichkeiten einer dynamischen Sexualmoral, in: Menschliche Sexualität und kirchliche Sexualmoral, 106–138. – Sehr erwägenswert wäre der Gedanke von GÜNTER VIRT: Epikie, in: Hans

für alle geltenden Standard das menschliche Verhalten zu homogenisieren, wie die katholische Moraltheologie es sich zur Pflicht macht, lag dem protestantischen Ausgang vom Subjekt von vornherein eine stärkere Berücksichtigung der konkreten Gegebenheiten sowie der persönlichen Motivation zur Beurteilung einer bestimmten Handlung nahe. Nicht ob jemand hetero-, homo- oder bisexuell ist, sondern warum er so ist, wie er ist, und wie er damit umgeht, ist dann die Frage, und deren Beantwortung erst entscheidet über «richtig» und «falsch». Sogleich wird zudem deutlich, daß es in aller Regel kein einfaches ja oder nein geben kann, – zu tun hat man es fast immer mit einer Gemengelage verschiedenster, oft einander widersprechender Gefühle, Handlungsabsichten, Rücksichtnahmen, innerer wie äußerer Determinanten, kurz: mit einer Fülle von Komponenten, die je für sich und im Zusammenspiel miteinander nur einer differenzierten und komplexen Bewertung zugänglich sind.

Warum die katholische Kirche sich bis heute schwertut, diesem durchaus plausiblen Ansatz zu folgen? Geltend gemacht hat sie gegenüber dem Protestantismus stets den Vorwurf des Nominalismus[35], – die «Kirche» LUTHERS sei nicht nur «zu» subjektiv, sie

Rotter – Günter Virt (Hg.): Neues Lexikon der christlichen Moral, 147–149, der sich auf ARISTOTELES: Nikomachische Ethik, V 14; 1137 b, S. 148–149, bezieht, wo es um die Frage geht, «wie sich ‹die Güte der Gerechtigkeit› zur Gerechtigkeit und das Gütige zum Gerechten verhält.» Das Problem sah ARISTOTELES darin, «daß jegliches Gesetz allgemein gefaßt ist. Aber in manchen Einzelfällen ist es nicht möglich, eine allgemeine Bestimmung so zu treffen, daß sie richtig ist.» «Und dies ist das Wesen der ‹Güte in der Gerechtigkeit› (sc. der Epikie, d. V.): Berichtigung des Gesetzes da, wo es infolge seiner allgemeinen Fassung lückenhaft ist.» – VIRT bedauert zu Recht, daß aus der «Persongerechtigkeit», die bereits bei THOMAS VON AQUIN an die Stelle der bloßen «Sachgerechtigkeit» getreten sei, «in der Folgezeit eine Interpretationskunst für Gesetzesauslegung» sich herausgebildet habe. Er fordert, daß «Epikie die Begrenztheit auch kirchlich positiver Rechtsnormen ergänzen» müsse, und meint, fast vorwurfsvoll: «Es ist bequemer, sich in einem Normengehorsam zu beheimaten oder in einen Rechtspositivismus zu flüchten; dies gewährt scheinbar mehr Sicherheit. Christlicher Glaube will helfen, gerade diese Angst, die starr macht, zu überwinden.» Doch kann man nicht beides haben: zentralistische Papstmacht und mündige Kirchengläubige. – PAUL TILLICH: Moralismen und Moral, in: Auf der Grenze, 129–139, meinte sehr zu Recht: «Das Gesetz bringt uns in eine paradoxe Situation: es befiehlt, was bedeutet, daß es gegen uns steht. Aber es befiehlt uns etwas, was wir nur leisten können, wenn das Gesetz *nicht* gegen uns steht ... Nur wenn das Sein den Vorrang hat vor dem, was sein soll, kann das, was sein soll, erfüllt werden.»

35 HANS JOACHIM STÖRIG: Kleine Weltgeschichte der Philosophie, 268, bemerkt richtig: «Daß die Kirche ihn (sc. den Nominalismus des *Johannes Roscelinus* von Commpiègne, etwa 1050–1120, d. V.) so radikal unterdrückte, geschah ... aus der bewußten oder unbewußten Erkenntnis, daß ein konsequenter Nominalismus zwar

leugne generell die Gültigkeit von Allgemeinbegriffen für die Erkenntnis der Realität. Doch das, worum es ihr wirklich zu tun ist, besteht in der Sorge um den Machtverlust, der sofort einzutreten droht, wenn es unmöglich wird, den Menschen im Gefälle absoluter moralischer Autorität vorzuschreiben, was sie zu tun und zu lassen haben. In katholischen Augen erscheint die konkrete Sensibilität der protestantischen Moraltheologie in den meisten relevanten Lebensfragen (von der Eheschließung bis zur Sterbehilfe) als eine Position der Schwäche, der falschen Anpassung, der allzu großen Nachgiebigkeit gegenüber dem «Zeitgeist», ja, einer liberalen Laxheit; doch das ist sie nicht. Im Gegenteil sollte die protestantische Theologie ihre situativ und personal orientierte Ethik als Stärke verteidigen. Die Einstellung Jesu hat sie auf ihrer Seite. Und ihr Wissen um die Zerbrochenheit des menschlichen Daseins, das nach wie vor in einem jeden seiner Erlösung harrt, müßte sie in die Pflicht nehmen, in unseren Tagen mit psychologischen Mitteln die tragische Situation des menschlichen Daseins zu verstehen und seelsorglich durchzuarbeiten.

Doch ein solcher Auftrag ist einer jeden Kirche beschwerlich, also, daß man verstehen kann, wie sie, als Institution und Organisation, zweckdienlichst auf Erleichterung sinnt, und auch hier darf der Instinkt der katholischen Kirche für Masse und Macht[36] unter allen bestehenden Religionsformen als unübertroffen erachtet werden. Zu ihrem Haupterlösungsmittel hat sie die *Spendung der sieben Sakramente* erhoben, das heißt, sie hat an die Stelle der persönlichen Begegnung und der Arbeit mit den Menschen die Ritualverwaltung der ihr anvertrauten «göttlichen Gnadenmittel» gesetzt, indem sie das Verlangen nach tiefen Erfahrungen und Gefühlen durch kultische Inszenierungen zu befriedigen sucht. Hat Jesus das gewollt? An dieser Frage bereits scheiden sich erneut die Geister.

Zu Recht verweisen Protestanten darauf, daß Jesus nie im Sinne trug, eine kirchliche Institution gegen die Religion seines Volkes zu etablieren und diese auch noch mit hierarchischen Ämtern und heiligen Zeichen und Handlungen auszustatten. Tatsächlich steht denn auch in den vier Evangelien kein Wort von einer Einsetzung von sie-

nicht den christlichen Glauben, aber jedenfalls seine eigenartige Vermählung mit der antiken Philosophie, die Scholastik, in den Grundfesten erschüttern mußte.»

36 Vgl. ELIAS CANETTI: Masse und Macht, 172–176: Katholizismus und Masse, der das «Mißtrauen gegen die Masse» für die Struktur der kath. Ämterhierarchie verantwortlich macht: «Es hat bis jetzt keinen Staat auf der Erde gegeben, der sich auf so mannigfaltige Weise gegen die Masse zu wehren verstand. An der Kirche gemessen, erscheinen alle Machthaber wie traurige Stümper.» (173)

ben Sakramenten durch den historischen Jesus aus Nazaret. Gleichwohl beharrt die katholische Kirche dogmatisch erneut auf einer historischen Begründung der Sakramente – nicht zwar durch Jesus, aber: – durch Jesus Christus[37], und so soll man als historische Tatsache glauben, daß Jesus zwei so wichtige Sakramente wie die Eucharistie und die Priesterweihe gerade noch rechtzeitig im Abendmahlssaal, wenige Stunden vor seiner Verhaftung, eingesetzt habe; das Bußsakrament (die Beichte) allerdings hat er nach biblischer Darstel-

37 GERHARD LUDWIG MÜLLER: Katholische Dogmatik, 635, erklärt: «Christus ist der Stifter und Urheber der Gnade.» Der Grund: «Nur Christus kann kraft seiner menschlichen Natur und seines freien Gehorsams das Heil in der Geschichte erscheinen lassen: seine Natur fungiert aufgrund seines Gehorsams als Instrument des göttlichen Heilswillens.» Eine solche «christologische» Begründung der Sakramente soll die Frage nach der historischen Herkunft der kirchlichen Ritualbildungen bewußt als überflüssig erscheinen lassen. GEORG BAUDLER: Einführung in symbolisch erzählende Theologie, 100, sieht die Sakramente als «Heilszeichen», die «durch das Leben, Wirken und neues Leben schaffende Sterben Jesu lebensgeschichtlich begründet sind und in einer jahrhundertelangen Geschichte gewachsen und überliefert wurden.» Damit wird, vorsichtig genug, die dogmatische Behauptung umgangen, Jesus selber habe die Sakramente eingesetzt. FRANZ-JOSEF NOCKE: Allgemeine Sakramentenlehre, in: Theodor Schneider (Hg.): Handbuch der Dogmatik, II 210–219, betont zwar den Symbolcharakter der Sakramente, muß aber (S. 202–203) denn doch auch die tradierte These verteidigen, daß «die Wirksamkeit des Sakraments nicht im persönlichen Glauben des Spenders oder des Empfängers, sondern im Handeln Gottes begründet liegt», daß sie also «ex opere operato» (kraft des vollzogenen Ritus) und nicht nur «ex opere operantis» (aus der Kraft des das Sakrament Vollziehenden) sich vollzieht. – Das Problem stellte sich bereits im 4. Jh. im sogenannten Donatistenstreit, so benannt nach dem Bischof *Donatus* von Casae Nigrae (gest. 355). JOSEPH LORTZ: Geschichte der Kirche, I 139, bezeichnet den Donatismus als «eine rigoristisch-enthusiastische Bewegung ...: aus einer stark urchristlichen Haltung heraus ... ist ihnen das Weltlich-Staatliche, näherhin die vom Staate gestützte Reichskirche verdächtig, der Bischof soll von der politischen Gewalt möglichst getrennt bleiben.» S. 140: Nach Auffassung der Donatisten war «die Heiligkeit der Kirche und die Gültigkeit der Sakramente ... an die Sündenlosigkeit der Spender gebunden.» – KARL RAHNER: Zur Theologie des Symbols, in: Schriften zur Theologie, IV 290, erklärt, um das «ex opere operato» zu begründen: «Das eigentliche Symbol (Realsymbol) ist der zur Wesenskonstitution gehörende Selbstvollzug eines Seienden im anderen.» Insofern gelte (S. 293–294): «Der menschgewordene Logos ist das absolute Symbol Gottes in der Welt, das unüberbietbar mit dem Symbolisierten erfüllt ist.» Auf diese Weise folgt aus dem Wesen Gottes (der Trinität) die Selbstmitteilung Gottes, die Inkarnationslehre, und aus dieser eine «Symboltheologie», in welcher Kirche und Sakrament durch Christus immer schon mitgegeben sind. S. 297: «Wenn wir sagen, daß die *Kirche* das Gegenwärtigbleiben des menschgewordenen Wortes in Raum und Zeit ist, dann sagen wir damit auch sofort, daß sie diese Symbolfunktion des Logos in der Welt fortsetzt.» Es folgt (S. 299): «Die Sakramente konkretisieren und aktualisieren die Symbolwirklichkeit der Kirche als des Ursakramentes auf das Leben des Einzelnen hin.»

lung erst nach seiner Auferstehung am Osterabend begründet, als er den Jüngern erschien und ihnen die Vollmacht zur Sündenvergebung verlieh (Joh 20,19–23).

Eigentlich nur in dieser Form, als «Einsetzungen» Christi als des «erhöhten Herrn», lassen sich die Sakramente der katholischen Kirche ehrlicherweise überhaupt mit der Person Jesu in Verbindung bringen: sie haben sich in den ersten Jahrhunderten (im «apostolischen Zeitalter») aus dem Christus-Glauben herausentwickelt[38]. Doch sind sie deshalb «irreversible» Setzungen des Heiligen Geistes, wie KARL RAHNER schrieb[39]? Zur Begründung führte er den «Heilswillen» Gottes an, der den Menschen durch sein ganzes Leben begleite und sich an den Knotenstellen der Biographie in sichtbarer Weise, eben: in sakramentaler Form, verdichte. Geburt (Taufe), Ehe (Hochzeit) und Tod (Letzte Ölung) seien solche Knotenpunkte, aber auch Reifung (Firmung) sowie die Erfahrung von Schuld (Beichte), und nicht zuletzt: die Wegzehr für die Führung des Lebens (die Eucharistie) und deren sichere Bereitstellung (durch die Priesterweihe). Eine solche Argumentation wäre plausibel, wenn sie weniger spekulativ, dafür aber kulturanthropologisch beziehungsweise ethnologisch vorgetragen würde: In zahlreichen Ethnien läßt sich die Einrichtung

38 Vgl. ADOLF VON HARNACK: Die Mission und Ausbreitung des Christentums, 247–248: «Aus der Urzeit der christlichen Religion hatten zwei äußere heilige Handlungen, nicht mehr und nicht weniger, die Verkündigung ... begleitet, die Taufe und die Feier des Abendmahls. Was sie ursprünglich bedeutet haben und bedeuten sollten, das können wir beiseite lassen. Sobald wir sie auf heidenchristlichem Boden sehen, steht ihre Bedeutung fest: es sind ... *effektive* heilige Handlungen; sie enthalten Sündenvergebung, Erkenntnis und ewiges Leben ... die Symbole bringen der Seele das, was sie bedeuten, wirklich.» «Christus hat die Güter, die er gebracht hat, an Symbole als Vehikel und Träger angeschlossen, ja in sie versenkt; wem die Weihe des heiligen Symbols zuteil wird, der hat damit die Gnade. Das war eine von unzähligen Mysterien her geläufige Sache ... älter als sie (sc. die Kirche, d. V.) ..., längst da, bevor sie exsistierte.» M.a.W.: Die Sakramente sind nicht von Jesus eingesetzt, sondern stellen Ausformungen des heidnischen Einflusses auf die Verkündigung des «Christus» dar, die selber das Ergebnis der «supranaturalistischen Rationalisten» (S. 246) unter den Theologen des 2.–4. Jhs. darstellt.

39 KARL RAHNER: Kirche und Sakramente, 18, definierte die Kirche selber als «Ursakrament» und behauptete: «Die Kirche ist die amtliche (sic!) Präsenz der Gnade Christi in der öffentlichen Geschichte der einen Menschheit ... Das bedeutet ... eine inkarnatorische Gegenwart der Wahrheit Christi in der Kirche durch Schrift, Tradition und Lehramt ... eine inkarnatorische Gegenwart der Gnade Christi in der Kirche für den einzelnen als solchen durch die Sakramente.» Es gibt die Sakramente demnach mit Christus selber, der in der Kirche fortlebt; die «Christologie» der Inkarnationslehre ist selber «immer schon» «Ekklesiologie».

von «Übergangsriten» (von Rites de passage) beobachten[40], durch welche die religiös-kulturelle Gemeinschaft auf die schwer zu definierenden Stellen des Umbruchs im Leben ihrer Mitglieder stabilisierend zu antworten versucht: mit Hilfe besonderer Feierlichkeiten verstärkt sie den Gruppenzusammenhalt. Der «Geist», der sich da auswirkt, besteht in dem rituell vermittelten Gefühl der Zusammengehörigkeit, – gerade dann, wenn Freude (Ehe und Geburt) oder Trauer (Schuld und Tod), Freiheitsdrang (Pubertät) und Einsamkeit (Hunger und Verlassenheit) die soziale Bindung in Gefahr zu bringen drohen.

Ist demnach die Siebenzahl der Sakramente in der katholischen Kirche gar nichts spezifisch «Christliches», sondern etwas durch und durch «Heidnisches» und «Archaisches»? Von seiten der protestantischen Theologie wird ein solcher Vorwurf, nicht ohne Grund, gegen Rom gerichtet: Bereits die Marienfrömmigkeit hat ihre Wurzeln erkennbar nicht im Neuen Testament, sondern im Kult der Großen Mutter, das (Opfer-)Priestertum ist eine Einrichtung, die der historische Jesus gerade überwinden wollte und die, wenn sie nicht aus dem Gedankengut des Alten Testamentes stammt, dann geradewegs «heidnischen» Ursprungs ist; daß Eheschließungen einer besonderen Aufmerksamkeit gewürdigt werden, ist allerorten das übliche; ebenso sind Riten der Versöhnung und Wiederaufnahme von schuldig Gewordenen in die Gemeinschaft allgemein verbreitet, desgleichen Abwehrpraktiken gegen (die Dämonen von) Krankheit und Tod, – spezifisch christlich ist nichts von alledem, und von Jesus eingesetzt ist es schon gar nicht; gleichwohl ließe es sich rechtfertigen dadurch, daß rituelle Praktiken dieser Art einem tiefen Bedürfnis der Menschen entsprechen und ihnen deshalb psychisch wie sozial ein hoher integrativer Wert zukomme. Diese Chance aber wird vertan, indem der Katholizismus gerade in seiner Sakramentenlehre sich als einzigartig, heilsnotwendig und unvergleichlich darzustellen sucht, eben nicht als verbindend und menschheitlich.

Die Kernproblematik der Sakramentenlehre der christlichen Kirchen wird am deutlichsten in einem Ritual, das – wie die Taufe – allen Konfessionen gemeinsam ist: in der «*Eucharistie*» (griech: der Danksagung) oder dem «*Abendmahl*». Die beiden Begriffe, die in der katholischen und in der evangelischen Kirche üblich geworden sind, bezeichnen dasselbe, meinen aber verschiedenes: Eine Eucharistiefeier in der katholischen Kirche ist gebunden an das Dogma der Transsub-

40 Vgl. ARNOLD VAN GENNEP: Die Übergangsriten, in: Carl August Schmitz (Hg.): Religionsethnologie, 374–389.

stantiation: wenn der katholische Priester über die Gaben von Brot und Wein die Worte spricht: «Dies ist mein Leib», «dies ist mein Blut», so verwandelt sich die Substanz des Brotes in den Leib des Herrn und die Substanz des Weines in das Blut Christi; daß beide dennoch weiterhin aussehen wie Brot und wie Wein, liegt daran, daß sie ihre Akzidentien beibehalten. Eigentlich gehören Substanz (Wesen) und Akzidenz (zugehörige Eigenschaft) notwendig zusammen; daß bei der «Wandlung» beide von einander getrennt werden, ist ein übernatürliches Wunder, das nur in diesem Zusammenhang vorkommt[41]. Um es zu bewirken, bedarf es der Amtsgnade eines gültig geweihten katholischen Priesters[42], – nur ein solcher vermag mit seinen Worten die Wandlung der «Gestalten» von Brot und Wein in den lebenden Christus herbeizuführen. – Gültig geweiht ist ein katholischer Priester wiederum nur dann, wenn ihm *die Priesterweihe* von einem Bischof der katholischen Kirche gespendet wurde, der wiederum selber von einem Bischof der katholischen Kirche eingesetzt worden sein muß; denn als die ersten Bischöfe hat, laut Dogma, Christus die Apostel eingesetzt, und deren Amtsgnade konnte nur durch persönliche Weihe weitergegeben werden, und diese Linie der

41 Vgl. GERHARD LUDWIG MÜLLER: Katholische Dogmatik, 695–701: Die Realpräsenz im Horizont einer neuen Ontologie: die Transsubstantiationslehre. – Demgegenüber hat bereits KARL RAHNER: Die Gegenwart Christi im Sakrament des Herrenmahles, in: Schriften zur Theologie, IV 384, betont: «Der erste Satz der Eucharistielehre ist: Das ist mein Leib, nicht der: Darunter bin ich gegenwärtig. Der zweite Satz ist im ersten enthalten, erschöpft aber dessen Inhalt und Sinnspitze nicht ... Nicht weil Christus gegenwärtig ist, bringen wir ihn als unser Opfer dar und empfangen ihn, sondern umgekehrt.» Und S. 385: «Der reale Empfang des realen Leibes Christi im Sakrament (ist) *nur* Zeichen und Mittel, also sakramentales Zeichen.» M.a.W.: Es ist der Ritus, der die (symbolische) «Realität» erschafft. JENS SCHRÖTER: Nehmt – esst und trinkt, 125, geht mit guten historischen Gründen noch viel weiter und erklärt: «In den Einsetzungsworten werden nicht die *Elemente* Brot und Wein, sondern die *Handlungen* des Segnens/Dankens, Brotbrechens und -verteilens sowie des Segnens und Herumreichens des einen Kelches unter den Mahlteilnehmern gedeutet.»

42 Vgl. GERHARD LUDWIG MÜLLER: Katholische Dogmatik, 755: «Weil die Eucharistie ... die sakramentale Verdichtung der Einheit der Kirche ... mit Christus, ihrem Haupt, ist, kommt gerade dem Amt der Einheit (sc. dem Priestertum, d. V.) der Vorsitz in der Eucharistiefeier zu. Die Verbindung von sakramentalem Priesteramt und Eucharistiefeier ist also nicht eine rein positivistische Festsetzung (mit der Absicht, Macht ideologisch zu legitimieren), sondern ergibt sich innerlich und organisch aus dem als Sinneinheit aufgefaßten Lebensvollzug der Kirche von Christus her.» *Codex Iuris Canonici*, Can. 900 § 1, erklärt eindeutig: «Zelebrant, der an Christi Statt das Sakrament der Eucharistie zu vollziehen vermag, ist nur der gültig geweihte Priester.»

«Sukzession», der historischen Kette der Weitergabe der Weihe des Bischofsamtes, darf nicht unterbrochen werden[43]. Daran liegt es, daß die Eucharistiefeier des Priesters in den orthodoxen Kirchen als gültig von Rom anerkannt wird, weil dort die Sukzession des Bischofsamtes als historisch gegeben angenommen wird, wohingegen in den Kirchen der Reformation eben diese Sukzession historisch nicht vorliegt; deswegen ist ein evangelischer Pastor, wenn er das Abendmahl feiert, nach römischer Vorstellung außerstande, die Wandlung der Substanzen von Brot und Wein zu bewirken, und es ist den Katholiken untersagt, in einer evangelischen Kirche das Abendmahl zu empfangen, so wie es evangelischen Christen verwehrt ist, in einer katholischen Kirche die Kommunion zu empfangen (eine Ausnahme bildet nur die «Brautmesse» konfessionsgemischter Paare)[44].

Mit solchen Lehren versucht die katholische Kirche – wie in der Schöpfungslehre, wie in der Erlösungslehre, wie in der Christologie – eine objektive Heilssicherheit zu garantieren: die Amtsgnade des Bischofs hängt nicht von der persönlichen Würdigkeit des Amtsträgers ab (wie es, als letzte, die Donatisten im 4. Jh. in Nordafrika gefordert hatten)[45], sondern sie ist eine objektive Gabe des göttlichen Geistes;

43 GERHARD LUDWIG MÜLLER: Katholische Dogmatik, 92: «In der Person des Bischofs setzt sich auf personale Weise die Sendung der Apostel fort ... Wie die Apostel üben die Bischöfe ihr Amt ... in der Person Christi aus.» «Bei der theologischen Abklärung des ... Sukzessionsprinzips ... wurde ... der Bischof als ‹Nachfolger der Apostel› bezeichnet.» HANS KÜNG: Das Christentum, 160, stellt demgegenüber fest: «Es läßt sich *nicht* verifizieren, daß die Bischöfe in direktem und exklusivem Sinn die Nachfolger der Apostel (und gar noch des Zwölferkollegiums) sind.» Statt dessen plädiert er zugunsten «einer funktional verstandenen besonderen apostolischen Nachfolge.»

44 Vgl. *Codex Iuris Canonici*, Can. 915: «Zur heiligen Kommunion dürfen nicht zugelassen werden Exkommunizierte und Interdizierte» – wie Lutheraner, Calvinisten u. a. Die «Brautmesse» setzt das eidesstattliche Versprechen des katholischen Ehepartners voraus, die Kinder, die aus der neugeschlossenen Ehe hervorgehen, katholisch erziehen zu wollen. – Die Beschränkung der Mahlgemeinschaft begründet bereits JUSTIN: 1. Apologie, 66, in: Frühchristliche Apologeten und Märtyrerakten, I 80–81, mit den Worten: «Niemand darf daran (sc. an der Eucharistie, d. V.) teilnehmen, als wer unsere Lehren für wahr hält, das Bad zur Nachlassung der Sünden und zur Wiedergeburt empfangen hat.» GERHARD EBELING: Dogmatik des christlichen Glaubens, III 328, sieht den theologischen Grund für diese Regelung in dem «Zusammenhang von Taufe und Abendmahl ..., daß das Abendmahl nichts anderes ist als die immer wiederholte confessio zu dem, was in der Taufe verheißen ist.» Doch was hat mit einer solchen Regelung der Mann aus Nazaret zu tun, der die «Sünder» einlud, um sie in Gottes «Gnade» einzuführen?

45 Zur Bewegung der Donatisten vgl. JOSEPH LORTZ: Geschichte der Kirche, I 139–141. S.o. Anm. 37.

und das gleiche gilt, daraus abgeleitet, von der Priesterweihe. Auch die «Transsubstantiation» ist eine objektive Tatsache, die von keinerlei subjektivem Glauben abhängt; sie ist so objektiv, daß INNOZENZ III. entschied, eine Maus, die sich in den Tabernakel verirren und an den konsekrierten Hostien knabbern würde, nähme den Leib des Herrn zu sich[46], und daß außerhalb einer Meßfeier die geweihte Hostie, wie bei einer Fronleichnamsprozession, als der «real präsente» Leib des Herrn zum Segen der Saaten durch die Fluren getragen werden kann[47]. «Gott ist ein Ding», meinte G. W. F. HEGEL, um die geistige Einstellung der katholischen Kirche zu charakterisieren[48].

Dem steht entgegen das Verständnis der protestantischen Theologie, das freilich nicht einheitlich ist. Was meinte Jesus, als er – in dem «Einsetzungsbericht» des *Markus*-Evangeliums, Mk 14,22 – sagte: «Das ist mein Leib»? MARTIN LUTHER hielt in gewisser Weise noch an der überkommenen katholischen Auffassung fest, daß Christus in der Feier des Abendmahls gegenwärtig ist, und er verteidigte 1529 im Marburger Religionsgespräch diese Auffassung gegen die Ansicht des Schweizer Reformators HULDREICH ZWINGLI (1484–1531), der die Worte Jesu: «Das ist mein Leib» als «Das (sc. Brot, d. V.) bedeutet meinen Leib» interpretierte[49]. Ein «realistisches» Verständnis des

46 REINHOLD SCHNEIDER: Innozenz der Dritte, 112, zeichnet den Papst selbst als befindlich in dem «großen Zwiespalt zwischen Geist und Fleisch»; S. 21: «ihn ekelt vor dem Stoff. Aus Erde schuf Gott den Menschen, aus dem niedrigsten unter den Elementen.» DERS.: Herrscher und Heilige, 77, verweist auf die Leugnung der Katharer, der «Reinen», «daß Christus im Fleisch gekommen sei, daß seine Gegenwart im Sakrament sich erneuere.» Deshalb brachten sie das «Argument» mit der Maus vor.

47 Selbst JOSEPH LORTZ: Geschichte der Kirche, I 404, stellt eine «dinglich-statische Auffassung» der Eucharistie im 13. Jh. fest, das als «das Jahrhundert des allerheiligsten Altarssakramentes» gilt.

48 G. W. F. HEGEL: Philosophie der Geschichte, 512, meinte: «In der Hostie wird Christus als gegenwärtig dargestellt, das Stückchen Brot, durch den Priester geweiht, ist der gegenwärtige Gott, der zur Anschauung kommt und ewig geopfert wird. Es ist darin das Richtige erkannt, daß das Opfer Christi ein wirkliches und ewiges Geschehen ist ...; aber das Verkehrte ist, daß das sinnliche Moment für sich isoliert wird und die Verehrung der Hostie, auch insofern sie nicht genossen wird, bleibt, daß also die Gegenwart Christi nicht wesentlich in die Vorstellung und den Geist gesetzt wird ... Der Katholik ... fällt vor der Hostie nieder, und so ist das Äußerliche zu einem Heiligen gemacht. Das Heilige als Ding hat den Charakter der Äußerlichkeit.»

49 MARTIN LUTHER: Sermon von dem Sakrament des Leibes und Blutes Christi, in: Luther Deutsch, IV 198: «Es sind nur drei Worte ‹das ist mein Leib›: da macht einer dem Wörtlein ‹das› eine Nase, und reißets von dem Brot, daß mans so deuten solle: ‹Nehmet; esset! – Das ist mein Leib›; gerade als wenn ich spräche: ‹Nimm und iß.

Abendmahls stand und steht also auch im Protestantismus einem symbolistischen Verständnis gegenüber. Allerdings löste LUTHER die «reale» Wirkung der Wandlungsworte von der vermeintlichen Macht des Priesteramtes: Gott ist gegenwärtig, wo er will[50], und wenn er in der Abendmahlsfeier in den Gestalten von Brot und Wein gegenwärtig sein will, dann ist er eben für die Dauer des Gottesdienstes gegenwärtig. Die Summe aus beiden Auffassungen zog in gewissem Sinne JOHANNES CALVIN (1509–1564), dessen Lehrmeinung die reformierten Kirchen bis heute vertreten: Was während des Gottesdienstes in den Leib Christi verwandelt wird, sind nicht Brot und Wein, – die sind nur die Zeichen für die Gemeinschaft, die beim Abendmahl sich bildet; es sind die Gläubigen selber, die in ihrer Einheit zum «Leib Christi» verwandelt werden[51].

Hier sitzt Hans mit der roten Joppe› (sc. wohl als Kellner, d. V.). Der andere nimmt das Wörtlein ‹ist›, das soll ihm so viel heißen wie das Wort: ‹bedeutet›. Der dritte sagt: ‹das ist mein Leib›, heiße so viel wie: ‹das ist ein Abbild meines Leibes›; sie stellen solche eigenen Träume auf ohne allen Grund aus der Schrift ... Darum lasse sie fahren und uns bei den Worten bleiben, wie sie lauten, daß im Brot der Leib Christi, und im Wein wahrhaftig sein Blut sei.»

50 A. a. O., IV 194: «Denn obwohl er (sc. Christus, d. V.) überall in allen Kreaturen ist, und ich ihn im Stein, im Feuer, im Wasser oder auch im Strick finden könnte ..., will er doch nicht, daß ich ihn da ohne das Wort suche und mich ins Feuer oder Wasser werfe oder an (einen) Strick. Überall ist er, er will aber nicht, daß du überall nach ihm tappest, sondern wo das Wort ist, da tappe nach, so ergreifst du ihn recht.» Vgl. ferner MARTIN LUTHER: Bekenntnis der Artikel des Glaubens, in: Luther Deutsch, IV 314: «Ebenso sage ich auch und bekenne das Sakrament des Altares, daß daselbst der Leib und Blut im Brot und Wein wahrhaftig mündlich gegessen und getrunken werde, ob gleich die Priester, die es reichen, oder die, welche es empfangen, nicht glaubten oder (es) sonst mißbrauchten. Denn es stehet nicht auf (der) Menschen Glauben oder Unglauben, sondern auf Gottes Wort und Ordnung.»

51 JOHANNES CALVIN: Unterricht in der christlichen Religion, IV 17,36; S. 979: «... damit die frommen Seelen Christus im Abendmahl recht ergreifen, müssen sie zum Himmel emporgerichtet werden ... dann irren die, welche bei dem äußeren Zeichen stehenbleiben, von dem rechten Wege, Christus zu suchen, ab. Wieso – wollen wir etwa leugnen, daß es eine abergläubische Verehrung ist, wenn sich Menschen vor dem Brote niederwerfen, um Christus darin anzubeten?» KARL BARTH: Die kirchliche Dogmatik, IV 3, 2. Hälfte, S. 633, versteht CALVIN so: «Daß Jesus uns sich selbst mitteilt ..., das ist ... die *materia sacramenti* ... Unbegreiflich geheimnisvoll bezeugt es uns, daß wir mit Christus zu einem Leibe zusammenwachsen.» Denn so, noch einmal, CALVIN: Unterricht, IV 17,2; S. 941: «Das ist der wundersame Tausch, den er (sc. Christus, d. V.) in seiner unermeßlichen Güte mit uns eingegangen ist: er ist mit uns zum Sohn des Menschen geworden und hat uns mit sich zusammen zu Söhnen Gottes gemacht.» Es war KARL RAHNER: Die Gegenwart Christi im Sakrament des Herrenmahles, in: Schriften zur Theologie, IV 380, der gegen die protestantische Abendmahlslehre – sehr zu Unrecht, wie man sieht – einwandte: «Gott

Doch gerade diese Einheit ist unter den Christen ausgerechnet in den Streitereien um die rechte Auslegung der «Einsetzungsworte» verloren gegangen. Paradoxerweise entzünden sich die Debatten an einem Wort, das zwar im Griechischen dasteht, das aber von dem Aramäisch sprechenden Jesus gar nicht gesagt worden sein kann: an dem Wort «ist». «*Den bisri*» – «das mein Fleisch» im Sinne von: «Das (bin) ich selbst» könnte Jesus gesagt haben, doch wie ist das zu verstehen? Die unüberwindlichen Schwierigkeiten, mit denen alle Konfessionen es zu tun haben, ergeben sich – erneut – aus der gemeinsamen Verleugnung der Psychologie und, damit verbunden, aus der eklatanten Unfähigkeit, auf dem Hintergrund archetypischer Vorstellungen zu begreifen, was eine kultische Realität ist.

Dabei kann jedes Kind, wenn es spielt, den Theologen erklären, was gemeint ist: Es nimmt ein Stückchen Holz in die Hand, und je nach den Spielregeln, die es der Szene auferlegt, «ist» das Holz ein Pferdchen, eine Lokomotive, ein Püppchen oder was auch immer. Es wäre falsch, die Bedeutungsverleihung während eines Spiels als belanglos zu betrachten; vielmehr «ist» der entsprechende Gegenstand das, was er bedeuten soll, wirklich, solange das Spiel währt, und der Spielende verhält sich dem Gegenstand gegenüber so, wie dieser es in seiner jeweiligen Bedeutung vorgibt. Ist das Stück Holz ein Pferdchen, so hört das Kind es wiehern und trappeln und ahmt seine Geräusche nach, ist es eine (Dampf)Lokomotive, so imitiert es ihr Stampfen und Fauchen, ist es ein Püppchen, so bringt es ihm mütterliche Gefühle entgegen. Die Spielregeln sind gewiß subjektiv, doch einmal gegeben, lassen sie sich nicht einfach ändern, sie treten dem Spielenden als etwas an sich Gültiges gegenüber.

Nun entsteigen die Szenen des Spiels eines Kindes ganz und gar dem individuellen Vorstellungsvermögen, und man muß schon genau hinschauen, um in dem Spiel mit einer Puppe die archetypische Szene von Mutter und Kind wiederzuentdecken. Vor allem die kultischen Praktiken aber, die man als «Sakramente» bezeichnet, folgen bestimmten Grundthemen des menschlichen Daseins, und ein solches

bleibt im Himmel; da wo das Brot ist, geschieht nichts. Freilich schiene es mir dann konsequenter zu sagen: Christus ist nur im Glauben, ja sogar nur durch den Glauben gegenwärtig.» Vgl. dagegen GERHARD EBELING: Dogmatik des christlichen Glaubens, III 329: «Die Verschiedenheit zwischen katholischer Lehre von der Gnade solo sacramento und evangelischem Verständnis von der Rechtfertigung solo verbo (sc. nur durch das Wort, d. V.) – sola fide (sc. nur durch den Glauben, d. V.) wird hier anschaulich.»

Thema bildet in der Eucharistiefeier oder im Abendmahl das Motiv des «Gottessens»[52].

So sicher man sein kann, daß der historische Jesus jenes strittige «ist» in den Einsetzungsworten gar nicht gesagt haben wird, so sicher läßt sich die Feststellung treffen, daß die gesamte Einsetzungsszene zwischen Jesus und seinen Jüngern im Abendmahlssaal im Leben eines frommen Juden, wie Jesus es war, ganz undenkbar ist[53]. Vorstellen ließe sich, daß Jesus, hindeutend auf sein baldiges Ende, sich als Opferlamm betrachtet hätte, dessen Tötung einen neuen Bund mit Gott zu schließen erlaubte (Mk 14,24; vgl. Ex 24,8); doch wirken solche Gedanken eher wie ein nachträgliches theologisches Konstrukt zur Deutung der Hinrichtung Jesu auf Golgota; sie verbleiben vor allem in dem unauflösbaren Widerspruch, daß der Neue Bund des *Jeremia* (Jer 31,31.34) gerade jegliches Blutvergießen vor Gott überflüssig macht; Jesus starb nicht, um gewisse priesterliche Opfervorstellungen zu erfüllen, sondern er wurde zum Tode verurteilt unter anderem deswegen, weil er derartige Vorstellungen kategorisch ablehnte. Die eigentlichen Schwierigkeiten bei dem Versuch, die kirchliche Eucharistie- oder Abendmahlsfeier auf den historischen Jesus zurückzuführen, beginnen aber jetzt erst: Selbst wenn Jesus die Worte vom «Bundesblut» gebraucht hätte, so wären sie in seinem Munde ganz sicher rein symbolisch zu verstehen gewesen, – kein Jude wird einem anderen Juden Blut zu trinken geben, schon gar kein Menschenblut.[54] Nun aber ist es laut Kirchendogma ja auch kein Men-

52 Vgl. E. DREWERMANN: Die Spirale der Angst, 284–337: Das Sakrament der Eucharistie und seine psychischen Möglichkeiten, bes. S. 290–300. – FRANZ-JOSEF NOCKE: Spezielle Sakramentenlehre, in: Theodor Schneider (Hg.): Handbuch der Dogmatik, II 300–301, nennt die Eucharistie ein «Vor-Spiel der Vollendung», während er in: Allgemeine Sakramentenlehre, a. a. O., II 216–217, die Feier des Sakraments sehr zu Recht als ein «verwandelndes Spiel» beschreibt.

53 Vgl. E. DREWERMANN: Das Lukas-Evangelium, II 749–773: Lk 22,7–20: Das Pessah des «Messias» oder: Das letzte Geschenk Jesu an die Jünger.

54 Vgl. HUBERT FRANKEMÖLLE: Eucharistie. A. Bibeltheologisch, in: Peter Eicher (Hg.): Neues Handbuch Theologischer Grundbegriffe, I 310: «Die Aufforderung zum *Bluttrinken* (Mk) ist nach Gen 9,4; Lev 17,10 ff. für Juden ein Gräuel.» «Der Gedanke der *stellvertretenden Sühne* (Mk 14,24) nach Jes 53,12 (auf Israel bezogen) findet sich erst und nur im hellenistischen Judentum, nicht aber in genuinen Jesus-Worten.» JENS SCHRÖTER: Nehmt – esst und trinkt, 127, macht geltend: «Dass Jesus in einer derartigen Weise sein Wirken und Geschick mit einer symbolischen Handlung und entsprechenden Worten gedeutet habe, muss ... als unwahrscheinlich gelten. Vor allem das Kelchwort bereitet hier Schwierigkeiten, denn die Bundesthematik fehlt ansonsten in der Jesusüberlieferung. Dass Jesus seinen Tod als durch sein vergossenes Blut besiegelten Bundesschluss gedeutet habe, ist deshalb historisch

schenfleisch und kein Menschenblut, was den Gläubigen in der heiligen Kommunion zur Speise gegeben wird, sondern der Leib des getöteten und auferstandenen Gottmenschen Jesus Christus.

Ohne an dieser Stelle bereits ins Nachdenken über die Beschaffenheit eines «verklärten» Auferstehungsleibes zu geraten, ist doch der enorme Abstand derartiger Vorstellungen von allen jüdischen Kulten und ihre außerordentliche Nähe zu bestimmten «heidnischen» Anschauungen unübersehbar. Niemals hat Jesus sich als «Sohn Gottes» ausgegeben, und niemals hat er seinen Tod und seine Auferstehung mit einem heiligen Mahl verknüpft, in welchem die sterbende und lebende Gottheit den Gläubigen sich zur Speise darbietet. Dafür gehören derartige Riten zu einem festen Bestandteil der Fruchtbarkeitskulte: der ägyptische Gott Osiris ward getötet von dem bösen Gott Seth, doch lebt er im Korn auf den Feldern[55]; der syrische Adonis kehrt im Frühling in den Röslein zurück, die seinen Namen tragen[56]; der phrygische Attis lebt weiter im Stamm einer Fichte[57]; und vor allem: der griechische Kult der Erd- und Getreidegöttin Demeter in Eleusis beging alljährlich im Bild einer geschnittenen Ähre die Wiederkehr der vom Herrscher der Unterwelt Hades geraubten Tochter Persephone[58]. Der Kult von Eleusis verhieß, wie die christliche Mahl-

betrachtet kaum wahrscheinlich. Wesentlich besser lässt sich die Szenerie dagegen als nachösterliche Gestaltung verstehen.» Damit verbunden aber ist jetzt wieder (im Gegensatz zum Denken Jesu) der alttestamentliche Gedanke von der reinigenden Kraft des vergossenen Blutes, wie in Röm 3,25 und Hebr 1,1–4; 5,3; 9,13–14; 10,12. Vgl. HANS-JOSEF KLAUCK: Religion und Gesellschaft im frühen Christentum, 99–101. Schon IGNATIUS: Brief an die Smyrnäer, 7,1, in: Die apostolschen Väter, 150, sieht in der Eucharistie «das Fleisch unseres Erlösers ..., das für unsere Sünden gelitten hat.»

55 Vgl. HERMANN KEES: Totenglauben und Jenseitsvorstellungen der Alten Ägypter, 132–159: «Diese ... Hoffnungen (sc. auf die Verschmelzung des Verstorbenen mit Osiris, d. V.) haben Osiris ... zu einem Naturgott gemacht, der sich im Sterben und Wiederaufsprießen der Vegetation offenbart, eine Gottesgestalt, die man mit Attis und Adonis zusammengestellt hat.» (147)

56 Zur Adonis-Mythe vgl. E. DREWERMANN: Liebe, Leid und Tod, 560–578: Aphrodite und Adonis oder: Das Bild der Blume.

57 Zum Attis-Kult und seiner Verwandtschaft mit der Passion Christi vgl. JAMES GEORGE FRAZER: Der goldene Zweig, 524–526.

58 Zur Demeter-Mythe vgl. E. DREWERMANN: Liebe, Leid und Tod, 580–631: Demeter und Persephone oder: Ein Kind zweier Welten. – CARSTEN COLPE: Griechen – Byzantiner – Semiten – Muslime, 220, stellt fest: «Unter ... dem Vergleich zwischen den Ritualen in den Mysterien und den christlichen Sakramenten kommen nur zwei ältere Mysterien in Frage: die der Demeter und der Attis-Kybele.» IGNATIUS: Brief an die Epheser, 20,2, in: Die apostolischen Väter, 125, spricht, ganz im Sinne der «Theologie» von Eleusis, von dem *einen* Brot, «das ist ein Heilmittel zur Unsterb-

gemeinschaft mit dem gestorbenen und auferstandenen Gottessohn, Unsterblichkeit allen, die das Mysterium der Rückkehr der «Tochter» der Korngöttin schauten. Dieses Mythem war nicht nur im Hellenismus bekannt, so daß es unmittelbar auch die christlichen Vorstellungen des «Gottessens» mitprägen konnte, sondern es scheint zentral das Weltbild schon der frühen Pflanzerkulturen weltweit bestimmt zu haben[59], so daß sich gerade an dieser Stelle eine Fülle von Anknüpfungspunkten auch für die christliche Botschaft anbot.

Allerdings ist das Verhältnis auch hier ganz so wie in der Christologie: die mythischen Bilder, die im kirchlichen Dogma zur Deutung des Christusgeschehens aufgenommen wurden, verdanken sich religionsgeschichtlich einer langen Tradition und psychologisch einer tiefen Verwurzelung in der menschlichen Seele, die mit Dankbarkeit anerkannt und gewürdigt werden sollten, statt sie zu verdrängen oder zu verteufeln. Dann freilich gilt es gerade in diesem Punkte herauszuarbeiten, welch eine neue, teils sogar gegenläufige Deutung die Person Jesu und seine Botschaft den alten Bildern auferlegt hat.

Der «Trost» der Vegetationsriten konnte in dem Hinweis auf die großen zyklischen Prozesse von Reifen und Welken, von Kommen und Gehen, von Geburt und Tod inmitten der Natur bestehen: nichts vergeht gänzlich, alles kehrt wieder; alles Leben lebt weiter, indem es sich fortzeugt; zwar nicht das Leben des Einzelnen, wohl aber das Leben der Gattung setzt sich durch alle Vergänglichkeit fort. In dieser

lichkeit, ein Gegengift, daß wir nicht sterben, sondern leben in Jesus Christus immerdar.»

59 Vgl. ADOLF E. JENSEN: Die getötete Gottheit, 125, der am Beispiel des Hainuwele-Mythos auf der Molukken-Insel Ceram die zentrale Verbindung von «Tod und Fortpflanzung bei Mensch, Tier und Pflanze» im Weltbild der frühen Pflanzer herausgearbeitet hat. Vgl. auch E. DREWERMANN: Strukturen des Bösen, II 594–615: Die Unvermeidbarkeit des Schuldgefühls und die mythische Wahrheit von Gen 3,1–7. – JENS SCHRÖTER: Nehmt – esst und trinkt, 137–141, verweist auf die Mahlfeiern in den Mysterienkulten: auf den Kult des ägyptisch-griechischen Serapis (Osiris-Apis), auf den Isiskult, wie er von APULEIUS: Der goldene Esel, S. 210–217, geschildert wird, und auf den Mithraskult, den JUSTIN: 1. Apologie, 66, in: Frühchristliche Apologeten und Märtyrerakten, I 81, für eine Nachahmung der christlichen Eucharistiefeier durch die Dämonen hält. – Besondere Ähnlichkeit sah auch TERTULLIAN: Die Prozeßeinreden gegen die Häretiker, 40, in: Ausgew. Schriften, II 349, in der «Darbringung von Brot» in den Mithras-Mysterien im Vergleich zu der christlichen Eucharistiefeier. MAARTEN J. VERMASEREN: Mithras, 83, zitiert einen mittelalterlichen Text, der die christliche Wahrheit einem Wort des ZARATHUSTRA gegenüberstellt, das an Joh 6,54 erinnert: «Wer nicht von meinem Leib essen und von meinem Blut trinken wird, so daß er sich mit mir vermischt, wie ich mich mit ihm vermische, der wird das Heil nicht haben.»

Weise ist der Tod Christi in keiner Weise zu deuten: Überhaupt keinem Menschen ist wirklich geholfen mit dem Hinweis auf die Natur. Das Problem des menschlichen Daseins ist seine Individualität; sie macht den Tod zu etwas Nicht-Integrierbarem und Inakzeptablem. Menschen sind nicht wie Wellen an der Oberfläche des Ozeans oder wie Blumen auf dem Felde; als Individuen sind sie einmalig, als Individuen kehren sie niemals zurück, und gäbe es nur die Natur und den Tod, so wäre das menschliche Dasein unrettbar verloren. In der Person Jesu indessen teilt sich ein Vertrauen mit, das auch im Osiris- und im Demeter-Kult bereits angelegt war, das in der Gestalt des Mannes aus Nazaret aber mit einer historischen Figur verschmilzt: daß der Tod über uns nicht das letzte Wort haben wird, sondern daß unser Leben ganz und gar in Gottes Hand steht. Diesen Glauben, der, ausgehend von den Ägyptern und Griechen, auch die Kreise der Pharisäer ergriffen hatte, mußte Jesus nicht erfinden, doch hat er ihn durch sein Leben und Sterben in einer Weise existentialisiert und verpflichtend gemacht, daß *Paulus* später schreiben konnte: «Keiner lebt für sich und keiner stirbt für sich. Leben wir, so leben wir dem Herrn; sterben wir, so sterben wir dem Herrn. Darum: ob wir leben oder sterben, so sind wir des Herrn. Denn dazu ist Christus gestorben und wieder lebendig geworden, daß er über Tote und Lebende Herr sei.» (Röm 14,7–9)

Dieser Glaube knüpft an die älteren mythischen Bilder an, führt sie aber durch eine eigene Deutung weiter, die sie durch die Personalisierung des Auftretens Jesu erfahren hat. Beispielhaft geschieht eine solche Anknüpfung und Weiterführung im *Johannes*-Evangelium. «Ich bin das Brot des Lebens», sagt Jesus dort (Joh 6,35), und setzt sich damit nicht nur von dem Manna des *Mose* ab, sondern auch von der Religion zu Eleusis mit ihrem Symbol der geschnittenen Ähre. – Neben dem Brot greift die Abendmahlsliturgie auch das Symbol des Weines auf. Der Weinanbau war wohl von Anfang an mit dem Gott Dionysos verbunden, der als Sohn des Zeus aus Semele geboren wurde, die beim Anblick der Herrlichkeit ihres Geliebten verstarb; Dionysos wurde zerrissen und wiederbelebt, wie es schicksalhaft zu allen Vegetationsgottheiten gehört[60], und der Rausch, den

60 KARL KERÉNYI: Dionysos, 78–85: Zagreus, hält den Verzehr von rohem Fleisch bei Jägerkulturen und dessen Sublimation für den Ursprung des Kultes: «Das ‹lebendig Fangen› und das ‹rohes Fleisch Essen› sind die Vorstufen einer Initiation geworden, deren höchsten Grad die reinen, weißgekleideten und kein Fleisch mehr berührenden Priester erreicht haben ... Die Zeusreligion ist sonst nicht mit einem

der Weingenuß auslöst, ließ sich auffassen als der Beweis für einen Bewußtseinszustand jenseits der Enge der Gefangenschaft der Seele im Körper. In der Erzählung von dem «Wunder», das Jesus wirkte, als er in Kana Wasser in Wein verwandelte, scheut das *Johannes-*Evangelium sich nicht, die bekannte Mythe von dem Weinwunder des Dionysos auf der Insel Andros[61] aufzugreifen und zu verchristlichen: Nicht der griechische Weingott verwandelt die Sterblichkeit des Daseins in ewiges Leben, das tut Jesus, indem er wartet, bis seine Stunde gekommen ist (Joh 2,4), – indem er den Tod aus der Hand Gottes entgegennimmt, um aus derselben Hand Leben zu hoffen[62]. Wenn Jesus dazu sagt: «Ich bin der Weinstock, der wahre» (Joh 15,1), so setzt er sich damit ausdrücklich ab von der Religion des Dionysos[63]. Das Bild der Weinrebe, die in der Kelter zertreten wird und in deren «Blut» die Gottheit selbst gegenwärtig ist, bleibt griechisch wie christlich dasselbe, die Bedeutung des Bildes aber verdichtet sich aus dem Symbol eines rein vegetativen Lebens zu der Chiffre persönlicher Unsterblichkeit. Die Wahrheit des Christus – dies ist sie;

besonderen Reinheitsbedürfnis und mit der Schonung des Lebens verbunden. Die Wandlung trat ein, als in dem lebendig gefangenen und roh verzehrten Tier – nach dem bezeugten kretischen Ritus: in dem Stier – der gleiche Gott erkannt wurde, der mit seinem Beispiel zum ‹lebendig Fangen› trieb: Man erkannte im Stiergott, den man in Griechenland als Dionysos, in Kreta aber auch als Zeus verehrte, den Jägergott – Zagreus.» Vgl. bes. S. 191–210: Die mystische Opferzeremonie.

61 A. a. O., 237–238.

62 E. DREWERMANN: Das Johannes-Evangelium, I 99–115: Joh 2,1–12: Die Hochzeit zu Kana–1. Teil: Die Verwandlung des Lebens.

63 KARL KERÉNYI: Dionysos, 207: «Als dieser Evangelist (sc. Johannes, d. V.) schrieb, war das Abendmahl schon die große Mysterienhandlung der Christen. Die Geschichte ihrer Gründung ... schien dem Evangelisten zu heilig, als daß er sie in einer öffentlichen Schrift erzählen wollte. Er berichtete *an ihrer Stelle* davon, daß Jesus sich mit dem Weinstock gleichsetzte. Die Folge dieser Gleichsetzung war es, daß er vom Wein als von seinem Blut, ihrer Erweiterung, daß er vom Brot als seinem Leib sprach. Der Nachdruck, den er darauf legte, daß er der *wahre* Weinstock ist, bedeutet zugleich eine Distanzierung ... Notwendig war die Distanzierung vom ‹falschen› Weinstock; von jenem, der die Leute irreführte, indem er einen falschen Gott und eine falsche Religion in sich barg.» – HANS-JOSEF KLAUCK: Hausgemeinde und Hauskirche im frühen Christentum, 91, stellt fest, «daß die kaiserzeitlichen Dionysosmysterien neben der selbstverständlichen Beteiligung von Frauen eine ausgeprägte Vorliebe für die Einweihung von Kindern entwickeln und eine diffuse Jenseitserwartung vertreten. Den Mysten erwartet nach dem Tod ein besseres Geschick.» WALTER BURKERT: Antike Mysterien, 28, berichtet von einem Dionysos-Verehrer in Nikomedeia in Bithynien, der eine Statue des Gottes auf sein Grab setzen ließ, um den Gott stets vor Augen zu haben. S. 30, vermerkt er: «Die ‹Seligkeit› der Toten gibt den im Leben Leidenden das Recht zur Lebensfreude zurück. Darum denn malt man aus, wie die Toten in der Unterwelt das Mysterienfest feiern.»

daß die Gaben von Brot und Wein in der Eucharistie als ein «Heilmittel der Unsterblichkeit» bezeichnet werden konnten[64], läßt sich allein verstehen vor diesem Hintergrund. Die Einheit der Christenheit auch in der Abendmahlsfrage ist nur erreichbar durch das Aufsuchen derjenigen Bilder, die allen (oder doch vielen) Religionen gemeinsam sind und die immer wieder dem gleichen Urgrund der menschlichen Psyche entsteigen.

Um die heilige Kommunion zu empfangen, muß nach katholischer Lehre der Gläubige allerdings frei von «schwerer Sünde» sein. Als erstes also muß er von der «Erbsünde» durch die *Gnade der Taufe* befreit worden sein. Allein das Sakrament der Taufe macht jemanden recht eigentlich zu einem Christen und damit unwiderruflich zu einem Mitglied der Kirche[65].Nun heißt es freilich in Joh 4,2, daß Jesus selber nicht getauft habe, nur (erst) seine Jünger; offenbar geht die Taufpraxis auf *Johannes* am Jordan zurück und wurde von Jesus nicht weiter fortgesetzt. Für den Täufer war sie, wie dargestellt, ein Bild für die willentliche Umkehr und Abkehr von Sünde und Schuld (Mk 1,4); wenn hingegen Jesus aufrief zur «Umkehr», so meinte er eine Gesinnungsänderung in Vertrauen (Mk 1,15), so wie er selbst es

64 So führt im 5. Jh. der armenische Kirchenvater ELISCHE: Erklärung des Vaterunsers, 7, in: Ausgew. Schriften, II 282, in Anlehnung an die «eucharistische Rede» in Joh 6 aus: «... wer dieses Brot mit Reinheit ißt ..., der bedarf nicht des Reiches dieser Welt. In sterbliche Hände wird das unsterbliche Brot gelegt und alsbald werden nun auch diese Hände unsterblich. Der ganze Mensch wird, indem er ißt, mit Geist, Seele und Leib vergeistigt und ein Teilhaber an Christus.» Bereits im 2. Jh. schrieb IRENÄUS: Fünf Bücher gegen die Häresien, IV 18,5, in: 2. Bd., S. 58: «wie das von der Erde stammende Brot, wenn es die Anrufung Gottes empfängt, nicht mehr gewöhnliches Brot ist, sondern die Eucharistie, die aus zwei Elementen, einem irdischen und einem himmlischen besteht, so gehören auch unsere Körper, wenn sie die Eucharistie empfangen, nicht mehr der Verweslichkeit an, sondern haben die Hoffnung auf Auferstehung.» CARSTEN COLPE: Griechen – Byzantiner – Semiten – Muslime, 212, erinnert daran, daß «das Heilmittel ... für die Unsterblichkeit als ein Elixier» galt, «das die Göttin Isis erfunden haben soll.» Vgl. auch oben Anm. 58. APULEIUS: Der Goldene Esel, S. 210–211, hebt als Lehre des Isiskultes hervor: «In den Händen der Isis läge überhaupt das Leben eines jeglichen Menschen, lägen die Schlüssel zum Reiche der Schatten; in ihren Mysterien würde Hingebung zu einem freiwillig gewählten Tod und Wiedererlangung des Lebens durch die Gnade der Göttin gefeiert und vorgestellt.»

65 So heißt es in der am 21.11.64 verkündeten *Dogmatischen Konstitution über die Kirche* (Lumen Gentium) 11, in: Das II. Vatikanische Konzil, 46: «Durch die Taufe der Kirche eingegliedert, werden die Gläubigen durch das unauslöschliche Prägemal zur Ausübung der christlichen Religion bestimmt und, wiedergeboren zu Söhnen Gottes, sind sie gehalten, den von Gott durch die Kirche empfangenen Glauben vor den Menschen zu bekennen.»

bei seiner Taufe erfahren hatte (Mk 1,9–11). In christlich-kirchlichem Sinne war keiner der Jünger getauft, und wenn in der *Apostelgeschichte* (8,36–37) der Kämmerer der äthiopischen Kandake von *Philippus* getauft wird, so bestätigt das Zeichen des Eintauchens in Wasser lediglich sein Vertrauen in Jesus als den Sohn Gottes, erzeugt es aber nicht[66]. Die Taufe von Kindern mag vorgekommen sein, wenn ein ganzes «Haus», das heißt dessen Vorsteher, wie die Purpurhändlerin *Lydia* in Philippi (Apg 16,15) oder der dortige Kerkermeister (Apg 16,31.34), sich zu Christus bekannten[67]; üblich war in der Urkirche die Taufe von Erwachsenen, und sie wurde sehr spät erst gespendet, um einen neuerlichen Rückfall in schwere Schuld tunlichst auszuschließen. Daß man später zur Kindertaufe überging, nahm dem Christentum den zentralen Charakter einer Entscheidungsreligion, – man kann auch sagen: die prophetische Dimension der christlichen Existenz wurde aufgelöst in einen bloßen Ritualakt, oder, wie

66 Vgl. E. DREWERMANN: Die Apostelgeschichte, 385–403: Apg 8,26–40: Der Eunuch der Kandake oder: Der paradoxe Schlüssel zum Verständnis des Messias.
67 A. a. O., 709–717: Lydias Bekehrung und der Sieg über den Dämon. – Das Problem der Kindertaufe sucht GERHARD EBELING: Dogmatik des christlichen Glaubens, III 326, damit zu lösen, daß die «schlechthinnige Einmaligkeit» des Taufaktes «nicht in dem menschlichen Ja des Getauften, sondern nur in dem göttlichen Ja zum Getauften gründen» könne und daß insofern «der Zeitpunkt der Taufe relativ gleichgültig» sei. Doch eben: Gott sagt nicht einmal, sondern ein für allemal zum Menschen Ja, dieser Glaube aber kann nur wirksam werden in dem Glaubenden. – Klar gesehen hat KARL BARTH: Die kirchliche Dogmatik, IV 4, S. 185, wenn er die Kindertaufe als Regel begründet sieht «im Zug des größten historischen Gestaltwandels, den die Christenheit bisher durchgemacht hat, der sich mit dem Namen des Kaisers *Konstantin I.* verbindet: jenes Ein- und Übergangs der Kirche in eine ontologische Einheit mit dem Volk, der Gesellschaft, dem Staat, dem römischen Reich ... Die Kirche lebte und blieb erhalten, indem die Totalität der zum römischen Reich gehörigen Menschen mit der Totalität *ihrer* Glieder identisch war und zu bleiben hatte.» Von daher kritisiert er auch LUTHER und CALVIN als inkonsequent, gemessen an der Lehre von der Rechtfertigung allein durch den Glauben (S. 186–196). Vollkommen überein stimmt er (S. 205) mit der (noch vormontanistischen) Schrift von TERTULLIAN: Über die Taufe, 18, in: Ausgewählte Schriften, 1. Bd., S. 295–297: «Im übrigen wissen die, deren Amt es ist, sehr wohl, daß man die Taufe niemand vorschnell und unbedacht erteilen darf.» «... so ist denn je nach dem Zustande einer Person, nach ihrer Disposition und auch nach ihrem Alter ein Hinausschieben der Taufe ersprießlicher, vornehmlich aber hinsichtlich der Kinder.» Hinzukommt, daß die Kindertaufe durchaus als ein Akt der Zwangstaufe verstanden werden kann, wie man sie in der «christlichen» Missionsarbeit in großem Stil auch Erwachsenen in ganzen Völkerscharen auferlegt hat, – etwas, das bei allen Rechtfertigungsversuchen für die Kindertaufe auch FRANZ-JOSEF NOCKE: Spezielle Sakramentenlehre, in: Theodor Schneider (Hg.): Handbuch der Dogmatik, II 258, natürlich rundum ablehnt.

SÖREN KIERKEGAARD sich ausdrückte: es gelang den Pfarrern im Staatskirchentum, den christlichen Glauben zu naturalisieren[68]: Ab sofort war ein jeder «Christ», der im «christlichen» Kulturkreis zur Welt kam; das Christentum war damit abgeschafft, eben weil es nominell überall war.

Sogar die Kirchen sahen und sehen in der Kindertaufe ein Problem; zwar haben sie die «Wiedertäuferbewegung» im 16. Jh. der Ketzerei beschuldigt und mit militärischen Mitteln «außer Gefecht» gesetzt, und die Baptisten bilden trotz ihrer 40 Mio. Mitglieder geistig nur eine Randgruppe, doch auch in den «Großkirchen» ging das Bewußtsein nicht gänzlich verloren, daß die Taufe eigentlich einen Akt persönlicher «Bekehrung» markieren sollte, und so ließen sie sich die «Wiederholung» des Taufbündnisses in einem eigenen Zeichen: der «*Firmung*» oder (lateinisch: der Konfirmation) als Lösung des selbstgeschaffenen Problems einfallen[69], freilich, wie anders nicht möglich, mit neuerlichen logischen Ungereimtheiten und praktischen Halbhei-

68 SÖREN KIERKEGAARD: Tagebücher, V 272–273: Die Sakramente, bemerkt generell: «Eigentlich hat man mit Hilfe der Stellung, die man den Sakramenten gegeben hat und dem Gebrauch, den man von ihnen macht, das Christentum auf das Judentum zurückgebracht – und es ist so völlig wahr, das wahrste Wort, welches von der Christenheit gesagt worden ist, was Pascal sagt: sie sei eine Gemeinschaft von Menschen, die sich mit Hilfe einiger Sakramente von der Pflicht losmachen, Gott zu lieben. – Durch die Taufe ist man – objektiv – das Gottesvolk, und das obendrein durch die Kindertaufe – – ganz wie man durch die Beschneidung das Gottesvolk ist. – So hat man denn Christi Nachfolge völlig abgeschafft. Das Sakrament, das ist etwas Objektives, und nach etwas Objektivem muß jeder Ernsthafte Bedürfnis empfinden – ja, besten Dank. Und mit Hilfe dieses Objektiven ist dann auf die bequemste und preiswerteste Art der Welt das Ganze mit der Ewigkeit ein für allemal entschieden – und nun haben wir unser ganzes Leben, um uns zu freuen und zu ergötzen und zu vergnügen und dieses Leben zu genießen – und dann hernach eine Ewigkeit, so daß das Vergnügen ins Unendliche fortdauern kann. – Das Sakrament des Abendmahls wird dann ebenso wie das Versöhnungsopfer im Judentum gebraucht – alles darauf berechnet, in einer Fahrt objektiv beruhigt zu bleiben in bezug auf das mit der Ewigkeit, und dann das Leben für uns zu haben, um das Dasein zu genießen, uns zu mehren und die Erde zu erfüllen. – Dies ist Christentum. Und daß es das Christentum des neuen Testaments ist, wird daraus bewiesen – daß Christus bei einer Hochzeit zu Kana anwesend war. Ehre sei der Christenheit!»

69 Vgl. *Dogmatische Konstitution über die Kirche*, 11, in: Das II. Vatikanische Konzil, 46: «Durch das Sakrament der Firmung werden sie (sc. die Getauften, d. V.) vollkommener (?) der Kirche verbunden und mit einer besonderen (?) Kraft des Heiligen Geistes ausgestattet. So sind sie in engerer (?) Weise verpflichtet, den Glauben als wahre Zeugen Christi in Wort und Tat zugleich zu verbreiten und zu verteidigen.» – Gegen die Praxis der «Wiedertaufe» und für die Beibehaltung der Kindertaufe plädierte MARTIN LUTHER: Von der Wiedertaufe an zwei Pfarrherrn, in: Luther Deutsch, IV 95–132.

ten. Wenn die Taufe einem drei Tage alten Kind in alle Ewigkeit das unauslöschliche Merkmal eines Christen einprägt, ist nicht zu sehen, warum man ein solches Zeichen wiederholen könnte oder müßte; für Protestanten bildet die Konfirmation denn auch kein eigenes Sakrament, sondern sie gilt nur als persönliche Bekräftigung der Taufe; katholischerseits indessen stellt die Firmung ein eigenes Sakrament dar, – die Ähnlichkeit zu den Initiationsriten archaischer Stammeskulturen ist auch hier unübersehbar[70]. Doch das sind nur die theoretischen Schwierigkeiten. Wie wenig ernst den Großkirchen der Entscheidungscharakter der *Firmung* oder der Konfirmation ist, zeigt sich an der Festlegung des Alters: zwischen 12–14 Jahren! Keinem Jungen würde man in diesem Alter die Verwaltung von 100 Kronen anvertrauen, spottete schon im 19. Jh. SÖREN KIERKEGAARD, aber das ewige Seelenheil – darüber soll das Knäblein befinden; man möchte, schlug er vor, um der Sache wenigstens den Anschein der Ernsthaftigkeit zu verleihen, doch den Kindern einen falschen Bart umhängen, auf daß sie ihre Rolle als Erwachsene auf der Bühne des Kirchentheaters «glaubwürdiger» zu spielen vermöchten …[71]

70 Vgl. WALTER HIRSCHBERG (Hg.): Wörterbuch der Völkerkunde, 197–198: «Der Übergang vom Kinde zum geschlechtsreifen Erwachsenen steht bei vielen Völkern im Mittelpunkt sozialer, religiöser und mystisch-magischer Festlichkeiten, an denen direkt oder indirekt die ganze Gemeinschaft teilnimmt … Im Zusammenhang mit den Initiationsfeierlichkeiten wird bei vielen Naturvölkern die Beschneidung vollzogen, wobei in manchen Gebieten (Australien) der Knabe möglichst viel Blut verlieren soll, da das ihm bei der Geburt mitgegebene Blut der Mutter für seine neue, rein-männliche Daseinsform als schädlich betrachtet wird.» Vgl. ARNOLD VAN GENNEP: Initiationsriten, in: Volker Popp (Hg.): Initiation, 13–44, der die Initiation in Eleusis (S. 30–31), in den Mysterien der Orphiker (S. 31–32) und im Attis-Kult (S. 32) zum Vergleich mit den christlichen Aufnahmeritualen (S. 32–34) heranzieht, die er gekennzeichnet sieht durch die formelhafte Teufelsaustreibung, das Anbringen eines Kreuzzeichens auf der Stirn und die Darreichung geweihten und beschworenen Salzes bei der Taufe. Die Übergangsperiode endet, indem die Kandidaten an Rücken und Brust mit geweihtem Öl gesalbt werden, dem Teufel abschwören, geloben, sich mit Christus zu vereinen und das Credo sprechen (die Erneuerung des Taufbundes). Vgl. auch BARBARA LE VINE: Die Initiation der Mädchen in Nyansongo, a. a. O., 45–59; ROBERT LE VINE: Die Initiation der Jungen in Nyansongo, a. a. O., 60–69.

71 SÖREN KIERKEGAARD: Der Augenblick, 239–242: «Die Konfirmation … ist ein viel tieferer Unsinn als die Kindertaufe, gerade weil die Konfirmation den Anspruch stellt, daß sie ergänzen solle, was bei der Kindtaufe fehlt: eine wirkliche Persönlichkeit … Hingegen ist dieser Unsinn in einem anderen Sinne recht schlau, er dient der Selbstsucht der Pfarrerschaft.» (S. 241) Die «Naturalisierung» des Christlichen setzt sich fort. Ähnlich meinte schon WYCLIF: Trialogus, IV 14, S. 294, die Firmung verfeierliche nur die Bischöfe und verspotte den Glauben.

Den Ernstfall bilden könnte im Katholizismus freilich *das Sakrament der Beichte*. Es kann legal nur gespendet werden von einem katholischen Priester, dem der Ortsbischof die Vollmacht dazu verliehen hat, und empfangen kann es nur ein getaufter Christ, der Mitglied der katholischen Kirche ist. Die beste Begründung für die Beibehaltung dieser Praxis fand wiederum KARL RAHNER, indem er den sozialen Charakter der Schuld hervorhob: eigentlich müßte jemand, der sich vergangen hat, bei allen Betroffenen um Vergebung nachsuchen, doch da das praktisch unmöglich ist, nimmt stellvertretend für die Gemeinde der Priester das Schuldeingeständnis des Pönitenten entgegen[72], prüft seine Reue, vernimmt sein Gelöbnis der Besserung und auferlegt ihm zur Wiedergutmachung eine Buße entsprechend der Schwere seiner Schuld; dann spricht er über ihn im Namen Gottes die Worte der Sündenvergebung. Doch ist eine solche «Vergebung» zu glauben? Wer daran zweifelt, begeht nach katholischer Lehre bereits wieder eine schwere Sünde, indem er die Gnadenmittel der Kirche in Frage stellt. Psychologisch aber scheint klar, daß in der Seele keines Menschen sich wesentlich etwas ändert, indem er in zwei Minuten «bekennt», daß er unandächtig gebetet, die Sonntagsmesse nicht besucht, im Fernsehen bestimmte Darstellungen mit Wohlgefallen betrachtet und die Steuererklärung nicht ganz korrekt ausgefer-

72 KARL RAHNER: Vergessene Wahrheiten über das Bußsakrament, in: Schriften zur Theologie, II 179, greift CYPRIANS Wort (s.o. Anm. 23) auf und betont: «Man muß eben ... sich mit der Mutter Kirche wieder versöhnen, um Gott wieder zum Vater haben zu können.» Thomistisch ausgedrückt (S. 168): «Er selbst, der Sünder also, leiht in einem heiligen Mysterienvorgang dem in der Kirche andrängenden Vergebungswillen Gottes die Materie, in der diese Vergebung leibhaftig und so an eben diesem Sünder wirksam wird.» Und so geschieht (S. 183), was THOMAS VON AQUIN «von den Sakramenten im allgemeinen sagt: daß sie in ihrem Zeichen zurückverweisen auf die Mysterien des Lebens und des Todes Christi und vorweisen auf das Ende aller Heilsgeschichte. Es geschieht ja in diesem Sakrament als sichtbar-kultischem Mysterium auch zunächst ein Absterben der Sünde in der Ertötung des Fleisches und darum (weil in Christi Gnade geschehend) ein sakramentales Sichtbarwerden des Sterbens Christi, ein Sichunterstellen unter das Gericht Gottes, das am Kreuz die Sünde im Fleisch des Sohnes verurteilte (Röm 8,3). Und dieses Gericht weist voraus auf das Gericht am Ende des Lebens und der Zeiten, in dem die Gnade siegt.» DERS.: Das Sakrament der Buße als Wiederversöhnung mit der Kirche, in: Schriften zur Theologie, VIII 470, betont den Bußakt als Versöhnung mit der Kirche als dem Leibe Christi: «Der Sünder kann ... das Wort der Vergebung im Sakrament erfahren *als* das Wort dieser Kirche, die ihm seine Schuld gegen die Kirche vergibt.» Doch diese «Argumentation» setzt den Glauben an die Sündenlosigkeit der Kirche als einer göttlichen Stiftung voraus, und hier liegt die eigentliche Differenz zu den Kirchen der Reformation.

tigt hat; auch war er mal ärgerlich über seine Frau und hat mit seinen Kindern zu heftig geschimpft, und für all dies dann hat er zur Buße drei Vater-unser und sechs Ave-Maria zu beten aufbekommen. Das war's. Es ist ein Akt, mit dem die Mehrzahl selbst der frommen Katholiken inzwischen kaum mehr etwas anzufangen weiß. Die Protestanten haben schon im 16. Jh. die Beichte abgeschafft, weil sie als «Sakrament» im Neuen Testament keine Grundlage finde[73].

Auch in diesem Punkte vermöchte die Haltung der Reformatoren einen wesentlichen Beitrag zu einem tieferen Verständnis der Botschaft Jesu zu leisten, wenn sie psychologisch beziehungsweise psychotherapeutisch durchgearbeitet würde. Es kann in der Tat in der Absicht Jesu nicht gelegen gewesen sein, daß man das «kindliche» Vertrauen gegenüber Gott in seiner Unmittelbarkeit zerstört, indem man einen richterlichen Akt katholischer Kleriker dazwischenschaltet; was so begründet wird, ist ohne Zweifel nicht ein Mehr an Vertrauen, sondern ein Mehr an Abhängigkeit, Außenlenkung und Schuldgefühl. Signifikant sinken die Beichtzahlen in der katholischen Kirche seit der Zeit, da sie in der Öffentlichkeit die Macht eingebüßt hat, speziell im Bereich der Sexualität schon den Achtjährigen vor dem Empfang der Erstkommunion Höllenängste wegen «unkeuscher» Gedanken, Blicke, Worte und Werke einzuflößen; seither wissen die meisten nicht mehr, wozu die Beichte noch gut sein soll, da es alle übrigen «Todsünden» für Normalbürger kaum gibt ... Protestantischerseits mußte schon die Oberflächlichkeit der «Gewissenserforschung» entlang eines Katalogs von rund zwanzig Ge- und Verboten Kritik erregen: Läßt sich an Hand von Feststellungen dieser Güte: «Ich habe getan», «Ich habe nicht getan» herausfinden, was für ein Mensch ich bin? Warum habe ich mich in einer bestimmten Situation so und nicht anders verhalten? Welche Motive haben mich geleitet? Welche Erfahrungen standen dahinter? Welchen Überzeugungen war ich folgsam? Und was von all dem ist noch heute so geblieben, was hat sich geändert, und, wenn ja, warum und in welch einer Richtung? Eine solche Klärung des eigenen Lebens käme tatsächlich den Bedingungen nahe, die formal in der katholischen Beichte gegeben sind: es bedarf eines Gegenübers, mit dem man reden kann, es darf – auf Grund der Taufe, als christliche Grundhaltung – das Vertrauen wal-

73 MARTIN LUTHER: Bekenntnis der Artikel des Glaubens, in: Luther Deutsch, IV 315, erklärte, daß er zwar «viel von der Privatbeichte» halte, er sah aber (S. 317) in der «Buße nichts anderes als Übung und Kraft der Taufe. So daß die zwei Sakramente bleiben: Taufe und Abendmahl.»

ten, daß Gott in jedem Falle dem Reumütigen vergibt; nur unter dieser Voraussetzung ist es möglich, sich selbst gegenüber ehrlich zu sein oder, richtiger: zu werden.

In einer jeden analytischen Psychotherapie zählt dies zur Gewißheit: menschliche Wahrheit ist keine Aneinanderreihung von «wahren» Aussagen über äußere Sachverhalte, sie kann sich nur ergeben in einem Prozeß des wachsenden Vertrauens: – in das Gegenüber, von ihm nicht verurteilt zu werden, und in sich selbst, nie nur «böse» zu sein. Abgebaut werden muß vor allem die rigide Zensur des Überich: sie nötigt zu einer ständigen Camouflage der Triebbedürfnisse, erzwingt ihre Verdrängung und Abspaltung, erfordert ausgedehnte Kompensationsleistungen, auferlegt aber auch ein chronisches Versteckspiel vor den anderen. Die Kindheit, so hat man vielleicht gelernt zu sagen, war problemlos und schön, die Eltern vorbildlich und untadelig, kurz, man fälscht die Erinnerungen nebst ganzer Teile der eigenen Biographie ins Gebotene oder Wünschenswerte um; man kann nicht ehrlich sein, solange die Lüge notwendig ist, um die Ehe der Eltern oder das eigene persönliche Gleichgewicht zu stabilisieren. In jeder Psychotherapie geht es um die Erfahrung eines Akzeptiertseins von Grund auf, inklusive all der inneren und äußeren Ge- und Zerbrochenheiten; es ist nicht möglich, nach der einfachen Meßlatte von Gut und Böse ein menschliches Leben zu bewerten, es gilt, die Verwirrungen und Verirrungen des Herzens in Güte zu heilen.

Im Grunde ist dies, ins Absolute erweitert, der Kern der protestantischen Auslegung der gesamten Botschaft Jesu: Unter den Augen Gottes verhalf er Menschen dazu, sich selbst zu verstehen und sich selbst zu vergeben. Diese Reifung zur Mündigkeit und zum Selbstsein ist die Wirkung jenes Vertrauens, das Jesus die Menschen lehrte. Keine Kirche hat ein Recht, den Menschen in einem richterlichen Eilverfahren von Fall zu Fall den Prozeß der Klärung abzunehmen oder wegzunehmen.

Am ärgsten wirkt sich der römische Machtanspruch und Machtmißbrauch in dem am meisten intimen Bereich: *in der Ehe* aus. Sie ist, anders als nach protestantischer Auffassung, in katholischer Lehre ebenfalls ein Sakrament. Es ist freilich das einzige Sakrament, das nicht der Pfarrer oder der Bischof spendet, sondern das die Eheleute einander sich selbst schenken[74]. Dennoch gibt es – neben dem

74 So heißt es *Codex Juris Canonici*, Can. 1055 § 1: «Der Ehebund, durch den Mann und Frau unter sich die Gemeinschaft des ganzen Lebens begründen, welche durch ihre natürliche Eigenart auf das Wohl des Ehegatten und auf die Zeugung und

Vermögensrecht – kein Gebiet des römischen Gesetzbuches, das so detailreich behandelt wird wie die Bedingungen für das Zustandekommen oder für die Auflösung einer Ehe. Als gültig geschlossen wird seit dem Konzil von Trient im 16. Jh. – in Antwort auf die Reformatoren – eine Ehe betrachtet, wenn sie vor dem Pfarrer und zwei Zeugen geschlossen worden ist; dann ist sie als Sakrament unauflösbar und kann niemals mehr geschieden werden[75]. Für diese Lehre beruft man sich auf einen Ausspruch Jesu in Mk 10,9: «Was Gott zusammengefügt hat, das soll ein Mensch nicht trennen.»[76] Möglich ist es allenfalls, im kirchlichen Prozeßrecht festzustellen, daß eine gültige Eheschließung gar nicht zustande gekommen ist, etwa infolge eines Formfehlers oder wegen des Vorbehalts, keine Kinder zu zeugen, oder bei einer Zwangsheirat unter Furcht und Gewalt oder bei Irrtum der Person. Gegen die Beweisführung des «Ehebandverteidigers» muß also jemand, der seine Ehe scheiden lassen will, deren Ungültigkeit nachweisen, – so als hätten die letzten zwanzig Jahre gemeinsamen Lebens eigentlich gar nicht stattgefunden. Wer, weil ihm das nicht gelingt, dennoch eine neue Heirat eingeht, lebt nach katholischer Auffassung in einem Konkubinat, er darf zu den Sakramenten nicht zugelassen werden[77], er wird, falls er in Kirchendiensten (Schulen, Krankenhäusern, Kindertagesstätten, Beratungszentren) angestellt ist, aus dem Arbeitsverhältnis entlassen, und wo immer die

die Erziehung von Nachkommenschaft hingeordnet ist, wurde zwischen Getauften von Christus dem Herrn zur Würde eines Sakramentes erhoben. § 2: Deshalb kann es zwischen Getauften (sc. also auch unter Protestanten, d. V.!) keinen gültigen Ehevertrag geben, ohne daß er zugleich Sakrament ist.»

75 A. a. O., Can. 1108 § 1: «Nur jene Ehen sind gültig, die geschlossen werden unter Assistenz des Ortsordinarius oder des Ortspfarrers oder eines von einem der beiden delegierten Priesters oder Diakons sowie vor zwei Zeugen.» Zu den Entscheidungen des Konzils von Trient (1563) vgl. DENZINGER-SCHÖNMETZER: Enchiridion Symbolorum, Nr. 1797–1816.

76 Vgl. DENZINGER-SCHÖNMETZER: A. a. O., Nr. 1798; vgl. in der Gegenwart GERHARD LUDWIG MÜLLER: Katholische Dogmatik, 760. – KARL RAHNER: Die Ehe als Sakrament, in: Schriften zur Theologie, VIII 539, sieht (nach Eph 5,22–33) «nicht nur eine äußere Ähnlichkeit zwischen der Einheit in der Liebe zweier Menschen und der Einheit Christus – Kirche, sondern auch ein Bedingungsverhältnis zwischen beiden Einheiten: Jene ist, *weil* diese ist.» Wenn das heißen soll, daß nur «Erlöste» sich ihre Liebe als ein «Sakrament» zu schenken vermögen, so müßte die Befreiung von der Angst, die alle Liebe zerstört (Gen 3,16), dringend psychologisch durchgearbeitet werden, statt sie theologisch als gegeben vorauszusetzen.

77 PAPST FRANZISKUS: Die Freude des Evangeliums, Nr. 47, schreibt zwar: «Die Eucharistie ist ... nicht eine Belohnung für die Vollkommenen, sondern ... eine Nahrung für die Schwachen. Häufig verhalten wir uns wie Kontrolleure der Gnade und nicht wie ihre Förderer.» Aber was bedeutet das für die Frage der wiederverhei-

Kirche Macht hat, sucht sie über die staatliche Gesetzgebung Ehescheidungen möglichst zu erschweren. Neuerdings, unter Papst FRANZISKUS, scheinen die Zeiten sich zu ändern: das Bistum Freiburg hat soeben, im Oktober 2013, eine pastorale Richtlinie vorgelegt, nach welcher wiederverheiratete Geschiedene in einem Akt der Barmherzigkeit nach einem persönlichem Gespräch mit dem Pfarrer, dem sie ihre Schuld eingestehen, denn doch zur heiligen Kommunion zugelassen werden dürfen. Aber wie das? muß man fragen.

Seit der Würzburger Synode vor über 40 Jahren war genau dies der offizielle Standpunkt der katholischen Sakramentenlehre: Barmherzigkeit ist eines, doch die Wahrheit Christi ein anderes. Ein Unmaß an Scheinargumenten wurde aufgeboten, um die Unwiderrufbarkeit des persönlich gegebenen Ja-Wortes zu beschwören. Und in der Amtszeit von JOHANNES PAUL II., der gerade in 2014 heilig gesprochen wird, war alles kritische Nachdenken über eine Neuregelung des katholischen Eherechts schlicht untersagt. In gewissem Sinne kann es deshalb auch nicht überraschen, wenn die Verschiebung des Dogmatischen ins Pastorale derzeit absolut undurchdacht daherkommt, das heißt, sie ist nur allzu «realistisch» kalkuliert: da jede dritte Ehe in Deutschland geschieden wird, kann und möchte die katholische Kirche sich einen weiteren Dammbruch nicht leisten. Aber es gäbe durchaus brauchbare theologische Ansätze, auch unter Wahrung der herkömmlichen dogmatischen Positionen die Tragödie geschiedener Ehen gerechter zu beurteilen.

Zum einen hat Jesus in seinem Streitgespräch mit den Schriftgelehrten eigentlich die Frauen gegenüber der Scheidungswillkür der Männer im mosaischen Gesetz schützen wollen, – mit Liebe, wie

rateten Geschiedenen? Im Erzbistum Freiburg schien Ende 2013 eine «Handreichung» Pfarrern die Erlaubnis zu geben, in Einzelfällen «Betroffene zu den Sakramenten zuzulassen, wenn sie Schuld bekennen und erkennbar Verantwortung für die alte und die neue Beziehung übernehmen.» OLIVER DAS GUPTA – ANNA GÜNTHER – CHRISTIAN KRÜGEL: Ein klares Jein, in: SZ 9. Okt. 13, S. 8. Doch der Präfekt der Glaubenskongregation GERHARD LUDWIG MÜLLER hat umgehend «den Ausschluß wiederverheirateter Geschiedener vom Empfang der Sakramente bekräftigt. Nach geltender kirchlicher Lehre könne es in dieser Frage keine Ausnahmen geben.» Katholische Nachrichtenagentur, 23. Okt. 2013. – Eine ehrliche Reform dieses Standpunktes könnte erst einsetzen, wenn die Psychologie von Paarbeziehungen theologisch aufgearbeitet würde: wann eigentlich sind Menschen fähig, einander Gottes Gnade zu schenken? Vgl. E. DREWERMANN: Aus Schuld geschieden – verdammt zum Unglück?, in: Psychoanalyse und Moraltheologie, II 112–137. Statt dessen hat man den Eindruck, als sei die Rede von der neu entdeckten «Barmherzigkeit» vor allem der Versuch, die Kirchenaustrittszahlen niedriger zu halten.

Gott sie gemeint hat, als er «Adam» und «Eva» erschuf, hat das Entlassen einer Frau durch den Mann nichts zu tun, mit «Herzensstarre» (Mk 10,5) aber alles[78]. Wie war es denn, fragt Jesus, im Ursprung, im «Paradiese»?, und er zitiert: «deswegen wird (je)der Mann seinen Vater und die Mutter verlassen – und seiner Frau anhangen –, und es werden die zwei zu einem Fleisch (sc. vereint in der Liebe, d. V.) sein.» (Gen 2,24) Das ist historisch eine «matrilokale Heiratsordnung»[79]; liest man die Stelle jedoch nicht (nur) soziologisch, sondern (auch) psychologisch, so enthält sie in einem Satz die ganze Dramaturgie scheiternder Ehen: Wann denn hat ein Mann seinen Vater, seine Mutter verlassen, um die Frau an seiner Seite als die Person liebzugewinnen, die sie wirklich ist? Wie oft mischen sich in die Beziehung Erinnerungen und Übertragungen an die eigenen Eltern? Wie oft sucht man im anderen das Wunsch- oder Gegenbild des in Kindertagen Erlebten oder Erlittenen?

Eine vertiefte Psychologie wäre nötig, um die eigene Dogmatik endlich sinnvoll zu interpretieren[80]. «Was Gott zusammengefügt hat, das soll ein Mensch nicht trennen.» Richtig! Was Gott verbindet, fügt er zusammen in Liebe. Wie oft aber hat gerade die katholische Kirche sich in die sogenannten Mischehen hindernd eingemischt? Und mit welchem Recht bekommt sie es fertig, ihren eigenen Priestern die Liebe zu untersagen und immer von neuem in absolut liebloser Weise zu trennen, was Gott zusammengefügt hat? Und vor allem: Wie kann es angehen, das Wunder Gottes: die Liebe, an einen juridischen Formalakt zu knüpfen, statt sich zu fragen, wann Menschen denn sicher sein können, daß Gott in ihrer Beziehung am Werke ist? Wenn sie sich glücklich fühlen, werden sie den Himmel preisen und einander erleben wie «Adam», als er im Paradiese «Eva» begegnete: als von Gott einander «zugeführt» (Gen 2,22). Wenn aber nicht? Wie viele Gründe können eine Ehe erscheinen lassen, als sei das «Teifi» darin am Werk? Gerade auf dem Höhepunkt der innigsten Gefühle von Sehnsucht und Verlangen besteht sogar eine hohe Wahrscheinlichkeit, daß unbewußt Übertragungen von Gefühlen der frühen Kindheit mit zu der Bindungsenergie in der Gegenwart, aber auch zu der Störan-

78 Zur Stelle vgl. E. DREWERMANN: Das Markus-Evangelium, II 86–104: Mk 10,1–12: «Was Gott verbunden hat …»
79 Vgl. E. DREWERMANN: Strukturen des Bösen, I 368–389: Von der Geborgenheit im Ring der Liebe, S. 379–381: Die erwachsene Gestalt der Liebe in Gott – das Verlassen von Vater und Mutter im Ring der Welt, im Ring der Zeit (Gen 2,24).
80 Vgl. E. DREWERMANN: Ehe – Tiefenpsychologische Erkenntnisse für Dogmatik und Moraltheologie, in: Psychoanalyse und Moraltheologie, II 38–76.

fälligkeit der Beziehung beitragen. Niemand kann wissen, wie eine Ehe sich entwickelt. Zu den rein persönlichen Faktoren können äußere Belastungen und Verpflichtungen hindernd hinzutreten, neue Erfahrungen können neue Entscheidungen notwendig machen ... Schuld? Dann müßte man die Dimension des Tragischen ernstnehmen. Jesus jedenfalls hatte recht, als er verbot, unter Eid im Namen Gottes einander etwas zuzusagen (Mt 5,33–37), – wer weiß schon, wer er künftighin sein wird[81]? Mit Unverantwortlichkeit, Hedonismus, Liberalismus oder Sexismus, wie gern gesagt wird, hat das alles nichts zu tun, wohl aber mit jener situationsethischen Verbindlichkeit im Augenblick.

Ehrlicherweise bricht damit das gesamte System der katholischen Ehemoral und -gesetzgebung zusammen. Der Versuch auch nur, monolithisch und hierarchisch, im Gefälle der Macht, von oben nach unten, bis in den Intimbereich hinein vorweg wissen und bestimmen zu wollen, wie Menschen sich zu verhalten haben, erscheint als eine unerträgliche Vermessenheit. Wenn die neue «Barmherzigkeit» im Umgang mit Wiederverheirateten wirklich greifen soll, dann muß sie – neben einem umfassenden Schuldeingeständnis für das leidvolle Unrecht gegenüber einer Unzahl von Menschen im Verlauf von Jahrhunderten weltweit – begleitet werden von einer Bescheidenheit, die den gigantischen Aufwand dogmatischer Überheblichkeiten zurücknimmt.

Im Grunde geht es um Machtabbau in der Zentrale der römischen Kirche, ist doch *die Rolle eines Papstes* endgültig ausgespielt, der als Stellvertreter Gottes auf Erden oder als Stellvertreter Christi oder als Nachfolger Petri sich anmaßt, in Fragen von Glauben und Sitte vom Throne herab, *ex cathedra*, unfehlbar für alle Christgläubigen letztverbindliche Entscheidungen treffen zu können. Schon JAN HUS, der im Jahre 1415 auf dem Konzil von Konstanz wegen fälschlich gegen ihn erhobener Anklagen und unter Bruch der königlichen Zusage freien Geleits auf dem Scheiterhaufen verbrannt wurde, hatte den Zorn der Kirche herausgefordert, indem er erklärte: «Die Bischöfe und Kardinäle sind nicht die Nachfolger der Apostel, es sei denn, sie wollten leben wie dieselben.»[82] Unbezweifelbar ist dem so: Die

81 E. DREWERMANN: Das Matthäus-Evangelium, I 474–481: Mt 5,33–37: Du sollst nicht schwören.

82 In der Leipziger Disputation von 1519 wird MARTIN LUTHER die These vertreten: «Auch Konzilien können irren. Das beweist das Konstanzer Konzil, das unter den Artikeln des Hus auch einige wahrhaft christliche Sätze verurteilt hat, die keine

«Wahrheit» Christi liegt nicht in Titeln und Ämtern, sondern in der persönlichen Lebensführung. Auch ist Gott wohl nicht eine solche Schlafmütze, daß er eines «Stellvertreters» bedürfte, um desto sorgloser seiner Ruhe pflegen zu können. Und das «Petrusamt» selbst? Die Schlüsselgewalt? «Du bist Petrus (sc. der Fels, d. V.), und auf diesen Felsen will ich meine Kirche bauen, und die Tore der Totenwelt sollen nicht stärker sein als sie. Hiermit gebe ich dir die Schlüssel zum Königtum der Himmel, nämlich: was immer du bindest auf Erden, sei gebunden in den Himmeln (sc. bei Gott, d. V.), und was immer du lösest auf Erden, sei gelöst in den Himmeln.» (Mt 16,18–19) Diese Worte, deren erster Teil auf Lateinisch in die Kuppel des Petersdomes aus dem 16. Jh. eingeschrieben ist, waren ursprünglich mal auf Aramäisch formuliert, wie der Name *Kepha* für Petrus zeigt (Joh 1,42; 1 Kor 1,12; 3,22; 9,5; Gal 1,18; 2,9.11.14); aber von Jesus stammen müssen sie deshalb keinesfalls schon. Sie sind im *Matthäus*-Evangelium deutlich in den vorliegenden *Markus*-Text eingeschoben (Mk 8,27–30), wo Petrus sich zu der Messianität Jesu bekennt; doch während ihm dort die Propagierung dieses Bekenntnisses untersagt wird (Mk 8,30)[83], gründet sich bei *Matthäus* gerade darauf der gesamte Bau der Kirche. Es könnte sein, daß *Petrus* in der judenchristlichen

christliche Kirche hätte verdammen dürfen.» HEINZ ZAHRNT: Martin Luther in seiner Zeit für unsere Zeit, 82. JOSEF LORTZ: Geschichte der Kirche, I 452–454, betont, daß es mit HUS zum ersten Mal geschah, daß «sich ein ganzes Volk gegen die als Ganzes geschlossene übrige abendländische Christenheit» erhob (S. 454); die Lehre von JAN HUS (um 1370–1415) folgte weitgehend den Thesen von JOHN WYCLIF (Wycliffe, vor 1330–1383), die LORTZ: A. a. O., I 451, so zusammenfaßt: «Er lehrte, daß die Kirche kein Recht auf weltliche Macht und weltliches Gut habe, daß der Staat die Kirche richten könne ... Die Kirche ist unsichtbar; ihr einziges Haupt ist Christus ... Die Menschen sind entweder zum Himmel oder zur Hölle vorherbestimmt. Infolgedessen braucht es nicht Mönchtum, Ablässe oder Beichte. Die Bibel ist die einzige Glaubensquelle. Sie genügt. Wiclif zerstörte den Sakramentsbegriff (damit auch das besondere Priestertum ablehnend) und kam so auch zur Leugnung der Transsubstantiation: Brot und Wein werden nur geistlich zum Leib und Blut des Herrn. Die Kirche vermag keinesfalls (durch Totenmessen) ins Jenseits zu wirken. Der unbiblische Zölibat, der Ablaß, die Beichte, die Heiligen-, Reliquien- und Bilderverehrung mitsamt den Wallfahrten sind unchristlich. Alle Abgaben, die die Kurie erhebt, sind Simonie. Das Papsttum ist unnötig, ja es ist vom Antichrist.» Vgl. WYCLIF: Trialogus, IV 23, S. 329: «Nur die Heiligkeit des Lebens macht Petrus ähnlich.» Demgegenüber behielt HUS «den katholischen Sakramentsbegriff bei.» (LORTZ, I 453) Unmittelbar knüpft THOMAS MÜNZER (um 1490–1525) an die Thesen des böhmischen Reformators an; vgl. ERNST BLOCH: Thomas Münzer als Theologe der Revolution, 20–24: Der Prager Aufruf.

83 Vgl. zur Stelle E. DREWERMANN: Das Markus-Evangelium, I 560–571: Noch einmal Mk 8,31.32–33: Wahrheit und Liebe oder: «Weiche von mir, Satan!»

Gemeinde, für die *Matthäus* sein Evangelium schreibt, eine zentrale Stellung besaß, ja, daß er sie tatsächlich selber gegründet hat und daß seine Gründung mit Worten wie diesen legitimiert werden sollte[84]. Doch gerade dann könnte von einem Petrus«amt» keine Rede sein. Es ist die Person dieses Jüngers und es ist sein persönliches Bekenntnis, welche zur Grundlage der Gemeinschaft der Anhänger Jesu (in Syrien?) werden; an eine Papstinstitution, die sich durch die Jahrhunderte in ununterbrochener Sukzession fortzeugen sollte, ist nicht zu denken. Hinzu kommt, daß selbst in historischer Betrachtung die «Sukzession» der Päpste alles andere als lückenlos verlaufen ist. Manchmal beanspruchten zwei, manchmal sogar drei Päpste gleichzeitig die Kirchenleitung, und wer von ihnen war der «rechtmäßige»? Andere regierten und residierten auf eine Weise, die gewiß eher als die Reformversuche von JAN HUS oder von MARTIN LUTHER als unvereinbar mit der Lehre Christi hätte deklariert werden müssen[85].

Insbesondere kommen selbst die Papsttreuen unter den Theologen kaum umhin, zuzugeben, daß die absolutistische Machtstellung Roms sich geschichtlich erst nach und nach herausentwickelt hat und

84 Vgl. E. DREWERMANN: Das Matthäus-Evangelium, II 355–376: Mt 16,1–20: Die Forderung nach einem ‹objektiven› Gott oder: Wie «bekennt» man Jesus als den «Christus»?, S. 370–374.

85 Zur dogmatischen Positionsbeschreibung des päpstlichen Primats vgl. GERHARD LUDWIG MÜLLER: Katholische Dogmatik, 621–626. Allerdings erklärt Papst FRANZISKUS: Die Freude des Evangeliums, Nr. 32: «Auch das Papsttum und die zentralen Strukturen der Universalkirche haben es nötig, dem Aufruf zu einer pastoralen Neuausrichtung zu folgen.» Praktisch hat THOMAS J. REESE: Im Inneren des Vatikan, 27–37: Der Monarch des Vatikanstaates, recht, wenn er schreibt: «Der Staat Vatikanstadt ist ein souveräner und nach internationalem Recht anerkannter Staat. Wer zum Bischof von Rom und Papst gewählt wird, ist automatisch Regent des Kleinstaates ... Er macht den Papst zum letzten absoluten Monarchen Europas, mit absoluter legislativer, exekutiver und judikativer Gewalt. Der Papst kontrolliert das gesamte Vermögen des Vatikan, da dieser eine Staatswirtschaft ohne jegliches Privateigentum ist.» (S. 27) Wie es damit bestellt ist, beschreibt GIANLUIGI NUZZI: Vatikan AG, 97–110: Das parallele IOR; S. 99–103: Schmiergelder statt Wohltätigkeit; 111–117: Die Geldwaschanlage des IOR. – Um den immer neuen Finanzskandalen der Kirche entgegenzuwirken, hat Papst *Franziskus* im März 2014 den Kardinal von Sydney, *George Pell*, «zum Präfekten des neu eingerichteten Wirtschaftssekretariats ernannt. In dieser neuen Institution laufen künftig alle wirtschaftlichen Aktivitäten des Heiligen Stuhls und des Vatikans zusammen. Das Sekretariat soll Budgets planen, Zahlen kontrollieren, alles effizienter machen – beaufsichtigt wird es von einem 15 Köpfe zählenden Wirtschaftsrat ... Das harte Ringen um die Vatikanfinanzen gilt als zentraler Faktor für den Rücktritt des alten Papstes (sc. *Benedikt XVI.*, d. V.) ... Bis alles so weit ist, werden Monate vergehen. Oder Jahre.» ARNE STORN: Power Point für den Papst, in: Die Zeit, 6. März 2014, S. 30.

Tafel 1: Reliefzyklus in der Geburtshalle im Totentempel der Königin Hatschepsut in Deir el-Bahari, 15. Jh. v. Chr. (vgl. S. 174).

Tafel 2: Doppelstatue des Pharao Ni-user-Ra, 2390–2360 v. Chr., aus der 5. Dynastie im Alten Reich (vgl. S. 177).

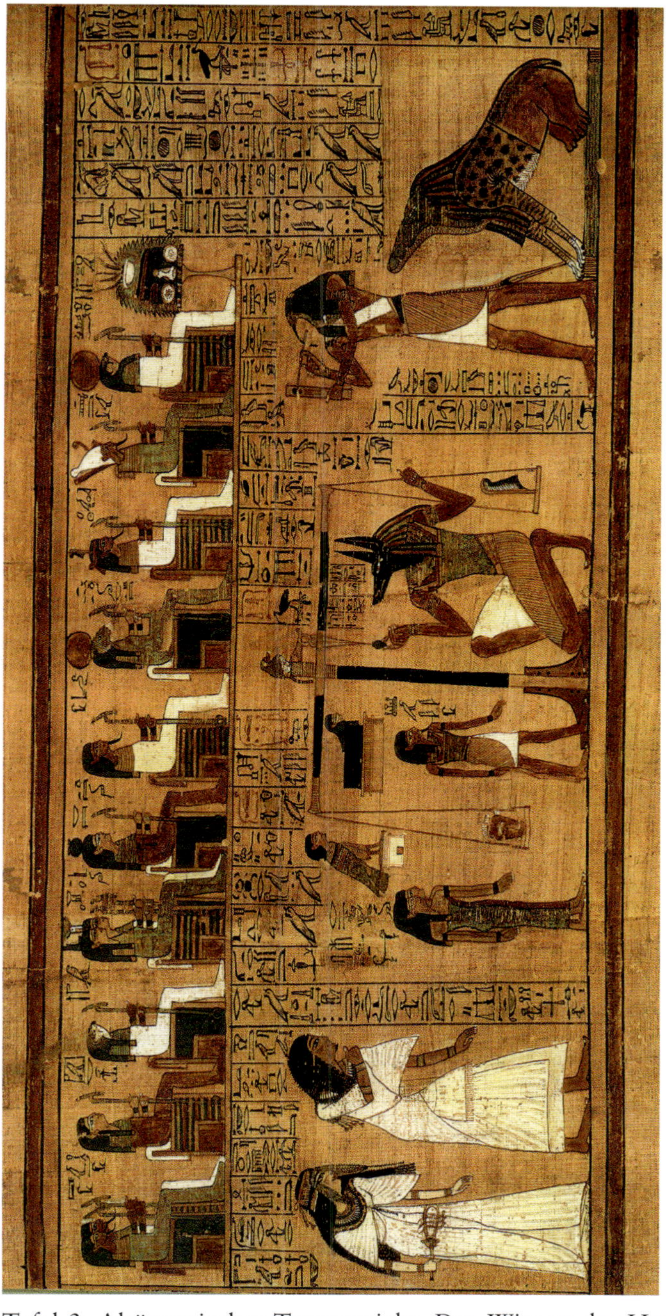

Tafel 3: Altägyptisches Totengericht: Das Wiegen des Herzens (vgl. S. 343).

Tafel 4: Hades und Persephone, unteritalischer Kratēr, um 340 v. Chr. (vgl. S. 362–363).

Tafel 5: Sisyphos hebt seinen Stein zum Gipfel hinauf, attische schwarzfigurige Amphore aus Vulci, um 540 v. Chr. (vgl. S. 363).

Tafel 6: Die mörderischen Töchter des Danaos, Kalksteinrelief von einem Grabbau aus Tarent in der Zeit zwischen 325 bis 280 v. Chr. (vgl. S. 364).

Tafel 7: Höllenabstieg Christi, griechische Ikone vom Berg Athos, Karjes, 16. Jh. (vgl. S. 385–386).

Tafel 8: Shiva-Trinität von Elephanta, 7. Jh. (vgl. S. 467).

keinesfalls als eine Einsetzung des Christus von Anfang an bestanden hat. Ursprünglich bestand ein Nebeneinander von Patriarchaten (im griechischen Byzanz, im syrischen Antiochien und im koptischen Alexandrien); dann aber brach in der Völkerwanderungszeit die Einheit des römischen Imperiums auseinander, und die Ohnmacht der Herrscher in Rom und Ravenna bildete die Bedingung für den Aufstieg des Bischofs von Rom zu einer zentralen Autorität und Ordnungsmacht im Westen des Reiches, mit dem umstrittenen Anspruch später, in höchster Vollmacht die weltlichen Kaiser des «heiligen römischen Reiches» einsetzen zu können. Über die Patriarchate im Osten ging derweilen der Sturm des Islam hinweg; nur Byzanz hielt sich bis 1453, und es gelang ihm, von Kiew aus Rußland zu missionieren und damit den Grundstein für das «dritte Rom», für das Patriarchat von Moskau, zu legen.

Wie also ist unter diesen Umständen die Stellung des römischen Papstes zu sehen? Als Bischof von Rom kann er unstrittig gelten, und viel wäre gewonnen, wenn er sich mit diesem Titel begnügen und allenfalls als «Patriarch des Westens» auftreten würde[86]. Im Handumdrehen ließe sich dann das Haupthindernis beseitigen, das in Gestalt der Absolutsetzung des römischen Papsttums einer Einheit mit den Kirchen der Orthodoxie seit dem Schisma von 1054 im Wege steht. Eine Einigung mit den protestantischen Kirchen ist demgegenüber schwieriger. Am ehesten scheint sie möglich mit der Anglikanischen Kirche, die sich im Jahre 1534 von Rom nicht auf Grund unterschiedlicher theologischer Lehrmeinungen getrennt hat, sondern die durch den Machtwillen *Heinrichs VIII.* im Hoheitsbereich des Königs von England mit ihm selber als weltlichem und geistlichem Oberhaupt gegründet wurde. Was im «Investiturstreit» die mittelalterlichen Kaiser versucht hatten: geistliche Macht auszuüben und selber Bischöfe einzusetzen, das beanspruchte *Heinrich VIII.* ohne langes Federlesen für sich, weil Rom seine Ehe nicht scheiden wollte; die erste Tat dieses neuen Kirchenoberhauptes bestand denn auch darin, die ebenso schöne wie ehrgeizige *Anne Boleyn* zu heiraten. Wozu schon besitzt man göttliche Vollmachten?

86 Zur Eigenart der Orthodoxie vgl. JOSEPH LORTZ: Geschichte der Kirche, II 462–499, der (S. 499) resümiert: «Im letzten hängt unendlich viel daran, daß seit dem frühen Mittelalter die Gegnerschaft des kirchlichen Ostens gegen Rom kirchenpolitisch begründet war, derart nämlich, daß er das Vorrücken des lateinischen Westens in seine griechische Sphäre fürchtete ... Ohne irgendeine Berechnung in aller Ehrlichkeit der brüderlichen Liebe muß dem Osten diese Angst radikal genommen werden: jeder Versuch einer Latinisierung müßte unterbunden werden.»

Doch daß es der Landesfürst ist, der die Religion seiner Untertanen bestimmt, wurde zum Los nicht allein der Christgläubigen Englands, sondern mehr oder weniger aller protestantischen Kirchen. Schon in den Tagen der Reformation hätte die mittelalterliche Aktionseinheit von habsburgischem Kaiser und römischem Papst die lutherischen Neugründungen von der Landkarte getilgt, wenn nicht zahlreiche Fürsten in deutschen Landen einen Vorteil darin gesehen hätten, gegen den Kaiser auf die Seite der Protestanten zu treten; nur indem sie die Schutzmacht des Kaisers notdürftig durch die der Fürsten ersetzten, konnten die protestantischen Kirchen den Ausrottungswillen Roms überstehen. Als man im Westfälischen Frieden von 1648 dann nach dreißig Jahren Krieg sich endlich auf eine Pattlösung einigte, griff man auf die Formel zurück, die bereits im Augsburger Religionsfrieden von 1555 Geltung erlangt hatte: *cuius regio, eius et religio* – wessen Region, dessen Religion[87], oder, «freier», aus der Sicht des Untertanen, formuliert: Wes Brot ich eß, des Lied ich sing. Seither gilt unumwunden, was bereits mit Kaiser *Konstantin* zur eigentlichen Basis des «christlichen» Abendlandes ward: zu glauben heißt im wesentlichen nicht, an Gott zu glauben; man glaubt allein und hat zu glauben, daß die lokale Herrschermacht von Gott gesetzt ist. «Gott», wenn überhaupt noch als vorhanden angenommen, ist nichts als eine Gloriole des Regierenden; und die konfessionsgebundene Kirche, die er jeweils nach seinem Gusto einsetzt und den Bürgern seines Landes vorsetzt, steht seither in der Pflicht, mit ihrer Theologie die Ideologie der Herrschermacht zu finissieren. Widerstand gegen die Staatsgewalt im Namen Christi ist unter solchen Umständen kaum möglich. Damit sie Kirchen Christi würden, müßten die religiösen Einrichtungen, die derzeit wohl noch «Kirchen» heißen, sich den Händen der Regierenden entwinden und frei, wie Jesus selbst dem Hohen Priester, so dem «Landpfleger» entgegentreten. «Habt aber acht vor den Menschen», warnt Jesus im *Matthäus*-Evangelium die Jünger. «Denn ausliefern werden sie euch an Synhedrien (sc. jüdische Gerichtshöfe, d. V.), und in ihren Synagogen werden sie euch auspeitschen. Sogar vor Statthalter aber und Könige werdet ihr geschleppt um meinetwillen, zum Zeugnis ihnen und den Völkern. Wenn sie euch aber ausliefern, sorgt euch nicht, wie oder was ihr reden sollt. Gegeben nämlich wird euch

87 Im «Westfälischen Frieden» wurde «der kirchliche Bestand von 1618 (sc. vor dem Beginn des Krieges, d. V.) maßgebend mit Ausnahme der Oberpfalz, die mit der Kurwürde bei Bayern bleibt ... Der Augsburger Frieden von 1555 wird auf die Calvinisten ausgedehnt.» JOSEPH LORTZ: Geschichte der Kirche, II 217.

in jener Stunde, was ihr reden sollt. Denn nicht ihr seid es, die (dann) reden, sondern der Geist eures Vaters, der redet in euch.» (Mt 10,17–20) In solchem Glauben und durch solchen Geist entsteht, was Kirche ist.

Zur Merkwürdigkeit der katholischen Kirche Roms indessen zählt als ihre herausragende Besonderheit, daß der Papst nicht nur als «Stellvertreter Christi» und als «Nachfolger Petri» in absolutistischer Macht «seinen» Gläubigen vorsteht, sondern daß er zugleich als einziger religiöser Führer überhaupt weltweit einen eigenen Staat leitet, dessen Oberhaupt er ist. Dieser «Kirchenstaat» ist bei der UNO akkreditiert und wird von 187 Staaten als rechtens anerkannt. Die Frage, ob man mit dem Mann aus Nazaret wirklich «Staat machen» könne, stellt sich unter dem diplomatischen Gepränge, mit dem sich Staatsoberhäupter, Schauspieler und Medienmacher von «Seiner Heiligkeit» einladen lassen, um ihren Ruhm ebenso wie den des Papstes selbst zu mehren, offenbar kaum noch. Dabei ist der Vatikanstaat ein Gebilde, das aus vielen Gründen abgeschafft gehört.

Als im September 1870 italienische Truppen Rom einnahmen – die Unterstützung der päpstlichen Söldnerarmee durch *Napoleon III.* fiel wegen Ausbruchs des deutsch-französischen Krieges dahin –, hätte vernünftigerweise die Formel des Grafen *Camillo Cavour* als Lösung dienen können: «eine freie Kirche in einem freien Staat»[88], – der «Heilige Stuhl» hätte trotz Auflösung seines Charakters als Staatsmacht seine Unabhängigkeit behalten und Italien hätte seine Hauptstadt (zurück)erhalten. Statt dessen erschien das Garantiegesetz der italienischen Regierung vom 13. März 1871, das neben der Trennung von Staat und Kirche die Stellung des Papstes als «heilig und unverletzlich» definierte, für *Pius IX.* als inakzeptabel. «Mit der Beseitigung des Kirchenstaats und der Besetzung Roms, seit Ende des römischen Imperiums 476 nun erstmals wieder Hauptstadt Italiens, mit diesem, so Papst Pius, ‹Verbrechen›, war … die ‹Römische Frage› entstanden»[89], die erst 60 Jahre später zwischen *Pius XI.* und dem «Duce» *Benito Mussolini* «gelöst» wurde. Der «Führer» der italienischen Faschisten war ein bekennender Atheist und ursprünglich absolut antiklerikal gesonnen, bis er erkannte, einen wie wichtigen Machtfaktor der Rückhalt der katholischen Kirche speziell in Italien für ihn darstellen mußte. Nach langen Verhandlungen wurden 1929

88 KARLHEINZ DESCHNER: Die Politik der Päpste im 20. Jahrhundert, I 31.
89 A. a. O., I 34.

die Lateranverträge zwischen Quirinal und Vatikan ratifiziert, bestehend «aus drei Komplexen: einem Staatsvertrag, einem Finanzabkommen und einem Konkordat.»[90] In dem Staatsvertrag wurde der römische Katholizismus als einzige Staatsreligion Italiens anerkannt und die Vatikanstadt als neuer Staat ausgerufen, dem diplomatische Exterritorialität und Steuerfreiheit zugesprochen wurde. Das Finanzabkommen stellte als «Entschädigung» dem Päpstlichen Stuhl 750 Mio. Lire sowie den Ertrag von 5 % für eine Milliarde Lire in Staatsanleihen zur Verfügung. Das Konkordat schließlich verpflichtete den italienischen Staat nicht nur zur Anerkennung aller Sonderrechte des Vatikanstaates, sondern auch dazu, zum Beispiel eine Ehescheidung im Zivilrecht nicht zuzulassen und den katholischen Religionsunterricht obligatorisch zu machen.[91]

Hocherfreut über diesen Durchbruch, überhäuften *Pius XI.* und der italienische Episkopat den Duce mit hymnischen Redensarten, weil er «‹die Fesseln der Kirche›» gelöst habe; insbesondere im Jahr 1935, als *Mussolini* Abessinien überfiel und die Wehrlosen mit Bomben, Kanonen und Giftgas niedermachte, ließ sich der katholische Klerus in seiner nachträglichen Dankbarkeit nicht übertreffen. Der Papst selber sprach davon, daß «ein Verteidigungskrieg zum Zwecke der Expansion einer wachsenden Bevölkerung … gerecht und richtig sein» könne[92], und verlieh damit dem rücksichtslos geführten neokolonialistischen Wirtschaftskrieg Italiens den Anschein des moralisch Gerechtfertigten. Darüber hinaus wurden die Lateranverträge zum Vorbild auch für das Reichskonkordat zwischen der katholischen Kirche und dem deutschen «Führer» *Adolf Hitler* im Jahre 1933; der Abessinienkrieg eröffnete *Hitler* die Möglichkeit zum «Anschluß» Österreichs an das «Dritte Reich», – und im Spanischen Bürgerkrieg verbündete sich der Kirchenstaat 1936 mit dem «Caudillo» *Francisco Franco* und seiner Falange, so wie er im Zweiten Weltkrieg den Überfall Hitler-Deutschlands auf die Sowjetunion 1941 als eine Art Kreuzzug gegen den Atheismus interpretierte. – Kann man einen Staat anerkennen, der unter solchen Umständen zur Welt kam und sich mit solchen Taten in die Geschichte eingeführt hat? Kann man vor allem

90 A. a. O., I 346.
91 A. a. O., I 346–348.
92 A. a. O., I 505. – Die Bilanz sah schon voraus FRIEDRICH NIETZSCHE: Also sprach Zarathustra, 2. Teil, Von großen Ereignissen, S. 144: «Kirche? antworte ich, das ist eine Art von Staat, und zwar die verlogenste.»

ein solches Gebilde in irgendeiner Weise mit dem Auftrag Jesu in Verbindung bringen?

Auch wenn man von den jüngsten Skandalen: von der langjährigen Kooperation des Vatikans mit der Mafia absehen könnte, selbst wenn man seine dubiosen Bankgeschäfte ignorieren würde, ja, sogar wenn man den Schutz einer Vielzahl von Kinderschändern im Priestergewande bis in die Amtszeit von *Johannes Paul II.* und *Benedikt XVI.* hinein außer acht lassen dürfte, müßte man feststellen, daß der Kirchenstaat nicht «Christus» verkörpert, sondern ganz und gar der Reichsidee des Römischen Imperiums entstammt und daß seine antidemokratische Verfassung ebenso wie seine legale (!) Intransparenz in der Völkergemeinschaft nicht länger hinzunehmen sind. Eine innere Erneuerung der katholischen Kirche kann es nur geben, wenn sie den Status des Kirchenstaates aufgibt. Als Kirchenstaat kann sie der Staatenwelt keine christliche Alternative aufzeigen, im Gegenteil, sie muß von Fall zu Fall mit dem jeweils Mächtigsten paktieren, um optimal den eigenen Interessen zu dienen. Solange es den Kirchenstaat gibt, wird die Entscheidung Jesu gegen die Verführung des «Teufels», Weltherrschaft zu erringen (Lk 4,5–8), auf bizarre Weise ins Erfolgreich-Pragmatische korrigiert. Eine «Kirche», die sich auf «Christus» beruft, nur um in wesentlichen Punkten alles anders zu machen, als Jesus es gesagt hat, ist keine «christliche» Kirche, sie ist überhaupt keine «Kirche»; sie ist vielmehr ein Machtgebilde, das durch sich selbst der Botschaft des Evangeliums am meisten im Wege steht.

2) Vom Ich zum Wir oder: «Löscht den Geist nicht aus» (1 Thess 5,19)

Die «Gründungsurkunde» der Kirche, heißt es, sei das Pfingstereignis. Was damit gemeint ist, erzählt eine Legende im 2. Kapitel der *Apostelgeschichte*, die – wiederum – keine geschichtliche Begebenheit referiert, sondern die Wirklichkeit dessen, was «Kirche» bedeutet, charakterisiert (Apg 2,1–13): Am jüdischen Erntedanktag war es, als auf die Gemeinschaft der Apostel Heiliger Geist herabkam in Gestalt von Feuerzungen, so daß sie «begannen zu reden in fremden Zungen, wie der Geist es ihnen gab, sich mitzuteilen.» (Apg 2,4) Nun befanden sich (Diaspora)Juden «von jedem Volk derer unter dem Himmel» an dem Ort, und zu ihrem Erstaunen hörten sie alle, ein jeder, «sie reden in seiner eigenen Sprache». (Apg 2,5.6)[93]

«Kirche» beginnt dieser Darstellung nach durch ein Sprechen von Gott, das alle verstehen, weil sie Menschen sind. Inhaltlich kann dies nichts anderes meinen als die Botschaft von der unbedingten Gnade Gottes, wie *Paulus* sie später in der *Apostelgeschichte* zu den Völkern tragen wird[94]; denn diese Botschaft geht jeden an: sie befreit ihn von den Zwängen der Angst und öffnet ihn zu einem umfassenden Erbarmen für alle Menschen in Not. In der Tat versteht solche Sprache ein jeder, schon weil er ihrer zuinnerst bedarf. Einzig im Umfeld solch einer Rede fühlt er sich selber gemeint und berechtigt; in ihr findet er zu sich selber zurück. Wenn – mit SÖREN KIERKEGAARD gesprochen – alle Verzweiflung darin besteht, zu sich selber in einem Mißverhältnis (der Selbstablehnung) zu stehen, so wird es allein im Gegenüber der absoluten Zusage Gottes möglich, sich selbst (wieder) zu akzeptieren.

Als den ersten Schritt zu einem wirklichen Christsein betrachtete der dänische Religionsphilosoph daher den Mut zum eigentlichen Selbstsein, zur Individuation. In den Fesseln der Angst gehört niemand sich selbst; er lebt in den anderen auf der Flucht vor sich selbst, er flieht vor den anderen und lebt nur in sich selbst, stets schwankend zwischen Nicht-Ich und Ich-Nicht, zwischen Anlehnung und Ablehnung, zwischen Alle-sein und Alleine-sein. Wenn je eine Gemeinschaft befreiter Menschen sich bilden soll, so muß als allererstes das Herdendasein der Vielen in kirchlicher Massenverwaltung mit Hilfe homogenisierter Sprachspiele als Glaubensersatz ein Ende finden[95]. Mut zur Individuation – das ist der Beginn authentischer Rede

93 Zur Stelle vgl. E. DREWERMANN: Die Apostelgeschichte, 96–114: Apg 2,1–13: Pfingsten oder: Das Ende von Babylon.

94 A. a. O., 574–595: Apg 12,25; 13,1–12: Beginn der ersten Missionsreise auf Zypern oder: Die umgekehrte Blindheit.

95 ADOLF VON HARNACK: Das Wesen des Christentums, 132, hebt hervor: «Diese Kirche ist als Gesamterscheinung nach außen lediglich eine Fortsetzung der griechischen Religionsgeschichte unter dem fremden Einfluß des Christentums, wie ja so viel Fremdes auf sie eingewirkt hat.» Und die Folge (S. 133–135): «das Heilige haftet an dem *Wortlaut* und der *Form*. Beides ist nun durchaus antik gedacht. Daß das Göttliche sozusagen dinglich aufgespeichert ist und daß die Gottheit vor allem die pünktliche Einhaltung eines Rituals verlangt, war in der Antike der geläufigste und sicherste Gedanke. Die Tradition und die Zeremonie sind die Bedingungen, unter denen das Heilige allein existierte und zugänglich war.» «Nur wer die richtige Lehre hat, kann selig werden, wer sie nicht hat, ist auszustoßen ... Dieser Fanatismus ... war der schwere Existenzkampf der Kirche mit den Gnostikern ... Nun aber trat noch an höchster Stelle die orientalische absolutistische Auffassung von dem unbeschränkten Recht und der unbeschränkten Pflicht des Herrschers seinen ‹Unter-

auch und gerade in Fragen des Glaubens; das ist die Rückgewinnung persönlicher Freiheit und Gottunmittelbarkeit; das ist der Anfang einer Existenzform, die von den Prophetengestalten der Bibel und insbesondere von Jesus selbst vorgeprägt und ermöglicht ist: Mit ihrer eigenen Person verstehen sie sich als Sprachrohr Gottes, mit ihrer Lebensweise als Gleichnis der Botschaft, die sich in ihnen mitteilt, Sendboten sind sie, weil sie mit ihrem Ich geradestehen für das Du Gottes. Es ist ein Prozeß, wie ihn der Besessene von Gerasa erlebte, als Jesus ihn von der «Legion» seiner «Dämonen» erlöste (Mk 5,1–20).

Doch gerade an diesem Flüchtling aller menschlichen Annäherung läßt sich die Mühe erkennen, die es kostet, zu den Menschen auch nur seiner eigenen Familie zurückzufinden, wie Jesus es ihm als «Beweis» seiner Heilung am Ende der Erzählung aufträgt (Mk 5,19); erst dann wieder darf er für gesund gelten, wenn er der Hölle des Ich in der Isolation seiner Angst entronnen ist. Sein Zeugnis von Jesus im Kreis seiner Angehörigen bildet die erste Gemeinschaft von Glaubenden. – Ähnlich die Frau am Jakobsbrunnen: sie führt durch ihre Mitteilung, sich mit ihrer ganzen Biographie in der Nähe Jesu wiedergefunden zu haben, die Leute in Sychar zu einem eigenen Bekenntnis, in dem ein jeder seine persönliche unmittelbare Erfahrung auszusprechen vermag (Joh 4,39–42).

Ein solcher Prozeß kann nicht *en gros* erzeugt werden. Es ist wie bei jeder Krankenheilung: nur den einzelnen Kranken kann ein Arzt heilen. Für immer richtig bleibt daher die Bemerkung des Kirchenhistorikers ADOLF VON HARNACK in seinen Vorlesungen aus dem Jahr 1900 vom «Wesen des Christentums»: «Das Individuum wird erlöst, nicht das Volk, nicht der Staat.»[96] Alles Leid, aller Schmerz, alle Verzweiflung können nur gefühlt werden von Einzelnen, und nur dort, in Einzelnen, kann so etwas wie Kirche beginnen.

Ein zweiter Schritt ergibt sich freilich daraus: das Nachdenken über die Gründe der Krankheit. Die Ausbreitung der Cholera ließ sich verhindern durch eine Verbesserung der Kanalisation in London, die Fälle von Kindbettfieber in den Kliniken Wiens wurden gesenkt

tanen› gegenüber ... hinzu ...Je gewissenhafter er ... war, desto intoleranter mußte er sein; denn ihm hatte die Gottheit nicht nur die Leiber, sondern auch die Seelen übergeben. So entstand die aggressive und absorptive Orthodoxie des Staates und der Kirche oder vielmehr der Staatskirche; alttestamentliche Beispiele, die immer zur Hand sind, vollendeten den Prozeß und gaben ihm die Weihe.»

96 A. a. O., 45.

durch entschlossene Hygienemaßnahmen[97]; – erkennt man die Ursachen einer Krankheit, so gilt es, die Umgebung «gesünder» zu gestalten, und dies auf jeder Ebene der Wirklichkeit: physisch, psychisch, sozial und mental. Die Religion hat es wesentlich zu tun mit der mentalen Ebene, von der aus freilich verändernde Wirkungen auch und gerade auf die anderen Schichten des Daseins zu erwarten stehen.

Was ist «Kirche»? Die erste Antwort lautet: Sie entsteht mit der Herauslösung Einzelner aus der Entfremdung im Kollektiv, und sie besteht in der Kritik an den entfremdenden Strukturen der Gesellschaft, die sich in den Einzelnen verinnerlicht haben. Alle Religionsgemeinschaften sonst können und mögen sich etablieren und organisieren als Stützen des Bestehenden, indem sie das Gewesene verklären und ideologisch damit das Gegenwärtige erklären, indem sie die Gesetze und Gebote der Gesellschaft als gottgegeben hinstellen, indem sie das, was ist, stabilisieren als das, was zu sein hat; das Christentum kann so nicht sein. Christlich ist eine «Kirche» nur, wenn sie den Auftrag der Erlösung ernst nimmt, sanft im Umgang mit den Einzelnen, streng im Umgang mit den vorgefundenen Strukturen.

Alles prophetische Auftreten trägt dieses Format, – *Jeremia*, Jesus, *Paulus*, LUTHER ... sie alle bilden das Nadelöhr, durch welches die «Kamele» gehen müssen, um ins «Himmelreich» zu kommen, frei nach Jesu Bonmot über die Reichen, die sich allzu schwertun, zu den Armen gut zu sein (Mk 10,25).

Der Auftritt MARTIN LUTHERS 1521 auf dem Reichstag zu Worms liefert geschichtlich das wohl bestbelegte Paradigma dafür, was es heißt, «prophetisch» aufzutreten. Umstritten ist historisch LUTHERS Ausspruch: «Hier stehe ich, ich kann nicht anders. Gott helfe mir.» «Ich bin dadurch», soll er gesagt haben, weil er trotz aller Angst sich von den Drohungen und den zu erwartenden Konsequenzen seines

97 Vgl. KLAUS BERGDOLT: Die Pest, 109–114: Die Lösung des Rätsels: «Die Entdekkung des Pesterregers 1894 durch Alexander Yersin stellte ein einschneidendes Ereignis der Seuchengeschichte dar.» Aber, S. 114: «Europa konnte sich ... nach Eindämmung der Pest im 19. Jahrhundert keineswegs befreit fühlen. Die Cholera schlug gerade dort zu, wo man sich über das Verschwinden der ‹alten› Seuche besonders gefreut hatte: in Groß- und Hafenstädten.» – Zum Kindbettfieber und zu dessen Überwindung durch den ungarischen Gynäkologen *Ignaz Philipp Semmelweis* (1818–1865) vgl. ROLAND GÖÖCK: Erfindungen der Menschheit. Gesundheit – Nahrung – Wohnen – Bauen, 198. Der Widerstand gegen SEMMELWEIS' Schrift: «Die Aetiologie, der Begriff und die Prophylaxis des Kindbettfiebers», 1861, und das Leiden an dem vermeidbaren (!) Tod so vieler Patienten brachten den großen Arzt 1865 schließlich in die Wiener Irrenanstalt.

Verhaltens (der Reichsacht!) nicht hatte von seinem Kurs abbringen lassen. Dokumentiert aber ist die Stellungnahme *Karls V.*: Am Ende der endlosen theologischen Debatten und in Anbetracht der überraschenden Unterstützung des Reformators durch die Landesfürsten gab der Herrscher über ein Reich, in dem die Sonne nicht unterging, zu Protokoll: «Es will mir nicht erscheinen, wie ein einzelner Mönch recht haben könnte gegen die gesamte Christenheit.» Genau diese Möglichkeit aber traf der Kaiser an: Ein Einzelner, der seinem Gewissen folgt, hat recht gegenüber all den anderen, die in Gehorsamszwängen, in tradiertem Machtbewußtsein, in Interessenwahrung ihrer Stellung ihre Einstellung nicht ändern wollen oder können[98]. Die entscheidende Bedingung für LUTHERS Verhalten freilich bestand darin, daß er all die sonst üblichen Fragen für unwichtig hielt: wie man bei den Machthabern dieser Welt nur möglichst wohlgelitten und erfolgreich bleibt, wie man, so gut es geht, Wohlleben und Komfort sich sichert, wie man in aller Öffentlichkeit Achtung und Respekt gewinnt, und was der Fragen dieser Güte mehr sein mögen. Die Frage LUTHERS lautete ganz einfach: Was sagt uns Gott in Christus und was brauchen wir als Menschen? Daß man, nur um sich einen Bischofssitz in Mainz zu kaufen[99], Schulden bei den Fuggern aufnimmt und, um sie zu bezahlen, Gott in den Bildern eines Seelenquälers malt, der nur mit Ablaßgeldern und -gebeten zu versöhnen ist, sah er als ein Symptom an, das die gesamte Kirche Christi als krank an Geldgier, Prunk und Pracht erscheinen ließ. Der Gott, den Jesus brachte, wird in sein Gegenteil verkehrt durch eine Kirche, die Gottesfurcht in eine Geldquelle von schier unendlicher Ergiebigkeit verwandelt; die Menschen brauchen einen Gott, dem sie vertrauen können, nicht einen Gott der Außenlenkung und der Fremdbestimmung. Gott und der Mensch, die Bibel als Wort Gottes und die Bedürfnisse der Seelsorge, die Botschaft Jesu und die unerfüllten Hoffnungen auf Mündigkeit und Freiheit, – das alles, wenn's zusam-

98 Es war am 19. April 1521, daß Kaiser *Karl V.* «die Kurfürsten in seine Privatgemächer» bat «und ... ihnen eine in französischer Sprache geschriebene und anscheinend von ihm selbst verfaßte Loyalitätskundgebung» vorlegte, darin es hieß: «car yl est certain que ung seul frère erre en son opinion, laquelle est contre tout la créstienneté» – «Ein einzelner Klosterbruder, der gegen alle Christenheit ... angeht, muß unrecht haben.» WILL DURANT: Das Zeitalter der Reformation (Kulturgeschichte der Menschheit, 9. Bd.), 373–374.

99 RICHARD FRIEDENTHAL: Luther, 342–343, schildert, wie gerade der Kurfürst von Mainz, Kardinal *Albrecht*, auf dem Wormser Reichstag 1521 bereits vor den Drohungen des «Bundschuh», der Bauernerhebung, zitterte.

menkommt, ergibt ein hochbrisantes Ekrasit-Gemisch. Nur: seine Sprengkraft geht sofort verloren, sobald man anfängt, an «Erfolg» und «Rechthaben» und Durchsetzen des «Richtigen» zu denken; einzig jemand, der nur der Wahrheit sich verpflichtet fühlt, egal, was sich für ihn daraus ergibt, ist fähig, geistig etwas zu verändern; nur der vermittelt wirklich zwischen Gott und Mensch, wie Jesus es gewollt hat. – So etwas wie eine «Reformation» der Kirche wäre nie in Gang gekommen ohne die unbedingte existentielle Ehrlichkeit, Aufrichtigkeit und Festigkeit des Reformators in diesem Augenblick in Worms. «Ich hätte ihnen können ein Spiel anrichten», wird LUTHER später sagen, «doch ein Narrenspiel wär' es geworden.»[100] Er wollte damit andeuten, daß er zu diesem Zeitpunkt natürlich leichthin das Volk gegen Kaiser, Kardinäle und Kurfürsten hätte aufhetzen können, doch damit wäre er vom Zeugnis für die Wahrheit zugunsten kurzfristiger Augenblicksvorteile abgewichen. Er hat es nicht getan. Er kam damit der Position eines Propheten näher als je vorher und nachher. Daß es heute eine «evangelische» Kirche gibt, hat seinen Ursprung ganz allein in Menschen, die so sind. Daß es überhaupt eine Kirche gibt, hat seinen Grund allein in Menschen, die im Gegenüber Gottes zu sich selbst gefunden haben.

Kirche – das ist oder das sollte demnach sein der Ort, an welchem Menschen zu sich selber finden. Die Selbstfindung des Einzelnen ist die Geburtsstätte der Kirche, die Kirche ist oder sollte doch sein eine Geburtsstätte des Menschen. Der Grund von Kirche ist die Mündigkeit von Menschen, der Zweck von Kirche ist die Mündigkeit von Menschen; Humanität, Ich-Identität, Erlösung sind die *causa causata*, die sich selbst begründende Begründung dessen, was sich Kirche nennt.

Wird man also als «Gläubiger» unmittelbar zu einem Kirchenchristen? Nein, wenn man unter «Kirche» das versteht, was sie in LUTHERS Tagen war und in Gestalt der Kirche Roms bis heute ist. Es ist nicht möglich, eine ebenso autoritäre wie doktrinäre «Amtskirche» zu verbinden mit der Grundlage und Zielsetzung von Individualität,

100 Vgl. MARTIN LUTHER: Ein Brief an die Fürsten zu Sachsen von dem aufrührerischen Geist, in: Martin Luther, ausgew. Schriften, IV 91: «Denn ich habe zu Leipzig gestanden vor der allerparteiischsten Gemeinde (sc. 1519, d. V.). Ich bin zu Augsburg ohne Geleit vor meinem höchsten Feind erschienen (sc. 1518 vor Kardinal *Cajetan*, d. V.). Ich habe zu Worms vor dem Kaiser und dem ganzen Reich gestanden (sc. 1521, d. V.), obwohl ich vorher wußte, daß mir das Geleit gebrochen war und rohe, ausgesuchte Tücke und List gegen mich errichtet waren.»

Ichkongruenz, Identität und Personalität. Die Wahrheit einer Kirche Christi zeigt sich nicht in ihren Dogmen, mit dem Bestreben, Menschen auf das Kirchesein hin zu dressieren, sie zeigt sich darin, Menschen frei zu machen, um den Weg zu finden, den Gott mit einem jeden Einzelnen von ihnen gehen will. Die Feuerzungen am Pfingstmorgen, die sich auf jeden der Apostel einzeln niederließen, sind ein sehr «sprechendes» Symbol für die «Begeisterung», für die «Erleuchtung», für die Leidenschaft, mit welcher jeder für sich selbst des Sinns, der Aufgabe und der Bedeutung seines eigenen Daseins inne wird. – In der Geschichte von «Siddhartha» hat HERMANN HESSE einer solchen Schulung eigener Mündigkeit einmal in einer ergreifenden Abschiedsszene das Wort geredet[101]: Die Neigung eines jeden Vaters wäre groß, die eigenen Lebenserfahrungen als gültig auf dem Weg zur Weisheit zumindest doch dem Sohn, weil man ihn liebt, als Mahnung und als Warnung mitzugeben; jedoch: die eigenen Erfahrungen sind nur die eigenen Erfahrungen, und jeder hat ein eigenes Leben, in das hinein Gott selbst ihn führen wird. Nicht eine Lebenslehre, so klug sie sonst auch sein mag, sondern ein Vertrauen in die Führung Gottes selbst ist das, was «christlich» sich von Mensch zu Mensch vermitteln müßte. – Alle Einrichtungen kirchlicher «Gnadenmittel» in Gestalt der «Sakramente» lassen sich von daher neu interpretieren.

Was zum Beispiel ist es jetzt mit der in beiden Großkirchen gepflegten *Kindertaufe*? Sie kann, wie sich gezeigt hat, ausdrücken, was es bedeutet, noch einmal ganz «von vorn», aus «Geist», sein Dasein zu begründen, wie Jesus in dem Nachtgespräch mit Nikodemus sagt (Joh 3,1–13)[102]; sie kann jedoch auch die Gefahr markieren, Kinder möglichst früh, weit unterhalb persönlicher Entscheidung, auf das Bezugssystem der jeweiligen Kirche festzulegen. – Wiederum: alle Religionsformen sonst mögen mit entsprechenden Praktiken im Umkreis von Geburt und Initiation ein Neugeborenes in die Gemeinschaft ihrer Gruppe aufnehmen; jedoch der «Geist», den sie auf diese Art vermitteln, ist nur der Geist des eigenen Stammes, des eigenen

101 HERMANN HESSE: Siddhartha, 128: «Wissen kann man mitteilen, Weisheit aber nicht. Man kann sie finden, man kann sie leben, man kann von ihr getragen werden, man kann mit ihr Wunder tun, aber sagen und lehren kann man sie nicht.» Vgl. SÖREN KIERKEGAARD: Der Augenblick, 137–142: Mt 23,29–33: Wehe euch, Schriftgelehrte und Pharisäer.

102 Zur Stelle vgl. E. DREWERMANN: Das Johannes-Evangelium, I 141–155: Joh 3,1–13: Das Nachtgespräch mit Nikodemus oder: Der Wind weht, wo er will.

Volkes, der eigenen Nation, Religion und Konfession[103], – es ist ganz sicher nicht der Geist, mit dem Gott aller Menschen Herz durchweht. Das aber muß der Sinn «christlicher» Kindertaufe sein: Wenn man sie überhaupt als Praxis zuläßt, so sollte sie den Eltern sagen, daß ihre Kinder nicht ihr Eigentum sein können. – Im Grunde ist die Situation vergleichbar mit der Erziehung des *Mose*, der – nach einem verbreiteten Mythenmotiv[104] – als Findelkind im Nil von der ägyptischen Prinzessin zur stellvertretenden Pflege seiner Mutter Jochebed (Ex 6,20) übergeben wurde (Ex 2,1–10): Eigentlich kommt jedes Neugeborene als ein noch unentdecktes Königskind zur Welt, und seine Eltern stehen vor der Aufgabe, es für eine Zukunft großzuziehen, die regelmäßig ihren eigenen Horizont auf unvorhersehbare Weise überschreiten wird. Natürlich werden sie ihm ihre Sprache und Kultur, ihre moralischen und religiösen Wertvorstellungen und Überzeugungen, ihre gesellschaftlichen und beruflichen Zielsetzungen und Bildungsmöglichkeiten zu vermitteln suchen; doch all das sind nur Wege, die ins Weite wollen, nicht Engführungen auf vorweg schon festgelegte Resultate hin. «Euer Kind ist nicht euer Kind», sagt das Symbol der Kindertaufe, «christlich» ausgedeutet, allen Eltern, «es gehört ganz und gar, in seinem Dasein und in seinem Wesen, Gott.»

Für alle Eltern (und für alle Lehrer) folgt daraus ein Pädagogikstil, der vorrangig der Förderung der kindlichen Persönlichkeit gewidmet ist. – Wie geht ein «Kunsterzieher» vor? Er bildet den Geschmack fürs Schöne aus, er schenkt den Kindern Freude an dem Spiel von Formen und Gestalten, er besteht streng auf dem Erlernen handwerklichen Könnens, er unterstützt die unterschiedlichen Begabungen, – ein solcher Lehrer fühlt sich selbst als eine Tür, die aus dem Innenraum eines Museums hinausweist zu den Wunderwerken, deren die Welt voll ist. Und wie, analog dazu, sollte ein Religionslehrer in seinem Fach verfahren? Er sollte vor allem die «musischen» Fächer integrieren, um in Malerei, Musik und Literatur den großen Darstellungen, Interpretationen und Bearbeitungen der biblisch-christlichen Hauptthemen in der europäischen Kulturgeschichte nachzuspüren.

103 Vgl. G. VAN DER LEEUW: Phänomenologie der Religion, 271: «Der primitive Mensch denkt und handelt kollektiv. Der Einzelne ist nichts ohne die Andern. In ihm handelt sein Geschlecht, sein Stamm.»

104 Vgl. WALTER BEYERLIN (Hg.): Religionsgeschichtliches Textbuch zum Alten Testament, 123–124: Die akkadische Sargon-Legende: Göttlicher Schutz des erwählten Kindes.

Die «Pfingstsprache» der christlichen Verkündigung ist durch und durch gebunden an die Kunst mit ihrer Fähigkeit, die wesentlichen Problemstellungen des Daseins so grundlegend abzuhandeln, daß Menschen überall auf Erden sich davon angesprochen und verstanden fühlen können.

Jenseits der Sondervorschriften des jüdischen Gesetzes ist eine solche religiöse Propädeutik in den dichterischen und erzählerischen Teilen der Bibel selber bereits angelegt. Vom Erbarmen Gottes mit den Menschen wie den Tieren in Ninive kündet etwa das wunderbare Büchlein *Jona*, das – ähnlich wie die jahwistische Urgeschichte – in großen mythisch-märchenhaften Bildsequenzen von Angst, von Schuld und ihrer Überwindung redet[105]. Oder das Büchlein *Ruth*, das gegen alle religiös bedingte Fremdenfeindlichkeit davon erzählt, daß sogar König *David*, dieser Stolz sämtlicher national gesinnter Juden, niemals zur Welt gekommen wäre ohne jene Frau aus dem Stamme der verhaßten Moabiter, deren Name doch schon steht für Unzucht und Inzest (Gen 19,37)[106]. Oder die wunderbaren Gleichnisse Jesu von dem Hirten auf der Suche nach dem verlorenen Schaf (Lk 15,1–7) oder von dem Vater, der wartet auf die Rückkehr seines Sohnes (Lk 15,11–32), oder von dem Samariter, der den Verletzten am Wegesrand versorgt (Lk 10,25–37). Einzuüben ist als Passepartout zum Verständnis der Eigenart der biblischen Darstellungsweise vor allem eine Lektüre, die von Einfühlung und bildhaftem Denken getragen ist, – die meisten Steil- und Engpässe der kirchlichen Dogmatik ließen sich auf diese Weise elegant umgehen. Dabei verdient auch hier ein Ratschlag KIERKEGAARDS beherzigt zu werden: die Szenen der Passionsgeschichte sollten Kindern erspart und allein den Erwachsenen vorbehalten bleiben[107], – erst diese können begreifen, welchen

105 Vgl. E. DREWERMANN: Und der Fisch spie Jona an Land, 11–32, zu Jona 1,1–2,1.

106 Vgl. E. DREWERMANN: Das Matthäus-Evangelium, 233–279: Der Stammbaum Jesu, S. 256–269: «Dein Gott ist mein Gott» oder: Das Leben der Ruth.

107 SÖREN KIERKEGAARD: Tagebücher, IV 110–111: Die gefährlichste Situation für ein Kind in Hinsicht auf das Religiöse: «Entweder muß man in bezug auf das Kind am Christentum weglassen, was eigentlich Christentum ist – und was will es dann heißen, im Christentum zu erziehen! – oder man muß es sagen, und dann wird das Kind veranlaßt, mehr bange zu werden vor dem Christentum als froh darüber.» DERS.: Der Augenblick, 247–250: Daß die besonders im Protestantismus so hoch gepriesene christliche Kindererziehung in einem christlichen Familienleben, christlich, auf einer Lüge, einer reinen Lüge gründet: «Unter dem Namen einer ‹christlichen› Kindererziehung schwatzen sie frischweg nach heidnischem Muster …: Es ist eine außerordentliche Wohltat, daß du da bist, es ist eine herrliche Welt, in die du

Schwierigkeiten gerade eine Botschaft begegnen wird, die sich so selbstverständlich mit den «Kindlichen» verbündet gegen die «Großen» (Mk 10,13–16).

Insbesondere sollte der Religionsunterricht, wenn er schon unter kirchlich-staatlicher Aufsicht in allen Schulen fest etabliert ist, ein Gegenmodell zu dem offiziellen Kurs der BRD-Politik darstellen, die nach den Worten von Ex-Bildungsministerin *Annette Schavan* die «Bildung an die Wirtschaft ankoppeln» möchte. «Religion» kann glaubhaft nur unterrichtet werden, wenn der Kerninhalt des Christentums: die Akzeptation des Menschen unabhängig von den Forderungen zuvor erbrachter Leistungen, die Form der Lehrvermittlung selbst bestimmt. Als «Leistungsfach» mit fixen Noten kann und darf die Botschaft Jesu nicht Kindern aufoktroyiert werden. Prüfen nach Zensuren läßt sich gewiß der Wissensstand gewisser Fakten der Historie und Bibelkunde, doch gibt es kaum ein besseres Mittel, Atheismus zu verbreiten, als wenn man, statt Religion, «Religionskunde» unterrichtet. Ein bloßes Wissen von Glaubensinhalten, das sich an die Stelle wirklichen «Glaubens» setzt, ist genau das, was die Aufsichtsbehörden in Staat und Kirche sich wünschen, – ein verunpersönlichtes, verordnetes, verlangweiligtes «Christentum», von dem keinerlei Unruhe oder Beunruhigung mehr ausgeht. Den Kindern kommender Generationen sollte man derlei ersparen in Wahrung ihrer ursprünglichen Kreativität und Begeisterungsfähigkeit im Umgang mit religiösen Sehnsüchten und Fragen.

Im *Lukas*-Evangelium gibt es – auf dem Hintergrund altägyptischer Überlieferung – eine Erzählung, die in Form einer Legende davon berichtet, wie Jesus selber vom unmündigen Kinde zum Erwachsenen heranreifte. Der Gewohnheit gemäß hatten Joseph und Maria sich mit ihrem Sohn zur Wallfahrt hinauf nach Jerusalem begeben, und alles hätte sich dort zutragen können wie immer: in Nachbarschaftsgruppen pilgerte man in die heilige Stadt, und so auch kehrte man nach Hause zurück. Doch statt sich wie üblich am Ende der Festlichkeiten seiner Reisegesellschaft anzuschließen, ließ Jesus sie ziehen und ging seinen eigenen Interessen nach. Er war gerade 12 Jahre alt, und er hatte begonnen nachzudenken. Er wollte nicht mehr nur tun, was gesagt wird, er wollte wissen, was mit dem Gesagten gemeint ist. Der Neue Bundes des *Jeremia* in der Verinnerlichung des Gotteswortes, – so vollzieht er sich psychologisch im Leben jedes

gekommen bist, und Gott ist ein netter Mann, halte dich nur an ihn, all deine Wünsche erfüllt er wohl nicht, aber helfen tut er. Alles Lüge.» (S. 249)

Einzelnen, das heißt: so müßte er sich immer neu vollziehen, wenn und damit jemand seelisch «erwachsen» wird: Die Dressate des Überich müssen unterstellt werden dem Urteil des Ich, sie müssen flexibel werden für situationsgerechte Konfliktlösungen, sie müssen sich öffnen für neue Inhalte und Einsichten. Sie müssen ... Was in der Legende vom zwölfjährigen Jesus beschrieben wird, ist ein Prozeß, der allzumeist das ganze Leben andauert. Das hindert nicht, daß gerade auch ein Langlauf mit einem Startschuß auf die Bahn geht, und davon offenbar, von diesem Aufbruch in die Welt des eigenen Denkens, Fühlens, Wissenwollens, Stellungnehmens, berichtet die lukanische Kindheitserzählung (Lk 2,41–52): Drei Tage lang, unbemerkt von seinen Eltern, sitzt da der junge Jesus im Kreis der Schriftgelehrten, «ihnen zuhörend und sie befragend» (Lk 2,46)[108].

Man sagt, daß in der Zeit der Pubertät die Werteinstellungen sich formen, die später dann im weiteren Leben ihre Gültigkeit erweisen müssen. Im Leben Jesu werden diese Fragen sich immer wieder stellen: Wie hilft uns das Gesetz des *Mose*, Menschen, die am Boden liegen, aufzurichten, statt sie moralisch und juridisch hinzurichten? Wie menschlich darf man Gottes Wort verstehen? Ja, darf man jemals Gottes Worte anders auslegen denn als den Hintergrund von Menschlichkeit und Güte? Was sich hier anbahnt, ist ein Umdenken in allem, ist der Beginn des Jesus, der uns dann später in den Evangelien begegnen wird. «Wußtet ihr nicht», hält er, wie erstaunt, seinen Eltern, die voller Sorgen ihn suchen, schon an dieser Stelle entgegen, «daß ich in dem Bereich meines Vaters sein muß?» (Lk 2,49) Gott als sein «Vater» – diese Entdeckung wird Jesu Charakter von Grund auf bestimmen; und der gesamte Religionstyp einer ödipalen, patriarchalen, autoritätsabhängigen, außengelenkten und Überich-verfestigten Frömmigkeitshaltung wird dabei abgeschmolzen werden[109]. Die religiöse Revolution des Jesus aus Nazaret – hier bereitet sie sich vor.

Und natürlich hat sie Folgen für alle Eltern, alle Lehrer, die ihre Kinder «christlich» erziehen wollen, wofern das Bild dieser Legende den Wert eines Vorbilds besitzt. Das Vertrauen in Gott, mit dem Jesus ins Leben tritt, findet seine Parallele in dem Vertrauen der «Erziehungsberechtigten», daß sie von einem bestimmten Punkt der Entwicklung ihres Zöglings an ihre Verantwortung an Gott übergeben

108 Vgl. E. DREWERMANN: Dein Name ist wie der Geschmack des Lebens, 125–138: Der zwölfjährige Jesus im Tempel oder Erwachsenwerden heißt vor Gott hintreten (Lk 2,41–52).
109 E. DREWERMANN: Das Lukas-Evangelium, I 152–163, S. 155–159.

können und dürfen. Sie müssen ihr Kind, das erwachsen wird, nicht länger beaufsichtigen und kommandieren, – es kann und muß nach und nach selber entscheiden, wohin sein Weg führt. Mit Verboten und Strafen ist ohnedies fortan immer weniger auszurichten. Es zeigt sich vielmehr, daß die alte Forderung nach «Gehorsam» kein Selbstzweck gewesen ist: Gehorsam ist nötig, um ein Kind an all den Stellen vor Schaden zu bewahren, an denen es eine reale Gefahr aus eigenem Wissen nicht richtig beurteilen kann; Gehorsam nach außen übt Standards ein, die späterhin nützlich sind, selbst zu entscheiden; doch irgendwann ist der Zeitpunkt gekommen, da die Fremdkontrolle übergeht in Selbstkontrolle. Eltern und Lehrer hören dann auf, «Erzieher» zu sein; sie werden Freunde, Begleiter und Partner, sie sind und bleiben Vertrauenspersonen; und die «Autorität», die sie weiter behalten, gründet allein in ihrer Verbundenheit und in ihrer Vertrautheit. – Ein Täubchen, das groß genug ist, will und muß fliegen dürfen über den Dächern, und wenn es nur auf sich selbst hört, weiß es sogar im Häusergewirr einer Großstadt das kleine Einflugsloch seines Schlags zu erkennen.

Für das, was man kirchlich als *Firmung* oder als *Konfirmation* bezeichnet, ist kein Text in der Bibel besser zur Deutung geeignet als dieser vom zwölfjährigen Jesus im Tempel. Ein «Sakrament», das die Kirche «spendet» und bei dem ein heiliges Öl (ein «Chrisam») benötigt würde, findet da nicht gerade statt; wohl aber ereignet sich zwischen dem einzelnen Jugendlichen und seinem Gott etwas Wesentliches, Lebensentscheidendes, – die schützende Hülle des Elternhauses bricht auf, und das wahre Abenteuer des Glaubens beginnt. Maßgebend ist jetzt allein Gott und sein Wort, das Menschlichkeit möglich macht, indem es Freiheit begünstigt. Es ist nicht unwichtig, für diese neu gefundene Mündigkeit im Zusammenleben ein eigenes rituelles Zeichen zu setzen, das den weiteren Entwicklungsabschnitt markiert, doch vorbereiten sollte man die Stunde der Selbstfindung in Gott an der Stätte des «Tempels» nach der Art des zwölfjährigen Jesus: im Hören und Fragen nach dem Sinn der «Gesetze» und nach den Vorstellungen vom Sinn eines eigenen Lebens.

Ein Einwand, der generell gegen ein solches existenzphilosophisches, psychoanalytisch vermitteltes Verständnis des christlichen Glaubens, wie hier vorgetragen, immer wieder geltend gemacht wird, besteht in dem Vorwurf eines «Individualismus», der – ohne Rücksicht auf Verluste – seine «Selbstverwirklichung» anstrebe. Doch eine solche Rationalisierung der tradierten Feindschaft gegenüber allem

«Subjektiven» geht gründlich in die Irre. Wohl zu keinem Zeitpunkt seelischer Entwicklung suchen Menschen so sehr nach ihrer eigenen Identität wie zu Beginn der Pubertät, gleichzeitig aber sind sie voller hoher Ideale zugunsten einer Welt, wie sie in Frieden und Gerechtigkeit sein sollte, – eine ganz entscheidende Aufgabe kirchlicher «Erziehung» müßte im folgenden darin bestehen, diese Gesinnung zu fördern und zu stützen, statt sie als «Dauerpubeszententum» dem hohnvollen Zynismus der vermeintlich erwachsen gewordenen «Realisten» in Staat und Gesellschaft zu opfern. Deutlich verbindet sich mit der Suche nach sich selber vor allem eine leidenschaftliche Suche nach einem möglichen Partner der Liebe, – ganz offensichtlich ist das eine nur die Kehrseite des anderen. Einsamkeit und Gemeinsamkeit bilden fortan die Spannungspole jeder tieferen Beziehung; beide schließen einander nicht aus, sondern bedingen sich wechselseitig. Wer sich selbst zu verstehen beginnt, versteht auch die Menschen an seiner Seite zunehmend besser; oder sogar noch schärfer formuliert: andere Menschen vermag man nur gerade so weit zu verstehen, wie man im Umgang mit sich selbst an Verständnis gewonnen hat.

Vor allem für die Ausbildung der Fähigkeit zu *Liebe, Ehe und Familie* sorgt die Pubertät für die letzten großen Weichenstellungen. Was an seelischer Ablösung von den Eltern in dieser Phase der Entwicklung nicht wirklich zustande gekommen ist, wird später mit Sicherheit in Form von Wiederholungszwängen und Übertragungen auf das jeweilige Gegenüber der Liebe sich zu Wort melden, um mit ihm nachgearbeitet zu werden. Kein Pfarrer, der den Bund einer Ehe einsegnet (protestantisch) oder als Sakrament bestätigt (katholisch), kann beurteilen, wieviel auf dem Weg zu sich selbst und zum anderen gemeinsam bereits zurückgelegt worden ist, und die Betroffenen selbst können es ihm nicht sagen, sie müssen im Umgang miteinander herausfinden dürfen, was wie schicksalhaft als Segen oder als Fluch im Gelingen oder Mißlingen an unbewußten Mechanismen in ihre Beziehung sich einmischt. Allzumeist sprechen die Sonntagspredigten davon, es sei die Ehe, es sei die Familie die «Keimzelle» der Gesellschaft, des Staates, der Kirche; doch wenn dem so ist, sollte gerade die christliche Theologie diesen ersten und wichtigsten Schritt vom Ich zum Wir entsprechend ernst nehmen und insbesondere die Ehe als soziale Einrichtung in ihrer Erlösungsbedürftigkeit begreifen, indem sie ihre Probleme und Tragödien mit den Mitteln von Psychotherapie und Seelsorge zu beantworten versucht. Wer die Wunden der Liebe nicht zu heilen vermag, begibt sich des Rechtes zu richten.

Was immer sich Kirche zu nennen beabsichtigt, muß daher als erstes eine Asylstätte des Seindürfens und der Ichfindung sein, eine Schule der Reifung zu Liebe und Menschlichkeit also. Wie aber «organisiert» man solch eine «Schule»? Schon am Ende des 2. Jhs. n. Chr. prophezeite der Philosoph CELSUS nicht ganz zu Unrecht, der damals noch hohe sittliche Standard der Kirche, mit dem manche Apologeten sich brüsteten, werde von ganz alleine vergehen, wenn, was er selber nicht hoffe, aus dieser Kleingruppensekte eine an Zahl beachtliche Religionsgemeinschaft werden sollte[110].

Tatsächlich ist es eine schwer zu lösende Frage, ob Wahrheit nicht verraten wird, wenn man sie mit den Mitteln von Macht und Pracht und Propaganda zu organisieren und zu institutionalisieren sucht. Was vor Gott wahr ist, kann sich nur durch Überzeugung von Person zu Person vermitteln, und eben die Erhaltung und Entfaltung der Person steht selbst im Zentrum der christlichen Botschaft und Lebensweise. Sobald man indessen anfängt, Menschen in Zweckgemeinschaften zusammenzuschließen, muß man sie möglichst effektiv einsetzen, man muß sie anleiten, sich durchzusetzen, man muß ihre Zusammenarbeit hierarchisch ordnen, und je erfolgreicher das alles geschieht, desto weniger wird der vermenschlichende Ausgangspunkt noch spürbar sein. Als obersten Grundsatz der Sittlichkeit stellte IMMANUEL KANT das Prinzip heraus, Menschen niemals als Mittel zum Zweck, sondern stets als Zweck an sich selbst zu betrachten[111]. Wo aber im Umgang mit Menschen ginge es wirklich um Menschen?

Um Gruppen zu organisieren und zu formieren, braucht man als erstes Geld und Einfluß, Gönner und Multiplikatoren, Beziehungen und Referenzen, – man muß halt Klinken putzen und sich fragen, was wer mit wem wohl machen kann. Man muß genau das Gegenteil von KANTS Maxime praktizieren. Bei einer politischen Partei, bei

110 Vgl. ORIGENES: Acht Bücher gegen Celsus, III 10; Bd. 1, S. 216: «Im Anfang ... bildeten sie (sc. die Christen, d. V.) ein kleines Häufchen und waren eines Sinnes (sc. vgl. Apg 2,44 ff.; 4,32, d. V.), seitdem sie aber zu einer Menge angewachsen sind, entstehen wiederum unter ihnen Spaltungen und Parteien, und ein jeder will sich einen eigenen Anhang schaffen; denn danach trachteten sie von Anfang an.»

111 IMMANUEL KANT: Metaphysik der Sitten, IX: Was ist Tugendpflicht?, in: Werke, VIII 526: «Das oberste Prinzip der Tugendlehre ist: handle nach einer Maxime der Zwecke, die zu haben für jedermann ein allgemeines Gesetz sein kann. – Nach diesem Prinzip ist der Mensch sowohl sich selbst als anderen Zweck und es ist nicht genug, daß er weder sich selbst noch andere bloß als Mittel zu brauchen befugt ist (dabei er doch gegen sie auch indifferent sein kann), sondern den Menschen überhaupt sich zum Zwecke zu machen ist an sich selbst des Menschen Pflicht.»

einem Wirtschaftsverband, auf dem Kasernenhof oder auf den Schlachtfeldern des Militärs mag man, mehr oder minder erschrokken, feststellen, wie weit allerorten die «Realität» sich von dem Ideal des Sittlichen entfernt, – bei einer Gemeinschaft von Menschen, die überhaupt nur zusammenkommen um der Vermenschlichung der Menschen willen, bedeutet es einen fundamentalen Widerspruch von Ziel und Weg, wenn auch in ihr die erste Frage lautet, nicht: Was bist du für ein Mensch?, sondern: Was kann ich mit dir machen?

Dogmatisch behauptet insbesondere die katholische Kirche Roms, sie unterscheide sich von allen anderen religiösen Gruppierungen durch den Besitz einer Wahrheit, die ihr durch den Beistand des göttlichen Geistes in ihren Ämtern und heiligen Handlungen zu eigen sei; doch Anspruch und Wirklichkeit müssen solange kontrastieren, als man nicht die Form des Zusammenlebens selbst als Wahrheitskriterium der Gruppenbildung betrachtet. Was in anderen Gruppen sich funktional bewährt, kann gänzlich falsch sein, wenn es in «Kirche» geschieht. Eine Institution, die vorgibt, in ihr, durch sie geschehe von Gott her «Erlösung» der «Welt», kann nicht als «erfolgreich» für sich übernehmen, wovon sie die Menschheit befreien will. Daß gerade das Streben nach imperialer Größe spätestens vom 4. nachchristlichen Jahrhundert an das Christentum in Konkurrenz mit allen anderen Religionen überaus «erfolgreich» im Abendland gemacht hat, ist eine bittere Feststellung, die kaum anders denn als krasser Abfall von der Botschaft Jesu betrachtet werden kann. Wie aber sollte Kirche dann sein?

Es sind zwei Grundlagen bei der Gründung menschlicher Gemeinschaften, die strukturell überwunden sein müssen, wenn Kirche Wirklichkeit werden soll, das ist zum einen *der Faktor des Mangels*, das ist zum anderen *der Faktor der Angst und der Aggression.*

Gruppendynamisch steht jedes Sozialgebilde vor der Frage, wie es sich gegen seine Auflösung schützt; all seine Reglements sind samt und sonders diesem Ziel gewidmet[112]. Der Grund, weswegen Menschen in Gruppen sich zusammenschließen, ist die Verbesserung der Überlebenschancen durch Zusammenhalt. – Unter heutigen Verhältnissen kann man sich nur schwer vorstellen, wie elementar in den Anfangstagen der Menschheit die Bedürftigkeit in allem Notwendi-

112 Vgl. GEORGE CASPAR HOMANS: Theorie der sozialen Gruppe, 106: «‹Wie ist die Gruppenumwelt beschaffen?› und … ‹Welche Einschränkungen werden den Interaktionen, Gefühlen und Aktivitäten einer Gruppe durch die Bedingung auferlegt, sich in der Umwelt am Leben zu erhalten?›»

gen das Fühlen und Verhalten bestimmt haben muß. Welch ein Revier, in welchem trinkbares Wasser und jagdbares Wild in hinreichender Menge sich befindet, läßt sich von der eigenen Gruppe in Konkurrenz mit anderen Gruppen zumindest eine Weile lang behaupten? Der Zugang zu Wasser und Nahrung war niemals unbeschwert; in Wochen und Tagen konnten Seen und Tümpel versiegen, die Herden der Tiere standen nicht ortsfest, und wer ihren Wanderwegen nachziehen wollte, geriet leicht in Konflikt mit anderen Gruppen, die das gleiche zu tun unternahmen. Der Mangel an Ressourcen und, daraus folgend, der Verteilungskampf entlang dem Gesetz vom «Recht» des Stärkeren prägte das Selbstverständnis der Psychologie jeder Gruppe: man muß sich behaupten, man muß zusammenhalten, um stärker zu sein als die Konkurrenz, man muß gemeinsam sich durchsetzen.

Angesichts des Mangels schon an den Grundnahrungsmitteln ist jeder Gruppe die Angst vor dem Untergang in die Bedingungen ihres Zusammenhalts eingeschrieben. Entsprechend stark ist der interne Zwang zu höchstmöglicher Funktionalität. Von einer «Terrorbrüderlichkeit» sprach JEAN-PAUL SARTRE in seiner «Kritik der dialektischen Vernunft», um einen Gruppenzusammenhalt zu kennzeichnen, der wesentlich auf der Furcht vor der Auflösung der Gemeinschaft basiert[113]. Was er vor sich sah, war dies: Um möglichst effektiv zu funktionieren, werden die Individuen in serielle Nullen verwandelt, die in ihren einzelnen Aufgabenbereichen in ein Maximum des Gleichmaßes hineingepreßt werden müssen; doch gerade darin liegt die Gefahr der Selbstauflösung der Gruppe, zu deren Abwehr man den Druck auf die einzelnen Mitglieder erhöht. Die Zwangsverpflichtung des Eids[114], ein rigider Katalog von Strafen, die das soziale Exil im Falle gewisser Normübertretungen festlegen, stete Kontrollüberwachung und die Normierung entfremdeter Arbeit sind nur einige der üblichen Verfahren, Gruppen zusammenzuhalten.

Die Überzeugung von dem Überlebensvorteil, einer bestimmten Gruppe anzugehören, wird am mächtigsten scheinbar gestärkt im

113 JEAN PAUL SARTRE: Kritik der dialektischen Vernunft, 498–499; 531; vgl. E. DREWERMANN: Strukturen des Bösen, III 345–346: Die Terrorbrüderlichkeit.

114 JEAN PAUL SARTRE: Kritik der dialektischen Vernunft, 460: «Ein freier Versuch, an die Stelle der Angst vor sich selbst und vor dem Anderen in jedem und durch jeden die Angst vor allen zu setzen …: das ist der Eid.» S. 461: «der grundlegende Status der vereidigten Gruppe ist der Terror.» – Zu dem Verbot des Eides durch Jesus vgl. E. DREWERMANN: Das Matthäus-Evangelium, I 474–481: Mt 5,33–37: Du sollst nicht schwören.

Fall einer akuten Bedrohung durch äußere Feinde. Ohnehin schon gehört es zur Aufgabe eines Gruppenleiters, ein gemeinsames Ziel, ein Aktionsprogramm vorzugeben; niemals aber ist der Zusammenhalt einer Gruppe fester und die Autorität ihres Führers größer als im Fall einer Auseinandersetzung auf Sein oder Nichtsein mit einem entsprechend gefährlichen Gegner[115]. Um in tödliche Konflikte hineinzugehen, muß im Vorlauf bereits das Stereotyp der eigenen Gruppe ins absolut Positive gehoben und das des Gegners ins absolut Negative geschoben werden[116]: wir, die Vertreter des Guten, Edlen und Wahren, wir, die Sendboten des Rechts und der Freiheit, der Menschlichkeit und des Anstands, treten an gegen die Vertreter des Bösen, Infamen und Verlogenen, gegen die geborenen Repräsentanten der Barbarei und der Despotie, der Unmenschlichkeit und Unsittlichkeit ... Ein guter, gerechter, ein göttlicher Krieg braucht ein Feindbild von Bestien, Ungeheuern und Teufeln, – man kann sie nur ausrotten oder versklaven.

Selbst «kritischen» Betrachtern der Kirchengeschichte ist das ungeheuerliche Ausmaß dieser «Normalität des Wahnsinns», wie ARNO GRUEN die Strukturen der Macht bezeichnet hat[117], zumeist nicht wirklich klar; brachte nicht doch, bei Lichte besehen, die Schwertmission der Karolinger und Ottonen, der Salier und Staufer und dann erst recht der spanischen und portugiesischen Konquistadoren und Feudalherren, der britischen und französischen Eroberer und Kolonisatoren den «primitiven» unterworfenen Stämmen, Völkern und Reichen einen enormen kulturellen und wirtschaftlichen Entwicklungsschub? Lesen und Schreiben, Mathematik und Technik, und dann doch auch die rechte Gottesverehrung – waren sie nicht ein Beweis für das segnende Eingreifen Gottes in den Lauf der Geschichte?

Im Oktober 2013 debattierte man mit Empörung und Spott die Kostenexplosion beim Bau eines bischöflichen Palais in Limburg, das

115 Vgl. GEORGE CASPAR HOMANS: Theorie der sozialen Gruppe, 388–391: Autorität und Kontrolle. RAYMOND BATTEGAY: Der Mensch in der Gruppe, II 206, meint: «Die nach außen gerichteten Aggressionen können den Zusammenhalt des Kollektivs fördern.»

116 Vgl. PETER R. HOFSTÄTTER: Gruppendynamik, 98–111.

117 ARNO GRUEN: Der Wahnsinn der Normalität, 184–195: Der Wahnsinn als Lebensweise, der Wahnsinn als Protest, meint, S. 184: «Der Wahnsinn der ‹Realisten› ist ihre Leugnung des Menschlichen unter dem Deckmantel der Sorge für den Menschen. Sie verstehen, sich ein menschliches Antlitz zu geben, haben aber keinerlei entsprechende Gefühle.»

nicht mehr, wie geplant, «nur» 2 Mio. Euro, sondern mit mal zwischen 30–40 Mio. Euro kosten sollte. Doch wenn *Franz-Peter Tebartz van Elst* als dortiger Bischof im Amt nicht zu halten war, wie sogar die Kanzlerin der BRD durch ihren Regierungssprecher lancieren ließ, weil er ein Gebäude der Schönheit für die Zukunft zu errichten gedachte[118], was ist es dann mit dem Vatikan selbst, mit den Kirchen und Kathedralen, dem Glimmer und Glanz aus Marmor und Gold, mit den Kelchen, Monstranzen und Paramenten, die nirgends zu kostbar sein konnten? Wer Gott oder Christus auf Erden repräsentieren will, kann gar nicht großzügig und verschwenderisch genug vorgehen. Und hat dieses Vorgehen nicht allerorten geradezu betörend gewirkt? Es war kein Vergehen und kein Versehen. Ehrfürchtig und staunend betraten die armen Leute die prachtvollen Gotteshäuser, bewunderten die Farbigkeit der Fresken, atmeten den Weihrauch und Wachsduft der Kerzen, – so war es würdig und schön, ein Vorgeschmack schon auf den Himmel, und so ganz anders doch als die asketische Kahlheit calvinistischer Kirchen; katholische Sinnenlust eben ... All die Pilgerzüge und Touristenströme, die man in den Petersdom leitet, sollten bezaubert werden von der Majestät und Schönheit der größten Schöpfungen der Künstler in der Zeit der Renaissance, und muß man dann noch daran denken, in wessen Diensten sie gestanden sind? Man betritt die Basilika von Santa Maria Maggiore und wird geblendet von dem Glanz der Kassettendecke, deren Gold – ja, wen interessiert's noch? – den mesoamerikanischen und peruanischen Indios mit grausamer Gewalt abgepreßt wurde[119]. –

118 Vgl. MATTHIAS DROBINSKI: Tricksen, täuschen, leugnen. Der Limburger Bischof hat sich in ein System von Halbwahrheiten verstrickt, in: Süddeutsche Zeitung, 10. Okt. 2013, S. 2. – Man sollte, statt einen Einzelnen in der Presse zu skandalisieren, den Blick auf das Typische richten. Vgl. KERSTIN KOHLENBERG – DANIEL MÜLLER: Der Geldsegen, in: Die Zeit, 13.2.2014, S. 17–19, zum Finanzgebaren der Diözese Köln. Vgl. bes. GIANLUIGI NUZZI: Vatikan AG, 97–111: Das parallele IOR – zu den Verflechtungen von Politik, Mafia und Geldwäsche im Istituto per le Opere di Religione: der Vatikanbank. Vgl. auch LUKAS HEINY – KARIN PRUMMER – STEFAN SCHMITZ: Die letzten Fürsten, in: Stern, 24.10.2013, 38–45.

119 Vgl. WILL DURANT: Glanz und Zerfall der italienischen Renaissance (Kulturgeschichte der Menschheit, VIII), 218: «Auf Papst Alexanders Geheiß (sc. Alexander VI., 1492–1503, d. V.) schuf er (sc. der Architekt Giuliano da Sangallo, d. V.) die mächtige Kassettendecke von Santa Maria Maggiore und bemalte sie mit dem ersten Gold, das aus Amerika herübergekommen war.» Vgl. auch GERT VON PACZENSKY: Verbrechen im Namen Christi, 12: «In den Kolonialismus, auch in seinen schlimmsten Manifestationen, waren christliche Männer und Frauen verstrickt; man nannte sie Missionare.»

«Die Kriminalgeschichte des Christentums» nennt KARLHEINZ DESCHNER die gesamte Entwicklung der kirchengebundenen Christenheit, schon weil er es ablehnt, die Kunstgeschichte als Rechtfertigung der im Namen des Christus begangenen Gewaltverbrechen gelten zu lassen[120], und hat er nicht recht? Wer vom ästhetisch befriedigenden Resultat her die unfriedliche Gräßlichkeit der Gewalt legitimieren wollte, begäbe sich geraden Wegs auf das Niveau der Skrupellosigkeit und des Zynismus der Colonna-Kardinäle und der Borgia-Päpste. Mit Christus hat das nichts zu tun.

Wie aber dann?

Eine Kirche, die sich nicht erfolgreich selbst verweltlicht, sondern dabei bleibt, die Welt verchristlichen zu wollen, verurteilt sich nach Meinung aller «Realisten» wie von selbst zum Mißerfolg. Na und? müßte man christlich allerdings dagegen fragen. Hat Jesus, als man ihn auf Golgota als Schwerverbrecher, Gotteslästerer, Lügenpropheten und Gesetzesbrecher kreuzigte, etwa Erfolg gehabt? Ja, hat er, muß man paradoxerweise antworten; er hat sich an der Seite Gottes durchgehalten, er ist in Gott sich treu geblieben, – das ganz allein war seine «Herrlichkeit»[121]. Jedoch, wer so bekennt, dem dreht die ganze Welt von oben sich nach unten, dem fällt, was «groß» schien, auf den Kopf, dem wendet sich das Unterste zu oberst, und wie muß dann in seinen Augen Kirche sein?

«Sie muß sich stärker sozial engagieren», ist derzeit im Katholizismus zu hören, und man zitiert dabei den neuen Papst *Franziskus* mit den Worten, die Hirten müßten den Geruch der Schafe an sich haben; eine Kirche der Armen müsse es werden[122]. Gewiß, da scheint ein Umdenken stattzufinden, das um so beachtenswerter ist, als unter *Johannes Paul II.* und Papst *Benedikt XVI.*, als dieser noch Kardinal Joseph Ratzinger und Präfekt der Glaubenskongregation war, die Vertreter der «Befreiungstheologie» als Marxisten diffamiert und denunziert wurden[123]. In der Tat: wer in der BRD des Jahres 2013

120 KARLHEINZ DESCHNER: Kriminalgeschichte des Christentms, Bd. 2, 55–92: Der päpstliche Primat oder Die «Petra Scandali». Triumph von Erschleichung und Machtgier.

121 HANS URS VON BALTHASAR: Theologik, II 16, betont, mit Bezug zu der «Wahrheit, die Jesus als der Ausleger und Ausgelegte ist,» sie sei zugleich «Herrlichkeit» und «Güte» – entsprechend der scholastischen Gleichsetzung des Einen, Schönen, Wahren und Guten in allem Seienden.

122 PAPST FRANZISKUS: Die Freude des Evangeliums, Nr. 24.

123 Vgl. GERHARD FELDBAUER: Wojtyla am Ziel. Johannes Paul II., der reaktionärste Papst der Neuzeit wird heiliggesprochen, in: junge Welt, 9. Juli 2013, S. 6:

angesichts von etwa 15 Mio. Leuten, die am Rande oder unterhalb der Armutsgrenze leben, auf die Idee kommt, millionenteure Kirchenbauten zu erstellen, muß von der Wirklichkeit weit weggerückt sein; wer im Europa unserer Tage einen wohlerworbenen Wohlstand, wie er meint, in vollen Zügen zu genießen beliebt, der muß die Bilder des Flüchtlingselends ganz einfach verdrängen, mit denen seit langem das Mittelmeer sich in ein Massengrab für jährlich rund 3000 «illegale» Immigranten wandelt[124]. Und «unsere» Kanzlerin, die gerade noch *Franz-Peter Tebartz van Elst* als «eine große Belastung» für die Kirche ausgab, – wie reagiert sie auf die Folgen der deutsch inaugurierten Abschottungspolitik an den Südgrenzen der EU? Man soll die Flüchtlingsströme besser überwachen, um den Schleusern das Handwerk zu erschweren ...[125] Also: verschärfte Einsätze von «Frontex»

«Gemeinsam mit seinem Nachfolger Benedikt XVI. bekämpfte Johannes Paul II. erbittert die Befreiungstheologie in Lateinamerika, machte gemeinsame Sache mit ... Pinochet in Chile ... – Besonders nahm Karol Wojtyla aktiv am kalten Krieg gegen das sozialistische Lager teil ... Im Februar 1992 berichtete die Washingtoner *Times*, daß der polnische Papst und US-Präsident Ronald Reagan bereits bei einem Treffen am 7. Juni 1982 im Vatikan eine ‹Heilige Allianz gegen den Kommunismus› schmiedeten. Beide hätten übereingestimmt, die in Jalta festgelegte Nachkriegsordnung zu beseitigen.» Recht eng gestaltete sich zu diesem Zweck die «konspirative Zusammenarbeit mit der CIA, besonders mit dem Malteser Ritter Vernon Walters, einem Italien-Experten und ranghöchsten Agentenführer.» «US-Gelder für die Untergrundarbeit der ... Gewerkschaft Solidarnosc in den achtziger Jahren liefen über den damaligen Chef der Vatikanbank IOR, Erzbischof (sc. Paul Casimir, d. V.) Marcinkus. Wojtyla (sc. so heißt es, d. V.) habe sie bei Reisen nach Polen in seinem Diplomatengepäck befördert.» Die Gesamtsumme lag bei «mehr als eine Milliarde US-Dollar». «Wojtyla scheute sich auch nicht, gemeinsam mit dem Geheimdienst des Vatikans Pro Deo und der CIA deren Spitzenagenten Corrado Simioni, der bei der Ermordung des christdemokratischen Parteiführers Aldo Moro die Fäden zog, anschließend nach Polen zur Unterstützung der Solidarnosc zu schicken.»

124 Vgl. BENJAMIN EICHLER: Bremen sagt: «Sail away», in: junge Welt, 22. Jan. 2014, S. 4: «Hunderte Flüchtlinge starben im Oktober 2013 vor der Insel Lampedusa ... Doch anstatt die europäische Abschottungspolitik grundsätzlich zu überdenken, will die EU die europäische Grenzschutzagentur Frontex noch weiter aufrüsten ... Mit 250 000 Euro fördert der Stadtstaat (sc. Bremen, d. V.) die Kooperation zwischen Frontex und Bremer Unternehmen.» «Gleich fünf namhafte Rüstungsbetriebe haben in der Stadt ihren Sitz. Sie beschäftigen 4000 der bundesweit etwa 80 000 Mitarbeiter der Branche, die insgesamt in Deutschland Einnahmen von rund 15,5 Milliarden Euro im Jahr aufzuweisen hat. Während der Anteil der Rüstungsproduktion am Bruttosozialprodukt bundesweit nur 0,7 Prozent beträgt, sind es im kleinen Bremen fast fünf Prozent.»

125 A. a. O., S. 4: «Ausschließlich auf Flüchtlingsabwehr ausgelegt ist das im Oktober 2013 vom EU-Parlament beschlossene EUROSUR-Programm, bei dem nationale Grenzbehörden auf gemeinsame Informationen von Drohnen, Sensoren und Satelliten zurückgreifen.»

zum Abfangen und Umlenken der Hilfesuchenden[126]. So sieht die Lösung der Besitzstandswahrer aus. Wenn Kirche sein soll, gründet sie auf einem gründlich gegenteiligen Prinzip.

Zurückzukehren ist in allem zu jener Evidenz, welche den Kern der Botschaft Jesu ausmacht: es gibt in unseren Händen nichts, das uns durch Leistung und Verdienst gehören würde; was immer wir vermeinen zu besitzen, ist ein Geschenk des Himmels, das wir weitergeben sollten an alle weniger Beschenkten. Alles – Gesundheit, Bildung, Anstellung und Einkommen, Vermögen, Alterssicherung, was es auch immer sei –, wir haben Glück (gehabt), wenn wir es haben. Andere stehen offensichtlich nicht so glücklich da, und in der Differenz schon liegt der Maßstab der Verantwortung für die Besitzenden. Nicht eigentlich moralische und rechtliche Gebote und Gesetze müssen da erlassen werden; es geht um eine Grundeinsicht in die Bedingung unseres Daseins: niemand ist Ursprung seiner selbst! Wer hinter dem Auswurf des Zufalls, der wir rein empirisch sind, tatsächlich Gott am Werke glaubt, der kann nicht anders, als in Dankbarkeit für die Gnade seines Daseins sich fortzuschenken an die Menschen, die ihn und seine Hilfe brauchen.

Und diese Haltung nun bedingt das Kirchesein. Jedwede andere Gruppierung gewinnt Gestalt im Felde radikalen Mangels; eine Gemeinschaft Jesu Christi kann sich nur gründen und begründen in der Erfahrung eines überfließenden Geschenks. Sie existiert nicht mehr im Kampf gegen all das, was sie bedroht und was ihr fehlt und was sie auseinander treibt; sie lebt in dem Empfinden einer unverdienten Gnade und Geborgenheit, und das ist ihr Zusammenhalt. Deshalb benötigt sie durchaus nicht eine Ideologie vorgeblicher Vortrefflichkeit, – sie ist ganz einfach jener Ort, an dem die Armen zugelassen sind. – VICTOR HUGO hat's so gesehen und beschrieben: als in seinem Roman «*Die Elenden*» Jean Valjean dem Bischof Myriel, der ihn in seinem Hause übernachten ließ, die Kerzenleuchter stiehlt und von der Polizei als Dieb verhört wird, erklärt der Bischof, nein, er habe alle Leuchter ihm geschenkt, hier, noch zwei weitere vergaß er lediglich ihm mitzugeben ...[127] In einer Welt, in welcher niemandem etwas gehört, sollten wir hören auf die Hilferufe derer,

126 A. a. O., S. 4: «Durch ein Erkennungsraster wird ... festgelegt, welche Boote auf dem Mittelmeer als verdächtig gelten. Damit wird ein (sc. juristisch höchst bedenklicher, d. V.) Generalverdacht ausgesprochen.»

127 VICTOR HUGO: Die Elenden, 1. Teil, 2. Buch, S. 126–130: Seine Tat; S. 130–134: Der Bischof bei der Arbeit.

die, was sich bei uns befindet, dringender noch brauchen als wir selbst.

Aber ist das nicht ein ganz utopisches Konzept von Kirche? wird man einwenden. Ein Papst mag sich «Franziskus» nennen, doch die Masse ist kein Heiliger, und muß man noch erinnern an die Zankerei gerade der Schüler des *Franziskus*, wer doch von ihnen «kleiner» sei und ob der Orden selbst nicht eben auch, als Orden, gewisse Geldmittel benötige? Wer heute nach Assisi fährt, sieht eine Kirche – wieder: schön, doch wenig «franziskanisch»[128]. – Das alles stimmt, trifft aber nicht den Kern. Wesentlich für das Kirchesein ist nicht sittliche Tugend und Vollkommenheit, die gerade nicht, vielmehr ein deutliches Gespür der eigenen Bedürftigkeit und Unvollkommenheit.

In anderen Gemeinschaften, basierend auf Entbehrung, Mangel und Gewalt, ist, wie gezeigt, die Position des «Führers» von größter Bedeutung, und ganz entsprechend hat das Papsttum Roms nicht nur die Macht- und Prachtentfaltung der Caesaren imitiert, es hat sich selbst mit geistiger Unfehlbarkeit umkleidet. Der Zentralismus Roms und umgekehrt die Abhängigkeit von der römischen Zentrale für über eine Milliarde Menschen dieser Erde nimmt so groteske Züge an, daß in der BRD des Jahres 2013 der Vorsitzende der Bischofskonferenz, der Freiburger *Robert Zollitsch*, vor die Versammelten hintreten kann, um zu verkünden: «Von Papst Franziskus lernen wir Barmherzigkeit. Er zeigt uns den Weg.»[129] So spricht er allen Ernstes. Doch wen das eigene Herz nicht lehrt, Mitleid zu haben mit den Leidenden, wer dazu wirklich einen Papst benötigt, was ist das für ein Mensch?

128 Vgl. IVAN GOBRY: Franz von Assisi in Selbstzeugnissen und Bilddokumenten, 79–90: Der Franziskanerorden: seine innere Entwicklung: «Einige Jahrzehnte nach dem Tode des Heiligen stehen sich zwei Parteien gegenüber: die ‹Eiferer›, auch Spiritualen genannt, fordern die buchstäbliche Beachtung der Regel ...; die anderen verlangen von Rom Privilegien.» (8) «Die erste Hälfte des 14. Jahrhunderts barg (sc. für die Ideale des Franziskanerordens, d. V.) Gefahren ... Es war üblich geworden, daß die Brüder, entgegen den ausdrücklichen Vorschriften der Regel und in den meisten Fällen mit Hilfe von Strohmännern, Benefizien und Prälaturen einheimsten ... innerhalb von 100 Jahren zählte man nicht weniger als 568 franziskanische Bischöfe, die fast alle keine wirkliche Diözese verwalteten.» (81)

129 Tatsächlich schreibt PAPST FRANZISKUS: Die Freude des Evangeliums, Nr. 44: «Daher muss man, ohne den Wert des vom Evangelium vorgezeichneten Ideals zu mindern, die möglichen Wachstumsstufen der Menschen ... mit Barmherzigkeit und Geduld begleiten ... Ein kleiner Schritt inmitten großer menschlicher Begrenzungen kann Gott wohlgefälliger sein als das äußerlich korrekte Leben dessen, der seine Tage verbringt, ohne auf nennenswerte Schwierigkeiten zu stoßen. Alle müssen von dem Trost und dem Ansporn der heilbringenden Liebe Gottes erreicht werden, der geheimnisvoll in jedem Menschen wirkt, jenseits seiner Mängel und Verfehlungen.»

Wie anders da die «Kirchen»gründung Jesu! Selbst wer, entgegen aller Ehrlichkeit in Fragen der Historie, den Papst zu Rom als «Nachfolger des Petrus» sehen möchte, muß nur im Neuen Testament nachlesen, wie und warum gerade *Petrus* zum «Ersten» der Apostel wurde. Berichtet wird bei *Lukas* die Geschichte vom reichen Fischzug: Die ganze Nacht über haben *Petrus* und seine Gefährten mit zwei Booten auf dem See von Gennesaret Fische zu fangen versucht, doch ohne Erfolg. Am anderen Tag aber, nachdem Jesus von einem ihrer Boote aus zu den Scharen gesprochen, werfen sie noch einmal auf Jesu Wort hin die Netze aus, und diesmal füllen sie sich bis fast zum Zerreißen. «Als Simon Petrus das sah, fiel er nieder zu Jesu Knien, sprechend: Fortgeh von mir, denn ein sündiger Mensch bin ich, Herr.» (Lk 5,8) Jesus aber «hat gesagt zu Simon ...: Fürchte dich nicht; von nun an wirst du ein Menschenfänger sein.» (Lk 5,10)[130] Berufen also wird von Jesus nicht ein sündenfreier Heiliger, berufen wird vielmehr ein Mensch, der im Kontrast zum Gegenüber Jesu die eigene Fehlbarkeit hinlänglich tief und erschütternd genug erlebt (hat); denn gerade er, nur jemand so wie er, wird fähig sein, sich in die menschlichen Tragödien all jener Unglücklichen einzufühlen, die er sonst wohl als «Schuldige» verstoßen würde; nur er ist tauglich, um den Kern der Botschaft Jesu zu verkünden: Barmherzigkeit, Vergebung, Mitleid mit allen Armen und Armseligen ...

Daß es sich hier um ein Zentralmotiv der Darstellung des *Petrus* handelt, zeigt sich, als er vor lauter Angst Jesus verrät. Alle vier Evangelien berichten von dem Fehltritt dieses «Ersten» aus dem Kreis der Zwölf; *Lukas* indessen, dem gerade der Umgang mit menschlicher Schuld zum Wichtigsten seiner «Frohbotschaft» zählt, gestaltet die Begebenheit besonders aus. «Simon, Simon», sagt bei ihm Jesus, «der Satan hat sich ausbedungen, euch sieben zu dürfen wie Korn. Ich aber habe gebeten für dich, daß dein Vertrauen nicht nachlasse. Doch du, wenn du einst wieder umgekehrt sein wirst, stärk deine

130 Zur Stelle vgl. E. DREWERMANN: Das Lukas-Evangelium, I 271–282: Lk 5,1–11: Der Fischzug des Petrus oder: Des Lebens Fülle als Berufung. – HEINZ ZAHRNT: Das Leben Gottes, 235–245: Wir sind Petrus: Glauben zwischen Bekennen und Verleugnen, sieht (S. 244–245) in dem Gang des Petrus über das Wasser zu Recht ein «Sinnbild der christlichen Existenz zwischen Glauben und Zweifel.» Von einem Lehramt in Unfehlbarkeit kann da keine Rede sein. Da in den Reden der *Apostelgeschichte* sich «wie nirgendwo sonst» (242) das Bild des leidenden Gottesknechts findet, scheint sich Petri Vorstellung aus dem Messiasbekenntnis in Mk 8,27–30 zentral gewandelt zu haben (236–237). Für eine Kirche in Macht und Pracht ist da kein Raum.

Brüder.» (Lk 22,31–32)[131] Da gehört es geradewegs zur Bedingung des Petrus-«amtes», aus der Erfahrung eigener Schuld anderen das Vertrauen in Gottes Vergebung zu stärken. Schuldbewußtsein und Schuldüberwindung – das macht einen Simon zum «Fels»! Dabei dachte er selbst es sich vollkommen anders: stolz sagte er Jesus seine Bereitschaft zu, «in Kerker und Tod zu gehen.» (Lk 22,33)[132] Es ist Jesus, der weiß, wieviel Angst hinter solch einem Versprechen stehen kann und wie oft gerade die bestgemeinten moralischen Entschlüsse nichts sind als Überkompensationen seelischer Versuchbarkeiten. Eben noch glaubt *Petrus*, sittlich für sich garantieren zu können, da weiß Jesus, wie der «Seher» in einer griechischen Tragödie, längst schon um den sicheren Zusammenbruch seines Jüngers. Doch gerade so wird dieser zum Zeugen seiner «Auferstehung».

Noch einmal dann in einer «nachösterlichen» Geschichte im Anhang zum *Johannes*-Evangelium, die selbst wieder angehängt ist an eine Parallelerzählung vom reichen Fischfang (Lk 5, 1–11; Joh 21,1–14)[133], wird *Petrus* dreimal von dem «auferstandenen» Jesus befragt nach dem Maß seiner Liebe, und immer wieder, zutiefst irritiert von der Penetranz solcher Infragestellung, kann *Petrus* nur sagen: «Herr, alles weißt du, du erkennst, daß ich dir Freund bin.» (Joh 21,17) Allein diese Freundschaft zu Jesus, verbunden mit dem Vertrauen, im eigenen Wert von ihm schon immer «erkannt» zu sein, bietet den Grund, daß Jesus ihm aufträgt: «Hüte meine Schafe.» Der «gute Hirt», der die Seinen kennt und beim Namen ruft (Joh 10,3), überträgt damit seine Botschaft an den im eigenen Selbstbewußtsein gänzlich Zerbrochenen, an den der Vergebung Bedürftigen, an den allein aus Gnade Lebenden.

Welch eine andere Form des Selbstvollzuges und der Selbstdarstellung einer solchen «Kirche» könnte wahrer sein, als das zu tun, was Jesus tat: sie alle einzuladen ohne Vorbedingung? Das eigentlich war Jesu Mahlgemeinschaft und das sollte die Eucharistie der Kirche wieder werden: eine Einladung an die besonders, die im Kreis der «Guten» und der «Richtigen» kaum zugelassen sind[134]. Was heuti-

131 E. DREWERMANN: Das Lukasevangelium, II 782–797: Lk 22,31–38: Von Angst und Gewalt oder: Es langt!

132 A. a. O., II 785–786.

133 Zur Stelle vgl. E. DREWERMANN: Das Johannes-Evangelium, II 350–366: Joh 21,1–14: Die Erscheinung am See oder: Zwischen Diesseits und Jenseits; DERS.: Ich steige hinab in die Barke der Sonne, 220–227: «Liebst du mich?»

134 Vgl. *Codex Iuris Canonici*, Can. 915: «Zur heiligen Kommunion dürfen nicht zugelassen werden Exkommunizierte und Interdizierte nach Verhängung oder Fest-

gentags daraus geworden ist, kann, bitter genug, ein jeder sehen: Um sich die Kirchenmacht zu sichern, hat man aus Jesu «Sünder»mahl ein Prämiensystem des «rechten» Glaubens und des Rechtverhaltens abgeleitet, wonach kein Jude oder Moslem – Jesus selber nicht! – zu einer solchen Feierstunde zugelassen ist, desgleichen auch ein Protestant nicht bei den Katholiken, bei diesen wiederum ein Mann nicht, der in zweiter Ehe lebt, solange noch die Frau aus erster Ehe nicht verstorben ist ... Neuerdings erklärt der Trierer Bischof *Stephan Ackermann*, bisher bekannt geworden als «Mißbrauchsopferbeauftragter» der katholischen Kirche in Deutschland, er werde auch einem Wiederverheirateten, den er persönlich kenne, die Kommunion nicht weigern; doch wartet jemand ernstlich noch auf solche ausnahmsweise Gunst der Obrigkeit, die wieder nur, so furchtsam, wie es zugeht, der überraschenden Tauwetterperiode unter Papst *Franziskus* sich verdankt? Vor Jahr und Tag noch, auf dem ökumenischen Kirchentag in Berlin, wurde der bereits emeritierte Theologiedozent GOTTHOLD HASENHÜTTL von dem damaligen Trierer Bischof REINHARD MARX vom Priesterdienst entfernt, weil er es gewagt hatte, gemeinsam mit Protestanten das Mahl des Herrn zu feiern[135]. MARX, inzwischen Kardinal in München, zählt derzeit als berufenes Mitglied zu einem Beratergremium des Papstes zur Reform der Kirche. Eine Reform der Kirche müßte wohl als erstes die Gläubigen der Kirche selber bitten um Vergebung für all die Fehler, die von Amts wegen begangen wurden: Wie viele Menschen wurden *nicht* zu Jesus zugelassen, die von ihm ganz besonders eingeladen waren? Und wieviel Leid hat es verursacht? Und was, gedehnt über Jahrhunderte, läßt sich im nachhinein vergeben?

Die Kirche ändert sich? Dann müßte sie als erstes wohl die alten Grausamkeiten eingestehen und deren Ursachen bereinigen. Man braucht keine besondere Amtsgnade als unauslöschliches Merkmal

stellung der Strafe sowie andere, die hartnäckig in einer offenkundigen schweren Sünde verharren.»

135 *Reinhard Marx* ist inzwischen Kardinal in München und gehört als einer der mächtigsten Kirchenführer der BRD zu dem von Papst *Franziskus* eingesetzten Reformkomitee; er ist neuerdings Chef des Wirtschafts- und Finanzrates im Vatikan. Im März 2014 wurde er zum Vorsitzenden der deutschen Bischofskonferenz gewählt. THOMAS SEITERICH – BRITTA BAAS: Der Marx-Faktor, in: Publik-Forum, Nr. 6/2014, 30–31, schildern, daß *Marx* bis heute den Kontakt mit der Reform-Gruppe «Wir sind Kirche» konsequent gemieden hat – wie alle seine Amtsmitbrüder im deutschsprachigen Raum. Die Suspension von GOTTHOLD HASENHÜTTL 2003 vom Priesteramt wurde nie zurückgenommen.

eines geweihten Priesters, um Jesus lebendig zu setzen unter Menschen. Ein bißchen Mitleid, ein offenes Herz und eine offene Kirchentür langten vollkommen aus. Denn so hat Jesus es gemeint: Er provozierte und schockierte die Gesetzestreuen gerade damit, daß er mit «Zöllnern und Sündern» sich zu Tische legte. «Ihrer waren nämlich viele, und sie gehörten zu seiner Gefolgschaft», schreibt *Markus* (2,13–17). «Als nun die Schriftgelehrten der Pharisäer sahen, daß er Mahlgemeinschaft halte mit Sündern und mit Zöllnern, sagten sie seinen Jüngern: Mit Zöllnern und Sündern hält er Mahlgemeinschaft? Doch Jesus hörte es und sagt ihnen: Keine Not haben die Gesunden nach dem Arzt, sondern (nur) die übel dran sind. Ich bin nicht gekommen, Gerechte zu rufen, sondern Sünder.»[136] Was brauchten «Verlorene», «Verzweifelte», wie das Wort «Sünder» ja zu übersetzen ist, wohl eher, als daß man ihre Einsamkeit und Ausgegrenztheit und das Gefühl: «jetzt mag mich niemand mehr», durch gegenteilige Erfahrungen zu überwinden suchte? – Wenn doch alles Geschenk ist, was dürfte man dann den Unglücklichen oder weniger Glücklichen vorenthalten? Und wenn man furchtbar irren kann, gerade im Streben nach der «rechten» Ordnung» in der «Kirche», wie sollte «Umkehr» dann wohl anders möglich sein, als endlich Einsicht zu erlauben in die Not von Menschen? Es ging Jesus ganz sicher nicht um schöne Worte, sondern um wirkliches Verhalten, und er kannte nur *einen* Maßstab für den Willen Gottes: «Geht doch und lernt, was das ist: Erbarmen will ich, nicht Opfer.» Mit diesen Worten aus *Hosea* (6,6) endet *Matthäus* die Szene von der Mahlgemeinschaft mit den Zöllnern und läßt Jesus sogar noch sagen: «Ich bin ja nicht gekommen, recht (vor Gott) Lebende zu rufen, sondern (nur) Sünder.» (Mt 9,13)[137] Nur Menschen, die wissen, wie sehr sie das Erbarmen Gottes brauchen, können von innen her verstehen, wie Gott wirklich ist und wie er möchte, daß man miteinander umgeht.

Deswegen war und ist das *«Herrenmahl»* so skandalös, wenn man die magische Mandorla von ihm nimmt. Plötzlich ist Jesus wieder gegenwärtig, plötzlich vernimmt man wieder seine Worte vor den Hohen Priestern und den Ältesten des Volkes: «Bei Gott, ich sage euch: Die Zöllner und die Huren kommen vor euch her in das König-

136 Vgl. zur Stelle E. DREWERMANN: Das Markus-Evangelium, I 236–247: Mk 2,13–17: «Folge mir nach!»

137 Zur Stelle vgl. E. DREWERMANN: Das Matthäus-Evangelium, II 106–113: Mt 9,9–13: Die Berufung der «Zöllner» und «Sünder» oder: Ein Annehmen ohne Voraussetzung.

tum Gottes.» (Mt 21,31)[138] «Vor euch her» klingt nach der Beschreibung einer Reihenfolge: erst die Sünder, hernach ihr; doch so wäre es gründlich mißverstanden. «Vor euerer Nase her» – *ohne* euch, ihr *nicht*! das ist es, was gemeint ist. So umstürzend, so revolutionär ist Jesu Botschaft der Gnade im Zeichen seiner Mahlgemeinschaft. Man solle sie begehen «zu meinem Gedächtnis», läßt *Lukas* (22,19) seinen Christus bei der «Einsetzung» des «Abendmahles» sagen. Und in der Tat: infolge solcher Zeichenhandlungen ward er von den Gesetzeslehrern und den Hohen Priestern in den Tod getrieben, und so erinnert man sich seiner wirklich. So zeigt er seinen Jüngern sich als lebend, denn sie wissen, daß sie allein in seiner Weise leben können, – daß er ihr «Brot», ihr «Wein», ihre Essenz und ihr Motiv zum Dasein ist. Die Mythen und die Riten Griechenlands und Roms von Demeter, von Aphrodite und Kybele, von dem geraubten Kind Persephone, von dem getöteten Adonis und von dem selbstentmannten Attis boten im besten Fall ein Sinnbild für die Wiederkehr des Lebens im Schoße der Natur; in seinen Tod im Einsatz für das Leben jedes Einzelnen vermochte Jesus einzutreten, weil er darauf vertraute, lebend ebenso wie sterbend, in seinem ganzen Dasein, in Gottes Hand zu stehen. Wer so mit ihm die Menschen einlädt, der tut es stets auf seinen Tod und seine Auferstehung hin (Mk 14,25).

Alle Herrschaftsallüren fallen in einem solchen Zeichen des Teilens mit allen dahin. Da ist nichts festzuhalten oder zu behalten. Kann man «Danksagung» Christi («Eucharistie») feiern, ohne, wie er es in den zwei Legenden von der Brotvermehrung (Mk 6,35–44; 8,1–10) tat, den Hunger in der Welt als Thema zu begreifen?[139] Oder die schrecklichste Form menschlicher Zerrissenheit: den Krieg? Eine «Kirche», die jenseits ihrer selbstgeschaffenen Grenzen sich mit der Not aller Menschen verbündet, tritt augenblicklich nach dem Vorbild ihres Lehrers in Kontrast und in Konflikt mit den umgebenden Strukturen und Institutionen der Gesellschaft. Gruppenzusammenhalt durch Verwaltung des Mangels – dagegen steht: die Teilhabe von allen an der unverdienten Gnade, dazusein. Gruppenzusammenhalt durch Aggressionslenkung nach außen – dagegen steht: die Gleichheit aller Menschen in der gleichen Armut und Armseligkeit. Die Pfingst-

138 A. a. O., III 46–62: Mt 21,18–32: Ein verdorrter Baum, ein bergversetzender Glaube und die Frage nach der religiösen Existenz.
139 Zur Stelle vgl. E. DREWERMANN: Das Markusevangelium, I 430–440: Mk 6,35–44: Die erste wunderbare Brotvermehrung; 502–506: Mk 8,1–10: Die zweite Brotvermehrung.

predigt, der Geist, den Jesus sendet, auf daß alle Menschen sich verstanden fühlen, löst die Propagandalügen auf: Humanitäre Kriegseinsätze sind hölzerne Eisen, – sie korrumpieren durch die eingesetzten Mittel ihre angeglichenen Ziele; man bessert nicht die Menschheit, indem man möglichst viele «Böse» tötet; man dient nicht Gott, wenn man versucht, die Abergeister mit dem Obersten der Abergeister auszutreiben (Mk 3,22). Mit Lüge erzeugt man nicht Wahrheit, mit Gewalt nicht Güte, mit Töten nicht Leben, mit Krieg nicht Frieden. Man muß sich entscheiden, und die «Kirche» des Pfingsttags müßte immer von neuem und aller Orten die Entscheidung markieren. Was wollen die Machthaber? Die Entscheidungsträger? Die VIPs in Staat und Gesellschaft? Frieden? – Dann müssen sie miteinander reden. Dann müssen sie abrüsten. Dann müssen sie die wahnsinnigen Geldsummen zur Vorbereitung immer schrecklicherer Kriege im Status asymmetrischer militärischer Überlegenheit konvertieren in Projekte und Produkte, die Menschen wirklich helfen. – Gerechtigkeit? Dann müssen sie von unten her zu denken anfangen, aus der Perspektive derer da drunten: Was brauchen sie am dringlichsten? – Am Mausoleum MAHATMA GANDHIS in Neu Delhi lautet eine seiner Maximen, die er der Menschheit zu *seiner* «Erinnerung» hinterließ, sinngemäß: «Wann immer du gerad überlegst, was du tun sollst, rufe dir den Menschen ins Gedächtnis, der deiner Hilfe am meisten bedurfte, und dann frage dich, wie das, was du jetzt tun willst, sich dazu verhält.»

GANDHI fühlte sich als Angehöriger aller Religionen im Geiste. Er war ein durch und durch pfingstlicher Mensch. In gewissem Sinne lebte er nach der Überzeugung, die FRIEDRICH SCHILLER in einer Xenie in die Worte faßte: «Warum hast du keine Religion? – Aus Religion!»[140] Es kann nicht das Ziel einer Kirche sein, wie alle ande-

140 FRIEDRICH SCHILLER: Mein Glaube, in: Gedichte. Klassische Gemeinschaft. Freundschaft mit Goethe, in: Werke, II 248:

Welche Religion ich bekenne? Keine von allen,
Die du mir nennst! – Und warum keine? – Aus Religion.

Vor allem PAUL TILLICH ist für die Existenz eines christlichen Humanismus außerhalb der christlichen Kirchen eingetreten. Vgl. HEINZ ZAHRNT: Die Sache mit Gott, 369. – Indirekt stellt DIETRICH BONHOEFFER: Wer ist und wer war Jesus Christus?, 19- 20, ein solches Christus-Bekenntnis sich auch und gerade außerhalb einer verfaßten Kirchenmitgliedschaft vor: «Für die Welt des Proletariates scheint Christus mit der Kirche und der bürgerlichen Gesellschaft erledigt zu sein. Für sie besteht kein Anlaß mehr, der Begegnung mit Jesus einen qualifizierten Platz einzuräumen. Die Kirche kommt auf die Verdummungsanstalt und Sanktionierung des kapitalistischen Systems hinaus. Aber gerade hier besteht für sie auch die Möglichkeit der Distanzierung Jesu von seiner Kirche; er ist nicht der Schuldige. Jesus ja, Kirche

ren Gruppen ihren Eigenerhalt zu besorgen. Ihre Aufgabe ist es, «das Salz der Erde» zu sein (Mt 5,13). Wenn Salz wirkt, wie es soll, löst es sich auf und teilt den Geschmack seiner Umgebung mit. Mit dem Königtum Gottes, meinte Jesus, verhalte es sich wie mit «einem Sauerteig, den eine Frau nahm und in drei Scheffel Weizenmehl eingrub, bis daß es ganz durchsäuert ward.» (Mt 13,33) Ist die Backmischung aufgegangen, sucht man nach der Hefe vergebens; das Brot selbst beweist ihre Wirkung. Hervorzubringen, was Menschen leben läßt, das, nicht ihr Selbsterhalt, ist Sinn und Auftrag einer Kirche im Sinn und Auftrag Jesu.

Aber besteht dann nicht die Gefahr vollkommener Auflösung? Vollkommener Orientierungslosigkeit? Vollkommener «Beliebigkeit»? Nein, gerade nicht. Zweifellos leben wir derzeit in einer Phase weltweiter geistiger Fluktuationen. Nichts mehr kann für wahr gelten, weil Tradition und Lehramt es so wollen, – im Gegenteil, wenn etwas wahr sein soll, weil es ein Papst, ein Bischof sagt, hat man Grund, mißtrauisch zu werden. Doch um so mehr gefordert ist der Einzelne. Er, seine kleine, unwichtig scheinende, von allen Mainstream-Medien vernachlässigte Lebensgeschichte ist der erste faßbare Ausgangspunkt jedweder möglichen Erlösung. Wenn seine Welt sich wandelt, wandelt sich ein Stück weit die gesamte Welt. Mehr braucht es nicht. Die «Mutter Kirche», die vereinheitlichte Glaubensform im Kollektiv hat ausgedient.

Was bleibt, ist eine große Sehnsucht nach Gemeinsamkeit. Von dem Kyniker *Diogenes* erzählt man sich, er sei am hellen Tag mit der Laterne auf den Markt gegangen, um zu sehen, ob er Menschen fände. Wo gibt es Menschen, die erkennbar durch die Botschaft Jesu Menschen wurden? Die Kirchen in verfaßter Form geben darauf nicht die geringste Antwort. Es ist erschreckend, zu erleben, wie Menschen, die jeden Sonntag ihren Gottesdienst besuchten, wie Theologen, die auf Tausenden von Seiten ausgebreitet haben, was in ihren Augen «Glauben» sei, wie Pfarrer, die in Hunderten von Kanzelpredigten zu

nein. Jesus kann hier zum Idealisten, zum Sozialisten werden. Was heißt es, wenn der Proletarier in seiner Welt des Mißtrauens sagt: Jesus war ein guter Mensch? Es heißt, daß man zu ihm kein Mißtrauen zu haben braucht. Der Proletarier sagt nicht: Jesus ist Gott. Aber mit dem Wort von dem guten Menschen Jesus sagt er jedenfalls mehr, als wenn der Bürger sagt: Jesus ist Gott. Gott ist für ihn etwas, was der Kirche angehört. Aber in den Fabrikräumen kann Jesus gegenwärtig sein als der Sozialist; im proletarischen Dasein als der gute Mensch. In ihren Reihen kämpft er mit gegen den Feind, den Kapitalismus. Wer bist Du? Bist Du Bruder und Herr? Wird hier der Frage nur ausgewichen? Oder wird sie in ihrer Weise ernsthaft gestellt?»

allen Menschheitsfragen Stellung nahmen, wenn es darauf ankommt, – gar nichts glauben. «Der Mensch fährt dahin wie das Tier.» Plötzlich erweist der Nihilismus des alttestamentlichen *Qohälät* (Pred 3,19) sich als wahre Lebensüberzeugung. Mit einem Wort: das ganze Kirchesein war nichts als eine Art, dabeizusein. Man war nie wirklich. Das ist die ganze Wahrheit. Dann aber gibt es unverhofft Menschen, die wirklich glauben. Sie reden vielleicht nicht sehr viel darüber, doch man spürt, daß sie, wie Jesus selber, irgendwie aus einer anderen Welt in dieses Dasein treten. Und dann ereignet sich in Wahrheit Kirche. «Denn wo zwei oder drei versammelt sind auf meinen Namen hin», sagt der Jesus des *Matthäus*-Evangeliums, «dort bin ich in ihrer Nähe.» (Mt 18,20) – An manchen Sommerabenden, schon wenn es dunkel ist, betritt man beim Spazierengehen ein Wäldchen, und mitmal sieht man sie – winzige, tanzende Punkte, Glühwürmchen. Die Tiere hätten in der Nacht nicht die geringste Chance, einander zu begegnen, wollten sie warten, bis nach Bienenart sie einen Staat gebildet hätten. Es geht viel einfacher: einzelne Tiere leuchten selber. Biolumineszenz nennen die Naturforscher das Phänomen. Wer selber leuchtet, läßt sich finden. So geht das Leben weiter. Alles Weitere versteht sich eigentlich von selbst. Längst schon hat die protestantische Theologie begriffen, daß keine Kirche ein von Gott verbrieftes Recht besitzt, sich selber absolut zu setzen; sie ist das Mittelbare, auch das Fehlbare, das Irrtumsfähige, dem selbst vergeben werden muß.

Die aufgezeigte Spaltung ist daher nicht möglich, die den Kern des Katholischen bestimmt: das Amt, die Einrichtung der Kirche selber sei unfehlbar, göttlich, unantastbar; sündig indessen sei der Mensch, so daß die ungeheuerlichen Schandtaten der Kirche niemals dieser selbst, stets nur einzelnen Menschen in ihr vorzuwerfen wären. Dieses Entlastungsargument des Institutionellen ist leicht durchschaubar als das, was es ist: als eine Ideologie absolutistischen Machtanspruchs. Dieselbe Starrheit der Begriffe, mit der man schon das Wesen Christi als gefügt aus zwei Naturen zu beschreiben suchte, setzt sich in dieser Form auch in der Lehre von der Kirche fort, ja, gibt ihr allererst die innere Begründung: so wie die Gottmenschlichkeit Christi ihre Einheit in der göttlichen Person des Logos (als der zweiten Person Gottes) hat, so soll die Gottmenschlichkeit «seiner» Kirche ihre Einheit finden in der göttlichen Person des Geistes (als der dritten Person Gottes); ließ sich Christus dogmatisch mit der Formel «zwei Naturen in einer Person» beschreiben, so läßt sich «Kirche» definieren als «ein Geist in vielen Personen»[141]. Doch gerade an dieser Stelle ihrer letzten Konsequenz erzeigt die ganze Denkanlage ihre Schwäche: Sie ist nicht nur absolutistisch, zentralistisch und autoritär in ihrer Amtsvorstellung, sie ist zugleich totalitär, undialogisch, monolithisch-unbeweglich. Ein jeder hat zu denken, was und wie sie alle denken, – nach dieser Vorstellung des «einen» Geistes, der in allen als derselbe sich erhält, läßt sich im besten Fall der Korpsgeist eines Infanterie-Platoons oder das Clandenken in archaischen Stammeskulturen beschreiben, doch gerade nicht die Personalisierung jedes Einzelnen, wenn ihn die Geistesart Jesu durchdringt.

Ein Sozialgebilde, das als Kirche Christi sich versteht, kann nur geboren werden auf der Basis der Vernetzung vieler Einzelner – im Austausch, im Gespräch, in wechselseitiger Bestätigung und Korrektur, im Miteinander, statt im Gegeneinander, in Kooperation statt im Modell der Kain-und-Abel-Konkurenz. Gebilde dieser Art entwickeln sich dynamisch, selbstregulativ, von unten; sie sind komplex, hoch funktional, äußerst dynamisch und nach außen hin flexibel, gerade weil sie keine stablinienförmig funktionierende Befehlszentrale kennen. So hat, zum Beispiel, sich unser Immunsystem entwickelt[142] oder, noch viel phantastischer, unser Gehirn[143]: es gibt da keine lokal bestimmbare zentrale Steuereinheit und noch weniger eine Blaupause, nach der im Verlauf von Jahrmillionen seine verschiedenen Ebenen sich zusammengesetzt hätten. Das Zauberwort moderner Biologie und Neurologie zur Erklärung solcher Systeme lautet: Selbstorganisation. Ganz von allein bilden sich in der Interaktion vieler Teilnehmer Schaltkreise, kybernetische Strukturen, hierarchische Abstufungen, und das Ergebnis: ein lebendiges Ganzes. – Wer ein Bild dafür braucht, schaue am Abend eines Herbsttages nur mal den Staren zu: von überall her sammeln sie sich über den Parkanlagen oder einzelnen Baumgruppen, verbinden sich zu einem Schwarm von vielen tausend Tieren und schwingen wie von Geisterhand gesteuert am Himmel hin und her; niemand gibt ihnen eine Richtung vor, – was

141 So HERIBERT MÜHLEN: Una mystica persona, 63: «also (ist) die Kirche eine Pluralität physischer Personen, welche durch den Geist Christi als (sc. von, d. V.) dem unerschaffenen Einheitsprinzip geeint und mit Christus verbunden sind ... also ... kann man ... sagen, der Hl. Geist sei *eine Person in vielen Personen*.»
142 Vgl. E. DREWERMANN: ... und es geschah so, 300–316: Immunbiologie – der endlose Kleinkrieg im Inneren des Körpers.
143 E. DREWERMANN: Atem des Lebens, I 272–273: Vom Kampf zwischen Nervenzellen und dem Überleben der Fittesten; 274–281: Die Plastizität des Gehirns oder: Wie Erfahrungen die neuronale Entwicklung bestimmen.

ihre Formationen lenkt, ist nur ein einfaches Gesetz der Abstandswahrung beim Flug miteinander. Wahrung der Einsamkeit in Wahrung der Gemeinsamkeit – sogar das «Schwarmverhalten» richtet sich nach einer solchen Regel[144].

Praktische Konsequenzen liegen auf der Hand, und sie sind ebenfalls schon in den Satzungen des protestantischen Kirchenmodells angelegt. «Alle Macht geht vom Volke aus», – dieser Grundsatz schon der altgriechischen Demokratie[145] fordert die Wählbarkeit aller Amtsträger ebenso wie ihre mögliche Absetzbarkeit. Immer noch leistet die katholische Kirche Roms sich mit ihrem lebensfeindlichen Denken von oben nach unten zwei absolut dysfunktionale Eigenheiten: ihre Vermännlichung und ihre Vergreisung.

Klerikale Stellen – mithin alle Leitungsfunktionen – können nur von Männern besetzt werden; das muß angeblich so sein, weil Jesus nur Männer zu Aposteln erwählt hat. Letzteres mag zwar (ausnahmsweise) historisch zutreffen, doch muß man zwischen geschichtlich Bedingtem und wesentlich Gemeintem unterscheiden dürfen[146]. Wer das historisch Äußere verewigt, beraubt sich selbst der Gegenwart, er

144 Vgl. RUPERT RIEDL: Die Strategie der Genesis, 248–249: «Für das Individuum liegt die Ursache, in die Gruppe zu treten, zunächst in den physischen Vorteilen und bald zudem im Gewinn von Sicherheit statt Verlassenheit. Wo immer im Tierreich Kolonien ökonomischer schwimmen, filtrieren, reproduzieren als die Summe ihrer Einzeltiere, sind jene gebildet worden. Wo der Schwarm mehr Sicherheit, die Herde bessere Verteidigung bietet, wurden diese realisiert.»

145 Vgl. WILL DURANT: Das klassische Griechenland (Kulturgeschichte 3), 27–39: Die athenische Demokratie: «Das Wahlrecht ist auf Söhne freigeborener Athener beschränkt, die das Alter von einundzwanzig Jahren erreicht haben ... jeder Bürger erfreut sich ... des gleichen Rechtes vor dem Gesetz und in der Volksversammlung.» (27) «In Würde über, in Macht unter der Volksversammlung steht die *bule*, der Rat. Er war ursprünglich ein Oberhaus und wurde zur Zeit des Perikles im Grunde zu einem gesetzgeberischen Ausschuß der *ekklesia*. Seine Mitglieder werden durch das Los und in automatischer Reihenfolge aus der Bürgerliste bestimmt, auf jeden der zehn Stämme entfallen je fünfzig; sie dienen nur ein Jahr lang.» (30)

146 Vgl. HANS KÜNG: Das Christentum, 156–158: Konflikte um die Stellung der Frau: «Man muß nur die Grußadresse am Ende des Römerbriefes lesen, um zu sehen, wie viele Frauen aktiv an der Verkündigung des Evangeliums beteiligt waren: 10 von den 29 hier angesprochenen herausragenden Persönlichkeiten sind weiblichen Geschlechts.» «Die Gemeinde, wie Paulus sie sieht, ... dürfte eine Kirche auch der Apostolinnen und Prophetinnen gewesen sein.» «Doch bereits in Korinth zeichneten sich die ersten Konflikte um die öffentliche Verkündigung durch Frauen ab, und selbst Paulus verhält sich hier zwiespältig. Obwohl er das Recht der Frauen zu reden verteidigt, macht er sich doch zur Durchsetzung des Schleiers Argumente aus einer antifeministischen Polemik des Frühjudentums zu eigen, die er christologisch verstärkt.» «... gerade die Frage zur Stellung der Frau zeigt eine zunehmende Zurückdrängung der ursprünglich ‹demokratischen› ... Strukturen.»

zementiert Sozialstrukturen der Vergangenheit, statt sich an die Bewältigung der Zukunft zu begeben; er sperrt, konkret, die Hälfte der intelligenten Schar der eigenen Gruppenangehörigen (sämtliche Frauen) von Mitsprache und Mitbestimmung aus, und dann wagt er noch zu behaupten, Jesus habe *das* gewollt …

Und wenn schon Männer an der Macht sind, dann in einem Amt, das sie in Ewigkeit nicht mehr verlieren können. Priestersein, Bischofsein – das ist, katholisch gedacht, der Status eines Weihesakramentes, einer Gnade, die in Ewigkeit nicht mehr ungültig wird. Eine der Folgen dieses Denkens ist die Überalterung. Ein Bischof muß schon 75 Jahre alt sein, ehe er in Ehren vom «Heiligen Vater» von der Ausübung seiner Amtspflichten entbunden werden wird; als *Benedikt XVI.* im Jahr 2013 freiwillig aus Gesundheitsgründen von seinem Amt zurücktrat, galt das sonst Normale für geradewegs spektakulär, – sein Amtsvorgänger *Johannes Paul II.*, in Jahren schwer an Parkinson erkrankt, weigerte sich, gerade diesen Schritt zu tun, schließlich, so seine Haltung, sei auch Christus nicht vom Kreuz herabgestiegen. Der historisierte Mythos vom Gottmenschen nötigt zur Pflicht übermenschlicher Selbstquälerei als eines Zeichens der Kreuzesnachfolge.

Selbst wer diese Einstellung im Einzelfall für akzeptabel oder sogar für heiligmäßig hält, kommt doch wohl nicht umhin, die Starre zu beklagen, mit der die ausgesprochene Senilhierarchie im Vatikan[147] sich selbst im Wege steht. Wer sie, wie augenscheinlich Papst *Franziskus*, von oben her (ein anderes Verfahren ist unter den gegebenen Bedingungen nicht möglich) reformieren will, riskiert nicht weniger als seinerzeit der Erste Vorsitzende der KPdSU, *Michail Gorbatschow*, als er der Apoplexie der *Breschnew*-Ära «Glasnost» und «Perestroika» – «Transparenz» und «Kehrt-schwenk-marsch» – verordnen wollte: das System des Zentralkomitees brach auseinander. Eine Kirche ohne Vatikan – es wäre vielleicht der Anfang einer wirklich ökumenischen Kirche; es wäre in jedem Fall ein Rückgriff auf Kirchen-

147 Vgl. RUPERT RIEDL: Die Strategie der Genesis, 269: «Wir finden, wie in den Systemen der Gestalten, daß die niederen Ränge der Sozialsysteme die primitiven Merkmale der Massenhierarchie, mittlere Ränge die gereiften der Dichotomhierarchie zeigen, die obersten … deren Senilform. Diese besteht darin, daß die Schichten nur mehr durch einseitige oder Scheindichotomien aufrechterhalten werden. Und auch die Ursachen wiederholen sich. Die Individuenkollektive der untersten Ränge sind so jung oder kurzlebig, wie die der Rekruten, Gastarbeiter oder Touristen … Die obersten Instanzen dagegen sind so alt wie Generalstäbe, Aufsichtsräte oder Kurien.»

strukturen, wie sie vor dem Aufstieg *Konstantin*s des «Großen» mal bestanden haben. Die Kirche würde endlich frei von jener babylonischen Gefangenschaft aus Macht und Geldbesitz, in die sie sich begeben hat, um immer prächtiger den Christus zu verkünden, der allein die Armen selig pries (Mt 5,3).

Dann verbleibt eine nie endende und tief empfundene Dankbarkeit zu jener «unsichtbaren Kirche», die besteht aus all den vielen, die in ihrem Leben und mit ihrem Leben standen und einstanden für ihren Glauben an die Botschaft Jesu, ein Reich Gottes sei möglich inmitten dieser Welt. Durch ihren Einsatz, ihre Unbeirrbarkeit, durch ihren Mut und ihre Treue ging Jesu Zeugnis weiter, und jeder, der es auf sich nimmt, erkennt in ihnen seine wahren Brüder, seine wahren Schwestern wieder. Es gibt sie doch, jene Gemeinschaft «aller Heiligen», der wir in aller Unvollkommenheit, doch voller Sehnsucht bewundernd und bestärkt entgegenwandern, von ihr getragen und verlockt in dem Gebet, das Jesus seine Jünger lehrte: «Unser Vater, himmlischer du, was du bist, das gelte, was du wirkst, das komme, was du willst, geschehe, wie im Himmel, so auf Erden.» (Mt 6,9.10)[148]

148 Zur Begründung der Übersetzung vgl. E. DREWERMANN: Das Matthäus-Evangelium, I 185–217: Fragen der Übersetzung, S. 200–203.

V) Eschatologie (Die Lehre von den letzten Dingen) oder: Was darf ich hoffen?

«Und dann wird Er sagen:
‚Darum nehme ich sie auf, ihr Weisen,
darum nehme ich sie auf, ihr Klugen,
weil keiner von ihnen je geglaubt hat,
daß er dessen würdig sei.»

F. M. DOSTOJEWSKI: Schuld und Sühne, I 2; S. 27.

Keine Kirche wird je die Vision erfüllen, mit der Jesus verkündete: «Erfüllt ist die Zeit, genaht das Königtum Gottes.» (Mk 1,15) Gleichwohl legt unser Fortschrittsglaube den Gedanken nahe, schrittweise lasse sich die menschliche Geschichte zum Reich Gottes hin vollenden, – G. W. F. HEGEL dachte so: die Kirche werde sich aufheben in den Staat, das Glauben in das Wissen, die Unvernunft in die Vernunft ...[1], und auch die säkular gesonnenen Linkshegelianer, wie KARL MARX, hielten die Ankunft eines Reichs der Freiheit, der Gerechtigkeit und Menschlichkeit für logisch unvermeidbar[2]. Doch Jesus war nicht fortschrittsgläubig, und seine Hoffnung war nicht eine ferne Zukunft; die «Umkehr» des Vertrauens in die reine Güte

1 G. W. F. HEGEL: Philosophie der Geschichte, 586: «Die Menschen haben überall ebenso gesagt, und zwar Katholiken nicht minder wie Protestanten: das Äußerliche, woran die Kirche das Höhere knüpfen will, ist eben nur äußerlich, die Hostie ist nur Teig, die Reliquie nur Knochen. Gegen den Glauben auf Autorität ist die Herrschaft des Subjekts durch sich selbst gesetzt worden, und die Naturgesetze wurden als das einzig Verbindende des Äußerlichen mit Äußerlichem anerkannt. So wurde allen Wundern widersprochen, denn die Natur ist nun ein System bekannter und erkannter Gesetze, der Mensch ist zu Hause darin, ... er ist frei durch die Erkenntnis der Natur. Auch auf die geistige Seite hat sich dann das Denken gerichtet: man hat Recht und Sittlichkeit als auf dem präsenten Boden des Willens des Menschen gegründet betrachtet, da es früher nur als Gebot Gottes, äußerlich auferlegt, im Alten und Neuen Testament geschrieben, oder in Form besonderen Rechts in alten Pergamenten, als Privilegien, oder in Traktaten vorhanden war.»

2 Vgl. KARL MARX – FRIEDRICH ENGELS: Die deutsche Ideologie, I. Feuerbach, in: Werke, III 35: «Der Kommunismus ist für uns nicht ein *Zustand*, der hergestellt werden soll, ein *Ideal*, wonach die Wirklichkeit sich zu richten haben (wird). Wir nennen Kommunismus die *wirkliche* Bewegung, welche den jetzigen Zustand aufhebt. Die Bedingungen dieser Bewegung ergeben sich aus der jetzt bestehenden Voraussetzung.»

Gottes vollzog sich hier und jetzt, im Leben eines jeden, der sich auf ihn einließ.

Ganz richtig sah im wesentlichen FRIEDRICH NIETZSCHE, als er die Botschaft Jesu als inneres Erlebnis eines Freispruchs von der Schuld des Daseins darstellte: «In der ganzen Psychologie des ‹Evangeliums› fehlt der Begriff Schuld und Strafe», schrieb er; «insgleichen der Begriff Lohn. Die ‹Sünde›, jedwedes Distanz-Verhältnis zwischen Gott und Mensch ist abgeschafft, – *eben das ist die ‹frohe Botschaft›*. Die Seligkeit wird nicht verheißen, sie wird nicht an Bedingungen geknüpft: sie ist die *einzige* Realität – der Rest ist Zeichen, um von ihr zu reden ... – Die Folge eines solchen Zustandes projiziert sich in eine neue Praktik, die eigentlich evangelische Praktik. Nicht ein ‹Glaube› unterscheidet den Christen: der Christ handelt, er unterscheidet sich durch ein *andres* Handeln. Daß er Dem, der böse gegen ihn ist, weder durch Wort, noch im Herzen Widerstand leistet. Daß er keinen Unterschied zwischen Freunden und Einheimischen, zwischen Juden und Nicht-Juden macht (der ‹Nächste› eigentlich der Glaubensgenosse, der Jude). Daß er sich gegen niemanden erzürnt, niemanden geringschätzt. Daß er sich bei Gerichtshöfen weder sehn läßt, noch in Anspruch nehmen läßt (‹nicht schwören›). Daß er sich unter keinen Umständen, auch nicht im Falle bewiesener Untreue des Weibes, von seinem Weibe scheidet. – Alles im Grunde Ein Satz, alles Folgen Eines Instinkts. – Das Leben des Erlösers war nichts anderes als *diese* Praktik, – sein Tod war auch nichts anderes ... Er hatte keine Formeln, keinen Ritus für den Verkehr mit Gott mehr nötig, – nicht einmal das Gebet. Er hat mit der ganzen jüdischen Buß- und Versöhnungs-Lehre abgerechnet; er weiß, wie es allein die *Praktik* des Lebens ist, mit der man sich ‹göttlich›, ‹evangelisch›, jederzeit ein ‹Kind Gottes› fühlt. *Nicht* ‹Buße›, *nicht* ‹Gebet um Vergebung sind Wege zu Gott: die *evangelische Praktik allein* führt zu Gott, sie *ist* ‹Gott›! – Was mit dem Evangelium *abgetan* war, das war das Judentum der Begriffe ‹Sünde›, ‹Vergebung der Sünde›, ‹Glaube›, ‹Erlösung durch den Glauben›, – die ganze jüdische *Kirchen*-Lehre war in der ‹frohen Botschaft› verneint. – Der tiefe Instinkt dafür, wie man leben *müsse*, um sich ‹im Himmel› zu fühlen, um sich ‹ewig› zu fühlen, während man sich bei jedem anderen Verhalten durchaus *nicht* ‹im Himmel› fühlt: dies allein ist die psychologische Realität der ‹Erlösung›. – Ein neuer Wandel, *nicht* ein neuer Glaube ...»[3]

3 FRIEDRICH NIETZSCHE: Der Antichrist, Nr. 33, S. 230–231.

Natürlich sind diese Worte nicht «antijudaistisch» oder «antisemitisch» zu verstehen, wie man, um sie abweisen zu können, immer mal wieder behauptet hat, sie reflektieren völlig korrekt die Auseinandersetzung Jesu nicht allein mit der jüdischen Frömmigkeit seiner Tage, sondern mit jeder Religion, die sich auf theologische Formeln, schriftgelehrte Formalismen und priesterliche Formulare stützt.

Ganz richtig verstand NIETZSCHE insbesondere denn auch die Christus-Überlieferung der Evangelien als ganz und gar symbolisch. «Wenn ich irgend etwas von diesem großen Symbolisten (sc. Jesus, d. V.) verstehe,» schrieb er, «so ist es Das, daß er nur *innere* Realitäten als Realitäten, als ‹Wahrheiten› nahm ... Der Begriff ‹des Menschen Sohn› ist nicht eine konkrete Person, die in die Geschichte gehört, irgend etwas Einzelnes, Einmaliges, sondern eine ‹ewige› Tatsächlichkeit, ein von dem Zeitbegriff erlöstes psychologisches Symbol ... es liegt ja auf der Hand, was mit dem Zeichen ‹Vater› und ‹Sohn› angerührt wird – ... mit dem Wort ‹Sohn› ist der *Eintritt* in das Gesamt-Verklärungs-Gefühl aller Dinge (die Seligkeit) ausgedrückt, mit dem Wort ‹Vater› *dieses Gefühl selbst*, das Ewigkeits-, das Vollendungs-Gefühl. – Ich schäme mich daran zu erinnern, was die Kirche aus diesem Symbolismus gemacht hat: hat sie nicht eine Amphitryon-Geschichte (sc. von der Zeugung des Herakles durch Zeus mit Alkmene, d. V.) an die Schwelle des christlichen ‹Glaubens› gesetzt? Und ein Dogma von der ‹unbefleckten Empfängnis› noch obendrein? ... *Aber damit hat sie die Empfängnis befleckt* – – Das ‹Himmelreich› ist ein Zustand des Herzens ... Das ‹Reich Gottes› ist nichts, das man erwartet; es hat kein Gestern und kein Übermorgen, es kommt nicht in ‹tausend Jahren›, – es ist eine Erfahrung an einem Herzen; es ist überall da, es ist nirgends da ...»[4]

Demgegenüber, konstatierte NIETZSCHE, sei die «Kirche» geradewegs «aus dem Gegensatz zum Evangelium» errichtet; die ganze «Geschichte des Christentums – und zwar vom Tode am Kreuze an – ist die Geschichte des schrittweise immer gröberen Mißverstehens eines *ursprünglichen* Symbolismus. Mit jeder Ausbreitung des Christentums über noch breitere, noch rohere Massen, denen die Voraussetzungen immer mehr abgingen, aus denen es geboren ist, wurde es nötiger, das Christentum zu *vulgarisieren*, zu *barbarisieren* ... Als Kirche summiert sich endlich die *kranke Barbarei* selbst zur Macht.»[5]

4 A. a. O., 231–232.
5 A. a. O., 233; 234.

Ihr wahres Herrschaftsinstrument jedoch, so sah es NIETZSCHE, seien «die Begriffe ‹Jenseits›, ‹Jüngstes Gericht, ‚Unsterblichkeit›, die ‹Seele› selbst»; «es sind,» schrieb er, «Folter-Instrumente, es sind Systeme von Grausamkeiten, vermöge deren der Priester Herr wurde, Herr blieb ...»[6] Auch an diesen Worten ist überaus viel Richtiges, – doch auch grundschürfend Falsches.

1) Die Ambivalenz eines Symbols oder: Von Heulen und Zähneknirschen (Mt 8,12)

Richtig ist, daß die Lehre vom Jenseits nicht nur Angst machen kann, sondern in gewissem Sinn auch Angst machen soll. Merkwürdigerweise findet sie sich im Alten Testament noch gar nicht, – wenn man so will, ist die jüdische Religion die einzige unter den Religionen der Menschheit, die, beim Wort genommen, rein diesseitig ausgerichtet ist: Die Erwählung Israels in Abraham zum Segen aller Völker (Gen 12,1–3)[7] und die Erwartung, einst ein großes Volk zu sein (Gen 18,18; 22,17–18; 28,14), stehen nicht nur am Anfang der biblischen Überlieferung, sie sind und bleiben Inhalt aller Hoffnung in der Bibel. Man glaubt als Volk, man ist religiös als Volk, die Zukunft und Gestaltung Israels im Raume der Geschichte hier auf Erden ist Gegenstand der ganzen Frömmigkeit. Der Einzelne kann für sein Leben hoffen, daß er ein hohes Alter erreiche und eines Tages sterbe ganz nach dem Vorbild Abrahams, von dem es heißt, daß er dahinschied, «als er alt und lebenssatt war» und so «versammelt ward zu seinen Vätern». (Gen 25,7–8; vgl. 15,15) – Die Hoffnung des Volkes selbst indessen bleibt dabei doch nicht für immer stehen, und sie kann es auch nicht, indem die gesamte innerweltliche Erwartung Israels auf nationale Größe in eine äußerste Krise gerät und damit eine gänzlich neue Art der Geschichtsbetrachtung entsteht: In der Spätzeit des Alten Testamentes entwirft die Literatur der *Apokalyptik* schauerliche Weltuntergangszenarien, an deren Ende erst der kommende Messias Israels sein 1000jähriges Reich des Heils über die Erde deh-

6 A. a. O., 236. – Ein Kritiker wie KURT FLASCH: Warum ich kein Christ bin, 252, meint gerade zu der Vorstellung von der ewigen Strafe im Jenseits: «Die Höllentheorie endete im gedanklichen Fiasko. Sollen doch die Toten ihre Toten begraben.»
7 E. DREWERMANN: Strukturen des Bösen, I 319–320.

nen wird[8]. Auch und gerade in der *Apokalyptik* bleibt die Größe Gottes in der Größe seines Volkes das zentrale Thema, indem am «Tag des Herrn»[9] die Heidenstämme dem Gericht Gottes anheim fallen.

8 ERNST BLOCH: Das Prinzip Hoffnung, III 1323–1333: Biblische Auferstehung und Apokalypse, schreibt zu Recht: «Es gab im alten Israel Ahnen- und Totenkult, das setzte Glauben an ein Fortleben voraus, aber das gehörte noch zum kanaanitisch übernommenen Zauber, nicht zum frommen Glauben.» (1323) «Durchbruch der Unsterblichkeit geschah im Judentum erst durch den Propheten Daniel (um 160 v. Chr.), und der Antrieb dahinter kam nicht aus dem alten Wunsch nach langem Leben ... Er kam ... aus dem *Durst nach Gerechtigkeit*; so wurde der Wunsch Postulat, die postmortale Szene durchaus Tribunal. Glaube ans Fortleben wurde hier eines der Mittel, um den Zweifel über Gottes Gerechtigkeit auf Erden zu beschwichtigen.» (1324) «*Allgemeine Auferstehung selber*, die aller Menschen, wird erst in den Bildreden des äthiopischen Henochbuches ausgesprochen, gegen Ende des ersten vorchristlichen Jahrhunderts, das ägyptische Totengericht, die persische Weltbrandlehre gaben ihre Farbe ab. Das Henochbuch machte Daniels Verheißung nicht nur generell, es führte in sie auch die verschwenderisch ausgemalte Szene von Hölle, Himmel und Jüngstem Gericht ein, zum erstenmal. Und die Esra-Apokalypse des ersten nachchristlichen Jahrhunderts macht das Gericht zur letzten Enthüllung ... Die uralte ägyptische Idee vom Buch des Lebens wirkte ein.» (1325) – Das *Buch Henoch*, Kap. 37–71: Das messiologische Buch, schildert (Kap. 45–50) das messianische Gericht sowie (Kap. 51–54) die Totenauferstehung; in: EMIL KAUTZSCH (Hg.): Die Apokryphen und Pseudepigraphen des Alten Testaments, II 262–265; 265–266. *4 Esra* 14,35 faßt, nach einer ausführlichen Schilderung der Drangsale der Endzeit, die Überzeugung der Apokalyptik zusammen: «es gibt ein Gericht nach dem Tode, wann wir zu neuem Leben gelangen; da wird der Name der Gerechten kund, der Frevler Taten werden offenbar.» A. a. O., II 400. – FRANZ-JOSEF NOCKE: Eschatologie, in: Theodor Schneider (Hg.): Handbuch der Dogmatik, II 383, stellt die Ambivalenz der Apokalyptik heraus: «Einerseits verdankt der biblische Glaube der Apokalyptik entscheidende Hoffnungsinhalte: den Glauben daran, daß Gott auch durch die totale Katastrophe hindurch noch eine Zukunft eröffnen kann; die Hoffnung auf Auferstehung aus dem Tod; die Ausdehnung der ursprünglich nur Israel geltenden Hoffnung auf die ganze Menschheit (Universalismus). Andererseits ...: die Neigung, den Endtermin zu berechnen; die (dualistische) Vernachlässigung der gegenwärtigen Weltzeit zugunsten der erhofften Zukunft; damit zusammenhängend: die Resignation vor der Aufgabe, menschliche Geschichte zu gestalten; aber auch das politische Mißverständnis: die Meinung, Gottes Herrschaft könne erst nach der totalen Ausräumung aller bösen Herrschaft beginnen.» Der Versuch indessen, den einen Aspekt vom anderen zu lösen, kann nicht gelingen; die «Ambivalenz» des Welterlebens ist der Grund der Apokalyptik, und nur eine symbolische Interpretation ihrer Bilder und deren psychologische Durcharbeitung dient wirklich der «Hoffnung».

9 Zu der ursprünglich prophetischen Vorstellung vom «Tag des Herrn» erinnert GERHARD VON RAD: Theologie des Alten Testaments, II 133–137, an die Kriegstheophanien und an das Phänomen der sakralen Panik, wenn er schreibt: «Der Vorstellungskreis vom Tag Jahwes an sich ist ... keineswegs eschatologisch, sondern war den Propheten mit allen Einzelheiten aus der alten Jahweüberlieferung geläufig. Die Propheten waren aber der Meinung, daß sich Jahwes letzter Aufbruch gegen seine

Psychologisch kann man verstehen, woher solche Vorstellungen kommen[10]. Weltuntergangsphantasien entstehen in der Seele des Einzelnen wie im Bewußtsein ganzer Kulturen aus dem Gefühl eines nicht mehr zu lösenden Widerspruchs: Ohnmächtig fühlt man einer Welt sich ausgeliefert, die, wenn überhaupt noch Hoffnung sein soll, erst im Ganzen zugrunde gehen muß, um sich von Grund auf zu erneuern. In manchen Erlebnissen schizophrener Psychosen spielen derartige Vorstellungen eine Rolle; bei den apokalyptischen Texten, die vom 2. Jh. v. Chr. an im Alten Israel entstehen, handelt es sich freilich um hochgebildete Geschichtskonstruktionen, die anhand zahlreicher Schriftzitate aus der vergangenen Geschichte die zukünftige Geschichte konstruieren: nach einem festen Schema wird sie entsprechend den Planungen Gottes, die hiermit «enthüllt» werden (daher «Apokalypsen» von griech: *apokalýptein* – enthüllen), zu Ende gehen.[11] Der Gegensatz von Gott und Welt wird zumeist dargestellt als Kampf zwischen den Mächten des Guten (den Engeln) und des Bösen (den Teufeln), so wie es in der *Geheimen Offenbarung* des Neuen Testamentes geschieht (Apk 12): Ausgesprochen wird dort in verhüllter Darstellungsweise die Erwartung, bald schon (noch in den Tagen des *Domitian*, um 90 n. Chr.) werde das römische Imperium (durch den Angriff der Parther) untergehen; dann werde Christus die Treuen belohnen und in das Himmlische Jerusalem aufnehmen[12]. In-

Feinde unter ähnlichen Zeichen ereignen wird wie in den alten Zeiten. Ohne Frage hat sich die Vorstellung von diesem kriegerischen Eingreifen Jahwes in der Schau der Propheten enorm gesteigert, weil es alle Völker, ja selbst die geschöpflichen Ordnungen, ja Israel selbst betreffen wird.» (137)

10 Vgl. E. DREWERMANN: Tiefenpsychologie und Exegese, II 473–485: Weltuntergangsvorstellungen in der Mythologie und ihre Nähe zum schizophrenen Erleben. Vgl. auch GERHARD MARCEL MARTIN: Weltuntergang, 47–60: Der erlebte Weltuntergang.

11 GERHARD VON RAD: Theologie des Alten Testaments, II 314–321: Die Apokalyptik, stellt die Nähe der Apokalyptik zur Weisheitsliteratur bzw. zu einer Art kosmologischer Gnosis heraus und betont: «der Begriff des ‹Geheimnisses›, der für die Apokalyptik schlechterdings konstitutiv ist», habe «in der Botschaft der Propheten keine Basis.» «So ist ... die typisch apokalyptische Periodisierung der Weltgeschichte nichts anderes als Interpretation und Aktualisierung älterer kosmologisch-mythologischer Schemata.» (321)

12 Vgl. E. DREWERMANN: Tiefenpsychologie und Exegese, II 541–591: Einige Bemerkungen zur Geheimen Offenbarung des Johannes, S. 548. – Im 2. Jh. nach Chr. setzen die apokalyptischen Schriften sich in gewisser Weise in den *Christlichen Sibyllinen* fort: «Im VIII. Buch,» schreibt A. KURFESS in der Einleitung, «haben wir wilden, von der Verfolgung entflammten Haß gegen Rom; nicht mehr das sündige Babel wird bekämpft, sondern Rom selbst wird mit Namen genannt; schrecklich jubelnd sieht der Sibyllist schon den gespenstischen Nero-Antichrist herandrohen,

nergeschichtliche und weltjenseitige Aussagen gehen in den Apokalypsen ineinander, so als lägen sie auf ein und derselben Ebene.

Das Problem, das sich daraus erneut in einer falschen, weil unsymbolischen Wörtlichnahme dieser Texte ergibt, zeigt sich in der christlichen «Eschatologie», wie sie dogmatisch vorgetragen wird. Auf Grund der apokalyptischen Passagen des Neuen Testamentes, die, wie der *1. Thessalonicher*-Brief PAULI (1 Thess 4,13–18; 5,1 -11) oder die Apokalypse in Mk 13,1–17, mit dem baldigen Ende der Welt rechnen[13], glaubt man, trotz des offenbaren Irrtums der neutestamentlichen «Naherwartung», der Sache nach die Zukunft der Welt durch göttliche Offenbarung zu kennen. Wie man die Schöpfungsgeschichte in Gen 1 als objektive kausale Begründung der Weltentstehung liest, so (miß)versteht man gleichermaßen die Apokalypse als eine Darstellung vom Ende der objektiv bestehenden Welt. Symbolisch, als Sprache von «Welt» im Sinne der Existenzphilosophie MARTIN HEIDEGGERS[14], könnte das apokalyptische Denken eine tiefsin-

um der abscheulichen Stadt ein Ende zu bereiten. Selbst mit Roms Schicksal im Jenseits ist er beschäftigt.» In: EDGAR HENNECKE – WILHELM SCHNEEMELCHER: (Hg.): Neutestamentliche Apokryphen, II 501. In VIII 139–146, in: A. a. O., II 517, klingt das so:

Wenn dann wieder der Zeitpunkt naht, wo der Phönix erscheinet,
Kommt, der vernichtet der Heiden Geschlecht und zahllose Stämme,
Auch das Hebräervolk. Dann wird Ares den Ares ausplündern,
Und der Römer hochmütiges Drohen wird selbst er vereiteln.
Denn Roms Herrschaft, die einst so blühend, ist jetzt dahin, die
Alte Beherrscherin rings umliegender Nachbarstädte.
Nicht mehr wird siegen das Land der üppig blühenden Roma,
Wenn er von Asien her mit Ares siegreich heranrückt.

Schließlich erscheint Jesus Christus als Richter (VIII 218–219. 227–232, in: A. a. O., II 519):

Jedes Geschöpf auf Erden erwartet den Richttag in Angstschweiß.
Endlich erscheint vom Himmel herab der ewige König

Und an das Licht der Freiheit gelangt von den Toten ein jeder,
So sich im Leben bewährt; die Bösen erwartet das Feuer.
Gründlich und offen bekennt, was er heimlich gesündigt, ein jeder.
Ohne Erbarmen durchleuchtet der Herr des Herzens Geheimnis.
Tausende heulen vor Wut, man hört das Knirschen der Zähne.

13 Vgl. E. DREWERMANN: Das Markus-Evangelium, II 330–353: Mk 13,1–37: Die Apokalyptische Rede.

14 Vgl. MARTIN HEIDEGGER: Sein und Zeit, § 14: Die Idee der Weltlichkeit der Welt überhaupt, 65: «Welt kann ... in einem ontischen Sinne verstanden werden; jetzt aber nicht als das Seiende, das das Dasein wesenhaft nicht ist und das innerweltlich begegnen kann, sondern als das, ‹*worin*› ein faktisches Dasein als dieses ‹lebt› ... Welt bezeichnet schließlich den ontologisch-existenzialen Begriff der *Weltlichkeit.*»

nige Aussage über den notwendigen Untergang eines Weltentwurfs der Angst und der Uneigentlichkeit im Felde der Gottesferne enthalten; das aber erscheint dem römischen Lehramt erneut als zu subjektiv, – es besteht bis heute auf der Objektivität seiner Totalaussagen über das Schicksal des Kosmos im ganzen.

Vorsichtig werden müßte man indessen schon bei der Tatsache, daß die *Johannes*-Apokalypse sich mit ihrer unmittelbaren Geschichtserwartung offensichtlich geirrt hat: das römische Reich war am Ende des ersten nachchristlichen Jahrhunderts historisch noch längst nicht dem Untergang geweiht; im Gegenteil: im 4. Jh. stieg das Christentum selbst zur Reichsreligion Roms auf, – es wurde ironischerweise zunächst einmal selber das Adoptivkind der «Hure Babylon» (Apk 17,4–19,10), ehe diese im 5. Jh., als christliche, im Westen des Imperiums unter den Wirren der Völkerwanderungszeit ihre Macht verlor und sich erst nach und nach wieder in Merowingischen und Fränkischen Herrschern fortzuzeugen vermochte. Massiver konnte die «Hoffnung» der *Johannes*-Apokalypse in der realen Geschichte nicht widerlegt werden. Gleichwohl hat die Weltsicht der Apokalypse vom Zusammenbruch des Weltalls, der Ankunft des Christus sowie dem Beginn einer «neuen Schöpfung» (Apk 21,1) im christlichen Dogma unverändert den Charakter einer realen Aussage über das Schicksal des Kosmos bewahrt[15]. Die Schwierigkeiten, die sich daraus ergeben, sind unüberwindbar.

– Dann aber muß man den Unterschied zwischen Existentialphilosophie und (christlichem) Glauben herausarbeiten. Sehr klar hat SÖREN KIERKEGAARD: Zur Selbstprüfung der Gegenwart anbefohlen, in: Erbauliche Reden 1850/51, S. 114, in Auslegung der Pfingsterzählung (Apg 2,1–12) den Auferstehungsglauben auf das engste mit der «Gabe des heiligen Geistes», mit dem Glauben Jesu, verbunden und allem «Vertrauen auf sich selbst, auf die Welt, auf die Menschen, unter anderm auch auf Gott» entgegengesetzt: «Glaube ist wider Verstand; Glaube ist auf der andern Seite des Todes. Und als du dir selber, der Welt starbest oder abstarbest, da bist du zugleich aller Unmittelbarkeit in dir gestorben, auch deinem Verstande ... wenn es finster ist wie in der finstern Nacht – es ist ja auch der Tod, den wir beschreiben: dann kommt der Geist, der lebendig macht und bringt den Glauben. Dieser Glaube, er ist stärker als die ganze Welt.» Er ist (S. 115) «der Ewigkeit Hoffnung».

15 So, wenn GERHARD LUDWIG MÜLLER: Katholische Dogmatik, 567: Theologische und naturwissenschaftliche Rede vom «Ende der Welt», schreibt: «Anfang und Ende sind sachliche, metaphysisch-anthropologische Beziehungen zu Gott. Weil die materielle Schöpfung im Menschen integriert ist, obwohl sie als sogenannte Naturgeschichte zeitlich-evolutiv dem Auftreten des Menschen vorangeht, wird die Materie am Menschen und mit ihm vollendet in der ewigen Gemeinschaft des leiblich-geistigen Wesens Mensch mit Gott. Umgekehrt hatte ja auch der Verlust der Gnadengemeinschaft des Menschen mit Gott im Anfang des gott-menschlichen Dialogs eine

negative Auswirkung auf die ganze materielle und animalische Welt und erfaßte sie im zeitlichen Voraus schon mit.» M.a.W.: Die fälschliche Historisierung, Objektivierung und Metaphysizierung der mythischen Bilder vom «Sündenfall» und seinen Folgen (der Tod als physisches Geschehen sei eingetreten als Strafe der menschlichen Verfehlung gegen Gott) nötigt nunmehr auch in der Lehre von den «letzten Dingen» zu einer gleichen (Fehl)Interpretation der gleichermaßen dem Mythos entstammenden apokalyptischen Bilder der Endzeit. Vgl. auch *Catéchisme de l' Église Catholique*, Nr. 1042–1050: Die Hoffnung eines neuen Himmels und einer neuen Erde, wo die Rede geht von einer «geheimnisvollen Erneuerung, welche die Menschheit und die Welt verwandeln wird» (Nr. 1043); auch wenn zugegeben wird, daß wir die Art der Umwandlung des Kosmos nicht kennen (Nr. 1048), so steht katholischerseits doch fest, daß «das sichtbare Universum, auch dieses, dazu bestimmt ist, verwandelt zu werden, indem es teilnimmt an seiner Verherrlichung in dem auferstandenen Jesus Christus.» (Nr. 1047) – KARL RAHNER: Auferstehung des Fleisches, in: Schriften zur Theologie, II 211–225, konstatiert zwar: «Die kosmischen Bilder (Verbrennen der Welt, Fallen der Sterne auf die Erde usw.) sind in ihrer Bildhaftigkeit ... zu deutlich, als daß man daran denken könnte, sie wären in diesem Charakter von den ursprünglichen Rednern nicht erkannt worden.» Gleichwohl behauptet er: «Jedenfalls wissen wir aus dem Zeugnis Gottes, daß diese Geschichte der Welt ihr Ende findet und daß dieses Ende nicht ein schlechthinniges Aufhören, ein Nicht-mehr-sein der Welt selbst sein wird, sondern die Teilnahme an der Vollendung des Geistes.» (221) «Das Ende der Welt ist darum die Vollendung und totale Durchsetzung der Heilsgeschichte ... sein (sc. Christi, d. V.) Wiederkommen geschieht bei der Vollendung der Welt in die Wirklichkeit hinein, die er jetzt schon besitzt.» DERS.: Theologische Prinzipien der Hermeneutik eschatologischer Aussagen, in: Schriften zur Theologie, IV 425, schränkt allerdings ein: «Was nicht als christologische Aussage verstanden und gelesen werden kann, ist auch keine echte eschatologische Aussage, sondern Wahrsagerei und Apokalyptik.» Doch wo bleibt dann die biblische Apokalyptik? Und was ist es mit einer «Christologie», die «Christus» zum Ziel- und Endpunkt der gesamten Evolution des Kosmos erklärt? Immerhin soll (nur noch) gelten: «Aus der Erfahrung Christi läßt sich ... 1. über die Gerichtetheit der Geschichte auf ein endgültiges Ende, 2. über ihren antagonistischen Charakter, 3. über die bleibende Zweideutigkeit des innerzeitlich Geschichtlichen, 4. über die *wachsende* Radikalisierung ihrer Mächte, 5. über die Repräsentation der Mächte und Epochen der Heils- und Unheilsgeschichte durch konkrete Personen, 6. über die Umfaßtheit der Sünde durch die Gnade Gottes ... alles ablesen, was wir wirklich in der Eschatologie einer katholischen Dogmatik sachlich aussagen können.» – HANS URS VON BALTHASAR: Theodramatik, III 55, stellt bei seiner ausführlichen Auslegung der Joh.-Apk. zwar fest: «Jedenfalls übersteigt der Gehalt ... des Theodramas jede innerweltlich überblickbare Handlung ... – der Umgreifende, Alpha und Omega, scheint zuletzt der vom Endspiel Umgriffene zu sein.» Dann aber meint er (211): «... der Knoten (kann) nur gelöst werden ..., wenn alle Dimensionen des Mysteriums (von der Trinität über die Christologie zur Kirchen- und zur allgemeinen Menschheits- und Welt-Lehre) mit im Blickfeld stehen.» Auf diese Weise werden erneut alle Bildaussagen der Apokalyptik nicht vom Menschen her gelesen, sondern als ein geoffenbartes Wissen um die (objektiv gegebenen) Geheimnisse des Göttlichen verstanden. Von «Anthropologie» oder «Kosmologie» in eigentlichem Sinne kann daher nicht die Rede sein, Mensch und Welt bilden bloß die bereitgestellte Bühne, um Gott sich aufführen zu lassen. Insofern ist von der «Vollendung» der Welt- und Menschengeschichte weniger die Rede als davon, daß es Welt und

Zum einen wird selbst in der exegetischen Literatur wenig Wert auf die wichtige Tatsache gelegt, daß, ähnlich wie die Weltentstehungsmythen, auch die Weltuntergangsmythen eine archetypische Vorstellung in der Religionsgeschichte der Völker darstellen, – keinesfalls sind sie ein Sondergut Israels[16]. Statt als eine spezielle «Offenbarung» des Gottes Jahwe an sein Volk verstanden zu werden, sollten die biblischen (und außerbiblischen, apokryphen) Apokalypsen daher religionspsychologisch in ihrem Symbolismus gewürdigt werden – als tröstliche Bilder, die lehren, selbst im äußersten Widerspruch und Zusammenbruch das Vertrauen auf Gott nicht zu verlieren. Interpretiert man die apokalyptischen Aussagen hingegen «objektiv», so werden die entsprechenden Vorstellungen bis zum Grotesken konterkariert durch den Fortschritt der Astrophysik im 20. Jh.

Noch als ALBERT EINSTEIN seine Allgemeine Relativitätstheorie veröffentlichte, im Jahre 1915, dachte man sich das «Weltall» identisch mit «unserer» Milchstraße; EINSTEIN selbst postulierte geradezu durch Einführung eines eigenen Faktors, welcher der Gravitation entgegenwirken sollte, einen ewigen Gleichgewichtszustand dieses – nach heutigen Maßstäben winzigen – Kosmos[17]. Doch dann, in den

Mensch allein «von Gott her» gibt; und auch hier gilt als «Beweis» die Tatsache des Todes, die nach Röm 5,12 als «das primäre Anzeichen der Verbreitung einer Urschuld durch das ganze Geschlecht» verstanden wird. «Der ‹letzte Adam› (sc. Christus, d. V.) jedoch ist nicht jenseits der Form des Unheilstodes ... verblieben», sondern hat die Möglichkeit eröffnet, «diesen Tod ... als etwas auf die Versöhnung der Welt mit Gott Geöffnetes aufzufassen.» (174) Wie mit Absicht bleibt es unklar, ob hier «kosmologische» oder «anthropologische», ontische oder ontologische, Seins- oder Existenzaussagen getroffen werden, – denn wovon auch immer die Rede geht, es spielt sich ab in Gott. Dabei läge ein «existentieller» Ausgangspunkt an sich sehr nahe, wenn BALTHASAR: A. a. O., III 102, auf «das Ineinander von Tod – Auferstehung – Weltende im Bewußtsein Jesu» verweist; doch dann macht er geltend, «daß diese von Jesus verkündigte Naherwartung nicht die Entdeckung einer allgemein philosophisch-theologischen Wahrheit ist, sondern entscheidend mit seiner Person und seinem Schicksal zusammenhängt.» Das ist vollkommen richtig; um so mehr aber müßte «diese zur Weltgeschichte querliegende eschatologische Weltvollendung» «existentialisiert», statt «theodramatisiert» werden; zudem: Apokalyptik ist der krasseste Kontrast zu jeglicher «Eschatologie».

16 Vgl. E. DREWERMANN: Tiefenpsychologie und Exegese, II 473–485: Weltuntergangsvorstellungen in der Mythologie und ihre Nähe zum schizophrenen Erleben. – Es ist sehr wichtig, die psychologischen und zeitgeschichtlichen Voraussetzungen der apokalyptischen Bilder herauszuarbeiten, da sonst eine Vielzahl von Projektionen, die hilfreich sein können, sich über sich selber klar zu werden, als Formen göttlicher Selbstoffenbarung gelesen, zur Entfremdung des Menschen, statt zu seiner Integration beitragen. Vgl. GERHARD MARCEL MARTIN: Weltuntergang, 48–50: Wahnsinn mit Botschaft und Methode.

17 Vgl. E. DREWERMANN: Im Anfang ..., 603–606.

20er Jahren, zeigte der in der «Schöpfungslehre» (s.o. S. 68) schon erwähnte EDWIN HUBBLE, daß der Andromeda-Nebel (die M 31) eine eigene Galaxie außerhalb «unserer» Milchstraße darstellt, – ihre Entfernung wird heute mit 2,2 Mio. Lichtjahren angegeben, und Modellrechnungen zeigen, daß sie in etwa 5 Mio. Jahren mit «unserer» Milchstraße verschmelzen wird[18]. Doch trotz solcher lokalen Bewegungen benachbarter Galaxien aufeinander zu, wurde HUBBLEs Entdeckung bahnbrechend, die er anhand der Rotverschiebung der Spektrallinien der Galaxien gewann: daß das Weltall als ganzes sich ausdehnt. Die Entweichgeschwindigkeit wird mit der Entfernung immer größer, und sie ist so hoch, daß sie mit der Urknall-Theorie allein nicht erklärt werden kann; postuliert wird heute deshalb eine «dunkle Energie», der man sogar 70 % der Gesamtenergie des Kosmos zuschreibt[19]. Dabei ist das, was man derzeit unter Kosmos versteht, ein Gebilde von vielen Milliarden Galaxien, bestehend aus Hunderten von Milliarden Sonnen mit je nach ihrer Größe verschiedenen Entwicklungswegen, aus dunkler Materie, aus quasistellaren Radioquellen, aus Schwarzen Löchern als Gravitationsankern der neu entstehenden Galaxien, und nicht zuletzt aus einer Vielzahl von Planeten, die womöglich ebenfalls, wie «unsere» Erde, die Voraussetzungen für die Entstehung von Leben bieten[20]. Dieses All wird, wie man neuerdings annimmt, dem Kältetod entgegengehen; es wird sich immer weiter ausdehnen und ausglühen[21], – kein «Zusammenbruch» also, eher eine Auflösung, und zwar nicht plötzlich, sondern im Verlauf von vielen Milliarden Jahren. Selbst die Vorstellung von «neuen Welten» wird in der modernen Kosmologie diskutiert, doch eigentlich zeigt sich daran nur, wie obsolet die Konzepte der biblischen Apokalyptik, wenn man sie «wörtlich» nimmt, inzwischen geworden

18 A.a.O., 245–246.

19 Zum Problem der «dunklen Materie» vgl. a.a.O., 603–627: Von Form und Schicksal der gesamten Welt oder: Von der Bedeutung der dunklen Materie und der Entstehung der Galaxien. – Zur «dunklen Energie» vgl. TIMOTHY CLIFTON u. PEDRO G. FERREIRA: Wozu dunkle Energie?, in: Spektrum der Wissenschaft, August 2009, 26–33: Die «dunkle Energie» wird postuliert, um die beschleunigte Ausdehnung des Universums zu erklären; wie aber wäre es, wenn wir (zufällig) uns in einer kosmischen Region unterdurchschnittlicher Dichte aufhielten, so daß die Expansionsrate lokal schwanken würde? Dann müßte man die Annahme einer exotischen Energieform ersetzen durch die Annahme einer kosmischen Inhomogenität der Materieverteilung im All. Welche Annahme zutrifft, ist nicht geklärt.

20 Vgl. E. DREWERMANN: Im Anfang ..., 152–199: Sterne, schwerer als die Sonne oder: Von Novae, Supernovae (Neutronensternen) und Schwarzen Löchern.

21 A.a.O., 1061–1070: Wie es vielleicht zu Ende geht.

sind. Vielleicht bilden sich ja tatsächlich auf der Rückseite Schwarzer Löcher neue Universen[22], vielleicht ist «unsere» eigene Galaxis aus einem solchen Schwarzen Loch entstanden, vielleicht entstehen aus lokalen Energieschwankungen (Oszillationen) im Quantenvakuum immer neue Universen, von denen immer mal wieder etliche sich für eine Weile als funktionstauglich erweisen[23], vielleicht ... Aber was heißt das?

Das Entscheidende an all diesen Spekulationen ist der Umstand, daß mit ihnen in einer Weise über die Herkunft und Zukunft der Welt nachgedacht wird, die keinerlei Objektivierung mythischer Bilder mehr zuläßt. Über das Schicksal des Kosmos weiß die Bibel genau gar nichts, und wer ihre existentiell bedeutsamen Chiffren als Aussagen über natürliche Sachverhalte nimmt, gerät nicht nur in Streit mit den Naturwissenschaften, – er spricht von Gott in einer Art, die nicht länger mehr der Deutung, sondern der Erklärung des Daseins dienlich sein soll; damit jedoch wird der Bereich schlechterdings überschritten, in dessen Grenzen Theologen Kompetenz besitzen mögen. Sie sollten ein für allemal den Versuch aufgeben, über das Ende der Geschichte, über den Untergang der Welt, über die Neuschöpfung des Kosmos in realem Sinne Bescheid wissen zu wollen.

Insbesondere betrifft diese Feststellung noch einmal die (nicht geringe Zahl der) Anhänger des französischen Jesuitenpaters TEILHARD DE CHARDIN, der in den 50er Jahren als Paläontologe den Aufstieg des Menschen auf dem Planeten Erde als den zentralen Teil der kosmischen Evolution hin auf den Christus interpretierte[24]. Die Energie

22 A. a. O., 628–644: Ein Paradigma von Ende und Anfang oder: Zur Physik der Schwarzen Löcher; 1047–1061: Von einer möglichen Selektion von Universen.
23 A. a. O., 1039–1047: Das Problem der Anfangsbedingungen. Vgl. auch LAWRENCE M. KRAUSS: Ein Universum aus Nichts, 226–238: Schöne neue Welten.
24 PIERRE TEILHARD DE CHARDIN: Text über das Ende der Welt, in: Die Zukunft des Menschen, 401–403: «Wenn das Ende der Zeit naht ..., wird ohne Zweifel auf eine bis zum Paroxysmus ihrer Fähigkeiten zur Vereinigung gebrachte Schöpfung die Parusie (sc. die Wiederkehr Christi, d. V.) einwirken. Das seit dem Ursprung aller Zeiten verfolgte einzige Werk der Assimilation und Synthese wird endlich offenbar: der universale Christus wird wie ein Blitz in den Wolken der langsam geheiligten Welt aufleuchten ... Von der mächtigsten organischen Anziehung, die man sich vorstellen kann (der Kraft, die das Universum zusammenhält!), bewegt, werden die Monaden sich an den Ort stürzen, für den die totale Reifung der Dinge und die unerbittliche Irreversibilität der gesamten Weltgeschichte sie unwiderruflich bestimmen werden – die einen, vergeistigte Materie, in die grenzenlose Vollendung einer ewigen Gemeinschaft; – die anderen, materialisierter Geist, in das bewußte Grauen eines endlosen Verfalls.» So schrieb der französische Jesuit im Jahre 1924; doch

des gesamten Weltalls rollt nach seiner Auffassung sich ein, um den Menschen und in dessen Geschichte den Gottmenschen Jesus Christus hervorzubringen, der in seiner ganzen Größe bei der «Vollendung» der Welt vor aller Augen in Erscheinung treten wird. Man hat – nicht zu Unrecht – TEILHARD vorgeworfen, daß er den «Sündenfall», die Tragik des menschlichen Daseins, in ein bloßes Anfangsmoment der Evolution auflöse, das durch die Entfaltung immer höherer Komplexitätsgrade von Sein und Bewußtsein fortschreitend überwunden werde; ein solches Konzept sei nicht mehr christlich, sondern pantheistisch. Das trifft in gewissem Sinne zu; religionsgeschichtlich könnte man sogar, genauer noch, sagen, es sei hinduistisch, läßt doch die Gestalt des indischen Urmenschen Purusha[25] (oder des persischen Gayomart)[26] ganz analoge Aussagen zu wie die Christusmystik TEILHARDS. Doch wichtiger noch als solche Einwände ist die Tatsache, daß TEILHARD methodisch den gleichen Fehler be-

auch fast 30 Jahre später, 1953, erklärt er: Das Ende der Art, in: A. a. O., 391–400, mit den Worten: «... seit Jesus geboren ist, seit Er aufgehört hat zu wachsen, seit Er gestorben und auferstanden ist, hat sich alles weiterbewegt, weil Christus Seine Gestaltung nicht vollendet hat. Er hat noch nicht die letzten Falten des Gewandes aus Fleisch und Liebe an sich gezogen, das für Ihn seine Gläubigen bilden. Der mystische Christus hat sein volles Wachstum nicht erreicht. Und in der Verlängerung dieser Zeugung hat die letzte Triebkraft allen geschöpflichen Tuns ihren Ort ... Christus ist das Ziel sogar der natürlichen Evolution der Seienden.» (400)

25 Vgl. *Rig-Veda* X 90. Dort «ist schon von dem gewaltigen Urgeist, dem *Purusha* (eigentlich Mann), die Rede, aus dem, wie aus dem germanischen *Ymir*, die ganze Welt hervorgegangen ist, der sie aber noch unermeßlich überragt.» HELMUTH VON GLASENAPP: Die nichtchristlichen Religionen, 153. – Vgl. auch HEINRICH ZIMMER: Philosophie und Religion Indiens, 222–228: Der kosmische Mensch (im Jainismus). – In den Bahnen solcher Gedanken schreibt RABINDRANATH TAGORE: Einheit der Menschheit, 157: «... laßt uns den höchsten Gott anrufen und ihm nicht unsere Niedrigkeit, sondern den großen unsterblichen Gott, der in uns wohnt, anbieten. Laßt uns den höchsten Gott bitten, daß er den Gott in uns zur Rechten seines Thrones berufe.»

26 Nach zarathustrischer Vorstellung gibt es vier Weltalter von je 3000 Jahren Dauer. Im ersten Weltalter schafft Ahura Mazda die geistige Welt (Engel, gute Geister) und Fravashis, die geistigen Urbilder der Menschen. Diese transzendente Schöpfung wird im 2. Weltalter materiell «und existiert dort in vollendetem, sündlosem Zustand unter der Herrschaft des Urmenschen Gayomart und ‹der Seele des Stiers›, d. h. des Prototyps der Tierwelt.» Im 3. Weltalter vermischen sich Gutes und Böses in der Welt, um dann im 4. Weltalter durch ZARATHUSTRA und andere gereinigt zu werden, bis der Saoshyant, der Helfer und Heiland, die Auferstehung der Toten heraufführt und die Bösen vernichtet. «Die durch einen läuternden feurigen Metallstrom gereinigte Welt erfährt eine vollkommene Verklärung (Frashokereti): Ahura Mazda herrscht jetzt allein über selige Wesen.» HELMUTH VON GLASENAPP: Die nichtchristlichen Religionen, 295–296.

ging, dem die dogmatische Eschatologie, deren Korrektur und Modifikation er zu sein beabsichtigte, in der christlichen Theologie ihre Existenz verdankt: er trug Sinnbilder zur Deutung des menschlichen Daseins als Erkenntniskategorien in die Biologie und in die Astrophysik ein, er machte aus hermeneutisch sinnvollen Aussagen visionäre Tatsachenbehauptungen im Raum der Natur, er tat so, als lasse sich die biblische Mythologie im Sprechen von Anfang und Ende als Offenbarung über das Schicksal der Welt auffassen. Eine solche «Mystik» basiert nicht nur auf einer Fehldeutung der symbolistischen Sprechweise gerade der apokalyptischen Literatur, sie enthält zudem eine Reihe von Prophezeiungen, die mit den Mitteln naturwissenschaftlicher Nachprüfung eindeutig falsifizierbar sind: so wie TEILHARD sich den Lauf der Dinge vorstellte, ist er nicht und wird er sicherlich nicht sein.

Insgleichen entfällt damit eine weitere Form «eschatologischen» Trostes, die ebenfalls sich auf gewisse Daten der Biologie und der (Quanten)Physik beruft, indem sie diesen eine Bedeutung verleiht, die ihnen nicht zukommt. In vorwiegend esoterisch ausgerichteten Schriften wird gern das Argument vorgetragen, daß die Natur als ganze ein wirkliches Ende nicht kenne; jedes einzelne Leben hinterlasse eine Information, die im ganzen Weltall nicht verloren gehen könne; ja, selbst wenn unser Weltall zugrunde gehe, werde es seinen Informationsgehalt an ein kommendes Babyuniversum weitergeben. – Auch hier «erleichtert» man sich das Glauben durch die Einführung vermeintlich handfester Beweise, die nachweislich alle ins Leere greifen. Der Tod eines einzelnen Menschen hinterläßt physikalisch keinerlei «Informationen», er leitet lediglich den Verfall des leblos gewordenen Organismus ein, durch einen Abbauprozeß, der alle Stufen der Wirklichkeit umfaßt: von der Biochemie zur Chemie, von der Chemie zur Physik, bis hin zur Abstrahlung des letzten Gammaquants. «Information» könnte nur die komplexe Struktur des Funktionszusammenhangs enthalten, die Leben heißt, doch gerade sie wird, naturwissenschaftlich betrachtet, im Tode unwiderruflich zerstört. Auch die Auflösung des Universums läßt sich kaum anders als nach dem Gesetz von der Zunahme der Entropie entsprechend dem zweiten Hauptsatz der Thermodynamik verstehen: Entropie ist «Unordnung», eben nicht geordnete Mitteilung[27]. – Wenn aber eine neue Welt aus einem Schwarzen Loch oder aus einer Fluktuation im Quan-

27 Vgl. E. DREWERMANN: Im Anfang ..., 1061–1070: Wie es vielleicht zu Ende geht.

tenvakuum entsteht[28]? – In letzterem Falle läge gar keine «Information» über den Zustand einer vergangenen Welt vor, es entstünde etwas schlechthin Neues; aus einem Schwarzen Loch dringt – mit Ausnahme der HAWKING-Strahlung[29] – keinerlei «Information» nach draußen; – eben deshalb ist es ein «*Schwarzes* Loch», dessen Gravitationswirkung das Raum-Zeit-Kontinuum wie ein überschwerer Stein ein Gummituch zerreißt. Auf dieser Ebene sind «Hoffnungen» nicht formulierbar; es existieren nicht einmal die Fragen, auf welche Theologen zu antworten suchen.

Wozu aber dann soll es noch gut sein, sich mit den Aussagen apokalyptischer Schriften zu beschäftigen? Die eigentliche Leistung der apokalyptischen Literatur besteht nicht darin, falsche Auskünfte für allzu Neugierige zu erteilen, sondern sie ergibt sich aus der Umkehrung der gesamten Perspektive des geschichtlichen Fortschrittsdenkens: statt einen allmählichen Aufstieg der menschlichen Geschichte bis hin zur Ankunft des Messias zu konzipieren, setzt sie die «Endzeit»-Ereignisse in einen äußersten Gegensatz zu dem zu erwartenden «Heil», das nicht durch ein langsames Ausreifen, sondern durch eine vorhergehende Katastrophe «vorbereitet» wird. So wenig Vorstellungen dieser Art zur Vorhersage des Weltverlaufs in der Wirklichkeit taugen mögen, so ist doch das Schema selber auf *einen* «Weltuntergang» anwendbar, den jeder erleidet, weil er ein Mensch ist: den eigenen Tod. Gibt es Hoffnung angesichts des sicheren physischen Zusammenbruchs von allem? Diese zentrale Problemstellung des apokalyptischen Denkens betrifft einen jeden: er wird ganz sicher eines baldigen Tages schon sterben, sein Körper wird ebenso sicher und sichtbar zerfallen, und was dann? Eine solche Individualisierung des apokalyptischen Denkens ist nicht nur theologisch legitim, sie erfolgt besonders bereits in dem Doppelwerk des *Lukas*: in seinem Evangelium und in seiner *Apostelgeschichte*[30]. Nicht das Ende der Welt, sondern das Schicksal des Menschen im Tod ist das Thema zum Beispiel in der Areopagrede Pauli im Gespräch mit den Epikureern, in welcher der Apostel die «Auferstehung» Jesu als die entscheidende Zuversicht christlichen Glaubens herausstellt (Apg 17,31)[31]. Christus

28 A. a. O., 979–990: Eine Theorie für die Entstehung vieler Welten aus dem Nichts.

29 A. a. O., 636–642.

30 Vgl. E. DREWERMANN: Die Apostelgeschichte, 56–60.

31 Zur Stelle vgl. a. a. O., 741–772: Athen oder: Gedanken in und bei Pauli Rede auf dem Areopag.

selber, so heißt es dort, wird Gericht halten über die «bewohnte Erde», – über jeden Einzelnen mithin. Die Art, wie man sich das vorstellen kann, beschreibt Jesu Gleichnis vom Großen Weltgericht im *Matthäus*-Evangelium (Mt 25,31–46) entlang einem Katalog von Fragen, der eine unübersehbare Ähnlichkeit zu den negativen Schuldbekenntnissen schon in den altägyptischen Totenbüchern aufweist[32], wie denn überhaupt die wichtigsten Anregungen des Auferstehungsglaubens sich geschichtlich der Religion der Pharaonen verdanken dürften.

Denn ursprünglich allein für ihn: den Gottkönig, den Pharao, gab es im Tode Hoffnung auf Unsterblichkeit. Wenn er dahinschied, fuhr er zum Himmel auf und nahm Platz an der Seite seines Vaters, des Sonnengottes Ra[33]; seine Ba-Seele, dargestellt gern als ein Vogel aus Gold mit menschlichem Antlitz, setzte aus dem Körper sich frei und erhob sich zu ihrer ewigen Heimat unter die Sterne[34]; er trat damit selber ein in das Schicksal der Sonne. Am Ende eines jeden Tages küßte die Himmelsgöttin Nut im Westen die Sonne vom Himmel, nahm sie in ihren Schoß auf und gebar sie am Morgen im Osten verjüngt zu neuem Leben[35]. Tag um Tag also antwortet das Schicksal der Sonne auf das Schicksal auch eines sterblichen Pharao: auch er wird «wiedergeboren» am Himmel zu ewigem Leben. Freilich wird gerade dem Pharao der Himmelsaufstieg nur dann gelingen, wenn er entsprechend der Maat, der Göttin der Wahrheit, «richtig» gelebt hat.

Seine klassische Darstellung hat der Gedanke vom *Totengericht* in

32 Vgl. E. DREWERMANN: Tiefenpsychologie und Exegese, II 511–541: Altägyptische Analogien zu den christlichen Jenseitshoffnungen und die Wahrheit vom Untergang der Welt.
33 A. a. O., 516.
34 A. a. O., 515.
35 A. a. O., 517–518. Vgl. E. DREWERMANN: Ich steige hinab in die Barke der Sonne, 80–95: «Wer fliegt, der fliegt» oder: Das Symbol der Himmelfahrt, 96–119: «Ich steige hinab in die Barke der Sonne» oder: Wiedergeburt und Verklärung. – JAN ASSMANN: Tod und Jenseits im Alten Ägypten, S. XIII, betont: «Die Vorstellung von der Unsterblichkeit der Seele und einer jenseitigen Belohnung und Bestrafung, die zu den christlichen Grundüberzeugungen gehören und in der Aufklärung noch zu den Elementen einer natürlichen Religion gerechnet wurden, sind in den ägyptischen Texten zuerst greifbar. Da sie im Alten Testament fehlen und auch in Mesopotamien, Griechenland und Rom weder ursprünglich, noch in vergleichbarer Ausformung und Gestaltungskraft entwickelt sind, spricht vieles dafür, daß sie von Ägypten aus in die christliche Religion vorgedrungen sind.» Zur Vorstellung vom Ba vgl. a. a. O., 120–131; vgl. auch S. 160–169: Der Übergang als Himmelsaufstieg.

dem Bild von der Waage der Göttin Maat gefunden (Tafel 3)[36]: auf der einen Schale wird von dem schakalsköpfigen Gott Anubis das Herz des Verstorbenen gewogen, auf der anderen eine Feder aus dem schwarzen Haar der Göttin, denn nur wenn sein Herz «federleicht» ist, kann der Verstorbene Zugang finden zur Sphäre des ewigen Glücks. Ob das der Fall ist, prüft der ibisköpfige Schreibergott Thot, der über die Taten des Verstorbenen Protokoll führt, und er nimmt auch dessen Bekenntnis entgegen, in dem dieser sich rituell von aller Schuld freispricht: «Ich habe niemanden weinen gemacht,» erklärt er zum Beispiel[37]; er hat niemandem, der Hunger hatte, das Brot verweigert, er hat keinem ein Boot, das er brauchte, versagt, er hat weder Menschen noch Tieren Schmerz zugefügt. Wenn er so sprechen kann, steht ihm ein Leben in Seligkeit offen, wenn aber nicht, wartet bereits die Ammit, die große Fresserin, auf ihn, ein krokodilköpfiges Monstrum mit dem Hinterleib eines Nilpferds und dem Rumpf eines Löwen[38]; zerstückelt zu werden durch Zähne (oder durch Messer) stellte einen der schrecklichsten Aspekte des Todes für den Ägypter dar[39]. Eben deshalb bemühte man sich mit größtem Aufwand um die

36 CHRISTINE SEEBER: Untersuchungen zur Darstellung des Totengerichts im Alten Ägypten, 67–83: Die Waage; a. a. O., 139–147: Maat. – Zur Darstellung des Totengerichts im Papyrus Ani vgl. EDMUND DONDELINGER: Das Totenbuch des Schreibers Ani, 49–51.

37 *Das Totenbuch der Ägypter*, Spruch 125, S. 233–245: «Ich habe kein Unrecht gegen Menschen begangen, und ich habe keine Tiere mißhandelt.» (V. 13–14, S. 234) «Ich habe nicht Schmerz zugefügt und (niemand) hungern lassen, ich habe keine Tränen verursacht. Ich habe nicht getötet, ich habe (auch) nicht zu töten befohlen; niemandem habe ich ein Leid angetan.» (V. 24–28, S. 234) «Ich habe die Milch nicht vom Mund des Säuglings fortgenommen, und ich habe das Vieh nicht von seiner Weide verdrängt.» (V. 39–40, S. 235) «Ich habe getan, was die Menschen raten und womit die Götter zufrieden sind. Ich habe den Gott zufriedengestellt mit dem, was er möchte: Brot gab ich dem Hungrigen, Wasser dem Dürstenden, Kleider dem Nackten, ein Fährboot dem Schifflosen. Gottesopfer habe ich den Göttern, Totenopfer den Verklärten (seligen Toten) dargebracht.» (V. 123–131, S. 240) – JAN ASSMANN: Ma'at, 268, erinnert daran, daß Ma'at «von Haus aus nicht ‹Weltordnung›, sondern Solidarität, Mitmenschlichkeit, Verläßlichkeit, Altruismus» bedeutet; und *sie* ist der Maßstab im Totengericht.

38 CHRISTINE SEEBER: Untersuchungen zur Darstellung des Totengerichts im Alten Ägypten, 163–184: Die Totenfresserin.

39 Vgl. *Ägyptische Unterweltsbücher*, S. 180–181: Das *Amduat*. Elfte Stunde. Unteres Register. 10. Szene: Die Vernichtung der verurteilten Toten, die unter der Aufsicht des falkenköpfigen *Horus* ... vollzogen wird. Horus spricht: «Eure Leichname sollen gestraft werden mit dem ‹Strafenden› (Messer), eure *Bau* (sc. Seelen, d. V.) sollen vernichtet, eure Schatten zertreten, eure Köpfe abgeschnitten sein! Ihr seid nicht entstanden, ihr geht auf dem Kopf! Ihr erhebt euch nicht, (denn) ihr seid in eure Gruben gefallen! Ihr seid nicht entkommen, ihr seid nicht entflohen! Das

Erhaltung und Versorgung des Körpers durch sorgfältige Mumifizierung und großzügige Ausstattung der Grabkammer. Ursprünglich nur dem Pharao und seiner Entourage vorbehalten, «demokratisierte» sich der Jenseitsglaube der Ägypter im Verlaufe der Jahrhunderte immer mehr, wozu vom Mittleren Reich an besonders der Unterweltgott Osiris beitrug.

Osiris, der bereits als Korngottheit eine gewisse Verwandtschaft zu den Mysterien von Eleusis und zur christlichen Eucharistie aufwies, teilte mit dem «Gottmenschen» Christus auch das Schicksal von Tod und *Auferstehung*. Das Wort «Auferstehung» selbst ist ägyptischer

Feuer des (Schlangendämons),Der Millionen verbrennt› ist gegen euch, die Glut der (Göttin) ‹Die über ihren Kesseln ist› ist gegen euch, die Flammen der (Göttin) ‹Die über ihren Strafgruben ist› sind gegen euch, der Gluthauch im Mund der (Göttin) ‹Die über ihren Schlachtbänken ist› ist gegen euch, das Messer der (Göttin) ‹Die über ihren Messern ist› ist in euch, sie verstümmelt euch, sie metzelt euch nieder! Nicht seht ihr die Lebenden auf Erden, ewiglich.» (S. 181) Das *Pfortenbuch*, 3. Stunde, 10. Szene, kennt die Vorstellung vom «Feuersee»: «Jener See befindet sich in der *Dat* (sc. Unterwelt, d. V.) und ist umgeben von diesen Göttern ... Dieser See ist voll mit Gerste, (aber) das Wasser dieses Sees ist Feuer. Die Vögel fliegen davon, wenn sie sein Wasser sehen und den Gestank riechen, der in ihm ist.» (S. 211) Zu den Vorstellungen der Strafen im Jenseits meint ERIK HORNUNG generell: «Ziel ist, anders als in den mittelalterlichen Höllenvorstellungen, nicht die fortgesetzte Pein, sondern die endgültige Vernichtung und Auslöschung aller ‹Feinde› der Schöpfung. Daher die Beliebtheit der Feuerstrafe, die am sichtbarsten die erstrebte Austilgung bewirkt ... vor allem der ‹Feuersee› ist ein bevorzugter Strafort im *Amduat* (5. Stunde, unteres Register) wie im *Pfortenbuch* (10. und 41. Szene) ... Darstellungen des *Höhlenbuches* (im 5. Abschnitt) und des *Buches von der Erde* (Teil D, 1. und 14. Szene) ersetzen den Feuersee und die Feuergruben durch Kessel, in denen die Verdammten mit ihren *Bau* und ihren Schatten ‹gekocht› werden. Wie so viele andere ägyptische ‹Höllen›-Motive, lebt dieses Kesselmotiv über die ptolemäisch-römische Zeit bis in das Mittelalter weiter. – Durch Feuer und Schwert werden die Sünder und potentiellen ‹Feinde› der Ordnung ‹vernichtet› – dies ist die häufigste Umschreibung ihrer Strafe. Der Höllenrachen ‹verschlingt› sie – personifiziert in dem ‹Totenfresser› ... Aus dem geordneten Sein ausgestoßen, werden die Verdammten kurzweg ‹Nichtseiende› genannt und damit einer Sphäre zugewiesen, die für die Ägypter kein Nichts, sondern ein Seinsmodus außerhalb der Schöpfung ist.» (S. 44) – Der erste «christliche» Beleg ausgedehnter Höllenphantasien findet sich in der äthiopischen *Petrus-Apokalypse* (um 135 n. Chr.), Kap. 5–12, in: Hennecke – Schneemelcher (Hg.): Neutestamentliche Apokrypen, II 472–479, wo die schrecklichsten Qualen einzelnen Verfehlungen zugeordnet werden: Strafengel hängen da z. B. (Kap. 7) Frauen an ihren Haaren auf, weil sie «Männerseelen zum Verderben» brachten, die Männer werden an ihren Schenkeln aufgehängt usw.; das ganze primitiv-grausame Jus talionis spielt sich ab im *ewigen* Feuer, und nur dieser Gedanke ist wirklich neu. HANS-DIETRICH ALTENDORF: Die Entstehung des theologischen Höllenbildes in der alten Kirche, in: Peter Jezler (Hg.): Himmel, Hölle, Fegefeuer, 27–32, verweist zwar auf die *Petrus*-Apk. zur Erklärung der «christlichen» Höllenvorstellung, doch ohne ihren ägyptischen Hintergrund einzubeziehen.

Herkunft und bezeichnet die Aufrichtung der Mumie beim Ritual der «Mundöffnung», einer Art Wiederbelebung des Verstorbenen, und das ägyptische Wort für «Grab» (mʿḥʿt) bedeutet eigentlich: Ort des Aufstehens[40]. Osiris wurde von seinem Bruder, dem eselsköpfigen Seth, hinterhältig ermordet; seine Gattin, Schwester und Geliebte Isis aber fand die zerstückelten Teile seines Körpers im Marschland von Buto, bebrütete sie in Gestalt eines Sperberweibchens und gebar von ihm den falkenköpfigen Horus, der als Rächer seines Vaters auftreten wird; er ist auch ein Bild für den Nachfolger des verstorbenen Pharao, der als erstes Recht und Ordnung wiederherstellen wird[41].

«Osiris» ist aber nicht nur dies; im Grunde ist er alles, was kommt und geht: der steigende und der fallende Nil, der zunehmende und der abnehmende Mond, das Wachsen und das Verdorren der Frucht auf den Feldern[42], und so ist er auch ein Sinnbild des menschlichen

40 RAINER HANNIG: Großes Handwörterbuch Ägyptisch – Deutsch, 156; 328. Zur «Aufrichtung der Mumie vor Re» vgl. JAN ASSMANN: Tod und Jenseits im Alten Ägypten, 418–425: «Das Motiv der Gemeinschaft des Verstorbenen mit dem Sonnengott, das in den Verklärungstexten der Zeit (sc. 18./19. Dynastie, d. V.) eine so große Rolle spielt, hat ... (sein) rituelles Äquivalent ... im Ritus der Aufstellung der Mumie ‹vor Re›.» (S. 422)

41 Zum Osiris-Mythos vgl. HERMANN KEES: Totenglaube und Jenseitsvorstellungen der Alten Ägypter, 132–159: Osiris. Zum Mythos selbst vgl. PLUTARCH: Über Isis und Osiris, in: Drei religionsphilosophische Schriften, 135–273, Kap. 54, S. 227–229: «Darum ist es nicht ungereimt, wenn es im Mythos heißt, die Seele des Osiris sei ewig und unvergänglich, nur sein Körper werde von Typhon (sc. äg.: Seth, d. V.) vielfältig zerrissen und zum Verschwinden gebracht, von Isis dagegen auf ihren Irrfahrten wieder gesucht und zusammengefügt ... Horus (ist) ... der sinnliche Kosmos ..., den Isis als Abbild des intelligiblen Kosmos gebiert. – Darum wird von Horus auch gesagt, er sei von Typhon wegen illegitimer Geburt gerichtlich angeklagt worden: Er ist nicht rein und unvermischt wie der Vater, welcher des Logos selbst und an sich ist, ohne Beimischung und äußere Beeinflussung, sondern er ist verfälscht durch die Materie, wegen ihres körperlichen Charakters. Er behält aber die Oberhand und siegt.» – Man beachte die Nähe der Mytheninterpretation von Osiris, Isis und Horus durch PLUTARCH zu den frühchristlichen Dreifaltigkeitsspekulationen über den «Vater», den «Logos» und den «Sohn»!

42 Vgl. EDMUND DONDELINGER: Der Jenseitsweg der Nofretari, 23–24: «Osiris war der Gott, der gestorben ist, um wieder aufzuerstehen ... In einer älteren Vorstellungswelt war sein Tod durch Ertrinken in der steigenden Nilflut eingetreten. In seinem Tod verjüngte er sich und seine Auferstehung brachte die Natur zu neuem Grünen. Demnach wurde er zum Paradigma für die jährliche Überschwemmung und die alsdann wieder einsetzende Fruchtbarkeit der Natur. Nach einer jüngeren Version wurde er von seinem Bruder Seth erschlagen und von seinem Sohn Horus gerächt. Ganz von selbst gesellte sich damit zum Begriff des Osiris das Begriffspaar Erschlagen und Rächen. Die Leiche des erschlagenen Osiris hatte Seth zerstückelt und die einzelnen Teile über ganz Ägypten verstreut. Seine Gattin Isis sammelte nun die verstreuten Teile und fügte sie mit Hilfe des (sc. ibisköpfigen, d. V.) Thot ma-

Daseins in seiner Vergänglichkeit und in seiner Hoffnung auf Leben. Während der Sonnengott Ra seinen Ort am Himmel einnimmt, herrscht Osiris in der Unterwelt; beide zusammen machen die Gesamtwirklichkeit aus; doch die Sphäre dreht sich: allnächtlich taucht Ra in die Unterwelt hinab und fährt auf dem unterirdischen Nil in einer Umkehrung der Zeitabfolge, nicht alternd, sondern zunehmend sich verjüngend, von Westen nach Osten auf der Sonnenbarke seinem neuen Aufstieg zum Himmel entgegen[43], – Osiris ist die unterirdische Sonne, und die Sonne ist der himmlische Osiris; beide sind Bilder, die zeigen, was aller Menschen Schicksal und Hoffnung ist: sie müssen sterben, doch sie bleiben nicht im Tod, sie werden zu neuem Leben erweckt, und dann werden sie den Lohn beziehungsweise die Strafe für ihre Taten empfangen. Was im Alten Reich in der Mitte des 3. Jtsds. v. Chr. in der Szene vom Totengericht zunächst noch ein eher ritualisiert-magisches Geschehen war, personalisiert sich im Neuen Reich immer mehr und ist um 400 v. Chr. bereits ein wesentlich moralisch begründetes und zu verantwortendes Urteil, das die Götter über den Auferstandenen als Einzelnen sprechen, – in dieser Form hat die ägyptische Religion zweifellos die entscheidenden Anstöße für die «Eschatologie» auch des späteren Christentums geboten.

gisch wieder zusammen. In diesem Vorstellungskreis steht Osiris nun für die Begriffe Zerstückeln und Wiedervereinen. In einem viel früheren Astralmythos war Osiris der Mond, der ‹Stück für Stück› abnimmt und verschwindet, um dann wieder zuzunehmen. Der Schicksalsablauf des Osiris hatte damit seine Entsprechung in den Mondphasen.»

43 PLUTARCH: Über Isis und Osiris, 52, in: Religionsphilosophische Schriften, S. 225, sah in Osiris auch die Sonne und in Isis den Mond. EDMUND DONDELINGER: Der Jenseitsweg der Nofretari, 39, schreibt: «Gegen den als zu abstrakt empfundenen Sonnenglauben setzte am Ausgang der 5. Dynastie eine Reaktion ein, deren Triebkräfte der Gefühlssphäre entstammten. ... Die den hilflosen Knaben in den Sümpfen aufziehende und umsorgende Isis wurde zum Thema sentimentaler Ausschmückung. Das ungerechte Schicksal des guten Königs Osiris ging dem einfachen Menschen zu Herzen; Isis, die treue Gattin und fürsorgende Mutter, sprach das menschliche Gemüt an. – Der Sonnenstaat der 5. Dynastie hatte sich als Idealstaat begriffen, der das Recht bereits auf Erden verwirklichte und das Jenseits nur als Fortsetzung und Spiegelbild des idealen Diesseits verstand. Der am idealen Diesseits aber irre gewordene Mensch richtete seine Hoffnungen auf ein besseres Jenseits. Osiris wurde zum Herrscher und Richter des Totenreichs. – Re und Osiris sind fortan die beiden Pole des ägyptischen Geisteslebens, zwischen denen es keinen Ausgleich gibt. Sie versinnbilden die Gegensätze von Licht und Dunkel, von Geist und Leben, Sein und Wirken, Statik und Dynamik, Polarität und Periodizität, Männlichem und Weiblichem, Himmlischem und Irdischem, von Intellekt und Intuition ... Einen klassischen Ausdruck finden sie im Grab der Nofretari in der Formulierung: ‹Osiris ruht in Re; Re ist es, der in Osiris ruht.›»

Ein Weg, auf dem der «ägyptische» Impuls sich ausbreitete, verlief über die griechische Mythologie und Philosophie. – Die klassische Antwort der Hellenen auf die Rätselfrage des Todes bildete der Mythos von Eleusis, der erzählt, wie die Erdgöttin Demeter ihre Tochter Persephone aus dem Reich des Unterweltgottes Hades zu sich zurückholt[44]; Persephone galt als die Herrscherin der Verstorbenen, deren Gesetze richtend hineinwirkten in die Gestaltung des irdischen Lebens. Das Jenseits gebietet mithin die perspektivische Ordnung des Diesseits, – schon dieser Gedanke verändert alles. Das Wesentliche am Demeter-Mythos aber ist die doppelte Botschaft der Liebe: Hades selber hätte Persephone niemals geraubt, hätte ihn Aphrodite nicht mit dem Verlangen des Eros erfüllt[45]; Demeter aber, die Mutter, empfand den Verlust ihrer Tochter als unerträglich, so sehr, daß sie sich weigerte, die Menschen und Götter noch länger mit Nahrung zu versorgen. Der «Trost», der einmal in dem ewigen «Stirb und Werde» des Naturkreislaufes enthalten sein mochte, zerbricht in dieser Geschichte an der Einmaligkeit und Unvertauschbarkeit einer einzelnen Person, verlangt doch das Gefühl der Zusammengehörigkeit und der Verbundenheit nach einer Antwort, die in dem gleichgültigen Kreislauf der Natur in keiner Weise angelegt ist. In Wirklichkeit endet das Leid der Liebe angesichts des Todes erst in der Erfahrung eines Wiedersehens für immer. In diesem Sinne schenkte Eleusis im Erbe alter Pflanzerrituale in dem Bilde einer geschnittenen Ähre den Pilgern die Einsicht, selbst als Sterbende den Tod nicht zu schauen, wie der Jesus des *Johannes*-Evangeliums sich ausdrückt (Joh 8,51)[46].

Auch in anderen antiken Mythen klingt dieses Motiv von der

44 Zum Demetermythos vgl. E. DREWERMANN: Liebe, Leid und Tod, 580–631: Demeter und Persephone oder: Ein Kind zweier Welten.

45 So OVID: Metamorphosen, V 364–379, in: lat.-dt., Übers. v. Gerhard Fink, 167–169.

46 Vgl. HANS-JOSEF KLAUCK: Die religiöse Umwelt des Urchristentums, I 84–95: Die Mysterien von Eleusis, S. 91–93: Das Hauptfest. – Der «Kirchenvater» HIPPOLYTUS: Widerlegung aller Häresien, V 8, S. 105–106, referiert den Bericht eines Gnostikers über die eleusinischen Mysterien: «Die Phryger nennen ihn (sc. den vollkommenen Menschen, d. V.) … auch die grün geschnittene Ähre und nach den Phrygern die Athener, wenn sie die eleusinischen Mysterien feiern und den Eingeweihten das große wunderbare und vollkommenste Geheimnis der Einweihung im Stillschweigen zeigen, die geschnittene Ähre … der Hierophant (sc. der das Heilige Zeigende, Weihepriester, d. V.) … feiert nachts in Eleusis bei großem Feuer die heiligen unaussprechlichen Mysterien und schreit laut auf: ‹Den Heiligen gebar die hehre Brimo den Knaben Brimos›, d. i. die Starke den Starken. Hehr ist die geistige, himmlische Geburt in der Höhe, stark aber ist der so geborene.» Zur Schau des Mysteriums vgl. E. DREWERMANN: Liebe, Leid und Tod, 617–621.

Überwindung des Tods durch die Liebenden an: Als zum Beispiel Admetos nach dem Willen der Göttin Artemis sterben sollte, konnte deren Bruder Apoll nur noch erreichen, daß er am Leben bleiben durfte, wenn ein anderer sich für ihn opferte; doch einzig Alkestis, die treue Gemahlin des Admetos, nahm statt seiner den Tod auf sich[47], buchstäblich erwies ihre Liebe sich als stärker denn der Tod (Hld 8,7): Herakles aber besiegte den Tod und gab die Liebende dem Geliebten ins Leben zurück.

Doch selbst solch eine Rückkehr ins Leben vermöchte, wenn möglich, den Tod nicht wirklich zu widerlegen, sie böte allenfalls einen kurzzeitigen Aufschub, sie bestätigte die Endlichkeit des Daseins weit eher als sie zu überwinden. – Das ist das Problem der berühmten Orpheus-Mythe, die ihrerseits den Mittelpunkt einer eigenen Kultreligion bildete[48]; auch sie erzählt von dem Schmerz der Liebe im Zwinggriff des Todes: Am Biß einer Schlange ist Eurydike verstorben, der thrakische Sänger Orpheus aber wagt's, geht in die Unterwelt und fleht den Gott Hades und dessen Gemahlin Persephone bei ihrer Liebe an, die Verstorbene freizugeben für ihn, den noch Lebenden. Seine Lieder rühren die Götter derart, daß sie Eurydike die Rückkehr zur Oberwelt gestatten, wofern er sich nach ihr nicht umdrehe; doch ob aus Angst oder Sehnsucht – Orpheus tut's, und Eurydike sinkt wieder zurück ins Reich der Jenseitswelt. Dann aber: als Orpheus selber unter den Händen rasender Mänaden stirbt, begegnet er seiner Geliebten wieder, und er erkennt, daß es ein Irrtum war, die Lebende zu suchen bei den Toten; sie ist gestorben, doch ist sie nicht tot, so wenig wie er selbst. Orpheus und Eurydike leben, und kein Tod wird sie fortan mehr trennen.

Freilich, gerade weil die Liebe mit aller Kraft den Tod zu übermögen sucht, bleibt ihr Zeugnis allemal gebunden an Gefühle; inwieweit aber kann man Gefühle denken? Das war es, was im 4. Jh. v. Chr. der SOKRATES-Schüler PLATON herauszufinden suchte, indem er die mythisch geprägte Hoffnung auf Unsterblichkeit mit metaphysischen Überlegungen zur Geist-Natur der Seele begründete. Den Körper, alles Materielle betrachtete PLATON als das Prinzip des Veränderlichen und des Vergänglichen, wohingegen er der Geistigkeit der Seele die Teilhabe an der Sphäre der Ewigkeit und Wahrheit zu-

47 Zur Mythe von Alkestis vgl. E. DREWERMANN: Liebe, Leid und Tod, 632–659: Alkestis und Admetos oder: Tod, wo ist dein Stachel?

48 Zur Mythe von Orpheus vgl. a. a. O., 660–692: Orpheus und Eurydike oder: Wir werden uns wiedersehen.

schrieb[49]. Wie in der altägyptischen Vorstellung im Tode die Ba-Seele sich von dem Körper des Verstorbenen löste, so erachtete PLATON die Seele als das eigentliche Prinzip der Erkenntnis und der Unsterblichkeit, das im Tode sich aus der Gefangenschaft des Leibes befreite und zu jener Schau der reinen Ideen zurückkehrte, wie sie ihr vergönnt war, bevor sie zur Knechtschaft des Körpers verurteilt ward[50]. Warum aber mußte sie überhaupt die Erniedrigung eines vorübergehenden Aufenthalts an der Stätte ihrer Gebundenheit, Verführbarkeit und Unreinheit auf sich nehmen?

Darauf gab PLATON im Grunde (außer gewissen Anklängen an die

49 Vgl. PLATON: Phaidon, XI, S. 65–66: «wenn wir jemals ein Seiendes erkennen wollen, ohne Trübung, dann muß die Trennung von dem Leib vollzogen werden, und mit der Seele, die nun für sich ist, muß man die Wesenheiten an sich schauen. Und dann, erst dann, wie zu erwarten, wird uns zuteil, was wir begehren und Ziel der Sehnsucht nennen: das reine Wissen – wenn wir gestorben sind ..., solang wir leben aber nicht.»

50 A. a. O., S. 66: «Im Leben ... werden wir ganz folgerichtig der Erkenntnis dann am nächsten sein, wenn wir so streng wie möglich mit dem Körper keinerlei Beziehung, und die Gemeinschaft nur insoweit pflegen, als unbedingt vonnöten ist, und uns auch nicht von seiner Wesensart anstecken lassen, vielmehr in Lauterkeit uns von ihm fernhalten, bis uns die Gottheit selbst aus der Verstrickung löst. So werden wir als lautere Seelen, geschieden von der Unvernunft des Leibes, wie zu erwarten, mit gleichgearteten Gefährten beieinander sein und dann, nunmehr durch unser eigentliches Selbst, das ganze schlackenlose Sein erkennen. Das aber ist gewiß die wahre Wirklichkeit.» – Damit zu verbinden sucht AUGUSTINUS: Über den Gottesstaat, XXII 30, in: Ausgew. Schriften, Bd. 3, S. 517–518, die Lehre von der Auferstehung des Leibes: «Was für Bewegungen dort den verklärten Leibern eigen sein werden? Ich wage mich nicht bestimmt zu äußern über etwas, was ich mir nicht vorstellen kann ... Jedenfalls wird der Leib in einem Nu da sein, wo der Geist will, und wird der Geist nichts wollen, was nicht dem Geiste und dem Leibe geziemt.» Soweit der «christliche» Anteil; ganz im Sinne PLATONS aber fährt AUGUSTIN fort: « Dort wird es wahre Verherrlichung geben, wo das Lob weder dem Irrtum ausgesetzt noch von Schmeichelei angekränkelt ist; wahre Ehre, die keinem Würdigen versagt, keinem Unwürdigen zuteil wird ...; wahrer Friede wird herrschen, wo keiner Widriges zu befahren (sc. befürchten, d. V.) hat von sich selbst oder einem anderen. Der Lohn der Tugend wird Gott selbst sein, der die Tugend verliehen und ihr sich selbst in Aussicht gestellt hat ... Der wird unseres Sehnens Ende sein, den man ohne Ende schaut, ohne Überdruß liebt, ohne Ermüdung preist. Diese Gnadengabe, diese Richtung des Herzens, diese Tätigkeit wird sicher, ebenso gut wie das ewige Leben selbst, allen gemeinsam sein.» – Zu PLATONS Lehre von der Unsterblichkeit der Seele bemerkte kritisch BERTRAND RUSSELL: Philosophie des Abendlandes, 154–164, sie laufe auf den «nicht wissenschaftlich» begründbaren «Beweis» hinaus, «daß das Universum den von ihm aufgestellten ethischen Normen entspräche.» (164) Tatsächlich wollte PLATON weniger – und mehr: dem Menschen eine Grundlage dafür schaffen, daß er die Wahrheit seines Daseins wirklich leben kann; freilich, das ist nicht «Wissenschaft», das ist «Philosophie» als Lebensform.

Seelenwanderungslehre des PYTHAGORAS)[51] keine Antwort. Gleichwohl hat kaum ein anderer Gedanke der griechischen Philosophie die christliche Theologie so sehr beeinflußt wie die Seelenlehre PLATONS. Mit Hilfe des Begriffs der Substanz in der Metaphysik des ARISTOTELES glaubte man besonders in der mittelalterlichen Scholastik zeigen zu können, daß die Seele als Prinzip von Leben, Geistigkeit, Freiheit und Einheit in sich selbst unsterblich, immateriell, autonom und unteilbar sei[52]. In der katholischen Kirche blieb bis in die Gegenwart hinein diese Doktrin ein fester Bestandteil der Theologenausbildung weltweit, und das mit einem solchen «Erfolg», daß für die allermeisten, die ein Fortleben nach dem Tode bis heute noch glauben, diese ihre Überzeugung identisch ist mit der Lehre PLATONS von der Unsterblichkeit der Seele[53]. Doch so falsch es war, in der Schöpfungslehre Gott als metaphysische Ursache für den Anfang der Welt zu erklären, so wenig richtig scheint es zu sein, die Seele des Menschen als die metaphysische Ursache seiner Unsterblichkeit begreifen zu wollen. Der Widerspruch meldet sich, bezeichnenderweise, auch hier

51 Zur Lehre des PYTHAGORAS vgl. KARL KERÉNYI: Pythagoras und Orpheus, in: Humanistische Seelenforschung, 38: «Die Seele wird von den Pythagoreern in ihrer vollkommenen, eigentlich seelischen Form als Harmonie aufgefaßt.» S. 36: «Da sie aber wesentlich Harmonie des Körpers ist und mit der Auflösung ihres Trägers endet, mußte hier ein Widerspruch gegen jede Art Seelenwanderungslehre empfunden werden, die keine Götterwanderungs-, sondern im Grunde genommen ‹Lebenswanderungslehre› ist. Wenn aber das ‹Leben› doch als unzerstörbarer, fühlender und schmerzender Kern des Körpers empfunden wird? Dann ‹wandert› auch die ‹Seele›, nicht nur der Gott, der sich ihrer als lebendiger Hülle bedient.»

52 Vgl. MICHAEL SCHMAUS: Katholische Dogmatik, II 198–203: Die Seele ist unsterblich: «Die Seele kann sich nicht wie der Stoff in einem naturhaften Zerfallsprozeß auflösen.» (S. 199) Das für ihn entscheidende «Argument» findet er bei THOMAS VON AQUIN: Summe wider die Heiden, 2. Buch, 55. Kapitel: «Es ist unmöglich, daß das natürliche Sehnen eitler Wahn ist. Denn die Natur tut nichts vergeblich. Nun aber hat jedes vernunftbegabte Wesen ein Sehnen nach immerwährendem Sein, nicht bloß daß es in seiner Art verewigt zu werden verlangt, sondern in seiner Besonderung als Einzelwesen.» Zum Dogma erhoben wurde die Lehre von der Unsterblichkeit der individuellen Geistseele des Menschen gegen die «Neo-Aristoteliker» (gegen den arabischen Philosophen IBN RUSCHD, Averroës, 1126–1198) auf dem Lateran-Konzil im Jahre 1513; DENZINGER – SCHÖNMETZER: Enchiridion Symbolorum, Nr. 1440. Der Grund ist die aristotelische Auffassung des Hylemorphismus von der Seele als «Form des Körpers»; vgl. Nr. 902, die Entscheidung von Papst *Clemens V.* im Konzil zu Wien 1312 gegen die Lehre des *Petrus Johannes Olivi*.

53 Der Grund ist die Schwierigkeit, sich geistige Tätigkeiten als verursacht von materiellen (bioneurologischen) Prozessen vorzustellen. – Zum «Kirchenschwund» vgl. HUBERTUS HALBFAS: Glaubensverlust, 99: «Insgesamt darf man annehmen, dass neunzig Prozent der Getauften in gleichgültiger Distanz zur Kirche stehen.»

erneut von seiten der Naturwissenschaften, in diesem Falle von seiten der modernen Neurologie.

Für die Seelenlehre der scholastischen Philosophie bedurfte es einer geistigen, immateriellen, unzerstörbaren und in sich *einen* Substanz, um erklären zu können, wie Erinnerung und Planung, wie das Erleben von Vergangenheit und Zukunft und damit die Einheit des Bewußtseins möglich ist. Ein Mensch versinkt in den Schlaf, sein Bewußtsein verlöscht oder flackert nur auf in Traumsequenzen, die erlebt werden wie Erfahrungen außerhalb des eigenen Körpers und als jenseits von Raum und Zeit; beim Erwachen aber weiß die Person sich immer noch eins mit sich selber, sie verliert nicht ihre Identität, und wie läßt sich das anders verstehen als durch die Annahme eines identischen Trägers, der sich im Zeitenfluß durchhält? Und muß eine solche Seelensubstanz dann nicht selber Teil haben an Gottes Ewigkeit[54]?

Die katholische Dogmatik hält bis heute an dieser Lehrmeinung fest und instruiert dementsprechend ihre «Gläubigen», doch gerade an dieser Zentralstelle menschlicher Hoffnung im Angesicht des Todes führt sie auf fatale Weise damit in die Irre. Wie in der Schöpfungslehre das Problem des Leids und des Schmerzes eine Welterklärung von Gott her unmöglich macht, so ist es in der Seelenlehre die qualvolle (Zer)Störung des Bewußtseins, an welcher jedes idealistische Erklärungsmodell scheitert. Ein Schlaganfall genügt, um die sprachgebundene Intelligenz empfindlich einzuschränken oder gänzlich aufzuheben, ein einzelnes traumatisches Erlebnis bereits kann den Gedächtnisstrom zerreißen, bestimmte drogeninduzierte Wahnvorstellungen machen das Bewußtsein zum Spielball der eigentümlichsten Erfahrungen, in manchen Psychosen zerfällt das Ichbewußtsein in eine Mehrzahl getrennt agierender Persönlichkeiten, und all dies läßt sich vor allem seit Einführung der bildgebenden Verfahren in der Neurologie immer klarer mit der Funktion beziehungsweise Dysfunktion umschriebener Hirnareale in Verbindung setzen. Statt das Gehirn als ein Organ des Geistes zu betrachten – als eine Art Klavier, auf dessen Tasten die Seele ihre Symphonien komponiert und

54 JUSTIN: Dialog mit dem Juden Tryphon, VI 1, S. 11, argumentiert – ausdrücklich unabhängig von PLATO und PYTHAGORAS – folgendermaßen: «Die Seele ist entweder Leben oder hat (Anteil am) Leben. Wenn sie nun Leben wäre, dann würde sie etwas anderes zum Leben wecken, nicht sich selbst, gleich wie auch Bewegung eher etwas anderes bewegt als sich selbst. Daß die Seele lebt, wird niemand bestreiten. Wenn sie aber lebt, lebt sie nicht, weil sie Leben ist, sondern weil sie am Leben Anteil hat; das, was Anteil hat, ist etwas anderes als das, woran man Anteil hat. Die Seele aber hat Anteil am Leben, weil Gott will, daß sie lebe.»

zur Aufführung bringt[55] –, erweist sich in kausaler Betrachtung der «Geist» als ein Produkt der Gehirntätigkeit. Bewußtsein, meinte um 1900 bereits der amerikanische Psychologe WILLIAM JAMES, sei keine Substanz, sondern ein Prozeß[56]. Er drückte damit aus, was heute als ein methodisches Grundprinzip naturwissenschaftlichen Erklärens gilt: es gibt keine starren geistigen «Träger» von Prozessen, es gibt nur dynamische Vorgänge, die in komplexen Systemen Strukturen ihres (passageren) Selbsterhalts bilden.

Wenn aber dies so ist, sind sämtliche Aussagen der katholischen Dogmatik, die Seele betreffend, obsolet. Im Sinne des Kreationismus hält Rom bis heute an der Vorstellung fest, daß Gott im Augenblick der Verschmelzung von Ei- und Samenzelle eine eigene Geistseele schaffe, die dem materiellen Gebilde Personsein und Unsterblichkeit verleihe, – eben deshalb gilt moraltheologisch bereits die Benutzung einer Spirale zur Verhinderung der Einnistung der befruchteten Eizelle in der Gebärmutterschleimhaut als Versuch einer «Frühabtreibung», und deshalb auch ist etwa die «Pille danach» katholischerseits unter Verbot gestellt[57]. Die Gründe für solche Auffassungen über den Anfang des Lebens verdanken sich jedoch einer Metaphysik, die nicht mehr zu halten ist. Aber auch die Auffassung über das Ende des irdischen Lebens gerät ins Wanken. Da soll laut Dogma im Tode die Seele sich vom Körper trennen, – das altägyptische Bild ist nicht länger mehr symbolisch zu interpretieren, laut katholischem Lehramt muß man den Mythos vielmehr metaphysisch lesen und das Ergebnis in wörtlichem Sinne als «Wesensaussage» über die Wirklichkeit des Menschen verstehen. In der «Eschatologie» jetzt geht es so weiter:

55 Vgl. E. DREWERMANN: Atem des Lebens, I 15–29: Die «klassische» Lehre der Theologie von der Seele oder: Aporien der Metaphysizierung eines mythischen Bildes.
56 A. a. O., I 287–288.
57 Vgl. MICHAEL SCHMAUS: Katholische Dogmatik, II 203–204: «Die Einzelseele wird jeweils von Gott der von den Eltern bereiteten Leibesmaterie eingeschaffen ... Auch wenn die Seele unmittelbar von Gott geschaffen wird, so sind doch die Eltern die wahren Erzeuger des Kindes. Denn ihre Zeugungstätigkeit ist der Anlaß dafür, daß Gott jeweils eine Seele schafft. Da Gott jeweils eine gerade für diesen bestimmten Leib passende Seele schafft, so wird durch die Herkunft von den Eltern nicht bloß die leibliche, sondern mittelbar auch die seelische Art der Kinder in entscheidender Weise geprägt (Bedeutung der Vererbung).» Dieses «Argument», nebenbei, ist nicht konsequent: Wenn die Seele die Form des Leibes ist, so müßte, entsprechend der Logik des Hylemorphismus, Gott just die Seele schaffen, die die Materie so formt, wie es der Ähnlichkeit des Kindes zu seinen Eltern entspricht; die «Vererbung» ist dann eigentlich nur eine besondere Freundlichkeit Gottes, um den Eltern Freude an ihren Kindern zu machen ...

Die vom Körper getrennte Seele wartet bis zur «Auferweckung der Toten» am Jüngsten Tage darauf, daß Gott sie bei der Neuschöpfung der Welt mit ihrem «Auferstehungsleib» wiedervereinigt[58].

58 Vgl. MICHAEL SCHMAUS: Von den letzten Dingen, 233–239: Die Vollendung der Erlösung im Leibe: «Das von Christus verheißene Leben ist nicht nur ein Leben der Seele, sondern des ganzen leibhaftigen Menschen.» – BERNHARD LANG – COLLEEN MC DANNELL: Der Himmel, Kap. 10: Der Himmel im gegenwärtigen Christentum, S. 408–410, konstatieren anhand der Statistik die geringe «Neigung, sich über Einzelheiten des ewigen Lebens Gedanken zu machen.» (408) «Die protestantische wie die katholische Theologie der Gegenwart kommt dem verbreiteten Wunsch nach Wissen über den Himmel nicht entgegen.» (409) «Schlimmstenfalls werden die Bilder des anthropozentrischen Jenseits als Produkte einer unaufgeklärten Phantasie verspottet oder als menschliche Wunschbilder kritisiert ... Theologen aller Richtungen ... haben das anthropozentrische Jenseits aufgegeben ... Für einige der bedeutendsten protestantischen und katholischen Theologen ist das himmlische Leben – wenn es so etwas überhaupt gibt – weder durch Offenbarung bekannt noch der Vernunft ... zugänglich.» (410) Und sarkastisch stellen sie (S. 415–416) fest: «Auf die Eigenschaften des modernen Himmels – ewiger Fortschritt, Liebe, den engen Zusammenhang zwischen Diesseits und Jenseits – mag in den Grabreden der Pastoren hingewiesen werden, ansonsten spielen sie keine Rolle. Priester und Pastoren mögen trauernde Familien mit einem Wiedersehen im Himmel trösten, aber zeitgenössisches Denken kommt ihnen dabei nicht mehr zu Hilfe. Man fühlt noch wie im 19. Jahrhundert, jedoch hat sich das Denken gewandelt.» Und S. 469: «Im selben Maße, wie das geistige Leben Europas und Amerikas einen rationalistischen Charakter annahm, besann sich auch die Religion mehr und mehr auf ihre intellektuelle Seite. Der Verzicht auf ein individuelles Leben nach dem Tod stimmt mit der gegenwärtigen Weltanschauung überein, nach der es keine Übernatur gibt und alle menschliche Sorge allein dem Diesseits zu gelten hat.» «Die Geschichte des Himmels ... endet bei der Aussicht, daß Gott dem Menschen nur ein einziges Leben gegeben hat – das Leben zwischen Geburt und Tod – und daß wir das Beste daraus machen sollen.» Einen Hauptgrund für diese in jeder Hinsicht erschreckende, weil zutreffende Bilanz stellt das Buch der beiden Autoren geradezu exemplarisch dar, ohne ihn zu benennen: die konsequente Umwandlung von Theologie in Religionskunde, von Glauben in Gelehrsamkeit, von innerer Betroffenheit in distanzierte «Aufarbeitung» religionsgeschichtlichen «Materials». – Wie es auch anders geht, zeigte HEINZ ZAHRNT: Gott kann nicht sterben, 270–274: Das verlorene Jenseits, der (S. 278–282) die «Vertrauensfrage» stellte: «Der christliche Glaube gibt auf die angesichts des Todes gestellte Vertrauensfrage die folgende Antwort: In dem Augenblick, in dem der Mensch im Tode aufhört, sich zu sich selbst und zur Welt verhalten zu können, verhält sich Gott weiterhin zu ihm.» (S. 278) «Jesus von Nazareth hat in seinem Geschick ... die Liebe Gottes als die letzte, unbedingte Macht über unser Dasein offenbar gemacht. Aber er hat dies nicht nur obenhin und allgemein getan, als abstrakte Lehre oder ewige Idee, sondern in der konkreten Zusage, daß Gott den Menschen liebt ... als Erschließung des letzten Grundes allen Seins.» (279) «Auch der Tod wird ... umgriffen und damit zu einem ‹Gottesphänomen›. Wohin er (sc. der Sterbende, d. V.) ... kommt, dort ist Gott. – Das ist es, was wir ‹ewiges Leben› nennen. Das ewige Leben bildet ... keinen zusätzlichen Glaubensartikel, sondern ist ein ‹Implikat› des christlichen Glaubens an Gott.» (280)

Den wenigsten, die ihre Hoffnung auf ewiges Leben mit den dogmatischen Lehren der katholischen Kirche von der «Seele» und der «Auferstehung des Fleisches» (in wörtlichem Sinn!) in Verbindung setzen, dürfte wirklich klar sein, wie archaisch derartige Anschauungen sind und wie weit sie sich geschichtlich vom Denken der Neuzeit und der Moderne entfernen. Genau in dem Punkte, da es um nicht mehr und nicht weniger geht als um die Ewigkeit von Sein oder Nichtsein, erlaubt die Kirche Roms sich die vergegenständlichende Verfestigung eines Standpunktes, der symbolisch gelesen Sinn machen mag, der aber «wörtlich» genommen zunehmend Kopfschütteln, Heiterkeit und – Unglauben hervorrufen muß. Es ist skandalös und bildet den eigentlichen Grund all der kirchlichen Oberflächenskandale, die dann die Zeitungen füllen: ein falsches Menschenbild, eine systematische Irreführung bei der Auslegung von Bildern, die man liest als Begriffe, die konsequente Ersetzung von Gefühlen durch Gedanken, – so wächst, statt Wahrheit, Unwahrheit, so wird, was Sinn sein könnte, Un- und Irrsinn, so wird der Glaube zum Unglaublichen.

Klar ist: Wenn die methodische Grundannahme der Neurologie zur Erklärung geistiger Phänomene sich bewahrheiten sollte, so trennt im Tode nicht die Seele sich vom Körper, vielmehr lösen die biochemischen und bioneurologischen Wechselwirkungen sich auf, die bis dahin Leben und Bewußtsein ermöglicht haben[59].

59 Vgl. E. DREWERMANN: Atem des Lebens, II 691–721: Abschließende Bemerkungen zum Leib-Seele-Problem. KURT FLASCH: Warum ich kein Christ bin, 234–244, stellt nach einer längeren Darstellung des christlichen Seelenglaubens ernüchternd fest: «Die Ideenentwicklung der letzten Jahrzehnte hat die Berufung auf die Geistseele aussichtslos gemacht.» (S. 244) Das dürfte stimmen, widerlegt aber nur eine falsche Glaubensbegründung, nicht den Inhalt des Glaubens. GERHARD EBELING: Dogmatik des christlichen Glaubens, III 456–459, meint zur «Unsterblichkeit der Seele», die außerchristliche philosophische Vorstellung von der Geistseele habe nur ihr, der Seele, Unsterblichkeit zugesprochen und «die Loslösung vom Leib wie ... eine Befreiung aus dem Gefängnis» der irdischen Existenz betrachtet (S. 457). Indem im Jahre 1513 im 5. Laterankonzil die Unsterblichkeit der Seele (gegen AVERROËS) zum Dogma erhoben wurde (vgl. DENZINGER – SCHÖNMETZER: Enchiridion Symbolorum, 1440), wurde «auf die Unsterblichkeit der individuellen Seele alles Gewicht gelegt», doch war das «nur eine Hilfsfunktion zur Überbrückung der Kluft zwischen dem individuellen Tod und der universalen Auferstehung am Jüngsten Tage.» (S. 458) Man würde aber, meint er, «zwangsläufig Verwirrung anrichten, wenn man die Kritik an der genuinen Konzeption von der Unsterblichkeit der Seele einfach durch Negation zum Ausdruck brächte und die Sterblichkeit der Seele behauptete.» Indessen müsse man scharf der (katholischen) Versuchung widersprechen, «die Überbrückung des Todes zur Auferstehung hin von der menschlichen Natur her zu begründen.» «Nicht im substanzhaften An-sich-Sein der Seele, sondern

Für nicht wenige – Laien wie Neurologen, «Realisten» wie Philosophen – ist damit die Frage, was im Tod geschieht, definitiv entschieden, und zwar negativ: der Tod ist endgültig, danach ist nichts mehr. Wohl nehmen manche Autoren nach wie vor gewisse Nahtoderfahrungen zum Beweis für die selbständige Existenz einer Seelensubstanz, doch lassen sich derartige Phänomene weit einfacher mit der Mangelversorgung bestimmter Hirnareale sowie der Ausschüttung hirneigener Glückshormone in Grenzsituationen erklären[60]. Die Feststellung läßt sich nicht oft genug treffen: Auch und gerade in der Frage des Schicksals des Menschen im Tod kann die Religion nur Antworten geben, die in bildhafter Form eine Sinndeutung des Daseins vermitteln, deren Realitätsgehalt aber nicht nach Art eines Tatsachenurteils beweisbar ist; man kann ihn nur *glauben*, das heißt, man kann nur das ganze eigene Leben danach auszurichten suchen, um sich von dem Wahrheitswert der religiösen Aussagen überzeugen zu lassen. Alles objektiv Feststellbare ist nicht Teil der religiösen Hermeneutik.

Von großer Bedeutung innerhalb der christlichen Lehre von den «letzten Dingen» ist daher die innere Konsequenz, mit der die *protestantische* Theologie sich von der metaphysisch formulierten Dogmatik des scholastischen Denkens gelöst hat, um die Art eines biblischen Glaubens wieder zu erlernen. Insbesondere der reformatorische Theologe KARL BARTH vertrat – ganz unabhängig vom Forschungsstand der Psychologie und der Neurologie – die Ansicht, der Mensch sterbe im Tode *ganz*, mit Leib und mit Seele; seine Hoffnung gründe deshalb nicht in dem Besitz einer unsterblichen Seele, sondern allein in der Schöpfungsmacht Gottes selbst, der den Menschen im Tod nicht zurücklasse, sondern zu neuem Leben erwecke[61]. – Theologie-

im Angesprochensein durch Gott» sei der Grund der Unsterblichkeit zu sehen. (S. 459)

60 E. DREWERMANN: Atem des Lebens, II 752–758: Nahtoderfahrungen.

61 KARL BARTH: Kirchliche Dogmatik, II 455, erklärt, mit Rückgriff auf den alttestamentlichen Begriff von «Seele»: «Der eine Mensch ist zugleich und ganz Seele und Leib. Von da aus sind nun drei Abgrenzungen zu vollziehen: 1) Wir widersprechen damit der *abstrakt dualistischen Auffassung*, die wir ... abkürzend die griechische genannt haben, die aber leider auch die *altkirchliche* genannt werden muß. Nach ihr sind Seele und Leib zwar verbunden – wesentlich und notwendig vereinigt sogar – aber doch nur als die zwei ‹Teile› der menschlichen Natur, von denen ein jeder als eine besondere, der anderen gegenüber selbständige und qualitätsfremde Substanz zu verstehen ist: geistig, unräumlich, unauflösbar, unsterblich die Seele, materiell, räumlich, sterblich der Leib.» S. 458: «2) Wir können uns ... aber auch den *Reaktionen* nicht anschließen, in denen man versucht hat, dem abstrakten Dua-

geschichtlich sind die Konsequenzen dieses Neuansatzes von enormer Bedeutung. An die Stelle des «Vertrauens» in die Natur des eigenen Seins setzte BARTH mit seiner «Ganz-Tod-Lehre» wieder das Vertrauen in das Dasein Gottes; damit befreite er den christlichen Glauben von einem Denken in den Begriffen von Sein und Wesen und gab ihm den Charakter einer wesentlichen Beziehung des Personseins zurück. Die Verbindung zu der Art des Glaubens Jesu war wieder hergestellt.

Natürlich war freilich auch dieser Glaube Jesu nicht einfach «Of-

lismus der griechisch-altkirchlichen Auffassung einen ebenso *abstrakten Monismus* entgegenzustellen.» Ausführlich setzt BARTH sich deshalb mit dem Materialismus auseinander, den er nicht als Ergebnis naturwissenschaftlicher Erkenntnis, sondern als Weltanschauung betrachtet; Evolutionsbiologie, Ethologie, Neurologie, Psychiatrie, Psychoanalyse und Psychologie können deshalb von ihm ausgeklammert bleiben; daß sich im Materialismus des 19. Jhs. eine heuristisch überaus erfolgreiche Erklärungsmethode naturwissenschaftlichen Forschens vorbereitet, die ihre Ergebnisse erst in der zweiten Hälfte des 20. Jhs. in ganzem Umfang zeitigen wird, bleibt insofern außerhalb der Betrachtung. Also fährt er fort (S. 468): «3) Gegen den griechisch-altkirchlichen Dualismus konnte nun aber auch ganz anders reagiert werden als in der Art des Materialismus. Und gerade der monistische Materialismus ruft und rief offenbar seinerseits nach dem Gegenschlag eines monistischen Spiritualismus, in dessen Sinn nun umgekehrt gerade *die Seele* als die eine und einzige Substanz der menschlichen Wirklichkeit zu verstehen wäre.» Doch, meint er (S. 469), diese These sei «zu schön, um wahr zu sein». In Wahrheit sei (S. 469) «Leben ... auf der Flucht vor dem Nichtsein, von dem es her kommt». S. 715: «Wir werden *sterben*. Das wird das Ende sein und eben dieses Ende ist vor uns – nah oder fern, aber immer näher vor uns.» «Wenn wir sterben werden, wird Alles, werden wir selbst vorüber sein.» Der Tod gehört für BARTH mithin zur Natur, zu einer Schöpfung, die aus dem Nichtsein von Gott ins Sein gerufen wurde. Im Tode gehen wir daher (S. 724) «unserem Nichtsein entgegen», doch eben darin Gott, «demselben Gott, der uns aus dem Nichtsein ins Sein gerufen», doch wir tun es beladen mit Schuld, so daß der Tod (nicht als Folge der Sünde, aber wesentlich) als Gericht Gottes über die Nichtigkeit unseres «auf der ganzen Linie» rückständigen Seins (S. 725) empfunden werden muß. Aber (S. 741): «Der Gott, der uns im Tode und als der Herr des Todes erwartet, ist ... der gnädige Gott: der Gott, der *für* den Menschen ist.» – Zur Bedeutung des hebräischen Wortes «*näphäsch*» (Seele) vgl. HANS WALTER WOLFF: Anthropologie des Alten Testaments, 25–48: *näphäsch* – Der bedürftige Mensch. – Einen «vermittelnden» Lösungsvorschlag bietet FRANZ-JOSEF NOCKE: Eschatologie, in: Theodor Schneider (Hg.): Handbuch der Dogmatik, II 460: «Die Rede von ‹Unsterblichkeit der Seele› und ‹Zwischenzustand zwischen Tod und Auferstehung› wurde problematisch, weil sie die Tendenz zu einem leibabwertenden Dualismus begünstigte ... Die Rede vom ‹Ganztod› und von der ‹totalen Neuschöpfung› durch Gott dagegen läßt die Frage nach der Identität des Auferstandenen mit dem Gestorbenen offen.» Dagegen setzt er das Konzept einer «dialogischen Unsterblichkeit»: «Die Hoffnung darauf, daß der Mensch im Tod von Gott auferweckt wird, ... hängt eng mit dem Glauben an Gottes ... Treue zusammen.» (461) Genau das meinte BARTH genauso wie ZAHRNT und EBELING.

fenbarung Gottes», sondern er basierte auf geschichtlichen Voraussetzungen, die in der Auseinandersetzung mit dem Hellenismus lagen. Obwohl das Alte Testament den Glauben an ein Leben nach dem Tode im Gegensatz zu allen anderen Religionen mit Macht zu unterdrücken suchte, um jede Form volkstümlichen Ahnen- und Geisterglaubens vom Jahwekult fernzuhalten, machte sich doch vom 3. Jh. v. Chr. an der Einfluß des griechischen Denkens auf das Judentum bemerkbar, – insbesondere das griechisch geschriebene *Buch der Weisheit* vertritt im 1. Jh. v. Chr. zum ersten Mal in Israel die Lehre von der unsterblichen Seele (Weish 1,1–3,19), und man hätte meinen können, sie würde sich allgemein durchgesetzt haben wie später in der christlichen Theologie, doch war dem nicht so. Jesus dürfte die Hoffnung auf ein Leben nach dem Tode von den *Pharisäern* gelernt haben, deren Glauben nicht auf philosophischen Theoremen, sondern, charakteristisch jüdisch, auf existentiellen Erfahrungen gründete.

Die Pharisäerbewegung selbst entstand aus den Wirren der Makkabäer-Kriege[62]: Im Jahre 169 hatte der Syrerkönig *Antiochus IV.*

62 Zu Recht bemerkt WILHELM BOUSSET: Die religionsgeschichtliche Herkunft der jüdischen Apokalyptik, in: Klaus Koch – Johann Michael Schmidt (Hg.): Apokalyptik, 133: «Im großen und ganzen beginnt die so (sc. als Apokalyptik, d. V.) zusammengefasste Literatur mit dem zweiten vorchristlichen Jahrhundert. Auch hier ist die Periode der Makkabäerzeit ... von epochemachender Bedeutung gewesen ... Mit der Makkabäerzeit beginnt eine neue Epoche des Judentums, sein Volkstum erfährt eine gewaltige Ausdehnung und Kräftigung, seine Religion und seine Literatur treiben einen neuen Zweig, eine letzte Nachblüte.» S. 134: «An Stelle der Priesteraristokratie tritt die Demokratie der Gesetzesfrommen. Als in späterer Zeit die Makkabäer sich von neuem der alten Priesteraristokratie zuwandten, konnte das am Lauf der Dinge nichts ändern, die neue Gruppe der Frommen war stark genug, gegen Fürstenhaus und Aristokratie in Opposition zu treten.» – MIRCEA ELIADE: Geschichte der religiösen Ideen, II 227–230: Die ersten Apokalypsen: Daniel und 1. Henoch, betont gleichermaßen «die Konfrontation mit dem Hellenismus» (S. 227) als auslösendes Element der apokalyptischen Strömungen in Israel, um (S. 230–234) zu schildern, wie als letzte verbleibende Hoffnung vor allem im *4. Esra*-Buch nur noch die Erwartung des Weltuntergangs übrig blieb; die Pharisäerbewegung (S. 234–238) reagierte darauf mit der Treue zur Thora. – BERTRAND RUSSELL: Philosophie des Abendlandes, 323–337: Die religiöse Entwicklung der Juden, 334, verweist darauf, daß, neben dem (äthiopischen) *Henoch*-Buch mit seinen Visionen von der Bestrafung der Bösen und Belohnung der Guten, «zwischen 109 und 107 v. Chr. von einem Pharisäer, einem Bewunderer des Johannes Hyrkanus, eines Hohenpriesters aus der hasmonäischen Dynastie,» auch *Die Testamente der Zwölf Patriarchen* geschrieben wurden, deren Lehren mit der Überwindung des Bösen durch das Gute eine große Ähnlichkeit zur Bergpredigt Jesu aufweisen (S. 334–335). Vgl. EMIL KAUTZSCH (Übers. u. Hg.): Die Apokryphen und Pseudepigraphen des Alten Testamentes, II 458–506, XII: Das Testament Benjamins, 4, S. 503: «Der gute

Epiphanes (175–164) den Tempel in Jerusalem geplündert und ein Jahr später, nachdem er auch die Stadt Jerusalem verwüstet hatte, den Befehl erlassen, daß der jüdische Gottesdienst dortselbst eingestellt und durch heidnische Opferkulte ersetzt werden sollte (vgl. 1 Makk 1,20–24. 29–39. 41–50). Dem Seleukiden-König schwebte die völlige Ausrottung der jüdischen Religion vor, – speziell die Beschneidung verbot er unter Todesstrafe (1 Makk 1,60–62). In Antwort auf diese Zwangsgräzisierung des Judentums erhob sich im Jahre 166 v. Chr. der militärisch von *Judas Makkabäus* (Makkabi – hebr: der Hammer) geführte Aufstand, der 141 v. Chr. zur Einsetzung der Dynastie der Makkabäer beziehungsweise des Hasmonäischen Königshauses führte[63]. Leute wie die späteren Pharisäer (hebr: die Abgesonderten), die strengstens auf genaue Einhaltung des mosaischen Gesetzes und auf die Wahrung der Vätertradition achteten, hatten unter der Verfolgung von seiten der syrischen Behörden natürlich am meisten zu leiden; doch eben deswegen entstand geistig für sie eine Situation, die beispielhaft in 2 Makk 7, in der Geschichte von den sieben makkabäischen Brüdern und ihrer Mutter, geschildert wird: Der König persönlich versucht dort mit Folterqualen und grausamen Hinrichtungen den «Genuß» von Schweinefleisch durchzusetzen; er scheitert aber an dem mutigen Widerstand der Makkabäer, die lieber in den Tod gehen, als das Wort Gottes zu brechen. Woher ihre Kraft dazu kommt, erklärt einer von ihnen: «Es ist trostvoll, durch Menschenhand das Leben zu verlieren; denn es bleibt uns die von Gott geschenkte Hoffnung, daß wir von ihm die Auferstehung erlangen.» (2 Makk 7,14) Ganz ähnlich äußert sich auch sein Bruder, als er in den Tod geht: «Unsere Brüder mußten kurze Pein ertragen, sind aber jetzt zu unvergänglichem Leben in den Gottesbund eingegangen. Du aber wirst im göttlichen Gericht gerechte Strafen für deine Überheblichkeit davontragen.» (2 Makk 7,36)

Mensch hat kein finsteres Auge; denn er hat Erbarmen mit allen, auch wenn sie Sünder sind, ja, auch wenn sie über ihn beratschlagen zum Bösen.» – Zur Pharisäerbewegung vgl. GAALYAHU CORNFELD u. G. JOHANNES BOTTERWECK (Hg.): Die Bibel und ihre Welt, V 1130–1134: «Die Lebensweise der Pharisäer forderte totale Unterwerfung unter jede noch so beiläufige Bestimmung des mosaischen Gesetzes bezüglich der rituellen Reinheit.» (S. 1131) Ein entsprechendes Gelübde, eine zweistufige Probezeit und ein rituelles Bad waren die Bedingungen, um Mitglied der pharisäischen Bruderschaft zu werden.

63 HENRI DANIEL-ROPS: Die Umwelt Jesu, 373–374: «Die Hohenpriester und Könige aus dem Geschlecht der Hasmonäer waren zwar aus dem ‹Widerstand› hervorgegangen und Nachkommen der Makkabäer, aber sie spürten trotzdem, wie die griechisch-römische Welt ihre kleine Gemeinschaft von allen Seiten einkreiste und

Was in Israel den Glauben der Völker an ein Leben nach dem Tode im Kreise der Pharisäer nicht nur als plausibel, sondern als buchstäblich lebensnotwendig erscheinen ließ, ist mithin ein Problem, das aus der Erfahrung *individueller* Verfolgung entstand, im Falle jemand den mosaischen Glauben nicht aufgab, auch wenn er dafür mit dem Tode bedroht ward. In dieser Situation genügte es nicht mehr, als Volksangehöriger die religiöse Überzeugung aller anderen mitzutragen; nicht das Volk als ganzes verfolgte der Syrerkönig als politisch widersetzlich, wie die Babylonier im 6. Jh. v. Chr., er tat es auch nicht aus rassistischen Gründen, wie später der Antisemit *Sejan* unter Kaiser *Tiberius* in den 20er Jahren des 1. Jhs. n. Chr.; worum es dem Syrerkönig ging, war die religiös-ideologische Angleichung Israels an die «Normalität» aller anderen Völker seines Herrschaftsgebietes, das bis nach Ägypten reichte, und so legte er jedem Einzelnen die Frage vor, wem er dienen wollte: den Geboten des Gottes Israels oder seiner Weisung als König?

Man kann den prinzipiellen Ernst der Martyrer-Situation kaum radikal genug begreifen. Bis dahin mochte es als religiöse Überzeugung in Israel gelten, daß Gott sein Volk als ganzes für sein Verhalten belohne oder bestrafe; freilich mochte schon sehr früh eine solche Kollektivhaftung den Forderungen eines entwickelteren Begriffs von

bedrängte. Deswegen hielten sie es für klüger, mit ihr in Verbindung zu treten, dabei aber jedes Nachgeben im Wesentlichen zu verweigern und an den Grundsätzen festzuhalten, die das Überleben Israels sicherten. Diese Einstellung ... erschien der Masse des niederen Volkes ... so wenig zulässig wie jenen anderen, die sich zur Zeit der Makkabäer selbst die ‹Frommen› nannten, die *Chassidim* ... Der wahre Gläubige muß sich von allem Heidnischen und von jedem ‹absondern›, der einer Ansteckung durch das Heidentum verdächtig ist. *Abgesonderte*, *Peruschim*, *Pharisäer* – so bezeichnete man die Anhänger dieser intoleranten Richtung.» – Für die Zeit bis ca. 539 v. Chr. stellt bezüglich der religiösen Einstellung zum Jenseitsglauben in Israel ELIEZAR SEGAL: Das Judentum, in: Harold Coward (Hg.): Das Leben nach dem Tod in den Weltreligionen, 24, zu Recht fest: «Niemals begegnen wir einer Bemerkung über das Schicksal, das den Sünder nach seinem irdischen Leben erwartet. Selbst wenn die Tora ausdrücklich betont, daß die Gnade Gottes oder sein Zorn über die Lebensspanne des einzelnen hinausreicht, so geschieht dies durch ein Hineinreichen bis in das Leben der Nachkommen.» S. 41: «Im nicht-orthodoxen religiösen Diskurs des 20. Jahrhunderts fehlt die Diskussion über das Leben nach dem Tod nahezu ganz.» Doch genau das war anders in der Makkabäer-Zeit. EDUARD MEYER: Ursprung und Anfänge des Christentums, II 174–184: Die Entwicklung des Auferstehungsglaubens, S. 174–175, sah richtig: «Durch die Nöte des Religionskampfes und der Verfolgung ist die Umbildung der Vorstellungen vom Weltgericht und damit die Individualisierung der Religion ganz wesentlich gefördert worden: sie führt zu dem Glauben an ein bewußtes Fortleben nach dem Tode und einer Wiederbelebung oder Auferstehung der Frommen.»

Gerechtigkeit nicht genügen. Der Prophet *Hesekiel* im 6. Jh. v. Chr. bereits mußte sich mit dem Vorwurf der Ungerechtigkeit der göttlichen Strafgerichte im Verlauf der Geschichte auseinandersetzen: «Die Väter haben saure Trauben gegessen, aber den Kindern sind die Zähne davon stumpf geworden», hieß es. (Hes 18,2; vgl. Jer 31,29)[64] Diese Redensart ging als ein bitterböses Sprichwort im Volke um. Wenn überhaupt, dann straft die Gottheit offenbar stets die Verkehrten, das heißt, es erweist sich insgesamt als falsch, in den Folgen geschichtlichen Handelns, die stets erst zeitverzögert eintreten, den Gerechtigkeitswillen Gottes am Werke zu sehen. Um diesen für die gesamte biblische Geschichtstheologie tödlichen Einwand zu entkräften, führte *Hesekiel* damals einen geradezu revolutionären Gedanken ein: Gott ist gerecht, weil er *jeden Einzelnen* für sein Verhalten straft oder belohnt, und zwar von Fall zu Fall, wie es sich gerade ergibt. «Denn nur wer sündigt, der soll sterben», erklärte der Prophet (Hes 18,20). Damit formulierte er den Glauben an Gottes Gerechtigkeit zum ersten Mal extrem individualistisch und aktualistisch[65]; auf diese Weise vermochte er in der Tat das Problem zu lösen, das sich ihm in den Tagen der Verwüstung Jerusalems unter *Nebukadnezar* stellte. Welch eine Geltung aber konnte seine theologische These rund 400 Jahre später beanspruchen in den Tagen der Verwüstung Jerusalems unter *Antiochus Epiphanes*?

Auf geradezu bizarre Weise hatte das Blatt sich jetzt gewendet. Hieß es früher: «wer sündigt, soll sterben», so hieß es jetzt im Munde des Syrerkönigs: «wer nicht ‹sündigt›, muß sterben.» Und was tut da Gott? Er müßte, wenn in der menschlichen Geschichte denn wirklich Gerechtigkeit waltete, mit aller Macht dreinfahren, um seinen Widersacher zu bestrafen und dessen Händen die Getreuen zu entreißen; doch nichts geschieht. Alles, was je an Hoffnungen in Israel mit Gott verbunden ward, stellt sich damit in Frage. Im Irdischen, so viel scheint offenkundig, zahlt sich's nicht aus, an dem Gott Jahwe festzuhalten, und warum sollte man's dann tun? Wie, wenn der *Prediger* recht hätte? «Weiter sah ich unter der Sonne», schreibt er: «An der Stätte des Rechts war Gottlosigkeit.» Doch wie kann er dann fortfah-

64 Zur Stelle vgl. HANS FERDINAND FUHS: Ezechiel, II 94–95.

65 A. a. O., II 95: «Vor Gott ist jeder einzelne für sein von Gott geschenktes Leben verantwortlich, woraus folgt: ‹Nur der Sündige muß sterben› ... Dieser Grundsatz, der die Form eines sakralrechtlichen Deklarationswortes hat ... und an die verkürzten Todesrechtssätze der priesterlichen Tradition erinnert, erneuert eine alte, offenbar in Vergessenheit geratene Wahrheit (vgl. Dtn 24,16; 2 Kön 14,5 f).»

ren: «Gott wird richten den Gerechten und den Gottlosen»? Für die Opfer des «Gottlosen» gibt's kein Gericht» mehr, denn sie sind, seinen eigenen Worten nach, schlechterdings tot, fährt er doch fort: «Es geht dem Menschen wie dem Vieh: wie dies stirbt, so stirbt auch er, und sie haben alle *einen* Odem, der Mensch hat nichts voraus vor dem Vieh; es ist alles eitel.» (Pred 3,16–19)

Wenn es so sich verhält, welch ein Motiv sollte es dann wohl noch geben, sein Leben zu riskieren, nur um unter anderem ein paar jüdische Speisegesetze einzuhalten? Alles spricht dagegen. Am Verzehr von Schweinefleisch ist noch niemand gestorben, doch an dessen Nicht-Verzehr neuerdings schon. Und was nur soll Gott davon haben, daß man zwar Hammel- und Rinderfleisch ißt, nicht aber Schweinefleisch? Gewiß, dahinter steht eine lange und ehrwürdige Tradition, doch niemand weiß, was für einen Sinn sie besitzt; soll man also für eine sinnentleerte Bestimmung der Vergangenheit in den Tod gehen und sich damit jeglicher Zukunft berauben? Endet definitiv das Leben im Tod, so sollte der Lebenserhalt unter allen Umständen das oberste Ziel aller Bemühungen darstellen. Wohl ist es wahr, wenn der 49. Psalm davor warnt, sich auf Hab und Gut zu verlassen und zu pochen auf großen Reichtum, da ein Mensch bei seinem Sterben doch nichts von alledem mitnehmen könne (Ps 49,7.18); warum aber sollte man alles, das ganze Leben mit all seinen Gütern, mutwillig aufs Spiel setzen, wenn es im Tode doch keinen Unterschied macht, wie jemand gelebt hat? Oder es müßte etwas ganz anderes wahr sein. Es müßte die Hoffnung geben, daß Gott den Gerechten, der sein Leben opfert für ihn, «erlösen wird aus des Todes Gewalt» und ihn bei sich «aufnehmen» wird (Ps 49,16); dann und nur dann ist's möglich, alles auf *eine* Karte zu setzen in dem Vertrauen, daß Gott sich als treu erweisen wird gerade zu denen, die ihm treu geblieben.

Es ist dieser Glaube an die Gerechtigkeit Gottes, die in den Kreisen gesetzestreuer Martyrer die Überzeugung befestigt, daß der Tod über den Menschen nicht das letzte Wort haben kann. Als zwischen 76–67 v.Chr. die Witwe des Makkabäer-Königs *Aristobul* Königin wird, *Salome Alexandra* mit Namen, bringt sie ihren schwächlichen Sohn *Hyrkan II.* in das Amt des Hohen Priesters und geht in ihren Regierungsentscheidungen nach Jahren der Unterdrückung weitgehend auf die Forderungen der Pharisäer ein, die sich dem in ihren Augen verweltlichten hasmonäischen Königshaus bis dahin verweigerten[66].

66 MARTIN NOTH: Geschichte Israels, 350.

Anders als die Gruppe der Sadduzäer, welche die Jerusalemer Priesterschaft stellten und als Realpolitiker bei aller formal-kultischen Korrektheit sich den hellenistischen Einflüssen gegenüber tolerant zeigten, gingen mit den Pharisäern «die antihellenistischen Kräfte» aus «den Kämpfen des 2. Jahrhunderts» als Sieger hervor[67]. Doch so eigentümlich pflegen geistesgeschichtliche Veränderungen abzulaufen: Die ebenso traditionsbewußte wie kompromißbereite sadduzäische Oberschicht wird die Frage der göttlichen Gerechtigkeit niemals so weit ins Extrem treiben, daß sie einer weltjenseitigen Hoffnung zu ihrer Beantwortung bedürfte; die Pharisäer aber, indem sie das Wort Gottes zum unbedingten Grund ihres Lebens erklären, werden wie von selbst an den Punkt gedrängt, an dem die Diesseitigkeit der israelitischen Geschichtshoffnung aufgesprengt wird und die Gestalt einer individuellen Jenseitserwartung annimmt. Gerade die so wertkonservativ sich gebenden Pharisäer, weil sie gegen alle hellenisierenden Tendenzen ihre angestammte jüdische Identität sich bewahren wollen, benötigen eben diejenigen Hoffnungsinhalte, die sich im Hellenismus mit der Lehre von dem Leben jedes Einzelnen nach dem Tode verbinden. Was sie suchen und brauchen, ist eine Zuversicht in Gottes Gerechtigkeit, die der Bitterkeit der Enttäuschung über den Martyrertod der Gerechten standhält.

Deswegen auch wirkten sich die Überzeugungen der hellenistischen Religionsformen, wie sie im Volke verbreitet waren, weit stärker aus als die philosophischen Argumente PLATONS zugunsten der Unsterblichkeit der Seele; sie entsprachen unmittelbar einem Hauptmotiv, an ein Leben jenseits des Todes zu glauben, – das ist die im Irdischen stets unabgegoltene Erwartung nach Gerechtigkeit.

In der griechischen Mythologie etwa ist es, wie gesagt, Persephone, die Tochter der Demeter, die als Gemahlin des Totengottes Hades und als Herrscherin der Unterwelt zugleich auch als Richterin über die Verstorbenen gilt, – ein unteritalischer Kratēr (griech: Mischkrug) um 340 v. Chr. zeigt die beiden: Hades und Persephone, im Palast nebeneinander sitzen; sie, Persephone, trägt auf ihrem Haupt eine goldene Krone und hält in ihrer Hand eine Kreuzfackel, die in die vier Himmelsrichtungen weist, – als die Unterirdische beherrscht sie das Irdische insgesamt. Wer also lebt da «wirklich», wenn man sieht, wie Dienerinnen ihr aufwarten und sie mit allen Lieblichkeiten der Sinne

67 A. a. O., 354.

verwöhnen? (Tafel 4)[68] So wie ihr, darf man sich vorstellen, wird es allen ergehen, die so gelebt haben, wie Menschen «eigentlich» leben sollten: sie werden im Reich der Persephone belohnt werden mit einem Dasein, das alles auf Erden schon Wünschenswerte auf immer in sich enthält. Aber auch umgekehrt: wer Böses verübt hat, indem er so tat, als wenn es die Herrin des Hades nicht gäbe, der wird sie kennenlernen, denn streng bestrafen die Götter die Übeltäter.

Ein solcher zum Beispiel war Sisyphos; er galt als der Gründer Korinths, doch gebrauchte er seine Schlauheit zu allerlei Gaunereien und Betrügereien, – selbst den Tod (Thanatos) überlistete er, indem er ihn in Fesseln legte; keiner der Menschen konnte mehr sterben, bis daß es dem Kriegsgott Ares gelang, den Tod zu befreien. Als der Tod dann zu Sisyphos selbst kam, untersagte er seiner Frau, ihn zu bestatten, und ruhelos, wie seine Seele in der Unterwelt deshalb war, gewährte Hades ihm Freigang, auf daß er seine Gemahlin zur Ableistung ihrer Pietätspflicht anhalten konnte; alles kam also wie geplant, – denn natürlich dachte Sisyphos gar nicht daran, in die Unterwelt zurückzukehren. Dafür wurde er in den untersten Tartaros versetzt, wo er dazu verurteilt blieb, immer von neuem einen Felsbrocken auf einen Berg zu wälzen, der, kaum auf dem Gipfel, wieder herunterrollt[69]. – Eine attische schwarzfigurige Amphore aus Vulci um 540 v. Chr. zeigt die nicht endende Plage des für sein Leben in Ausreden und Ausflüchten solchermaßen Bestraften, der seinen Stein zum Gipfel hinaufhebt, als wäre dieser die Sonne und er ein Titan, der sie Tag um Tag neu zum Himmelsgewölbe emporstemmt. Neben ihm sieht man geflügelte Wesen, die Wasser herbeischleppen und in ein großes in den Boden eingelassenes Gefäß gießen. Es sind *«eidola»*, die Seelenbilder von Verstorbenen, die, anscheinend wie Sisyphos, Buße tun müssen für begangene Fehler. (Tafel 5.)[70]

Das Zubringen von Wasser war üblich bei Hochzeiten (wie z. B. in der Geschichte von der Hochzeit zu Kana, Joh 2,6), und so konnte die Strafe des Wassertragens über Unverheiratete verhängt werden, die nicht in den Mysterien von Eleusis sich geläutert hatten. Insbesondere die fünfzig Töchter des Danaos (die Danaïden) waren davon

68 Hades und Persephone im Palast, Ausschnitt aus einem unteritalischen Kratēr des White-Saccos Malers, um 340 v. Chr., Antikensammlung zu Kiel, Inv. B 585.
69 Zum Mythos von Sisyphos vgl. HYGIN, 60, in Ludwig Mader: *Griechische Sagen*, 270.
70 SUSANNE LORENZ: Frauen von mörderischer Stärke, in: Starke Frauen, 284, Abb. 19.10.

betroffen: Ihr Vater war mit ihnen nach einem Streit mit seinem Bruder Aigyptos, dem König von Ägypten, nach Argos, in die Heimat seiner Urgroßmutter Io, geflohen; doch die fünfzig Söhne des Aigyptos und ihr Vater stellten ihnen nach, und so kam es zu einer Zwangsheirat zwischen den Nichten und Neffen. Danaos aber, der seine Töchter einzeln an die Aigyptos-Söhne verloste, gab einer jeden ein Messer in die Brautnacht mit und befahl ihnen, die Freier zu ermorden. Alle folgten seiner Weisung, einzig Hypermestra brachte es nicht übers Herz, ihren Gemahl Lynkeus zu töten[71]. – Ob die wassertragenden *Eidola* auf der Amphore von Vulci die Danaïden darstellen, läßt sich nicht mit Sicherheit sagen; doch stellt ein Kalksteinrelief von einem Grabbau aus Tarent in der Zeit zwischen 325 bis 280 v. Chr. zweifellos die mörderischen Töchter des Danaos dar (vgl. Tafel 6): Im Mittelpunkt der Darstellung thronen als Totenrichter Persephone und Hades auf ihren Stühlen, dargestellt als ein zärtliches Ehepaar, während die Danaïden auf immer Wasser in das sprichwörtliche Faß ohne Boden werden gießen müssen zur Strafe, daß sie ihre neuangetrauten Ehemänner getötet haben. Am rechten Bildrand folgt eilig der Götterbote und Totengeleiter Hermes dem Heros Herakles, erkennbar noch an dem Fell des Nemeischen Löwen, das an der Bruchkante sichtbar wird, – offenbar hat der Held soeben die Großtat vollbracht, den dreiköpfigen Hund Kerberos gefangen zu nehmen, der einen jeden in die Unterwelt eintreten, doch niemanden mehr aus ihr herausgehen läßt[72].

Strafen, wie sie über Sisyphos oder über die Danaïden verhängt werden, folgen unzweifelhaft den üblichen Vorstellungen einer «gerechten» Sühne für begangene Freveltaten; allerdings gehorchen sie nicht einfach dem archaischen Schema des *Jus talionis*, des «Aug' um Auge» (wie in Ex 21,25), sondern sind symbolischer Natur: der «Lügner» Sisyphos verfängt sich in der Unentrinnbarkeit der Folgen seines Verhaltens, – er dreht sich im Kreise und kommt nicht wirklich voran, all seine Energie wird vergeudet für den sinnlosen Erhalt des immer Gleichen; und die Danaostöchter bleiben dazu verurteilt, ein Liebesverlangen zu füllen, das unerfüllbar sein muß, solange sie gehorsam an ihren Vater gebunden sind (die «Krüge» lassen sich psy-

71 Zum Mythos der Danaïden vgl. HYGIN, 168, in: Ludwig Mader: *Griechische Sagen*, 324. – Zu den Vorstellungen vom Totengericht vgl. VERONICA IONS: Die Welt der Mythologien, 162–165: Weiterleben der Griechen.

72 SUSANNE LORENZ: Frauen von mörderischer Stärke, in: Starke Frauen, 283, Abb. 19.9.

choanalytisch als weibliche Symbole verstehen). Gerade die Geschichte der Danaïden aber weist zutiefst tragische Züge auf: Gehorsam gegenüber dem Vater und Angst vor den Männern, väterliche Gefolgschaftstreue und mörderische Aggression gegenüber den männlichen Nachstellungen, mädchenhafte Anhänglichkeit und die Furcht vor masochistischer Abhängigkeit in bezug auf einen nichtväterlichen Partner – regressive und progressive Tendenzen der Persönlichkeitsentwicklung stehen da gegeneinander. Dem Vater zu gehorchen scheint ein Gebot der Moral, doch eine Frau zu werden ist ein Gebot des Lebens; wenn nun aber beide Forderungen durch eigene Angst und durch die Feindseligkeit der nächsten Umgebung in tödlichen Kontrast zu einander geraten, wer dann wollte darüber Richter sein? Kann man wirklich die Danaos-Töchter auf immer dafür bestrafen, daß sie zur rechten Stunde nicht über sich selbst hinauszuwachsen wußten und eine eigene Entscheidung gegen den Vater, doch zugunsten der Liebe nicht zu treffen wagten, wie Hypermestra? Die griechische Überlieferung der Danaïden-Mythe bereits verrät Zweifel, existiert doch auch eine Tradition, wonach die Mädchen nach ihrer Bluthochzeit entsühnt worden seien und ein zweites Mal hätten heiraten dürfen, allerdings nicht, ohne ihren Brautwerber (nach dem Motiv der Atalante)[73] zuvörderst zum Wettlauf zu fordern[74]. Wenn also Schuld, dann doch auch eine Chance, sie im Leben zu überreifen …

Solche Milde, das muß man zugeben, ist dem Gerechtigkeitsmotiv der Jenseitserwartungen ursprünglich fremd. Die ältesten Vorstellungen, die der Alten Ägypter, arbeiteten nach einer zweiwertigen Logik, – sie kannten nur Gut und Böse, Lohn und Strafe, Seligkeit und Verdammnis. – In einer berühmten Geschichte, wohl aus dem 4. Jh. v. Chr., die von Sa-Osiris erzählt[75] – einem Kind, das sich ebenso erstaunlich entwickelte wie der zwölfjährige Jesus –, wird ein Reicher anstandslos als «böse» und ein Armer genauso selbstverständlich als «gut» betrachtet; demgemäß wird der eine nach seinem Tode mit furchtbaren Qualen gemartert, während der andere einem Zustand ewigen Glücks entgegensieht; eben diese Parabel liegt auch dem

73 Zu Atalante vgl. E. DREWERMANN: Liebe, Leid und Tod, 210–235: Atalante und Hippomenes oder: Liebe als Wettkampf.
74 Vgl. OTTO RANK: Das Inzestmotiv in Dichtung und Sage, 380.
75 Vgl. *Altägyptische Märchen*, übertr. u. bearb. v. Emma Brunner-Traut, Nr. 34: Si-Osire führt seinen Vater Setom Chaemwese in die Unterwelt und besiegt die äthiopischen Zauberer, S. 192–214.

Gleichnis Jesu vom reichen Prasser und dem armen Lazarus in Lk 16,19–31 (sowie der Erzählung vom großen Abendmahl, Lk 14,15–24) zugrunde, das wie selbstverständlich den (pharisäischen) Glauben an die Hölle voraussetzt[76].

Der Glaube an die Hölle – damit ist das Wort gesprochen, das die Hoffnung auf Auferstehung, basierend auf dem an sich so verständlichen Wunsch nach Gerechtigkeit, *mehr* diskreditiert hat als alle anderen theologischen Theoreme.

Erneut liegt das Problem in der Äußerlichkeit der Vorstellung, wenn man sie dogmatisch nimmt. An konkreten Phantasien, wie es möglich ist, «Schuldige» «höllisch» zu quälen, sind schon die altägyptischen *Totenbücher*[77] unübertroffen; und sie waren es auch, die Gut und Böse als moralische Kategorien in eine absolute und unendliche Gerechtigkeit hineinstellten. Vergessen darf man dabei freilich nicht, daß man es mit mythisch-bildhaften Vorstellungen zu tun hat, die offen sind für eine Vielzahl von Deutungen, – ein Beispiel dafür:

Der Hinduismus, heute die größte und älteste noch bestehende «mythische» Religion der Welt, kennt eine eigene Vergeltungskausalität, die, gänzlich unemotional, nach Art eines Räderwerks, dafür sorgt, daß alle Taten von Menschen und Tieren, Göttern und Geistern ihre Wirkungen in Form von Lohn und Strafe zeitigen[78]. Doch gerade weil dieses «Gerechtigkeitsgesetz» vollkommen mechanistisch funktioniert, zeigt sich daran auch eine recht bemerkenswerte Konsequenz: Es ist nicht möglich, die endlichen Taten endlicher Kreaturen mit unendlichen Folgen zu belegen. Endliche Ursachen haben nur

76 Vgl. E. DREWERMANN: Das Lukas-Evangelium, II 311–336: Lk 16,19–31: Vom reichen Manne und vom armen Lazarus oder: Was geschieht im Tod mit uns? – Vgl. zu dem Thema auch STEFAN ALKIER: Himmel und Hölle, in: Ruben Zimmermann – Gabi Kern (Hg.): Hermeneutik der Gleichnisse Jesu, 588–602, der anhand des Gleichnisses vom Fischnetz (Mt 13,47–50) zu dem Ergebnis kommt: «Die Metapher des Himmels zielt auf die Überzeugung, dass Gottes Kreativität die allmächtige, umfassende Realität ist, von der aus sich alles Leben erschließt, auch über den Tod hinaus ... Die Metapher der Hölle zielt darauf, dass Gott keine Ungerechtigkeit dieser Welt vergessen wird ... – Es macht einen Unterschied, wie wir im Leben handeln. Und das ist keine Metapher.» (S. 602) Zweifellos! Doch wenn Gottes «Kreativität» alles «erschließt», dann doch zuoberst wohl auch das Geheimnis des «Bösen» im Herzen der Menschen; die «Gerechtigkeit» Gottes besteht nicht in der ewigen Präsenz begangener Fehler, sondern in der Durcharbeitung der Gründe, aus denen heraus sie begangen wurden.

77 S.o. Anm. 39.

78 Vgl. HEINRICH ZIMMER: Philosophie und Religion Indiens, 60: «Alle Dinge dieser Welt, die die Sinne erfreuen, Blumenkränze, Düfte, schöne Frauen, Genüsse aller Art sind vergänglich; sie werden uns zuteil als Früchte unserer Taten (*karma*).»

endliche Wirkungen[79]; mit anderen Worten: gerade die Forderung nach «Gerechtigkeit» schließt die Vorstellung *ewiger* Strafen (oder Belohnungen) prinzipiell aus. Eine «ewige Verdammnis» ist ein Widerspruch in sich.

Die altägyptischen Jenseitsbeschreibungen bereits scheinen das geahnt zu haben: der Begriff der «Ewigkeit» besitzt bei ihnen nicht die philosophisch präzise Bedeutung zeitloser Unendlichkeit, sondern er meint im Grund so etwas wie «unendlich viel Zeit». In diesem Umstand hat die christliche Theologie stets eine gewisse Unvollkommenheit der mythischen Religionen erblickt und ihnen entgegengehalten, das «Jenseits» lediglich als ein verlängertes Diesseits zu projektieren – ein Vorwurf, der begrenzt zutrifft –, doch hat sie sich dem Problem ihrer eigenen Verunendlichung weltjenseitiger Straferwartungen in keiner Weise gestellt, – bis in die Gegenwart verleugnet sie einfach, daß es da ein Problem geben könnte. Gott ist gerecht, er belohnt die Guten, er bestraft die Bösen, und Jesus selbst, der Sohn Gottes, hat gesprochen von Himmel und Hölle. Also gibt es Himmel und Hölle. Wo soll da ein Problem sein?

Nun, das «Problem» liegt in gewissem Sinne in der Entstehungsbedingung des (pharisäischen) Glaubens an die Gerechtigkeit Gottes jenseits der Grenze des Todes. Die Martyrersituation, in welcher die Partei der Pharisäer entstand und ihre Überzeugungen sich bildeten, führte zu der vollkommen richtigen Erkenntnis, daß ein Mensch, der sein Leben für Gott einsetzt, zu einem solchen Schritt die Zuversicht braucht, im Tod nicht dem Nichts, sondern wirklich Gott anheim gegeben zu sein. Die Erwartung, für die Hingabe des eigenen Lebens belohnt zu werden, warf allerdings zugleich auch den Schatten eines außerordentlichen Strafebedürfnisses. Das Gesetz des *Mose* und die Gerechtigkeit Gottes – sie bildeten den Rahmen pharisäischen Denkens: für das eine riskierte man das irdische Leben, für die andere erhoffte man ewiges Leben; diejenigen aber, die aus Angst oder Bequemlichkeit den Glauben der Väter verrieten, erwartete nach pharisäischer Auffassung Gottes strenges Strafgericht. – Noch einmal kann dafür jene Szene im *2. Buch der Makkabäer* als Beleg und Beispiel

79 Vgl. SWAMI NIKHILANANDA: Der Hinduismus, 55–56: «Was widerfährt der Seele nach dem Tode? Die Lehre von der absoluten Vernichtung sagte dem hinduistischen Geiste nicht zu ... Aber auch die Lehre von der ewigen Glückseligkeit im Himmel und den ewigen Qualen in der Hölle sprach die Philosophen der Upanishaden nicht an. Glückseligkeit im Himmel kann, da sie eine Folge (sc. endlicher Handlungen, d. V.) ist, nicht ewig sein ... Und die Theorie vom ewigen Leiden ist unvereinbar mit dem Glauben an die Liebe Gottes zu seinen Geschöpfen.»

dienen. Als der jüngste der makkabäischen Brüder in den Tod geht, stellt er dem Seleukiden-König Gottes Handeln mit den Worten in Aussicht: «Du Verworfener, ruchlosester aller Menschen, überhebe dich nicht in eitlem Vertrauen auf nichtige Hoffnungen, wenn du deine Hand gegen die Himmelskinder erhebst! Noch bist du dem Gericht des allmächtigen und des allsehenden Gottes nicht entronnen! Unsere Brüder mußten kurze Pein ertragen, sind aber jetzt zu unvergänglichem Leben in den Gottesbund eingegangen. Du aber wirst im göttlichen Gericht gerechte Strafen für deine Überheblichkeit davontragen. Gleich meinen Brüdern gebe ich Leib und Leben für die väterlichen Gesetze hin und flehe dabei zu Gott, daß er dem Volk bald wieder gnädig werde, dich aber unter Qualen und Geißeln zu dem Bekenntnisse bringe, daß er allein Gott ist.» (2 Makk 7,34–37)

Stellen wie diese enthalten die ganze Spannung des göttlichen Gerechtigkeitswillens zwischen Lohn und Strafe in pharisäischen Augen. Ganz anders als etwa in der indischen Vergeltungskausalität stehen hier nicht die begrenzten Folgewirkungen menschlichen Handelns in Aussicht, zu erwarten steht vielmehr, daß Gott seine Macht erweisen wird gegen die Machtanmaßung von Menschen, und befänden diese sich auch im Rang eines Königs wie *Antiochus IV.* in der Nachfolge *Alexander*s des Großen. Menschlich aber mischen sich in dieses theologische Motiv auch die Gefühle von innerer Verbundenheit und unauflöslicher Gemeinsamkeit. Mindestens genauso stark wie das Verlangen nach Gerechtigkeit ist es der Wunsch, im Tode nicht auf alle Zeit getrennt zu werden, der an ein Leben jenseits der Endlichkeit glauben läßt. «Ich bitte dich, mein Kind», sagt die Mutter der makkabäischen Brüder, «schau zum Himmel und zur Erde und sieh alles, was es da gibt; bedenke, daß Gott diese Dinge aus dem Nichts erschaffen hat! Auch das Menschengeschlecht entsteht auf diese Weise. Habe keine Angst vor diesem Henker, sondern zeige dich deiner Brüder würdig, nimm den Tod auf dich, damit ich zur Zeit des Erbarmens dich mit deinen Brüdern wiedererlange.» (2 Makk 7,28.29) – «Wir werden uns wiedersehen!»

Diese Hoffnung zählt zu der wichtigsten Versicherung des Auferstehungsglaubens. Wenn auch der Syrerkönig und all seine Schergen den Tod über diejenigen verfügen, die Gott treu zu bleiben suchen, und wenn so viele auch in Israel in Sorge um ihr Leben abfallen vom Glauben, so schenkt doch diese Überzeugung Kraft zum Widerstand: Gott, der alles, was ist, aus dem Nichts erschuf, wird aus dem Tod diejenigen erretten, die sich unter Lebensgefahr zu ihm bekennen; und die Einheit mit ihm und die Einheit mit denen, die, genau wie man selbst, für ihn in den Tod gingen, ist jener Trost, der den Tod überwindet. Es kann, wie hier, sich ereignen, daß ein Einzelner steht gegen alle anderen, doch um so wichtiger dann ist das Wissen innerer Einheit. Äußerlich einsam, bleibt man innerlich gemeinsam. Man glaubt nicht allein. Die Mutter hat es gesagt, und sie hat ihren Glauben den Kindern geschenkt, weil sie selbst darin lebte; was ihr Leben war, sollte *ihr* Leben werden, denn ewig ist Gott ... Menschen kommen und gehen, so ist es ihr irdisches Dasein, doch bleibend sind sie bei Gott. Auch dieser Gedanke ist absolut wahr.

Und trotzdem wirft er, gerade auch er, jenen unheilvollen Schatten. Mehr noch als die Vorstellung einer unendlichen Strafegerechtigkeit zerreißt er die Einheit der Menschen, setzt er den Unterschied zwischen «Guten» und «Bösen» ins unwiderruflich Endgültige, trennt er mit dem gähnenden Abgrund von Himmel und Hölle zwischen den Menschen. Die Zusammengehörigkeit aller wird unter einer derart geglaubten Gerechtigkeit fraktioniert in immer kleinere Gebiete des Einschlusses einiger und in immer größere Gefilde des Ausschlusses vieler; wenige rücken da dichter zusammen, all die anderen aber jagt es hinaus in die Weite wachsenden Abstands. Die letzte «Strafe» der «Bösen» ist ihre radikale Vereinzelung, ihr Frieren in unerreichbaren Fernen, ihr Weggesperrtsein hinter den eisernen Toren der Bitterkeit, der Vergeblichkeit, der Sinnlosigkeit und des Hasses. So ist die «Hölle», schrieb JEAN-PAUL SARTRE in seinem Theaterstück «Bei geschlossenen Türen» im Jahre 1945. «Schwefel, Scheiterhaufen, Bratrost» – alles das braucht es nicht[80]. Psychologisch beschreiben lassen sich Seelenzustände solcher Verlorenheit, doch festschreiben als Endzustände verdienter Strafen in Ewigkeit kann man sie nicht, darf man sie nicht.

Wer denn ist da der «Teufel», wer jetzt der Herrscher deratiger Höllen? Die Frage nach dem «Teufel» war, wie sich zeigte, beantwortbar, nicht zwar durch metaphysisches Ergrübeln, wohl aber durch menschliche Einfühlung in Seelenzustände, in denen Menschen, ganz buchstäblich, arme Teufel sind: Ein hoher Geist, ein starker Mut, ein edles Wollen – so oft der Anfang; und dann der Schmerz der bittersten Enttäuschungen, das jähe Ende allzu langer Lügen, kostbarste Inhalte und Überzeugungen, die sich als Irrtümer

80 JEAN-PAUL SARTRE: Bei geschlossenen Türen, 5. Auftritt, in: Gesammelte Dramen, S. 97.

erwiesen, – es ist, als klammerte sich jemand, der daran verzweifelt, wie ein Ertrinkender mit aller Kraft an ein Stück Holz aus jenem Schiff, das ihn hinübertragen sollte und das im Sturm versank: er flucht der Planke, daß sie barst, und kommt von ihr dennoch nicht los; zu einem Neuanfang fehlt jede Kraft. So die Verzweiflung des Trotzigen. – Oder auch die Verzweiflung des Resignierenden: – da steht am Anfang bereits das Empfinden, dem nicht gemäß zu sein, was richtig wäre, man kommt zu nichts, und man haßt sich dafür; man lebt in DOSTOJEWSKIS «*Kellerloch*»[81] und will schon gar nicht mehr heraus, weil «draußen» alle andern anders leben, als man selber ist ...

Kein Zweifel, alles das sind Inhalte von «Hölle»; in dieser Weise fühlen Menschen, die sich selber wie verflucht vorkommen, so existieren lauter Menschen, die als «verteufelte» in Höllenqualen leiden; doch alle diese Seelenzustände sind aus sehr irdischen Erfahrungen gewonnen. Woher kommt die Berechtigung, sie im Symbol der Hölle zu verunendlichen und zu verewigen? Der entscheidende Fehler der dogmatischen Lehre von der Hölle liegt in der ins Absolute ausgedehnten Gleichbehandlung der Begriffe «gut» und «böse». Gerechtigkeit und Liebe, die bestätigen, wovon in Wahrheit Menschen leben, müssen sich ausdehnen ins Endlose, Endgültige, ins Unzerstörbare, ins Göttliche, doch alles Negative kann und darf niemals ein Ganzes werden. Gerade der Leidende sehnt sich nach einem Ende seiner Qual. Wie also soll es die Gerechtigkeit befriedigen, sich selbst im Status der Belohnung zu genießen und sich zu weiden an dem Status der Bestrafung eines andern? Das wär' ein Gutsein ohne Güte – die völlige Unmöglichkeit. Es wäre eine Haltung, die Jesus schließlich selber «teuflisch» nennt. «Euer Vater», sagt er im *Johannes*-Evangelium zu denen, die meinen, Gott sei so sicher zu verwalten wie ihr Eigentum, «euer Vater ist der Teufel.» (Joh 8,44)[82] Wer anderen auf immer gönnt, in ihrem Unglück zu verkümmern, hat der nicht selber sich von einer guten Seele in einen bösen Geist verwandelt? Der Folterschmerz eines Martyriums kann eine solche Perversion bewirken,

81 FJODOR MICHAILOWITSCH DOSTOJEWSKI: Aufzeichnungen aus dem Kellerloch, Kap. 3, in: Winterliche Aufzeichnungen ..., S. 119: «Ich haßte sie (sc. die 16jährigen Mitschüler, d. V.) maßlos, obgleich ich womöglich noch schlechter war als sie. Sie zahlten mir mit derselben Münze heim und machten aus ihrem Ekel keinen Hehl. Doch ich habe mir schon damals ihre Liebe nicht mehr gewünscht; im Gegenteil, ich trachtete nur noch, sie zu erniedrigen.»

82 Zur Stelle vgl. E. DREWERMANN: Das Johannes-Evangelium, I 371–387: Joh 8,21–47: ... und die Unverborgenheit Gottes wird euch freimachen.

doch dann müßte wohl auch in jenem Rachedämon, der aus den Flammen eines Scheiterhaufens auferstand, der Engel sich von Gott her wiederfinden lassen, der in der Stunde der Entscheidung die Feuerglut nicht fürchtete. Die Hoffnung, auferweckt zu werden von Gott angesichts des Todes, ward geboren im Verlangen nach Gerechtigkeit; doch wenn «Gerechtigkeit» die Menschen trennt, statt sie zu einen, ist sie nur allzu menschlich noch, dann muß sie selbst sich läutern auf Gott hin, daß sie ein Mittel des Verstehens werde; dann muß die Göttin mit verhüllten Augen ihre Binde abtun und die Menschen anschaun, die da vor ihr stehen, dann muß sie das Schwert endgültig weglegen, das stets nur neue Wunden denen schlägt, die ohnehin aufs tödliche verwundet sind.

Und so sollte man auch in diesem Punkt die Botschaft Jesu auslegen.

Ja, Jesus glaubte mit den Pharisäern an die Auferstehung, er sprach, wie sie, von Himmel, Hölle, Engeln, Teufeln, – darin war er nicht originell; wie aber läßt der Jenseitsglaube Israels, den er als wahr erkannte, mit Hilfe seiner Worte sich so deuten, daß er die Zerrformen der Selbstgerechtigkeit und Grausamkeit verliert? – So gut wie alle Streitgespräche Jesu mit den Pharisäern und den Schriftgelehrten in den Evangelien kreisen um diesen Punkt: darf man das göttliche Gesetz dazu verwenden, Stacheldraht zu ziehen zwischen Menschen? Wenn alle Worte Gottes gerad im Umgang mit den «Bösen» am besten dazu taugen, die Symptome schwerer Krankheit zu erkennen, wie geht man dann hinaus als Arzt, um sie zu heilen (Mk 2,17)? Wer denkt wie Jesus, duldet keine Hölle. Der geht, wie es der Mythos denn auch von ihm überliefert, gleich einem zweiten Herakles noch einmal in das Reich der Schatten, um die Verdammten zu erlösen[83].

Erneut muß sich an dieser Stelle in der Kirchenlehre alles ändern. Noch schüchtert sie zu eignem Machterhalt die Menschen ein mit Höllenängsten, noch sitzt sie selber da auf Gottes Richterstuhl und maßt sich selbst an zu entscheiden, wer da «heilig» ist vor Gott und wer da «unheilig» in «Sünde». Als im Jahr des Herrn 2014 Papst *Johannes Paul II.* von Papst FRANZISKUS zur «Ehre der Altäre erhoben» ward, legte die römische Kirche Gebetsformulare vor, mit denen man sich an den neuen Heiligen wenden kann, auf daß er mit seiner

83 Vgl. die Mythe der Alkestis und ihrer Rettung durch Herakles, – E. DREWERMANN: Liebe, Leid und Tod, 632–659: Alkestis und Admetos oder: Tod, wo ist dein Stachel?

Fürsprache bei Gott sich für uns verwende. Was ficht zu solchem Dünkel an? Wie können Menschen in Kirchenämtern letztgültig befinden wollen, was vor Gott gilt? Solches erzeige die Heiligkeit der Kirche, heißt es, daß sie abschließend und endgültig den Wert einzelner Menschenleben zu beurteilen vermöge. Welch eine unglaubliche Unverfrorenheit! JAN HUS – verbrannt, LUTHER – in Acht und Bann, GIORDANO BRUNO – verbrannt, verunglimpfet und verketzert, dafür ein Kaiser wie *Karl der Große* oder ein Kreuzzugshetzer und Marienmystiker wie BERNHARD VON CLAIRVAUX (1091–1153) ein Heiliger, zu dessen Fürsprache und Angedenken man Messen liest und Christi «Opfer» feiert ... So wenig «unfehlbar» in ihren Lehren, so wenig irrtumsfrei in ihrem Urteil über Menschen ist die Kirche Roms. In ihren «Heiligen» verherrlicht sie sich selber. Gott aber ist ganz anders. Im Gegenüber Gottes müßte die Botschaft Jesu uns, wenn es aufs ganze geht, zusammenführen und mit letztem Ernst begreifen lassen, daß wir gemeinsam unterwegs sind, uns erkennend aneinander, uns verwurzelnd ineinander, uns vollendend miteinander. *Antiochus IV. Epiphanes* – was hätten die «Gerechten» wohl mit ihm gemacht, hätten sie Macht genug besessen, ihn in ihre Hand zu kriegen? So wünschten sie von Herzen, Gott, der Allgerechte, griffe in ihrem Sinne ein und setzte ihren Rachewillen ins Unwiderrufliche.

Doch, Gott sei Dank, so ist nicht Gott.

Die Ent-Größung der «Großen» der Geschichte beginnt geradezu mit dem Bekenntnis zu der Fehlbarkeit und Irrtumsfähigkeit der Menschen, die wir sind. Die Lehre von den «Letzten Dingen» führt zu Ende auch die Lehre einer Kirche, die da wäre in dem Amt ihres Monarchen Gottes oder Christi «Stellvertreters». Sie sollte und sie kann allein ein Ort sein, da es Menschen lernen, für sich selber vor Gott einzustehen und für einander einzutreten, «in guten wie in schlechten Tagen», durch «Dick und Dünn», in Gut und Böse, – unverbrüchlich.

2) «Gesehen habe ich den Herrn.» (Joh 20,18)

Solange man den Glauben an ein Leben nach dem Tode mit der Erwartung nach «Gerechtigkeit» begründet, bleibt man unweigerlich in der moralisch-juridischen Ambivalenz gefangen, die zu diesem Begriff gehört: «gerecht» – das heißt, je nach «Verdienst» belohnen und bestrafen, das heißt, wenn Gott der Richter ist, daß er unendlich lohnt und straft; so spaltet sich die Menschheit absolut in «Himmel» und in «Hölle», in eine Sphäre für die «Engel» und in eine für die «Teufel». Doch damit mißversteht man eigentlich den Ausgangspunkt.

«Gerechtigkeit» ist etwas, das für alle gleichermaßen gilt, etwas Überpersönliches und deshalb Objektives. Wie geht es anderen? Wie geht es allen? In dieser Art fragt die Gerechtigkeit. Ursprünglich aber lautete die Frage der Makkabäer vor *Antiochus IV.* und aller Martyrer im Gegenüber ihres Unterdrückers: Was wird *mit mir*, wenn ich versuche, gegen alle Widerstände treu zu Gott zu stehn? Die Überzeugungskraft des Glaubens an Unsterblichkeit liegt – wie in allem Glauben – ganz und gar im Subjektiven. Wer eine Ewigkeit nicht braucht zum Leben, der wird sie auch nicht glauben. Nur, wie können Menschen «richtig» leben – ohne Ewigkeit?

Die meisten stellen keine «großen» Fragen; sie leben im Moment, sie denken nicht schnurgrade nach Prinzipien; schon deshalb kommen sie kaum jemals in die Lage eines «Martyrers». Doch wieviel Heldentum realisiert sich im Alltäglichen! Didaktisch mag es hilfreich sein, das ganz «Normale» erst mal von der Grenze aus zu sehen, – an den Extremen zeigt sich klarer, was dann auch für die mittleren Bereiche gilt; zwar immer wieder wird es Menschen geben, die die Gipfel stürmen, doch leben läßt sich auf die Dauer nur im Tal; und dann scheint es nicht ohne Hochmut, die «da drunten» zu verachten. Gewiß, jene Legende von den makkabäischen Brüdern und ihrer Mutter verdichtet alle Lebenswahrheit auf einen einzigen Entscheidungsaugenblick; doch was ist es mit jenen ganz oft unbewußten Grundentscheidungen, die immer neu vollzogen werden in unermüdlicher Geduld, in einer warmherzigen Zähigkeit und einem stillen Mut?

Das (zwischen 175–25 v. Chr. entstandene) Büchlein *Tobit* – ebenfalls nur griechisch überliefert und deswegen «deuterokanonisch», das heißt: nachgeordnet dem hebräischen Kanon des Alten Testamentes – erzählt von einem solchen Alltagsheroismus aus Geduld und Zähigkeit und Mut[84]: In den Tagen *Salmanasser*s ist Tobit von den Assyrern nicht erschlagen worden, er wurde ins Zweistromland de-

84 Zur Interpretation der *Tobit*-Legende vgl. E. DREWERMANN: Der gefahrvolle Weg der Erlösung, 15–31: Das Portrait eines Frommen im Alter; 33–38: Die Verzweiflung der Jugend im Schatten starrer Altersfrömmigkeit; 39–63: Der gefahrvolle Weg der Erlösung.

portiert mitsamt seiner Familie, und da muß er mitansehen, wie allein der Faktor Zeit, wie die Gewohnheit, wie die Macht der Umstände schleichend, in kleinen Schritten, unmerklich sich im Verhalten aller anderen mit ihm Verschleppten ausprägt. Leben ist Assimilation der Energie, die man von außen aufnimmt, – man kann nicht leben gegen alle Welt. Man muß wohl mit der Zeit gehen, man muß halt mit den Wölfen heulen, man muß sich selbst assimilieren ... Man *muß*, – doch Tobit tut das gerade nicht, was man scheinbar «alternativlos» tut. Er hält sich weiter auch und gerade in der Fremde nach dem Gesetz der Väter, er lebt vor aller Augen – und zum Ärger vieler – als frommer Jude weiter, wie er es gelernt hat, er sorgt vor allem dafür, daß das Gebot der Pietät: die Toten zu begraben, in jedem Falle eingehalten wird; er demonstriert sein Judesein aus Überzeugung – und kann es nur in wachsender Umdüsterung. Es ist ein Leben mit dem Eiswind ständig im Gesicht. Tobit wird ungesellig, in sich selbst zurückgezogen, mißtrauisch und: wird selbstgerecht. Er handelt so, wie alle Kinder Israels im Fremdland handeln sollten, doch gerade das vereinsamt ihn am meisten. Tobit führt eine Pharisäerexistenz mit all dem guten Willen, der dazu gehört, doch auch mit der Gefahr, die sich daraus ergibt: Der alte Mann wird «blind», – an einem Abend fällt der Kot von Vögeln gerad in seine Augen. Man wird darin ein Bild erkennen dürfen für die Seelenlage eines Mannes, der nichts mehr wahrnimmt als den Afterauswurf seiner eigenen Gedanken. Er sieht nichts – außer «schwarz».

Tobits Erbitterung, seine Verbitterung indes entlädt sich anläßlich eines an sich recht frohmachenden Vorfalls. Mit Handarbeiten hat seine Frau Hanna ein Böckchen sich erworben; als jedoch Tobit, überrascht, das Meckern dieses Tiers vernimmt, kann er nicht anders glauben, als die Frau in ihrer Not müsse es irgendwo gestohlen haben; er schilt sie eine Diebin, er verlangt, daß sie's zurückbringt, auf der Stelle. Jedoch – sie hat das Böckchen nicht gestohlen, und ganz zu Recht wirft sie ihm vor, daß er von anderen Menschen nur noch Böses denken könne, sogar von seiner eigenen Frau, nur Böses! Wie sie sich müht, ihn, den Erblindeten, mitzuernähren, nimmt er in seiner Blendung und Verblendung überhaupt nicht wahr. – Nur allzu sehr spürt Tobit, daß diese Vorhaltungen stimmen. In seiner Art von Frömmigkeit hat er jedwede Fähigkeit zu unbeschwerter Freude eingebüßt; in seiner Suche nach Gerechtigkeit ist er so weit gediehen, daß er inzwischen unrecht tut dem Menschen, der ihm eigentlich am nächsten steht. Als Tobit das erkennen muß, will er nicht länger leben und bittet Gott, die Last seines verwunschnen Daseins fortzunehmen. Er kann nicht mehr.

Es gibt im Umkreis biblischer Geschichten keine Erzählung, die psychologisch derart scharf beobachtend auf die Tragödie einer Frömmigkeitshaltung strengster Gesetzlichkeit hinweist. Dem Todesurteil des Tyrannen läßt sich in Tapferkeit entgegentreten; wie aber, wenn das ganze Dasein, weil es sich bemüht, Gott treu zu sein, sich nach und nach in einen tristen Totendienst verwandelt? Wenn man dabei ist, innerlich zu sterben? Wenn man am Ende spürt, daß man bei allem guten Willen nur starr und stur, rigide, kalt verurteilend und haßerfüllt geworden ist? Da kann, meint die Legende, einzig Gott Tobit erlösen. Der Engel Raphael («Gott heilt») begleitet seinen Sohn Tobias in das entfernt gelegene Ekbatana in Medien zu Raguel, einem Verwandten, von dem noch alte Schulden einzuholen sind. Der freilich hat in Sara eine Tochter, in die der böse Geist Asmodi eingefahren ist; denn alle, die als Freier sich um sie beworben haben, hat der Dämon umgebracht, und auch in jener Nacht, da sich Tobias mit dem Mädchen zu vereinen hofft, geht Raguel bereits mit einem Spaten um das Haus, dem Schwiegersohn *in spe* schon vorsorglich ein Grab zu schaufeln. Man ahnt: Der böse Geist Asmodi, der nicht zuläßt, daß Sara sich verpaart mit einem Mann, ist niemand anderer als die erdrückende Gestalt des eigenen Vaters in der Seele dieses Mädchens, – eine Gefährtin der griechischen Danaïdensage. Beide, Tobit wie Sara, stehen in Entsprechung zueinander. Da ist ein alter Mann, der nicht mehr leben mag in seiner Seelenblindheit, in welche ihn die Anhänglichkeit an den Gott der Väter trieb; da ist ein junges Mädchen, das ins Leben nicht zu finden weiß in seiner Angst vor Nähe, in welche es die Anhänglichkeit an seinen eigenen Vater führt. Beide in ihrer Frömmigkeit bedürfen jenes Engels, der vor Gottes Antlitz steht und hilfreich «eingreift», wenn es gilt zu hindern, daß Menschen voller Frömmigkeit in einer Überich-Moral der Angst Gott, wie er wirklich ist, hinter dem immer enger werdenden Spalier seiner Gesetze nicht mehr sehen oder fühlen können.

Wovon das Büchlein *Tobit* Kunde gibt, ist eine Möglichkeit, die in der Frage der Gerechtigkeit alles verändert: Es ist nicht ausgemacht, wie sich's mit mir verhält, wenn ich mir Mühe gebe, gut zu sein; es kann geschehen, daß ich gerad bei dem Bestreben, alles nach Gesetzesvorschrift einwandfrei zu machen, am Ende als Person total verkehrt dastehe – mürrisch und mißgelaunt der eine, zur Liebe unfähig die andere, bösartig, selbstmörderisch, weil lebensfeindlich und zutiefst schuldig geworden im Bemühen, schuldlos sich zu halten Wer bin ich selbst? Das sagt mir kein Gesetz; das kann ich selber mir nicht sagen; das kann nur Gott mir zusprechen. Doch wie?

Menschen, die an Gott in explizitem Sinn womöglich gar nicht glauben, sind doch in aller Regel vollkommen «richtig» eingebunden in die Pflichten, die das Leben stellt: Der Mann erkrankt an einem Schlaganfall, er kann nicht sprechen, das Gerinnsel bildete sich ausgerechnet im Wernickeschen Zentrum, der Zugriff auf den Wortspeicher ist unterbrochen; wie mühsam ist es, die verlorenen Worte mit ihm wieder einzuüben, stets unsicher, ob all den Anstrengungen jemals ein Erfolg beschieden ist. – Oder: ein Mann steht hilflos an der Seite einer Frau, die an dem leidet, was man eine bipolare Störung nennt; er selbst versteht nicht und kein Arzt kann ihm erklären, was sich während der Wechselphasen ungezügelter Manie und schwerer Depressionen in der Person, die er sehr liebt, tatsächlich abspielt; sie ist ihm unheimlich, und er hat Angst um sie, vor ihr, doch niemals um sich selbst: er bleibt bei ihr und steht zu ihr, er weiß, daß sie ihn braucht.

Beliebig viele solcher Beispiele kann jeder sich vorstellen, die von dem « Heldentum» des Alltags Zeugnis geben. Sie alle haben eins gemeinsam: die Schwierigkeiten, die es durchzustehen gilt, bleiben insofern äußerlich, als sie das innere Gefühl, das Richtige zu tun, im Grunde nur verstärken können. In solcher Lage gibt es keine Zweifel, man braucht keine Instanz zur Vergewisserung und Selbstbestätigung. Anders im Falle eines Tobit. Es kann geschehen, daß äußere Belastungen beginnen, die Gefühle, das Gebaren, den Charakter zu verformen: man hilft einander gern, doch wenn's definitiv zu viel wird? Wenn die Verbundenheit von einst sich nach und nach in Abneigung verwandelt? Unter den Forderungen eines strengen Überich, das den Begriff Verantwortung ins Grenzenlose dehnt, können im Unbewußten Gegenreaktionen von Ärger, Auflehnung und Widersetzlichkeit sich melden. Man möchte für den anderen nur Gutes, doch meint man es noch wirklich gut mit ihm, wenn man ihn irgendwie loswerden möchte? Je hilfloser und überforderter das Ich sich vorkommt, desto unsicherer erscheinen ihm die eigenen Absichten. – Man brauchte – wieder – einen Ort, die Widersprüche auszusprechen und die Ansprüche zu klären, die das Ich verstören. Ein derartiger psychotherapeutischer Prozeß hätte am ehesten etwas gemein mit dem, was man als die Art Gottes, mit uns ins «Gericht» zu gehen, bezeichnen könnte.

Mit dieser Feststellung hat sich die Sicht auf die erhoffte «Auferstehung» allerdings um ein Entscheidendes verändert. Die Frage, wie geschieht Gerechtigkeit, bezieht sich jetzt nicht mehr auf die Erwartung, fremde Schuld zu strafen und eigene Verdienste anerkannt zu finden, sie geht hervor aus einer tiefen Selbstinfragestellung: Man weiß für sich nicht mehr, was richtig ist, was falsch; man weiß nicht mehr, warum man etwas tut und was man wirklich meint; man kennt sich mit sich selber nicht mehr aus. Nur so viel ist ganz klar: niemand ringsum, kein Einzelner, keine Instanz, kann uns «gerecht» beurteilen. Deshalb bedarf es Gottes. Gottes «Gericht» besteht darin, uns absolut die Möglichkeit zu schaffen, daß wir verstehen, wer wir sind und waren. Einzig aus dieser subjektiven Suche nach dem Zusammenhang und Sinn unseres Daseins ergibt sich die Erwartung einer göttlichen Gerechtigkeit in der Bewertung dessen, was wir tun und sind. Was während der paar Jahre hier auf Erden nie gelingen kann, geschieht im Augenblick des Todes: Wir treten der Macht gegenüber, die gewollt hat, daß wir sind, und die auf immer uns im Dasein halten möchte. Allein im Gegenüber dieser unbedingten Seins-Zusage und -Bejahung erwächst die Fähigkeit zu Wahrheit und Wahrhaftigkeit.

Erneut taugt als Modell dafür das Bild des psychotherapeutischen Gesprächs. In jeder Psychotherapie herrscht die Vereinbarung, daß der Klient, gleich, was er sagt, nicht fürchten muß, dafür verurteilt oder abgelehnt zu werden; und einzig diese Zuversicht erlaubt ihm Ehrlichkeit. Gottes «Gericht», seine «Gerechtigkeit» besteht, ganz analog dazu, in der Unendlichkeit solchen Verstehens. Sie ist ein niemals endendes Hineinwachsen in Gottes Güte, ein langsames Erlernen, alle Dinge anzuschaun mit seiner Liebe, ein schrittweises Beseitigen der Urteile und Vorurteile, die wie Barrieren Menschen von einander trennen. Sie ist vor allem ein Zusammenwachsen mit sich selbst. Die tragische Zerrissenheit der Psyche zwischen Überich und Es, zwischen der Haltung des Bewußtseins und der Macht des Unbewußten, zwischen dem Ich und den so widersprüchlichen Erwartungen der Außenwelt findet zu ihrer wesenhaft ersehnten Einheit mit sich selbst, mit allen anderen, mit der gesamten Welt. Denn es ist Gott, dem wir begegnen. «Gerechtigkeit» und «Liebe» hören auf, sich wechselseitig auszuschließen, und treten zueinander in Korrespondenz: es ist nur möglich, der Not eines Menschen vollkommen gerecht zu werden, wenn man ihn auf vollkommene Weise liebt, und vollkommen zu lieben ist nichts anderes als das Bestreben, ganz von innen zu verstehen.

In jedem Falle ist die Art, wie Gott uns «richtet», entsprechend dem Modell der Psychotherapie, identisch damit, daß wir anfangen, uns selber zu begreifen, und die Bedingung dafür ist das Wissen um den absoluten Willen Gottes, uns niemals zu verstoßen.

An dieser Stelle könnte eine theologische Lehrmeinung der Kirche Roms erhellend wirken, wenn sie in ihrer psychologischen Bedeutung recht gewürdigt würde, statt – wiederum – rein äußerlich als positives Dogma aufgefaßt zu werden, – das ist die Vorstellung vom sogenannten *Fegefeuer*. Gerade sie wurde – anders als von MARTIN LUTHER – von CALVIN abgelehnt, weil sie sich biblisch nicht begründen läßt[85]

85 Daß die Seelen der Verstorbenen eine Chance der Läuterung von ihren Fehlern durch Einsicht und Reue haben, lehrte bereits SOKRATES; vgl. PLATON: Phaidon, XII–XIII, in: Sokrates im Gespräch, S. 66–70. Möglicherweise wurde die Vorstellung vom Fegefeuer Ende des 12. Jhs. von Pariser Intellektuellen an der Kathedralschule von Notre Dame systematisiert, – auch um gesellschaftlich einen «dritten Stand» zu schaffen zugunsten von bis dahin verfemten Berufen, wie denen des Kaufmanns und des Geldverleihers. Als treibende Kraft zur Durchsetzung der Fegfeuer-Lehre erwies sich Papst *Innozenz III.* (1198–1216). Entscheidend wurde jetzt die Mitwirkung der streitenden Kirche, der «ecclesia militans», die der leidenden Kirche, der «ecclesia patiens», dazu verhelfen sollte, in die triumphierende Kirche, die «ecclesia triumphans» aufgenommen zu werden. «Der Begriff der *ecclesia militans*, der in der Kreuzzugsideologie wurzelt ..., gab Innozenz die Möglichkeit, dem Laien erstmals seinen festen Platz innerhalb der kirchlichen Hierarchie zuzuweisen und über die Strukturen der streitenden Kirche vermehrt auch auf den weltlichen Bereich Einfluß zu nehmen. Gegenüber der ‹horizontalen› trifunktionalen Ordnung der Beter, Streiter und Arbeiter folgt die Kirche nun, gemäß einem zweiten ternären Ordnungsschema, das sich auf Gregor den Großen (sc. 590–604, d. V.) berufen konnte, einer vertikalen, zum Heil strebenden Ordnung, bei der die Menschen entsprechend ihrer bereits erfolgten Ablösung von allem Irdischen in die drei Heilsstände der Prälaten, d. h. der Leiter der Kirche, der Enthaltsamen (Ordensgeistlichkeit) und der Verheirateten eingeteilt sind ... Die Laien gehören traditionsgemäß zum untersten Heer der Beginner, die durch Buße den Weg des Heils voranschreiten.» MARTINA WEHRLI-JOHNS: «Tuo daz guote und lâ daz übele», in: Peter Jezler (Hg.): Himmel, Hölle, Fegefeuer, 52. – Verbindlich formuliert wurde die Erbsündenlehre 1274 auf dem 2. Konzil von Lyon, das wesentlich der Union mit den Griechen dienen sollte, die *Gregor X.* (1271–1276) zur Anerkennung auch des päpstlichen Primates und des «filioque» in der Trinitätslehre nötigte. Vgl. HUBERT JEDIN: Kleine Konziliengeschichte, 54. DENZINGER – SCHÖNMETZER: Enchiridion Symbolorum, Nr. 856; vgl. auch das 1. Konzil von Lyon 1245, a. a. O., Nr. 838 – Vor allem der Einfluß kaufmännischen Denkens führte über die Bettelorden (Dominikaner, Franziskaner) als die eigentlichen Spezialisten des Todes zu einer völlig neuen Rechtfertigungslehre durch materiell zu erbringende Leistungen, und das eigentlich war es, was MARTIN LUTHER 1517 in den Ablaßthesen angriff, in denen er die Fegefeuer-Lehre selber nicht leugnete. Vgl. MARTIN LUTHER: Ablaßthesen, in: Luther Deutsch, II 50: «11. Die Lehre, daß man kirchliche Bußstrafen in Strafen des Fegefeuers umwandeln könne, ist ein Unkraut, das augenscheinlich gesät wurde, als die Bischöfe schliefen (vgl. Matth. 13,25 ff.). ... 16. Zwischen der Hölle, dem Fegefeuer und dem Himmel besteht of-

und weil sie wesentlich dazu verwendet wurde, den Menschen vor Gott Angst zu machen: aus ihrer Strafangst preßte man das Geld zum Bau des Petersdomes, mit dem die Kirche Roms in Pracht und Macht sich selbst als göttlich zu repräsentieren suchte, sowie auch zur Begleichung all der Schulden, die Kurfürst *Albrecht von Brandenburg* 1514 bei den Fuggern aufgenommen hatte, um das Episkopat zu Mainz sich zu erkaufen.

fenbar derselbe Unterschied wie zwischen Verzweifeln, fast Verzweifeln und seines Heiles sicher sein ... 18. Es scheint weder durch Vernunft noch durch Schriftgründe erwiesen, daß sie (sc. die Seelen im Fegefeuer, d. V.) sich außerhalb des Zustandes befinden, wo man an Verdiensten oder (göttlicher) Liebe vermehrt Anteil bekommen kann.» – In der Auslegung von Ps 6 schreibt LUTHER: Die sieben Bußpsalmen, in: Luther Deutsch, V 113: «Allen leidenden Menschen ist die Zeit lang, und umgekehrt den fröhlichen kurz. Besonders lang aber und unermeßlich ist sie denen, die diesen inwendigen Schmerz der Seele haben, da (man sich) von Gott verlassen fühlt, als habe er sich von uns losgesagt, wie man wohl sagt, daß eine Stunde des Fegefeuers bitterer sei, als tausend Jahre zeitlicher, leiblicher Pein.» LUTHER hat Zeit seines Lebens an der Lehre des Fegefeuers festgehalten, er verlegte die Qual der «armen Seelen» allerdings in ihre mangelnde Heilsgewißheit; im Gegensatz zur römischen Lehre, wonach die Seelen im Fegefeuer bereits wissen, daß sie in den Himmel kommen, schrieb er in der 19. Ablaßthese (Werke, II 51): «Es scheint ... nicht oder zum mindesten nicht für alle diese Seelen erwiesen, daß sie ihrer Seligkeit sicher und gewiß sind, obschon *wir* daran keinen Zweifel hegen.» – Demgegenüber suchte JOHANNES CALVIN: Unterricht in der christlichen Religion, III 5,6–10, S. 436–441, die gesamte Fegefeuer-Lehre als unbiblisch zu erweisen, wobei die Auslegung von 1 Kor 3,12.13.15 im Mittelpunkt steht. Die Tradition dieser Lehre selber knüpfe an die heidnischen Opfergaben für die Toten an, meinte CALVIN, der Rest sei «Unerfahrenheit der Menge» und «unbesonnene Leichtgläubigkeit.» (III 5,10; S. 440) – Zu der mit dem «Fegefeuer» zusammenhängenden Ablaßpraxis meint kritisch einwendend GERHARD EBELING: Dogmatik des christlichen Glaubens, III 462: «An der Gnade kann man sich nicht genügen lassen, weil sie sogar im Tode nicht bedingungslos Gnade ist, sondern dem Menschen gewissermaßen in die Ewigkeit noch etwas nachträgt, was von seinem zeitlichen Leben her unerledigt geblieben ist ... Von Gott ist dafür nichts zu erwarten, sondern nur von den noch Lebenden, die mit ihren Verdiensten die ungewisse Frist verkürzen ... können.» Das ganze ist für ihn ein wirksames Beispiel, «wohin ... Eschatologie gerät, wenn sie nicht streng auf Gott selbst ausgerichtet wird.» (S. 463) Doch gerade vor Gott ist es nötig, alle menschliche Geschichte bis zur Versöhnung hin durchzugehen. – Die Ablaßpraxis Roms suchte KARL RAHNER: Zur heutigen kirchenamtlichen Ablaßlehre, in: Schriften zur Theologie, VIII 502, trotz allem damit zu rechtfertigen, der Ablaß sei «Gebet der Kirche», damit werde «die Gefahr eines Mißverständnisses des Ablasses wesentlich verringert.» Doch bei der «Erlösung» der «armen Seelen» geht es nicht um «Gebet», sondern um Erfahrungen, die als solche trösten können über selbst begangene Schuld. Statt dessen verlegte RAHNER: A. a. O., 509, die Notwendigkeit des Ablasses in die Tilgung der Sündenstrafen durch Gott; das aber bliebe sehr äußerlich; in Wahrheit ist die «Strafe» Gottes einzig die Offenbarung des menschlichen Verhaltens im Lichte seiner Liebe.

Man kann und konnte in der Tat den eigentlich grundgütigen Gedanken gerade der Auffassung vom Fegefeuer schlimmer nicht entstellen als mit dem Ablaßhandel und der Ablaßpraxis, die skandalöserweise bis heute noch in Brauch steht: Mit einer Beichte und mit einer Kommunion zum Beispiel kann man just zum Allerseelentage, am 2. November jedes Jahres, so oft eine Seele aus den Qualen des Fegefeuers erlösen, als man eine Kirche besucht und sechs Vater-unser und Ave-Maria betet, – sooft, soviel, *toties-quoties* heißt auf lateinisch dieser Ablaß. Dahinter steht der «Glaube» Roms, Gottes Gerechtigkeit mit Mitteln selbstgeschaffener Magie manipulieren und wie eine Handelsware portionieren und kommerzialisieren zu können. Absurder, gottloser und seelenloser, kann es in der Tat nicht gehen, als es in dieser Art, die «armen Seelen» aus dem «Purgatorium» (lat.: Fegefeuer) zu erretten, üblich geworden ist. – Jedoch, gerade Ideen von monströser Albernheit erweisen sich, nimmt man ihre Verzerrung fort, in aller Regel groß in ihrer eigentlichen Aussage; und diese ist im Fall der Lehre von dem Fegefeuer nicht zu überhören.

Die eigentliche Lehre nämlich lautet, die «armen Seelen» fänden sich im «Fegefeuer» in einem Zustand vor, in dem sie sicher wüßten, daß der Himmel auf sie warte, sie müßten lediglich die Zeitstrafen für ihre Sünden noch verbüßen. In dieser Form ist allerdings noch immer alles äußerlich gedacht: die göttliche Gerechtigkeit verhängt die allfälligen Strafen, das «Fegefeuer» ist so etwas wie eine überirdische Justizvollzugsanstalt, und was da Buße heißt, besteht in einem Quantum Qual, exakt gleichgroß dem Schaden und dem Schmerz, der schuldhaft anderen im Leben zugefügt ward. Wie aber stellt der gleiche Sachverhalt sich dar, liest man ihn innerlich? – Die «armen Seelen» wissen, daß sie in den «Himmel» kommen? Dann wissen sie vor allem um die Liebe Gottes; sie wissen auch, was eigentlich ihre Bestimmung und ihr Auftrag war; und um so mehr tut es ihnen jetzt leid, zu sehen, wie oft und in welch einem Umfang sie unterhalb ihres Niveaus geblieben sind. Jetzt schämen sie sich für die Angst und für den Kleinmut, die sie hinderten, zu tun, was sie längst als wahr erkannt hatten. Entscheidend aber ist, was wohl für alle echte Reue gilt: Sie trägt den Wunsch in sich, es wäre, was geschehen, nie geschehen; sie drängt dahin, von dem, was war, wie's war, endgültig wegzukommen; sie ist in sich Teil eines Reifungsvorgangs, der die Mängel, Fehleinstellungen und unheimlichen Züge der Persönlichkeit von einst ergänzen, korrigieren und zusammenwachsen läßt. Einzig die

Pein, vom Stand der eigenen Entwicklung heute rückblickend anschauen zu müssen, wie kleinlich und wie eng man damals war, mag sich als die «gerechte Strafe» ausnehmen für das, was an Verkehrtem und an Falschem sich ereignet hat; doch diese Pein ist heilsam, ja, sie wird fühlbar überhaupt nur als ein Wachstumsschmerz der Seele. – So einzig ist die Art, in welcher Gott uns «straft»: er läutert uns durch seine Liebe.

Dann aber ist sogar die Grundidee der unseligen Ablaßwerkerei nicht gänzlich ohne Sinn. Daß jemand seine eigenen Fehler überreift und überliebt, ist ganz gewiß die wichtigste Voraussetzung, um aufzuwachsen in den Zustand vollkommenen Glücks; gleichzeitig aber wächst auch die Sensibilität für all die Schäden, die durch eigenes Handeln angerichtet wurden. Am liebsten würde man natürlich an den Schadstellen jetzt selber Hand anlegen; doch auch dieses Moment gehört zu der tradierten Fegefeuer-Lehre der katholischen Kirche: die «armen Seelen» leiden an den üblen Folgen, die sie bei anderen durch ihr Verhalten hinterlassen haben, aber sie können von sich her in ihrem Zustand durchaus gar nichts mehr dazu beitragen, an dem Bestehenden noch etwas wiedergutzumachen. Dieser ihr Kummer läßt sich nur verringern, wenn andere für sie die Lücken auszufüllen suchen. – Man stelle, um das zu verstehen, sich nur die Lage einer Mutter vor, die miterleben muß, daß ihre eigene Tochter drogensüchtig wird, und die genau begreift, daß sie mit ihren Widersprüchlichkeiten die Hauptursache für all das Unheil darstellt. Jedoch, so sehr sie auch mit ihren Sorgen um die Zukunft ihrer Tochter klagend und anklagend mit Warnungen und Mahnreden auf diese einzuwirken sucht, um wenigstens das Schlimmste zu verhindern, wird sie erleben müssen, daß ausgerechnet sie die letzte ist, die ihrer Tochter helfen kann. Dieses Gefühl der Ohnmacht im Gegenüber eines Menschen, den man zuinnerst vor dem drohenden Verderben, das man selbst verschuldet hat, bewahren möchte, stellt die wohl ärgste Quelle aller Seelenqualen dar. Welch ein Trost aber wäre es für eine solche Frau, wenn sie erleben dürfte, daß ihre Tochter einen Freund gefunden hat, der sie mit seiner Nähe vor dem Drogenmißbrauch schützt, oder auch einen Psychotherapeuten oder auch eine gute Freundin? Andere, wenn sie die Rolle übernehmen, die allzugern die Mutter selber spielen würde, vermöchte sie es nur, leisten mit ihrem guten Tun und Wollen so etwas auch wie einen Ausgleich für all die Mißweisungen und die Mißgeschicke in der Beziehung dieser Frau zu ihrer Tochter; und indem sie das tun, sind sie die wichtigste

Beruhigung und der einzige Trost für diese sonst so unglückliche Mutter. Was immer ihrer Tochter Gutes widerfährt, trägt dazu bei, ein Stückchen weiter ihre «arme Seele» aus dem «Fegefeuer» zu erlösen. Keinerlei Kirchengeldgier und -magie sind da vonnöten, wohl aber eine Menschlichkeit, die weiterwirkt, weil wir als Menschen immerdar verflochten miteinander sind und bleiben, sobald wir uns mit Gottes Augen anzuschauen wagen.

Daraus ergibt sich, recht betrachtet, ein sehr starkes Argument gegen den Glauben an *die Hölle* und gegen jede Form von Höllenfurcht. Ewige Höllenstrafen können nicht gerecht sein, – die Hindus haben recht: endliche Taten ziehen stets endliche Folgen nach sich, nicht unendliche; und dann: es ist kein Gott der Liebe, der imstande wäre, seine Kreaturen ins Unendliche zu quälen. «Gott will das Heil der Menschen», sagt das Dogma. Ja; doch wenn *das* gelten soll, müßte man denken, daß sein «Heilswille», im Fall es eine «Hölle» gebe, an Menschenbosheit scheiterte. Gott wäre dann ebenso hilflos wie wir Menschen, die bei dem Bemühen, einem «armen Teufel» aufzuhelfen (einem Verzweifelten, Betrunkenen, Selbstmordgefährdeten, zum Terrorismus Neigenden, vom Zwang zum «Ehrenmord» Verleiteten ...), erleben müßten, daß wir ihm nicht mehr helfen können. Gott scheiterte an seinen eigenen Geschöpfen! An der Undenkbarkeit solcher Gedanken scheitert im ganzen nicht zuletzt die «mystische» Betrachtungsweise, wonach Gott selbst, als er die Welt erschuf, sich seiner Allmacht an die Eigenmacht der Schöpfungseinrichtung begeben haben sollte, – er hätte, als der «Liebende», absichtlich dann die Grausamkeit in Kauf genommen, daß Menschen ewiger Pein anheimgegeben blieben.

«Gott hat gewollt, daß Menschen frei sind in ihren Entscheidungen, und aus Respekt vor dem, was Menschen sich in Freiheit wählen, gibt Gott sein Ja zur Hölle.» In dieser «Argumentation» besteht die übliche Verteidigung der Höllenlehre[86] und der «Beweis» dafür,

86 So GERHARD LUDWIG MÜLLER: Katholische Dogmatik, 520: «Grund der ewigen Verdammnis ist der eigene, freie Wille.» S. 562–565: «In der Hölle gibt es nicht ungesühnte Schuld. Es fehlt dort nicht an der Gnade und Barmherzigkeit Gottes. Hölle ist viel mehr, und darin besteht das Paradox aller Paradoxe, die von der sich pervertierenden Freiheit nicht angenommene Barmherzigkeit.» (563) «Die Lehre der Kirche beschränkt sich unter dem Maßstab der Soteriologie auf zwei Momente: 1) Der Widerspruch definitiver, im Tod ratifizierter Art gegen die in Christus offenbar gewordene Selbstmitteilung als Liebe und als Ziel des Menschen ist *real möglich*. 2) Wer, wie viele und ob überhaupt Menschen bis in den Tod einen radikalen Widerstand gegen die Liebe durchgetragen haben, entzieht sich unserem Wissen.» (564)

daß man schon ganz zu Recht den großen, gütigen ORIGENES (um 185 – um 254) verurteilt hat für seine Vorstellung von einer *apokatástasis pántōn*, von einer endgültigen Erlösung aller[87]. Kirchlicherseits wird diese These immer wieder vorgetragen, und es lohnt sich, einen Moment lang mit ihr sich auseinanderzusetzen, weil dabei überdeutlich wird, wie eine Theologie aussehen *muß*, die jegliche Psychologie methodisch ausklammert.

«Ein Mensch kann sich in freier Wahl letztlich auch für die Hölle entscheiden.» – Eine solche Aussage ist nur dann möglich, wenn der Begriff der Wahlfreiheit reinweg abstrakt verstanden wird, vollkommen losgelöst von jeglichem begreifbarem Motiv. Welche Antriebe können Menschen dahin bringen, ihr eigenes Unglück selbst zu wollen? Daß es Motive gibt, in edelster Gesinnung nach und nach in einen «Teufel» sich zu wandeln, haben wir (sieh oben S. 105–114) schon gesehen; sie alle aber sind nicht philosophisch abzuleiten, sie lassen sich nur psychologisch nachzeichnen, und *eines* zeigen sie ganz sicher: je näher jemand sich, wie Ahab auf der «Pequod», ins Dämonische versteigt, je mehr er so dem Bilde des «Besessenen» der Bibel gleicht, für desto unfreier, getriebener und ausgelieferter wird er zu gelten haben! Er ist bedürftig der «Erlösung» im ganzen Umfang dieses Wortes. Erst so begreift man, was die Kirchenlehre von der

87 MICHAEL SCHMAUS: Von den letzten Dingen, 638–639, referiert zunächst das Athanasianische Glaubensbekenntnis (DENZINGER – SCHÖNMETZER: Enchiridion Symbolorum, 76), in dem es heißt: «Bei seiner (sc. des Menschensohnes, d. V.) Ankunft werden alle Menschen in ihren Leibern auferstehen und Rechenschaft ablegen über ihre eigenen Handlungen. Diejenigen, welche Gutes getan haben, werden eingehen zum ewigen Leben, die aber Böses getan haben, in das ewig Feuer.» Dann fährt er fort: «Wenn schon in diesen kirchlichen Lehrbestimmungen mit der Tatsache der Hölle zugleich deren Ewigkeit ausgesprochen ist, so wird die letztere von der Versammlung der konstantinopolitanischen Kirchenprovinz im Jahre 543 gegenüber den Anhängern des Origenes noch in besonderer Weise gelehrt: ‹Wer sagt oder glaubt, die Strafe der bösen Geister und der gottlosen Menschen sei nur zeitlich und werde nach einer bestimmten Zeit ein Ende nehmen, und dann komme eine völlige Wiederherstellung der bösen Geister und der gottlosen Menschen, der sei ausgeschlossen.» Vgl. DENZINGER – SCHÖNMETZER: Enchiridion Symbolorum, 411. «Das fünfte Konzil von Konstantinopel vom Jahre 553 gab der Verwerfung der origenistischen Lehre, daß die Hölle einmal ein Ende nehmen werde, allgemeine Geltung für die ganze Kirche.» Vgl. DENZINGER – SCHÖNMETZER: A. a. O., 433, wo ORIGENES als Häretiker auf eine Stufe gestellt wird mit ARIUS, NESTORIUS u.a. Das «Wesen der Hölle» betrachtete SCHMAUS (a. a. O., 654) als «die Auswirkung und die Erfahrung der Todsünde», die er ihrerseits (S. 655) darin sah, daß der Mensch «sich eine nur Gott zukommende Selbständigkeit» anmaße. M.a.W.: In der Lehre von der «Ewigkeit» der «Hölle» verewigt sich lediglich das alte Mißverständnis der Erzählung vom «Sündenfall» in Gen 3,1–7.

«Hölle» eigentlich bezweckt: nachdem die «Sündenlehre» in eine bloße Ethik abgeglitten ist und das vermeintliche «Heilshandeln» Gottes in eine reine Sakramentenmagie umgewandelt wurde, ist das Gebet des Herrn, Gott wolle uns «erlösen von dem Bösen» (Mt 6,13), selber zu einer bloßen Phrase ohne jeden Ernst herabgesunken. – Dabei war das nicht immer so.

Ein alter christlicher Mythos, der sogar im offiziellen Glaubensbekenntnis anklingt, beschwört die Vorstellung herauf, der Christus sei nach seinem Tode und noch vor der Auferstehung, zwischen Karfreitag also und dem Ostermorgen, «hinabgestiegen in die Hölle»[88]; ge-

88 Das Motiv von dem Abstieg in die Unterwelt verweist in die orientalische Mythologie; vgl. CARSTEN COLPE: Griechen – Byzantiner – Semiten – Muslime, 87–88. Im Alten Mesopotamien erzählte man, «wie die Fruchtbarkeitsgöttin Ischtar durch die sieben Tore zur Unterwelt hinabsteigt und bei jedem nach und nach aller Embleme entkleidet wird,» bis sie, im Willen, ihren Geliebten Tammuz zu retten, vor die Königin der Unterwelt, vor Ereschkigal, hintritt. Vgl. JOHN GRAY: Mythologie des Nahen Ostens, 23. ARISTIDES: Apologie, XI 3, in: Frühchristliche Apologeten und Märtyrerakten, I 41, erzählt ein gleiches von Aphrodite: sie habe «über den Tod des Adonis geweint und geklagt und sei zum Hades hinabgestiegen, um Adonis von Persephone, der Gattin des Hades, loszukaufen.» In der griechisch-orientalischen Vorstellung geht es mithin um die Befreiung aus dem Schattenreich des Todes, der «Höllen»abstieg Christi hingegen gilt zwar auch dem Totenreich, doch letztlich der Erlösung aus dem «Ort» der Qual und Pein. – Die einzige Darstellung des Abstiegs Jesu in den Hades findet sich in dem griechisch geschriebenen apokryphen *Nikodemus*-Evangelium, dessen *«Pilatus-Akten»*, Kap. XXIV–XXVI, in: HENNECKE – SCHNEEMELCHER: Neutestamentliche Apokryphen, I 351–352, davon berichten, wie der Satan versucht, die Tore des Hades verschlossen zu halten, doch von Jesus gefangen genommen wird; Adam, Enoch und Elias führt er heraus, mit dem Kreuzzeichen bezeichnet er die «Patriarchen, Propheten, Märtyrer und Vorväter» und steigt «mit ihnen aus der Unterwelt empor.» (Kap. XXIV; S. 352) Auch den reumütigen Schächer am Kreuz (Lk 23,43) holt er aus dem Paradies, wo dieser auf den Heiland warten mußte (Kap. XXV; S. 352). – Wie man sieht, bestehen die Vorstellungen von Hades und Hölle, Paradies und Himmel noch nebeneinander und sind nicht systematisch vereinheitlicht; daß gerade Adam als Vertreter der Menschheit die Sünde allererst selber über alle gebracht hat, müßte folgerichtig *seine* (unverdiente!) Erlösung zur Erlösung der gesamten Menschheit werden lassen; doch dieser einzig konsequente Gedanke des mythischen Bildes wird von dem älteren «Gerechtigkeits»anspruch verdrängt. – GERHARD LUDWIG MÜLLER: Katholische Dogmatik, 305–306, interpretiert den «Abstieg» Jesu in die «Unterwelt» als «heilschaffende Solidarität Jesu mit den Toten»; doch was soll das besagen, außer daß «Jesu Heilstätigkeit und messianisches Geschick … seinen Gang in den Tod» mit umfaßt? Das (mythische) Bild vom Hades-Abstieg wäre dann nichts weiter als eine Chiffre für den physischen Tod. Doch das ist (natürlich) «soteriologisch» zu wenig, vielmehr: «Eine wichtige Stelle … bezeugt, daß Christus aufgrund seines wegen unserer Sünden erlittenen Todes auch zu den Geistern ‹im Gefängnis› gegangen ist, um ihnen das Heil zu verkündigen (1 Petr 3,19 f.).» Diese in der Tat wichtige Aussage aber wird von ihm vertan, wenn er weiter schreibt: «Jesus hat demnach die

folgert wurde dies aus Stellen wie dem *Epheser*-Brief (4,9–10), wonach Jesus vor seiner Auffahrt zum Himmel «hinabgefahren ist in die Tiefen der Erde». Gedeutet wird die «Unterwelt» zumeist freilich als jener Ort, an dem jemand wie Lazarus im Gleichnis Jesu (Lk 16,19–31) im «Schoße Abrahams» verweilt, während der reiche Prasser sich in der «Hölle» als dem Ort der Qual befindet[89]; Jesus, so lehrt die Kirche deshalb, sei bei dem Abstieg in die Unterwelt nur an den Ort gegangen, an dem die Seelen der Gerechten, die vor der Ankunft des Erlösers lebten, auf die Befreiung aus dem Hades warteten; ausdrücklich wird die Lehrmeinung verurteilt, es habe Jesus mit dem Abstieg in die Unterwelt «die Hölle der Verdammung» enden und die «Verdammten» retten wollen.

Doch diese Auffassung verstößt gegen den ursprünglichen Sinn des Bilds vom Höllenabstieg, wie es zum Beispiel auf einer griechischen Ikone vom Berge Athos in Karjes, aus dem 16. Jh., abgebildet ist (Tafel 7)[90]: Da sieht man Jesus, wie er den Abgrund zwischen Leben

Gerechten der Vorzeit mit Hilfe seiner Predigt zum Heil der Gottesherrschaft geführt.» Wieso nur die «Gerechten»? – Der Hades-Abstieg findet sich in den Bekenntnisformeln bei DENZINGER – SCHÖNMETZER: Enchiridion Symbolorum, Nr. 16; 30; 76. Verworfen aber wird im Jahre 745 die Lehre des Priesters *Clemens*, der Hinabstieg Jesu in die Unterwelt habe beabsichtigt, «alle, die der Höllenkerker gefangen hielt, von dort zu befreien, Gläubige wie Ungläubige, die Verehrer Gottes ebenso wie die Götzenanbeter.» A. a. O., Nr. 587.

89 Zur Stelle vgl. E. DREWERMANN: Das Lukas-Evangelium, II 311–336, S. 326–328, Anm. 23–28.

90 Griechische Ikone aus dem Kloster Karjes auf dem Athos. – Vgl. auch die Hades-Fahrt Christi des *Meisters von St. Laurenz* auf einem Passionsaltar um 1425–1439, Wallraf-Richartz-Museum, Köln (WRM 27); MARIANNE BALTENSPERGER: Hades-Fahrt Christi, in: Peter Jezler (Hg.): Himmel, Hölle, Fegefeuer, 354, grenzt die Erlösung durch den Hades-Abstieg in Übereinstimmung mit den *Pilatus-Akten* (s.o. Anm. 88) allerdings auf die «vor ihm (sc. Jesus, d. V.) verstorbenen Gerechten» ein. – Ganz im Gegenteil dazu interpretierte LADISLAUS BOROS: Mysterium Mortis, 158–159, die «Höllenfahrt» Christi als «Endentscheidung» über das Schicksal des ganzen Kosmos: «So würde der ‹Abstieg Christi zu den Niederungen der Erde› nicht nur als ein erlösendes Wirken Christi für die geretteten Menschen der vorchristlichen Zeit aufgefaßt, sondern als das Schaffen einer neuen Heilssituation für die ganze Menschheit, ja als Umformung der Weltentwicklung von ihrem innersten Grund her gedeutet ... Der Kosmos in seiner Ganzheit wäre dadurch zum leibhaften Organ der Menschlichkeit Christi geworden, zur Instrumentalursache der göttlichen Wirksamkeit für jedes Wesen, das zu diesem Kosmos leibhaft gehört. Wenn die menschliche Wirklichkeit Christi ... im Tod dem Weltgrund der alle Weltlichkeit wurzelhaft vereinigenden, hintergründigen Tiefenschicht des Universums eingestiftet wurde, dann wurde er zugleich in seiner leibhaften Menschheit zum realontologischen Grund einer neuen Gesamtsituation für das ganze menschliche Geschlecht.» «Mit dem Tode Christi trat ..., wenn man die Höllenfahrt aus der Perspektive der

und Tod auf der Brücke des eigenen Kreuzes überschreitet und die Verstorbenen aus ihren Gräbern auferweckt, an ihrer Spitze Adam und Eva, die «Stammeltern», die durch ihre «Sünde» die Strafe der Sterblichkeit über alle Menschen gebracht haben; wenn Jesus diese bei der Hand nimmt, um sie aus der Dunkelheit heraufzuführen in die golden schimmernde Sphäre des Göttlichen, so offenbart sich in dieser Darstellung die Rettung der gesamten Menschheit, und zwar voraussetzungslos: nirgends ist je die Kunde gegangen, die «ersten» Menschen hätten von sich her nach ihrer Verbannung aus dem Paradies ihre «Sünde», vom Baum der Erkenntnis gegessen zu haben, durch persönliche Opfer- und Bußrituale «gesühnt»; im Gegenteil: als ihre Kinder, Kain und Abel, gerade das versuchten, indem sie die Erträge ihrer Arbeit der versöhnungsbedürftig erscheinenden Gottheit zur Spende darbrachten, ermordete eifersüchtig der eine den anderen, wie um zu demonstrieren, daß es eine Selbsterlösung aus der «Hölle» von Angst und Verzweiflung beim besten Willen nicht gibt. Wie man Tobit «erlöst», hat die Legende gezeigt: indem man, geführt durch den «Engel» Raphael (hebr: Gott heilt), die Dämonie der Angst vor der Liebe verliert; wie man sie alle heilt, die Verlorenen und Verworfenen, die vom Wege Abgekommenen und Verkommenen, die lebendig Toten und die als Tote Lebenden, wie jenen Mann in den Gräbern von Gerasa, das weiß nur Gott, das vermag nur Gott; wir aber dürfen glauben, daß Gott gerade das beabsichtigt und daß er dabei ganz sicher nicht scheitern wird. Der «Respekt» vor der menschlichen Freiheit jedenfalls wird ihn nicht hindern, besteht die «Erlösung» doch gerade darin, den Menschen die Freiheit zurückzugeben, die in den Zwängen der Angst und Verzweiflung unterzugehen drohte.

Mithin: es gibt keine «Hölle», es gibt nur einen Läuterungsweg der Liebe, als ein «Fegefeuer» für jeden, durch das er in leidvoller Einsicht im Anblick der Güte, die Gott ist, zu sich selber heranreift und darin zu allen in jener Gemeinschaft, die man die Gottesstadt (Apk 21,2) oder den Himmel (Apk 21,1) nennt.

Wie, umgekehrt, man Menschen in die «Hölle» treiben kann,

Endentscheidungshypothese betrachtet, die ganze Welt in einen kosmischen Frühling ein, dessen Erntezeit die herrliche Neugestaltung unseres Universums am Ende der Zeit sein wird ... In jenem Moment erreicht die Bewegung von Jahrmilliarden ... ihr Ziel.» Wie TEILHARD, wie RAHNER, versuchte auch BOROS, die mythischen Bilder menschlicher Hoffnung als Seinsaussagen über die Zukunft der Welt und als geoffenbarte Selbstaussagen Gottes zu verstehen.

indem man freundlich-kalt sie dazu bringt, fast stolz sich die begangenen Verbrechen zuzugeben, ohne sie aufzufangen durch ein tieferes Verstehen aus Gnade, hat – noch einmal – der Schweizer Autor FRIEDRICH DÜRRENMATT im Jahre 1955 mit der Erzählung «Die Panne» gezeigt. Wir lebten, meinte DÜRRENMATT schon damals, in einer Welt, in der das «Schicksal ... die Bühne verlassen» hat und alles zum Unfall» wird. «Selbst der Krieg wird abhängig davon, ob die Elektronen-Hirne sein Rentieren voraussagen ... So droht kein Gott mehr, keine Gerechtigkeit»[91]; es gibt nur noch Unfälle, Deichbrüche, Explosionen, Pannen, und so wäre es schon viel wert, sich eine Geschichte vorzustellen, in welcher «gerechterweise» Selbsterkenntnis zum Schicksal wird.

Die Geschichte der «Panne» erzählt von Alfredo Traps, der vor zehn Jahren noch ein kleiner Hausierer war, dann aber, nach dem Tode seines Vorgesetzten Gygax, zum Textilien-Generalvertreter der Firma «Hephaiston» aufgestiegen ist. Aus kleinen Verhältnissen stammend hat er sich mit Zähigkeit, Fleiß und Ehrgeiz emporgearbeitet im Schatten eines freudlosen Proletariers von Vater, der «den Irrlehren von Marx und Engels verfallen» war[92] und sich um sein Kind kaum je hatte kümmern können. Alfredo Traps ist ein Selfmademan, der freilich begriffen hat, daß es hart zugeht «im Geschäftsleben, wie du mir, so ich dir, wer da ein Gentleman sein will, ... kommt um. Ich,» sagt er, «verdiene Geld wie Heu, doch ich schufte auch wie zehn Elefanten, jeden Tag spule ich meine sechshundert Kilometer mit meinem Studebaker herunter.»[93] Bloßer Fleiß freilich hätte ihn nicht an die Spitze gebracht; das ging nur, indem er den herzkranken Gygax beiseite räumte, nicht mit Messer, Gift oder Pistole, – feiner, harmloser, unverdächtiger, kein Fall für die Justiz mit ihren üblichen Methoden der Spurensicherung und Anklageerhebung.

Man muß wissen, daß Alfredo Traps ein durchaus «einfacher Mensch» war, «ohne allzu große Denkkraft und Neigung zu dieser Tätigkeit, ein Geschäftsmann, gewitzt, wenn es sein mußte, der in seiner Branche aufs Ganze ging, daneben gerne gut aß und trank, mit einer Neigung zu handfesten Späßen.»[94] Was er getan hat, hatte im eigentlichen Sinne sein Gewissen nie beschwert, er fühlte sich im Gegenteil durch den Erfolg bestätigt, ja, entsprechend den Usancen des

91 FRIEDRICH DÜRRENMATT: Die Panne, in: Werkausgabe, Bd. 21, S. 35–94.
92 A. a. O., 53.
93 A. a. O., 56.
94 A. a. O., 47.

Geschäftslebens im Recht; er kam sich vor wie der Gewinner bei einem Duell, das sich nicht länger mehr hatte vermeiden lassen. Das eigentlich Verbrecherische seines Handelns, die Tatsache, daß er, seit einem Jahr ein angesehener, allseits geschätzter Ehrenmann, in Wirklichkeit ein Mörder ist, wird ihm selbst erst bewußt in einem Kreis von ehemaligen Juristen, die, nur zum Spaß, als Strafverteidiger und Anwalt, als Richter und als Scharfrichter im Ruhestand ihrem Beruf noch immer nachgehen, indem sie historische Prozesse nachstellen oder aber auch unbeachtet gebliebenen Delikten auf die Spur zu kommen suchen.

In diesen erlauchten Kreis von ebenso eß- wie unterhaltungssüchtigen Greisen gerät an einem Abend Traps, als unversehens sein «Studebaker» mit einer Panne liegen bleibt; und er ist gern bereit, sich für einige Stunden an dem Gerichtsspiel dieser nett wirkenden Alten zu beteiligen, das ganz «vom unnötigen Wust der Formeln, Protokolle, Schreibereien, Gesetze und was sonst noch für Kram unsere Gerichtssäle belastet, befreit» ist[95]. Unbehaglich wird ihm erst bei der Anklageerhebung, die auf Mord lautet, – ein Vorwurf, den er anfangs noch empört zurückweist, dann aber, zu fortgeschrittener Stunde, in geradezu freudiger Erregung aufgreift, denn alles hat sich ganz genau so zugetragen, wie der Staatsanwalt es darstellt: Gygax nämlich verstarb, wie Traps selber erklärt, «an einem Herzinfarkt, und es war nicht einmal der erste, den er erlitt. Schon Jahre vorher erwischte es ihn, er mußte aufpassen. Wenn er nach außen auch den gesunden Mann spielte, bei jeder Aufregung war zu befürchten, daß er sich wiederhole.»[96]

Zu einer solch tödlichen Aufregung aber kam es, als sich «nicht einmal eine Verführung», nur einfach eine «Gelegenheit» für Traps ergab[97], ein Verhältnis mit Frau Gygax anzufangen. Er hatte sie rein zufällig in ihrer Wohnung angetroffen, und sie, im Bademantel, hatte ihn zu einem Aperitif hereingebeten. «Sie war allein und langweilte sich, dachte an nichts Besonderes, war froh, mit jemandem zu sprechen, die Wohnung angenehm warm, und unter dem Bademantel mit den bunten Blumen trug sie nur das Nachthemd, und als Traps neben ihr saß und ihren weißen Hals sah, den Ansatz ihrer Brust, und als sie plauderte, böse über ihren Mann, enttäuscht ..., begriff er erst, daß

95 A. a. O., 58.
96 A. a. O. 65–66.
97 A. a. O., 80.

er hier ansetzen müsse, als er schon angesetzt hatte, und dann erfuhr er bald alles über Gygax, wie bedenklich es mit seiner Gesundheit stehe, wie jede große Aufregung ihn töten könne, sein Alter, wie grob und böse er mit seiner Frau sei und wie felsenfest überzeugt von ihrer Treue, denn von einer Frau, die sich an ihrem Mann rächen will, erfährt man alles, und so fuhr er fort mit dem Verhältnis, denn nun war es eben seine Absicht, denn nun ging es ihm darum, seinen Chef mit allen Mitteln zu ruinieren, komme was da wolle, und so kam denn der Augenblick, wo er alles in der Hand hatte, Geschäftspartner, Lieferanten, die weiße, mollige, nackte Frau in den Nächten, und so zog er die Schlinge zu, beschwor den Skandal herauf.»[98]

So wie in diesem langen Satz sich eins ans andere reiht, nicht eigentlich aus dem bereits Erzählten folgt, doch jeweils darauf folgt, ergibt sich Gygaxens Ermordung aus einer Serie von lauter Zufällen, Gelegenheiten, Arrangements, Einwilligungen und Einfällen, bis hin zum «böswilligen Vorsatz», zum «*dolo malo*», bei dem «die Gattin nur ein Werkzeug», «die galante Mordwaffe sozusagen»[99], für einen rein psychologisch begangenen Mord wird: Es genügt, eines Abends in einem Restaurant bei fortgeschrittener Stimmung, vertraulich, versteht sich, einem Geschäftsfreund von dem Ehebruch zu berichten; denn wie zu erwarten, eilt dieser Stunden später schon zu seinem Chef, um «aus Pflichtgefühl, Freundschaft und innerem Anstand den Bedauernswerten aufzuklären.»[100] Und diesem, der stets «der Meinung gewesen war, eine zu außergewöhnliche Erscheinung zu sein und ein zu exzeptionelles Mannsbild, um bei seiner Gattin auch nur den Gedanken an einen Ehebruch hochkommen zu lassen»[101], versetzt die gänzlich unverhoffte Mitteilung den Todesstoß.

Als Traps im Kreis seiner launigen Gerichtsfreunde so unverblümt die Wahrheit über sich erfährt, gesteht er selber ein, daß es ein übler Streich war, den er dem alten Gygax da gespielt hat. «Ich,» erklärt er, «habe mich zwar bis jetzt eigentlich geschämt, dies zu tun, wer ist sich gern über sich selber im klaren, ganz saubere Wäsche hat ja keiner, doch unter so verständnisvollen Freunden wird die Scham etwas Lächerliches, Unnötiges. Merkwürdig! Ich fühle mich verstanden und beginne auch mich zu verstehen, als mache ich mit einem Menschen Bekanntschaft, der ich selber bin, den ich vorher nur von ungefähr

98 A. a. O., 80–81.
99 A. a. O., 84.
100 A. a. O., 81.
101 A. a. O., 75.

kannte als einen Generalvertreter in einem Studebaker, mit Frau und Kind irgendwo.»[102]

Alles im Kreis dieser leutselig und freundlich wirkenden Justizpensionäre erscheint Traps wie eine Aufforderung, jegliche Scheu zu verlieren und rückhaltlos ehrlich zu sein, und das ist er auch. « ... er genoß es, in der verständnisvollen Gesellschaft wahr, sich selber zu sein, kein Geheimnis mehr zu haben, weil keines mehr nötig war, gewürdigt zu sein, verehrt, geliebt, verstanden, und der Gedanke, einen Mord begangen zu haben, überzeugte ihn immer mehr, rührte ihn, verwandelte sein Leben, machte es schwieriger, heldischer, kostbarer. Er begeisterte ihn geradezu. Er hatte den Mord geplant und ausgeführt – stellte er sich nun vor –, um vorwärtszukommen, aber dies nicht eigentlich beruflich ..., sondern ... um ein wesentlicher, ein tieferer Mensch zu werden ..., würdig der Verehrung, der Liebe von gelehrten, studierten Männern, die ihm nun ... wie jene urweltlichen Magier vorkamen, ... die ... nicht nur das Geheimnis der Sterne, sondern mehr, auch das Geheimnis der Justiz kannten ..., welche er in seinem Textilbranchenleben nur als eine abstrakte Schikane gekannt hatte und die nun wie eine ungeheure, unbegreifliche Sonne über seinem beschränkten Horizont stieg, als eine nicht ganz begriffene Idee, die ihn darum um so mächtiger erschauern, erbeben ließ.»[103]

Was aber für ein Urteil steht auf solches Tun? Ist Alfredo Traps, dieser Durchschnittsmensch, wirklich fähig «zur großen, reinen, stolzen Schuld, zur entschlossenen Tat, zum eindeutigen Verbrechen»[104]? Der Verteidiger sieht in ihm eher «ein Opfer der Epoche, des Abendlandes, der Zivilisation, die, ach, den Glauben (immer wolkiger werdend), das Christentum, das Allgemeine mehr und mehr verloren habe, chaotisch sei, so daß dem Einzelnen kein Leitstern blinke, Verwirrung, Verwilderung als Resultat auftrete, Faustrecht und Fehlen einer wahren Sittlichkeit.»[105] Und sind nicht überhaupt in der Anklage unzulässigerweise verschiedene Zufälle zu einer willkürlich konstruierten Absicht verknüpft worden? Doch da Traps in einem geradewegs hochgestimmten Selbstgefühl es förmlich als seine Würde begreift, eine wirkliche Schuldtat begangen, einen veritablen Mord auf sich geladen zu haben, bleibt dem Richter nur erfreut noch fest-

102 A. a. O., 79.
103 A. a. O., 85–86.
104 A. a. O., 87.
105 A. a. O., 87.

zustellen, daß der Angeklagte «freilich nicht aus teuflischem Vorsatz» getötet habe, «sondern allein dadurch, daß er sich die Gedankenlosigkeit der Welt zu eigen gemacht habe, in der er als Generalvertreter des Hephaiston-Kunststoffes nun einmal lebe. Er habe getötet, weil es ihm das Natürlichste sei, jemanden an die Wand zu drücken, rücksichtslos vorzugehen, geschehe, was da wolle.»[106] Doch jetzt, im hellen Strahl der Gerechtigkeit, werde es offenbar: «Was beim Bürger, beim Durchschnittsmenschen als Zufall in Erscheinung trete, bei einem Unfall, oder als bloße Notwendigkeit der Natur, als Krankheit, als Verstopfung eines Blutgefäßes durch einen Embolus, als ein malignes Gewächs, trete hier als notwendiges, moralisches Resultat auf, erst hier vollende sich das Leben folgerichtig im Sinne eines Kunstwerkes, werde die menschliche Tragödie sichtbar, leuchte sie auf, nehme eine makellose Gestalt an», und so werde er erst jetzt, denn «die Würde des Menschen verlange keine Gnade», zum Tode verurteilt. Mit diesem «Ritterschlag der Gerechtigkeit» sei Traps recht eigentlich «ebenbürtig und würdig geworden, in ihr Kollegium als ein Meisterspieler aufgenommen zu werden.»[107]

Für das vergnügliche Justizkollegium ist damit der abendliche Gerechtigkeitsjokus erfolgreich beendet, alle begeben sich alkoholbeschwert in den Schlummer; doch am anderen Morgen finden sie zu ihrem Entsetzen ihren neuen Freund Traps erhängt vor, – ihm ward, was ihnen nur Spaß war, bitterer Ernst. Justitia ist nicht die Muse tragischer Dichtkunst, sie ist eine Macht des wirklichen Lebens, und das gerade ist es, was DÜRRENMATTS Lehrstück verdeutlicht: das Ideal der Gerechtigkeit wirkt derart altmodisch in unseren Tagen, daß es nur noch zu gewissen genüßlichen Stunden bei einem Kameradschaftsabend emeritierter Justizbeamter gereicht; einzig in einer solchen *Fun*-Form scheint es noch vermittelbar; doch eben: wer nur Gerechtigkeit spielt mit dem Mörder, wird an ihm selber zum Mörder. Die subtile Architektur des Vorgehens, mit welcher Traps seinen Chef in den Tod trieb, wird unvergleichlich virtuoser und reflektierter gehandhabt von jenen ausrangierten Staatsdienern, die mit ihrem gesellschaftlichen Charme den bisher unentdeckten Delinquenten dazu anleiten, sich wie mit Stolz zu dem begangenen Verbrechen zu bekennen. Tatsächlich gewönne das Leben allererst seine moralische Größe zurück, wenn es die Kategorie der Schuld wiederfände, verbunden mit der Befähigung zur Einsicht und zum Eingeständnis,

106 A. a. O., 90.
107 A. a. O., 92.

doch zeigt sich, daß im Rahmen einer bloßen Spaßgesellschaft die Göttin der Gerechtigkeit selbst mörderische, ja, selbstmörderische Züge trägt. Das zynische, frivole Spiel der Wahrheitssuche ist in sich selber tödlich, da es vielleicht so etwas wie naßforsche Kumpanei, doch keine Güte kennt.

Fast 100 Jahre früher, im Jahre 1850, hat der amerikanische Dichter NATHANIEL HAWTHORNE in seinem weltberühmten Roman «Der scharlachrote Buchstabe» das Thema um Schuld und Sühne in ähnlicher Weise, und doch gänzlich gegenläufig, dargestellt. Die Geschichte spielt im puritanischen Salem an der Ostküste Neuenglands, und in ihrer Mitte steht die außerehelich schwanger gewordene Hester Prynne. Man hat sie zur Strafe verurteilt, als Zeichen ihrer Schande auf ihrer Brust ein rotes A (für engl.: adulteress – Ehebrecherin) zu tragen; sie aber bewahrt sich an der Seite ihres Kindes, der kecken, lebenslustigen Pearl, als Mutter und Frau eine ungebrochene Persönlichkeit. Ihr Gatte, Roger Chillingworth, hingegen wird zerfressen von Rachsucht und umschleicht den im Ort hochangesehenen Pastor Arthur Dimmesdale, den er in Verdacht hat, der Vater des Kindes zu sein. Mit dieser seiner Vermutung hat er recht, doch schlimmer als jenes Vergehen, das er zu ahnden sucht, ist die Schuld, die er haßerfüllt selbst auf sich lädt, indem er als Arzt das Vertrauen des herzkranken Pastors zu gewinnen sucht. Was wie eine Therapie wirken könnte, verwandelt in seinen Händen sich in ein immer enger werdendes Netz von Schuldgefühlen, an denen der Pfarrer schließlich erstickt. Offen gesteht er von der Kanzel herab der ganzen Gemeinde die begangene Schuld, doch darüber bricht ihm das Herz. Sein öffentliches Geständnis befreit ihn nicht, wie Chillingworth ihm in Aussicht gestellt hat, es bringt ihn um, wie insgeheim auch beabsichtigt. Dabei hat der Pfarrer vollkommen richtig im Gespräch mit dem Arzt den absoluten Unterschied hervorgehoben zwischen einem Geständnis, das abgepreßt wird durch unerträgliche Angst, und einem Bekenntnis, bei dem die Seele sich wirklich erleichtert in einem neu gefundenen Vertrauen, – nur in der letzteren Art begegnet man Gott. «Es gibt», erklärt er seinem Verfolger im Gewand eines ärztlichen Freundes und Helfers, «... keine Macht außer der göttlichen Gnade, die mit Worten, Zeichen oder Sinnbildern die mit einem menschlichen Herzen begrabenen Geheimnisse zu enthüllen ... (sc. vermöchte, d. V.). Das Herz, das sich selbst solcher Geheimnisse (sc. wie von Chillingworth vermutet, d. V.) schuldig macht, muß sie bis zu dem Tage bewahren, an dem alles Verborgene offenbar wird. Auch habe ich die Heilige Schrift nie so gelesen oder ausgelegt, daß die Offenbarung menschlicher Gedanken oder Taten, die dann stattfinden soll, als ein Teil der Vergeltung anzusehen ist. Das wäre sicherlich eine oberflächliche Anschauung. Nein, diese Offenbarung soll, wenn ich mich nicht irre, nur dazu dienen, allen denkenden Wesen eine geistige Befriedigung zu verschaffen, wenn sie an dem Tage dastehen und darauf warten, daß ihnen das dunkle Rätsel dieses Lebens gelöst werde. Eine Kenntnis des menschlichen Herzens wird für die vollständige Lösung dieses Rätsels notwendig sein. Und darüber hinaus bin ich der Meinung, daß solche Herzen, die so unselige Geheimnisse bergen wie die, von denen Ihr sprecht, sie an diesem jüngsten Tage nicht mit Widerstreben, sondern mit unaussprechlicher Freude preisgeben werden.»[108]

Dieses Bekenntnis in Freude ist das genaue Gegenteil zu jenem euphorischen Stolz, mit dem ein Alfredo Traps seinen Richtern in die Falle tappt; es ist ein Zu-sich-selber-Kommen in dem Vertrauen, mit gütigen Augen betrachtet zu werden. War denn, was Hester und Arthur getan, tatsächlich ein solches Verbrechen? «Was wir taten», sagt Hester zu ihrem nach wie vor Geliebten, «hatte seine eigene

108 NATHANIEL HAWTHORNE: Der scharlachrote Buchstabe, 209–210. – So verstanden, ist das «Gericht» ein allmähliches Hineinreifen in der Liebe und in die Liebe Gottes. Entsprechend schreibt in diesem Sinne FRANZ-JOSEF NOCKE: Eschatologie, in: Theodor Schneider (Hg.): Handbuch der Dogmatik, II 463: «Im Grunde hat sich der Mensch schon selbst gerichtet durch seine Lebenspraxis; in der Begegnung mit dem, der die Wahrheit ist, kommt die Wahrheit seines Lebens nur ans Licht. Deshalb spricht man auch vom ‹Selbstgericht› ... im Gegenüber zu Christus wird dem Menschen klar, was in ihm ist ... ‹Strafe› wird hier nicht als von außen verhängte, durch eine äußere Instanz festgesetzte und zugefügte Bestrafung verstanden (nach dem Vorbild innerweltliche Justiz), sondern als leidenschaffende Folge der Sünde selbst, als Schmerz, der sich aus der Natur der Handlung ergibt, letztlich als die unglücklich machende Ichverkrampfung, die aus der Verweigerung der Liebe kommt.» Doch wie ist es möglich, Liebe zu verweigern? Die Psychologie der Angst, die eine solche Haltung verständlich machen könnte, wird auch hier leider nicht integriert, und so meint NOCKE: A. a. O., II 471, es gehöre «die Möglichkeit endgültigen Scheiterns in eine christliche Eschatologie», «als endgültiges Nichtgelingen des Lebens, als Ausgeschlossensein von der Kommunikation mit Gott und mit allen Geschöpfen.» Und weiter: A. a. O., II 472: «Der Christ hofft auf die Rettung und das Heil aller Menschen, aber er muß gleichzeitig ... mit der realen Möglichkeit des Scheiterns rechnen.» Natürlich, doch «Hölle» ist nicht die «Möglichkeit des Scheiterns», sondern die Realität eines endgültigen Gescheitertseins unter den Augen Gottes. Das Mißverständnis in allem wird sichtbar, wenn es (II 473) heißt, man nähme bei Verzicht auf die Lehre von der Hölle «der irdischen Existenz ihren ethischen Ernst.» Es geht nicht um «Ethik», es geht um «Verzweiflung» in KIERKEGAARDschem Sinne.

Weihe. Wir empfanden es so. Wir haben es einander gesagt. Hast du es vergessen?»[109] Das hat der Pfarrer trotz aller Skrupel eigentlich nicht, und es könnte darin ein Neuanfang liegen, der die bigotte Prüderie der strenggläubigen Puritaner insgesamt aufsprengen würde, doch dahin kommt es nicht und kann es auch nicht kommen, solange der betrogene Ehemann über seine Verletzung nicht hinwegkommt. –

Als SOKRATES im Jahre 399 v. Chr. im Gefängnis von Athen sich im Kreis seiner Jünger auf seinen Tod vorbereitete, besprach er, nach der Darstellung PLATONS im Dialog «Phaidon», mit ihnen die mythischen Vorstellungen über das, was die Verstorbenen im Jenseits erwarte; da werde es eine Läuterung geben für diejenigen, die «ihr Leben schlecht und recht durchlaufen haben,» und eine Belohnung «für gute Taten nach Verdienst.»[110] Zwar erwähnt SOKRATES auch die Möglichkeit, daß bei manchen eine «Heilung ob der Größe ihrer Frevel ausgeschlossen ist,»[111] bei anderen aber, die als Mörder in die Strömung des Kokytos oder als «Frevler» gegen Vater oder Mutter in den Pyriphlegéthōn getragen würden, komme es darauf an, ob sie mit ihrem Flehen um Erlösung Erhörung fänden; denn solange würden sie zum Tartaros hinabgerissen, bis «sie bei ihren einstigen Opfern Gnade finden.»[112] – Es ist ein Gedanke, der als Schlüssel zum Verständnis auch der christlichen Vorstellung vom «Himmel» zu dienen vermag, weist er doch darauf hin, daß Menschen glücklich für immer einzig zu sein vermögen, wenn nicht nur alles, was sie an Bösem getan, von ihnen selbst überreift wird, sondern wenn auch die Folgen des Schadens, den sie anderen zugefügt haben, von diesen überwunden worden sind.

Das «Fegefeuer» endet erst dann, wenn man sieht, wie die Menschen, die unter den eigenen Fehlern zu leiden hatten, die nötige Hilfe erfahren, sie aufzuarbeiten; diese wichtige Feststellung erweitert sich durch die Bemerkung des SOKRATES um einen entscheidenden Gesichtspunkt: zum «Himmel» gehört die Gnade der Vergebung. Daß Gott uns vergibt, darf man hoffen, und auch ein milderer Umgang mit sich selber mag so entstehen; doch auf die Vergebung von seiten der eigenen Opfer hat man in aller Regel keinerlei Einfluß; man kann darum beten und bitten, doch von sich her bewirken oder befehlen – das kann man nicht. Und doch liegt letztlich alle Erlösung darin, ge-

109 NATHANIEL HAWTHORNE: Der scharlachrote Buchstabe, 309.
110 PLATON: Phaidon, LXII, in: Sokrates im Gespräch, 135.
111 A. a. O.
112 A. a. O., S. 136.

rade das zu erleben: die Vergebung derer, die von einem selber am meisten verletzt worden sind.

In seiner Novelle «Brigitta» aus dem Jahre 1843 hat ADALBERT STIFTER einmal die langsame Reifung zur Gnade solcher Vergebung geschildert. Das Mädchen Brigitta ist nicht schön gestaltet wie andere Kinder, und so fühlt es sich ungeliebt von der eigenen Mutter, von den anderen Menschen, und wächst in scheuer Stille und Einsamkeit auf. Nur seine seelenvoll-sehnsüchtigen Augen verraten etwas von seinem Wesen, und darin verliebt sich der mit allen Gaben der Natur und des Geldes ausgestattete Stephan Murai. Fast erschrocken warnt Brigitta ihn: «tun Sie es nicht, werben Sie nicht um mich, Sie würden es bereuen.» Denn, so ihre Begründung: «Weil ich ... keine andere Liebe fordern kann, als die allerhöchste. Ich weiß, daß ich häßlich bin, darum würde ich eine höhere Liebe fordern, als das schönste Mädchen dieser Erde. Ich weiß es nicht, wie hoch, aber mir ist, als sollte sie ohne Maß und Ende sein. Sehn sie – da nun dies unmöglich ist, so werben Sie nicht um mich. Sie sind der einzige, der darnach fragte, ob ich auch ein Herz habe, gegen Sie kann ich nicht falsch sein.»[113] Murai aber läßt sich nicht zurückweisen, er heiratet Brigitta, und beider Glück scheint vollkommen; da geht er eine Zufallsaffäre mit der wild-schönen Gabriele, der Tochter eines greisen Grafen in der Nachbarschaft, ein – und zerbricht damit Brigittas Herz; sie «nahm das aufgequollene schreiende Herz gleichsam in ihre Hand, und zerdrückte es.»[114] Und sie bietet Murai die Scheidung an. «Ich habe es dir gesagt, daß es dich reuen wird, ich habe es dir gesagt, daß es dich reuen wird, ich habe es dir gesagt, daß es dich reuen wird,» spricht sie immer wieder die gleichen Worte[115]; Murai aber, gescheitert an seiner Liebe und schuldig geworden an seiner Geliebten, verabschiedet sich mit den wie zustimmend klingenden Worten: «Weib, ich hasse dich unaussprechlich, ich hasse dich unaussprechlich.»[116] In Wahrheit haßt und verachtet Murai nur sich selbst für sein eigenes Tun, und er kann die Person nicht mehr lieben, in der all seine Selbstverachtung sich fortan zu konzentrieren scheint. Tatsächlich stünde für ihn nur *ein* Weg der Erlösung offen, – daß Brigitta ihm vergeben könnte. Doch darum kann er nicht bitten, darauf kann er nicht hof-

113 ADALBERT STIFTER: Brigitta, Kap. 3: Steppenvergangenheit, in: Werke, I 693–694.
114 A. a. O., I 698.
115 A. a. O., I 698.
116 A. a. O.

fen; Brigitta ihrerseits kehrt in ihre herbe Einsamkeit zurück, sie bewirtschaftet ihren Hof, als wäre sie ein Mann; ihr Wissen, nicht liebenswert zu sein, hat sich bestätigt. – Nach vielen Jahren erst, die hingehen in einer Art kameradschaftlicher Distanz, in welcher Murai die schon alternde Frau «mit einer Zartheit, mit einer Verehrung» behandelt, «die wie an die Hinneigung zu einem höheren Wesen erinnerte»[117], kommt es, als Wölfe in den Hof eindringen, die Murai glücklicherweise im letzten Augenblick abzuwehren vermag, zu einer echten Wiederbegegnung; da zerbirst aller Stolz und alles Schamgefühl zwischen den beiden und formt sich zu dem Eingeständnis der nie vergangenen, der mühsam nur all die Zeit über unterdrückten Liebe. «Ich habe nicht geahnt, wie gut du seist», spricht jetzt Brigitta, «es war ja bloß natürlich, es ist ein sanftes Gesetz der Schönheit, das uns ziehet.»[118] Doch Murai entgegnet: «Wie kannst du nur so reden, Brigitta – ja, es zieht uns das Gesetz der Schönheit, aber ich mußte die ganze Welt durchziehen, bis ich lernte, daß sie im Herzen liegt, und daß ich sie daheim gelassen in einem Herzen, das es als einzig gut mit mir gemeint hat, das fest und treu ist, das ich verloren glaubte, und das doch durch alle Jahre und Länder mit mir gezogen.»[119] Es ist ein Moment endlichen und endgültigen Erkennens, in dem beide einander umfangen. «Sie waren wie zwei Menschen», schreibt STIFTER, «von denen eine große Last genommen ist. Die Welt stand wieder offen. Eine Freude, wie man sie nur an Kindern findet, war an ihnen – in dem Augenblicke waren sie auch unschuldig, wie die Kinder; denn die reinigendste, die allerschönste Blume der Liebe, aber nur der höchsten Liebe, ist das Verzeihen, darum wird es auch immer an Gott gefunden und an Müttern. Schöne Herzen tun es öfter – schlechte nie.»[120]

Was hier als ein Glück wiedergefundener «Unschuld» geschildert wird, ist eine der wichtigsten Voraussetzungen dafür, jemals mit seinem Leben einverstanden zu sein. Wir werden Fehler begehen, wir werden an anderen schuldig werden, und unser Tun wird an ihnen Folgen hinterlassen, die wir nicht abschätzen können; wir mögen versuchen, die Schäden unseres Verhaltens wiedergutzumachen, und es kann sein, daß wir uns selbst dabei läutern; was aber ist, wenn der andere, den wir womöglich ins Unglück gestürzt haben, über den

117 A. a. O., Kap. 4: Steppengegenwart, in: Werke, I 703.
118 A. a. O., 708.
119 A. a. O.
120 A. a. O.

erlittenen Schmerz nicht hinwegkommt, – wenn wir ihn vor uns sehen wie ein Unfallopfer, das nie mehr gesund werden wird und dessen Dasein sich für uns ausnimmt wie ein nicht endender Vorwurf? Brigitta, die mit ihrer Liebe alles verlor, hätte auch versucht sein können, ihrem Leben ein Ende zu setzen, und wenn sie's getan hätte, – was dann?

Auch deswegen ist die Hoffnung auf ein Leben jenseits des Todes so wichtig, weil die Versöhnung des anderen von uns selber her nicht zu betreiben ist. Wenn wir Glück haben, kommt sie zustande noch in diesem Leben; doch zu wissen, daß jemand auf Grund unserer eigenen Schuld vor sich hinleidet und wir nichts dazu beitragen können, daran etwas zu ändern, stellt eine unerträgliche Qual dar. Schon damit das Gelingen oder Mißlingen unseres Lebens kein reines Spiel des Zufalls bleibt, braucht es die Erwartung, es könnte auch und gerade das fremde Leid nachreifen zu einem Zustand eigenen Glücks. Ohne so glauben zu können, bliebe das Leben wie die Architektur einer Kathedrale, in deren Gewölbe der Schlußstein sich partout nicht einfügen soll, – ein solcher Bau wäre grundsätzlich nicht aufzuführen, es wäre besser, ihn gar nicht erst begonnen zu haben.

Das Thema der Vergebung angesichts des Glaubens an die Auferstehung hat seine klassische Bearbeitung in einer entscheidenden Szene des *Johannes*-Evangeliums gefunden. – Kaum ein Anliegen ist dem historischen Jesus so wichtig gewesen wie die Bereitschaft, einander zu vergeben, statt über einander zu Gericht zu sitzen. Wie oft muß ich meinem Bruder vergeben? fragt Petrus den Herrn, «bis zu siebenmal?» Immerhin: «Siebenmal fällt der Gerechte und steht wieder auf», besagt ein hebräisches Sprichwort (Spr 24,16). Jesus aber gibt zur Antwort: «Nicht, sage ich dir, bis zu siebenmal, sondern bis zu siebenundsiebzigmal.» (Mt 18,21–22) Für Jesus war es selbstverständlich, zu vergeben, lebte er doch aus jener zentralen Erfahrung absoluter Vergebung von seiten Gottes, die er in der Taufe am Jordan erfahren (Mk 1,11) und die er in dem Gleichnis vom Schalksknecht wie zur Begründung seiner Grundhaltung dargestellt hatte (Mt 18,23–35): Da Gott alle Schuld uns vergeben *muß* – wir könnten sie von uns her niemals begleichen! –, besitzen wir keinerlei Rechte, die wir gegeneinander geltend zu machen vermöchten. Entsprechend heißt es in dem Gebet, mit dem Jesus seine Jünger unterweist: «Unser Vater, himmlischer du, ... vergib uns unsere Schuld, wie auch wir (hiermit) vergeben unseren Schuldnern.» (Mt 6,9.12) Es ist diese umgekehrte «Gerechtigkeit», die, wie wir sahen, den Schlüssel zur gesamten Botschaft Jesu darstellt und deren eigentlich «erlösenden» Charakter ausmacht. Und doch scheint es, als wenn gerade an dieser Stelle zu der Verkündigung des historischen Jesus ein Nachtrag nötig wäre, der sich wesentlich aus den Ereignissen am Karfreitag ergibt: Wenn gerade die Botschaft der Vergebung beantwortet wird nicht, wie zu erwarten, mit begeisterter Zustimmung, sondern mit tödlichem Haß, wird sie dann nicht als ganze widerlegt durch die Wirklichkeit? Scheitert sie nicht endgültig an der angstverfestigten tradierten Vorstellung von Recht und Ordnung? – So wäre es in der Tat, wenn sich das Grab über Jesus geschlossen hätte; diejenigen hätten und behielten dann recht, die von Anfang an wußten, daß der Mann aus Nazaret nichts weiter war als ein gefährlicher Irrlehrer, Schwarzmagier, Lügenprophet und Gesetzesbrecher, ein religiös überspannter Anarchist und Utopist. Doch es kam anders durch die «Auferstehung» Jesu, verbunden auf das engste mit dieser Botschaft von der Vergebung.

In der theologischen Literatur wird dogmatisch (natürlich auch) die Auferstehung Jesu als eine «objektive» Tatsache hingestellt: am Ostermorgen war sein Grab leer[121], Engel erschienen den Frauen, die

121 Vgl. *Catéchisme de l' Église Catholique*, Nr. 640: Das leere Grab. Nr. 643: «Angesichts der (sc. biblischen, d. V.) Zeugnisse ist es unmöglich, die Auferstehung Christi außerhalb der physischen Ordnung zu interpretieren und sie nicht als ein historisches Faktum anzuerkennen.» In der gleichen Weise schreibt GERHARD LUDWIG MÜLLER: Katholische Dogmatik, 299–301, um die «Historizität der Ostererfahrung und die Transzendenz des Osterereignisses» zusammenzubringen: «Die Begriffsbildung des Menschen hängt immer von seiner sinnlich vermittelten Welterfahrung ab. Aber ... die Transzendentalität der menschlichen Vernunft ist die metaphysische Voraussetzung der Begriffsbildung überhaupt ... Die Ostererfahrung besteht darin, daß Gott sich in den transzendentalen Erkenntnishorizont der Jünger vermittelt durch die Selbstbezeugung Jesu, der sich den Jüngern so zu sehen gibt, daß sie ihn als den bei Gott Lebenden erfassen können. – Eine laufende Filmkamera hätte weder das Auferstehungsereignis, das im Kern der Vollzug der personalen Relation des Vaters zum menschgewordenen Sohn im Heiligen Geist ist, noch die Ostererscheinungen ... festhalten können ... Nur die menschliche Vernunft in ihrer inneren Einheit von Kategorialität und Transzendentalität ist determinierbar durch den Geist Gottes, um in dem vom Offenbarungsereignis ausgelösten sinnlichen Erkenntnisbild (sc. der Erscheinung Jesu, offenbar, d. V.) die Personwirklichkeit Jesu als Ursache des sinnlich-geistigen Erkenntnisbildes (sc. des leeren Grabes, d. V.) wahrnehmen zu können.» «Die Erkenntnis der Tatsächlichkeit des transzendenten Ereignisses wird durch die Ostererscheinungen ausgelöst.» S. 302: Es geht «um die Historizität der Osterevangelien.» S. 303: «In jedem Falle ... muß die Machttat Gottes an Jesus auch den toten Leib impliziert haben. Die Feststellung, daß Jesu Leichnam noch im Grabe ruhe, wäre ein unüberbrückbarer Widerspruch zur Osterverkündigung gewesen ... Eine Auffindung des Leichnams Jesu wäre für die Feinde Jesu der stringente Gegenbeweis gewesen gegen die Identifikation Gottes mit dem

endzeitlichen Heilsmittler.» – Durchaus gar nicht! Nicht nur, daß die «Erkenntnistheorie», die hier zugrunde gelegt wird, alle Einsichten aus KANTS «Kritik der reinen Vernunft» ignoriert (und ignorieren muß, um in der metaphysischen «Argumentation» der Scholastik fortfahren zu können), – am Ende wird die «transzendentale» (hier: die erfahrungstranszendente) «Vernunft» bemüht, eine echte Erfahrung in Raum und Zeit zu konstruieren und zu konstatieren. – Vorgearbeitet hat dieser Argumentationslinie entscheidend KARL RAHNER: Geist in Welt, 3. Teil: Die Möglichkeit der Metaphysik auf dem Boden der Imaginatio, § 1: Das Problem: die Eröffnung der Metaphysik einzig als Konstitution der gegenständlichen Offenbarkeit von Welt, S. 387–392; § 2: Die Möglichkeit der Metaphysik: Der Grundakt des Menschen als Öffnung auf das Sein überhaupt (excessus), S. 392–399: «Gott als Grund des Seienden erkennen bedeutet nicht: erkennen, daß Gott (als zuvor schon Gewußter) Grund der Dinge ist, sondern: erkennen, daß der im Erkennen des Seienden als Sein immer schon miteröffnete Grund das absolute Sein, d. h. Gott ist, und so Gott erstmals erkennen.» (393) Diese an G. W. F. HEGEL orientierte (und dann als «thomasisch» katholisch gerechtfertigte) Erkenntnismetaphysik setzt die subjektive Bedingung des Erkennens (die Einheit des Gegenstandes als Ding an sich bei KANT) als «Ausgriff» auf das «Sein» an sich und setzt darüber hinaus dieses Sein mit «Gott» gleich; daß – wie bei SCHOPENHAUER – das «Ding an sich» als ein irrationaler Wille zum Sein sich erweisen könnte, ist im Rahmen eines solchen Erkenntnissystems undenkbar. Vgl. E. DREWERMANN: Glauben in Freiheit oder Tiefenpsychologie und Dogmatik, 1. Bd., 213–226: Größe und Grenze im Denken Karl Rahners. – Der KIERKEGAARDsche Widerspruch gegen HEGEL trifft voll und ganz auch RAHNER: Existenz ist nicht gleich Denken. – Unter dem Druck der MÜLLERschen Dogmatik ist es geradezu befreiend, zu lesen bei PAUL TILLICH: Die Frage nach dem Unbedingten, 208–209: «Das Kriterium der Wahrheit eines Symbols kann natürlich nicht der Vergleich mit der Wirklichkeit sein, auf die es hinweist, wenn diese Wirklichkeit gerade das schlechthin Unfaßbare ist. Die Wahrheit eines Symbols ruht in seiner inneren Notwendigkeit für das symbolschaffende Bewußtsein ... Das einzige Kriterium (sc. für die Wahrheit eines Symbols, d. V.) ... ist dieses, daß das Unbedingte in seiner Unbedingtheit rein erfaßt wird. Ein Symbol, das dieser Anforderung nicht genügt, das ein Bedingtes zur Würde des Unbedingten erhebt, ist zwar nicht unrichtig, aber dämonisch.» «Es ist ... nicht nur so, daß sie (sc. die Inhalte des religiösen Bewußtseins, d. V.) in der Gegenstandswelt keinen Platz haben, sondern so, daß sie ihn um ihrer selbst willen nicht einmal haben dürfen. Das bedeutet aber: jene heiligen Wirklichkeiten sind nicht empirisch, wenn sie auch nur am Empirischen zu schauen sind ... Daß diese Gegenwärtigkeit als empirischer Vorgang (etwa die Auferstehung) angeschaut wird, ist die Uneigentlichkeit, die jeder Vergegenständlichung des Transzendenten anhaftet ... Es ist die Aufgabe der historischen Kritik, ... zu verhindern, daß diese Gruppe von Symbolen der falschen Vergegenständlichung anheimfällt. Es ist die religiöse Größe der Leben-Jesu-Forschung, daß sie diese Aufgabe gelöst, das Empirische in die Fragwürdigkeit gerückt, das Symbolische in seiner Bedeutung aufgedeckt hat. Niemals möglich ist es dagegen, mit Hilfe der historischen Kritik das Symbol zu ändern.» – M.a.W.: «Auferstehung» ist das Symbol einer transzendenten Hoffnung des menschlichen Daseins, die sich im Leben und im Glauben als unabdingbare Wahrheit erweist, aber sie ist keine Erkenntniskategorie zur Feststellung erfahrungsjenseitiger Wirklichkeiten – inmitten der sinnlich erfahrbaren Welt. «Auferstehung» deutet den Tod Jesu im Horizont eines Vertrauens, das sich mit jedem menschlichen Leben bei der Suche nach Liebe, Gerechtigkeit und Gnade verbindet; sie ist der Inhalt eines Wunsches, den Menschen an den Himmel

kamen, den Leichnam Jesu zu salben, und Jesus selber erschien seinen Jüngern vierzig Tage lang bis zum Moment seiner «Himmelfahrt»[122]. Indes – Jesus glaubte nicht an die Auferstehung auf Grund seiner eigenen Auferstehung; er lebte diesen Glauben und ging mit ihm in den Tod. Mit Jesus glauben, wie Jesus glauben – das kann nicht bedeuten, auf äußere «Fakten» sich zu berufen, welche die «Auferstehung» (Jesu) als eine historische Tatsache beglaubigen. Man glaubt zu wenig, wenn man solche «Beweise» benötigt. Mit Jesus glauben, wie Jesus glauben – das heißt, am offenen Grabe der Mutter, des Vaters,

richten, in der Erwartung, daß ein Gott, der es gut mit den Menschen meint, ihn sicherlich erfüllt. – So auch versteht man C. G. JUNG: Gegenwart und Zukunft, in: Ges. Werke, X 294: «Die konfessionelle (sc. dogmatische, d. V.) Auffassung ist ... altertümlich und von eindrücklicher, mythologisch bedingter Symbolik, die, wenn wörtlich genommen, in unleidlichen Gegensatz zum Wissen gerät. Ist zum Beispiel die Aussage von Christi Auferstehung nicht wörtlich, sondern symbolisch zu verstehen, so ist sie verschiedener Auslegungen fähig, welche mit dem Wissen nicht kollidieren und den Sinn der Aussage nicht beeinträchtigen. Der Einwand, daß mit dem symbolischen Verständnis die Hoffnung des Christen auf Unsterblichkeit vernichtet werde, gilt nicht, insofern die Menschheit schon längstens vor dem Christentum an ein Leben nach dem Tode glaubte und darum des Osterereignisses als einer Garantie der Unsterblichkeit nicht bedurfte. Die Gefahr, daß das Allzuviele an wörtlich genommener Mythologie, welche der Kirchenlehre eignet, plötzlich einer Ablehnung in Bausch und Bogen begegnet, ist größer als je. Wäre es nicht an der Zeit, daß man die christlichen Mythologeme, statt sie auszumerzen, einmal als symbolisch verstehen würde?» – ROMANO GUARDINI: Die letzten Dinge, 75, deutete die «Leiblichkeit» der «Auferstehung» als sich erfüllende Personalität, indem er schrieb: «‹Auferstehung› meint ..., daß nicht nur die Gestalt, sondern auch die Geschichte, nicht nur die Substanz, sondern auch das Leben des Menschen aufersteht. Nichts, was darin gewesen ist, ist vernichtet.» S. 81 verweist er auf Joh 6,54 – auf das Essen von Fleisch und Blut Jesu zur Teilhabe an Auferstehung; doch auch sakramentale Zeichen wie die Eucharistie sind nur Symbole zur Deutung der Wirklichkeit, keine Begriffe zum Erkennen von Wirklichkeit.

122 Selbst GERHARD LUDWIG MÜLLER: Katholische Dogmatik, 304, erklärt: «Die Erhöhung Jesu zur ‹Rechten des Vaters› ist mit dem Auferstehungsereignis identisch. Es wird bei der Rede von der ‹Erhöhung› allerdings der Aspekt der Throngemeinschaft des Messias mit Gott akzentuiert (vgl. Ps 110,1–4).» – Die «Himmelfahrt» ist ein altägyptisches Symbol zur Deutung des Todes des «Gottmenschen», des Pharao, s.o. Anm. 35; wenn dieses Symbol «identisch» ist mit dem «Auferstehungsereignis», dann ist auch «Auferstehung» (im Erbe des Alten Ägypten) ein Symbol für das, was im Tode mit Jesus (und jedem Menschen) geschieht. Oder umgekehrt: ist das «leere Grab» die Bedingung des Osterglaubens, dann ist auch die «Himmelfahrt» als eine historische Tatsache zu nehmen. So lehrte verbindlich (im Auftrag von MÜLLERS Vorgänger: JOSEPH RATZINGER als Vorsitzenden der Glaubenkongregation) der Erzbischof von Paderborn JOHANNES JOACHIM DEGENHARDT in einem lehramtlich entscheidenden Gespräch am 6. Juli 1990; vgl. E. DREWERMANN: Worum es eigentlich geht, 81–91: Symbolisches Denken – ein Gegensatz zur Geschichtlichkeit? S. 91–101: Die Himmelfahrt Jesu – ein konsensfähiges Paradigma.

der Gattin, des Gatten, der Freundin, des Freundes, eines jeden, der stirbt, zu hoffen, daß er, der Verstorbene, sein Leben erhält und behält bei Gott; die Art seines Todes, der Zustand des Körpers, die Einrichtungen des Grabes – all das hat nicht die geringste Bedeutung für die eine entscheidende Zuversicht: daß der Tod nicht ist und wir in Gott auf immer uns wiedersehen. Auch für den Osterglauben selber besitzt diese Feststellung Geltung: Selbst wenn die Geschichte von der Grablegung Jesu (Mk 15,42–47) eine später eingeschobene Legende ohne historischen Wert wäre – wofür manches spricht[123] –, selbst wenn die Römer den Leichnam Jesu in einer Kalkgrube verbrannt hätten – was möglich wäre –, so könnten und dürften diese Zufälle des Verbleibs der sterblichen Hülle des Toten den Glauben an seine Auferstehung in keiner Weise erschweren oder gar widerlegen. In der Geschichte der Ostererzählungen sind, exegetisch betrachtet, die Legenden vom leeren Grab offenbar später entstanden als die

123 Vgl. INGO BROER: Die Urgemeinde und das Grab Jesu, 294: «Bleibt man … bei den Texten (sc. der Grablegungsgeschichte, d. V.), so lassen diese eine positive Beantwortung der Frage, ob die Urgemeinde Jesu Grab kannte, mit Sicherheit nicht zu, da die näheren Kennzeichnungen des Grabes Jesu bei allen vier Evangelisten – vorsichtig ausgedrückt – nicht unverdächtig sind, sekundär zu sein.» E. DREWERMANN: Das Markus-Evangelium, II 671–683: Mk 15,42–47: Joseph von Arimathäa oder: die Moral des Absurden. – Im Unterschied zum antiken Ägypten ist das Christentum gerade dadurch gekennzeichnet, daß es ihm gleichgültig ist, was mit dem toten Körper im Grabe geschieht. KURT FLASCH: Warum ich kein Christ bin, 132, ist zuzustimmen, wenn er nach einer längeren Diskussion des exegetischen Befundes der Ostererzählungen und der dogmatischen Ausreden und Verschleierungen gesteht: «Die Auferstehung als Bild sagt mir etwas, als Ereignis in der Außenwelt kann ich nichts von ihr wissen. Deshalb bin ich im Sinn der Kirchen kein Christ mehr.» Daraus sollte folgen: Keine Kirche hat ein Recht, die Menschen vor die Alternative von Unglauben oder: Aberglauben zu stellen. – Im Sinne einer Auslegung von Bildern, die Glauben wecken können und sollen, läßt sich GERHARD EBELING: Dogmatik des christlichen Glaubens, II 284–291, verstehen, wo er die «Spannung zwischen historischer und dogmatischer Fragestellung» herausarbeitet («Die Glaubensaussage hat offenbar alle Erfahrung gegen sich.» S. 290), um dann vollkommen richtig (und gut protestantisch) die Auferstehungshoffnung ganz in Gottes Hand zu legen (S. 304): «Wie unter dem Gesichtspunkt der Auferstehung der Tod nicht der rückgängig gemachte Tod ist, sondern der überwundene Tod, so ist hier das Leben nicht das lebenshungrig fortgesetzte Leben, sondern das zur Erfüllung gelangte, wahre Leben.» In a. a. O., III 465–466: Auferstehung des Leibes, interpretiert er die paulinische Aussage (1 Kor 15,50) als etwas «im Grunde Selbstverständliches …: Vor Gott erscheint der Mensch als ganzer, nicht bloß in der Einheit von Leib und Seele, sondern auch in der Ganzheit seines Leibeslebens, in der nun erst offenbar werdenden Identität seiner selbst.» Darin liegt auch alles, was dann «Gericht» Gottes heißen mag.

Überlieferungen von den Erscheinungen Jesu[124]. Diese dürften am Anfang des Osterglaubens gestanden haben, und ihre ursprüngliche Fassung wird man sich am ehesten nach Art der Geschichte vom Gang der Jünger nach Emmaus (Lk 24,13–35) vorstellen müssen[125]:

124 Vgl. RUDOLF BULTMANN: Die Geschichte der synoptischen Tradition, 314: «Vollends sekundär ist die Geschichte vom leeren Grabe. Es ist irreführend, sie als ‹Angelophanie› den Christophanien gegenüberzustellen ... Die Pointe der Grabesgeschichte ist das leere Grab als Auferstehungsbeweis; der Engel hat keine selbständige Bedeutung, sondern spielt nur die Rolle des *Angelus interpres*. Die Geschichte ist eine apologetische Legende ... Paulus weiß nichts vom leeren Grabe.»

125 A. a. O., 314: «Nur der Emmaus-Geschichte liegt noch das Wissen darum zugrunde, daß die Gewißheit der Auferstehung Jesu identisch ist mit der Gewißheit, ... (daß er es sei, der Israel erlösen werde, d. V.) (Lk 24,21). Sie ist ihrem Gehalt nach die älteste der synoptischen Auferstehungsgeschichten.» Zur Interpretation vgl. E. DREWERMANN: Das Lukas-Evangelium, II 966–995: Lk 14,13–35: Jesus erscheint zwei Jüngern auf dem Weg nach Emmaus oder: Stadien reifenden Glaubens. – Vgl. auch KARL JASPERS – RUDOLF BULTMANN: Die Frage der Entmythologisierung, 42, wo JASPERS bemerkt: «Der Mythos ist Bedeutungsträger, aber von Bedeutungen, die nur in dieser seiner Gestalt ihre Sprache haben ... Ihre Deutung ist rational nicht möglich, vielmehr geschieht ihre Deutung durch neue Mythen.» Man kann auch sagen: der Inhalt mythischer Rede geht nicht von historischen Tatsachen aus, die als «Realia» den Kern eines «Realsymbols» bildeten, vielmehr erweckt eine innere (personale) Erfahrung in den Tiefenschichten der menschlichen Psyche (im «Unbewußten») Vorstellungskomplexe, die sich zu symbolischen Erzählungen seelischer Erfahrungen verdichten und die Fakten historischer Erfahrungen sinnvoll zu deuten vermögen. Zu Recht fährt JASPERS: A. a. O., 43, daher warnend fort: «Mit der Wahrheit des mythischen Denkens geschieht eine Verkehrung durch alle Zeiten bis heute: die Verwandlung der mythischen Chiffrenschrift in materielle Realität des Inhalts; die Berührung mit eigentlicher Wirklichkeit durch deren einzige Sprache gleitet ab in den Materialismus der Handgreiflichkeit und Brauchbarkeit. Daher hat alle Zeit und hat auch Bultmann wieder recht, wenn er Leibhaftigkeitsbehauptungen in bezug auf Dinge in der Welt bestreitet ... Ein Leichnam kann nicht wieder lebendig werden und aus dem Grabe steigen ... Wegen unseres durchschnittlichen Materialismus wird die Ableitung mythischer Chiffrensprache in die Auffassung garantierter und garantierender Leibhaftigkeit immer wieder stattfinden, wie sie schon bei den ersten Christen ... stattgefunden hat.» – Auch Papst FRANZISKUS: Lumen Fidei, Nr. 17, macht sich solcher handgreiflichen Brauchbarkeit des Glaubens verdächtig, wenn er erklärt: «Gerade weil Jesus der Sohn Gottes ist ... hat er den Tod überwinden ... können ... Wir meinen, Gott befinde sich nur jenseits, auf einer anderen Ebene der Wirklichkeit ... Wenn ... aber ... Gott unfähig wäre, in der Welt zu handeln, wäre seine Liebe nicht wirklich mächtig.» Ein Gott, der «in der Welt handelt», ist ein mythisch dargestellter Gott, kein sich metaphysisch «offenbarender» Gott. Um so wichtiger ist die «Wiederherstellung der mythischen Sprache» in «jener Wirklichkeit ..., mit der wir existentiell (sc. nicht empirisch, d. V.) leben.» JASPERS: A. a. O., 43. Das allerdings geschieht entschieden zu wenig, wenn kein Geringerer als PAUL TILLICH: Die Frage nach dem Unbedingten, 235, erklärt: «Mißverständliche Symbole sind: Leben nach dem Tode, Unsterblichkeit, ... Himmel. Das Symbol ‹Ewiges Leben› hingegen besagt, daß die irdische Seligkeit (!) eine Dimen-

Die Wahrheit ist, daß Jesus am Kreuz nicht widerlegt, sondern von Gott her bestätigt ward, – er trat mit seinem Leiden und mit seinem Sterben in gerade das Schicksal ein, das bei rechter Lektüre der Schriften als typisch für all die Gottesgesandten erscheint (Lk 24,25.26); dies und die Gegenwart Jesu beim Brechen des Brotes in den Gedächtnismahlzeiten der frühen Gemeinde (Lk 24,30.31) bildete den Grund und den Inhalt der ersten Erscheinungsgeschichten der Evangelien.

Es kann unter den gegebenen Bedingungen nicht verwundern, daß in der theologischen Dogmatik und Apologetik nach wie vor großer Wert auf die «historische Glaubwürdigkeit» und «objektive Tatsächlichkeit» auch und gerade der Erscheinungen Jesu an seine Jünger gelegt wird, – um keinen Preis darf man denken, daß es sich hier um rein subjektive Wahrnehmungen, um halluzinatorische Erfahrungen oder traumähnliche Erlebnisse handeln könnte[126]. Doch genau das ist zutreffend. So wenig wie die philosophische Konzeption einer unsterblichen Seele sich mit den Vorstellungen der modernen Neurologie in Vereinbarung bringen läßt, so wenig paßt die Idee einer metaphysischen Vergegenwärtigung immaterieller Wesenheiten (wie der

sion hat, die ihr einen überzeitlichen Sinn verleiht.» Dafür braucht man «Ostern» nicht.

126 So GERHARD LUDWIG MÜLLER: Katholische Dogmatik, 300: «Die Zeugen der Ostererscheinungen berufen sich weder auf fromme Ekstasen noch auf Ergebnisse ihrer kreativen Einbildungskraft, subjektive Visionen oder Halluzinationen. Sie sind nicht Opfer eines vorwissenschaftlich-mythologischen Weltbildes. Die Rede von der Auferstehung war für sie auch nicht die Chiffre für eine allgemeine Überzeugung, daß aus dem Tod immer wieder neues Leben entsteht.» – Nur dem letzten Satz kann und muß man zustimmen; doch ganz in die Richtung einer unhaltbaren Apologetik geht es weiter: «...die Reduktion auf eine subjektive Befindlichkeit der Jünger beruht auf einem weltanschaulichen Vorurteil. Im Horizont eines deistischen Gottesverständnisses und eines mechanistischen Weltbildes mußte die Rede von der Auferstehung Jesu von den Toten als Behauptung eines mirakulösen Naturvorgangs erscheinen, der den naturwissenschaftlich erkannten Gesetzmäßigkeiten der Materie widerspricht.» – Mit Verlaub: auch als «übernatürlicher Vorgang» widerspricht das «leere Grab», als historisches Faktum verstanden, auf mirakulöse Weise «den naturwissenschaftlich erkannten Gesetzmäßigkeiten der Materie.» – Es bleibt bei der wichtigen Einschränkung von ROMANO GUARDINI: Die letzten Dinge, 101: «Wenn wir auch im Denken Christen sein wollen, dann können wir das Verhältnis Gottes zur Welt, dem Menschen und dem Ganzen des Daseins letztlich nicht mit Begriffen erfassen, die aus der Naturwissenschaft oder Metaphysik stammen, sondern nur mit solchen aus dem Bereich der Person – also gerade mit den verpönten ‹anthropozentrischen› Begriffen des Tuns, der Entscheidung, des Schicksals, der Freiheit. Die ganze Heilige Schrift redet so.» Von Gott zu sprechen ist nicht anders möglich als in der mythischen Sprache der Symbole, die Gottes Wirklichkeit erhoffen, nicht erfassen.

Engel, bestimmter Heiliger, der Mutter Gottes, des Sohnes Gottes oder der Dreifaltigkeit) in das Weltbild heutiger Hirnforscher[127]. – Am besten historisch unterrichtet sind wir über die Erscheinung des Auferstandenen, die *Paulus* vor Damaskus zuteil wurde und die aus dem tödlichen Christenverfolger einen glühenden Christus-Gläubigen gemacht hat. An der Überzeugungskraft, welche die Erfahrung für den Apostel besaß, ist kein Zweifel. Dennoch deutet die Plötzlichkeit des Erlebnisses auf einen epileptischen Anfall hin; solche Anfälle gehen vom Temporallappen aus und werden nicht selten von Visionen und Auditionen begleitet. Es handelt sich um innere Erregungen bestimmter Hirnareale, die dann entsprechend der konkreten Lebenssituation von den betreffenden Personen gedeutet werden. Und daraus folgt etwas Wichtiges: Die Wahrheit, die solchen Erscheinungen zukommt, kann nur in deren Deutungen liegen[128]. «Objektiv» sind alle «Erscheinungen» Produktionen des Gehirns für das Gehirn, keine Manifestationen bewußtseinstranszendenter Wesenheiten, und was sie bezeugen, sind keine Tatbestände, sondern Bewußtseinszustände und -inhalte; deren Wahrheitsgehalt läßt sich weder empirisch nachprüfen noch mit spekulativen «Argumenten» erhärten; er läßt sich nur als Aussage über das menschliche Dasein für das Leben und im Leben beglaubigen. Die Erscheinung Jesu, die *Paulus* widerfuhr, besaß ihre Wahrheit offenbar darin, daß Jesus recht damit hatte, den «Sündern» nachzugehen, statt sie zu verurteilen, und daß seine Botschaft von der «Gnade» eine Menschlichkeit enthielt und enthüllte, die jeder braucht, weil er ein Mensch ist; gerade die Ausgeliefertheit an die Krankheit, die Erfahrung der völligen Hilflosigkeit an das eigene Körpergeschehen im Anfallerleben mag *Paulus* belehrt haben, wie wenig die Voraussetzung einer jeden Gesetzesreligion zutrifft, die Menschen stünden sich selbst in Entscheidungsfreiheit und Eigenverfügung gegenüber; sie alle bedürfen einer unbedingten Bejahung ihrer Existenz, die stärker ist als alle Selbstwertzweifel[129]. Nicht die krank-

127 Vgl. E. DREWERMANN: Atem des Lebens, II 665–684: Neurologische Erklärungsansätze oder: Von schizophrenen, epileptiformen und meditativen Bewußtseinszuständen und ihrer möglichen Wahrheit.
128 Zur Christuserscheinung des Paulus vgl. a. a. O., II 679–684; ders.: Die Apostelgeschichte, 404–459: Die Bekehrung Pauli, bes. S. 414–424: Psychogenese der Epilepsie oder: Die Wahrheit einer Krankheit.
129 E. DREWERMANN: Die Apostelgeschichte, 425–436: Vom «Licht» des Dasein-Dürfens oder: Die Entdeckung der Liebe. – GERHARD EBELING: Dogmatik des christlichen Glaubens, II 298, ist einer der wenigen, der das Damaskus-Erlebnis «als eine Vision» kennzeichnet und dieselbe Charakterisierung auch allen anderen Erschei-

heitsbedingte Erscheinung, die *Paulus* widerfuhr, bezeugte die Wahrheit des Christus, wohl aber die Erfahrung, die in seiner Auseinandersetzung mit der Person und Botschaft Jesu das Erleben der Krankheit vermittelte.

Ganz entsprechend ist denn auch die Erscheinung Jesu vor seinen Jüngern am Ostertag zu verstehen, von der das *Johannes*-Evangelium (Joh 20,19–23) berichtet[130]: Aus Furcht vor den Juden haben die Jünger sich bei verschlossenen Türen versammelt, als Jesus zu ihnen kommt; er tritt in ihre Mitte und sagt zu ihnen: «Friede mit euch.» Dann zeigt er ihnen seine (von den Nägeln der Kreuzigung durchbohrten) Hände und seine (nach Joh 19,34 von dem Lanzenstoß des Soldaten durchstoßene) Seite. – Aus diesem Detail der Geschichte hat man in dogmatischer Absicht, typischerweise, Anhaltspunkte für die Beschaffenheit eines «Auferstehungsleibes» gewinnen wollen: er muß «fein» genug sein, um mühelos durch verschlossene Türen zu kommen, er darf aber auch kein bloßes «Gespenst» sein, sondern trägt offenbar die Merkmal des irdischen Körpers an sich ...[131] Doch wie

nungen zuspricht, allerdings ohne die neuropsychologischen Gründe und Konsequenzen dieser Auffassung zu thematisieren.

130 Zur Interpretation der Stelle vgl. E. DREWERMANN: Ich steige hinab in die Barke der Sonne, 184–194: Vergebung – das erste Geschenk der Auferstehung; DERS.: Das Johannes-Evangelium, II 317–333: Joh 20,19–23: Die Gabe der Vergebung.

131 Vgl. GERHARD LUDWIG MÜLLER: Katholische Dogmatik, 303: «Der Glaube geht von der Tatsache des Handelns Gottes an dem toten Jesus aus und bekennt die Rettung und Vollendung des Menschen Jesus in allen zum Wesen des Menschen gehörenden metaphysischen Konstituenten von Geist und Materie.» S. 302: «Da der Auferstehungsglaube ... die Identität zwischen dem irdischen Jesus und dem verklärten Herrn behauptet, muß die Frage gestellt werden, in welcher Beziehung die in seinem Leib materialisierte menschliche Wirklichkeit und Geschichte Jesu mit seiner Existenzweise als auferstandener Herr steht ... Dabei geht es zum einen um die Historizität der Osterevangelien und zum anderen um die systematische Frage nach der Leiblichkeit des auferstandenen Herrn.» – Mit diesen glaubensmetaphysischen Postulaten und Problemen zeigt sich der für konservativ geltende Leiter der römischen Glaubenskongregation als gelehriger Schüler von keinem Geringeren als KARL RAHNER. In seinem Buch: Zur Theologie des Todes, 33, setzt auch er einen phantastischen «Adam» am «Anfang» voraus, der als «der paradiesische Mensch ... sein Leben von innen her auf eine Vollendung hin ausgezeitigt und ausgereift hätte. Mit anderen Worten: Adam hätte sein personales Leben auch in seiner leiblichen Gestalt in einem ‹Tod› als reiner, tätiger Selbstauszeugung unmittelbar in jene Vollendung gestalthafter und doch weltöffnender Art hinein vollendet, die wir jetzt als Endergebnis der Erlösung, als das eschatologische Wunder der Auferstehung des Leibes erwarten.» S. 40: «Adams ‹Tod› wäre unverhüllt gewesen, so daß sein Ende die Vollendung und Bewahrung der *im* Leben personal gewirkten Wirklichkeit gewesen wäre ... Daß der Tod nach Adam die Vollendung des getanen Todes in das leere Ende des erlittenen Todes hineinvollzieht und so sich der Tod als Tat im Tod

als Leiden verhüllt, daran kommt das Fehlen der göttlichen Gnade zum sichtbaren Ausdruck, darum ist der Tod eine Strafe der Sünde.» Das entspricht GREGOR VON NYSSA: Gespräch mit Makrina, § 18, in: Ausgew. Schriften, 326, daß die «Auferstehung» nur die Strafe der Sterblichkeit aufhebt. Auch in RAHNERS Ausführungen bleibt die Erlebnisweise des Todes (ob jemand in Vertrauen auf Gott stirbt oder ob er das Sterben erfährt als ein restloses Verlöschen in der Natur, die ihn ermöglicht hat und jetzt zurücknimmt) mit metaphysischen Aussagen über die «Leiblichkeit» und die «Natur» des Todes verschmolzen. Vgl. DERS.: Auferstehung des Fleisches, in: Schriften zur Theologie, II 223, wo es, mit Bezug zu 1 Kor 15,44, heißt: «es wird (sc. der im Tode leibhaft Auferweckte, d. V.) ein pneumatischer Leib sein ...: wahre Leiblichkeit, die doch reiner Ausdruck des Geistes, der eins mit dem Pneuma Gottes geworden ist, und seine Leibhaftigkeit ist, ohne seine Enge und Verdemütigung und Leere zu bleiben, Leiblichkeit, welche die im Tod gewonnene Freiheit vom irdischen Hier und Jetzt nicht wieder aufhebt, sondern gerade zur reinen Erscheinung bringt.» – Ähnlich argumentiert LADISLAUS BOROS: Mysterium Mortis, 169: «Im Tode gelangte Christus zur Vollendung seiner menschlich leibseelischen Wirklichkeit und infolgedessen auch zur vollkommenen Instrumentalursächlichkeit seiner Menschheit. Deshalb vermochte er gerade im Tode unser Heil endgültig und unwiderruflich zu erwirken.» Ein solcher Satz wäre gut verständlich, wenn er besagen sollte, man könne von Jesus her lernen, selbst in der schlimmsten Mißachtung von seiten der Menschen – als gerichtlich zum Tode verurteilter Schwerkrimineller – sterbend in Gottes Hände sich hineinzugeben (Lk 23,46!) und damit innerlich die Bitterkeit des Todes der schieren Verzweiflung zu entreißen; doch so ist er gerade nicht gemeint. – Das subjektive Erleben eines Sterbens im Vertrauen auf Gott wird objektiviert und metaphysisch naturalisiert, wenn BOROS fortfährt: «Zugleich war sein (sc. Jesu, d. V.) Tod ein Hereinbrechen in die offene Gelichtetheit des Universums, wodurch er eine grundsätzlich neue Heilssituation für alle durch ihre Leiblichkeit mit dem materiellen Sein substantiell verbundenen Geister schuf ... Die im Tode Christi vom innersten Wesensgrund her umgestaltete Welt findet ihre vollendete Ausdrucksgestalt im fleischentbundenen und seinshaft gelichteten Leibe Christi, dessen Zeit- und Raumenthobenheit es uns möglich macht, das Heil in einem Zusammenwachsen mit ihm zu erreichen (Auferstehung). Damit west Christus auch dem Leibe nach schon im gotteigenen Bereich des Seins und wurde so zur letzten Erfüllung des Kosmos, zum Punkt Omega einer in der Kraft Gottes in die Sphäre des Göttlichen vorstoßenden Entwicklung (Himmelfahrt).» – Den Hintergrund dieser eschatologischen Spekulationen in Gestalt dogmatischer Aussagen über die Zukunft des Universums und die Verwandlung von allem Materiellen ins «Göttliche» bildet nicht nur PIERRE TEILHARD DE CHARDINS Vision einer allkosmischen Inkarnation des Göttlichen in der Person des Christus, sondern auch eine «Anthropologie», in der die menschliche Seele sich ihren Leib je schon erwirkt, – die auch damals bereits plausiblen Erklärungsversuche «seelischer» Aktivitäten von seiten der Neurobiologie und Psychiatrie blieben theologisch unbeachtet zugunsten eines vorgeblichen metaphysischen Wissens um die Einheit von «Geist» und «Materie» im Menschen und dann auch im Verhältnis von «Schöpfung» und «Schöpfer». Unerläßliche Voraussetzung für all dies ist das metaphysische Weltbild der Neuscholastik, wonach Gott als «transzendente Ursächlichkeit» «nicht in die Abfolge zweitursächlicher Kausalketten eingereiht werden» kann und muß. «Gott bleibt über alle innerweltlichen Kausalwirkungen erhaben, weil er nicht eine der Zweitursachen ist, sondern diesen die Macht der Ursächlichkeit schenkt.» BOROS: A. a. O., 188, Anm. 36. – Demnach, wenn Worte einen Sinn machen, kann Gott mit der Materie seiner

Welt spielen wie ein Pianist auf den Tasten seines Flügels, – die «Musik» erklären nicht die Bewegungen der Tasten, sondern die Komposition des Musikers. Aber: auf diese – dualistische – Weise sucht man sich Gott immer noch als «übernatürliche Ursache» des Weltgeschehens zu erhalten; da in diesem Konzept ein «Eingreifen» in die Reihe der «Zweitursachen» nicht mehr nötig scheint, hofft man zwar, des leidigen Konflikts mit den Naturwissenschaften enthoben zu sein, doch dem ist nicht so. Leere Gräber, jungfräuliche Geburten, verwandelte Körper, die Umwandlung des Universums in die Sphäre des Göttlichen – das alles «übersteigt» nicht die Natur, es widerspricht im Gegenteil schlicht allem, was als Natur sich beobachten und denken läßt, – es ist nichts anderes als eine metaphysisch verklausulierte Mystifikation der Wirklichkeit: *Bilder*, Symbole des Glaubens zur Deutung des menschlichen Daseins, setzt man als übernatürliche Sachverhalte, deren «Wirklichkeit» man mit der Metaphysik des Mittelalters als real erweisen möchte, um die Inhalte des christlichen Glaubens zu «retten»; in Wahrheit aber verrät man sie, indem man Fragen der Existenz in Fragen des Wissens verwandelt. – Noch einmal gesagt: Die Wahrheit der Symbole, mit denen Menschen angesichts des Todes sich ihre Hoffnung auf ein «anderes» Leben zu erhalten suchen, läßt sich nicht aus metaphysischen Konstruktionen ableiten, – es läßt sich «nur» prüfen, inwieweit bestimmte Vorstellungen von Gerechtigkeit und Liebe jenseits der empirischen Welt notwendig sind, um uns in Wahrheit als Menschen inmitten dieser Welt leben zu lassen. Für die Umwandlung unserer Existenzform im Glauben an den Wahrheitswert des Symbols «Auferstehung» und «ewiges Leben» steht die Person Jesu; ein Wissen um die Umwandlung aller physischen Wirklichkeit gehört absolut nicht dazu. – Was von BOROS, RAHNER, MÜLLER u. a. reetabliert wird, ist unverändert die tradierte dogmatische These: «Die Erlösung vollendet sich im Leibe ... Am Leibe soll sich die Gottesgemeinschaft offenbaren.» So schrieb MICHAEL SCHMAUS: Von den letzten Dingen, 248, und wußte über «die Art des verwandelten Leibes» näherhin zu sagen: «Er ist mit Unvergänglichkeit, Kraft und Herrlichkeit ausgerüstet, während dem zeithaft-geschichtlichen Leib Vergänglichkeit und Schwäche anhaften.» (250) «Der irdische Leib hat nur ein natürliches Lebensprinzip. Er ist ein ‹psychischer› (sc. nur von der substantiellen Geistseele geformter, d. V.) Leib ... Der Auferstehungsleib hingegen ist vom Heiligen Geist durchdrungen. Er hat, wie der Leib Christi, ein das natürliche Lebensprinzip überformendes vollkommenes Lebensprinzip: den Heiligen Geist, das Pneuma.» (252) «Das Leben, das der verwandelte Leib offenbart, ist nicht nur das Leben des sein eigenes Erkennen und Lieben vollziehenden Geistes, sondern des am Erkennen und Lieben Gottes teilnehmenden Geistes ... Der verwandelte Leib ist durchleuchtet und durchglüht von der Lichthaftigkeit und Glut Gottes.» (253) «Die Verklärung ist ... jener Zustand, in welchem Leib und Geist, d. h. die Wesensbestandteile des menschlichen Seins, sich zu vollendeter Einheit verbinden, sich in ihrem Einzelsein vollständig auswirken und doch in restloser Hingabe, von allen Gebrechen und Mängeln befreit, zusammenspielen. Dem verklärten Leibe bleibt auch seine geschlechtliche Bestimmtheit. Aber sie wird wegen der Verklärung des Leibes nicht mehr betätigt.» (254) – Gewiß, so mag man sich das Unvorstellbare vorstellen, doch sollte man nicht so tun, als hätte man von dem Durchwirken der Materie durch das «Pneuma» Gottes irgendeine Ahnung, – das alles sind nichts als stammelnde Begriffe, die die einfache Schönheit der mythischen Bilder menschlicher Sehnsucht eher verdunkeln als erklären. Wie physikalistisch diese «Meta-Physik» in Wirklichkeit ist, zeigt sich, wenn SCHMAUS (a. a. O., 256) zur Verdeutlichung der «Verklärung» schließlich geltend macht, daß «für den Aufbau des Auferstehungsleibes die geringste Menge (Molekül, Atom) der Leibesmaterie» benötigt werde; mit solchen Wen-

nun: Wenn jemand gekreuzigt wird, bleiben die Wundmale erhalten; und wenn er enthauptet wird, – läuft er dann kopflos herum? In welch einem Alter, mit welch einer Krankheit, unter welchen erlittenen Deformationen, geht die «Verklärung» in den «Auferstehungsleib» vor sich? – Es zeigt sich erneut die vollkommene Unangemessenheit einer jeden historisierenden und objektivierenden Auslegung derartiger Texte. Nicht geschichtliche Fakten bezeugen sie, wohl aber legen sie symbolisch Zeugnis ab von einer möglichen Verwandlung unserer gesamten Existenz: Die Forderung Jesu, einander zu vergeben, ist solange schwer oder gar nicht erfüllbar, als die erlittenen Verletzungen nach wie vor schmerzen und noch nicht wirklich abgeheilt sind; dann aber kann es geschehen, daß sich alte Wunden «verklären», – man sieht, wie die traumatischen Zufügungen von einst die Persönlichkeit eines Menschen nach und nach positiv verändern; er ist eben nicht revanchesüchtig und verbittert geworden, sondern im Gegenteil, er hat an Güte gewonnen; das überreifte Leid macht ihn fähig, begangene Schuld zu vergeben.

Und das ist es eigentlich, was die Erscheinungsgeschichte vom Osterabend vermitteln möchte: der «Auferstandene», nachdem er den Jüngern die Verwandlung der Wunden gezeigt hat, schenkt ihnen den Geist der Vergebung. Er haucht sie an und erteilt ihnen die «Vollmacht», den Menschen die «Sünden» nachzulassen. Die kirchliche Dogmatik hat, wie gesagt, aus dieser Stelle die Einsetzung des «Bußsakramentes» in den Händen der Kleriker als der eigentlichen Apostel«nachfolger» herausgelesen[132]; tatsächlich aber geht es um

dungen glaubte er einen Haupteinwand gegen derartige Objektivierungen des Symbols der Auferstehung widerlegen zu können, daß die Leiber heutiger Menschen sich materiell zu einem großen Teil aus eben den Stoffen jener Menschen zusammensetzen, die vor uns gelebt haben und die ihrerseits in die Nahrungskette eingegangen sind; in Wahrheit zeigt sich mit all dem nur, in welche Absurditäten das objektivierende Mißverständnis sinngebender Bilder führen muß.

132 Vgl. *Catéchisme de l' Église Catholique*, Nr. 1461: «Nachdem Christus seinen Aposteln den Dienst der Wiederversöhnung anvertraut hat (Joh 20,23; 2 Kor 5,18), üben die Bischöfe, als deren Nachfolger, und die Priester, als Mitarbeiter der Bischöfe, dieses Amt weiter aus. Tatsächlich sind es die Bischöfe und Priester, die in der Kraft des Weihesakramentes die Macht haben, alle Sünden zu vergeben, ‹im Namen des Vaters und des Sohnes und des Heiligen Geistes›.» – Historisch findet sich die Form der Bußpraxis in Ansätzen um 250 bei CYPRIAN: Briefe, XV 1, in: Sämtliche Schriften, II 408, wieder, wo sich mit dem Bußetun das Eingeständnis der Schuld verbindet, «bevor Bischof und Klerus ... zur Buße die Hand aufgelegt haben»; vgl. XVII 2, in: Schriften, II 416; LXIV 1, in: Schriften, II 626. – Allerdings steht gerade CYPRIAN für ein hierarchisches Amtsverständnis, das sich zunehmend als Problem erweisen sollte. JOHN WYCLIF (1330–1384), der dem Macht- und Be-

eine alles entscheidende menschliche Erfahrung: was absolut tödlich enden müßte, wofern über unser Leben eine rein diesseitige Bilanz zu ziehen wäre, das kann und wird sich öffnen zum Leben, wenn der Tod nicht den Schlußpunkt des Daseins markiert. Gäbe es nur die paar Jahrzehnte unseres irdischen Lebens, so wäre es unvermeidbar, die Rechnungen für erlittenes Unrecht sich auf Heller und Pfennig bezahlen zu lassen; dann wollte man «quitt» werden, dann könnte man niemals wirklich vergeben, – dann bliebe das zentrale Anliegen der Botschaft Jesu schlechterdings unerfüllbar; nur mit Blick auf die Ewigkeit Gottes, im Glauben an Auferstehung, wird das Herz weit genug zur Vergebung; denn nur dann kann man, wie das gesamte Leben, die «Endabrechnung» Gott allein überlassen. Sein «Weltge-

sitzstreben des Klerus entgegentrat, wurde auf dem Konzil von Konstanz 1415 als Irrlehrer verurteilt, unter anderem wegen des Satzes: «Wenn jemand gebührend bereut, ist jede äußere Beichte an sich überflüssig und unnütz.» Vgl. DENZINGER – SCHÖNMETZER: Enchiridion Symbolorum, Nr. 1157; im Jahre 1418 wurden die Wyclifiten und Hussiten befragt, «ob jemand (auch wirklich) glaubt, daß ein Priester in den ihm zustehenden Fällen einen Sünder nach Beichte und Reue von den Sünden lossprechen und ihm eine Buße auferlegen könne.» A. a. O., Nr. 1261. JAN HUS: Von den sechs Verirrungen, 3. Kap., in: Schriften zur Glaubensreform und Briefe der Jahre 1414–1415, S. 38–39, erklärte: «Und so steht es an der Wand in Bethlehem (sc. der Prager Predigtkirche, d. V.) zur Warnung vor den Verirrungen, damit die Menschen wissen, daß es nicht im Belieben der Priester steht, Sünden zu vergeben oder zu behalten. Denn dies steht im Willen und in der Macht Gottes, in der Macht Christi des Menschen, und es hängt von der Reue oder vom Starrsinn des Menschen ... ab.» MARTIN LUTHER: Brief an Staupitz, 30. Mai 1518, in: Luther Deutsch. Die Werke Luthers in Auswahl, II 28–29, markiert die entscheidende Wende des reformatorischen Denkens in der Bußpraxis von Angst in Vertrauen: «Das Resultat war, wie es früher in der ganzen Schrift nichts Bittereres für mich gab als das Wort ‹Buße› ..., kann mir jetzt nichts süßer und angenehmer in die Ohren klingen als das Wort ‹Buße›», bedeute es – dem griechischen Wort *metánoia* Umdenken nach – doch «ein Wiederzurechtkommen und die Einsicht in die eigene Unvollkommenheit.» – Damit ein Mensch mit sich (wieder) zurechtkommt, muß sich in ihm selber etwas ändern, – das ist die Erfahrung des Reformators; formaljuridische Akte sind als solche wenig hilfreich. Als ein eigenständiges «Sakrament», das sich durch eigene Bußleistung erwerben läßt, droht das Bußsakrament sogar eine Rechtfertigung durch «Gesetzeswerke» nahezulegen, statt durch Vertrauen in Gottes Vergebung die entscheidende Wandlung des Lebens zu bewirken. Genau gegen diese Auffassung des Reformators aber richteten sich die Lehren des Tridentinischen Konzils in der Sessio 14 im November 1551; vgl. DENZINGER-SCHÖNMETZER: Enchiridion Symbolorum, Nr. 1668–1670; danach hat Christus das Bußsakrament eingesetzt, «als er, von den Toten auferweckt, seine Jünger anhauchte mit den Worten: ‹Empfangt Heiligen Geist ...» (Joh 20,22–23), Nr. 1670. Statt die Existentialisierung der «Umkehr» in dem Anliegen LUTHERS aufzugreifen, erneuerte man eine Sakramentenlehre und -praxis, die, ein halbes Jahrtausend später, sich zunehmend als ein hohles Ritual ohne subjektive Wirksamkeit und Erfahrungswirklichkeit enthüllt.

richt» trägt keinerlei angsterregende Züge mehr, es formt sich vielmehr zu der alles entscheidenden Verheißung einer allumfassenden Versöhnung. Endlich werden alle alle verstehen; endlich werden alle alles verstehen[133]!

Nicht zuletzt dieser Trost für die «Täter», die in so vielfacher Weise doch immer wieder wir selber sind, gehört als Begründung und Konsequenz zum Glauben an Auferstehung. Mit dem eigenen Leben

133 Es sind die Worte, die der Trinker Marmeladow spricht, – FJODOR MICHAILOWITSCH DOSTOJEWSKI: Schuld und Sühne, 1. Teil, II, S. 26–27: « ...über alle wird Er (sc. Christus, d. V.) zu Gericht sitzen und wird ihnen vergeben, den Guten und den Bösen, den Weisen und den Klugen wie den Demütigen ... Und wenn Er sie alle gerichtet und ihnen allen vergeben hat, dann wird Er auch uns rufen: ‹Kommt her!› wird Er sagen, ‹kommt her auch ihr! Kommt her, ihr Säufer, kommt her, ihr Schwachen, kommt her, ihr Übeltäter!› Und wir werden alle kommen, wir werden uns nicht schämen, wir werden alle vor Ihn treten. Und dann wird er sagen: ‹Schweine seid ihr! Ihr tragt Gestalt und Stempel des Viehs, aber kommt auch ihr!› Und dann werden die Weisen und Klugen ihre Stimme erheben: ‹Herr, warum willst du auch diese aufnehmen?› Und dann wird Er sagen: ‹Darum nehme ich sie auf, ihr Weisen, darum nehme ich sie auf, ihr Klugen, weil keiner von ihnen je geglaubt hat, daß er dessen würdig sei ...› Und Er wird seine Hände über uns breiten, und wir werden niederfallen ... und werden weinen ... und werden alles verstehen ... Dann werden wir alles verstehen ...! und alle werden es verstehen ... Herr, dein Reich komme!» – Sehr schön schreibt ROMANO GUARDINI: Die letzten Dinge, 91, vom «Weltgericht»: «Das Gute wird von Gott her derart offenbart, daß der Mensch sich ihm nicht mehr verschließen kann ... Vom Bösen hingegen wird sich zeigen, daß es weder notwendig ist, noch welterfahren, noch lebensvoll, noch heroisch, und was immer, sondern schlechthin überflüssig.» OTTMAR FUCHS: Überströmende Liebe schenkt unerschöpfliches Leben, in: Anzeiger für die Seelsorge, 11/2013, 22, setzt «Gericht» und «Läuterung» zu Recht ineins: «Gott verurteilt, aber Gott zieht die Liebe nicht zurück. Diese Liebe kann entsetzlich wehtun, wenn man die eigenen Taten ihrer (am jüngsten Tag) unverhüllten Offenbarung aussetzt. – Dies geschieht im unerschöpflichen Raum der Versöhnung Gottes, in dem erst das Unmögliche möglich wird, nämlich die Versöhnung der Täter von Ungerechtigkeit und Gewalt mit Gott und mit den Opfern, eine Versöhnung, die nicht die Gerechtigkeit verletzt, weil sie alle Menschen elementar ... zum schutzlosen und radikal geöffneten Resonanzkörper dessen werden lässt, was sie getan oder versäumt haben ... Dies ist der Anteil der Gerechtigkeit im Gerichtsgeschehen, nicht als Bedingung, sondern als Auswirkung der Liebe.» Vgl. DERS.: Das Jüngste Gericht, 137–146: Was heißt «Rechtfertigung»?, S. 144: «Luther hat erkannt: Es ist ein Wahn, sich Gottes Liebe erwirtschaften zu wollen. Gott liebt bedingungslos.» S. 145: «Wir werden begreifen dürfen: Gott ist uns umsonst geschenkt.» Sehr wahr schildert FUCHS, S. 77, das «Gericht» als einen Dialog der Durcharbeitung: «Die klagende Frage bezüglich des Bösen und des Leidens wird nur dann mit ihrer ganzen über den Tod hinausschießenden Wucht ausgehalten, wenn der Schöpfer im Letzten Gericht selbst ihr gegenüber auskunfts- und rechenschaftsbereit sein wird.» Und ausdrücklich spricht er sich (S. 122–127) gegen die Vorstellung einer ewigen «Zweiheit» von Seligen und «Verdammten» zugunsten der «Hoffnung auf die Rettung *aller* Menschen» aus.

kann man nur einverstanden werden in dem Vertrauen, daß die Folgen des eigenen Tuns nicht auf immer, unkorrigierbar und irreparabel, Schaden und Unheil für andere Menschen darstellen; daß Gott von sich her ausgleichen, nachreifen, heilen werde, was nachzubessern in diesem Leben uns selber unmöglich ist, bildet ein Erfordernis des Daseins – nicht weniger wichtig als das Empfinden der Zusammengehörigkeit in der Liebe und das Verlangen nach einem Gerechtwerden sich selbst gegenüber und gegenüber allen anderen Menschen in einem Verstehen, das Reifung bewirkt und Versöhnung.

Diese drei Motive also gibt es, an Auferstehung, an ein ewiges Leben, an ein Wiedersehen in Gottes Wirklichkeit mit allen Kräften zu glauben: die Liebe, die Gerechtigkeit und die Versöhnung. Betrachtet man sie näher, erkennt man, daß sie alle drei eins sind: als Quelle, als Richtung, als Ziel des Daseins. – Was bleibt von uns Menschen? Nur das, was wir von Gott, durch Gott und auf Gott hin als eigene Personen sind: geboren aus Liebe, geleitet vom Willen, richtig zu leben, getrost und getröstet allein in einer Güte, die alles Leid überliebt und zu wandeln vermag. Die «Verklärung» aller Verwundungen im *Johannes*-Evangelium und die Kraft der Vergebung, die daraus erwächst – das ist die zentrale Botschaft der «Erscheinung» des «Auferstandenen» an seine «Jünger», – an alle, die versuchen, an Gott zu glauben, wie Jesus es tat.

Und was wird aus der Welt im ganzen? Dazu ist in der Bibel nichts gesagt, weil es für die Gestaltung unseres Lebens nicht von Belang ist, Auskünfte darüber zu besitzen. – In der erkenntnistheoretischen Methode der Phänomenologie bestand EDMUND HUSSERL auf dem Verfahren der «Reduktion»[134]: abzusehen sei im Erkenntnisvorgang von der Frage, ob dem jeweiligen Bewußtseinsinhalt ein Sein auch außerhalb des Bewußtseins zukomme – ob er in diesem Sinne «wirklich» sei –, vielmehr komme es darauf an, das «reine» (nicht auf empirische Untersuchungen gestützte) Wesen der Bewußtseinsgegebenheiten zu beschreiben und ihren intentionalen (gegenstandsgerichteten) Sinn zu

134 Vgl. EDMUND HUSSERL: Die phänomenologische Methode. Ausgew. Texte, I 140 (Die phänomenologische Fundamentalbetrachtung): «Wir greifen ... das Phänomen der ‹Einklammerung› oder ‹Ausschaltung› heraus ... In Beziehung auf *jede* Thesis (sc. Setzung von etwas als vorhanden, d. V.) können wir ... diese eigentümliche *epoché* (sc. Innehaltung, d. V.) üben, eine gewisse Urteilsenthaltung, die sich mit der unerschütterten und ev. unerschütterlichen, weil evidenten Überzeugung von der Wahrheit verträgt. Die Thesis wird ‹außer Aktion gesetzt›, eingeklammert, sie verwandelt sich in die Modifikation ‹eingeklammerte Thesis›, das Urteil schlechthin in das ‹eingeklammerte Urteil›.»

ermitteln. Ganz entsprechend gilt es, die Auslegung der biblischen Symbolsprache unter die Forderung einer existentiellen Reduktion zu stellen: alles Fragen nach einer «Wirklichkeit» jenseits der Sinndeutung des menschlichen Daseins sind methodisch zunächst auszuklammern, – sie sind nicht mitgemeint und deshalb nicht beantwortbar. Strenger gesagt: Die «Welt», deren «Untergang» nach dem Zeugnis der apokalyptischen Texte der «Wiederkunft» Christi vorausgehen muß, ist unsere eigene Welt(auslegung), – die Art unseres Selbstverständnisses im Getto der Angst, fernab von Gott. Diese «Welt» des Todes hat Jesus durchbrochen, indem er die Kreuzigung auf sich nahm; da begann das «Ende» unserer Todespraxis, so daß *Matthäus* im Moment, da Jesus starb, zu sehen meinte, wie «sich die Gräber öffneten und viele Leiber der entschlafenen Heiligen auferweckt wurden» (Mt 27,52). Erst wenn wir diese Sicht der Dinge im eignen Leben zu verwirklichen versuchen, werden wir jener Evidenz der Bilder von der «Auferstehung» eine letzte Wirklichkeit zumessen: wir könnten anders niemals wirklich leben! Zu leben, wie Jesus es tat, – das setzt voraus, mit ihm daran zu glauben, daß das Leben eines jeden ewig ist.

Den Sinn aller apokalyptischen Rede hat auf seine Art *Markus* wiedergegeben, wenn er die große (nachträglich eingeschaltete) «Rede» Jesu, in Wahrheit ein apokalyptisches Flugblatt aus den Tagen um 70 n. Chr., dicht vor dem Untergang Jerusalems[135], über das Ende der heiligen Stadt und die ganze «Welt» mit den Worten beschließt: «Vom Feigenbaum aber lernt das Gleichnis: Wenn sein Zweig bereits zartgrün ist und Blätter hervortreibt, erkennt ihr: nah ist der Sommer. So auch ihr, wenn ihr seht, wie das geschieht, erkennt: Er ist nahe am Tor.» (Mk 13,28.29)[136] Es ist nicht einfach die physische Tatsache,

135 Vgl. E. DREWERMANN: Das Markus-Evangelium, II 330–352: Mk 13,1–37: Die apokalyptische Rede.

136 A. a. O., II 375–396: Noch einmal Mk 13,14–32: Das Ende der Welt und die Ankunft des Menschensohnes, 392–397. – Sehr schön schreibt JOACHIM RINGLEBEN: Tod und Auferstehung, in: Bärbel Köhler (Hg.): Religion und Wahrheit, 270: «Wir Menschen … sind … Wesen, die … über den Tod hinaus fragen. Vom Tod zu wissen, heißt auf eine letzte Grenze stoßen; über ihn hinaus zu fragen, heißt diese Grenze virtuell zu überschreiten, zumindest sich bei ihr nicht beruhigen (zu) können … So haben … alle Religionen Antworten auf dies Rätsel des menschlichen Daseins zu formulieren versucht.» Er endet (S. 283) mit den Sätzen: «Wir … haben eine Hoffnung, die nicht von dieser Welt ist. Sie hat dichterische Worte gefunden, die vielleicht aus (sc. Gustav, d. V.) Mahlers zweiter, der Auferstehungssymphonie her bekannt sind, Worte (sc. Friedrich Gottfried, d. V.) Klopstocks:

Auferstehn, ja, auferstehn wirst du,
Mein Staub, nach kurzer Ruh!

daß jeder Tag unseres Lebens der letzte sein könnte, und das damit verbundene (stoische) Ethos, dementsprechend entschlossen zu leben, es ist vielmehr ein Vertrauen, in allem, was kommt, und egal, wie es kommt, in der Nähe des Herrn zu verbleiben. Wenn wir nur tun, was der Engel am Grabe den Frauen am Ostermorgen gebot: sie sollten hinübergehen nach «Galiläa» – wir sollten uns hinwenden zu all den Worten, die am Ufer des Sees von Gennesaret vernehmbar wurden –, so wird er auf dem Wege dahin uns entgegenkommen. (Mt 28,7.9) Alles andere brauchen wir nicht. Der kleine Stern in der Wolke der Dunkelheit, von dem REINHOLD SCHNEIDER sprach, – mehr ist nicht geoffenbart. Die heilige THERESA VON AVILA zitierte er mit den Worten: «Todo es nada», – hier auf Erden ist alles nichts. Und: «Que todo el mundo no me hace compañia» – daß die ganze Welt mir Gefährtin nicht sein kann. Und: «todo me parece sueño» – das Irdische ist nur ein Traum, allein die Augen der Seele erschauen das Wirkliche[137]. Oder in einem Wort, das man AUGUSTIN zuschreibt.

Auferstehung ist unser Glaube,
Wiedersehen ist unsere Hoffnung,
Erinnern ist unsere Liebe.[138]

Unsterblich Leben
Wird, der dich schuf, dir geben.
Wieder aufzublühn, werd› ich gesät.
Der Herr der Ernte geht
Und sammelt Garben
Uns ein, uns ein, die starben.

Wie den Träumenden wird's dann sein. (Vgl. Ps. 126,1.)
(Nach F. G. Klopstock: Sämtliche Werke, Bd. 5, Leipzig 1856, S. 103–104)

137 REINHOLD SCHNEIDER: Philipp der Zweite oder Religion und Macht: Die Vollendung des Glaubens. Teresa von Avila. Buch ihres Lebens, S. 145. – KARL RAHNER: Das Leben der Toten, in: Schriften zur Theologie, IV 437, nimmt dieses «Genug» auch in die Beziehung der Lebenden zu den Verstorbenen hinein, indem er vom «Verkehr mit den Toten ... nach Art der Spiritisten» warnt: «Nicht weil sie (sc. die Verstorbenen, d. V.) nicht existierten, nicht weil sie eigentlich von uns getrennt wären ... Aber *wir* sind die noch *Zeitlichen* ... den Toten, die leben, begegnen wir, auch wenn es die von uns Geliebten sind, in Glaube, Hoffnung und Liebe, d. h. wenn wir unser Herz der schweigenden Stille Gottes selbst öffnen, in der sie leben; nicht dadurch, daß wir sie zurückrufen dahin, wo wir sind, sondern indem wir in die schweigende Ewigkeit unseres eigenen Herzens hinabsteigen und in der Zeit durch den Glauben an den Auferstandenen die Ewigkeit werden lassen, die sie schon für immer ausgezeugt haben.»

138 AUGUSTINUS: Gottesstaat, XXII 29, in: Ausgew. Schriften, III 503–516, schildert den himmlischen Zustand «des Friedens Gottes ... in uns, untereinander und mit Gott» (S. 509)

VI) Gotteslehre (Theologie im eigentlichen Sinne) oder: Von Glaubensformeln und von Glaubensformen

«Ein bewiesener Gott ist kein Gott.
Daher: Nur wer von Gott ausgeht, kann ihn suchen.»
KARL JASPERS: Der philosophische Glaube, 33.

Die ganze Zeit bisher war, fast wie selbstverständlich, von Gott, von Gott, von Gott die Rede. Wer aber ist das eigentlich: Gott? – Eine Projektion des menschlichen Wesens? Das gerade nicht, vielmehr ein absolutes Gegenüber, das hilft, die Ängste durchzustehen, die mit dazu gehören, bewußt in dieser Welt zu existieren. – Wenn aber gerade mit Gott Angst erzeugt wird, ist «Gott» dann psychoanalytisch nicht der Ahnherr der Neurose und soziologisch ein Symptom für einen Krankheitszustand der Gesellschaft, wie er entsteht in Ausbeutung der Massen für die Herrschaft weniger? Das, muß man zugeben, ist sogar zumeist der Fall gewesen und hat religionsgeschichtlich beinahe für normal zu gelten, doch widerlegt es nicht den Gottesglauben, es auferlegt die unbedingte Pflicht, die Vorstellung von Gott zu klären. Was war einmal damit gemeint? Was sollte damit nach wie vor gemeint sein?

Gemeint war damit biblisch einst ein bloßer Stammesgott, der nach der «Landnahme» der «Kinder Israels» in Kanaan zu einem Gott der «Schöpfung» aufwuchs, – er dehnte seine Macht aus auch auf die Fruchtbarkeit der Felder. So die bisherige Betrachtung. Sie war identisch damit, den Gott Israels polemisch in Aktion treten zu sehen zur Ausrottung der Heidengötter. Der biblische Monotheismus, der in klaren Konturen allerdings erst gegen Ende des 6. Jhs. v. Chr. Gestalt gewann, trug von Anfang an die Züge einer gewalttätigen Unduldsamkeit an sich. Gleichwohl ereignete im Schatten dieser rigorosen ideologischen Intoleranz psychologisch sich etwas Außerordentliches, etwas bis dahin so noch nie Gewesenes: Indem der Gott vom Sinai denen, die an ihn glaubten, als *einer* gegenübertrat (Ex 20,3), erlangte und verlangte er Einheit und Einheitlichkeit auch in der Person der Menschen[1]. Eine Kulturschwelle ward da überschritten[2].

1 Zu der Einheit von Ein-Gott-Glaube und Selbstfindung vgl. E. DREWERMANN: Die Zehn Gebote, 25–37: Das erste Gebot.

2 ARNOLD GEHLEN: Urmensch und Spätkultur, 97, vertrat die These, «daß eine

Zur Vielzahl der Götter in den mythischen Religionen der Völker gehört die seelische Zerrissenheit der menschlichen Akteure auf der Bühne der Geschichte. Wie soll ein Mann wie Páris sich entscheiden, wenn drei Göttinnen des Olymp, wenn Hera, Aphrodite und Athene um seine Gunst anhalten? Er wählt die Schönheit und die Liebe, wie sie in Aphrodite ihm entgegentritt, – der Krieg um Troja wird die Folge sein. Und wenn er sich wie jener Amazonen-Sohn Hippolytos gegen die Liebe und stattdessen für die Jagd entschiede? Dann würde er zum Opfer Aphrodites, die an ihrer Konkurrentin Artemis sich rächt, indem sie Phädra zwingt, dem eigenen Stiefsohn ihre Liebe anzutragen[3]. Die Dichter, die im fünften vorchristlichen Jahrhundert Überlieferungen wie diese im Dionysostheater von Athen zur Aufführung brachten, sahen völlig richtig: der Widerstreit der Götter ist anders gar nicht darstellbar denn als ein Widerspruch der menschlichen Gefühle und als ein tragisches Geworfensein in unauflösliche Konflikte[4]. Der *eine* Gott der Bibel hält hingegen mit seinem eigenen Gebote dazu an, daß sich das Herz des Menschen eint zu Freiheit, Selbstbestimmung und Verantwortung. Indem er alle kultische Verehrung «fremder» Götter untersagt, verlangt er seelische Geschlossenheit und sittliche Entschlossenheit vom Menschen. Als eine eigene mit keinem Teil der Welt identische Person steht er der personalen Eigenheit und Eigenart in jedem Einzelnen unter den Menschen gegenüber. Wohl, Selbstidentität und Personalität lassen sich nicht herbeibefehlen, – unendlich lang erscheint der Weg, der in der christlichen «Erlösungslehre» vom Sinai zurück zu dem verlorenen Paradies, quer über die verfluchte Erde (Gen 4,11), vorbei an den zwei Wächterengeln mit dem Flammenschwert am Paradieseseingang, hinüber an den «Ort» des ursprünglichen Gottvertrauens und des ruhigen Selbst-Sein-Dürfens führt; aber der Anspruch gilt, wie ihn schon exemplarisch die Propheten lebten: herausgerufen aus der Menge, als einzelne Person der absoluten einigen und einzigen Person des Gottes Jahwe ausgesetzt zu sein, das eigene Ich zu seinem Sprachrohr umzuformen und die Lebensform zu messen ganz allein am Auftrag seines Wortes.

echte *Änderung der Bewußtseinsstrukturen*, nicht bloß der Inhalte, uns über zwei absolute Kulturschwellen hinweg sehr weit von jenen Zuständen (sc. archaischer Verhaltensweisen, d. V.) getrennt hat. Diese ‹Kulturschwellen› bestehen einmal in der monotheistischen Religion, und dann – über 2000 Jahre später – in der technisch-industriell-naturwissenschaftlichen Weltauffassung und Weltbeherrschung.»

3 Vgl. E. DREWERMANN: Liebe, Leid und Tod, 152–180: Phädra und Hippolytos oder: Verlorene Jugend.

4 Vgl. a. a. O., 10–15.

1) «Gott ist dreifaltig einer» oder: Syllogistische Sophistereien statt einer synkretistischen Synthese

Auf diese Weise, als Beziehung von (menschlicher) Person zu (göttlicher) Person, kommt allein zustande, was man Gottesglauben nennt. Vor der *«ens causa sui»*, vor jener Philosophengottheit, die – in unendlichem Unterschied zu allem endlich Seienden in dessen radikaler Kontingenz – sich als «Grund ihrer selbst», mithin als absolut, erweist, kann man nicht tanzen, nicht frohlocken, nicht trauern und nicht um Erlösung flehen, meinte MARTIN HEIDEGGER[5] im Jahre 1957; das ganze metaphysische Gebäude aus Begriffen, das man dem Gott der Bibel theologisch als eine Art Kaserne eingerichtet hat, ist mittlerweile unter den Erdstößen der Natur(wissenschaften) in Trümmer gesunken. Der eine Gott, bewiesen aus Begriffen, ist nicht nur abweisend und abwesend dem Leben gegenüber, er selbst hat aufgehört zu leben. Von dem Gefühl der neuen Zeit, «Gott ist tot», sprach erstmals bereits G. W. F. HEGEL im Jahre 1802, als er die Kluft zwischen «Wissen und Glauben», Vernunft und Frömmigkeit, Denken und Fühlen beschrieb[6]. «Gott ist tot. Wir haben ihn getötet», jubelte 70 Jahre später FRIEDRICH NIETZSCHE[7]. Dagegen steht: «Gott kann

5 MARTIN HEIDEGGER: Identität und Differenz, 70.

6 G. W. F. HEGEL: Glauben und Wissen, 123, sprach von der «Nacht der Unendlichkeit», dem «Abgrund des Nichts» und dem «Gefühl ..., worauf die Religion der neuen Zeit beruht, das Gefühl: Gott selbst ist tot.» Für HEGEL ist dieser «Tod» freilich ein Durchgangsmoment in Gott selbst.

7 FRIEDRICH NIETZSCHE: Also sprach Zarathustra, Vorrede 2, S. 8: «Sollte es denn möglich sein! Dieser alte Heilige hat in seinem Walde noch nichts davon gehört, daß Gott tot ist.»–1. Teil, Von den schenkenden Tugenden 3, S. 84: «Tot sind alle Götter: nun wollen wir, daß der Übermensch lebe.»–3. Teil, Von den Abtrünnigen 2, S. 202: «Mit den alten Göttern ging es ja lange schon zu Ende: – und wahrlich, ein gutes fröhliches Götter-Ende hatten sie! Sie ‹dämmerten› sich nicht zu Tode – das lügt man wohl! Vielmehr: sie haben sich selber einmal zu Tode – *gelacht*! Das geschah, als das gottloseste Wort von einem Gott selber ausging, – das Wort: ‹Es ist Ein Gott! Du sollst keinen anderen Gott haben neben mir!› – ein alter Grimmbart von Gott, ein eifersüchtiger, vergaß sich also: – Und alle Götter lachten damals und wackelten auf ihren Stühlen und riefen: ‹Ist das nicht eben Göttlichkeit, daß es Götter, aber keinen Gott gibt?›» Der eigentliche Grund des «Todes» Gottes (des Atheismus) aber ist für NIETZSCHE das SCHOPENHAUERsche Mitleid; 2. Teil, Von den Mitleidigen, S. 96: «Also sprach der Teufel einst zu mir: ‹auch Gott hat seine Hölle: das ist seine Liebe zu den Menschen.› Und jüngst hörte ich dies Wort sagen: ‹Gott ist tot; an seinem Mitleiden mit den Menschen ist Gott gestorben.›»

nicht sterben»[8], – er kommt zu seiner Existenz nicht durch das menschliche Bewußtsein; umgekehrt: das menschliche Bewußtsein existiert als personales wesentlich durch ihn.

Der Mann, der das für alle Zeit gezeigt hat, war Jesus aus Nazaret. Man kann nicht mal entfernt versuchen, so wie er zu leben, ohne zu lernen, so wie er zu glauben. Er war und ist maßgebend. Indem er an die «väterliche» Güte Gottes glaubte, betrat er diese Welt der gnadenlosen Gottesferne als ein völlig Fremder. Im Namen Gottes glaubte er an die Vermeidbarkeit der sonst «alternativlos» scheinenden Zwangshandlungen der menschlichen Gesellschaft aus Geld, Gewalt, Gemeinheit und Gewinnausschüttung. Er ging durch diese Welt hindurch, als ginge sie ihn einzig in Gestalt leidender Menschen etwas an. Er ging für seinen Gott der Güte in den Tod, und einzig dadurch lehrte er, was Leben heißen kann. Er stand auf Gottes Seite für die Menschen ein, die mit der Unmenschlichkeit des Zusammenlebens nicht zu Rande kamen. So wie vor seinen Augen im Moment der Taufe sich der Himmel öffnete (Mk 1,10), so schob er vor den Augen aller Menschen, die mit ihm zu tun bekamen, die Wolkendecke ihrer Ängste und Verstellungen beiseite, daß sie eintreten konnten in das Licht der Sonne. Er war in geradewegs klassischer Weise der «Mittler» und der «Offenbarer» Gottes. – Alles bis dahin ist begreifbar in seinem vorbildlichen Ernst und in der existentiellen Dichte seines Anliegens; allein, dem Kirchendogma war und ist das nicht genug. Der Grund: die falsche «Wörtlichnahme» der (altägyptischen) Mythologie vom «König» als dem «Gottessohn». Übertragen auf den «Messias» (Christus) Jesus, erklärte man historisch-objektiv die Person des historischen Jesus selbst für metaphysisch-seinshaft göttlich; dann aber mußte es neben dem einen Gott, dem Vater, auch einen Sohn als Gott geben. Der eine Gott also bestand aus nunmehr minde-

8 Vgl. HEINZ ZAHRNT: Gott kann nicht sterben, 47–54: Der «Tod Gottes» – ein logischer Widerspruch, S. 51: «Eine Theologie *ohne* Gott ist entweder reine Anthropologie oder ein Unsinn.» Insbesondere richtete ZAHRNT (S. 49–50) sich gegen die Gott-ist-tot-«Theologie» der bei vielen nach wie vor hochverehrten DOROTHEE SÖLLE: «Entweder Gott ist tot, dann hat er nie gelebt – oder aber Gott hat gelebt, dann ist er nicht tot.» Zu Recht hält ZAHRNT die Berufung auf «Auschwitz» als Grund der Gott-ist-tot-Theologie für falsch: – «Die Belastungsproben und Anfechtungen, denen sich der Glaube an Gott angesichts der Welt, wie sie ist, ausgesetzt sieht, waren zu allen Zeiten gleich groß (sc. vgl. die Bauernkriege in den Tagen LUTHERS oder der Dreißigjährige Krieg für ganz Europa, d. V.) und gleich schwer.» (S. 50)

stens zwei göttlichen Personen, und noch hinzu kam dann der Heilige Geist. Wie war das alles nur zu denken?

Geistige Prozesse sich vorzustellen, die, um vollkommen beschrieben zu werden, drei auf einander bezogene Momente aufweisen, ist an sich so schwierig nicht. AUGUSTINUS vor allem bemühte sich in seinem 15bändigen Hauptwerk über die «Trinität», Spuren der Dreifaltigkeit Gottes als des Schöpfers in allem Geschaffenen zu finden, läßt sich doch ein jedes Seiende betrachten als eines (*unitas*), als ein Bestimmtes (*species*) und als etwas, das eingebettet ist in das Weltganze (*ordo*)[9]. Vor allem aber in den geistigen Tätigkeiten des Menschen glaubte er, Hinweise auf Gottes Dreifaltigkeit zu finden, – in der sinnlichen Wahrnehmung ebenso wie im Erinnerungsvermögen: Um etwas wahrnehmen zu können, muß ein Gegenstand in einem inneren Abbild festgehalten und zwischen beiden geistig eine Beziehung hergestellt werden; und ähnlich bei der Erinnerung: da gibt es ein Gedächtnisbild (ein phantasma), sodann dessen Bewußtwerdung («Anschauung») und schließlich einen Willen, der beides im Vorgang des Sich-Erinnerns miteinander verbindet[10].

Als Abbild Gottes (Gen 1,27) aber ist der Geist des Menschen selbst in Analogie zum Wesen Gottes zu betrachten. Geist zu sein ist identisch damit, sich selbst zu erkennen und sich selbst zu wollen (zu lieben). Entsprechend gehört bereits zum Vorgang des Nachdenkens, daß ein gespeichertes Wissen (*memoria*) durch eine intellektuelle Tätigkeit (*intelligentia*) abgerufen und willentlich (*voluntas*) beides miteinander verknüpft wird[11]. – Und vor allem die Liebe! Sie ist nur

9 AUGUSTINUS: De trinitate, VI 10, 12; CCSL 50, S. 242: «Alles nämlich, was durch göttliche Kunst geschaffen wurde, weist in sich eine gewisse Einheit auf, sowohl in der Art als auch in der Ordnung ... Es ist also richtig, daß wir den Schöpfer durch das Geschaffene, wenn wir es als erkanntes betrachten, als eine Dreifaltigkeit erkennen, deren rechte Spur gewissermaßen in der Schöpfung aufscheint.»

10 AUGUSTINUS: De trinitate, XI 4,7, lat.-dt., S. 147: «Wenn ... der Wille ... mit dem inneren Vorstellungsbild zusammenfließt ..., dann erfüllt sich eine so große Ähnlichkeit (des Vorstellungsbildes) mit der ... aus der Erinnerung hervorgebrachten Gestalt, daß auch der Verstand nicht zu unterscheiden vermag, ob der Körper draußen selbst gesehen oder ... inwendig gedacht wird.»

11 AUGUSTINUS: De trinitate, XI 3, 6, lat.-dt., S. 143: «Und so entsteht eine Dreiheit aus Erinnerung, innerer Schau und dem Willen, der beide eint. Und weil diese drei sich zu Einem zusammenfügen, so nennt man dieses Zusammenfügen Denken. Bei diesen dreien nun herrscht keine Substanzverschiedenheit mehr» – wie bei den drei göttlichen «Personen». – Bezeichnenderweise hat KARL BARTH: Die kirchliche Dogmatik, I 1, S. 366, die «vestigia trinitatis» abgelehnt, aus Sorge, es entstehe «sofort die Lehre von einem anderen, fremden Gott, von einem der Götter, der Menschengötter dieses Äons, wenn sie nicht ein Mythus sein soll.»

möglich, wenn es jemanden gibt, der liebt, jemanden, der geliebt wird, und wenn zwischen beiden eine Beziehung der Zuneigung besteht[12].

Eigentlich kann man bei solchen Betrachtungen dem Kirchenvater nur zustimmen: überall (wenn man so vorgeht!) lassen sich *vestigia* und *imagines Dei*, Spuren und Abbilder Gottes, entdecken, ja, es beseht die berechtigte Aussicht, daß bei anhaltendem Fleiß gewiß noch eine Menge anderer Hinweise auf drei Phasenmomente innerhalb ein und derselben geistigen Prozesse auftauchen werden. Der psychologisch-philosophische Ansatz der Trinitätslehre AUGUSTINS erfuhr in der gesamten Theologiegeschichte die verdiente große Beachtung, seine spekulativ umfassendste Ausgestaltung freilich erhielt er erst 1400 Jahre später in der idealistischen Philosophie G. W. F. HEGELS, der aus den verschiedenen «Hinweisen» auf die dreifaltige Prozeßstruktur des Geistes einen logischen Beweis für das Sein und das Wesen des (göttlichen) Geistes zu entwickeln suchte[13]. Geist, erklärte HEGEL, ist Selbsterkenntnis, also ein dialektischer Prozeß der Bewußtwerdung des Seins und der Selbstbewußtwerdung des Bewußtseins: Die Welt, die Natur betrachtete HEGEL als das Anderssein des Geistes, in dem dieser sich objektiviert, um in der menschlichen Geschichte zum Bewußtsein seiner selbst zu gelangen, mithin zur Einheit von Notwendigkeit und Freiheit, von objektiver und subjek-

12 AUGUSTINUS: De trinitate, VIII 10, 14; CCSL, 50, S. 290–291: «In der Liebe gibt es einen, der liebt, und etwas, das durch die Liebe geliebt wird. Also sind da drei: einer, der liebt, eins, das geliebt wird, und die Liebe selbst. Was ... ist Liebe andres als ein Leben, das gewissermaßen in zweien eins wird oder eins zu werden trachtet, nämlich ein Liebender und ein Geliebtes ... Von daher sind es also drei: ein Liebender, was geliebt wird und die Liebe.» Da nun Gott die Liebe ist, muß er «dreifaltig» sein oder umgekehrt: die Dreifaltigkeitslehre meint nichts anderes, als daß Gott die Liebe ist. – Dabei könnte es bleiben! Aber das tut es nicht. KARL BARTH: Die kirchliche Dogmatik, I 1, S. 352–367, warnt vor jeder Art «natürlicher» Theologie dieser Art: «Es ist eben doch nicht dasselbe, die Trinität bewußt und absichtlich aus dem Schema des menschlichen Selbstbewußtseins oder aus einer anderen geschöpflichen Ordnung abzuleiten statt aus der Schrift.» (S. 366) Und: «Gott ... in seiner Offenbarung ... schafft ... selber ein *vestigium* seiner selbst und also seiner Dreieinigkeit. Wir stellen nichts Zweites daneben.» (S. 367)

13 Vgl. G. W. F. HEGEL: Vorlesungen über die Philosophie der Religion, 3. Theil: Die absolute Religion, Das Reich des Vaters, I.: Gott in seiner ewigen Idee an und für sich, in: Bd. 2 (Werke 16), S. 226–227: «Gott ist der Geist ... Der Geist ist dieser Prozeß ..., sich zu unterscheiden ... aber so daß ...diese Unterschiede sich aufheben ... Dieß ... ist ... der Geist selbst oder nach Weise der Empfindung ausgedrückt, die ewige Liebe ... Denn die Liebe ist ein Unterscheiden Zweier, die doch für einander schlechthin nicht unterschieden sind ... Diese ewige Idee ist ... die heilige Dreieinigkeit.»

tiver Vernunft, von Wissen und Glauben, von Staat und Religion, – zur Versöhnung all der Widersprüche des Geistes in der Synthese der gewußten und bewußten Vernünftigkeit des Ganzen. Gott, Welt und Mensch bildeten für HEGEL die drei Durchgangsmarkierungen einer einzigen dynamischen Entwicklung des Geistes, der schöpferisch sich zeigt in den Gesetzen der Natur, der sich als denkendes Subjekt offenbart im Menschen und der im Erkennen der Vernunft zur geistigen Einheit von Natur und Kultur aufsteigt. Das christliche Dogma von Gott dem «Vater» als Schöpfer, von Gott als dem menschgewordenen «Sohn» und von Gott als dem Geist in der Vereinigung beider stellte für HEGEL daher lediglich in der Form der Religion, in der Weise der Vorstellung, dar, was durch ihn selbst in der Philosophie als Begriff des Göttlichen in das Wissen der Vernunft «aufgehoben» werden sollte[14].

HEGEL an dieser Stelle zu erwähnen ist deshalb von Bedeutung, weil sich in ihm am deutlichsten zeigt, wohin die Rationalisierung des christlichen Mythos im kirchlichen Dogma führen muß, wenn man den Anspruch auf begriffliche Klarheit im Sprechen von Gott zu Ende denkt: das Dogma, das sich nur als ein positiv zu Glaubendes, als ein von außen Gesetztes der menschlichen Vernunft gegenüberstellt, redet selbst vom Geist auf ungeistige Weise, und es nötigt durch diesen seinen Widerspruch selber dazu, als ein Gedachtes nicht nur in seinem Inhalt, sondern auch in seiner Form geistig begriffen zu werden. Den würdigen Abschluß der christlichen Theologie, als welchen HEGEL sich selber betrachtete, kann in letzter Konsequenz daher tatsächlich nur ein umfassendes System der Welterklärung, eine Theorie von allem bilden, wie die HEGELsche Ontotheologie sie vorzulegen suchte. Der entscheidende Kritikpunkt liegt dabei nicht einmal in dem «Panrationalismus», den man kirchlicherseits der HEGELschen Aufhebung des Glaubens ins Wissen immer wieder vorgeworfen hat, er besteht in dem intellektualistischen Mißverständnis des Glaubens selber, dem die akademische Theologie als ganze bis heute unterliegt.

Wieder war es SÖREN KIERKEGAARD, der aufs heftigste gegen die

14 A. a. O., 205–206: «Die Theologie, so wie sie nicht ein Hersagen der Bibel ist und über die Worte der Bibel hinausgeht ..., tritt ins Denken ... Die Theologie gegen die Philosophie sich kehrend ist entweder bewußtlos darüber, daß sie solche Formen (sc. des Denkens, d. V.) braucht, daß sie selbst denkt und es darauf ankommt, nach dem Denken fortzugehen, oder ... sie will das beliebige, zufällige Denken ... sich vorbehalten ... nur der Begriff für sich befreit sich ... von jenem Positiven: denn in der Philosophie und Religion ist diese höchste Freiheit, die das Denken selbst als solches ist.»

Vorstellung protestierte, man müsse über den Glauben Abrahams oder über den Glauben Jesu «hinausgehen», indem man – zum Professor der Theologie werde[15]. Selbst wenn sich die gesamte Geschichte des Menschen, inklusive der Berufung Abrahams und der Kreuzigung Christi, in der Retrospektive als «notwendig» und «vernünftig» darstellen ließe, wie HEGEL es versucht hatte, so tritt doch immer noch – und nur um so deutlicher – das Paradox in Erscheinung, daß man nicht nach rückwärts, sondern nur nach vorwärts leben kann, ins Ungewisse, ins nicht Wißbare hinein[16]. Existieren ist nicht Dozieren. Ja, selbst wenn es begründete Vorhersagen über das Künftige geben könnte, besäßen sie doch eine gewisse Aussagekraft allein im Generellen, nicht im Individuellen, – die persönliche Entscheidung im Augenblick jetzt bliebe nach wie vor das, was sie immer ist: ein Sprung vom Möglichen ins Wirkliche, vom Denken ins Handeln, ein Wagnis in unableitbarer und nicht delegierbarer Verantwortung. Eben deshalb auch läßt sich «Gott» gewiß im Sinne des Pantheismus als eine alles durchdringende «Vernunft» denken, doch glauben kann man Gott nur als Person, so wie Jesus es vorgelebt hat, indem er Gott als seinen und unseren Vater (Joh 20,17) bezeichnete.

Es ist deshalb nicht anders als grotesk zu nennen, daß ausgerechnet aus dieser Tatsache all die Verwirrungen und Komplikationen der dogmatischen Gotteslehre abgeleitet wurden. Man setzte, wie in der

15 SÖREN KIERKEGAARD: Furcht und Zittern, Problemata, S. 23–24: «Es gibt ein Wissen, das sich anmaßt, in die Welt des Geistes dasselbe Gesetz der Gleichgültigkeit einführen zu können, unter welchem bereits die äußere Welt säufzt. Dieses Wissen nimmt an, es genüge schon, das Große zu kennen, einer anderen Arbeit aber bedürfe es nicht ... Was man aus der Geschichte Abrahams ausläßt, das ist die Angst.» Vgl. DERS.: Der Augenblick, 283: «... mir war es doch vergönnt, diesen Gedanken (sc. der Gleichzeitigkeit, d. V.), leidend, wieder in Erinnerung zu bringen, diesen Gedanken, der wie Rattenpulver für die Ratten, Gift ist für die Dozenten, dies Ungeziefer, welches recht eigentlich das Christentum verdorben hat, die Dozenten, diese edlen Männer, welche die Gräber der Propheten bauen, *objektiv* deren Lehre vortragen, Leiden und Tod der Herrlichen – vermutlich objektiv und stolz auf das Objektive, da das Subjektive, Kränklichkeit, Gehabe ist – zu Gewinst machen, aber – natürlich mit Hilfe des gepriesenen Objektiven – sich selber heraushalten, weit entfernt von allem, was auch nur im entferntesten dem gleichen könnte, daß man leidet in Gleichheit mit den Herrlichen, oder dem, daß man leidet, wie man gelitten hätte, falls man in der Gleichzeitigkeit die Herrlichen anerkannt hätte als das, was sie waren.»

16 SÖREN KIERKEGAARD: Unwissenschaftliche Nachschrift, 1. Teil. Das objektive Problem von der Wahrheit des Christentums, S. 160–161: «Sobald man die Subjektivität fortnimmt und von der Subjektivität die Leidenschaft und von der Leidenschaft das unendliche Interesse, dann gibt es überhaupt keine Entscheidung ... Jede Entscheidung, jede wesentliche Entscheidung liegt in der Subjektivität.»

«Christologie» gezeigt, die «Versöhnung» mit Gott, die Jesus lebte und schenkte, in seine «Natur», in sein «Sein»; man machte aus der Einheit eines personalen Verhältnisses zwischen Ich und Du eine ontisch gedachte Identität, eine Einheit des Gottseins; und damit stand man – statt der Rätselhaftigkeit des menschlichen Daseins – nunmehr einem «Mysterium» der «Gottheit» gegenüber, das sich nur mit geistigen Monstrositäten lösen ließ.

Natürlich fehlte es in der Kirchengeschichte nicht an Theologen, welche die Vorstellung von der «Dreifaltigkeit» Gottes auch ohne logische Ungereimtheiten und begriffliche Kunstgriffe zu vertreten suchten. Der französische Philosoph und Theologe PETER ABAELARD (1079–1142) etwa lehrte die Einheit eines Gottes, der in Macht, in Weisheit und in Güte sich darstellt[17]; doch «Eigenschaften» (Wesensattribute) sind keine «Personen», – in den Augen des (heiligen) BERNHARD VON CLAIRVAUX (1091–1153) vertrat ABAELARD nichts anderes als die alte Irrlehre des «Monarchianismus»[18].

17 PETER ABAELARD: Theologia Summi boni, III 1,12, S. 199; 201: «Wiewohl die Werke der drei Personen, deren Essenz in keiner Weise verschieden ist, gemeinschaftlich (indivisa) sind, werden wegen der Verschiedenheit der Personen und ihrer Werke trotzdem gewisse Werke *gleichsam als Sonderwerke* speziell der einen Person zugeordnet, gewisse einer anderen Person. – Und zwar wird dem *Vater* dasjenige zugeordnet, was Bezug hat auf die *Macht* ... Dem *Sohn* wird besonders dasjenige zugeschrieben, das sich auf die Weisheit bezieht ... Zum *Geist* gehören eigentlich die (Wesenszüge), die sich auf die *Realisation der göttlichen Gnade* beziehen. Die «Zeugung» des «Sohnes» durch den «Vater» erklärt ABAELARD (a. a. O., III 2, S. 203) damit, daß «sich Gott aufgrund seiner Allmacht auf unendlich vieles, das der Realisation harrt, bezieht, d. h. auf all das, was er bewirken kann,» aber «aufgrund der Weisheit, der Macht zu unterscheiden,» bezieht er sich «präzis auf das eine, nämlich das Unterscheidenswerte.» Der Vorwurf des Sabellianismus wurde ABAELARD von dem Nominalisten ROSCELIN gemacht, der zu Recht betonte, daß ABAELARD von der Einzigartigkeit der göttlichen Substanz ausging, – vgl. a. a. O., II 1, S. 85; freilich, meint die Herausgeberin URSULA NIGGLI, S. 281, «war es leichter, in bezug auf das Analogon, den philosophischen Begriff des Höchsten Gutes, eine Besonderung in verschiedene Funktionen durchzuführen, als in bezug auf eine bereits einzigartig-individuelle Natur.» Verurteilt wurde die Lehre ABAELARDS 1141 auf dem Konzil von Soissons; vgl. DENZINGER – SCHÖNMETZER: Enchiridion Symbolorum, Nr. 721–739, bes. Nr. 721: «Daß der Vater reine Macht, der Sohn eine gewisse Macht, der Heilige Geist keinerlei Macht ist», und Nr. 722, daß der Heilige Geist die Seele der Welt sei.

18 Vgl. WILHELM MEYER: Die Anklagesätze des hl. Bernhard gegen Abaelard, in: Nachrichten von der Königl. Gesellsch. d. Wiss. zu Göttingen, Philolog.-hist. Klasse, 1898, Heft 4, S. 436–437, zählt 18 Vorwürfe auf, darunter in Nr. 1 und 2 die Thesen, «der Vater sei reine Macht, der Sohn eine gewisse Macht, der Heilige Geist gar keine Macht», und: «Der Heilige Geist sei nicht von der Substanz des Vaters oder des Sohnes.» Es ist fraglich, ob diese verdrehten Sätze auf den an sich äußerst gewissenhaften BERNHARD zurückgehen. Im Jahre 1140 weigerte sich BERNHARD, mit

Und so geht es durch die Jahrhunderte: KARL BARTH (1886–1968), der als einer der bedeutendsten systematischen Theologen des Protestantismus im 20. Jh. gelten darf, schlug rund 800 Jahre später vor, den Personenbegriff in der Dreifaltigkeitslehre – aus Gründen, die gleich noch zu erörtern sein werden, – einfach fallen zu lassen, doch wurde er damit in den Augen katholischer Theologen selber zu einem «Sabellianisten»[19]. Wie in der «Christologie» steht man auch in der Trinitätslehre vor dem Dilemma, daß man nicht beides haben kann: eine «korrekte» Dogmensprache und eine kanzelgerechte Predigtsprache. Denn: was hier «verstanden» werden soll, ist in sich selber unverständlich, und unverständlich bleiben müssen daher auch die Wege zur dogmatischen «Verständlichmachung» ...

Verständlich gemacht werden soll ja dies: daß der *eine* Gott, der Jahwe Israels, der Gott der Bibel und des Korans, wohl einer ist, doch nicht, wie jeder denken muß, der ihn als «Vater» oder «Herr» oder als «Allerhöchster» anredet, in der Einheit *einer* Person, sondern in der Einheit von drei Personen. Da ist also *eine* göttliche Natur, dabei soll es bleiben; doch vereinbar damit muß jetzt der Lehrsatz werden, daß Gott, die eine göttliche Natur, eben in drei Personen «substistiert». Die Schwierigkeit, die sich daraus ergibt, besteht in diesen zwei Begriffen: Natur und: Person.

Nun ist es allemal möglich, Begriffe so zu definieren, daß sie am

ABAELARD öffentlich zu diskutieren, um die Sache nicht den Zufällen der freien Rede zu überlassen (S. 405).

19 KARL BARTH: Die kirchliche Dogmatik, I 1, S. 377–378, sah die Problematik zu Recht darin, daß «in der Begriffssprache des 19. Jahrhunderts» «Person» «durch den Hinzutritt des Merkmals Selbstbewußtsein» gekennzeichnet ist. Werden die drei «Personen» in der Gottheit «als einzelne Substanzen, drei je für sich denkende und wollende Subjekte» vorgestellt, so ist eine solche dreifache «Individualität ... ohne Tritheismus (sc. Drei-Gott-Lehre, d. V.) kaum möglich.» Wenn man andererseits den modernen Personbegriff beibehält, ihn aber nur «phänomenologisch» (nicht in ontologischem Sinne) «auf eine offenbarungsökonomische Trinität» bezieht, «auf solche drei Personen also, in deren Hintergrund dann Gott selbst immerhin ‹absolute› Persönlichkeit» bliebe, so ist diese Position vom Sabellianismus nicht zu unterscheiden. «Die andere Möglichkeit hat die römisch-katholische Theologie ergriffen, in deren Trinitätslehre noch heute von ‹Personen› so geredet wird, als ob der moderne Begriff der Persönlichkeit nicht existierte, als ob die boethianische Definition noch immer aktuell und verständlich wäre.» JOHANNES BRINKTRINE: Die Lehre von Gott, II 131, sieht in der Lehre BARTHs mit der «Auflösung des Personbegriffes» in der Tat «das Tor zum Sabellianismus aufgestoßen, so sehr sich auch Barth dagegen sträuben mag.» GERHARD LUDWIG MÜLLER: Katholische Dogmatik, 463, sieht in einem solchen Vorwurf freilich «nur die Unkenntnis über den Modalismus» ausgesprochen, «der den Unterschied von Vater, Sohn und Geist nicht in Gott, sondern (sc. anders als BARTH, d. V.) in der menschlichen Perspektive auf Gott begründet sieht!»

Ende zu einander passen; in der Trinitätslehre freilich passen die Begriffe zunächst einmal gerade nicht zusammen, und es erscheint nicht übertrieben kritisch, die gesamte Dogmengeschichte der Trinitätslehre mit einer gigantischen Schreinerwerkstatt zu vergleichen, in der zur Erstellung eines Sitzmöbels die Kantstücke solange mit Säge, Hobel und Stichel bearbeitet wurden, bis sie dann doch noch irgendwie ineinander zu verfugen waren; jedoch wie man zu sagen pflegt: Wo gehobelt wird, da fallen Späne. Die Trinitätslehre der Kirche hat sich in ihrer ganzen Geschichte dadurch erkauft, daß sie alles zum geistigen Abfall erklärte – erklären mußte –, was ihrer begrifflichen Werkzeugproduktion im Wege stand. Selbst 200 Jahre nach GOETHES «Faust» haben die Worte Mephistos an den «Schüler» über die Theologie sich noch immer ihre ironisch-tragische Gültigkeit bewahrt:

Was diese Wissenschaft (sc. die Theologie, d. V.) betrifft,erklärt er:

> Es ist so schwer, den falschen Weg zu meiden,
> Es liegt in ihr so viel verborgnes Gift,
> Und von der Arznei ist's kaum zu unterscheiden.
> Am besten ist's auch hier, wenn Ihr nur *Einen* hört,
> Und auf des Meisters Worte schwört.
> Im ganzen – haltet Euch an Worte!
> Dann geht Ihr durch die sichre Pforte
> Zum Tempel der Gewißheit ein.

Vergebens, daß der Schüler einwendet:

> Doch ein Begriff muß bei dem Worte sein,

gibt Mephistopheles doch gleich zur Antwort:

> Schon gut! Nur muß man sich nicht allzu ängstlich quälen,
> Denn eben wo Begriffe fehlen,
> Da stellt ein Wort zur rechten Zeit sich ein.[20]

Das rechte Wort, das sich einstellen muß, lautet, wie in der «Christologie»: Hypostase oder: Subsistenz bzw. Substanz, und an dieser Stelle setzt denn auch die Definition des göttlichen Personbegriffs an.

In der Neuzeit, seit den Tagen des RENÉ DESCARTES (1596–1650), ist der Begriff der «Person» beziehungsweise der Persönlichkeit identisch mit dem «Ich denke» – also mit Selbstbewußtsein und Reflexivität[21]. Dieser Personbegriff ist gewiß verengt, – er umfaßt lediglich

20 JOHANN WOLFGANG VON GOETHE: Faust, 1. Teil, Studierzimmer, Vers 1984–1996.

21 Vgl. RENÉ DESCARTES: Abhandlung über die Methode, 4. Kap., in: Descartes, ausgew. v. Ivo Frenzel, S. 66: «Also erkannte ich …, daß ich eine Substanz sei, deren

die bewußte Ich-Spitze und bedürfte dringend unter Anleitung der Psychoanalyse der Erweiterung und der Ergänzung durch die Dimension des Unbewußten, doch in *diese* Richtung ist die kirchliche Lehre selber im ganzen 19. und 20. Jahrhundert mit keinem Schritt gegangen, sie ist vielmehr bei der Begrifflichkeit ihres Lehrsystems, wie es mit THOMAS VON AQUIN (um 1225–1274) im 13. Jh. sich herausgebildet hatte, einfach stehen geblieben, in der erstaunlichen Erwartung, daß alle, die nicht Wort für Wort in ihrer Sprache redeten, gehorsamspflichtig schon von selbst begreifen würden, daß sie als «Abweichler» vom rechten Pfad der Glaubenslehre abgesondert werden müßten. Denn in der Tat: wer unter «Person» ein selbstbewußtes Individuum versteht, der kommt, wenn in Gott drei Personen sind, sogleich zur Überzeugung, daß da drei göttliche Personen mit je einem eigenen Bewußtsein anzunehmen wären, – er verfiele mithin auf der Stelle der Ketzerei des «Tritheismus», der Dreigott-Lehre, statt im Monotheismus, wie geboten, zu verbleiben[22]. Also hilft

ganzes Wesen und Natur bloß im Denken bestehe.» GERHARD LUDWIG MÜLLER: Katholische Dogmatik, 456, sieht hier den Grund für «viele Mißverständnisse der klassischen Trinitätslehre. Die Anthropologie des René Descartes ... führte zu einer Reduktion des ... Personbegriffs auf das Bewußtsein ... In der Folgezeit werden unter dem Einfluß des Empirismus die Selbsterfahrung des empirisch-psychologischen Ich mit der Natur ... identifiziert. Bei der Übertragung eines solchen Personbegriffes auf Gott ergäbe sich die absolute Geist-Substanz Gottes, der sein Wesen in drei Bewußtseinszentren besitzt.»

22 Das Problem kennzeichnet JOHANNES BRINKTRINE: Die Lehre von Gott, II 126–127, in einfachen Worten so: «Im Geschöpflichen bezeichnet ‹Person› nicht etwa Relatives, sondern etwas Absolutes. ... In Gott bezeichnet aber ‹Person› eine Relation, und zwar eine subsistierende Relation.» Was aber ist das? GERHARD LUDWIG MÜLLER: Katholische Dogmatik, 455, erläutert, daß «*Relation* der Schlüsselbegriff der Trinitätslehre» ist und führt aus: «Dies ist ein entscheidender Schritt über Aristoteles hinaus. Denn in der aristotelischen Logik und Erkenntnistheologie gibt es nur prädikamentale Relationen (weil die Kategorie der Relation zu den Akzidentien gehört), wie zum Beispiel das Verhältnis eines Kindes zu seinen Eltern nur eine prädikamentale Bestimmung ist, die vom Subjekt ausgesagt wird. Das Wesen des Kindes ist das Menschsein und nicht die Beziehung zu seinen Eltern. – Im Bereich der Schöpfung kann der Selbstand nicht völlig identisch sein mit einer prädikamentalen Relation. Dadurch würde der Eigenstand des Geschöpfes aufgehoben und beim Menschen sogar letztlich das Personsein zerstört, zumindest aber das Personsein auf die empirisch-psychologische Dimension der menschlichen Kommunikationsgemeinschaft verkürzt und damit ausgeschlossen, daß die im Schöpfungsakt gegründete Hypostase die metaphysische Voraussetzung der geschichtlichen, gemeinschaftlichen und dialogischen Verwirklichung der menschlichen Personalität ist.» In Gott aber «kann eine Beziehung als reine Bezogenheit existieren und so den einzigen Konstitutionsgrund einer göttlichen Person ausmachen.» Das meint der Ausdruck «subsistierende Relation» (im Unterschied zu einer prädikamentalen Re-

nichts anderes, als den Begriff der Person so zu definieren, daß er «Bewußtsein» *nicht* einschließt. Darauf muß man erst mal kommen! Freilich, es gab Ansätze dafür.

Der römische Philosoph und Staatsmann BOËTHIUS (etwa 480–524) zum Beispiel hatte, von ARISTOTELES und PLATON herkommend, deren Werke er ins Lateinische übersetzte, den Begriff der Person definiert als «die individuelle Substanz einer vernunftbegabten Natur» (*rationalis naturae individua substantia*)[23]; der Gattungsbegriff in dieser Bestimmung ist «individuelle Substanz» und meint etwas, das unmittelbar und nicht mitteilbar ist, – etwas also, das nicht aus einem höheren Allgemeinbegriff (etwa: die menschliche Natur) abgeleitet oder von einem anderen Suppositum (etwa als Teil

lation). «Nur indem Vater, Sohn und Geist in Relation zueinander in der einzigen Person-Wirklichkeit Gottes subsistieren, lassen sie sich ... als von einander unterschiedene Hypostasen oder Personen verstehen ... So ist das Wesen einer trinitarischen Person zu verstehen als subsistierende Relation. Die gegensätzliche Bezogenheit aufeinander konstituiert den Unterschied der Personen ... Es stehen sich nicht sozusagen drei Personen gegenüber, die dann zu einer nachträglichen Einheit zusammengedacht werden müssen, sondern *Person* ist schon von vornherein durch die subsistierende Relation gekennzeichnet. *Subsistenz* und *Relationalität* ... sind die zwei wechselseitig sich konstituierenden Momente, die ... das Wesen der göttlichen Person ausmachen.»

23 BOËTHIUS: Contra Eutychen et Nestorium (De duabus naturis), in: Opuscula Sacra, Vol. 2, Traite V, 166–177, S. 304; 306: «Die Definition der Person lautet: ‹die individuelle Substanz einer vernunftbegabten Natur.› Mit dieser Definition geben wir das wieder, was die Griechen hypóstasis *nennen.*» Das lateinische Wort Person scheine von «personare» = hindurchtönen zu kommen und bezeichne die Theatermaske, mit der ein Schauspieler Hekuba oder Medeia darstelle, entsprechend dem griechischen *prósōpon* – das, worauf man schaut. – Wendet man die Definition der «Person" des BOËTHIUS auf die «Dreifaltigkeit" an, erhält man drei individuelle ihrer selbst bewußte Substanzen, die unvertauschbar sind; der Gattungsbegriff der Person ist hier «eine individuelle Substanz», die dann näher gekennzeichnet wird (durch die *differentia specifica*) als «von vernunftbegabter Natur», also mit Bewußtsein und Willen ausgestattet. Vgl. JOHANNES BRINKTRINE: Die Lehre von Gott, II 124–125. Dieser Personbegriff, wonach in allem Geschaffenen «Person» etwas Absolutes meint, würde in der Trinitätslehre unfehlbar zum Drei-Gott-Glauben führen, wie es denn auch von Juden und Muslimen (und vielen Christen) bis heute (miß) verstanden wird. Mit einem Wort: der menschliche Personbegriff kann für Gott nur «analog» gelten, doch eigentlich muß er ganz neu und einzigartig umdefiniert werden: – eben nicht als «individuelle Substanz», sondern: als «Relation»: Jede der drei göttlichen «Personen» besitzt nicht ein absolutes Sein (sie ist keine eigene Substanz), sondern sie gründet in einem relationalen Sein, sie ist etwas Relatives. Bliebe es dabei, erhielte man, statt des gefürchteten Tritheismus, allerdings den ebenso verwerflichen Modalismus, – sämtliche Probleme der «Christologie» (der «heilsökonomischen» Trinität) wiederholen sich jetzt in der «immanenten» Dreifaltigkeit. – Zum modernen Personbegriff vgl. E. DREWERMANN: Atem des Lebens, II 558–593.

eines Ganzen) aufgenommen werden kann[24]. Die «individuelle Substanz» bezeichnet (selber als Gattungsbegriff) etwas in sich Unableitbares und Letztes, das nicht in einem anderen (zum Beispiel: dem Volk, der Gesellschaft, dem Kosmos, dem All oder dergleichen) aufgeht; das entsprechende lateinische oder griechische Wort dafür lautet eben: Substanz beziehungsweise *Hypostase*. Nun gehört zu einer

24 Theologiegeschichtlich hat RICHARD VON ST. VICTOR (gest. 1173) den Personbegriff des BOETHIUS in der Trinitätslehre als unhaltbar kritisiert, denn: die «individuelle Substanz» «wäre die Gottheit Gottes. Eine Differenz der Personen ist unter diesen Voraussetzungen nicht denkbar, ohne in den Tritheismus zu verfallen.» Statt von «Substanz» spricht RICHARD deshalb von «Existenz» und definiert: «Person ist die nicht-mitteilbare Existenz einer vernünftigen Natur.» GERHARD LUDWIG MÜLLER: Katholische Dogmatik, 448. «Im Gegensatz zur boethianischen Definition ist dieser Begriff (sc. wirklich, d. V.) analog sowohl auf die göttlichen Personen wie auch auf die geschaffenen Personen anwendbar. Während substantia nur statisch die Unmitteilbarkeit (= Unaustauschbarkeit) der Person bezeichnet, meint existentia sowohl den individuellen Seinsbesitz wie auch das Wovonher des individuellen Seins. Demnach bezeichnen im göttlichen Wesen die Hervorgänge (der Personen von Sohn und Geist aus dem Vater) Personalität als ein Sichselbstbesitzen von der anderen Person her. Eine göttliche Person ist damit eine unmitteilbare Existenzweise der göttlichen Natur», die allen drei Personen eigen ist. (A. a. O., 448–449) HERIBERT MÜHLEN: Sein und Person nach Duns Scotus, 3–5 geht aus von RICHARD VON ST. VICTOR: De trinitate, IV c. XVI, S. 179, wonach eine Person nicht bestimmt wird allein durch das, was sie ist, sondern erst durch das, woher sie ihr Wesen hat; beides entfaltet RICHARD im Existenz-Begriff: «Man muß aber wissen, daß Existenz das substantielle Sein bezeichnet, und zwar mal, daß es auf Grund des Allgemeinen sei, mal, daß es auf Grund einer unmittelbaren Wesenseigentümlichkeit sei. Von einer allgemeinen Existenz aber sprechen wir, wo man erkennt, daß etwas auf Grund einer allgemeinen Wesenseigentümlichkeit Sein hat; von einer unmitteilbaren aber, wo man erkennt, daß etwas auf Grund einer unmitteilbaren Wesenseigentümlichkeit Sein hat. Wie es aber eine Wesenseigentümlichkeit der göttlichen Substanz ist, nicht von einer anderen Substanz zu sein, sondern allein von sich selbst her, so ist es wahrhaft wesenseigentümlich für eine Person, die keinen Ursprung hat, nicht von einer anderen Person her zu sein.» Und IV. c. XII, S. 174: «Wir können unter dem Namen Existenz beide Betrachtungen verstehen, sowohl die, die sich auf die Weise des Wesens bezieht, als auch die, die sich auf die Weise der Innehabung bezieht ... Der Name Existenz wird bezogen von einem Wort, das existere heißt. In dem Wort ‹sistere› kann man das erkennen, was sich auf die eine Betrachtung bezieht, gleichermaßen durch die damit verbundene Präposition ‹ex› kann man bemerken, daß sie sich auf die andere (Betrachtung) bezieht. Dadurch, daß etwas sistere genannt wird, werden zuerst die Dinge ferngehalten, die nicht so sehr ein In-sich-Sein haben wie ein In-etwas-Sein, nicht so eine Stehen (sistere) wie, sozusagen, ein insistere (Drinstehen), das heißt das Inhärieren in einem Subjekt.» Daran anknüpfend und es erweiternd schreibt MÜHLEN, a. a. O., 5: «Durch das Wort ‹sistere› wird ausgedrückt, daß etwas in sich selber steht, also nicht die Seinsweise der Insistenz in einem anderen hat wie die Akzidentien. Nur ein solches Wesen kann also Person sein ... Dies gilt in gleicher Weise für die göttliche wie für die menschliche Person ... – Person ist aber nicht nur durch Sistenz, Selbststand, charakterisiert, sondern ebenso durch den

Definition, daß zu dem Gattungsbegriff eine spezifische Differenz angegeben wird, in diesem Falle, daß die individuelle Substanz durch Vernunftbegabtheit gekennzeichnet ist; wenn beides zusammenkommt, wenn also eine individuelle Substanz als ein vernunftbegabtes Wesen existiert, so ist es dementsprechend eine Person[25]. So weit, so gut. Doch jetzt: Wie soll «Vernunftbegabtheit» ohne «Bewußtsein» und ohne «Selbstbewußtsein» denkbar sein? Soll wirklich eine

Bezug zum Ursprung. Dies drückt die Präposition ‹ex› aus ... Personales Dasein ist begründet durch das Woher des Wesens. ... Person ist Person durch Beziehung zum Ursprung. Person ist also für Richard von St. Viktor nicht nur individuelle Geistsubstanz, sondern sie ist bestimmt durch das je eigene Woher dieser Substanz durch eine transzendentale Relation, wie Scotus (sc. DUNS SCOTUS, 1266–1308, d. V.) ... später sagt. Die Geistigkeit der individuellen Geistsubstanz macht als solche also noch nicht ihre Personalität aus, sondern erst das Woher dieser Substanz. Dies trifft auch für die menschliche Person zu.» – Von daher ließe sich der Person-Begriff als unentbehrlich gerade aus den «Relationen» der drei göttlichen Personen heraus entwickeln; doch LEO SCHEFFCZYK: Uneingelöste Traditionen der Trinitätslehre, in: Wilhelm Breuning (Hg.): Trinität, 69–70, wird zuzustimmen sein, daß «Richards ... Trinitätsdeutung interpersonaler Art ... die Wirklichkeit des Dreipersonalen in Gott durchaus bekräftigte», daß aber «die Begründung des Personseins durch Vernachlässigung von Proprietäten und Relationen ... hinter den Anforderungen des theologischen Denkens» zurückbleibe, und auch «die Theorie von den absoluten Proprietäten» (Wesenseigentümlichkeiten) bei DUNS SCOTUS erreiche nicht «die strenge Verknüpfung der trinitätstheologischen Grundbegriffe processio – relatio – persona», die SCHEFFCZYK bei THOMAS VON AQUIN in der «Einheit zweier konstitutiver Elemente, nämlich der relatio subsistens und der substantia relativa» gegeben sah; doch auch er sieht (S. 72) in dem Personbegriff der Trinitätslehre ein «Paradox», – wie es Begriffen eignet, die etwas beschreiben sollen, das, wie dargestellt, gar nirgends sonst vorkommt, – ein etwas mit einer Natur, zwei Prozessionen (Hervorgängen), drei Personen, vier Relationen plus den «Perichoresen» der drei göttlichen Personen in der Einzigkeit der göttlichen Essenz ...

25 Entscheidend ist: der Begriff der Substanz im Aristotelischen Sinne muß aufgegeben werden. Für ARISTOTELES ist «Relation» nur als etwas der Substanz Hinzukommendes, Akzidentelles, zu denken, – ein Mensch (eine Person, eine vernünftige Substanz) verhält sich zu einem anderen Menschen (einer anderen Person, einer anderen vernünftigen Substanz); in Gott als «dreifaltigem» ergäbe das wiederum entweder die Vorstellung dreier getrennter Personen, die sich zueinander verhalten (Tritheismus), oder die Vorstellung einer einzigen Gottheit, die sich in verschiedener Weise zu sich selbst verhält (Modalismus). Wie im 4. Jh. bereits GREGOR VON NYSSA: Große Katechese, III 2, in: Ausgew. Schriften, S. 9, ausführt, befindet sich die christliche Trinitätslehre indessen genau zwischen dem Heidentum mit seinen vielen Göttern und dem Judentum mit seiner Lehre von der Einheit Gottes. Es wird, wie er schreibt, «von der jüdischen Auffassung die Einheit, nämlich der Natur, festgehalten, desgleichen aus dem Heidentum ... die Unterscheidung hinsichtlich der Personen.» Die drei Personen in Gott sind also nicht drei Substanzen, die in Relation zueinander stehen, sondern umgekehrt: sie sind drei Relationen, die auf sich selbst fußen, die «subsistent» sind.

individuelle vernunftbegabte Substanz imstande sein, alles Mögliche zu erkennen – außer sich selbst? Oder kann «Vernunft» tatsächlich ohne Erkenntnisvermögen auskommen? Und sollte man auf diese Weise sich gar die drei «Personen» in Gott als ihrer selbst unbewußt denken müssen? Natürlich nicht! Dann aber bleibt nur, den dogmatischen Hobel an das Wort «Person» zu legen, – es muß halt so definiert werden, daß es passend zurechtgeschnitten wird; und das geht nur, indem man das Entscheidende bei der Definition einer menschlichen Person geradewegs ins Gegenteil kehrt, auf daß von den drei «Personen» in der Gottheit allererst «richtig» die Rede sein kann.

Gott als Person – das ist im Monotheismus eine absolute geistige (ihrer selbst bewußte und alles wissende) *Substanz*; der Personbegriff bezeichnet eigentlich auch mit Bezug zu Gott nichts anderes als das, was er auch in bezug zum Menschen ausdrückt, wenngleich in dem Wesensunterschied der Analogie des Seins, mit der insgesamt Bezeichnungen des Endlichen auf das Unendliche Anwendung finden. Jetzt in der Trinitätslehre aber muß man als erstes den Begriff der «Person» selbst anders definieren als sonst üblich, – nur ein völlig einzigartiger Personbegriff, wie er ausschließlich im Zusammenhang mit der Dreifaltigkeitslehre nötig und sinnvoll wird, kann das Geheimnis des Göttlichen ausdrücken. – Unter Menschen (wie in allem Endlichen) meint das Wort «Substanz» etwas Absolutes, in sich Bestehendes, doch genau dieses Verständnis führt beim Sprechen von Person in die Irre, wenn es um die drei Personen in der Gottheit geht. Damit die «Dreifaltigkeit» Gottes mit der «Einheit» Gottes vereinbar wird, kann der Begriff der Person gerade nicht etwas Substantielles und Absolutes bezeichnen, sondern er muß etwas nur «Subsistierendes» und Relatives bezeichnen; tatsächlich wird die «Person» in Gott theologisch denn auch definiert als eine *«relatio subsistens»*[26]. Auf diese

26 Mit dem Begriff der «relatio subsistens» soll vermieden werden, daß der innergöttliche Personbegriff formell als etwas nur Relatives aufgefaßt wird: eine bloße Beziehung ist keine Person, – man fiele wieder auf den Modalismus zurück; es muß aber auch die Annahme dreier Substanzen ausgeschlossen werden, und das soll erreicht werden durch den Begriff der «relatio subsistens». «Der Grund», schreibt JOHANNES BRINKTRINE: Die Lehre von Gott, II 127, «liegt darin, daß Person an sich nicht etwas Relatives, sondern etwas Subsistentes ausdrückt.» Doch wie soll man eine «Subsistenz» definieren, die keine «Substanz» ist? Es gilt (a. a. O., 127): «eine göttliche Person ist eine Relation, und zwar insofern sie subsistiert, diese kann auch eine subsistentia personalis genannt werden.» Ja, man kann fragen, ob nicht «auch die den drei Personen gemeinsame Substanz subsistentia genannte werden» kann. «Wir hätten dann *drei* subsistentiae relativae und *eine* subsistentia absoluta.» Also: die «absolute Subsistenz» wäre die (göttliche) Substanz und die «relativen Subsi-

Weise bleibt das Absolute der Gottheit allen drei «Personen» gemeinsam, es kann also nicht selber unmittelbar das Personhafte sein, während umgekehrt der Begriff der Person fortan lediglich eine Beziehung ausdrücken soll. Diese Beziehung hinwiederum muß als «subsistierend» (als in sich gründend) gedacht werden, denn «Person» ist von Natur aus gerade nichts Relatives, sondern eben: etwas Subsistentes. Also hat man jetzt ein Subsistierendes, das nicht Substanz ist, und eine Person, die nicht etwas Unmitteilbares, Absolutes, sondern etwas Beziehungsweises, etwas Relatives ist. Jedes Wort muß gegen seinen eigentlichen Sinn umdefiniert werden, um in der Trinitätslehre «passend» geschnitten zu werden.

Doch die «Schreinerei» (oder Klempnerei) der Begriffe geht weiter. Fest zu stehen hat, daß die Personen in Gott selber *nicht* rein relativ, als bloße Beziehungsverhältnisse, verstanden werden dürfen, – das besagt ihre jeweilige «Subsistenz». Dann aber wird es zur Frage, was das jeweils Eigene, Unmitteilbare sein soll, das sie zu Personen macht. Dieses Eigene ergibt sich nicht – wie bei Menschen – aus ihrer substantiellen Individualität, sondern: in der Gottheit kann das Spezi-

stenzen» wären die (göttlichen) Personen. – Man sieht, wie – ganz im Sinne GOETHES, s.o. Anm. 20 – Begriffe hier künstlich zurechtgemacht werden, um das Unbegreifbare zu formulieren. So war in der «Christologie» der Begriff «Hypostase», der eigentlich dasselbe bedeutet wie das lateinische Wort «Substanz», so gewendet worden, daß er schließlich «Person» bedeutet. – Theologiegeschichtlich geht diese «Leistung» der Unterscheidung von Substanz und Person auf die Trinitätslehre der drei Kappadokier (BASILIUS «der Große», dessen Bruder GREGOR VON NYSSA sowie GREGOR VON NAZIANZ) im 4. Jh. zurück, indem sie den Begriff des «Wesens» (griechisch *ousía*, lat.: substantia, essentia) einzig für das göttliche Sein und Wesen reservierten, das allein den drei göttlichen Personen gemeinsam ist, wohingegen der griechische Begriff der *hypostasis* (lat.: subistentia, persona) fortan «die personale Eigenständigkeit von Vater, Sohn und Geist zum Ausdruck bringt.» GERHARD LUDWIG MÜLLER: Katholische Dogmatik, 443. – Das hindert nicht, daß die Begriffe weiter ineinander gehen; so schreibt BASILIUS: Ausgewählte Briefe, XLVIII 2, S. 167, an die Gemeinde zu Antiochien, mit dem Kirchenbann belegt seien alle, die sagen «der Sohn Gottes sei aus einer anderen Wesenheit oder Hypostase» (als Gott). – Zur Trinitätslehre der Kappadokier vgl. JÜRGEN WERBICK: Trinitätslehre, in: Theodor Schneider (Hg.): Handbuch der Dogmatik, II 497–499, der die «Zurückführung der hypostatischen Eigentümlichkeiten auf die Ursprungsrelationen» und damit «die göttliche Einheit von ihrem Ursprung, dem Vater» als «maßgebend» «für die Theologie des Ostens» herausstellt (S. 498). Die Ineinssetzung der beiden Begriffe *Hypóstasis* und *Prósōpon* habe den Modalismus in der Trinitätslehre überwunden, wonach die «Personen» nur «Masken» des Göttlichen wären (s.o. Anm. 23). Aber auch AUGUSTINUS: De trinitate, VII 6, 11, S. 262, fragt sich: «Wenn die Gattung (genus) das Wesen (essentia) ist, die Species (die bestimmte Form) aber die Substanz oder die Person», wie könne man dann von einem Wesen und drei Personen sprechen.

fisch-Personhafte nur aus ihren Beziehungen zu einander stammen. Also: *Auf der einen Seite* sind die göttlichen Personen identisch mit der einen göttlichen Substanz und besitzen ein einziges göttliches Sein; deshalb ist der Begriff «Person» eigentlich überhaupt nicht spezifisch zu verwenden, sondern nur in einem ungefähren Sinne, so wie man von «irgendeinem Menschen» spricht, um seine menschliche Natur in einer bestimmten Seinsweise zu bezeichnen[27]; es muß ja dabei bleiben: der Begriff «Person» meint in der Trinitätslehre nicht drei verschiedene individuelle Substanzen (das ergäbe ja die Irrlehre des Tritheismus!), sondern er soll die eine göttliche Natur bezeichnen, die in bestimmter Weise «subsistiert»; auch wenn von «drei» Personen gesprochen wird, kann man die göttlichen Personen von daher nicht numerisch fassen – die Zahlenreihe beginnt nicht mit der Trinität, sondern erst im Geschaffenen –, vielmehr sind die Relationen in der Gottheit, welche die «Personen» bilden, von dem Wesen Gottes selber nicht real zu unterscheiden. In diesem Sinne meinte bereits AUGUSTINUS, man spreche in Gott von drei Personen, «nicht um etwas zu bezeichnen, sondern um etwas nicht zu verschweigen»[28]. Mit sol-

27 JOHANNES BRINKTRINE: Die Lehre von Gott, II 128–129: «Im Sinne eines Genus- oder Speziesbegriffes kann das Wort ‹Person› von Gott nicht ausgesagt werden, denn genus und species können nur von mehreren Dingen ausgesagt werden, die dem Sein nach verschieden sind. Die göttlichen Personen haben aber nur ein einziges Sein. ‹Person› kann somit nur im Sinne des individuum vagum in bezug auf Gott prädiziert werden: wie der Ausdruck ‹irgendein Mensch› (individuum vagum) die menschliche Natur mit einem bestimmten Seinsmodus bezeichnet, so bezeichnet der Name ‹Person› bei Gott die göttliche Natur, die durch einen bestimmten Modus subsistiert.»

28 Zit. n. a. a. O., II 129. AUGUSTINUS: De trinitate, I 5, 8, S. 37, betont, daß er die Fragen der Trinität mit Gottes Hilfe «nicht sowohl als etwas Erkanntes in Autorität erörtere als in Frömmigkeit sie beim Erörtern zu erkennen» hoffe. – Die Tatsache einer reinen Begriffsklempnerei gibt GERHARD LUDWIG MÜLLER: Katholische Dogmatik, 440, sogar selber zu, wenn er, freilich in höchst anerkennenden Worten, schreibt: «Um ... den Begriff Substanz gegenüber der Bedeutung einer abstrakten allgemeinen Natur abzuheben, wurde Hypostase oder Person durch den Begriff der Subsistenz spezifiziert ... Allerdings darf man hier nicht von einer vorweggegebenen neutralen Definition der Begriffe ausgehen. Dogmengeschichtlich und sprachgeschichtlich ging der Weg vielmehr umgekehrt. Der Inhalt der Begriffe *hypóstasis* oder *persona* muß so gefaßt werden, daß sie die im Glauben erkannte Unterschiedlichkeit von Vater, Sohn und Geist innerhalb des unteilbaren Wesens in ihrer wechselseitigen Bezogenheit gemäß der Ordnung des Ursprungs präziser bezeichnen können. Es ist also gerade nicht so, daß der Inhalt in ein vorgegebenes Begriffssystem hineingespannt und verformt wird. – Damit tritt zur Bestimmung des Begriffs Subsistenz und Hypostase noch der Begriff der Relation. Im Unterschied zu den herkömmlichen Einteilungen der philosophischen Kategorien darf Relation hier aber nicht unter die Akzidentien subsumiert werden. Vielmehr ist zu zeigen, daß das

chen Begriffsfinessen also bleibt gewahrt die Einheit des Göttlichen gegen den Dreigottglauben. – *Auf der anderen Seite* aber muß es denn doch gewisse Besonderheiten geben, welche als Kennzeichnungen, als «Notionen» der drei göttlichen Personen dienen; diese freilich können nur in den Relationen selber liegen, sicher nicht in dem, was die göttliche Substanz betrifft, die ja allen drei göttlichen Personen gemeinsam ist. Daraus folgt: die Relationen selber sind die personalen notionalen Akte; sie selber geben an, was die «Personen» kennzeichnet[29]. Was aber soll das sein?

Jedem Unvoreingenommenen, der nicht im Sprachgebrauch der Kirche aufgewachsen ist, sondern der von der Bibellektüre her sich der christlichen Trinitätslehre nähert, kann die methodische Vorgehensweise dieser Art von Theologie nicht anders denn als eine projektive Metaphysizierung der neutestamentlichen Aussagen (vor allem des *Johannes*-Evangeliums) erscheinen. Wenn Jesus von Gott als dem «Vater» spricht oder wenn er sich selber als dessen «Sohn» bezeichnet, so ist damit zweifellos ein personales Verhältnis zwischen zwei Personen: einer göttlichen und einer menschlichen, ausgedrückt; nur in einer Haltung kindlichen Vertrauens zu einem «väterlichen» Gott konnte Jesus sich selber als «versöhnt» empfinden; der wahre Grund des Daseins entdeckte sich in seinen Augen in der Güte Gottes, und wirklich: nur von ihr her läßt die Existenzweise des «Christus» sich verstehen. Aus dieser «personalen Relation» aber wird jetzt dogmatisch eine seinshafte Relation in Gott, die als eine eigene göttliche Person «subsistiert». Mit anderen Worten: man denkt die Beziehung zwischen Jesus und dem «Vater» als einen Modus der göttlichen Substanz, und so muß man tun, nachdem man die Person Jesu selber in der «Christologie» mit einer göttlichen Natur ausgestattet hat[30].

Eigentümliche der göttlichen Person die Subsistenz ist, die sich relational im Bezug auf die anderen göttlichen Personen konstituiert.»

29 JOHANNES BRINKTRINE: Die Lehre von Gott, II 135.

30 Vor allem KARL RAHNER: Bemerkungen zum dogmatischen Traktat «De trinitate», in: Schriften zur Theologie, IV 109, Anm. 10, hebt hervor, «daß die offenbarende Mitteilung des Trinitätsgeheimnisses (sc. die «heilsökonomische» Trinität, d. V.) eine realontologische Mitteilung der geoffenbarten Wirklichkeit *als solcher* an den Menschen ... voraussetzt.» Damit wendet RAHNER sich zentral gegen die augustinisch-abendländische Lehre von Gott, die erst einmal (metaphysisch-philosophisch) einen eigenen Traktat «De Deo uno» (über den Einen Gott) voranstellt, um dann («heilsökonomisch») die Trinitätslehre zu entwickeln und nachträglich in das Wesen Gottes einzutragen. Es gelte demgegenüber (S. 115): «Die Trinität ist ein *Heils*mysterium. Sonst wäre sie nicht geoffenbart.» Und daraus folgt: «Die ‹ökonomische› Trinität *ist* die immanente Trinität und umgekehrt.» Und weiter (124):

«Jede der drei göttlichen Personen teilt sich als je sie selber in ihrer personalen Eigenart und Verschiedenheit dem Menschen mit, und diese trinitarische Mitteilung ... ist der realontologische Grund des Gnadenlebens im Menschen und ... der unmittelbaren Schau der göttlichen Personen in der Vollendung.» Denn (S. 125): «Würde eine göttliche Person sich anders als in und durch ihre Bezüglichkeit zu den anderen Personen mitteilen, ... dann wäre dadurch ja gegeben ..., daß jede einzelne Person ... etwas Absolutes und nicht bloß Relatives wäre; die wahre Grundlage der Trinitätslehre wäre verlassen.» Ergo (S. 127): «Die ‹Dreifaltigkeit› des Verhaltens Gottes zu uns in der Gnadenordnung Christi ist schon die Wirklichkeit Gottes, wie sie in sich selbst ist: ‹Dreipersönlichkeit›.» – Was RAHNER damit erreichen möchte, sagt er selber in aller Klarheit (S. 128): «Die Trinität ist nicht nur eine rein doktrinär aussagbare Wirklichkeit. Sie selbst kommt bei uns selber vor.» In diesem Sinne sucht er bereits im Alten Testament die Offenbarung Gottes durch das «Wort» und den «Bundesschluß» zu deuten als «Vermittlungen», die «sich ... gleichzeitig als wahrhaft selber göttlich» enthüllen (S. 130). – An diesem gesamten Konzept ist wohl die Sicherheit am erstaunlichsten, mit der «Erlösung» (oder richtiger sogar: die Inkarnation Gottes in seiner Schöpfung) «immer schon» vorausgesetzt wird. Wollte RAHNER sagen, daß jener theologische Traktat «De Deo uno» scheitern muß, weil die metaphysischen Eigenschaften, die Gott philosophisch zugeschrieben werden, an der Wirklichkeit der Welt scheitern; – wollte er weiter sagen, daß wir allererst der Botschaft Jesu bedürften, um die Welt als «Schöpfung» eines «väterlichen» Hintergrunds der Wirklichkeit zu entdecken, so entsprächen seine Aussagen genau dem, was hier vorgetragen wird; doch RAHNER denkt nicht vom Menschen auf Gott hin, sondern von Gott her auf den Menschen hin, um dessentwillen die Welt ist. Die deutenden Bilder des Chritusmythos, mit denen man versucht hat, das Auftreten Jesu als des von Gott gesandten «Königs» zu beschreiben, verwandeln sich damit in «realontologische» Gegebenheiten in Gott selbst; die Projektion der religionsgeschichtlich vorgegebenen Symbole auf die Person Jesu und dann, mit der Vergöttlichung seiner «Person» und seiner «Natur», auch auf Gott selber, wird als solche weder erkannt noch eingestanden: Damit das Christentum «Offenbarung» ist und keine «Mythologie», müssen alle Bildaussagen der christlichen Dogmatik Selbstaussagen Gottes sein, – keinesfalls dürfen sie ihren Ursprung in der menschlichen Psyche haben. Doch die einzige «Offenbarung» Gottes, die durch Jesus in die Welt kommt, ist die Bildung des Vertrauens angesichts der Angst und Verzweiflung, die den Menschen inmitten dieser Welt wie selbstverständlich heimsuchen, wenn er zu Gott nicht (zurück)findet; dann auch erst bekommen die Bildvorstellungen der Mythen, die psychologisch im Menschen angelegt sind, an der Person Jesu eine Bedeutung, die (gegenläufig zu ihrem bisherigen Inhalt!) vermenschlichend, wenn man so will: «erlösend», als Bilder und Zeichen des «Glaubens» im Sinne von Vertrauen, zu wirken vermag. – So wie HEGELS Geistmetaphysik an FEUERBACHS Religionspsychologie scheitern mußte, so scheitert RAHNERS «realontologische Trinitätslehre» an der erkennbaren Menschlichkeit der Vorstellungen selber. Vgl. LUDWIG FEUERBACH: Das Wesen des Christentums, in: Werke in 6 Bden., V 105: «unsere Aufgabe ist es ja eben, zu zeigen, daß die Theologie nichts ist als ... Psychologie und daß daher die wirkliche ... Psychologie weit mehr Anspruch auf den Namen Theologie» haben kann «als die Theologie selbst.» – Die hier vorgetragene Position einer Synthese von Psychologie und Theologie, von Mythologie und Trinitätslehre entspricht in etwa der Auffassung FRIEDRICH SCHLEIERMACHERS: Der christliche Glaube, II § 170,1, S. 458 - 459, wonach die drei «Personen» im Neuen Testament nur die Art darstellen, in welcher die eine Gottheit sich uns in Jesus als in ihrem Mittler geoffenbart

Die Rede geht fortan deswegen nicht mehr von der Beziehung Jesu zu Gott, sondern Jesus selber ist Gott und wird zum «Sohn» durch die seinshafte Beziehung zum «Vater», der gemeinsam mit ihm und genau so wie er Gott ist und der seinerseits durch das Verhältnis zu ihm allererst zum «Vater» wird. Fast erschrocken muß man sein über die nur schlecht verhüllte Hilflosigkeit, mit der die Vokabeln «Vater» und «Sohn» in dieser Konzeption als «geoffenbarte» Aussagen über das Wesen Gottes selber genommen werden; «Vater» und «Sohn» sind nunmehr Bezeichnungen, die ein Wechselverhältnis zweier Personen *in der Gottheit selbst* beschreiben, – das heißt: man versteht die menschlichen Worte «Vater» und «Sohn» als meta-

ist; zu der einen Person Gottes als unserem Vater Vertrauen zu gewinnen ist Inhalt und Aufgabe der Botschaft Jesu. Kritisch bemerkte er § 171, S. 462: «Die kirchliche Dreieinigkeitslehre fordert, daß wir jede der drei Personen sollen dem göttlichen Wesen gleich denken und umgekehrt, und jede der drei Personen den anderen gleich; wir vermögen aber weder das eine noch das andere, sondern wir können die Personen nur in einer Abstimmung vorstellen, und ebenso die Einheit des Wesens entweder geringer als die drei Personen oder umgekehrt.» § 171, 4, S. 466–467, führt er näherhin aus: «Es ist noch übrig zu zeigen, wie sich Einheit und Dreiheit verhalten zu der in unserm Selbstbewußtsein als schlechthinnigen Abhängigkeitsgefühl aufgefaßten göttlichen Ursächlichkeit, sowohl in der Erlösung und Heiligung, als auch schon allgemein in der Schöpfung und Erhaltung ... so kommen wir auch hier auf dasselbe zurück, daß entweder diese Ursächlichkeiten sämtlich dem *einen* göttlichen Wesen als solchem zukommen, den Personen aber nur, sofern sie in diesem sind, nicht sofern sie sich voneinander unterscheiden, oder sie kommen den drei Personen als solchen zu, der Einheit des Wesens aber nur, sofern es aus diesen besteht. Die erste Ansicht hat sich nicht geltend machen können, offenbar weil die Dreiheit dabei mehr zurücktritt, als die herrschende Richtung gestattet ... die andere Ansicht ... aber ... scheint nicht frei zu sein von einem geheimen Widerspruch. Denn wenn sie (sc. die göttliche Ursächlichkeit, d. V.) den Personen als solchen zukommt, so kommt sie einer jeden zu, sofern sie sich von den andern unterscheidet, und ist also dieselbe Ursächlichkeit in der einen Person die des Ungezeugten, in der anderen die des Gezeugten, mithin jede dreifach, weil von dem unterscheidend Persönlichen mitausgehend, wiewohl nur eine der Wirkung nach so ohngefähr wie Christus mit zwei Willen dasselbe verrichtet, auch die drei Personen dasselbe verrichten jede auf ihre eigene Weise, also auch mit ihrer eigenen Tat. Dieses Folgerichtige aber hat sich nicht geltend gemacht, offenbar, weil die göttliche Einheit dann ganz nominalistisch zurücktritt.» Zwischen SABELLIUS und ATHANASIUS bleibt die kirchliche Trinitätslehre daher widersprüchlich und sollte (§ 172,3, S. 471) daher auch nicht so abgehandelt werden, «als ob die Annahme der Trinitätslehre die Bedingung sei, ohne welche an die Erlösung und an die Stiftung des Reiches Gottes durch das Göttliche in Christo und dem Heiligen Geist nicht könne geglaubt werden.» – Zur Darstellung und (innertheologischen) Diskussion von RAHNERS Trinitätslehre vgl. JÜRGEN WERBICK: Trinitätslehre, in: Theodor Schneider (Hg.): Handbuch der Dogmatik, II 530–532; 532–535, wo vor allem der «idealistische (hegelianische) Modalismus» RAHNERS debattiert wird, – ein Vorwurf, gegen den sich RAHNER wehren würde und könnte!

physische relationale Modi der einen göttlichen Natur; man versteht sie damit, natürlich ohne dessen geständig zu sein, im Grunde *mythisch*. Denn nur im Rahmen mythischer Vorstellungen ist es sinnvoll, als die «Proprietät» – als die Eigentümlichkeit – des «Vaters» die «Vaterschaft» und als die Proprietät des «Sohnes» die «Sohnschaft» zu bezeichnen und das Verhältnis beider als den «Hervorgang» des «Sohnes» durch «Zeugung» von seiten des Vaters und als Gezeugtwerden durch den Vater von seiten des Sohnes zu bestimmen.[31] Doch um dem Vorwurf einer Remythisierung des Ein-Gott-Glaubens zu entgehen, dürfen natürlich auch die Begriffe «Vater» und «Zeugung» und «Sohn» nicht länger meinen, was man gemeinhin mit ihnen meint.

Daß ein väterlicher Gott einen göttlichen Sohn zeugt, ist im Mythos, wie sich sogleich noch zeigen wird, eine überaus verbreitete Vorstellung, allerdings stets in Gemeinsamkeit mit einer weiblichen

31 Ehrlicherweise stellte ADOLF VON HARNACK: Das Wesen des Christentums, 90, fest: «Nein – diese Verkündigung (sc. Jesu, d. V.) ist einfacher, als die Kirchen es wahr haben wollten, einfacher, aber darum auch universaler und ernster ... Ich vermag mich in die ‹Christologie› nicht zu finden ... Jesus hat den Menschen die großen Fragen nahe gebracht, Gottes Gnade und Barmherzigkeit verheißen und eine Entscheidung verlangt ... Es ist keine Paradoxie und wiederum auch nicht ‹Rationalismus›, sondern der einfache Ausdruck des Tatbestandes, wie er in den Evangelien vorliegt: Nicht der Sohn, sondern allein der Vater gehört in das Evangelium, wie es Jesus verkündigt hat, hinein.» S. 91: «Von keinem anderen ‹Bekenntnis› (sc. als der Wirklichkeit Gottes, d. V.) hat Jesus jemals gesprochen ... Wie weit entfernt man sich also von seinen Gedanken und von seiner Anweisung, wenn man ein ‹christologisches› Bekenntnis dem Evangelium voranstellt und lehrt, erst müsse man über Christus richtig denken, dann erst könne man an das Evangelium herantreten! Das ist eine Verkehrung. Über Christus vermag man nur dann ... ‹richtig› zu ... lehren, als man nach seinem Evangelium zu leben begonnen hat.» – Im Erbe HEGELS charakterisierte LUDWIG FEUERBACH: Das Wesen des Christentums, in: Werke in 6 Bden., V 75, das «Geheimnis dieses Mysteriums» der Trinität «als das Geheimnis des Menschen selbst.» S. 78, Anm.: «Gott ohne Sohn ist Ich, Gott mit Sohn ist Du. Ich ist Verstand, Du ist Liebe. Liebe aber mit Verstand und Verstand mit Liebe ist Geist; Geist aber die Totalität des Menschen.» S. 82: «Der Vater ist wirklicher Vater in Beziehung auf den Sohn, der Sohn wirklicher Sohn in Beziehung auf den Vater.» «Ganz in der Ordnung war es ..., daß, um die göttliche Familie, den Liebesbund zwischen Vater und Sohn, zu ergänzen, noch eine dritte, und zwar weibliche Person in den Himmel aufgenommen wurde.» Diese Gestalt ist an sich der Hl. Geist als die «bloß poetische Personifikation der gegenseitigen Liebe des Vaters und Sohns», doch eigentlich die «Mutter Gottes». S. 83: «Die Maria paßt ... ganz in die Kategorie der Dreieinigkeitsverhältnisse, weil sie ohne männliche Befruchtung den Sohn gebar, wie Gott Vater ohne weiblichen Schoß den Sohn erzeugte, so daß also die Maria eine notwendige, innerlich herausgeforderte, ergänzende Antithese zum Vater im Schoße der Dreieinigkeit bildet.»

Gottheit; eine solche aber hat in der christlichen Dreifaltigkeitslehre selbstredend keinen Platz. So wie die philosophischen Begriffe (Person und Substanz, absolut und relativ) in der Trinität nicht das besagen, was sie «normalerweise» besagen, so geben auch die mythischen Vorstellungen in der Trinitätslehre nicht wieder, was sie als Bilder sonst bezeichnen. Ein Gott, der durch Zeugung zum Vater wird, ohne eine weibliche Gottheit, die durch ihre Niederkunft zur Mutter wird, ist weder logisch denkbar noch mythologisch darstellbar. Ein schöpferischer Vorgang rein durch die männliche Zeugungskraft ist zwar auch mythisch eine mögliche Vorstellung – der ägyptische Gott Atum zum Beispiel erschafft die Welt durch Selbstbefriedigung[32] –, doch solcherart sind natürlich nicht die Spekulationen der christlichen Dreifaltigkeitslehre bezüglich der «Zeugung» des «Sohns» durch den «Vater». Entscheidend kommt es in der Trinitätslehre darauf an, den Begriff der «Zeugung» nicht dort zu belassen, wo er eigentlich hingehört und seinen mythischen Ursprung hat: in der Geburt Jesu zu Bethlehem, sondern ihn in die Gottheit selbst hineinzunehmen. Wie aber kam dann Jesus als der Messias zur Welt?

Das *Matthäus*-Evangelium erzählt, daß – entsprechend der ägyptischen Mythologie von der Geburt des Gottkönigs – der Messias Israels von der «Jungfrau» Maria durch Überschattung der Kraft des Heiligen Geistes empfangen ward (Mt 1,20; Lk 1,35). Da wird das göttliche Kind, der Sohn Gottes, vom Vater-Gott mit einer Menschen-Frau «gezeugt». Doch so darf es dogmatisch gerade nicht verstanden werden. Zwar wird der «Sohn» in Gott vom «Vater» «gezeugt», doch Mensch wird er nun mal nicht durch «Zeugung», sondern durch die vermittelnde Kraft eben des Geistes. Wer aber ist dieser? Im Alten Ägypten war der Wind- und Geistgott Amun selber der «Vater» des Pharao, – auch im Hebräischen bezeichnet das Wort «Geist» als erstes den Windhauch[33]. Großes Aufheben machen Theologen – vor

32 Vgl. MIRCEA ELIADE: Ägyptische Schöpfungsmythen, in: Die Schöpfungs-Mythen, 59, der einen alten Mythos von Heliopolis anführt, wonach «die ersten Geschöpfe, ... das göttliche Paar Schu – Tefnut (sc. Luft und Feuchtigkeit, d. V.), aus der Samenflüssigkeit entstanden, die der Demiurg mit seiner Hand erzeugte.» S. 67: Aus den Pyramidentexten, heißt es: «Atum offenbarte sich unter der Gestalt eines Selbstbefriedigers in Heliopolis. Er nahm seinen Phallus in seine Faust: ein Zwillingspaar kam zur Welt: Schu und Tefnut.»

33 LUDWIG FEUERBACH: Das Wesen des Christentums, in: Werke in 6 Bden., V 83, Anm., verweist auf die jüdische Mystik, wonach «Gott nach einer Partei ein männliches, der Heilige Geist ein weibliches Urwesen (ist), aus deren geschlechtlicher Vermischung der Sohn und mit ihm die Welt entstanden.»

allem in der feministischen Bewegung – deshalb gern davon, daß mit dem «Geist» Gottes der «Patriarchalismus» der sonst rein männlichen Gottesvorstellung der Bibel durchbrochen worden sei und ein weibliches Prinzip in die Gottheit Einzug gehalten habe; doch so verhält es sich keineswegs. Denn: Mytho-logisch bliebe alles in der Ordnung, wenn der «Heilige Geist» als die dritte Person in der Gottheit wirklich nach Art einer weiblich vorzustellenden Gottheit verstanden werden dürfte: dann wäre der «Sohn» schon in Gott das Kind eines «Vaters» und einer «Mutter», und er ginge hervor aus beiden durch Zeugung und Niederkunft. Doch gerade diese Vorstellung ist mit dem biblischen Monotheismus schlechterdings unvereinbar, und so muß auch der «Heilige Geist» auf besondere Weise aufgefaßt werden: Sein Hervorgang (seine «*Processio*») geschieht, passend zum mythischen Bild des Windgeistes, durch gemeinsame «Hauchung» (durch *spiratio activa*) des «Vaters» und des «Sohnes»[34]. Auch diese «Hauchung» jetzt ist eine personale Relation, doch da sie vom Vater und dem Sohn ausgesagt wird, ist sie keine Eigentümlichkeit (keine Proprietät) einer der Personen, sondern etwas, das den zwei Personen: Vater und Sohn, gemeinsam ist[35].

Näherhin läßt sich der Unterschied von «Zeugung» und «Hauchung» als eine Differenz von Intellekt und Wille beziehungsweise von Erkennen und Lieben bestimmen. Das «Erkennen» zielt ab auf

34 Zu den innertrinitarischen «Hervorgängen» vgl. GERHARD LUDWIG MÜLLER: Katholische Dogmatik, 452–454: «Der Vater besitzt sein Gottsein nie ohne seine wesenseigene Tätigkeit des Zeugens des Sohnes und Hauchens des Geistes. Das Prinzip dieser Mitteilung seines Wesens ... ist nicht vom Vater verschieden, sondern ist der Vater selbst als sich mitteilender ... Er ist Quelle und Ursprung der ganzen Trinität.» « ... im geistigen Selbstvollzug finden wir als erstes den Selbstausdruck im inneren Wort (verbum mentis). Das innere Wort ist der bildhafte und wesensgleiche Ausdruck meines Selbst ... Man kann diese innere Setzung des Wortes im analogen Sinn auch *Zeugung* nennen, d. h. *eine gleichwesentliche Hervorbringung* ... Den Hervorgang der Liebe nennt man im Bildwort ... *Hauchung*. Das Hauchen und Atmen (spirare) versinnbildet eine innere Angleichung des Liebenden an den Geliebten und den Willen, sich im Wort auch selbst mitzuteilen.» Deshalb ist «der Sohn ... das vollkommene Abbild des Vaters, insofern er sich sowohl von ihm unterscheidet, als auch, gerade in dieser Unterscheidung, das volle Wesen der Gottheit subsistierend realisiert.»

35 A. a. O., 453: «Der Heilige Geist geht vom Vater hervor, indem der Vater den aus ihm hervorgegangenen Sohn tatsächlich auch will, im Wollen anzielt und in diesem Willensakt auch die Einheit mit dem Sohn als liebende Hinneigung verwirklicht. Dies ist nun eine eigene subsistente Verwirklichung des Seins Gottes, die aus dem Bezug von Vater und Sohn hervorgeht, sich dadurch vom Vater und Sohn und zugleich auch den Sohn vom Vater unterscheidet. Darum ist der Geist eine eigene Hypostase (sc. Person, d. V.) in Gott.»

die Ähnlichkeit oder «Verwandtschaft» mit einem anderen, so wie im Zeugungsvorgang etwas entsteht, das naturhaft seinem Ursprung, seinem «Erzeuger» ähnlich sieht; der Heilige Geist indessen ähnelt nicht infolge seines Hervorgangs aus Vater und Sohn seinem Ursprung, vielmehr allein auf Grund seiner göttlichen Natur; die Beziehung zu ihm ist ein Wohlgefallen, das «Vater» und «Sohn» gemeinsam an ihm haben[36]. Insofern kann man auch sagen, der Heilige Geist sei die Kraft, welche die Personen von «Vater» und «Sohn» in Liebe miteinander verbinde. Doch so wie «Erkennen» und «Lieben» zusammen gehören, so sind auch die «Zeugung» und die «Hauchung» nur virtuell, nicht real von einander zu unterscheiden[37].

Damit könnte man glauben, sei nun endlich der Thron fertig gezimmert, auf welchem die dreifaltige Gottheit der kirchlichen Dogmatik Platz nehmen dürfte. Doch weit gefehlt. Kirchengeschichtlich ist gerade der «Hervorgang» des Heiligen Geistes alles andere als unumstritten, vielmehr bildet er bis heute einen Hauptstreitpunkt der Spaltung zwischen den Kirchen von Ostrom und Westrom. Die Frage lautet: geht der Heilige Geist aus dem Vater «und dem Sohne» (*filioque*) hervor, wie die Lateiner sagen, oder aus dem Vater «durch den Sohn» (*per filium*), wie die Griechen lehren[38]? Für die griechische

36 Vgl. JOHANNES BRINKTRINE: Die Lehre von Gott, II 65–66: «Dem Geiste (sc. Gott als dem reinen Geist, d. V.) sind nur zwei Tätigkeiten wesentlich: das Erkennen und das Wollen. Von diesen kann aber nur das Erkennen, nicht das Wollen eine Zeugung genannt werden.» Denn zum Begriff der Zeugung gehört «das Erkennen bzw. das Sprechen des Wortes ... das Wort ist mit dem Sprechenden aufs innigste verbunden ... das Erkennen bzw. Sprechen zielt ... auf die Ähnlichkeit ... auf Gott übertragen: wenn der Vater dadurch, daß er sich selbst erkennt, das Wort spricht, so ist dieses eben auf Grund des Sprechens bzw. Gesprochenwerdens, also auf Grund des Ursprunges oder Hervorganges, das vollkommenste Gleichbild des Vaters.» Demgegenüber geht der Hl. Geist nicht aus dem Erkennen, sondern aus dem Wollen hervor. S. 71: «Im Gegensatz zum Erkennen, das seiner Natur nach auf die Ähnlichkeit mit seinem Gegenstande geht, zielt das Wollen nicht darauf ab, ein Bild seines Objektes hervorzubringen: es ist vielmehr seiner Natur nach ein Wohlgefallen an seinem Objekte, sodann ein Hinneigen zu ihm und ein Ruhen in ihm. Die Willensbetätigung geht auf Einigung, nicht *per se*, wie die Erkenntnis, auf Verähnlichung mit dem gewollten Gegenstande. M.a.W.: während das Erkennen ein Zeugen ist, kann das Wollen nicht als ein solches bezeichnet werden.» – Bei all dem ist die hebräisch-biblische Sprechweise nicht zu überhören, in der «Erkennen» (einer Frau) auch (euphemistisch) Zeugen (mit ihr) meint und «Geist» auch «Wind, Hauch» bezeichnet (wie griechisch *pneuma*).

37 A. a. O., II 72.

38 HANS URS VON BALTHASAR: Theologik, III 189–200: Um das Filioque, verweist darauf, daß im Jahre 589, auf dem 3. Konzil von Toledo, das «filioque» «für verbindlich erklärt» wurde, daß es zwar «unter Papst Martin (649–653) erstmals durch

Auffassung spricht allemal, daß insbesondere in den Abschiedsreden des *Johannes*-Evangeliums es Jesus selber ist, der – nach seinem Tode als «erhöhter Herr» – den Jüngern seinen Geist senden wird (Joh 15,26; 16,7.13) und der bei seiner Erscheinung im Abendmahlssaal die Jünger anhaucht, um ihnen seinen Geist als Kraft der Vergebung zu schenken (Joh 20,22). Biblisch ist es der Geist Jesu, der die «Kirche» gründet. Von daher versteht man die ostkirchliche Theologie, wenn sie in dem gemeinsamen Hervorgang des Geistes aus dem Vater und dem Sohne (dem «Logos») eine Herabsetzung der «Spiritualität» zugunsten einer Überbetonung der Rationalität in der lateinischen Theologie erblickt[39].

den Osten beanstandet, aber von Maximus Confessor mit diesem Papst als für vereinbar erklärt, von Karl dem Großen urgiert und Papst Leo III. zur Einführung ins römische Credo nahegelegt» wurde; freilich, «die Einführung erfolgte erst, nachdem Photius 867 die Differenz zum entscheidenden Lehrunterschied verschärft hatte (ausgegangen vom Vater ‹allein›); erst nach dieser Periode also erfolgt der Bruch zwischen den Kirchen 1054 unter Michael Kerularius.» (S. 189) Generell, meint BALTHASAR, sei es nicht möglich, aus einzelnen Bibelstellen rein «heilsökonomische Gesichtspunkte in die Fragen der immanenten Trinität» hineinzutragen (S. 192). Gegen PHOTIUS und seine Nachfolger wendet er (S. 196) ein, es werde ihnen «gerade das zum Gefahrenpunkt, was sie mit Heftigkeit den Lateinern vorwerfen: durch die Einführung des Filioque, sagen sie, werde dem Sohn Macht über den Geist zugesprochen, was nicht nur zu einem westlichen ‹Christomonismus› führe, sondern mit innerer Logik zum Unterdrückungssystem des Papalismus und Juridismus ... Welches Gewicht aber hat, mit diesen Insinuationen verglichen, die Tyrannei des rein monarchischen Vaters in der Ostkirche, dessen ‹zwei Hände› nichts anderes zu tun haben, als seine Befehle auszuführen! Und ergibt das bloße Fehlen gewisser kirchlicher Strukturen von selbst eine Pneumatologie?» Andererseits: was ist ein gemeinsames «Hauchen»? S. 199: «Entweder würde bei dieser Annahme, daß der Sohn den Geist mithaucht, der Sohn an der Hypostase des Vaters teilhaben, oder, wenn der Vater den Geist aufgrund seines Wesens hervorgehen läßt, hätte nicht nur der Sohn Anteil am Ausgang des Geistes, sondern dieser selbst wäre an der Entstehung seiner eigenen Existenzweise beteiligt.» – Zur «theodramatischen Trinitätslehre» BALTHASARS vgl. LUDWIG MÜLLER: Katholische Dogmatik, 472–474, der auf das Kreuzesgeschehen als «Höhepunkt des Theodramas» und als «die Mitte der Geschichte» verweist: «In der Gottverlassenheit Jesu am Kreuz zeige sich geschichtlich die äußerste Distanz von Vater und Sohn.» (473) Doch eine solche «Gottverlassenheit» Jesu, die man aus dem Gebet von Ps 22,2 in Mk 15,34 herausliest, hat es nie gegeben; nicht Gott wurde Jesus zweifelhaft, wohl aber die Menschen, für die er sich im Namen Gottes einsetzte; vgl. E. DREWERMANN: Das Markus-Evangelium, II 482–505: Mk 14,26–42: Die Nacht von Gethsemane oder: Die begnadete Angst.

39 JOSEPH LORTZ: Geschichte der Kirche, I 291, nennt das Schisma zwischen Ost- und Westkirche «für die Kirche und damit für die Menschheit so schicksalhaft, daß an diesem Punkt die Geschichtsbetrachtung sich ihres Sinnes, der Gegenwart und Zukunft zu dienen, besonders bewußt werden sollte.» Er meint, «das Jurisdiktionelle und Rationale» sei in der abendländischen Kirche in der Tat «zu einseitig» entwickelt (S. 292); vgl. II 462–499: Eigenart und Eigenwerte der Orthodoxie. –

Andererseits wird gerade an dem Schisma von 1054, dem Bruch zwischen den Kirchen Ost- und Westroms, überdeutlich, wie Dogmen wesentlich dazu dienen, Machtfragen der Politik mit göttlichem Wahrheitsanspruch und missionarischem Bekehrungswillen aufzuladen. Mit der Gründung des fränkischen Kaiserreiches im Jahre 800 verstand sich *Karl der «Große»* an der Seite des römischen Papstes *Leo II.* als eigentlicher Nachfolger und Sachwalter des römischen Imperiums, in Konkurrenz zu Byzanz und mit wachsendem Anspruch auf Ausdehnung seines Herrschaftsbereiches[40]; spätestens die Plünderung von Byzanz durch das Kreuzzugsheer im Jahre 1204 wird die «Lateiner» den Griechen auf immer verhaßt machen[41]. Wie gewalttätig gerade der Streit um das *«filioque»* sich dabei bis in die Gegenwart auswirkt, zeigte sich in erschreckender Weise an *der* Stelle, an welcher römische und orthodoxe Katholiken unmittelbar aufeinander losgelassen wurden, – in den Massakern allein im jugoslawischen Vernichtungslager Jasenovac wurden etwa 200 000 Serben unter den Augen deutscher Besatzungssoldaten und mit Wissen des Vatikans systematisch von den kroatischen Schergen des Gründers der Ustascha *Ante Pavelīč* ermordet[42]. (In ganz Jugoslawien fielen 800 000

GERHARD LUDWIG MÜLLER: Kirchliche Dogmatik, 458–460, sieht in der lateinischen Formulierung den Kampf gegen den Arianismus ausgedrückt (S. 460), während die Griechen den «gemeinsamen Hervorgang des Geistes aus dem Vater und dem Sohn wie ... unmittelbar aus der Natur Gottes» lehrten (S. 459). Beides könnte «als zwei komplementäre Modelle bestehen bleiben.» (S. 460)

40 JOSEPH LORTZ: Geschichte der Kirche, I 243, verweist wohl auf die Anerkennung seiner Kaiserwürde durch Byzanz im Jahre 812, meint aber: «In ihrem Selbstverständnis gaben die Oströmer ihren Anspruch nicht auf. Die Westlichen Kaiser blieben für sie Usurpatoren ...; sie lehnten die Zwei-Kaiser-Theorie ab.» Zu den tieferen Gründen und geschichtlichen Ereignissen, die zu dem Schisma von 1054 führten, vgl. I 290–292. – Zum «filioque»-Streit vgl. auch BERND JOCHEN HILBERATH: Pneumatologie, in: Theodor Schneider (Hg.): Handbuch der Dogmatik, I, 507, der feststellt: «Bis heute ist umstritten, wie weit das Filioque als Mittel der Auseinandersetzung zwischen Ost und West eingesetzt wurde und inwieweit sich in dieser Formel tiefergehende trinitätstheologische Differenzen andeuten.»

41 Vgl. PETER MILGER: Die Kreuzzüge, 282–303: Kreuzzug gegen Byzanz, bes. S. 299: Der Auftritt des Herrenmenschen, – die Darstellung des *Niketas Choniates*: «Sie wollten Rache für das Heilige Grab nehmen und wüteten offen gegen Christus! ... So sind nicht die Muslims. Ja, diese benahmen sich geradezu menschenfreundlich und milde gegen die Landsleute dieser Lateiner, als sie Jerusalem einnahmen. Sie fielen nicht brünstig wiehernd über lateinische Frauen her, sie machten nicht Christi leeres Grab zu einem Massengrab ..., sondern gewährten allen Lateinern den Abzug.»

42 Vgl. VLADIMIR DEDIJER: Jasenovac – das jugoslawische Auschwitz und der Vatikan, 161–175: Der Franziskaner Miroslav Filipović, einer der Kommandanten von Jasenovac; S. 184–234: Die Haltung des Papstes zu den Massakern.

Serben den faschistischen Greueln zum Opfer.) Ein Sprechen von Gott, das solche Verbrechen ermöglicht oder gar legitimiert, kann nur von Grund auf verkehrt sein; es müßte nicht anders als der immanente Antijudaismus (und Anti-Islamismus) der «christlichen» Theologie zu einer prinzipiellen Abkehr von der gesamten Trinitätslehre in ihrer dogmatisch verfestigten Form führen.

Denn daran kann kein Zweifel sein: Während die Botschaft Jesu alle Menschen einladen wollte, in dem «Geist» eines «versöhnenden» Vertrauens in die «väterliche» Güte Gottes zu sich selbst und zu einander zu finden, ist es (nebst der dogmatischen «Christologie») vor allem die «christliche» Trinitätslehre, welche die Jesus-Bewegung trennt vom Judentum, aus dem Jesus selber kam, und ebenso vom Islam, der sich zu Recht auf den Monotheismus der Bibel beruft. Es gibt keine Kirchendoktrin, die eine solche Heerschar von Ketzern und Häretikern hervorgebracht hätte wie ausgerechnet die Lehre von Gott in der christlichen Theologie. Sie war und ist eine ständige Quelle doktrinärer und militanter (wo nicht militärischer) Gewalt nach innen wie nach außen.

Dabei wäre es nur «logisch», zu betonen, daß die Werke Gottes in Natur und Geschichte ohnedies allen drei göttlichen Personen gemeinsam sind; denn zu handeln vermag auch nach dogmatischer Auffassung nur die göttliche Natur, und *die* ist allen drei Personen gemeinsam[43]; genau genommen ist deshalb auch die Inkarnation nicht ein «Werk» des Heiligen Geistes, sondern ebenso des «Vaters» und sogar des «Sohnes» (das Paradox des ARIUS, s. o. S. 197!)[44].

43 Vgl. JOHANNES BRINKTRINE: Die Lehre von Gott, II 170–176, S. 173: Das Wirken Gottes nach außen. Nach KARL RAHNER: Bemerkungen zum dogmatischen Traktat «De Trinitate», in: Schriften zur Theologie, IV 125, muß diese Ansicht allerdings revidiert werden: «Würde eine göttliche Person sich anders als in und durch ihre Bezüglichkeit zu den anderen Personen mitteilen, ... dann wäre ... vorausgesetzt, daß jede einzelne Person ... etwas Absolutes und nicht bloß Relatives wäre ... Der Vater gibt sich also auch uns als *Vater* ... Gott verhält sich zu uns dreifaltig.» KARL BARTH: Die kirchliche Dogmatik, I 1, S. 391, betont zwar: «Der Einigkeit des Vaters, des Sohnes und des Geistes *unter sich* entspricht ihre Einigkeit nach außen. Wesen und Wirken Gottes sind ja nicht zweierlei, sondern eins.» Doch fügt er hinzu: «Das Wirken Gottes ist das Wesen dessen, der ... der Offenbarer, die Offenbarung, das Offenbarsein oder der Schöpfer, der Versöhner, der Erlöser ist.»

44 Zu dem Begriff des «Inseins» der göttlichen Personen (griech.: Perichorese) stellt GERHARD LUDWIG MÜLLER: Kirchliche Dogmatik, 457, die griechische und die lateinische Theologie einander gegenüber: «Die östliche Trinitätstheologie war im Gegensatz zum Modalismus entwickelt worden. Sie betont die Verschiedenheit der Personen und begründet ihre Einheit im Ausgang vom Vater. Um ein Auseinanderfallen auszuschließen, wird die gegenseitige Einwohnung betont. Die westliche

Eben deshalb ist trotz aller «*vestigia*», die AUGUSTINUS in der Schöpfung als Hinweise auf die Dreifaltigkeit Gottes aufzufinden meinte, mit den Mitteln der Vernunft, aus der Welt als dem «Werk» Gottes, die Trinität nicht zu erkennen; sie muß in strengem Sinne als «Offenbarungswahrheit» geglaubt werden, das heißt: man muß das Neue Testament an bestimmten Stellen so lesen, wie das Kirchendogma es vorschreibt, im Widerspruch natürlich zu anderen Stellen der Bibel und in groteskem Kontrast in jedem Falle zu dem ursprünglichen Anliegen Jesu selber. Statt der endgültigen Versöhnung aller erhebt sich ein endloser Streit gegen alle und aller gegeneinander.

Ist es deshalb nicht längst schon ebenso nötig wie naheliegend, jenem Vorschlag KARL BARTHS zu folgen und den Begriff der «Person» in der Trinitätslehre gänzlich beiseite zu stellen? Von einer Dreipersönlichkeit Gottes, meinte er, könne man ernsthaft ebensowenig reden wie von einer Dreiwesentlichkeit.[45] Formal berief sich BARTH

Theologie geht seit Augustinus von der Einheit des göttlichen Wesens aus und betont die Gleichheit der Personen gegen Arianismus und Subordinatianismus, weshalb die Rede vom Vater als dem Ursprung der Trinität etwas zurück tritt. Die Gefahr ist dabei, daß das Wesen Gottes von den göttlichen Personen zu stark abgehoben wird.»

45 KARL BARTH: Die kirchliche Dogmatik, I 1, 378–379: «Angesichts der Geschichte des Personbegriffs in der Trinitätslehre wird man wohl fragen dürfen, ob die Dogmatik wohl daran tut, sich seiner ... weiterhin zu bedienen. Er gehört anderswohin, nämlich in die eigentliche Gotteslehre, und zwar als eine *Folgerung* aus der Trinitätslehre ... Wer ihn durchaus halten will, wird neben der ... Gewöhnung ... kaum etwas Anderes dafür geltend machen können, als daß er einen ... besseren nicht an seine Stelle zu setzen habe. Man wird sich immerhin ernstlich fragen müssen, ob jener Pietätsgrund und dieser technische Grund schwerwiegend genug sind, um den Dogmatiker zu veranlassen, den ohnehin ... schweren Gedanken der Trinität durch einen selber wieder so schweren und nur unter so vielen Kautelen verwendbaren Hilfsgedanken noch mehr zu belasten.» Es ist also möglich und nötig, den mißverständlichen und nur höchst umständlich zu erläuternden Personbegriff in der Trinitätslehre aufzugeben. Andererseits sieht BARTH (S. 377–378) «fast die ganze neuprotestantische Theologie in den Sabellianismus flüchten ... Man wollte einerseits auf Vater, Sohn und Geist ebenfalls den modernen Persönlichkeitsbegriff anwenden, man scheute sich aber mit Recht davor, das ... in ontologischem Sinne zu tun. Man beschränkte sich also auf eine nur phänomenologisch gemeinte Lehre von drei Personen, auf eine offenbarungsökonomische Trinität.» Auch – und gerade – BARTH sieht nicht, daß auch die «offenbarungsökonomische Trinität» nicht «göttliche Offenbarung» ist, sondern ein theologisches Konstrukt, in dem man das Auftreten und die Botschaft Jesu im Christus-Mythos gedeutet, dann diesen Mythos als historische Tatsache behauptet, dann diese Tatsache als Selbstmitteilung des göttlichen Wesens metaphysiziert und schließlich die «richtige» Wahl der metaphysischen Begrifflichkeit dogmatisiert hat. So viel steht fest: Kein Christus-Glaube kann legitim sein, der sich so weit von der ursprünglichen Botschaft Jesu entfernt,

dabei auf keinen Geringeren als auf THOMAS VON AQUIN, der in der «Summa theologica» die göttlichen Personen als «*res subsistentes in natura divina*», als subsistierende «Sachen» (oder Sachverhalte) in der göttlichen Natur, bezeichnete[46]; wenn dies richtig sei, meinte BARTH, werde es überflüssig, den alten Personbegriff noch länger zu verwenden, der aus den «Relationen» hergeleitet sei, besser sei es, einfach von «Seinsweisen» zu sprechen[47]. Allerdings kann man vom

daß er geradezu hinderlich, wo nicht verfälschend dieser im Wege steht. S.o. Anm. 31.

46 KARL BARTH: Die kirchliche Dogmatik, I 1, 376–377: «Nach THOMAS VON AQUINO (S. theol. I qu. 29 art. 1–2) heißt (sc. im Personbegriff des BOËTHIUS, d. V.) *substantia individua* ...: ein in sich und für sich existierendes ..., seine Existenz anderen nicht mitteilen könnendes Wesen ... Person ist das vernünftige Einzelwesen ... Aber ... Thomas selbst kennt ... auch jenen ... Einwand, den schon Augustin und Anselm erhoben hatten: daß eine Mehrzahl von Personen notwendig auch eine Mehrzahl von Wesen ... göttlichen Wesen ... besagen müßte. Er muß darum, sachlich korrekt aber für seinen Personbegriff nun doch sehr bedrohlich, feststellen, die *personae* der Trinität seien *res subsistentes in* (nämlich der einen) *divina natura*. Thomas kann nicht umhin anzuerkennen, daß die *hypóstasis* der Griechen in dieser Hinsicht sachnäher sei als die lateinische *persona* und daß er *hypóstasis* nur wegen der fatalen Übersetzung *substantia* vermeide. Jene *res subsistentes* in *divina natura* sind aber auch nach ihm nichts Anderes als *relationes*, innergöttliche Beziehungen (ib. qu. 29 art. 4; qu. 30 art. 1) ... Die eigentliche, innerhalb der Grenzen des Möglichen liegende Erklärung dessen, um was es denn gehe bei den Dreien in der Dreieinigkeit, hat auch Thomas gerade nicht in Form einer Interpretation des Personbegriffs, sondern an Hand des Begriffs der Relationen gegeben.» Mit Zustimmung greift BARTH vor allem die Polemik CALVINS gegen den Personbegriff auf – gegen die *Trois marmousets* (etwa: Männlein), *et voilà la trinité*.» – GERHARD EBELING: Dogmatik des christlichen Glaubens, III 540, konstatiert zu Recht «ein Erschrecken über die Art von Theologie, die hier droht. Nicht daß es sich um eine unvermeidbare Deformation handelte. Sie liegt jedoch nahe: eine logische Abstraktion von der Erfahrung, ein Sichentfernen von der Situation angefochtenen Glaubens, ein gottvergessenes Durchspielen göttlicher Strukturen, eine Verwechslung der Vollkommenheit Gottes mit theologischer Perfektion.»

47 KARL BARTH: Die kirchliche Dogmatik, I 1, S. 379: «Wir ... sagen ... mindestens vorzugsweise nicht ‹Person› sondern ‹Seinsweise›, in der Meinung, mit diesem Begriff dasselbe, was mit ‹Person› gesagt werden sollte, nicht absolut aber relativ besser, einfacher und deutlicher zu sagen. Daß Gott als Vater, Sohn und Geist je in besonderer Weise Gott ist, dieses Moment – nicht das der Teilnahme von Vater, Sohn und Geist am göttlichen Wesen, das je in allen identisch und also ... gerade nicht bezeichnend ist, auch nicht das der ‹vernünftigen Natur› des Vaters, Sohnes und Geistes, die ja wiederum ohne Tritheismus nicht als eine dreifache bezeichnet werden kann – pflegt doch auch von denen, die hier den Personbegriff analysieren zu müssen meinen, bei diesen Analysen als erstes und entscheidendes Moment betont zu werden. Es handelt sich also nicht um die Einführung eines neuen Begriffs, sondern ... wir berufen uns ... schlicht auf das Ergebnis unserer Analyse des biblischen Offenbarungsbegriffes.» Danach ist der «Vater» offenbar als Offenbarer oder Schöpfer, der «Sohn» als Offenbarung und Versöhner, der «Geist» als Offenbarkeit

klassischen Standpunkt aus dagegen geltend machen, daß in der Sprache der Scholastik auch «Relationen» «Sachen» sind und daß BARTH das entscheidende Merkmal des Personbegriffs in diesem Zusammenhang offenbar übergangen hat: die «Subsistenz»: So wie die Person des Menschen als «*individua substantia*» definiert wird, so die göttliche Person als «*relatio subsistens*».[48] Doch so sehr ein solcher

und Erlöser, s.o. Anm. 44. Doch noch einmal: die Rede selbst vom «Sohne» Gottes ist keine «Offenbarung» Gottes, sondern eine mythische Chiffre, die Jesus in der Weise eines «Königs» (Israels) zu deuten suchte; nicht in Richtung auf Gott, sondern in Richtung auf die Menschen, auf uns selber, ist dies Sinnbild auszulegen: wie stehen wir zu Jesu Botschaft, daß sie uns unendlich *mehr* sagt, als uns jede (Königs-) Macht auf Erden sagen könnte, und wie wird uns das Vertrauen in die Güte eines Gottes, wie ihn Jesus uns gezeigt hat (wie er in ihm sich «offenbarte»), zur Grundlage eines in sich «versöhnten» Lebens? Nicht über Gott Bescheid zu wissen, sondern uns von der Angst weg in die Welt zurückzuführen, die sich als Gottes Wirklichkeit erfahren läßt, war das Ziel und Bemühen Jesu.

48 A. a. O., I 1, 375, referiert und reflektiert BARTH noch einmal die Begriffsverwirrung in den Tagen der Patristik schon: «Der Begriff persona, prósōpon, stammt ... aus dem Kampf gegen die sabellianische Häresie, sollte also das Insichsein und Fürsichsein je des Vaters, des Sohnes und des Geistes anzeigen. Aber hieß *persona*, *prósōpon*, nicht auch ‹Maske›? Konnte der Begriff nicht aufs neue der sabellianischen Vorstellung von den drei bloßen Erscheinungsformen ... Vorschub leisten? In dieser Erwägung zog es die griechische Kirche weithin vor, *persona* statt mit *prósōpon* mit *hypóstasis* zu übersetzen. Aber bei *hypóstasis* dachten umgekehrt die Abendländer notwendig an *substantia* im Sinne von *natura* und *essentia*, mußten sich also von der Nähe tritheistischer Vorstellungen bedroht sehen. Blieb man schließlich bei *persona* im Westen, bei *hypóstasis* im Osten stehen, so konnte kein Teil mit dem anderen und schließlich auch keiner mit sich selbst ganz zufrieden sein.» Die «Lösung» ergab sich schließlich aus einer Umdefinition der Begriffe; S. 379: « ... auch der Begriff *hypóstasis* in dem Sinne verstanden, wie er von der östlichen Kirche nach anfänglichen Bedenken und gegen das dauernde Bedenken des Westens schließlich statt *prósōpon* rezipiert worden ist, bedeutet *subsistentia* (nicht *substantia*), d. h. Existenzweise, Daseinsweise eines Seienden.» So verstand schon RICHARD VON ST. VICTOR den Begriff der «Substanz» in der Definition der Person bei BOËTHIUS (s.o. Anm. 24), und so läßt sich auch die Definition des Begriffs der göttlichen Personen bei THOMAS VON AQUIN verstehen: «sie sind *res subsistentes in natura divina*. Der Begriff *res* (sc. lat. Sache, d. V.) dürfte nicht eben glücklich sein, denn *res in natura* klingt hier nicht gut. Wohl aber ist der Begriff *subsistere* eines von den beiden brauchbaren Momenten des alten Personbegriffs.» – Nahe liegt auch hier der Bezug auf CALVIN: Unterricht in der christlichen Religion, I 13,6; S. 58: «Ich verstehe ...unter *Person* (sc. Gottes, d. V.) eine Seinsweise (subsistentia) in Gottes Wesen, die in ihren Beziehungen zu den anderen eine unübertragbare Eigenheit besitzt. Unter *Seinsweise* (subsistentia) wollen wir also etwas anderes verstehen als ‹Wesen› (essentia) ... was wir ‹Seinsweise› nannten ... ist zwar durch ein unzerreißbares Band mit dem ‹Wesen› verbunden ..., aber sie hat doch ihr besonderes Kennzeichen, durch das sie sich von dem Wesen *unter*scheidet. Denn jede der drei Seinsweisen ist in Beziehung zu den anderen durch ihre Eigenheit unterschieden. Diese ‹Beziehung› (relatio) wird hier deutlich zum Ausdruck gebracht; denn wo man ein-

Einwand formal berechtigt sein mag, – die Schwierigkeit, auf die BARTH hinweisen wollte, wird damit nicht behoben: die verwandten Begriffe sind selber widersprüchlich und nur «mit der Kneifzange» des Dogmas ineinander zu zwingen.

Noch einmal: bei Menschen besagt der Begriff der Person gerade nicht «Relationalität» beziehungsweise «Relativität», bei Gott aber meint der Personbegriff in der klassischen Trinitätslehre gerade das; desgleichen ist die «Subsistenz» der Relationen nicht substantiell zu denken, und die Personen, die aus ihnen entstehen, haben kein eigenes Selbstbewußtsein, sondern nur ein einziges ihrer gemeinsamen «Natur» geschuldetes Bewußtsein; und auch daß sie «Personen» heißen, ist nicht präzise, sondern nur «vage» zu verstehen – als «irgendeine» «Sache» in der göttlichen Natur. Und auch daß der «Sohn» «gezeugt» wird, ist nicht «eigentlich» zu verstehen; dann aber versteht man eigentlich auch nicht, wieso der «Vater» zum Vater und der «Sohn» zum Sohn wird; und auch die «Hauchung» des «Gei-

fach ... von ‹Gott› redet, da bezieht sich dieser Name auf den Sohn und den Geist ebenso wie auf den Vater. Sobald man aber den Vater mit dem Sohn vergleicht, bezeichnet die ‹Eigenheit› (proprietas) den Unterschied zwischen ihnen.» – Das «Problem ist so alt wie AUGUSTINUS: De trinitate, V 8,10; 9; S. 216–217: «Es sagen dazu auch jene *hypóstasin*, aber ich weiß nicht, wie sie unterscheiden wollen zwischen *ousían* (sc. griech.: Wesen, d. V.) und *hypóstasin*, so wie die meisten von uns, die in griechischer Sprache darüber handeln, zu sagen gewohnt sind: *mían ousían treîs hypostáseis*, was auf lateinisch heißt: ein Wesen, drei Substanzen. Aber weil unsere Sprachgewohnheit bereits festhält, daß man verstehen muß, wenn wir sagen ‹Essenz›, es so begriffen wird, wie wenn wir sagen ‹Substanz›, so wagen wir nicht zu sagen: eine Essenz, drei Substanzen, sondern *eine Essenz* oder *Substanz*.» «Es hat», meint BARTH (I 1, S. 375), «etwas Lösendes, daß ein Mann von der Autorität Augustins es ... offen ausgesprochen hat, daß es sich, wenn man die Sache nun gerade ‹Person› nenne, um eine *necessitas* (sc. Notwendigkeit, d. V.) oder *consuetudo loquendi* (sc. Sprachgewohnheit, d. V.) handle. Einen wirklich angemessenen Begriff dafür gebe es eben nicht.» Zu Recht fragte AUGUSTINUS: De trinitate, VII 4,8; S. 257–259, warum, wenn von drei Personen die Rede geht, nicht drei Gottheiten gemeint seien. «So nämlich sagen jene: drei Substanzen, eine Essenz, wie wir sagen: drei Personen, eine Essenz oder Substanz.» – Es sind die Worte, die sich verwirren: Substanz (Hypostasis) heißt mal Person, dann Essenz, Essenz aber bedeutet auch Substanz ... Die «Subsistenz» (die «Existenzweise») in ihrer «Relation» und damit in ihrer Eigentümlichkeit («Proprietät») bietet den Ausweg, um den Begriff der Person «richtig» zu definieren – oder gleich zu erübrigen, wie BARTH vorschlägt; doch die «Relation» Jesu zu Gott als seinem (und unserem) Vater taugt an sich in keiner Weise zu den Definitionen gewisser innergöttlicher Seinsweisen; erst wenn man die Person des Juden Jesus in ägyptischem Sinne vergöttlicht, gewinnt die ganze Spekulation ihren Anhaltspunkt, – vorausgesetzt, man leugnet die Tatsache, daß man dabei ist, mythische Bilder, die als solche einen hohen Aussagewert besitzen, in die Begrifflichkeit der griechischen Philosophie zu übertragen.

stes» darf man selbstredend nicht «eigentlich» denken, obzwar sie das Proprium seines Personseins darstellt ... Mit Begrifflichkeiten solcher Güte, so viel steht fest, wird mehr verdunkelt, als erhellt.

Natürlich kann man an dieser Stelle ins «Mystische» ausweichen und die riesige Mauer, die von der kirchlichen Trinitätslehre vor den Augen der Menschen errichtet wurde, als ein Mahnmal der Wahrheit rühmen, indem sich gerade hier die Unzulänglichkeit aller Begriffe und Worte angesichts des Mysteriums des Göttlichen erweise. Aber: in einer Haltung solcher Bescheidenheit ist die «Dreifaltigkeit» Gottes theologisch niemals gelehrt worden, vielmehr wurde sie rigoros und rigide mit allem zu Gebote stehenden Zwang zu einer Doktrin erhoben, bei der die Korrektheit der angeordneten Formeln – wie in der «Christologie» – die Form wahren Glaubens ersetzen sollte. Vor allem: Als was tritt jetzt Jesus selber den «Gläubigen» gegenüber? Als eine «Person», die nur ist in der «Relation» zum «Vater». Das könnte jeder verstehen, nähme man es als eine Aussage persönlich gelebter Beziehung und damit als Vorbild des eigenen Glaubens; doch wie gesagt: im Dogma hat sich die Existenzaussage in eine Seinsaussage verwandelt, und so ist man konfrontiert mit einem «Etwas» in Gott, das als Mensch zwar, wie man erfährt, ein eigenes Bewußtsein und einen eigenen Willen besitzen soll, das aber als göttliche Person hinwiederum kein eigenes Bewußtsein besitzt, sondern nur über ein allen drei göttlichen Personen auf Grund der gemeinsamen göttlichen Natur gemeinsames Bewußtsein verfügt. Mit wem redet man da und von wem geht da die Rede? – Wie alle Mystifikationen führen auch die trinitarischen Verklausulierungen nur zu einer resignativen Unterwerfung der Kirchen-Untertanen unter die herrschende Macht des Lehramtes; nicht Gott wird da erklärt, verklärt wird die Kirchengewalt. Es bedarf eines Neuanfangs im ganzen, um den möglichen Sinn der Lehre von der «Trinität» Gottes zurückzugewinnen.

Zu diesem Zweck läge die Lösung (und Auflösung) des Problems der «Dreifaltigkeit» Gottes gerad bei der Hand: Man müßte lediglich vom Dogmenzwang sich freimachen und in den Worten von den drei «Personen» nicht weiter noch Begriffe festzuschreiben suchen, sondern Bilder betrachten dürfen, wie sie in der Religionsgeschichte allerorten auftauchen und historisch auch den biblischen Erzählungen zugrunde liegen. Statt in die Mystik und in die Mystifikation erhabener Definitionen und Doktrinen zu entschweben, bietet der Mythos eine Fülle von Vorstellungshilfen, die, wie in der Lehre von dem «Christus», so auch jetzt zur Darstellung des Göttlichen in Übereinstimmung und Unterschied zwischen dem «Heidnischen» und «Christlichen» zu einem zwanglosen Verständnis dienen können. Freilich dürfte man die mythischen Elemente der christlichen Gotteslehre nicht länger in das Prokrustes-Bett lehramtlicher Begrifflichkeiten stecken oder strecken, man müßte sich ganz einfach in historischer Ehrlichkeit dazu bekennen, daß unterhalb der Rationalisierungen im Raum der akademischen Theologie das Dogma von der Trinität in Wirklichkeit zu einem mythischen Symbolkomplex gehört, der zwar nicht das Wesen der Gottheit an sich selber offenbart, dafür aber Aspekte des Göttlichen anbietet, die aus verschiedenen Blickwinkeln sich zu einem Ganzen formen. – «Aber das ist ja die alte Irrlehre des Sabellianismus! Das führt ja zu einer Islamisierung des Christentums! Das ist doch eine Rejudaisierung des Gottesbildes, das ist eine Leugnung der Christus-Offenbarung ...!» Zweifellos: Der ganze Steinschlag dogmatischer Brocken wird auf einen solchen Versuch zur Neuorientierung des Trinitätsdogmas hernieder regnen. Und doch geht es allein darum, die möglichen Bedeutungen der Dreifaltigkeitslehre auf eine Weise freizulegen, die allen Menschen zugänglich ist, weil sie dem gemeinsamen Grund der menschlichen Seele entsteigt. Wenn es die eine göttliche Natur ist, die die drei Personen in der einen Gottheit eint, so sollte es gewiß doch auch die eine menschliche Natur sein dürfen, die die Personen in der Menschheit eint.

Etwas im Menschen selbst nämlich scheint dahin zu drängen, gerade in der Drei ein Ursymbol der Einheit zu erblicken[49]. Die Mathematik beziehungsweise die Geometrie war es, mit der PYTHAGORAS bereits im 6. Jh. v. Chr. das rechtwinklige Dreieck, vervielfacht in den Spannsaiten der Leier, zum Schlüssel des Verständnisses der Schön-

49 C. G. JUNG: Versuch einer psychologischen Deutung des Trinitätsdogmas, in: Gesammelte Werke, XI 128–129, verweist als Parallele zur christlichen Trinität zu Recht auf die «*Wesenseinheit* (Homoousie) zwischen dem Gotte als Vater und als Sohn (dargestellt durch den König) ... (sc. in der ägyptischen Mythologie, d. V.). Als Dritter kommt dazu Ka-mutef (= ‹Stier seiner Mutter›), welcher nichts anderes als der Ka, die Zeugungskraft des Gottes, ist. In ihr und durch sie sind Vater und Sohn nicht in einer Triade, sondern in einer *Dreieinigkeit* verbunden. Insofern der Ka-mutef nämlich eine Sonderform des göttlichen Ka darstellt, kann man geradezu von einer Dreieinigkeit Gott – König – Ka sprechen in dem Sinne, daß der Gott der ‹Vater›, der König der ‹Sohn› und der Ka das schöpferische Bindeglied zwischen ‹Vater› und ‹Sohn› ist.» (Nach: H. JACOBSOHN: Die dogmatische Stellung des Königs in der Theologie der alten Ägypter, 1939, 58.) «Die göttliche Zeugung des Pharao findet durch den Ka-mutef in der menschlichen Königinmutter statt. Diese bleibt außerhalb der Trinität wie Maria.»

heit und des Wohlklangs der gesamten Welt erhob[50], – kaum eine Darstellung der Trinität, die nicht mit dem Symbol des Dreiecks das Geheimnis der Gottheit zu verdeutlichen suchte; – im Kommunionsunterricht wird der Pfarrer drei brennende Kerzen in *einer* Flamme vereinen, um das «Licht» der Gottheit in den drei «Personen» zu erläutern; doch ein «Dreieck», vor allem ein gleichseitiges, ist weit aussagestärker und eigentlich «korrekter» zur Darstellung der Dreifaltigkeit als die Einheit von Kerzen, deren Köpfe man in eine Flamme hält. Das wirkliche Urbild göttlicher Dreiheit jedoch ist nicht rational-mathematischer Natur, es entstammt vielmehr der biologisch vorgegebenen Einheit des Lebens in Form seiner Selbstreproduktion durch die Gestalten von Mann (Vater), Frau (Mutter) und Kind (Sohn oder Tochter), wie sie unüberhörbar auch in der christlichen Dreifaltigkeitslehre anklingt; diese mythische Dreiheit des Göttlichen – das ist die verdrängte «Wahrheit» auch der christlichen Trinitätslehre, an die man wie an eine *lingua franca* der religiösen Verständigung anknüpfen sollte, statt das eigene Dogma zum Instrument der Spaltung zwischen den Religionen zu machen.

50 HERMANN USENER: Dreiheit, 348, spricht zu Recht von «einer arithmetischen Theologie» bei den Pythagoreern, die allerdings eine «bewusst willkürliche Zahlensymbolik» hervorgebracht habe, bis zur «Höhe des Unfugs» in «Kabbala und Gnosis.» Zur Dreizahl verweist C. G. JUNG: Versuch einer psychologischen Deutung des Trinitätsdogmas, in: Gesammelte Werke, XI 131, auf den archetypischen Gehalt der Dreizahl, die sich ergibt aus der Einheit (Eins), aus der alle Zahlen entstehen, mithin auch das Gerade (die Zwei) und das Ungerade (Drei), die Dreizahl enthält als erste ungerade und vollkommene Zahl Anfang, Mitte und Ende. – Zur Arithmetik des PYTHAGORAS vgl. WOLFGANG SCHADEWALDT: Die Anfänge der Philosophie bei den Griechen, S. 281–287. Da gibt es die Dreieckszahlen (1, 3, 6, 10), die sich in Dreiecksform mit Steinchen darstellen lassen (S. 285). Großen Einfluß übte dieses Denken auf PLATON: Timaios, 31 a–32 b, in: Sämtliche Werke, V 156, aus: «Daher schuf der Gott. als er den Leib des Alls zusammenzusetzen begann, ihn aus Feuer und Erde. Nur zwei Bestandteile aber ohne einen dritten wohl zu verbinden, ist nicht möglich; denn inmitten beider muß ein beide verknüpfendes Band entstehen ...; das aber vermag seiner Natur nach am besten ein gegenseitiges Verhältnis zu bewirken. Wenn sich nämlich von irgendwelchen drei Zahlen ... die mittlere zur letzten wie die erste zu ihr sich verhält, und so auch die letzte zur mittleren wie diese zur ersten, so folgt, indem die mittlere zur ersten und letzten wird und die letzte und erste beide zur mittleren, daraus notwendig, daß alle dieselben seien, indem sie aber untereinander zu demselben werden, daß alle eins sein werden.» – Vgl. bes. NIKOLAUS VON KUES: Die belehrte Unwissenheit, Buch I, Kap. 19, S. 73–79: Übertragung des unendlichen Dreiecks auf die allerhöchste Dreifaltigkeit: «Das Größte ist ... dreiheitliche Wesenheit, die eine wirkliche Einheit bildet. Dabei ist die Wesenheit (sc. essentia, d. V.) nichts von der Dreiheit Verschiedenes, die Dreiheit nichts von der Einheit Verschiedenes und die Wirklichkeit (sc. actualitas, d. V.) nichts von der Einheit, Dreiheit oder Wesenheit Verschiedenes.» (S. 75)

Immer noch sucht die kirchliche Apologetik sich gegen die religionsgeschichtlich nicht zu leugnende Tatsache zu verwahren, daß wichtigste Vorstellungen der christlichen Glaubenslehre, insbesondere in der «Christologie», in der Sakramentenlehre, in der «Eschatologie» und eben auch im Trinitätsdogma, einen Synkretismus (eine Verschmelzung) aus zahlreichen «heidnischen» (das heißt: nicht-jüdischen) Einströmungen der hellenistischen Antike im Erbe ägyptischer, griechischer, persischer und kleinasiatischer Kulte darstellen[51]; histo-

51 So verteidigt GERHARD LUDWIG MÜLLER: Katholische Dogmatik, 418–419, die «Originalität der christlichen Trinitätslehre», indem er die religionsgeschichtlichen Parallelen aufzählt, nur um zu zeigen, daß sie ihm bekannt sind. Ähnlich schon JOHANNES BRINKTRINE: Die Lehre von Gott, II 183–212: Anhang: Die Herkunft des Trinitätsglaubens unter besonderer Berücksichtigung der Dreiheiten in den nichtchristlichen Religionen. – Die völlige Gemeinsamkeit von BRINKTRINE und MÜLLER im Abstand von mehr als 50 Jahren ist in sich schon ein Beleg für die *theologia perennis* der katholischen Kirche – vor wie nach dem 2. Vatik. Konzil. – Dabei sah bereits ADOLF VON HARNACK: Die Mission und Ausbreitung des Christentums, 324–331: Die volle Ausgestaltung des Christentums als synkretistische Religion, völlig richtig, wenn er von der christlichen Religion «auf heidenchristlichem Boden» sagt: «Sie ist die Predigt von ‹Gott, der der Vater und allmächtige ist›, von seinem Sohne Jesus Christus, dem Herrn, und von der Auferstehung. Sie ist das Evangelium vom Heiland und von der Heilung, der Erlösung und der Neuschöpfung; sie ist die Botschaft von der Vergottung ... Sie ist die Religion der Autorität und des unbedingten Glaubens, und wiederum ist sie die Religion der Vernunft und der hellen Erkenntnisse; aber sie ist auch Mysterienreligion.» «Das Christentum ist seit der Mitte des 3. Jahrhunderts als synkretistische Religion im vollsten Sinne zu betrachten; als solche steht es den beiden anderen großen synkretistischen Schöpfungen des Zeitalters, der mit dem Sonnendienst verbundenen neuplatonischen Religion und dem Manichäismus gegenüber.» «In dem Lehrsystem des Origenes ... ist die Vereinigung von Evangelium und Synkretismus perfekt.» (S. 324–327) – Längst nötig ist es – in Anbetracht historischer Ehrlichkeit sowie im Suchen nach einer glaubwürdigen Form des Glaubens – das Programm FRIEDRICH SCHLEIERMACHERS in seiner «Glaubenslehre», II, § 94, S. 43, fortzuschreiben, in der er Jesus als einen Menschen wie wir betrachtet, den Unterschied aber ganz und gar in das Gottesbewußtsein Jesu verlegt, «welches ein eigentliches Sein in ihm war». Deutlich hält er (§ 95, S. 48–49) die «kirchlichen Formeln von der Person Christi ... einer fortgesetzten kritischen Behandlung» für bedürftig. Zu Recht problematisiert er (§ 96,1, S. 51) bereits die Verschmelzung von Jesus und Christus «zu einem einzigen Eigennamen ..., da eigentlich Christus nur die dem Eigennamen beigefügte Bezeichnung der eigentümlichen Würde ist.» Leider konnte SCHLEIERMACHER diese ganz richtige Feststellung noch nicht religionsgeschichtlich mit der Beschreibung dieser «Würde» in der ägyptischen Mythologie verknüpfen. Was SCHLEIERMACHER indessen in seiner Antwort auf die Bewußtseinsphilosophie FICHTES und HEGELS leistete, erscheint im Rückblick als Vorgriff auf die besten Einsichten aus Exegese, Psychologie und Existenzphilosophie zur Interpretation der Gestalt Jesu. Eine angemessene Würdigung SCHLEIERMACHERS findet sich bei HANS KÜNG: Das Christentum, 791–817: Theologie im Geist der Moderne.

rische Fragen indessen sind keine Glaubensfragen, und auch die dogmatische Formulierung des Glaubens sollte nicht dahin führen, simple Fakten der geschichtlichen Entwicklung *ex cathedra* zu verleugnen. Statt das Wort «Synkretismus» als Vorwurf aufzufassen, so als sei eben damit auch schon der «Offenbarungscharakter» der christlichen «Wahrheit» geleugnet und das Christentum selbst erwiesenermaßen «nichts anderes als» eine Variante uralter Mythen, kommt es vielmehr darauf an, die synkretistische Eigenart der christlichen Glaubensvorstellungen positiv als Auftrag und Gelegenheit zu einer psychischen und geistigen Synthese des religiösen Bewußtseins zu verstehen und zu nutzen. Die Spaltung der verschiedenen Religionsformen gegeneinander ist ja nicht nur eine zerstörerische Form der Gewalt nach außen, sie geht auch einher mit einer zerreißenden Widersprüchlichkeit in der menschlichen Seele; gerade mit der Vielfalt seiner Bilder könnte das Christentum einen überaus wichtigen Beitrag zur Integration der unbewußten mythenbildenden Schichten der menschlichen Psyche leisten. Unerläßlich dazu ist allerdings die Bereitschaft, das Scheitern der Begriffe in der Trinitätstheologie sich ebenso einzugestehen wie die menschliche Wahrheit anzuerkennen, die in den Bildern der Mythen enthalten sein kann.

In der tradierten Dogmatik wird, wie gezeigt, die theologische Wahrheitsbehauptung mit dem Bildinhalt einer bestimmen Glaubensvorstellung metaphysisch ineins gesetzt: «Gott ist dreifaltig einer» – das ist «wahr», weil Gott an sich selber, objektiv, «dreifaltig» ist, und da allein das Christentum für eine «wahre» Religion zu gelten hat, soll der Unterschied zwischen «Logos» und «Mythos» an dieser Stelle eben darin zu sehen sein, daß die rationale Form der christlichen Theologie die schemenhaften Unklarheiten und rein subjektiven Mutmaßungen der heidnischen Mythologie angeblich in einzigartiger Weise hinter sich gelassen hat. Tatsächlich aber tritt gerade hier das Gegenteil zutage: die christlichen Glaubensvorstellungen sind die nämlichen wie auch in vielen der nicht-christlichen Religionen, und sie widersetzen sich ganz offensichtlich jedweder rational-logischen Systematisierung, – sie sind nicht «perspektivisch», sondern nur aspektivisch zu verstehen[52]; und – sehr wichtig! –: sie sind nicht durch

52 Vgl. EMMA BRUNNER-TRAUT: Frühformen des Erkennens am Beispiel Altägyptens, 7–14: Aspektive – Perspektive: «Perspektive gibt – so kritisiert Platon – nur das Bild wieder, wie man es sieht, also ein Scheinbild, Perspektive trügt. Für Platon ist die perspektivische Darstellungsweise der ‹Skiographia› (sc. der Schattenmalerei, d. V.) ein Musterbeispiel der sinnlichen Wahrnehmung und der Doxa (sc. des bloßen

göttliche «Offenbarung» plötzlich, wie ein Meteorit, vom Himmel gefallen, sondern es hat ein wichtiger Teil der «Offenbarung» Gottes beziehungsweise der Art, wie Menschen über Göttliches zu denken pflegen, bereits begonnen mit der Formung der menschlichen Seele selber. Ein Weniges an psychologischer beziehungsweise anthropologischer Reflexion genügt, um sich über die Voraussetzung der Symbolbildungen des Göttlichen im Menschen Rechenschaft zu geben.

Völlig sinnlos wäre es, Gott als «Vater» (oder Mutter) zu bezeichnen, entstammten die Menschen nicht der Säugetierreihe, und auch von einem «Sohn» könnte keine Rede sein ohne die Beziehung eines Kindes zu seinen Eltern. Wohl, auch Schildkröten werden durch die Paarung männlicher und weiblicher Tiere «gezeugt», doch sie schlüpfen aus dem Ei in der Wärme des Sandes am Ufer des Meeres, ohne ihre «Eltern» jemals zu kennen, – der Sand wäre am ehesten für sie mit dem vergleichbar, was Säugetiere als ihre «Mutter» erleben, und die Sonne könnte für ihren «Vater» gelten, und die Weite des Meeres böte ihnen vermutlich das Gleichnis des «Himmels». Schon daß von «Vater» und «Sohn» in bezug zu Gott die Rede geht, ist also dem Mythos entnommen, und ganz sicher ist dieses Wort kein «Begriff», um damit rational die «Natur» Gottes, wie sie «an sich» ist, zu erfassen; vielmehr trifft vollkommen zu, was im 6. Jh. v. Chr. der klarsichtige Philosoph XENOPHANES sagte: «Wenn Ochsen oder Löwen Hände hätten oder vielmehr malen könnten mit ihren Händen und Kunstwerke herstellen wie die Menschen, dann würden Pferde pferdeähnlich, Ochsen ochsenähnlich der Götter Gestalten malen und solche Körper bilden, wie jeder selbst gestaltet ist.»[53]

Das denkende Säugetier Mensch kann demnach nicht anders, als sich den tragenden Hintergrund seines Lebens als «Vater» und «Mutter» und «Geist» vorzustellen, nur daß in der christlichen Trinitätslehre der «Geist» an die Stelle der «Mutter» getreten ist, oder genauer noch: der «Sohn», indem er mit dem «Vater» gemeinsam den

Scheins, des bloßen Meinens, d. V.). Denn in perspektivischer Sicht verändert ein Gegenstand Größe – und auch Farbe –, es verschieben sich die Winkel, während ein aspektivisch dargestellter Gegenstand größenkonstant und seine Binnenteile in ihrem Sosein unverändert bleiben. Die einzelnen Teile erscheinen so, wie man sie ertasten kann, be-greifen. Daher hat man die beiden Darstellungsweisen auch als ‹Seins›- bzw. ‹Scheinkunst› oder auch als ‹haptische› (taktile) und ‹optische› einander gegenübergestellt.» (S. 11) «Eine Sache wird dort (sc. im Aspektiven, d. V.) nicht durch Definition, vielmehr durch Aneinanderreihung möglichst vieler Vorstellungen zur Erscheinung gebracht.» (S. 154)

53 XENOPHANES: Die Fragmente, Nr. 15, S. 43.

«Geist» hervorgehen läßt, nimmt die weiblichen Züge der «Mutter» an, während der «Geist» als das eigentliche «Kind» betrachtet werden muß. Psychoanalytisch erscheint es darüber hinaus als geradezu «verdächtig», mit welch einer Vehemenz die kirchliche Dogmatik betont, daß der Heilige Geist nicht «gezeugt», sondern «gehaucht» worden sei, ist doch die «Hauchung» (die *spiratio activa*) unschwer als eine spiritualisierte Form des Befruchtungsvorganges zu verstehen. So kann in den griechischen Mythen eine Stute schwanger werden vom Nordwind (Boréas)[54], und christliche Überlieferungen waren im Umlauf, wonach Maria eben deshalb jungfräulich blieb, weil sie ihr Kind nicht, wie Frauen gewöhnlich, durch ihren Schoß, sondern durch ihr Ohr empfing[55], – wie denn auch sonst hätte sie Gott als das

54 KARL KERÉNYI: Die Mythologie der Griechen, II 62, nennt Boreas, den Nordwind, den «Liebhaber der Stuten». Zudem (S. 228): «Boreas, der sich im Nordwind offenbarende Gott, hatte sich Oreithyia, die Tochter des Erechtheus, eine Nichte der Prokne und Philomela, am Ilissos geraubt. Oreithyia, die ‹im Gebirge Stürmende›, ihrem Namen nach eine Bakchantin wie ihre Tanten, gebar dem Windgott die geflügelten Söhne Kalais und Zetes, die an der Fahrt der Argo teilnahmen.»

55 Vgl. ERNEST JONES: Die Empfängnis der Jungfrau Maria durch das Ohr, in: Jahrbuch der Psychoanalyse, VI 135–204; auch in: Zur Psychoanalyse der christlichen Religion, 37–129, mit der These, «daß respiratorische Prozesse gerne nach dem Muster der Ernährungsprozesse erklärt werden» und «daß der Atem viel von seiner Wichtigkeit und Bedeutung dadurch gewinnt, daß man ihn als etwas betrachtet, das ... sich aufs engste ... bei der Verdauung zu einer Art Dampf mischt, dem inneren Pneuma, welches ... der Erzeuger der Fruchtbarkeit, des Denkens, des Verstandes und der Seele wird.» (S. 90). – DERS.: Eine psychoanalytische Studie über den Heiligen Geist, in: Zur Psychoanalyse der christlichen Religion, 129–143, findet es zu Recht bemerkenswert, daß die «christliche Mythologie» «die einzige» ist, «in der die ursprünglichen Figuren nicht fortbestehen, in welcher die zu verehrende Dreieinigkeit nicht mehr in Mutter – Vater – Sohn besteht. Vater und Sohn erscheinen zwar immer, aber die Mutter ... ist durch die rätselhafte Gestalt des Heiligen Geistes ersetzt worden.» (130) Offenbar ersetzt hier als erstes der Geist bzw. sein Symboltier, die Taube, den Phallus des Vaters (133); das aber bedeutete die Befleckung der Hl. Mutter, die unverzeihliche Sünde gegen den Geist (137), – der im Unterbewußten eigentlich gewünschte Mutterinzest geht einher mit der Kastration des Vaters, und die verbotene «Objektliebe für die Mutter ist ersetzt durch eine Regression zu der ursprünglichen Identifizierung mit ihr, so daß der Inzest vermieden und der Vater besänftigt ist.» (136) Die Ersetzung der Muttergottheit durch den Hl. Geist ergibt sich somit aus der Entsagung der «Wünsche nach Mutterinzest und Vatermord» (138), mit der Folge einer sublimierten «Homosexualität (= Herdeninstinkt)». (S. 139) Aber: der «Übergang von der Mutter zum Heiligen Geist ist nicht ohne Kampf durchgeführt worden ... Verschiedene Sekten versuchten die Göttlichkeit der Madonna beizubehalten, der selbstverständlichen Nachfolgerin der Isis, Hera, Astarte, Aphrodite und der übrigen, und der ... Versuch, die ursprüngliche Dreieinigkeit von Vater, Mutter und Messias beizubehalten, wurde erst am Konzil von Nicäa abgelehnt.» (S. 142) Doch in der Marienfrömmigkeit kehrt die Große

«Wort» zur Welt bringen können? Offenbar verdeckt die «Hauchung» nur die ursprüngliche «Zeugung», die allein dem «Vater» gegenüber seinem «Sohn» zugeschrieben wird. Der monotheistische (und patriarchalistische) Widerstand gegenüber der Eintragung einer weiblichen Göttergestalt in das Bild der (männlichen) Gottheit hat anscheinend dazu geführt, daß die ursprüngliche mythische Dreiheit von Vater, Mutter und Sohn nur in einer doppelten beziehungsweise dreifachen Deformation aufzunehmen war, indem nunmehr der Vater ohne eine Mutter einen Sohn zeugt, um dann mit dem «Sohn» gemeinsam den «Geist» zu «hauchen», der dann wieder mit einer «Jungfrau» gemeinsam den «Sohn» als das «Wort» des «Vaters» in der Gestalt eines Menschen hervorbringt. So einfach es ist, die «normalen» Zeugungszusammenhänge des Mythos in christlicher Trinitätslehre und Christologie wiederherzustellen, so schwer mußte es der christlichen «Offenbarung» im Erbe des biblischen Eingottglaubens offenbar fallen, die sexuelle Symbolik der Mythen zuzulassen.

Doch mit Verdrängungen ändert man keine Tatsachen. Auf der Ebene der Bildsprache seiner Symbolik unterscheidet das Christentum sich erkennbar nicht besonders von den anderen antiken Religionen; ganz falsch ist es deshalb – und sogar unaufrichtig, wie mehrfach bereits betont –, den Wahrheitsanspruch und die Dimension der «Offenbarung» ausgerechnet mit der Behauptung von historischen Tatsachen und metaphysischen Gegebenheiten zu verknüpfen; wenn wirklich das Kriterium des «Faktischen» und «Wirklichen» das Christentum von all den mythischen «Fiktionen» unterscheiden soll, wie theologisch immer von neuem betont wird, so hat sich nach allem Gesagten gerade umgekehrt gezeigt, daß weniges das Christentum so unglaubwürdig machen muß wie eben dieser selbstgesetzte Maßstab, – an all den Stellen seiner Kernaussagen (Weihnachten, Ostern, Himmelfahrt, Pfingsten) stützt sich die christliche Dogmatik erkennbar auf eine biblische Berichterstattung, die mitnichten über historische Begebenheiten informiert, sondern im Gegenteil: nach Art der

Göttin zurück. «Hier ... schloß das Christentum einen Kompromiß zwischen der hebräischen Tendenz zu einer androgynen Zeugung und der klassischen zur Anerkennung der Muttergottheit als Hauptfigur.» (S. 143) Doch die Ambivalenz setzt ich in der konfessionellen Spaltung fort: «Man könnte sagen, daß die protestantische Lösung des Ödipuskomplexes die Ersetzung der Mutter durch die Frau ist, während die katholische in der Änderung der männlichen in die weibliche Rolle besteht.» (143) Die Fixierung der römischen Kirche auf Fragen der Sexualmoral und der Unterdrückung der (männlichen) Sexualität nebst der Ambivalenz des Frauenbildes zwischen Madonna und Hure findet so seine Erklärung.

Mythen mittels bestimmter Bilder die Person und das Dasein des «Heilbringers» Jesus und darin unser eigenes deuten und formieren möchte. Entsprechend dieser seiner eigenen Quellenlage müßte das Christentum seine «Wahrheit» eben nicht mehr in der Einzigkeit und Einzigartigkeit seiner religiösen Anschauungen ansiedeln, sondern es müßte in der *Deutung* dieser Bilder deutlich machen, was es den Menschen auf dem Weg zu ihrer eigenen Bewährung und Bewahrheitung zu sagen hat.

An zentralen christologischen Symbolen wie der «Gottessohnschaft», der Jungfrauengeburt oder der «Himmelfahrt» ließ sich bereits herausstellen, wie andersartig, ja, wie gegenläufig die Interpretation ausfallen muß, sobald die religionsgeschichtlich vorgegebenen Bilder der «heidnischen» Mythologie auf die Person Jesu übertragen werden: der Versuch, die Bedeutung Jesu mit diesen Chiffren sichtbar zu machen, führte immer zu einer Neudeutung der Bilder selbst durch die Person des Christus; und Ähnliches steht auch im Umgang mit dem Bild der göttlichen «Dreifaltigkeit» in Aussicht. Vor allem *ein* wichtiges religionspsychologisches Moment ist dabei entscheidend: Alle (archetypischen) Symbole sind in sich selbst ambivalent, je nachdem, ob sie in einem Feld der Angst oder in einem Felde des Vertrauens wirksam werden; in Angst bringen sie die Gefahr mit sich, wie die Bildsequenzen im psychotischen Erleben die Persönlichkeit des Einzelnen in unterschiedliche Gestalten, Aktionen und Erlebnisqualitäten aufzusplittern; in einem Feld vorgängigen Vertrauens hingegen können sie wirken wie Wegweiser zum Ziel von Selbstfindung, Integration und Stärkung der Persönlichkeit. Ein Hauptkriterium der «Wahrheit» christlicher Glaubenssymbole sollte folglich darin zu sehen sein, wieviel an Zuversicht, Freiheit und Menschlichkeit sich mit der jeweiligen Deutung verknüpft, die ihnen «dogmatisch» zuteil wird; die Hülle von Angst und Gewalt jedenfalls, die sie durch all die Zeit bis in unsere Tage hinein umgibt, beweist durch sich selber bereits die Falschheit und Unangemessenheit der kirchlichen Glaubenslehre in ihrer tradierten Form.

Die einfachste und am meisten einleuchtende Form einer Dreiheit des Göttlichen ist, wie gesagt, die familiäre Trias aus Vater und Mutter und Kind, und so kann es nicht wundernehmen, daß schon im Alten Ägypten zahlreiche solcher Triaden auftauchten. Die bekannteste ist sicherlich die Dreiheit von Osiris, Isis und Horus, deren Mythos zugleich auch eine ganze Reihe von Querverbindungen – und Unterschieden! – zu christlichen Glaubensvorstellungen aufweist.

Osiris, wie schon erläutert (s. o. S. 344 ff.), ist der Gott, der stirbt und wiederaufersteht. Getötet ward er von der Verkörperung des Bösen: dem wüstenbewohnenden eselsköpfigen Seth, doch seine Schwester, Geliebte und Gemahlin Isis fügte seinen zerrissenen Körper zusammen, bebrütete ihn in Gestalt eines Sperberweibchens und gebar als seinen Richter und Rächer ihren gemeinsamen Sohn Horus[56]. – Diese zentrale Mythe des Alten Ägypten enthält recht verschiedene Deutungsebenen: Osiris ist der Gott, der den Menschen die Kultur, den Ackerbau und den Frieden bringt[57], – ein Kulturheros also, doch nicht nur das; er selber verkörpert als Gott das Schicksal des Getreides, das stirbt, um Leben zu schenken, – ein Motiv, das auch der christlichen Eucharistiefeier wesentlich ist, indem sie kultisch das «Gedächtnis» und die «Verkündigung» von Tod und Auferstehung des Gottessohnes Jesus Christus zum Ausdruck bringt[58]. Bis dahin freilich erzählt sich der Mythos nur erst aus der Sicht des Osiris selbst, in den jeder Sterbende im Tod sich verwandelt, um in ihm und mit ihm teilzuhaben an seinem ewigen Leben. – Eine zweite Perspektive ergibt sich aus der Sicht der Isis. Mit ihrem Leid und mit ihrer Trauer steht sie für das Schicksal aller Liebenden, die durch den Tod voneinander getrennt sind, zugleich aber verbindet sich mit ihr

56 EMMA BRUNNER-TRAUT: Altägyptische Märchen, 88–93: Der Osirismythos, S. 271–272, bietet eine bearbeitete Fassung der Darstellung bei PLUTARCH: Über Isis und Osiris, in: Drei religionsphilosophische Schriften, 135–273, Kap. 12–19, S. 154–167.

57 PLUTARCH: Über Isis und Osiris, Kap. 13, in: A. a. O., S. 157: «Als König habe Osiris die Ägypter sogleich von ihrem hilflosen und tierhaften Dasein befreit, ihnen den Anbau von Feldfrüchten gezeigt, Gesetze gegeben und sie gelehrt, die Götter zu ehren. Später habe er die ganze Welt durchzogen, um sie zu befrieden; er habe dabei ganz selten Waffen gebraucht, sondern die meisten Menschen mit Überredung durch Wort und durch Gesang und Musenkunst aller Art bezaubert und für sich gewonnen.»

58 Vgl. MIRCEA ELIADE: Geschichte der religiösen Ideen, I 99: «Ein Text des Mittleren Reiches bringt die Lobpreisung des Osiris als Quelle und Grundlage aller Schöpfung sehr schön zum Ausdruck: ‹Ob ich lebe oder sterbe, ich bin Osiris. Ich durchdringe dich, und durch dich erscheine ich wieder; ich vergehe in dir, und ich wachse in dir ... Die Götter leben in mir, weil ich in dem Getreide, das ich ernähre, lebe und wachse. Ich bedecke die Erde; ob ich lebe oder sterbe, ich bin die Gerste, mich zerstört man nicht. Ich habe die Ordnung durchdrungen ... Ich bin zum Herrscher der Ordnung geworden, ich tauche aus der Ordnung auf.› – Der ... Tod vollendet den Übergang ... Das Grab ist der Ort, an dem sich die Transfiguration (*sakh*) des Menschen vollzieht, denn der Tote wird zu einem *Akh*, einem ‹verwandelten Geist›. Für uns ist hier die Tatsache von Bedeutung, daß Osiris nach und nach zum Vorbild nicht nur der Herrscher, sondern auch jedes einzelnen wird.»

auch die Hoffnung, daß die Liebe stärker ist als der Tod[59]. Gemeinsam mit ihrer Schwester Nephthys steht sie am Katafalk des verstorbenen Bruders und breitet ihre Arme schützend über ihn, – ein Bild, wie das *Johannes*-Evangelium es am Ostermorgen beschwört, als Maria Magdalena sich zum Grabe Jesu begibt und darinnen zwei Engel antrifft, zu Häupten und zu Füßen der Stelle, an welcher sein Leichnam gelegen hatte (Joh 20,1.12)[60]. – Und dann ist da zum dritten der Sohn Horus, der das Recht seines Vaters vor dem Göttergericht wiederherstellen wird. In ihm nimmt nach dem Tod des verstorbenen Pharao die wichtigste Aufgabe des neuen Pharao Gestalt an: Er muß die Mächte des Chaos niederringen und das «schwarze Land» an den beiden Ufern des Nil vor Schaden bewahren[61]. Bereits die Hieroglyphe für «Isis» stellt einen Königsthron dar[62], in ihrem Sohn Horus aber erweist sich die Kontinuität der Dynastie auf dem Thron beider Länder von Ober- und Unterägypten. «Le roi est mort? Vive le roi», sagten die Bourbonen in den Tagen ihres «Sonnenkönigs». (Der König ist tot: Es lebe der König.)

Dreierlei also kommt bereits in der Mythe von Osiris, Isis und Horus zum Ausdruck: die regenerative Kraft der Natur, die Antwort der menschlichen Kultur und das beide Vereinende: die gottmenschliche, Himmel und Erde verbindende, todüberwindende, lebenspendende Macht des «Königs» als des schwingenbreitenden, vogelgesichtigen Horus. Ein besseres Vorbild für die christliche Dreifaltigkeitslehre als dies läßt sich nicht denken; und man begreift, warum die frühe Kirche mit ihrer Christologie und Theologie gerade nicht im Juden-

59 Vgl. E. DREWERMANN: Ich steige hinab in die Barke der Sonne, 119–154: «Ich bin Isis, deine Schwester» oder: Die Auferstehung der Liebe.

60 A. a. O., 143–144.

61 Vgl. MIRCEA ELIADE: Geschichte der religiösen Ideen, I 98: «Osiris (wurde) als ‹Geistperson› (= Seele) und Lebenskraft auferweckt. Er ist es, der fortan die Fruchtbarkeit der Vegetation und alle Kräfte der Fortpflanzung gewährleisten wird. Er wird als Personifikation der ganzen Erde beschrieben oder mit dem weltumspannenden Meer verglichen. Schon um 2750 (sc. v. Chr., d. V.) symbolisiert Osiris die Quellen der Fruchtbarkeit und des Wachstums. Anders ausgedrückt: Osiris, der gemordete König (= der verstorbene Pharao) gewährleistet das Wohlergehen des Reiches, das von seinem Sohne Horus (repräsentiert von dem soeben neu eingesetzten neuen Pharao) regiert wird.» In den Pyramidentexten (Pyr. 1004 ff) heißt es: «Osiris! Du warst fortgegangen, nun aber bist du zurückgekehrt; du schliefst, aber du wurdest geweckt; du starbst, aber du lebst von neuem.»

62 RAINER HANNIG: Großes Handwörterbuch Ägyptisch-Deutsch, 1183: *ꜣst* = Isis; 1073: *st* – Sitz.

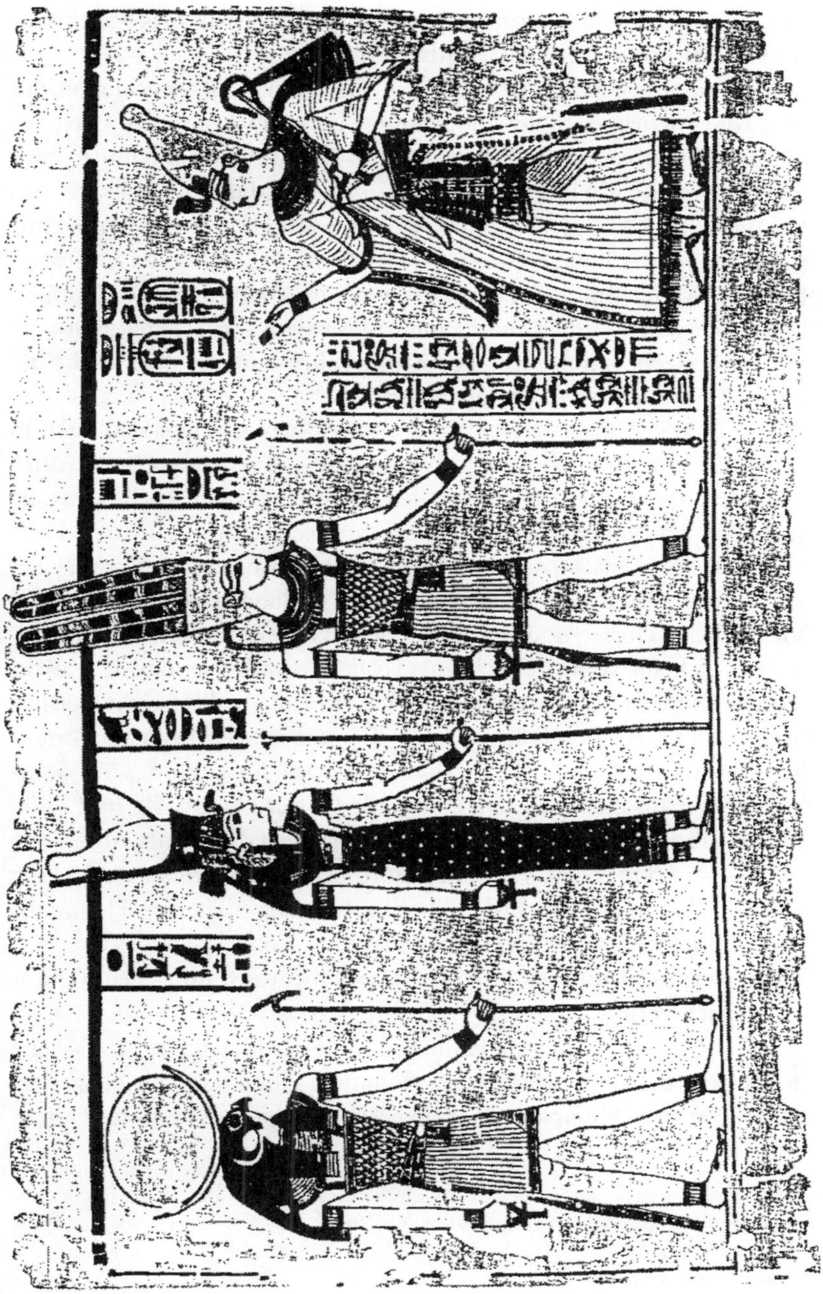

Abb. 1: Amun, Mut und Chons, die Götterdreiheit von Theben, empfangen ein Opfer von Ramses III.

tum sich auszubreiten vermochte, wohl aber in der damals griechisch-römisch geprägten Kultur des Alten Ägypten.

Eine andere – weniger bekannte – Göttertrias in der Religion der Pharaonen wurde gebildet von Amun, Mut und Chons, eine Dreiheit, die in Theben verehrt wurde und wohl dadurch zustande kam, daß man die dortige Himmelsgöttin Mut dem «Durchwandeler» des Himmels, dem Mondgott Chons, zur Mutter gab[63]. Der Papyrus Harris zeigt, wie der Pharao *Ramses III.* (1198–1167) vor die Götterdreiheit von Amun (mit der Doppel-Federkrone), Mut (mit der Doppelkrone von Ober- und Unterägypten) und dem menschengestaltigen, falkenköpfigen Chons (mit der Mondsichel und der Mondscheibe) hintritt, um Opfer darzubringen (Abb. 1)[64].

Der Drang, Götter-Dreiheiten zu konstruieren, zeigte sich auch in Memphis, wo der Schöpfergott Ptah und die löwenköpfige Göttin Sachmet «lange Zeit nebeneinander ... verehrt» wurden, «bevor sie sich, erst im Neuen Reich greifbar, mit Nefertem als drittem Partner ... zusammenschlossen»[65]. Es handelt sich um einen Trend, dem «an vielen Orten des Landes ähnliche Bildungen folgten»[66]. «Die Vielzahl der Götter und die in ihr bevorzugte Form der Triade verdichtet sich im Neuen Reich zur Trinität, zur Dreieinigkeit – nicht Gottes, sondern der Götter und ihrer Kultorte! Die klassische Formulierung dieser spezifisch ägyptischen Trinität hat der Leidener Amunhymnus am Ende der 18. Dynastie, d. h. am Ausgang des 14. Jahrhundert v. Chr. gefunden: Drei sind alle Götter: Amun, Re und Ptah, keinen gibt es ihresgleichen. Verborgen ist sein Name als Amun (sc. äg: der Unsichtbare, d. V.), als Re wird er wahrgenommen, sein Leib ist Ptah. Ihre Städte auf Erden bleiben immerdar: Theben, Heliopolis und Memphis, bis ans Ende der Zeit!»[67]

Diese Trias: Amun – Ra – Ptah ist aber nicht erst unter den Ramessiden nachweisbar, sondern erscheint bereits unter *Tut-anch-Amun* (1347–1338): Eine silberne Fanfare mit Holzkern zeigt auf einer Seite des Schallstücks «in rechteckiger Rahmung eine Szene mit *Ptah*, dem Schutzgott von Memphis, dem sich *Amun-Re*, der König der Götter, und der Sonnengott *Re* nähern»[68]. (Abb. 2.)

63 ADOLF ERMAN: Die Religion der Ägypter, 39.
64 A. a. O., Titelbild.
65 ERIK HORNUNG: Der Eine und die Vielen, 214.
66 A. a. O., 214.
67 A. a. O., 215.
68 T. G. HENRY JAMES (Text) – Araldo De Luca (Fotos): Tutanchamun, 266.

Abb. 2: Amun und Ra nähern sich Ptah, dem Schutzgott von Memphis.

«Amun als nominell immer noch höchste und aktive Gestalt der drei Götter hält ihm (sc. dem König, d. V.) das Lebenszeichen an die Nase; hinter Amun steht Re (als falkenköpfiger Harachte, sc. als «Horizontischer Horus», d. V.), hinter dem König Ptah.»[69] Zu dieser Götterdreiheit gesellte sich in der Ramessiden-Zeit noch der «böse» Gott Seth, entsprechend der Gliederung des ägyptischen Heeres in vier Divisionen, – eine Dreiheit (oder Vierheit) also der kriegerischen Macht und Stärke[70]. In hellenistischer Zeit, unter den Ptolemäern, tritt indessen der eher private, heilbringende, todüberwindende Charakter der Göttertrias in Gestalt von Serapis (einer Mischform aus Osiris und dem Stiergott Apis), Isis und dem schakalsköpfigen Totenbegleiter Anubis hervor[71], – der vormals auch imperiale Anspruch der ägyptischen Religion verwesenlicht sich zu der uralten entscheidenden Frage jedes Einzelnen: was geschieht mit einem Menschen im Tode?

Es war wohl dieser Bewußtseins-Zustand, in dem das Christentum das Land am Nil geistig vorfand. Längst war der Osiriskult zum Schlüssel für das Selbstverständnis des Individuums geworden und versprach nunmehr dem Einzelnen, an der Seite des Gottes den Tod hinter sich zu lassen. Wenn *Paulus* den «auferstandenen» Christus als den «Erstling unter denen, die entschlafen sind,» bezeichnet (1 Kor 15,20), so verwendet er damit dasselbe Wort, mit dem in der altägyp-

69 ERIK HORNUNG: Der Eine und die Vielen, 215.

70 A. a. O., 216. – Das Ordnungsschema der Dreiheit setzt sich «als gesteigerte Vielzahl (Drei mal Drei) zuerst in der Neunheit von Heliopolis» fort (S. 217). WINFRIED BARTA: Untersuchungen zum Götterkreis der Neunheit, 31–40, stellt die «Neunheit» u. a. als Gerichtskollegium (S. 31–35), aber auch als Empfangsdelegation im Jenseits (S. 37–38) vor.

71 Vgl. ADOLF ERMAN: Die Religion der Ägypter, 383–385, zur Einführung des Serapis von Sinope: «dieser Gott, der Griechen und Ägypter gleich heilig sein mußte, war der rechte Gott» für den Staat der Ptolemäer, «in dem beide Völker (sc. Griechen und Ägypter, d. V.) wohnten; von nun an ist Serapis der Hauptgott für das Reich der Ptolemäer. So lautet denn von da ab der offizielle Eid des Reiches: ‹bei Serapis, Isis und den anderen Göttern›.» (384) «In dem halben Jahrtausend, in dem Alexandrien die große Weltstadt war, ist Serapis der höchste Gott seiner halbgriechischen Bevölkerung. Seine Gläubigen stehen zu ihm in enger Gemeinschaft; sie laden ihn als Tischgast ein, wenn sie ein Opfer bringen.» (385) – MANFRED GÖRG: Mythos, Glaube und Geschichte, 66, betont zu Recht den Zusammenhang der Götter-Neunheit mit der «Schöpfungswerdung» in der «memphitischen Theologie» (S. 75–80), doch eine Verknüpfung der ägyptischen Triade(n) mit der christlichen Trinität kann nicht, wie S. 85–90 versucht, von dem «Thronenden Schöpfergott» aus erfolgen, sondern sie ist ganz und gar zentriert auf die Rolle des sterbenden Gottes Osiris.

tischen Religion der Gott Osiris angerufen wurde[72]; auch wenn er im *Römer*-Brief schreibt: «Dazu ist Christus gestorben und wieder lebendig geworden, daß er über Tote und Lebende Herr sei» (Röm 14,9), so trifft er damit die gleiche Aussage, die auch von Osiris in Geltung stand. Vor allem hatte man auch und gerade im Alten Ägypten die alte (steinzeitliche) Anschauung weitgehend aufgegeben, man müsse das Schicksal des Verstorbenen im Lande der «Westlichen» ineins setzen mit dem aufwendigen Erhalt seines Körpers als Mumie und der reichen Ausstattung seines Grabes; nicht das äußere Gepränge, sondern die Lebensführung entschied im Totengericht über die Form des Weiterlebens, – die Ethik erübrigte die mehr und mehr überlebte Ritualmagie[73]. Als das Christentum sich in Ägypten auszubreiten begann, mußte es im Namen des Christus von daher nur den Weg fortsetzen, den die Göttertrias Osiris, Isis und Horus (oder, in der römischen Kaiserzeit: Harpokrates = Horus, das Kind) im Verlauf von Jahrtausenden vorgebahnt hatte. Die ehedem aus den Vegetationsriten stammende Symbolik von Tod und Auferstehung der Feldfrucht konzentrierte sich längst schon auf die Deutung des menschlichen Daseins, und die dynastische Bedeutung des Horus hatte sich auf die

72 «Chontamenti» ist der Name für den Gott von Abydos, dem Kultort des Osiris; ḫntj-jmntjw heißt wörtlich: Erster der Westlichen; vgl. RAINER HANNIG: Großes Wörterbuch Ägyptisch-Deutsch, 72; 607; 1232. – JAN ASSMANN: Tod und Jenseits im Alten Ägypten, 84, schildert den «Auftritt des Toten als König und Herrscher der Unterweltlichen» in dem Spruch auf Osiris Chontamenti: «O Osiris Chontamenti: Die Furcht vor dir befällt die toten Geister, die Ehrfurcht vor dir herrscht unter den göttlichen Geistern; groß ist die Furcht vor dir unter den Göttern des Totenreichs wie vor Anubis, dem Ersten der Westlichen, und Osiris, dem Ersten der Westlichen.»

73 Vgl. JAN ASSMANN: Tod und Jenseits im Alten Ägypten, 100–105: Die Moralisierung des Todes: Die Idee des Totengerichts, S. 103: «Die Totengerichtsidee in ihrer klassischen Form, wie sie das 125. Totenbuchkapitel kodifiziert, bedeutet in mancher Hinsicht die Umkehrung des ursprünglichen mythischen Modells. Hier tritt der Tote nicht als Kläger, sondern als Angeklagter auf und muß sich vor dem göttlichen Richter rechtfertigen, indem er eine lange Liste möglicher Verfehlungen vorträgt und beteuert, sie nicht begangen zu haben. Dabei wird sein Herz auf eine Waage gelegt und gegen das Symbol der Wahrheit-Gerechtigkeit-Ordnung, eine Feder, abgewogen ... Mit jeder Lüge würde die Waagschale sinken. Das als lügenhaft erwiesene Herz würde von einem Monstrum (sc. der Ammit, s.o. S. 343, Anm. 38, d. V.) verschlungen. In diesem Monstrum haben wir die Personifikation des Zweiten Todes zu sehen.» S. 104: «In einer späten Inschrift aus dem vierten Jahrhundert v. Chr. wird das Totengericht mit den folgenden Worten beschrieben: Man macht dort keinen Unterschied zwischen arm und reich, sondern es kommt nur darauf an, daß man ohne Fehl befunden wird. Waage und Gewicht stehen vor dem Herrn der Ewigkeit, keiner ist davon befreit, Rechenschaft ablegen zu müssen.»

eines Kindes auf dem Schoß seiner Mutter Isis verkleinert[74], – die christlichen Darstellungen von der Madonna und dem Christus-Kind konnten diese Chiffre himmlischer Mütterlichkeit als Trost gegen die vielfachen Härten des Lebens bruchlos sich zueignen. Abb. 3.)

Ein anderer – ergänzender – Bedeutungsgehalt verbindet sich überraschenderweise mit der Dreiheit des Göttlichen in derjenigen Religion, die in der römischen Kaiserzeit dem Christentum am meisten Widerstand leistete: in der persischen Mysterienreligion des Mithras, die besonders bei den Legionären Verbreitung fand – nicht zuletzt wohl des Motivs der Stiertötung (der «Tauromachie») wegen, die ihrerseits lunare, solare und astrale sowie fruchtbarkeitskultische Symbolismen umfaßte. Als einen «Sonnengenius» pflegte man Mithras «zwischen zwei Kindern abzubilden, von denen das eine eine erhobene, das andere eine gesenkte Fackel trägt, und denen man die rätselhaften Epitheta (sc. Beiwörter, d. V.) *Cautes* und *Cautopates* gab, die aber nur eine doppelte Inkarnation seiner eigenen Persönlichkeit sind ... Diese beiden Dadophoren (sc. Fackelträger, d. V.) und der stiertötende Heros bildeten eine Trias, und man sah in diesem ‹drei-

74 MANFRED GÖRG: Mythos, Glaube und Geschichte, 108–111: Gottesmutter, schreibt (S. 108): «Im Zentrum der Szenenfolge von der ‹Geburt des Gottessohnes› steht neben dem Gottessohn selbst die Gottesmutter, deren Gestalt die Ägypter bis in die späteste Zeit fasziniert hat. In der Regel stellt man sie mit dem Gotteskind auf dem Schoß dar, wie sie ihm die Brust reicht ... Dieser Typ der sogenannten ‹Isis lactans› (sc. der stillenden Isis, d. V.) ist in der Kunstgeschichte nicht zur Unrecht als Vorform der frühesten Madonnendarstellungen betrachtet worden.» S. 110: «Das Gotteskind auf Hathors (sc. Isis›, d. V.) Schoß, vielfach auch mit Harpokrates, d. h. der kleine Horus› bezeichnet, trägt die Insignien eines Herrschers, wie dies bei der Darstellung des Jesuskindes als Weltenherrscher und König ... der Fall ist. – Die Selbstdarstellung des Königs als Kind ist ein fester Bestandteil der Königsideologie. Mit dieser ‹Rückdatierung› seiner Herrschaft in die allerersten Phasen seines Werdens versteht sich der König als substantiell, vor aller Zeit erwählt und zu seinem Amt prädestiniert.» – Zu Abb. 3 vgl. VERONICA IONS: Ägyptische Mythologie, 66: «Isis und das Horuskind, das als erwachsener Pharao dargestellt ist. Isis trägt auf dem Kopf eine Scheibe zwischen Kuhhörnern, die ein Sistrum vorstellt. Dieses Musikinstrument ist meist das Attribut der Göttin Hathor (sc. der Himmelsgöttin, die als Kuh dargestellt wurde, daher die Hörner, d. V.), mit der Isis gewöhnlich identifiziert wurde. Statuen dieser Art waren häufig Porträts der Gemahlin des Pharao; deshalb ist auch die Uräus-Schlange auf der Stirn der Isis zu sehen.» – FRANZ CUMONT: Die orientalischen Religionen im römischen Heidentum, 106, verweist darauf, daß Isis, als sie in Italien einzog, «keine sehr strenge Göttin mehr» war. «Mit Venus identifiziert, wie ihr Sohn Harpokrates mit Eros, wurde sie besonders von den Frauen verehrt, welche aus der Liebe ein Geschäft machen.» OTHMAR KEEL: Gott weiblich, 74, meint: «Dieser Typus der altägyptischen stillenden Isis gelangte über die koptische Kunst in Ägypten in den Westen und nach Byzanz und lebt in dem bekannten christlichen Motiv der das Jesuskind stillenden Gottesmutter ... weiter.»

Abb. 3: Isis mit ihrem Sohn Horus (Harpokrates) auf dem Schoß.

fachen Mithra› entweder das Tagesgestirn, dessen Aufgang am Morgen der Hahn verkündet, das mittags triumphierend den Zenith überschreitet und abends müde an den Horizont herabsinkt, oder die Sonne, die an Kraft wachsend in das Sternbild des Stieres eintritt und den Frühlingsanfang bezeichnet, deren siegreiche Gluten die Natur im Mittsommer befruchten, und die, schon schwächer geworden, das Zeichen des Skorpions passiert und die Wiederkehr des Winters ankündigt. Von einem anderen Gesichtspunkte aus betrachtete man den einen der beiden Fackelträger als das Emblem der Wärme und des Lebens, den anderen als das der Kälte und des Todes.»[75] Ein Basrelief, gefunden in Aquileia, zeigt den stiertötenden Mithras zwischen beiden Fackelträgern (deren Namensbedeutung nicht bekannt ist), unten am Boden sieht man den Skorpion (Abb. 4).[76]

So verstanden, symbolisiert die Dreiheit des Mithras die Sonne im Jahresumlauf und bietet mithin ein Bild für die widersprüchliche Einheit des Lebens in all seinen Erscheinungen. Will man den Kern der Auseinandersetzung zwischen dem Glauben an Mithras und dem Glauben an Christus verstehen, so wird erneut klar, wie gegenläufig die göttliche Trias in der Erlösungsreligion des Christentums aufgefaßt werden muß. Statt die Dreifaltigkeit des Göttlichen in immer neuen Anläufen begrifflich zu definieren, steht thematisch ein ganz anderes zur Debatte: Die Religion des Mithras versucht mit ihrer triadischen Symbolik den Kreislauf der Natur zu versinnbilden und mit immer neuen Opfern zu stabilisieren; die Religion des Christus steht mit dem Bild des sterbenden und auferstehenden Gottes dem ägyptischen Osiris gewiß weit näher als dem persischen Mithras, doch der eigentliche Gegensatz zwischen den beiden Religionen ergibt sich aus der Tatsache, daß Mithras das Stier-Opfer darbringt, das nötig scheint, um die Welt sich weiter im Kreise drehen zu lassen, während der Christus sich selber darbringt, um die «Welt» (nicht des Kosmos, sondern des Weltentwurfs der Gottesferne, der «Sünde») zu überwinden, und während die Reinigungsmysterien des Mithras bei aller Ähnlichkeit mit den christlichen «Sakramenten» ihre ursprüngliche magische Wildheit nie gänzlich abgelegt haben[77], ist die «Reinigung» dessen, der an «Christus» glaubt, wesentlich in der Läuterung

75 FRANZ CUMONT: Die Mysterien des Mithra, 117–118.
76 A. a. O., Abb. 1. Foto S. 465: Wikimedia Commons.
77 A. a. O., 148–149. Zur Mithras-Religion vgl. auch MIRCEA ELIADE: Geschichte der religiösen Ideen, II 276–282.

Abb. 4: Mithras als Stiertöter zwischen den beiden Fackelträgern; Basrelief aus Aquileia.

von den Verheerungen der Seele durch die scheinbare Allmacht der Angst gelegen.

Mit einem gewissem Recht hat man die Trias in der Religion des Mithras auch in Vergleich gesetzt zu der indischen Dreifaltigkeit (der «Trimurti»). Wenn man so will, kommt die hinduistische Dreiheit in der Tat derjenigen Vorstellung der christlichen Dreifaltigkeitslehre am nächsten, die von den «Irrlehren» der Sabellianisten, Modalisten und Monarchianisten entwickelt wurde: Danach gibt es nur eine einzige Gottheit, die erscheint in drei unterschiedlichen Aspekten: als Schöpfer der Welt in der Gestalt des Brahman, als Erhalter der Welt in der Gestalt des Vishnu und als Zerstörer der Welt in der Gestalt des Shiva; dem einen Körper der Gottheit entwachsen mithin drei Köpfe der Götter[78]. Das Symbol der Trimurti dient offenbar dem Versuch, die drei Hauptrichtungen der indischen Religion, dargestellt in drei verschiedenen Gottheiten, in *einem* Bild zusammenzufassen; entstanden sein dürfte es historisch erst nach der Reform des großen Alleinheitslehrers SHANKARA im 8. Jh. n. Chr., die den Buddhismus aus Indien so gut wie gänzlich verdrängt hat[79]. Die Dreiheit von Schöpfer, Erhalter und Zerstörer gewinnt eine besondere Ähnlichkeit mit der christlichen Dreifaltigkeit aus «Vater», «Sohn» und «Geist», wenn man bedenkt, daß auch Vishnu eine Gottheit ist, die – wie der christliche «Logos» – in der Schöpfung inkarniert, allerdings in (bisher) acht Gestalten (Avataras), die quer durch die Evolution, vom Fisch (Matsya) beginnend, über die Gestalt der Schildkröte (Kurma), des Ebers (Varaha) zu dem Löwenmenschen und Dämonenbezwinger Narasinha aufgestiegen sind und sich dann in dem Zwergen Vamana und dem Asketen Parasurama bis hin zu Rama und dem Gottmenschen Krishna fortgesetzt haben[80]. Tolerant, wie Hindus sein können, betrachten manche Buddha und Christus als den 9. und 10. Avatar

78 HELMUTH VON GLASENAPP: Die nichtchristlichen Religionen, 162; 164, stellt heraus: «An der Spitze des (sc. hinduistischen, d. V.) Pantheons stehen die drei großen Götter Brahma, Vishnu und Shiva. Diese werden gelegentlich zu einer Dreigestalt (Trimurti) zusammengefaßt; Brahma soll dabei die Schöpfung, Vishnu die Erhaltung und Shiva die Zerstörung der Welt symbolisieren. Doch ist diese Vorstellung eine rein philosophische Abstraktion und spielt im religiösen Leben nur eine geringe Rolle.»

79 Zur Vedanta-Lehre und zur Bedeutung SHANKARAS vgl. HEINRICH ZIMMER: Philosophie und Religion Indiens, 408–414.

80 Vgl. HELMUTH VON GLASENAPP: Die nichtchristlichen Religionen, 164–165. – Die Gestalt des Gottmenschen im Nahen Osten hat ihre indische Parallele in der Vorstellung von dem «kosmischen Menschen» im Jainismus; vgl. HEINRICH ZIMMER: Philosophie und Religion Indiens, 222–228.

Vishnus. Eine gewisse Verbindung zwischen dem Shiva der Hindus und dem Heiligen Geist der Christen könnte man zudem darin erblikken, daß Shiva am Ende der Tage die Welt im Feuer verbrennen und wiedererstehen lassen wird. – «Feuerzungen» sind in der Pfingsterzählung (Apg 2,3) auch ein christliches Bild für die Herabkunft des Geistes. Shiva ist darüber hinaus nicht nur der Gott des Todes, sondern zugleich der Auferstehung, – eben deswegen streut man die Asche der Verstorbenen mit Vorliebe in der Pilgerstadt Benares in seinen heiligen Strom, den Ganges.

Das Bild einer dreifaltigen Gottheit zeigt nicht zuletzt die große Shiva-Trinität von Elephanta aus dem 7. Jh. (Tafel 8), die «den Erhabenen», die «Große Gottheit» (Mahadeva), darstellt, wie sie sich als das Absolute – als das Haupt in der Mitte – entfaltet in die Polarität beziehungsweise Dualität des Männlichen (rechts) und des Weiblichen[81].

Bilder dieser Art stellen allesamt Versuche dar, das Geheimnis der Natur in ein Symbol zu bannen; was sie abbilden, sind kosmische Trinitäten, wie sie in einfachster Form schon in den ursemitischen Dreiheiten von Mond, Sonne und Morgenstern oder in der babylonischen Trinität von Anu (dem Himmel), Ea (dem Ozean) und Enlil (der Luft) vorliegt[82]. Erinnert fühlt man sich dabei eigenartigerweise auch an die Dreiteilung der Welt in der griechischen Mythologie, wo Zeus, Poseidon und Hades die drei Bereiche des Kosmos: Himmel, Meer und Unterwelt, brüderlich unter sich teilten[83]. Gleichwohl ist in

81 VERONICA IONS: Indische Mythologie, S. 27: «Shiva als Herrscher. In seiner leidenschaftslosen Passivität verkörpert Shiva das Absolute oder die Ewigkeit. Das männliche Profil rechts ist das Symbol seiner Zeugungs- und Willenskraft. Ein weiteres Profil ... verkörpert seine weiblichen Wesenszüge. Relief in einem Felsentempel, Elephanta, frühes 7. Jh.» Foto: Wikimedia Commons

82 Vgl. H. W. F. SAGGS: Mesopotamien, 452–453: «Nicht alle Gottheiten waren ... willens und imstande, der leidenden Menschheit zu helfen. Zwei aus der obersten Göttertrias, Anu und Enlil, waren entweder zu entrückt oder zu unberechenbar, als daß man sich auf ihre Hilfe ... hätte verlassen können; der dritte aus dieser Göttertrias aber, Ea, war ein ständiger und zuverlässiger Freund der Menschen ..., immer wachsam, um dem Zorn Enlils oder der Bosheit der Dämonen entgegenzuwirken. Er, der Gott der Wasser und der Weisheit, war die höchste Autorität in Fragen des Magiezaubers, und er gab seine Spezialkenntnisse großzügig an seinen Sohn Marduk weiter.»

83 Zur Dreiteilung der Welt vgl. HOMER: Ilias, XV 188–192. Deshalb schreibt KARL KERÉNYI: Die Mythologie der Griechen, I 182: «Die Welt war ... nicht zwei-, sondern dreigeteilt. Sei es, weil sie früher viel mehr unter der Herrschaft einer dreifältigen Göttin stand als unter einer männlichen Gottheit, die als Gatte ihr beigeordnet war, sei es, weil zur ältesten großen Göttin, der Mutter der Götter, seit jeher drei

solchen Zuordnungen zwar das Ordnungsschema der Dreiheit, nicht aber eine echte Dreieinheit festzustellen, – eine Beziehung zu der Dreifaltigkeitslehre der christlichen Theologie ist deshalb nicht herzustellen. Um so mehr bleibt – in der charakteristischen Form der Anknüpfung und Unterscheidung – zu betonen, daß die christliche Gotteslehre grundsätzlich von einem Gott spricht, der *nicht* mit der Natur identisch ist und der *nicht* in den verschiedenen Aspekten des «Alls» aufgeht. Vertrauenswürdig ist der «Vater» Jesu einzig deshalb, weil er weder einen Teil der Natur noch die Natur im ganzen darstellt; einzig als der Weltjenseitige, als der ganz Andere der Natur vermag er die Angst zu beruhigen, die einen jeden Menschen überkommt, der seiner Lage inmitten dieser Welt und seiner selbst als eines frei handelnden Wesens bewußt wird. Zu diesem Gott in Beziehung zu treten war der Inhalt der gesamten Botschaft Jesu. Schon deshalb sollte sie nicht länger verstellt werden durch ein Sprechen von ihm als dem «Sohn Gottes», das ihn auf eine Weise definiert, die er als Jude nimmermehr geteilt hätte, mit Worten, die er niemals verstanden, und in einer Art, die er als schlechthin «heidnisch» hätte ablehnen müssen. Als sinnreiches Symbol mag man Gott trinitarisch nennen; eine Aussage über das Ansichsein Gottes aber steht uns nicht zu, und sie wird von den Bildern der Bibel weder gefordert noch legitimiert.

Söhne gehörten: zwei ältere, als Bruderpaar mehr aneinander geschlossene, und ein dritter und jüngster, der die Herrschaft erlangen sollte. Hier ist ein Grundriß zu erkennen, in dem entweder eine weibliche oder eine männliche Dreiheit herrscht: der ersten Dreiheit ist als viertes Glied ein Mann, der zweiten eine Frau bei- oder übergeordnet. Es war in unserer (sc. der griechischen, d. V.) Religion der Platz für den dritten Bruder (sc. neben Zeus und Hades, d. V.) schon bereit, als Poseidon an unseren Küsten erschien ... Von der Verehrung einer Dreiheit ohne ihn, eines Kultes des Zeus als Himmelsgott (Hypsistos), als Unterweltsgott (Chthonios) und ohne Beiname wird berichtet. Mit Poseidon war die Dreiheit um so betonter da. Man sieht auf einem alten Vasenbild die drei Brüder als drei Weltherrscher mit den Symbolen ihrer Macht: Zeus mit dem Blitz, Poseidon mit dem Dreizack, Hades mit rückwärts gewandtem Kopf. Er war der nicht Anzuschauende, der schreckliche Todesgott, der alles Lebendige verschwinden ließ, unsichtbar machte.» – S. 31: In unseren Erzählungen vom Anfang aller Dinge spielen drei große Göttinnen die Rolle der Weltenmutter: die Meeresgöttin Tethys, die Göttin Nacht und die Mutter Erde ... Man begegnet in unserer Mythologie auf Schritt und Tritt *drei* Göttinnen ... Unser Mondmonat war dreigeteilt, und der Mond hatte für uns gleichsam drei Gesichter: als zunehmendes, volles und abnehmendes Zeichen einer göttlichen Gegenwart am Himmel. Daneben konnte er natürlich auch unter zwei Aspekten angesehen werden: als zunehmender und abnehmender oder als heller und dunkler Mond.»

2) Vermittelte Unmittelbarkeit oder: Glauben an der Seite Jesu

So tief die christliche Lehre von der Dreifaltigkeit Gottes in die Religionsgeschichte der Völker und in die Vorstellungswelt des Unbewußten der menschlichen Seele auch zurückreichen mag, – ohne die Übertragung der altägyptischen Vorstellungen von der Gottessohnschaft des Königs auf die Person Jesu als des Christus fehlte all den theologischen Trinitätsspekulationen jeglicher Anhaltspunkt. So aber fing man an, mit Begriffen der griechischen Philosophie Bilder (vor allem) der ägyptischen Mythologie zu Dogmen auszuformulieren, um die Gestalt des Juden aus Nazaret verbindlich zu deuten. Auf diese Weise entstand selber ein dreigestaltiges Mischgebilde aus historischem Geschehen, mythischem Vorstellen und rationaler Systematisierung, abgeleitet aus drei ursprünglich sehr verschiedenen, ja, in vielem gegensätzlichen Kulturen, die in der Zeit des Hellenismus freilich in mannigfacher Weise miteinander in Kontakt traten – vor allem auf dem Boden griechisch sprechender Juden (und Römer) in Ägypten. Geschichtlich läßt sich verstehen, wie und warum die entsprechenden Formeln der kirchlichen Glaubenslehre in Christologie und Trinitätstheologie entstanden sind, doch je klarer diese Zusammenhänge sichtbar werden, als desto zeitbedingter und begrenzter muß die damals eingeschlagene Wegrichtung erscheinen, insbesondere, weil sie verfolgt wurde in konsequentem Ausschluß jeder Denkalternative als einer Abweichung vom Pfad der ein für allemal gefundenen göttlichen Wahrheit. 2000 Jahre später haben wir diesen Weg zu Ende abgeschritten, und wir müssen erkennen, daß er nicht mehr weiter führt. Wir müssen noch einmal von vorne beginnen – mit jenem Mann aus Nazaret, der in der Art, wie er von Gott sprach, Menschen aus ihrer Daseinsangst erlöst hat. Wie lernen wir, mit ihm zu glauben an den Gott der Güte, wie lernen wir, in seinem Geist zu lieben? Nur diese beiden Fragen stellen sich nach dem Zusammenbruch der kirchlichen Dreifaltigkeitsdogmatik, und sie beantworten sich einzig, wenn wir die Art, wie er selbst dachte, uns zu eigen machen. An keiner Stelle freilich wird das deutlicher als an der Art, wie Jesus betete. Denn: Beten – das ist der subjektivste Ausdruck der Gefühle und Gedanken eines Menschen, seine Gebetshaltung gewährt wie nichts sonst Einblick in die Ansichten und Anliegen, die für ihn wichtig waren, und sie enthüllt daher unmittelbar sein Innerstes und Innigstes. Was und wie aber hat Jesus gebetet?

Recht hat der jüdische Theologe und Dichter SCHALOM BEN-CHORIN, wenn er gerade an dem Gebet, das Jesus seine Jünger lehrte, dem Vater-unser (Mt 6,9–13; Lk 11,1–4), entscheidend auch das Selbstverständnis Jesu festmacht: «Wäre Jesus,» schreibt er, «sich in irgend einer Weise seiner vom späteren Dogma statuierten göttlichen Natur bewußt gewesen, so wäre hier der Ort, dem Ausdruck zu verleihen. Es wäre ihm aber nie eingefallen, die Jünger aufzufordern, ihn anzubeten. Er weist es ja sogar zurück, ‹guter Meister› genannt zu werden, mit der Begründung: ‹Keiner ist gut außer Gott!› (Mark. 10,17–18).»[84] In der Gebetsanrede «Unser Vater» tritt Jesus gemeinsam mit allen, die sprechen wie er, vor Gott hin in unterschiedsloser Gemeinsamkeit, lehrte er sie doch in der Art seines Betens nichts anderes als die Grundhaltung jenes Vertrauens, aus dem er selber wesentlich lebte. Er öffnete den Jüngern den Blick auf Gott als den Vater, so wie ihm selbst im Moment seiner Taufe die Augen aufgetan wurden zum Himmel, als er die Stimme vernahm, die ihm sagte: «Du bist mein Sohn, der geliebte.» (Mk 1,11) Nicht oft genug kann man sich diese legendäre Schlüsselszene am Anfang des öffentlichen Wirkens Jesu einprägen; sie «verkündet» nicht, wer Jesus ist, doch als ein inneres Erlebnis bestimmt sie in allem Folgenden den Inhalt und die Ausrichtung seiner Verkündigung im Unterschied und im Kontrast zur Täuferpredigt. Die Differenzen an *dieser* Stelle bilden den Kern, um den es auch und gerade im jüdisch-christlichen Dialog gehen müßte.

Natürlich stellte die Religion seiner Väter für den Juden aus Nazaret die Quelle all seiner Frömmigkeit dar. Jesus war und ist ganz und gar Jude – nie wollte er etwas anderes sein –, doch bedeutet das nicht, daß er nur zu sagen gehabt hätte, was jüdische Schriftgelehrte in seinen Tagen auch sonst zu sagen pflegten Allerdings muß man sich vor einem Extrem hüten. Mitunter wurde in der christlichen Exegese versucht, die «Göttlichkeit» Jesu an all den Äußerungen festzumachen, die sich als «unjüdisch», als atypisch für «das Judentum» oder gar als anti-jüdisch darstellen ließen[85]; das Ziel dieser Ar-

84 SCHALOM BEN-CHORIN: Bruder Jesus, 92.

85 Vgl. ETHELBERT STAUFFER: Die Botschaft Jesu damals und heute, 10: «Nicht die jüdischen Herrenworte der Evangelien sind die echtesten, sondern die unjüdischen und antijüdischen. Noch einmal: Von ‹antisemitischen› Worten kann keine Rede sein, wohl aber von antiqumranischen, antipharisäischen, antirabbinischen, antimosaischen Worten. Um dieser Kampfworte willen ist Jesus monatelang verfolgt und schließlich gekreuzigt worden.»

gumentation war nicht ein erklärter Antijudaismus; das methodische Konzept lautete vielmehr: je weniger menschlich, desto eher göttlich; doch in gewissem Sinne dachte man dabei sonderbar unhistorisch: die Gestalt Jesu sollte nicht einfach aus dem Judentum ableitbar sein, und so malte man sich – entsprechend dem christlichen Dogma – eine Gestalt, die wie aus anderen Sphären, auf «übernatürliche» Weise, in diese Welt hineingeweht worden wäre, um zufälligerweise auf judäischem Boden Fuß zu fassen. Gegen eine solche Auffassung richtet nun aber sich sogar das christliche Dogma selbst, dem zufolge es Gottes Wille war, die «Menschwerdung» seines «Sohnes» durch all die «Verheißungen» vorzubereiten, die er «seinem» Volke durch die Propheten hatte zuteil werden lassen; auch läuft die christologische Formel des Konzils von Chalkedon im Jahre 451, die beiden Naturen in Christus: die göttliche und die menschliche, bestünden «unvermischt und ungetrennt» nebeneinander, ja, sie «durchdrängen» sich wechselseitig (die «Perichorese»), im letzten auf eine gründlich andere Art der Bibellektüre hinaus. Die Devise dürfte nicht länger lauten: je weniger jüdisch oder menschlich, desto mehr an Göttlichem, sie müßte lauten: je jüdischer beziehungsweise menschlicher, desto göttlicher, und je göttlicher, desto jüdischer beziehungsweise menschlicher. Insbesondere die Lehre von den zwei Naturen in Christus verträgt sich im Grunde nicht mit irgendeiner Form von Antijudaismus. Doch spricht man, statt von «göttlicher Natur», von Gottes Gnade, und spricht man, statt von «menschlicher Natur», von all den Schwierigkeiten, die Menschen in dem Getto ihrer Angst und Schuldgefühle haben, an so etwas wie «Gnade» überhaupt zu glauben, so wird von selber deutlich, warum gerade das Volk der «Erwählung» zum Grund und Hintergrund des Ringens Jesu um die Rückgewinnung Gottes für die Menschen seiner Zeit in Israel und aller Zeiten auf der Erde werden konnte, – werden mußte!

Denn wie in keiner anderen Religion der Menschheit zuvor bündelt der Eingottglaube Israels alle Erwartungen und Sehnsüchte, die Menschen an den Himmel richten, in einer einzigen Person: der einen absoluten Gottheit, welche die Bibel Jahwe nennt und die doch unnennbar und unsichtbar verborgen bleibt in ihrer steten Gegenwart, aus der heraus sie zu den Menschen redet. Daß Jesus diese Gottheit «Vater» nennt, ist ganz gewiß nicht einzigartig, – es fügt sich in die Religionsgeschichte so gut wie aller Völker und Kulturen; es ist auch nicht spezifisch jüdisch. Allerdings macht es einen großen Unterschied, ob man den Himmelsgott (zum Beispiel «Uranos») als

«Vater» glaubt, der mit der Erdmutter (mit Gaia) die Titanen zeugte, ob man den Gott des hellen Himmels («Zeus») als «Vater» anderer Götter, einzelner Heroen und der Menschen überall auf Erden glaubt, oder ob man einen einzigen Gott als «Vater» annimmt, der keine Göttin braucht, um, mit ihr Kinder zeugend, sich als «Vater» zu erzeigen, und dessen Macht deshalb nicht stets auf vielfältige Weise eingeschränkt ist durch die Vielzahl anderer Gottheiten. Wie grundverschieden etwa schildert HOMER in seiner «Ilias» den Götter«vater» Zeus[86], vergleicht man ihn mit dem biblischen Jahwe: Wo jener im Trojanischen Krieg eher als Moderator der untereinander zerstrittenen Götter auf dem Olymp auftritt, zieht dieser selbst (vor allem in der Darstellung des «deuteronomistischen Geschichtswerkes» aus dem 7. Jh. v. Chr.) zugunsten «seines» Volkes in den Krieg und erweist, siegreich stets, wann immer er es will – und wenn er nicht die Halsstarrigkeit Israels mal wieder abzustrafen trachtet –, die Götter all der Fremdvölker als jene Gottnichtse, die sie im letzten sind. Die Einzigkeit und Einzigartigkeit des Gottes Israels, indem sie sich durchsetzungsmächtig und «gerecht» erzeigt im Sinn der Weisungen, die er erläßt, versammelt in sich all die Eigenschaften, die in den Mythen auf die gesamte Vielzahl der männlichen wie weiblichen Gottheiten nebst all den Zwischenwesen (Nymphen, Heroen usw.) sich verteilen; in ihm, Jahwe, gewinnt, was göttlich ist, in ausgeprägter Form Gestalt. Der *eine* Gott, wenn er den ganzen Götterhimmel in sich eint, wird daher unausweichlich auch zum Konterfei der Widersprüchlichkeit des Lebens selbst; und so wird es zur Frage, was von diesem Bilde ausstrahlt und wie es sich im Herzen derer, die es glauben, auswirkt.

Zu Recht kann man darauf verweisen, daß Jesus, wenn er (den) Gott (Israels) als «Vater» anredet, ein Wort gebraucht, das religiös auch sonst im Judentum gebräuchlich ist, und man fügt gern noch, ganz wie in Mt 6,9 (abweichend von Lk 11,2), hinzu: Vater «im Himmel», um jede Verwechslung mit einem irdischen Vater zu vermeiden und um den unendlichen Abstand zwischen Göttlichem und Menschlichem bei aller Zugewandtheit und Nähe in der Beziehung Gottes zu den Menschen zu betonen. In dem Talmud-Traktat *Sota* (Ehebruchsverdächtige) *38 b* zum Beispiel wird Rabbi *Jehoschua*, Levis Sohn, der in seiner geistigen Ausrichtung der Schule Rabbi *Hil-*

86 HOMER: Ilias, III 320: «Vater Zeus, vom Ida (sc. Gebirge zwischen Phrygien und Mysien, in der Nähe von Troja, d. V.) waltender, rühmlichster, größter …» Ebenso VII 202.

lels zugerechnet wird, mit den Worten zitiert: «Sogar eine Scheidewand aus Eisen trennt nicht zwischen Israel und ihrem Vater im Himmel.» Im Traktat *Schabbat 89 b* fragte Rabbi *Jonathan* einmal: «Was bedeutet es, daß geschrieben steht: ‹*Du bist doch unser Vater, denn Abraham kennt uns nicht, und Israel anerkennt uns nicht. Du, Herr – unser Vater und unser Erlöser von Urzeit her, das ist dein Name*› (sc. Jes 63,16, d. V.)?» Und er gibt selber die Antwort auf seine Frage: «In der Zukunft, die kommt, spricht der Heilige (sc. Gott selber, d. V.), gelobt sei er, zu Abraham: Deine Söhne haben sich gegen mich vergangen. Er (sc. Abraham, d. V.) sagt vor ihm: Herr der Welt, so mögen sie getilgt werden um der Heilung deines Namens willen. Er (sc. Gott, d. V.) spricht: Ich werde mit Jakob sprechen, denn er hat den Schmerz der Kindererziehung erfahren; möglicherweise fleht er für sie um Erbarmen. Er spricht zu Jakob: Deine Söhne haben sich verfehlt. Er (sc. Jakob, d.V) sagt vor ihm: Herr der Welt, so mögen sie getilgt werden um der Heiligung deines Namens willen. Er (sc. Gott, d. V.) spricht: Bei Alten ist keine Vernunft und bei Jungen kein Rat. Er spricht zu Isaak: Deine Söhne haben sich gegen mich verfehlt. Er (sc. Isaak, d. V.) sagt vor ihm: Herr der Welt, sind's denn meine Söhne und nicht deine Söhne? Zu der Stunde, da sie vor dir mit ihrem ‹*Wir wollen tun*› dem ‹*Wir wollen hören*› zuvorkamen (sc. Ex 24,7, d. V.), benanntest du sie: ‹*Mein erstgeborener Sohn*› (sc. Ex 4,22, d. V.); und jetzt sind's meine Söhne und nicht deine Söhne? Und ferner: Wieviel haben sie sich verfehlt? Wieviel sind die Jahre eines Menschen? ‹*Siebzig Jahre*› (sc. Ps 90,10, d. V.). Ziehe davon zwanzig ab, derentwegen du sie nicht bestrafst (sc. Num 14,29, d. V.), so verbleiben ihnen fünfzig. Ziehe davon zwölf und ein halbes ab für Beten, Essen und Abort, so verbleiben ihnen zwölf und ein halbes. Wenn du dies ganz trägst, so ist es gut; wenn aber nicht, so sei eine Hälfte auf mir und eine Hälfte auf dir. Und solltest du sagen, daß dies ganz auf mir sei, siehe, so habe ich mich selbst vor dir dargebracht (sc. Gen 22, d. V.). Dann heben sie an und sagen: ‹*Du bist doch unser Vater*›. Isaak sagt zu ihnen: Ehe ihr mich rühmt, rühmet den Heiligen, gelobt sei er! Und Isaak weist ihre Augen auf den Heiligen, gelobt sei er. Sogleich erheben sie ihre Augen zur Höhe und sagen: ‹*Du Herr – unser Vater und unser Erlöser von Urzeit her, das ist sein Name*›.»[87].

Diese rabbinische Auslegung eines Wortes des (Trito)*Jesaja* hält es mithin für möglich, daß selbst die Patriarchen Abraham und Jakob

87 *Der Babylonische Talmud*, S. 505; 546–547.

ihre «Söhne» zur strafweisen Ausrottung freigeben würden, um der «Gerechtigkeit» Gottes Genüge zu tun; einzig Isaak, den sein Vater Abraham beinahe auf Gottes Befehl hin geopfert hätte, möchte in Gott etwas anderes sehen als den obersten Gesetzgeber, Ankläger und Richter in einer Person, er betrachtet ihn als «Vater» – mehr als sich selber! Kein «Stammvater» kann die Verantwortung für das Volk übernehmen, das seine Existenz auf ihn zurückführt, und wie würde ein wirklicher Vater entscheiden, wenn seine Söhne sich vergangen haben? Ja, es gibt Gottes Gesetze und Rechtsansprüche, doch muß man ihn daran erinnern, daß er der wahre «Vater» aller «Kinder Israels» ist? Und was wiegen schon die «Vergehen» der sterblichen Menschen vor dem Ewigen?

Es ist aller Beachtung wert, wie hier das jüdische Bild von der «Väterlichkeit» Gottes den zentralen Gedanken der «christlichen» Opfertheologie erst gar nicht aufkommen läßt, wonach der «unendliche Gott» durch die Sünde des Menschen «unendlich beleidigt» worden sei; gerade umgekehrt: Was für ein Winzling ist doch der Mensch, daß er den Allgewaltigen zu kränken vermöchte! Und wie beleidigend kleingeistig muß denken über Gott, wer glaubt, der Allmächtige werde, «erzürnt», seine Väterlichkeit gegenüber seinen Kindern verraten! Wenn Jesus in seinem Gleichnis von dem barmherzigen Vater (Lk 15,11–32) erzählt, mit welch offenen Armen der «verlorene Sohn» wieder Aufnahme findet, kaum daß er zurückkehrt, so steht er damit ohne Zweifel ganz auf dem Boden einer solchen Denkweise. – Man lese zudem nur in *Jesus Sirach* 18,1–14 die Worte über Gottes Größe und die Kleinheit des Menschen: «Was ist der Mensch und wozu ist er nötig? Die Zahl der Lebenstage eines Menschen sind hundert Jahre, wenn es viele sind. Einem Tropfen aus dem Meer und einem Sandkorn gleichen diese kurzen Jahre in der Zeit der Ewigkeit. Drum ist der Herr mit ihnen so geduldig und schüttet sein Erbarmen aus auf sie. Er schaut und weiß, daß schlimm ihr Ende ist, deshalb erzeigt er ihnen große Nachsicht ... Er weist zurecht, erziehet und belehrt und führt zurück gleichwie ein Hirt die Herde.» (18,8–13) Auch *Jesus Sirach* wendet im Gebet sich Gott zu mit den Worten: «Herr, mein Vater bist du, mein Gott und mein rettender Held.» (Jes Sir 51,10)

Hat also Jesus nur gesagt und zu sagen gehabt, was jüdische Rabbinen auch sonst gesagt haben? Das wird mitunter behauptet, um die unselige Polemik der christlichen Theologie gegen «das» Judentum endlich aus der Welt zu bringen. Doch wieso muß man die absolut entscheidende Einzigartigkeit des Juden Jesus relativieren, um dem Volk der Juden nicht Unrecht zu tun? Weder um Religions- noch um «Rassen»-Zugehörigkeit geht es, sondern um einen Wendepunkt der Menschheitsgeschichte, der sich in der Person des Menschen Jesus in einer Weise ereignete, die es rechtfertigt, ihn mit dem jüdischen Wort des «Menschensohns» zu bezeichnen. Große Menschen gehören der Menschheit, die in Ewigkeit dankbar sein wird dem Volk, der Kultur und der Religionsform, die sie ermöglicht hat. So Jesus aus Nazaret. Die Frage ist nicht, ob und in welchem Umfang gewisse Anklänge und Analogien in der Jesus-Überlieferung zu Worten und Verhaltensweisen bestimmter Rabbinen der Mischnah-Zeit sich nachweisen lassen oder auch nicht, – was bei Untersuchungen dieser Art als Resultat zustande kommt, kann nichts weiter sein als das zu erwartende Ergebnis, daß Jesus natürlich ganz und gar als Jude im Judentum verwurzelt war, – nie wollte er «das Christentum» begründen als eine «neue» Religion außerhalb der Überlieferung der Väter. Doch mit historischen Relativierungen vermeidet man es, das entscheidend Neue zu sehen, das zur Entscheidung in der eigenen Existenz befähigt und aufruft. Dieses Entscheidende – ganz richtig betont diese Tatsache das christliche Dogma – liegt nicht in einzelnen Worten und Taten, sondern ganz und gar in der Person Jesu selbst, und die Frage lautet entsprechend: Wie versteht man seine Person, – wie läßt man sich prägen von einer Person, die zu Recht von sich sagt, sie sei «von Gott ausgegangen» (Joh 8,42)?

Dem Ernst dieser Frage verweigert sich der historische Relativismus, ihn vermeidet aber auch der «christliche» Dogmatismus, indem er das Einzigartige der Person Jesu naturalisiert statt existentialisiert, metaphysiziert statt personalisiert, divinisiert statt humanisiert, theologisiert statt praktiziert. «Die Person Jesu (Christi) ist die göttliche Person des Logos als der zweiten Person der Gottheit, die in ihm die menschliche Natur annahm.» Wenn es so steht, verbleibt nur, ein göttliches «Mysterium» zu «glauben», indem man die kirchlich verordnete Glaubensformel des Dogmas nachspricht, um dann, als ein «Rechtgläubiger», der «Gnadenmittel» der Kirche teilhaftig zu werden und durch diese in den Stand eines «Christen» zu gelangen, dessen Leben, wie wenig es im übrigen dem Vorbild auch gleichen mag, vom göttlichen «Heilshandeln» «umgriffen» bleibt, hat doch der «Gottessohn» in seiner «Menschwerdung» die menschliche «Natur» angenommen …

Es ist – zum wiederholten Male gesagt – diese ganze Denkweise der Person des wirklichen Jesus aus Nazaret vollkommen fremd, sie gehört nicht zu ihm; wenn irgend etwas vollkommen unjüdisch ist, so ist es die («heidnische») Vergottung eines Menschen. Gleichwohl hat, was das christliche Dogma besagt, seine Wahrheit: die Person Jesu ist nur zu verstehen von Gott her, und an ihr entscheidet sich alles: die Art, wie wir leben, die Sicht auf uns selbst, die ganze Anlage unseres Daseins; doch was dann «Glauben» heißt, ist die Begegnung von Person zu Person, und die Entscheidung läßt sich nur fällen dort, wo das Entscheidende sichtbar wird: auf dem Boden der eigenen Existenz. Die Menschwerdung Gottes – das ist unsere Vermenschlichung, wenn wir an Jesu Seite es lernen, nicht länger zu leben aus Angst vor der Welt, vor uns selbst, vor den anderen Menschen, sondern aus dem Vertrauen auf Gott. Gewiß, davon gesprochen haben auch andere, auch sie nannten Gott ihren «Vater», doch was sich in Jesus begab und im Gegenüber zu ihm sich begibt, ist eine Verdichtung der Existenz, die das Erahnte, Ersehnte, Erhoffte zur Erfahrung lebendiger Wirklichkeit macht. Kohlenstoff gibt es wohl überall, doch was daraus wird: eine Bleistiftmine oder ein Edelstein, grauer Graphitstaub oder ein Diamant, das hängt ganz und gar von dem Druck ab, der auf das «Substrat» einwirkt; der Unterschied liegt nicht im Stoff, sondern im Aggregatzustand. Wie weit Gott Gestalt gewinnt in der Person eines Menschen, hängt nicht ab von seiner «Natur», sondern von der Kraft seines Vertrauens; die formt seine Persönlichkeit, die zeigt Gott als «Vater», die schließt Gott und Mensch zu jener Einheit zusammen, die Erlösung bewirkt von aller Angst.

Das, was sich dann zuträgt, läßt sich nicht abkürzen, nur immer neu nacharbeiten und in die Gegenwart stellen. Denn gerade weil die Vielzahl der Gestaltungen des Göttlichen sich im jüdischen Monotheismus in der Person des Stammesgottes Jahwe als des «Vaters» «seines» Volkes vereinzelt und vereinfacht, nimmt das Bild dieses Gottes unvermeidbar die Widersprüchlichkeiten auch all dessen auf, was in der Völkergeschichte für göttlich gelten mag. Nur dadurch, daß er «einer» ist, ist der Gott Israels nicht schon wesentlich ein anderer – oder moralisch gar ein besserer – als alle. Wovon also muß das Bild Gottes selber erst erlöst werden, auf daß es Menschen aus den Ängsten zu erlösen vermag? Wie viele Ambivalenzen müssen vorweg überwunden werden, bis daß die Töne, die vereinzelt schon vernommen wurden, sich zur Symphonie zusammenschließen? Die Opferpraktiken, die Reinigungsvorschriften, die kultischen Quisquilien – nur jemand, der so radikal wie Jesus zeigt, daß es darum nicht wesentlich zu tun sein kann, taugt als ein Filter, aus dem Jordan Trinkwasser zu machen. «Es steht in der Bibel.» «Es steht im Talmud.» «Es steht im Koran.» Ja, aber wie unterschiedlich lassen all die heiligen Bücher sich lesen, und wieviel Unheiliges, Unmenschliches, Abscheuliches enthalten gerad auch sie! Wer sie haßerfüllt liest, der findet federleicht vielfache Rechtfertigung für seinen Haß in ihnen: «Gott will es!» Wer sie hingegen glühend vor Liebe und suchend nach Gründen des Glaubens durchgeht, der stößt allemal auf Spuren der Güte, denen er nachgehen kann. Man muß eine Geistesart mitbringen, die bereits «väterlich» ist, um Gott in den Büchern göttlicher Offenbarungen als Vater und einzig als Vater zu sehen. Man muß mit Jesu versöhntem Herzen den Klang der Gottesworte vernehmen, um ihm seinen Gott als Vater glauben zu können.

Wie wenig das im Christentum selber bis heute gelungen ist, zeigt sich sonderbarerweise an dem *Marienkult der katholischen Kirche*[88].

88 Die Bedeutung des Marienkultes hat religionsgeschichtlich niemand klarer gesehen als EDUARD MEYER: Ursprung und Anfänge des Christentums, I 77–81: Exkurs über den Marienkult: «Im Zentrum der katholischen Volksreligion (sc. nicht auch schon der offiziellen Lehre, d. V.) steht als die große Hauptgottheit Maria die *theotókos* (sc. griech.: Gottesgebärerin, d. V.), die große Muttergottheit, welche die Welt beherrscht ... Alle anderen göttlichen Mächte sind ihr untergeordnet; der offizielle Obergott, Gott Vater, der Himmelsgott, bleibt, wie in den Volksreligionen fast überall, ganz im Hintergrund, und auch der Gott Christus, der Hauptgott der Kirchenlehre, tritt ganz hinter sie zurück: er ist vor allem ihr Kind, das sie auf den Armen trägt und in der Hostie den Gläubigen als mystisches Opfer hingibt, das das magische Band zwischen Mensch und Gottheit knüpft ... Zugleich lernen wir ..., was zu verstehen dem Religionsforscher so schwer fällt ...: wie Maria gleichzeitig die gebenedeite Jungfrau, die schmerzreiche Mutter und die gekrönte gnadenreiche Himmelskönigin ist, so ist Jesus gleichzeitig das neugeborene Kind, der messianische Lehrer, das gekreuzigte Opferlamm und der zukünftige Weltenrichter. – Es ist in der Tat die alte Göttermutter, die in der Göttin Maria wieder zu vollem Leben erwacht ist; ja man kann sagen, daß in ihr die kleinasiatische Religion die Welt erobert hat. Alle Hauptzüge teilt sie mit der großen Göttin Kleinasiens, ja in der Madonna von Lourdes ist sogar der spezielle Charakter als Berggöttin auf sie übertragen (sc. wie in der Madonna von Fatima, der Lieblingsgestalt von *Johannes Paul II.*, der Charakter der Baumgöttin, d. V.): wie unter den Bäumen und sprießenden Blumen wird Maria auch in der Felsgrotte dargestellt, mitten im Waldgebirge, in dem ihr Kind sich tummelt; und darunter hängen dann die Gläubigen, wie in den heidnischen Kulten, die wächsernen Nachbildungen der Gliedmaßen, die sie geheilt hat.» «Es ist die ungeheuere Bedeutung der Reformation, daß sie nicht nur mit all diesen Anschauungen gebrochen, sondern sie wirklich bei ihren Anhängern völlig ausgetilgt hat.» – In gewisser Weise hat Maria in der katholischen Praxis die Rolle eingenommen, die «ursprünglich» dem Heiligen Geist zugedacht war, der in der syrischen Theologie selber als «Mutter» verehrt wurde; vgl. BERND JOCHEN HILBERATH: Pneumatologie, in: Theodor Schneider (Hg.): Handbuch der Dogmatik, I 512–513.

Seine religionsgeschichtlichen Hintergründe in der Verehrung der Großen Mutter sollten selbst in der römischen Apologetik nicht länger geleugnet werden; das Alte Testament jedenfalls hat alles getan, um das Eindringen der Vorstellungen kanaanäischer oder babylonischer Fruchtbarkeitsriten in die Jahwereligion zu verhindern (vgl. Jer 44,1–30). Doch eben dadurch auch gewann das Gottesbild der Bibel ausgesprochen männliche, patriarchale Züge. Selbst die Rede von Gott als dem «Vater» verbleibt psychologisch, wie beschrieben, in dem Umkreis eines nur bedingungsweisen Angenommenseins: Gott ist gut, ja, aber nur zu den «Gerechten», den Gesetzestreuen, zu denen, die seine Gebote halten; den anderen erzeigt er die Größe seiner Gerechtigkeit ... Was in jenem Talmudtraktakt *Schabbat* Isaak bei seinem Vater-Gott erreichen mochte, ist im Grunde eine Mütterlichkeit, die vergibt, bedingungslos, weil Menschen anders nicht leben können. Es ist absolut unjüdisch, die Gestalt einer weiblichen Gottheit neben den Vater-Gott Israels zu stellen, doch der Eintrag mütterlicher Züge in das Vater-Bild der Bibel bleibt eine religionsgeschichtliche Aufgabe, und sie wird zur Wendemarke erneut in der Botschaft Jesu. Nicht, als gäbe es «mütterliche» Bilder für Gott in der Bibel sonst nicht – das schönste steht wohl in Jes 49,14-16 –, doch so, daß eine Umwandlung des gesamten Gottesbildes vom Patriarchalen ins Maternale zustande kommt, das verbindet allein sich mit der Person Jesu und seiner Art, Gott als «Vater» zu glauben.

Um so bedauerlicher ist es, daß gerade diese Verdichtung des Bilds eines Vertrauens, das auch die «sexistischen» Vereinseitigungen und Entgegensetzungen von Männlich und Weiblich in der Vorstellung der Gottheit ebenso überwindet wie im Umgang der Menschen miteinander, in der Geschichte der «christlichen» Kirchen nicht bewahrt werden konnte. Je mehr man die Gestalt des Christus erhöhte, begann sie die Gestalt des «Vaters» nicht länger zu offenbaren, sondern zu verdunkeln; ärger noch: den «Sohn», den in seinem «Vater» «Versöhnten», erhob man zum Allherrscher, zum Pantokrator, zu dem «Richter» am Jüngsten Tage (mit Berufung auf das Gleichnis vom großen Weltgericht, Mt 25,31–46, und auf Joh 5,22), und je drohendere Züge der «Christus» selbst annahm, desto stärker mußte der Kern seiner Botschaft: die «väterliche» oder «mütterliche» Güte Gottes, von ihm abgespalten werden. Manche Psychoanalytiker betrachten deshalb die ganze Jesus-Bewegung als einen ödipalen Aufstand der «Söhne» gegen den «Vater» mit dem Ergebnis des Siegs des «Sohnes», der fortan selber die Stellung des ursprünglich bekämpften, doch nunmehr wiedererstandenen Urvater-Gottes einnahm[89]; sagen muß man indessen, daß in der Verkündigung Jesu der Kampf geführt ward nicht *gegen* Gott, sondern *um* Gott und daß die Verfälschung seiner Gestalt nicht von ihm selber ausging, sondern aufs engste zu tun hatte mit dem Herrschaftsanspruch, den Kirche und Kaiser in der Endphase des römischen Imperiums mit der Person des Christus zu legitimieren suchten. Macht und «Gerechtigkeit», staatliche Ordnung und bürgerliche Moral – dafür steht seither der zum Gott erhobene Christus. – «Aber er hat doch etwas ganz anderes gewollt!» Ja, schon, doch das konzentriert sich jetzt abseits von ihm – in der Gestalt seiner Mutter.

Es ist nicht einfach, daß mit dem Dogma von der Gottesmutterschaft Mariens – und der Verurteilung des NESTORIUS – auf dem Konzil zu Ephesus im Jahre 431 der alte Kult der Magna Mater, der Großen Mutter, in das Christentum Einzug gehalten hätte; wohl ist es wahr: genau am Ort, da *Paulus* die Verehrung der göttlichen Artemis an ihrem zentralen kleinasiatischen Tempel in bestem jüdischem Erbe unter Lebensgefahr bekämpfte (Apg 19,23–40)[90], scheint Jahrhun-

89 Vgl. ERICH FROMM: Die Entwicklung des Christusdogmas, in: Gesamtausgabe, VI 41: «Daß ein Mensch (sc. durch die Adoption, d. V.) zu Gott erhöht wird, das ist ein Ausdruck der unbewußten vaterfeindlichen Regung dieser Masse, das bot die Möglichkeit einer Identifizierung und dem entsprach die Erwartung, daß bald das neue Zeitalter beginnen und die jetzt Leidenden und Unterdrückten zu Glücklichen und Herrschenden machen werde.» «Wenn zu den Hautbeschuldigungen der Heiden gegen die Christen auch die gehörten, sie begingen Ödipus-Verbrechen, so war diese Beschuldigung real eine sinnlose Verleumdung, aber das Unbewußte der Verleumder hatte den unbewußten Sinn des Christusmythos gut verstanden, seine Ödipuswünsche, seine versteckte Feindschaft gegen Gott-Vater, Kaiser, Autorität. (Auch die Beschuldigungen des Ritualmordes und der sexuellen Ausschweifungen finden die gleichen psychologischen Erklärungen.)»

90 Vgl. E. DREWERMANN: Die Apostelgeschichte, 836–845: «Groß ist die Artemis der Epheser». – Man wird der «Schwierigkeit», ja Unmöglichkeit, die katholische Mariologie biblisch zu begründen, kaum entrinnen können, indem man mit ALOIS MÜLLER – DOROTHEA SATTLER: Mariologie, in: Theodor Schneider (Hg.): Handbuch der Dogmatik, II 157, die Lehre von Maria «ekklesiologisch» zu «situieren» sucht, wonach Maria das Bild bzw. der Typ der Kirche sei; im Gegenteil! Denn was daraus folgt, ist klar. LEO SCHEFFCZYK: Der trinitarische Bezug des Mariengeheimnisses, in: Catholica, 2/3, 29. Jg., 1975, 125, legte dar, «daß ... angesichts der Einheit der drei Personen wie angesichts ihrer innigen Verbindung beim Geschehen der erlöserischen Menschwerdung *in Maria* jede Bestimmung des Verhältnisses Mariens zu *einer* Person *auch* auf die *ganze Trinität* geht.» In je anderem Sinne sei deshalb Maria die Braut (lat. *sponsa*) des Vaters, aber auch des Sohnes; vor allem aber sei sie (S. 128) das «sacrarium Spiritus Sancti», das «Organ» oder «Gefäß» des Heiligen Geistes. Da Maria von daher auch «in besonderer Weise» teilhat an der göttlichen Weisheit, kann für die Kirche nur folgern, was HERMANN VOLK: Das Geheimnis der Kirche, in:

derte später genau dieser Kult der vielbrüstigen Göttin (vgl. Abb. 5)[91] fröhliche Urständ zu feiern.

Doch natürlich ist der Katholizismus nicht der pure Rückfall ins «Heidentum»; man begreift die Funktion der katholischen Mariologie am ehesten aus der psychologischen Widersprüchlichkeit, die der Papst-Kirche wesentlich zugehört: Je strenger sie selber mit ihren Dogmen die Unterwerfung des Geistes und mit ihren Morallehren die Repression der Triebbedürfnisse im Namen der römischen Zentrale vorantreibt, desto intensiver fördert sie als dringend erforderlichen Ausgleich zu ihrer Selbststabilisierung die Verehrung der Mutter Maria. Sie jetzt wird zur «Mutter der Barmherzigkeit», zur «Schutzmantelmadonna», zum Gnadenquell aller Huld und Vergebung, und zu ihr muß man tunlichst sich wenden, um ihren «Sohn» gnädig zu stimmen zugunsten des sonst wohl vergeblichen Flehens ihrer «Kinder». Tatsächlich «siegt» jetzt die «Mutter» über den «Sohn», – die Ikonographie selber erzeigt es: Das Bild der altägyptischen Isis mit dem Horus-Knaben auf dem Schoß (vgl. Abb. 3, S. 463) formt sich in christlicher Prägung zu dem Portrait einer Himmelskönigin, die ihren Sohn als ein spielendes Kind, mit der Weltkugel in seiner Hand, den Menschen vor Augen stellt; eine schier allmächtige Frauengestalt und eine entmachtete Gottheit – dergestalt kompensiert sich die im

A. a. O., 220–222, dann auch daraus für die «Unfehlbarkeit des Lehramtes der Kirche» ableitet: «daß die Kirche verbindlich über rechte Schriftauslegung entscheidet.» (221) In der «Mariologie» projiziert die römische Kirche mithin ihren Absolutheitsanspruch in die Madonna hinein, ohne freilich zu bemerken, was sie psychologisch damit über sich selber aussagt. – LUDWIG FEUERBACH: Über den Marienkultus, in: Werke in sechs Bänden, III 155, war in diesem Punkte hellseherisch, indem er die Unterdrückung ebenso wie die Überhöhung des Weiblichen im Marienkult ins Zentrum seiner Betrachtung stellte: «Was das religiöse Bewußtsein im Leben, in der Wirklichkeit verneint, das gerade bejaht es in der Religion ... Maria ist das religiöse Opfer des Fleisches, das feierliche Gelübde der Keuschheit, die aufgegebene irdische Liebe, aber dafür ist sie selbst wieder der Gegenstand irdischer Liebe. ... Der Verlust der menschlichen Schönheit hat zur Folge den Gewinn der himmlischen oder göttlichen Schönheit.» Allerdings, S. 156: «Demut, Milde, Güte ..., Barmherzigkeit – alle diese Tugenden sind generis feminini (sc. weiblichen Geschlechts, d. V.). Als Eigenschaften männlicher ... Gottheiten machen sie keinen ... haltbaren Eindruck ... Erst in eine weibliche Gestalt eingekehrt, sind sie auf ihrem eignen Grund.»

91 Vgl. C. SCOTT LITTLETON (Hg.): Das große Buch der Mythologie, 178. Die «Vielbrüstigkeit» der Artemis von Ephesus ist in der Archäologie umstritten, manche denken an Stierhoden, war doch die Göttin als Jungfrau begierig «nach der Lebenskraft ihres männlichen Partners»; auf einem «Bronzerelief von Kolophon» führt sie «ihre Stiertrabanten an langen Leinen»; in jedem Falle ist sie «eine Erscheinungsform der jungfräulich-maternalen Gottheit.» HELMUT GAMS: Artemis, in: Der Kleine Pauly, I 622; 624. Foto S. 481: Wikimedia Commons

Abb. 5: Die «vielbrüstige» Artemis von Ephesus

Namen des Christus aufgerichtete patriarchale Papstmacht, mit der Folge einer Infantilisierung der Gläubigen just im Abbild des lieben, gehorsamen «Christkinds», des «Sohns» dieser Mutter, die eines «Vaters» im Grunde nicht länger mehr braucht.

«Aber das ist doch nicht biblisch, nicht jüdisch, nicht jesuanisch, nicht christlich, – so ist es doch heidnisch!» Solange die protestantische Theologie noch unabhängig genug ist, sich der «ökumenischen» Erstickung durch die Papstkirche zu erwehren, wird sie diese Kritik nicht aufgeben können, nicht aufgeben dürfen; religionspsychologisch allerdings muß man genauer sagen: auch «heidnisch» ist die katholische Marienfrömmigkeit im letzten nicht, denn sie ist von einer Art, wie sie in der Religionsgeschichte so niemals gewesen: im Namen der «Mutter» unterdrückt sie die Frauen (und mit ihnen die Männer). Die Gemeinsamkeit, aber auch die Differenz ist an dieser Stelle unübersehbar: Die Große Göttin von Ephesus war identisch mit der griechischen Artemis, die in ihrer Jagdlust auf jedes Tier des Feldes und Waldes, doch niemals auf einen Mann anstand[92], – anders als ihr Bruder Apoll, der unter anderem die Nymphe Daphne solange verfolgte, bis sie vor lauter Angst in einen Lorbeerbaum sich verwandelte[93]; Artemis also käme an sich durchaus als Vorbildgestalt des Ideals einer immerwährenden himmlischen Jungfrau in Frage; aber: niemals dachte man so in Griechenland (und auch nicht in Israel). Auch die dem Kopfe des Zeus entsprungene kriegerische Stadtgöttin Athene mied peinlich jedweden nicht-kämpferischen Kontakt zu einem Manne[94]; doch was gab es neben diesen beiden Verächterinnen der Männer, wie zur Ergänzung, für andere weibliche Gottheiten! Da war vornean Aphrodite, die geborene Widersacherin der Artemis, da war Hera, die Gemahlin und Schwester des Zeus, da war Demeter, die Erdmutter, mit ihren traueraufhellenden Späßen der Baubo in Eleusis[95], und dann: Eos, die rosenfingrige Göttin der Morgenröte mit

92 Vgl. ERIKA SIMON: Die Götter der Griechen, 147–178: Artemis; zu der Tragödie des Jägers Aktaion vgl. E. DREWERMANN: Liebe, Leid und Tod, 473–482.

93 Vgl. HYGIN, 203, in: Griechische Sagen, S. 342: «Apollon verfolgte die jugendliche Daphne, die Tochter des Flusses Peneios; sie bat die Erde um Hilfe, diese nahm sie in sich auf und verwandelte sie in einen Lorbeerbaum. Apollon brach davon einen Zweig und legte ihn sich ums Haupt.»

94 Vgl. ERIKA SIMON: Die Götter der Griechen, 179–212: Athene.

95 GEORGES DEVEREUX: Baubo. Die mythische Vulva, 26–27, deutet das Bild, wonach das Kind Iakchos (= Bakchos, Dionysos) aus dem Schoß der Baubo der trauernden Demeter entgegenlacht, als Versprechen, «daß Demeters verlorene Tochter, die jeden Winter im Land der Toten weilt, ihr wiedergeschenkt werde.» Dahinter

ihren nimmermehr alternden Avancen und Liebschaften, oder Selene, die sanfte Mondgöttin mit ihrer Liebe zu dem schlafenden Schäfer Endymion[96] ... Aus dieser Schar äußerst spannungsreicher und faszinierender Gestalten weiblicher Gottheiten im antiken Griechenland erhebt sich im Christentum allein die Figur der Madonna als der immerwährenden Jungfrau und Mutter Maria. All das Spielerische, Werbend-Umworbene, Verführerische, Kokette – kurz: die gesamte Vorgeschichte des Lernens der Liebe, die entscheidende Phase der Reifung und Wandlung vom Mädchen zur Frau wird übersprungen im Ideal einer solchen Mutter, die ihr «Jung»frauentum sich bewahrt, indem ihr Frausein ganz und gar absorbiert wird von ihrem Muttersein. Undenkbar ist eine Madonnen-Gestalt reiner Weiblichkeit, wie sie die Statue der Isis von Pompeji verkörpert (Abb. 6)[97].

Entsprechend denn auch fiel bis vor kurzem noch die Moraltheologie der römischen Kirche aus: Jedwede sexuelle Handlung hatte offen zu bleiben für die gottgegebene «Fruchtbarkeit», und selbst heute noch, angesichts der drohenden Katastrophe der Überbevölkerung von rund 9 Milliarden Menschen schon bis 2050/2060, erlaubt sich das päpstliche Lehramt, den Gebrauch künstlicher empfängnisverhütender Mittel als schwere Sünde unter Verbot zu stellen. – Die Macht der Madonna mag sich in ihrer Mütterlichkeit als «gnädig» erweisen mit mancherlei Not, doch als erstes verbreitet ihre himmlische Unnahbarkeit Schuldgefühle und Zwänge im Umgang mit der einfachen Grundtatsache des menschlichen Daseins: dem Liebesverlangen zwischen Mann und Frau.

Und vor allem: Die Wiederkehr der Großen Mutter mit dem kleinen Christuskinde auf dem Schoß ist allein deshalb nötig, weil man, parallel dazu, die Gestalt des Christus Jesus zu einem «König schrecklicher Gewalten» aufgeblasen und damit dessen ursprünglichen Glauben an die unbedingte Güte eines väterlichen Gottes mit neuen ungeheuerlichen Ängsten infiziert hat: Aus dem Verkünder unbedingter Liebe wurde in potenzierter Form die Quelle endloser Angst, aus dem Retter wurde der Richter – ganz entgegen den Erklä-

freilich sieht er (S. 106) eine symbiotische Mutter-Tochter-Beziehung und findet in der Zurschaustellung der Vulva «lesbische ... Handlungen» angedeutet.

96 Vgl. E. DREWERMANN: Liebe, Leid und Tod, 540–559: Selene und Endymion oder: Das Bildes des Mondes.

97 Marmorstatue der Göttin Isis aus dem ihr geweihten Tempel in Pompeji, in: ESAÙ DOZIO: Leben in der «Stätte der Venus» – Götter und Menschen in der Casa del Menandro, in: Harald Meller – Jens-Arne Dickmann (Hg.): Pompeji – Nola – Herculaneum. Katastrophen am Vesuv, 290–298, Abb. S. 294.

Abb. 6: Marmor-Statue der Isis in einem ihrer Tempel in Pompeji.

rungen von Joh 3,17 –, aus dem Allversöhnenden wurde ein auf Ewigkeit hin zwischen Himmel und Hölle die Menschen Trennender.

Wie tief im Widerspruch zu all diesen Verformungen, Verkehrungen und offensichtlichen Verfälschungen der Jude Jesus bis zuletzt dem Bilde und der Botschaft von Gott als «seinem» und aller Menschen «Vater» treu geblieben ist, versucht das *Lukas*-Evangelium auf seine Weise zu verdeutlichen: Im Augenblick des Todes habe Jesus, schreibt es, laut aufgeschrieen mit den Worten: «deinen Händen anheim stelle ich meinen Geist» (Ps 31,6)[98]. – «Mein ganzes Leben», heißt das, «liegt allein bei dir. Was immer es wert ist, daß ich dich als die ewige Liebe, wie ich dich glaubte, zu den Menschen zu bringen versuchte, entscheidest ganz allein du, – nicht die Hohen Priester, die sich bedroht fühlen müssen durch die Unmittelbarkeit des Vertrauens, das ich ermöglichte, nicht die Schriftgelehrten mit ihren ebenso end- wie gnadenlosen Gesetzesausdeutungen, nicht die hohnlachende Menge, die immer glaubt, auf der sicheren Seite zu stehen, wenn sie im Zweifelsfalle für ‹Ruhe und Ordnung›, für ‹law and order› Partei ergreift, nicht die Soldaten, die nur ihre Pflicht tun, wenn sie jeden umbringen, den zu töten man ihnen befiehlt; der Sinn meines Lebens bist du, bleibst du, – meine Beauftragung, meine Erfüllung.» In diesem Augenblick seines letzten Gebetes, das Jesus an «seinen» Gott richtete, habe er, erzählt *Lukas*, den Worten des Psalms noch die Anrede vorangestellt, mit der er selber die Jünger zu beten gelehrt habe: Abba – Vater (Lk 11,2; 23,46). Bis zum letzten Atemzug also verkündete und verkörperte Jesus das Vertrauen auf Gott als den «Vater» der Menschen, und so sein Leben zu setzen auf ihn – das allein darf es heißen, zu sagen: «Ich glaube an Gott, den allmächtigen Vater.»

Dem Lebens- und Weltgefühl, das aus einer solchen Haltung erwächst, hat der libanesische Dichter SIMON YUSSUF ASSAF in seinem Bändchen «Melodien des Lebens» auf diese Weise Ausdruck verliehen[99]:

> Herr, lass mich dich sehen
> in der Majestät der Berge,
> in der Gastfreundschaft der Täler.
> Lass mich dich vernehmen

98 Vgl. E. DREWERMANN: Das Lukas-Evangelium, II 923–942: Lk 23,44–56: Tod und Begräbnis Jesu oder: Was bleibt, ist Menschlichkeit, S. 927–932.
99 SIMON YUSSUF ASSAF: Melodien des Lebens, 91–93.

in den Liedern der Wellen
und dem Choral der Stürme.
Lass mich dich suchen
in den Stämmen der Bäume,
die das Leben tragen,
und in ihren Blättern,
die ihnen Anmut verleihen.

Herr, lass mich dich sehen
in den Blumen und Blüten,
die aus dieser Welt
eine Braut machen
und sie mit Duft erfüllen
jedes Mal, wenn ein Lufthauch
sie berührt.
Lass mich dich entdecken
in den Quellen der Erde,
aus denen Leben quillt
für jeden – ohne Unterschied.

Lass mich dich hören, Herr,
im Lob der Vögel,
das sie dir singen
von der Morgendämmerung
bis zum Aufgang des Mondes.
Lass mich dich suchen
im Schweigen der Nächte,
im Flüstern der Flüsse
und den Legenden der Zeit.

Lass mich dich entdecken
auf der Bühne dieser Welt,
die Zeichen und Spuren
deiner Gegenwart birgt.
So werden wir
durch den Nebel
die Sterne erblicken,
und auch in Trauer und Leid
die Hoffnung nicht verlieren.

Lass mich dich sehen, Herr,
in jedem Menschen,
gleich welcher Hautfarbe und Nation,
welcher Sprache und Religion,
gleich welchen Alters und Ranges,
welcher Weltanschauung und Partei.

Denn immer wenn ich
die Grenzen meines Ich überschreite,
mache ich die Erfahrung,
dass unsere Seele
– so ohnmächtig sie auch scheinen mag –
größer ist als das Universum
und mächtiger als die Zeit,
denn sie trägt denjenigen,
der Raum und Zeit
ins Leben rief.

Herr, lass mich dir folgen,
und wenn mich Zweifel überkommen
und meine Schritte straucheln,
dann lass mich nicht vergessen,
dass jede finstere Schlucht
ein Ende hat,
dass von jedem Hügel
ein Weg zur Küste führt
und dass es genügt
weiterzugehen.

In dieser Weise glaubte Jesus an Gott als den «Vater», daß alles ihm zum Bild ward und zum Gleichnis jener Güte, der alles Lebende dankt, daß es ist; sein eigenes Dasein ward zu einer Einladung, an seiner Seite sehen zu lernen, fühlen zu lernen, leben zu lernen, – ins Grenzenlose, Offene und Weite. Der «Vater» selber, erklärt er im *Johannes*-Evangelium an jener schon einmal zitierten Stelle der Frau am Jakobsbrunnen, sucht solche Menschen, die ihn innerlich und unverstellt, «im Geist», anbeten (Joh 4,23.24)[100]; und dafür, daß dies möglich werde, stand seine Person, dies war die Art der «Königswürde» (seiner «Messianität»), und sie allein zeigt ihn auf ewig als

100 Zur Stelle vgl. E. DREWERMANN: Das Johannes-Evangelium, I 187–203: Joh 4,1–42: Die Frau am Jakobsbrunnen oder: Stufen der Wahrheit, S. 199–200.

«Sohn» seines «Vaters». Diese innerste Überzeugung des Juden Jesus dogmatisch gegen die Glaubensüberlieferung seines eigenen Volkes zu richten oder gegen das Glaubensbekenntnis treuer Muslime, ist unmöglich; denn wesentlich ist sie eine Sammlung des menschlichen Herzens und darinnen der ganzen Menschheit zu einer Einheit, die nur in ihm, dem Einen, dem Ursprung und Ziel aller Dinge, zu gelingen vermag: in Gott als unser aller Vater.

Desgleichen lassen andere Worte der «Selbstoffenbarung» Jesu im *Johannes*-Evangelium sich nahtlos rückübersetzen in das Verhältnis, in dem der Mann aus Nazaret nach dem Zeugnis auch der synoptischen Evangelien sich zu Gott als dem «Vater» selbst sah, etwa wenn es heißt: «Vertraut mir: ich im Vater und der Vater in mir.» (Joh 14,11) Und auch diese Aussage läßt sich verstehen: «Niemand kommt zum Vater außer durch mich.» (Joh 14,6) Denn wie sollte jemand Vertrauen gewinnen ohne die persönliche Begegnung mit einer Person, die vertrauenswürdig genug ist, um ihr den Inhalt des Glaubens zu glauben, aus dem sie selbst lebt? Um die Welt der Angst aufzuschließen zu Vertrauen, bedarf es unbedingt und absolut der Person Jesu. Er ist, wie er an gleicher Stelle von sich sagt, «der Weg, die Unverstelltheit Gottes, das Leben». (Joh 14,6; vgl. 10,9; 11,25)

Die «Unverstelltheit», die «Wahrheit» Gottes – das ist seine «Gnade» (Joh 1,14), und sie läßt sich nicht glauben mit Blick auf die äußere Natur oder die menschliche Geschichte; doch wer sich einläßt auf den «Weg», den Jesus ging, der wird begreifen, wie sehr alles darauf wartet, die «Welt», wie sie sich findet, zu widerlegen durch die Güte, die von Gott ist, und er wird spüren, daß nur so sein Leben sich mit Sinn erfüllt.

Von daher ist tatsächlich Jesus, wie das Neue Testament ihn schildert, der «Mittler» zwischen Gott, dem «Vater», und den Menschen, deren Unversöhntheit mit sich selber, mit dem «Schicksal», mit dem Gang der Dinge allenthalben allein durch die Erfahrung sich auflösen läßt, trotz allem, was geschieht, Wertschätzung, Ansehen und etwas gar wie Würde zu besitzen. – Zwei Mißverständnisse indessen muß man zu verstehen suchen, um diese Grundaussage zu bewahren; die eine hat sich theologisch früh gebildet und findet sich in den Spätschriften schon des Neuen Testamentes, während die andere – wie stets – entsteht, wenn man das Subjektivste, Lyrischste, Persönlichste: jenes Vertrauen, das aus Liebe stammt, als etwas Objektives, Lehrbares und positiv Gegebenes auffaßt.

In einem der «Pastoralbriefe» (die *Paulus* nicht geschrieben hat, doch die ihm zugeschrieben wurden)[101], im 1. *Timotheus*-Brief 2,5.6, heißt es einmal, daß es nur *einen* Gott und *einen* «Mittler» gebe «zwischen Gott und den Menschen, nämlich ... Christus Jesus, der sich selbst gegeben hat für alle zur Erlösung». Das Wort ist gerad so zu verstehen, wie es des näheren im *Hebräer*-Brief ausgeführt wird, wonach Jesus als «Mittler eines besseren Bundes» gilt (Hebr 8,6; vgl. 7,22), und zwar durch sein Blut, das er am Kreuz vergossen hat. «Denn,» so die Begründung, «wenn schon das Blut von Böcken und Stieren und die Asche von der Kuh durch Besprengung die Unreinen heiligt (vgl. Num 19,2.9.17 sowie gewisse Ritualpraktiken im Mithraskult, d. V.), so daß sie äußerlich rein sind, um wieviel mehr wird dann das Bild Christi, der sich selbst als Opfer ohne Fehl durch den ewigen Geist Gott dargebracht hat, unser Gewissen reinigen von den toten Werken, zu dienen dem lebendigen Gott. Und darum ist er auch der Mittler des neuen Bundes, damit durch seinen Tod, der geschehen ist zur Erlösung von den Übertretungen unter dem ersten Bund, die Berufenen das verheißene ewige Erbe empfangen.» (Hebr 9,13–15)[102] – Mit solchen Darlegungen versuchte die frühe Kirche jüdische Orthodoxe für den Christusglauben zu gewinnen, indem sie den priesterlichen Opfergedanken auf die Kreuzigung Jesu übertrug. Von der ursprünglichen Verkündigung Jesu blieb in dieser Konzeption immerhin der zentrale Gedanke der Aufhebung aller Opfer erhalten, inso-

101 Vgl. JOACHIM JEREMIAS: Die Briefe an Timotheus und Titus, in: NTD 9, S. 15–17; 1 Tim 2,1–3,16 ist «die älteste Gemeindeordnung der christlichen Kirche», entstanden aus «dem Bedürfnis nach festen Ordnungen» und ein Zeichen für «den allmählichen Abschluß der Epoche des Enthusiasmus.» (S. 15) 1 Tim 2,5–6 ist «ein formuliertes Gemeindebekenntnis»: «Die Christenheit bekennt sich (mit dem Grunddogma des Judentums) zu dem einen Gott und ... zu dem einen ... (Friedens-) vermittler zwischen Gott und der Menschheit ... Mk. 10,45 ... Er ist *der* Mensch (= ‹der Menschensohn› ...), d. h. der zweite Adam, der Anfänger und Herr der neuen erlösten Menschheit (Röm. 5,12 ff.; 1 Kor. 15,21 f. 45 ff.) ... Er gab – ... Jes 53 – sein Leben stellvertretend zur Sühne ... zur ‹rechten› Zeit, nämlich am Ende der Zeiten (Gal. 4,4). Menschensohn und Gottesknecht, das ist also die Christologie des altertümlichen Bekenntnisses.»

102 HERMANN STRATHMANN: Der Brief an die Hebräer, in: NTD 9, S. 122–124: «Dem alttestamentlichen Opferdienst, der durch seine Unzulänglichkeit gleichnishaft auf die Zukunft vorausweist, wird nun Christus als der Hohepriester gegenübergestellt.» «Als ... Kultusmittel wird neben dem Blut der am Versöhnungstage geschlachteten Tiere die Asche der roten Kuh genannt, die nach 4. Mose 19 zur Beseitigung der durch Berührung eines Toten bewirkten äußeren Unreinheit diente.» «Die Schlüssigkeit ihrer Beweisführung (sc. der Verse 9,14–15, d. V.) ruht darauf, daß die Anschauungen über Wert und Wirkung blutiger Opfer ihm (sc. dem Autor, d. V.) schlechthin feststehen.»

fern durch das eine vollkommene Opfer, das der Christus in seinem Tode dargebracht habe, in alle Zeiten keine weiteren Opfer mehr nötig seien; doch ohne es zu wollen, radikalisierte und verewigte man damit im Grunde die Ambivalenz des Gottesbildes, die aller Opferpraxis wesentlich zugrunde liegt und die Jesus in seiner Botschaft gerade hatte überwinden wollen. Paradoxerweise lernte das Judentum des Talmud, indem es nach dem Untergang Jerusalems ganz ohne Tempel und Opferrituale auszukommen hatte, seine Frömmigkeit fernab von all den blutigen Sühneritualen auf die Einhaltung der Gebote vom Sinai zu konzentrieren, während die «christliche» Dogmatik die zeitbedingte Argumentation aus dem Ende des 1. nachchristlichen Jahrhunderts zu dem Bild von Christus als dem ewigen «Hohenpriester» hochstilisierte – einer Vorstellung, die vor allem die Einstellung der Ostkirche zur Feier der heiligen Eucharistie zutiefst geprägt hat. Der Prophet aus Nazaret, der den Vermittlungsdienst der Priester kategorisch ablehnte, wurde auf diese Weise zum Oberpriester erhöht, um *ihn* zum alleinigen Mittler zwischen Gott und Mensch zu erklären, und der Tod, den die Priester wegen seiner Aufhebung des Opfergedankens strafweise über ihn verhängten, wurde nunmehr zu dem entscheidenden Opfer seiner Selbstdarbringung uminterpretiert. Man muß sagen: Es fällt schwer, etwas Richtiges mißverständlicher auszudrücken; das ganze theologische Konzept des «Mittlers» Jesus als eines Opferpriesters erklärt sich einzig aus dem nur allzu berechtigten, doch in dieser Form undurchführbaren Versuch, den immer weiter sich vertiefenden Graben zwischen der Jesusgemeinde und der Synagoge mit derart kühnen Konstruktionen zu überbrücken.

Doch darüber darf nicht verloren gehen: Jesus *ist* die entscheidende Mittlergestalt zwischen Gott und Mensch. Wenn im Jahre 12 v. Chr. Kaiser *Augustus* sich zum «Pontifex maximus», zum Oberpriester, wörtlich: zum «größten Brückenbauer», wählen ließ und diesen Titel auf immer mit dem Caesarenamt verband, so kann man gewiß erst recht, wenngleich in der üblichen Umkehrung der Bedeutung, auch den «Christus», den «König» aus Israel, als den «Brükkenbauer», den «Mittler», den «Priester» bezeichnen, freilich nicht seiner Hinrichtung wegen, sondern gerade umgekehrt, infolge der Gründe, weswegen er das Todesurteil sich zuzog: er machte den Stand der Priester in allen Religionen zu allen Zeiten ein für allemal überflüssig. Zwar hebt SCHALOM BEN-CHORIN ganz richtig hervor: «Er (sc. Jesus, d. V.) empfindet sich ... nicht als DER Mittler zwischen Gott und den Menschen, sonst würde er die Jünger lehren, in seinem Namen den Vater im Himmel anzurufen»[103], – tatsächlich ist es erst das *Johannes*-Evangelium, das Jesus die Jünger versichern läßt, «daß, was immer ihr bittet den Vater in meiner Wesensart, er euch gebe» (Joh 15,16; vgl. 16,23); historisch, das stimmt allemal, war Jesus niemals daran gelegen, sich selbst in den Mittelpunkt zu stellen; er wollte die Wolken vor der Sonne entfernen, nicht aber sich davorstellen und mit seiner Gestalt das Leben von Menschen verschatten. Doch eben deswegen war und *ist* er im eigentlichen Sinne der «Mittler». – Ähnlich wie in einer psychotherapeutischen Begleitung – diesem besten Modell der Art und des Anliegens Jesu – ein Therapeut niemals sich selber zum Gegenstand des Gesprächs machen wird, um Raum zu geben für die Mitteilungen seines Klienten, so suchte Jesus zu Gott zu vermitteln, indem er von Gott sprach, doch nicht von sich selber. Er war «authentisch» in seinem Vertrauen; er mußte nicht erzählen, wie er zum Glauben kam, um sich nach der Manier mancher Prediger vor den Hörern als authentisch anzuempfehlen. Die synoptischen Evangelien folgen ihm darin zu Recht: Von einer «Biographie» des Mannes aus Nazaret berichten sie so gut wie gar nichts und selbst das Wenige nur in Form von Legenden und mythisch geformten Erzählungen; wer sie liest, soll nicht länger sich fragen: Wer war er – Jesus aus Nazaret? Er soll sich fragen: Wer bin ich vor Gott? Ein Spiegel, sich selber wahrzunehmen, das ist Jesus, indem er mit dem Vertrauen, das in seiner Nähe von Gott her sich bildet, einen Raum eröffnet, an dem die Verstellungen der Angst und des Schuldgefühls nicht länger mehr nötig sind.

Statt von dem «Mittler» Jesus ließe sich deshalb auch sprechen von dem «Engel», dem Sendboten Gottes. Das Büchlein *Tobit* schilderte die Not gerade der Frommen und Gesetzestreuen, in ihrer kollektiven Bindung an die Tradition der Väter und individuell in ihrer Bindung an den eigenen Vater die Fähigkeit zur Liebe im Alter oder schon in jungen Jahren zu verlieren; der Engel mit dem Namen Raphaël («Gott ist's, der heilt») vertrieb im Herzen eines jungen Mädchens die Angst, als Frau sich hinzugeben, und öffnete dem alt gewordenen Erblindeten die Augen. Jesus, indem er mit der Botschaft von der Väterlichkeit Gottes die paternale Zwangsgebundenheit an die Gestalt des «Vaters» in der verfaßten Religion genauso wie in der neurotischen Verängstigung der Triebbedürfnisse im Herzen derer,

103 SCHALOM BEN-CHORIN: Bruder Jesus, 92.

die ihm glaubten, überwand, entsprach vollständig dem Bild von «Erlösung», das im Rahmen der Gesetzesreligion eher verhindert als ermöglicht wurde. Der «Engel» Gottes – das ist Jesus, spricht man von seiner «Sohnschaft» nicht länger mehr dogmatisch, sondern in der Sprache biblischer Poetik.

Wie also glaubt man Jesus als den «Sohn» oder als «Mittler» oder als den «Engel» Gottes? Es läßt sich nur darstellen in den Veränderungen, die sich in unserem Leben ereignen, wenn wir auf seine Person uns einlassen. Noch einmal in den Worten von SIMON YUSSUF. ASSAF[104].

> Es hieß: Wirf deine Netze aus! (Vgl. Mk 5,4, d. V.)
> Ich tat es.
> Und mit Schätzen beladen zog ich sie zurück.
>
> Es hieß: Säe deine Saat aus! (Vgl. Mk 4,3, d. V.)
> Ich tat es.
> Nach einer Zeit des Wartens
> ging die Saat auf und brachte reiche Frucht.
>
> Es hieß: Teile deinen Besitz! (Vgl. Mk 10,21, d. V.)
> Ich tat es.
> Eine Tafel vereinte Freunde und Fremde,
> Reiche und Arme.
> Und ich fand mich beschenkt.
>
> Es hieß: Hör auf deine innere Stimme!
> Ich lauschte
> und entdeckte eine leise Melodie,
> die der Lärm der Welt übertönt hatte.
>
> Es hieß: Öffne dein Herz!
> Ich trug meine Festungsmauern ab
> und entfernte meine Maske.
> Da wurde die Welt mein Haus
> Und die Menschheit meine Familie.

So also ist zu glauben an Gott als den «Vater» und an Jesus als den «Sohn». Wie aber dann, zum dritten, glauben an den «Heiligen Geist»?

104 SIMON YUSSUF ASSAF: Melodien des Lebens, 67.

Für den Deutschen Idealismus, für G. W. F. HEGEL, bot die Formel: «Gott ist Geist» (Joh 4,24) den Schlüssel zur gesamten Welterklärung[105], und manche «christlich» sich gebende Naturwissenschaftler machen keinen Hehl daraus, daß ihnen «Gott» als «Energie» des Kosmos oder als «Weltenformel» ganz im Sinne des Pantheismus ein gern gesehener Gast in ihren Rechenzentren wäre[106]. Und sicher, schon das griechisch geschriebene *Buch der Weisheit*, das auf dem Boden des Alten Testamentes als Zeugnis für die Unsterblichkeit der Seele bereits von Belang war, spricht davon, daß Gott durch sein Wort und durch seine Weisheit über die Geschöpfe herrsche (Weish 9,1–3); die Weisheit selbst wird dort beschrieben als alles durchdringend, als «ein Hauch der Kraft Gottes und ein lichter Ausfluß der Herrlichkeit des Allherrschers» (Weish 7,25). Als ein «Abglanz ewigen Lichtes ... und ein Abbild seiner Vollkommenheit» (Weish 7,26) konnte die hebräische «Weisheit» daher mühelos mit dem «Logos» der griechischen Naturphilosophie und später sogar mit der Emanationslehre der Neuplatoniker in Beziehung gesetzt werden[107], – PAUL VON SAMOSATA hatte so unrecht nicht, als er den «Logos» für den

105 G. W. F. HEGEL: Vorlesungen über die Philosophie der Religion, I 279: «Gott, der Geist, kann sich nur dem Geist, der Vernunft offenbaren.»

106 Vgl. E. DREWERMANN: Im Anfang ..., 886–896: Jenseits des Kausalsatzes oder: Von Zufall und Freiheit.

107 Vgl. RUDOLF BULTMANN: Das Urchristentum, 94: «PLATON ist für PHILON (sc. von Alexandrien, um 20 v. – um 50 n. Chr., d. V.) ... der ... unübertreffliche Bundesgenosse des MOSE. Der platonische Dualismus – der Gegensatz zwischen der ewig stetigen Welt der Ideen und der Welt des Werdens und Vergehens – schien sachgemäße Begriffe zu liefern, um die Weltüberlegenheit, die Transzendenz Gottes zu beschreiben ... Wie schon in der ‹Weisheit Salomos›, so ist bei PHILON die stoische Theologie mit platonischen Gedanken kombiniert. Der Logos ist nicht nur das der Welt immanente und sie durchwaltende geistige Gesetz, sondern auch der Inbegriff der transzendenten Ideenwelt, des ‹geistigen Kosmos› ..., jenseits dessen Gott selbst als das vollkommene qualitätslose Sein steht ... natürlich muß unter dem dualistisch-platonischen Aspekt der Charakter der Welt als Schöpfung beziehungsweise des Kosmos als von göttlichen Kräften durchherrschter Harmonie beeinträchtigt werden. Welt und Mensch geraten in das Licht des Dualismus; die Welt erscheint als die Sphäre des bloß Gewordenen und Vergänglichen, des Schwachen und Hinfälligen, des Sinnlichen im Gegensatz zum Geistigen, des Verführerischen und Bösen. Der Leib des Menschen ist nur ein irdisches Gefäß für den Geist. – Hier kommt es nun zu einem noch erhabeneren Gottesdienst als jenem geistigen im Sinne der Stoa, zur *mystischen Gottesverehrung*.» GERHARD LUDWIG MÜLLER: Katholische Dogmatik, 423, hebt demgegenüber zu Recht hervor, daß es in «der christlichen Lehre vom trinitarischen Wesen Gottes, von der Inkarnation und dem Heilswerk Jesu Christi ... nicht um eine Involvierung Gottes in kosmisch-naturhafte Vorgänge des Auf- und Abstiegs oder um die spekulative Erhellung ... der Prozessualität des Absoluten» geht.

«Geist» beziehungsweise für die «Weisheit» Gottes hielt, die Jesus persönlich geformt und durchdrungen habe – wie *Salomo*, der mehr als jeder andere als Träger göttlicher Weisheit galt (1 Kg 5,9; 10,24; Weish 7,1–21). Tatsächlich wird das «Wort» oder die «Weisheit» Gottes in den späten (deuterokanonischen) Schriften des Alten Testamentes fast wie ein selbständiges Mittlerwesen zwischen Gott und den Menschen aufgefaßt[108]; denn als so erhaben erscheint jetzt die Gottheit, daß sie unmittelbar zu den Menschen kaum noch zu sprechen vermag; aus der Prophetie ist die Schriftgelehrsamkeit geworden, und die Suche nach Gotteserkenntnis beginnt die «Begeisterung» von Gott immer mehr zu verdrängen. In der kabbalistischen beziehungsweise chassidischen «Mystik» entwickelte sich, gegenläufig dazu, die Vorstellung von der «Einwohnung» Gottes, von der «Schekhina», wonach Gott, verworfen von den Menschen, in verborgener Gestalt auf die Suche gehe nach Menschen, bei denen er Aufnahme finde[109]. Die Lehre von dem «Heiligen Geist» in der christli-

108 RUDOLF BULTMANN: Das Urchristentum, 92: «Gottes Jenseitigkeit muß ... im griechischen Sinne als seine Geistigkeit verstanden werden, denn Gott ist ja die rationale, die geistige Kraft der Gesetzlichkeit, die die gestaltlose Materie zum architektonisch gefügten Kosmos formt.» «Übernommen ist schon in der ‹Weisheit Salomos› die Lehre von dem die Welt durchwaltenden Pneuma, dem Leben und Gliederung gebenden göttlichen Hauch, wobei dieses Pneuma mit der ‹Weisheit› Gottes, von der das Alte Testament redet, gleichgesetzt wird ... Natürlich bot sich der stoische Gedanke des Logos, in dem sich gleichsam die geistige Seite der Natur darstellt, für die Interpretation des Alten Testaments als besonders geeignet dar; man konnte ihn ja im ‹Wort Gottes› wiederfinden, von dessen Schöpferkraft das Alte Testament redete. So ist für PHILON der Logos Gottes der Vermittler zwischen Gott und Welt.» – H. KLEINKNECHT: *légō, lógos* ..., in: Gerhard Kittel (Hg.): Theologisches Wörterbuch zum Neuen Testament, IV 85, verweist auf die Personifikation bzw. die Hypostasierung des philosophischen Logosbegriffs in der griechischen Theologie, in der «neben Hermes auch Helios, Pan, Isis usw. als *lógos* erscheinen», doch «ist das nicht eigentlich eine Personwerdung des *lógos*, sondern die Gleichsetzung eines offenbarenden und kosmogonischen Prinzips mit einer der vorhandenen Gottheiten der Volksreligion ... Mit anderen Worten: ein Begriff ist ... mit einer Gottheit gleichgesetzt worden, nicht aber ist das Macht- und Schöpfungswort Gottes Mensch, Fleisch geworden.»

109 Vgl. MARTIN BUBER: Die Erzählungen der Chassidim, in: Werke, III 220: Dow Bär von Mesritsch («der große Maggid», gest. 1772): Im Elend: «Der Maggid von Mesritsch sprach: ‹Jetzt, im Exil, kommt leichter der heilige Geist über einen als in der Zeit, da das Heiligtum stand. – Ein König wurde aus seinem Reich vertrieben und mußte umherirren. Kam er da in ein armes Haus, wo er zwar schlecht bewirtet und schlecht beherbergt, aber doch als König empfangen wurde, war seinem Herzen wohl, und er redete mit den Hausleuten so vertraut, wie er es am Hof nur mit denen getan hatte, die ihm zunächst standen. – So tut auch Gott, da er im Elend ist›.»

chen Theologie indessen knüpft wohl an derartige Überlieferungen an, ohne sich allerdings von diesen festlegen zu lassen.

Maßgebend für die christliche «Pneumatologie» (die Lehre vom Geist) ist das *Johannes*-Evangelium. Danach ist Jesus selber als der «Logos» das «Wort» oder die «Weisheit» Gottes (Joh 1,14); er ist es, der die Menschen zu Gott hin vermittelt; doch was er vermittelt, ist: Unmittelbarkeit, das heißt, es geschieht gerade nicht, was in der christlichen Dogmatik eine so große Rolle spielt: die Zentrierung auf Jesus selbst als den Mittler. Der Mann, der in keiner Weise der Sonne im Weg stehen wollte, sondern der ganz allein den Menschen das Licht auf die Erde zu bringen und ihnen die Augen zu öffnen versuchte, ist in der Kirchenlehre selbst zu einer eigenen Kultgottheit geworden, die als die zweite Person in Gott alle Verehrung und Anbetung (neben seiner «Mutter»!) auf sich gezogen hat. Gleichwohl hat noch ein Rest von dem, was Jesus wirklich gewollt hat, sich in der Zusage erhalten, nach seinem Weggang von den Jüngern werde er den «Vater» bitten, daß er ihnen «einen anderen Zusprecher» gebe: «den Geist der Unverborgenheit Gottes, den die Welt nicht empfangen kann.» (Joh 14,14.15) Dieser «Geist der Unverborgenheit Gottes», den Jesus «vom Vater her» senden wird und der «vom Vater ausgeht», wird für Jesus «Zeugnis» ablegen», so wie die Jünger selber. (Joh 15,26.27) Denn nicht wird er «aus sich» reden, sondern er wird reden, was er hört: «Er wird mich verherrlichen», sagt Jesus, «denn aus dem Meinen wird er nehmen und es euch kund»tun. (Joh 16,13.15)

Geht hier der «Geist» vom Vater «durch den «Sohn» aus, wie die orthodoxe Theologie es lehrt, oder geht er, entsprechend der Vorstellung der «Lateiner», vom Vater und dem Sohn aus? Das *Johannes*-Evangelium taugt zur Beweisführung weder für das eine noch für das andere! Wichtig ist statt dessen die Feststellung, daß der «Heilige Geist» wesentlich die «Unverborgenheit Gottes», das heißt seine Gnade, den Menschen zuspricht; bestätigend und vertiefend setzt er innerlich fort, was mit der historischen Gestalt des Jesus aus Nazaret äußerlich begonnen hat.

Das einfachste Modell, sich das Gemeinte vorzustellen, ist zweifellos die Art von Psychologie, die zu jeder Trauerarbeit gehört: Jemand stirbt, der bis dahin im Mittelpunkt des eigenen Lebens und Erlebens stand; und groß ist deshalb auf längere Zeit hin der Schmerz über den Verlust, der – oft genug ebenso brutal und willkürlich, wie in der Hinrichtung Jesu – mit dem Eindruck einer endgültigen Katastrophe für den Hinterbliebenen eingetreten ist. Doch je tiefer die Trauer, desto inniger das Gefühl der Verbundenheit! Das äußerlich Zerstörte erwacht im Inneren zu neuem Leben; der andere, dessen Gegenwart bis dahin an Raum und Zeit gebunden schien, tritt aus den äußeren Bedingtheiten heraus und wird ganz und gar «geistig»-innerlich präsent. Der Trauernde nimmt den Geliebten, den er all die Zeit bereits in seinem Herzen trug, jetzt in sich auf, als würde er selber in seiner eigenen Person zu diesem anderen. Von Identifikation und Introjektion spricht bei solchen Prozessen die Psychoanalyse, um verständlich zu machen, was sich da seelisch begibt: der andere ist nicht, wie es im Augenblick des Todes schien, «dahin gegangen», im Gegenteil: er ist unendlich näher, inniger und dichter in das eigene Denken, Fühlen und Empfinden eingezogen. Wie er gewesen, ist er wesentlich fortan für alles eigene Wünschen, Planen und Handeln; er, der mir äußerlich entglitten ist, erweist sich innerlich als Teil der eigenen Person, als seien all die Worte, die er früher an mich richtete, um sich darinnen mitzuteilen, nunmehr dabei, in mir sich neu zu formen zu einem Gedicht, dessen Rhythmus und Gleichklang zwei Leben auf immer miteinander verschmilzt.

Auch *die* Erfahrung wird ein jeder schon einmal gemacht haben, der einen anderen Menschen, den er sehr geliebt hat, sich vergegenwärtigt: Rein äußerlich verfügt er nur über kleine Bruchstücke alter Erinnerungen; er weiß, wie ungenau und subjektiv die Kraft seines Gedächtnisses sich ausnimmt; und auch die Aufzeichnungen, Photos oder Briefe, die ihm noch verblieben sind, liegen wie disparat zerstreut neben einander. Und dennoch fühlt er heute, zwanzig Jahre später, sich seinem Vater, seiner Mutter, seiner Freundin und Geliebten ungleich viel näher noch als zu der Zeit, da er mit ihnen zu reden vermocht hat. Der Grund: Er selber ist mit seinem Leben nach und nach inzwischen auf sie hingereift; aus eigenem Erleben versteht er sie deswegen heut weit besser als am Anfang seines Lebens; er ist, mit KIERKEGAARD gesprochen, ihnen etwas mehr «gleichzeitig» in seiner eigenen Existenz geworden. Und dieses innere Verstehen, das wächst entgegen allem zeitlich zunehmenden Abstand, ist offenbar das, was die «Geistsendung» im Neuen Testament beschreibt: Der Christus ist, gerade weil er starb, in allem, was er sagte und getan hat, gegenwärtig, prägend, maßgebend; er ist und bleibt das Leben, das er seinen Jüngern schenkte; und jeder Tag, der hingeht in der Art, wie er es vorgelebt, ermöglicht und von Gott her als die Wahrheit unseres Daseins offenbart hat, bestärkt die Überzeugung, auf dem rechten Weg zu sein. Alle Liebe wird so sprechen, wie es – noch einmal – SIMON YUSSUF ASSAF beschrieben hat[110]:

> Mein Auge leuchtet,
> wenn ich dich erblicke,
> und es füllt sich mit Tränen,
> wenn du dich entfernst.
>
> Ohne deine Welt
> verfinstert sich die Sonne,
> und ohne deine Sterne
> umgibt mich dunkelste Nacht.
>
> In deinen Tiefen fand ich
> das Licht der Wahrheit,
> das Feuer der Liebe
> und den Sinn des Lebens.
>
> Ich ging dir entgegen
> auf einem Weg ohne Ende,
> und noch heute bin ich
> unterwegs zu dir.

Von gerade diesem Wechselspiel aus Trauer, Sehnsucht, Einheit und Verlangen beim «Weggang» eines Menschen, der den Inhalt unseres Lebens bildete, sprechen die «Abschiedsreden» des *Johannes*-Evangeliums, wenn Jesus zu den Jüngern sagt: «Nun gehe ich hin zu dem, der mich gesandt hat, und niemand von euch fragt mich: Wohin gehst du? Vielmehr weil ich das zu euch gesagt habe, hat Trauer euer Herz erfüllt. Doch ich sage unverstellt zu euch: Zuträglich ist es für euch, daß ich fortgehe; denn wenn ich nicht fortgehe, kommt der Zusprecher nicht zu euch; wenn ich aber gehe, werde ich ihn zu euch schikken.» (Joh 16,5–7). Der «Zusprecher», der «Paraklet», der «Tröster» – jedes dieser Worte zeigt, was mit dem «Heiligen Geist» gemeint ist: er ist die Stimme eines Beistands, der den Tod besiegt, indem er das Vergangene zu der Verheißung einer ewigen Zukunft formt. Er ist nicht eine eigene «Person», wohl aber das, was in Personen vor sich geht, die sich in Liebe untrennbar verbunden fühlen. – In der Elementarteilchenphysik (in der Quantenchromodynamik) geht man heute davon aus, daß alle Mesonen und Baryonen (wie Protonen

110 SIMON YUSSUF ASSAF: Melodien des Lebens, 55.

und Neutronen) aus zwei beziehungsweise aus drei Quarks mit unterschiedlichen «Farbladungen» bestehen, die durch die Quanten der starken Wechselwirkung, durch sogenannte Gluonen («Klebeteilchen»), miteinander verbunden sind. Die starke Kernkraft zwischen den Quarks wirkt um so stärker, je mehr man die Teilchen voneinander zu trennen sucht[111]. In Analogie zu einer solchen gluonischen Kraft mag man versucht sein, sich die Bindungsenergie unter Personen vorzustellen: die Kraft, die sie zusammenhält, wird auf Entfernung stärker! Der «Geist», von dem der Jesus des *Johannes*-Evangeliums in seinen Abschiedsreden spricht, ist das genaue Gegenteil des Allerwelts-Sprichworts: Aus den Augen, aus dem Sinn. So kann man denken, wenn etwas nicht wirklich wichtig war; wofern es aber um eine Beziehung geht, von der das eigene Dasein zutiefst abhängt, gilt genau das Umgekehrte: Die Blüten einer Blume schließen ihre Kelche, wenn das Abendlicht verlöscht, nicht um die Sonne zu vergessen, sondern um desto intensiver in den Nachtstunden auf sie zu warten. So ist der Weggang des Geliebten identisch mt dem Flehn um seine Wiederkunft, und «Geist» ist die Erfahrung seiner Gegenwart.

Ist aber all das nicht zu «subjektiv», zu «psychologisch» und zu wenig «wirklich»? – Ein solcher Einwand zieht sich quer durch die gesamte Theologiegeschichte, und er beruht an jeder Stelle auf dem gleichen Mißverständnis: Nichts in der Welt, nichts in der Seele eines Menschen ist mit Gott identisch; doch ganz so wie das Aufblühn einer Blume nicht möglich wäre ohne Sonnenlicht, so wenig ist Selbstfindung, partnerschaftliche Beziehung, *Liebe* möglich ohne Gott; daß Gott in «Unverstelltheit» (in seiner Gnade) Menschen glaubhaft wird, bewirkt die Botschaft Jesu; und der «Geist», der dann in Menschen Einzug hält, verändert das gesamte Dasein. Es geschieht ganz im Inneren, doch ganz durch Vertrauen in das so ganz Andere Gottes, eben nicht in einer neuen Aufblähung des Ich. Es ist wie in jeder wirklichen Liebesbeziehung: je inniger die Einheit, desto deutlicher die Unterschiedenheit. Alles, was in der Verwandlung des Daseins, in seiner «Erlösung» von Angst und Verzweiflung in Zuversicht und in Identität sich ereignet, verdankt sich nicht solchen Begriffen wie «Mut» und «Entschlossenheit» –, einzig der Erfahrung eines Umgriffenseins und Ergriffenseins im ganzen.

Deshalb auch beschreibt der johanneische Jesus den Gewinn, den die «Sendung» seines «Geistes» für die Jünger mit sich bringt, als

111 Vgl. E. DREWERMANN: Im Anfang ..., 845–860: «Farbladungen», «Gluonen» und eine Theorie der starken Wechselwirkung.

Überführung der Welt «in puncto: Sünde, rechtes Leben vor Gott und Gericht, – Sünde, weil sie nicht vertrauen auf mich; rechtes Leben vor Gott, denn ich gehe zum Vater und ihr schaut mich nicht mehr; Gericht, denn der Herrscher dieser Welt ist gerichtet.» (Joh 16,8–11) Wer beginnt, wie Jesus zu vertrauen – wer seinen «Geist» in sich einläßt –, dem stellt das gesamte Dasein sich absolut konträr zu allem Bisherigen dar. Was bis dahin als alternativlos «wirklich» erschien, erweist sich jetzt als ein «teuflisches» Lügenspiel, das seine Plausibilität einzig dem Abgrund der Angst verdankt. An die Stelle der so normalen Perversion des Daseins in den verordneten und verinnerlichten Zwängen der Gewalt und der Grausamkeit tritt jetzt eine Freiheit selbstbestimmter Güte und Großherzigkeit, eines «richtigen» Lebens in Gott und vor Gott; der Fluch, in einem Feld radikaler Gnadenlosigkeit existieren zu müssen, der mit der Geschichte von Kain begann (Gen 4,11–12), löst sich auf in die Sphäre einer neuen und endgültigen Beheimatung.

Die Legende, die von der «Aussendung» des «Geistes» berichtet, ist die Erzählung vom Pfingsttag (Apg 2,1–13)[112], und sie läuft ganz folgerichtig hinaus auf eine Widerlegung der Geschichte von Babylon (Gen 11,1–9)[113]. Diese schilderte den Zerfall der Einheit der Menschen bis hin zum Unvermögen, einander noch zu verstehen. Wenn jeder – aus Angst – das Gegenteil von dem sagt, was er selber als Wahrheit erkennen könnte, wie soll dann noch ein gemeinsames Leben möglich sein? Selbst die Beziehungen unter einander verformen sich zu Bündnissen der Feindseligkeit gegen einander, und sogar was für «Gott» gilt, ist jetzt nichts weiter mehr als ein Titel zur Durchsetzung des «Eigenen» gegen das «Fremde». Das «Wunder» von Pfingsten kehrt diese Fluchtrichtung aller vor allen um zu einem Miteinander wechselseitiger Verständigung, so daß alle die Rede von Gott als dem «Vater», wie der Geist Jesu sie eingibt, in ihrer eigenen Sprache verstehen können. Die Kulturunterschiede relativieren sich an der Erfahrung des Einen, Gemeinsamen, statt, wie bisher, die Differenzen untereinander zu verabsolutieren.

Wie also müßte von Gott als dem «Vater» im «Geiste» des «Sohnes» Jesus die Rede gehen? Die Dreifaltigkeitslehre der Kirche in ihrer dogmatischen Form trägt erkennbar nicht zur Einheit der Men-

112 Zur Stelle vgl. E. DREWERMANN: Die Apostelgeschichte, 96–114: Apg 2,1–13: Pfingsten oder: Das Ende von Babylon.

113 Zur Stelle vgl. E. DREWERMANN: Strukturen des Bösen, I 277–312: Die Apokalypse der Geschichte (Gen 11,1–9).

schen im Namen des Menschensohns bei; im Gegenteil: sie stellt in 2000 Jahren Geschichte einen Extremfall geistiger Ausgrenzung und militanter Machtdurchsetzung dar; sie diente erkennbar nicht der Verständigung, sondern einer endlosen Spaltung, von Begriffen zuerst, dann von Gefühlen und Gedanken infolge dessen, schließlich von Gruppen und Gruppierungen zu «religiöser» «Organisation». Aber es läßt sich glauben an Gott als den Vater auch und wesentlich in der Weise des Gebetes an der Seite Jesu und in seinem Geiste; und so läßt sich auf dreifaltige Weise derselbe Glaube bekennen zu dem einen Gott: es läßt eine Sprache sich finden, die einlädt und fortsetzt, was Jesus als Weisung und Erbe den Jüngern zurückließ: «daß ihr einander liebt.» (Joh 15,17) Eine solche Sprache ist nicht länger die der Dogmatiker, sondern der Dichter, der Visionäre, der prophetisch Begeisterten; und sie ist wie ein Flehen darum, daß, wie verheißen, die Taten des Christus in all denen weiterzuwirken vermöchten, die sich zu seiner Person und zu seiner Botschaft bekennen.

Das vielleicht schönste Gebet der Christenheit ist deshalb wohl nicht zufällig dem Heiligen Geist gewidmet; es wird STEPHAN LANGTON um 1200 zugeschrieben und lautet lateinisch[114]:

Veni Sancte Spiritus
et emitte caelitus
lucis tuae radium.

Veni pater pauperum,
veni dator munerum,
veni lumen cordium.

Consolator optime,
dulcis hospes animae,
dulce refrigerium.

In labore requies,
in aestutem peries,
in fletu solatium.

O lux beatissima,
reple cordis intima
tuorum fidelium.

114 Der lateinische Text findet sich in *Gotteslob*, Nr. 243, S. 304–305; die deutsche Übersetzung in *Sursum Corda*, Nr. 263, S. 415–416.

Sine tuo numine
nihil est in homine,
nihil est innoxium.

Lava, quod est sordium,
riga, quod est aridum,
sana, quod est saucium.

Flecte, quod est rigidum,
fove, quod est frigidum,
rege, quod est devium.

Da tuis fidelibus
in te confidentibus
sacrum septenarium.

Da virtutis meritum,
da salutis exitum,
da perenne gaudium.
Amen. Halleluja.

In einer Nachdichtung, welche die Gemeinschaft der Betenden mit in die Worte des Bittens einbezieht, wurde der Pfingsthymnus wiedergegeben mit den Worten:

Komm, o Geist der Heiligkeit,
aus des Himmels Herrlichkeit
sende Deines Lichtes Strahl.

Vater aller Armen Du,
aller Herzen Licht und Ruh,
komm mit Deiner Gaben Zahl!

Tröster in Verlassenheit,
Labsal, voll der Lieblichkeit,
komm, Du süßer Seelenfreund!

In Ermüdung schenke Ruh,
in der Glut hauch Kühlung zu,
tröste den, der trostlos weint.

O Du Licht der Seligkeit,
mach Dir unser Herz bereit,
dring in unsre Seelen ein!

Ohne Dein lebendig Wehn
nichts im Menschen kann bestehn,
nichts ohn Fehl und Tadel sein.

Wasche, was beflecket ist,
heile, was verwundet ist,
tränke, was da dürre steht!

Beuge, was verhärtet ist,
wärme, was erkaltet ist,
lenke, was da irre geht!

Heiliger Geist, wir bitten Dich,
gib uns allen gnädiglich
Deiner Gaben Siebenzahl!

Spende uns der Tugend Lohn,
Laß uns stehn an Deinem Thron,
uns erfreun im Himmelssaal!
Amen. Halleluja.

Um nichts Geringeres geht es als um die Rückgewinnung einer solchen «Geistigkeit» des Glaubens. Denn: Als ein Grundfehler der Theologie erweist sich an jeder Stelle ihrer dogmatischen Glaubensformulierungen der Wille zum historisch und metaphysisch Objektiven; all die mythisch-legendären Bilder der Bibel werden so zu vermeintlichen Fakten erklärt und in scheinbar rationalen Begriffen verklärt. Um den Inhalt der christlichen Lehren demgegenüber so wiederzugeben, daß sie in allgemeiner Verständlichkeit die Menschen zusammenführen und in den Menschen ihre heilende Wirkung zu entfalten vermöge, ist es unerläßlich, den Ausgangspunkt wieder dort zu nehmen, wo er – sogar im Protestantismus – nie wirklich genommen wurde: im Subjekt jedes Einzelnen. Alle theologische Rede ist ein Sprechen von Menschen auf Gott hin; sie kann und darf nicht länger mehr sein ein Sprechen kirchlich beamteter Dozenten und Begriffsjongleure von Gott herab auf die Menschen hinunter. Wer, wie beginnend im Jahre 2014 Papst *Franziskus*, die römische Kirche zu den Armen hin öffnen möchte, der muß als erstes im Reden von Gott die Armut der Sprache zurückgewinnen, der muß die dogmatischen Festschreibungen zurücknehmen, mit denen die Kirche die Gnade Gottes eher verstellt als vermittelt hat, der muß wieder Raum geben den träumenden Bildern der Sehnsucht in den Herzen der Menschen, mit denen die Evangelisten die Person und die Botschaft des Jesus aus Nazaret als des «Wortes» Gottes im «Geiste» verbindlich für alle zu deuten versuchten.

Wie es dann möglich ist, ein Bekenntnis christlichen Glaubens so auszuformulieren, daß es, pfingstlich genug, ein jeder verstehen kann, hat die Weltversammlung der Christen im Jahre 1990 in Seoul gezeigt, deren «Credo» lautete:

> Ich glaube an Gott, der die Liebe ist
> und der die Erde allen Menschen geschenkt hat.
> Ich glaube nicht an das Recht der Stärkeren,
> an die Stärke der Waffen,
> an die Macht der Unterdrückung.
>
> Ich glaube an Jesus Christus,
> der gekommen ist, uns zu heilen, und der uns
> aus allen tödlichen Abhängigkeiten befreit.
> Ich glaube nicht, daß Kriege unvermeidlich sind,
> daß Friede unerreichbar ist.
>
> Ich glaube an die Gemeinschaft der Heiligen,
> die Kirche, die berufen ist,
> im Dienst aller Menschen zu stehen.
> Ich glaube nicht, daß Leiden umsonst sein muß,
> daß Gott die Zerstörung der Erde gewollt hat.
>
> Ich glaube, daß Gott für die Welt eine Ordnung will,
> die auf Gerechtigkeit und Liebe gründet,
> und daß alle Männer und Frauen
> gleichberechtigte Menschen sind.
>
> Ich glaube an Gottes Verheißung
> eines neuen Himmels und einer neuen Erde,
> wo Gerechtigkeit und Frieden sich küssen
> (sc. Ps 85,11, d. V.),
> an die Liebe mit offenen Händen,
> an den Frieden auf Erden (sc. Lk 2,14, d. V.).
> Amen.

Bibliographie

Peter Abaelard: Theologia Summi boni. Tractatus de unitate et trinitate divina. Abhandlung über die göttliche Einheit und Dreieinigkeit, übers., mit Einl. u. Anmerk. hg. von Ursula Niggli, lat.-dt., Hamburg (Philos. Bibl. Bd. 395) 1989, [3]1997

Peter Abaelard: Nosce te ipsum. Die Ethik des Peter Abaelard, übers. u. eingel. v. Ferdinand Hommel, Wiesbaden (Bücher des Wissens, Bd. 2) 1947

Ägyptische Hymnen und Gebete, eingel., übers. u. erl. von Jan Assmann, Zürich – München 1975

Ägyptische Unterweltsbücher, eingel., übers. u. erl. v. Erik Hornung, Zürich – München 1972

Stefan Alkier: Himmel und Hölle. Zur Kontextualität und Referenz gleichnishafter Rede unter besonderer Berücksichtigung des Gleichnisses vom Fischnetz (Mt 13,47–50), in: Ruben Zimmermann/Gabi Kern (Hg.): Hermeneutik der Gleichnisse Jesu. Methodische Neuansätze zum Verstehen urchristlicher Parabeltexte, Tübingen (Wissenschaftliche Untersuchungen zum Neuen Testament, Bd. 231) 2008, 588–602

Albrecht Alt: Der Gott der Väter (1929), in: Kleine Schriften zur Geschichte des Volkes Israels, 3 Bde., München [3]1963, I 1–78

Altägyptische Märchen, übertragen u. bearb. v. Emma Brunner-Traut, Düsseldorf – Köln 1963

Hans-Dietrich Altendorf: Die Entstehung des theologischen Höllenbildes in der alten Kirche, in: Peter Jezler (Hg.): Himmel, Hölle, Fegefeuer. Das Jenseits im Mittelalter. Eine Veröffentlichung des Schweizer Landesmuseums, Zürich 1994, 27–32

Gerd Althoff: «Selig sind, die Verfolgung ausüben». Päpste und Gewalt im Hochmittelalter, Stuttgart 2013

Carl Andresen/Georg Denzler: Wörterbuch der Kirchengeschichte, München (dtv 3245) 1982; [2](überarb.)1984

Marco Ansaldo/Wolfgang Thielmann: Der frohe Botschafter, in: Die Zeit, 50/5.12.2013, Dossier, S. 17–19

Anselm von Canterbury: Cur Deus homo – Warum Gott Mensch geworden, lat.-dt., besorgt u. übers. v. Franciscus Salesius Schmitt, Darmstadt 1956, [3]1970

Lucius Apuleius: Der Goldene Esel, ins Deutsche übertr. v. August Rode, München (Goldmann Tb. 476) 1961

Aristides von Athen: Apologie, mit Berücksichtigung der griechischen und armenischen Bruchstücke aus dem Syrischen übers. v. Kaspar Julius, in: Frühchristliche Apologeten und Märtyrerakten, aus dem Griech. u. Lat. übers., 1. Bd., Kempten – München (Bibliothek der Kirchenväter, Bd. 12) 1913, 1–54

Aristoteles: Nikomachische Ethik, Übers. u. Nachw. v. Franz Dirlmeier, Anmerkungen v. Ernst A. Schmidt, Stuttgart (reclam 8586) 1969

Aristoteles: Metaphysik, in der Übersetzung v. Friedrich Bassenge, bearb. v. Regina Steindl, hg. vom Zentralinstitut für Philosophie der Akademie der Wissenschaften in der DDR, Berlin 1990

Simon Yussuf Assaf: Melodien des Lebens, aus dem Arab. übers. v. Ursula Assaf-Nowak, Würzburg 2010

Jan Assmann: Ägypten. Theologie und Frömmigkeit einer frühen Hochkultur, Stuttgart – Berlin – Köln – Mainz (Urban Tb. 366) 1984

Jan Assmann: Ma'at. Gerechtigkeit und Unsterblichkeit im Alten Ägypten, München 1990
Jan Assmann: Tod und Jenseits im Alten Ägypten, München 2001
Athanasius: Gegen die Arianer, aus dem Griech. v. Anton Stegmann, in: Des heiligen Athanasius ausgewählte Schriften, Bd. 1: Vier Reden gegen die Arianer. Vier Briefe an Serapion. Brief an Epiktet, Kempten – München (Bibliothek der Kirchenväter, Bd. 13) 1913, 1–387; Bd. 2: Gegen die Heiden. Über die Menschwerdung, aus dem Griech. v. Anton Stegmann, S. 1–81; 82–156; Leben des hl. Antonius. Anhang: Leben des hl. Pachomius, aus dem Griech. v. Hans Mertel, S. 1–101; 103–122, Kempten – München (Bibliothek der Kirchenväter, Bd. 31) 1917
Athenagoras von Athen: Über die Auferstehung von den Toten, aus dem Griech. v. Anselm Eberhard, in: Frühchristliche Apologeten und Märtyrerakten, 1. Bd., Kempten – München (Bibliothek der Kirchenväter, Bd. 12) 1913, 323–365
Aurelius Augustinus: De Trinitate. Libri XV, cura et studio W. J. Mountain, auxiliante Fr. Glorie, 2 Bde., in: Opera, Pars XVI 1 u. 2, Turnholt (Corpus Christianorum. Series Latina, 50) 1968; Bd. 1: Libri I–XII; Bd. 2: Libri XIII–XV
Aurelius Augustinus: De Trinitate (Bücher VIII–XI, XIV–XV, Anhang: Buch V), neu übers. und mit Einl. hg. v. Johann Kreuzer, lat.-dt., Hamburg (Philos. Bibl. Bd. 523) 2001
Aurelius Augustinus: De civitate Dei; dt.: Über den Gottesstaat, aus dem Lat. übers. v. Alfred Schröder, in: Augustinus' ausgew. Schriften, Bd. I–III, eingel. v. Nepomuk Espenberger, München – Kempten (Bibliothek der Kirchenväter 15, 16, 28) 1911, 1914, 1916
Aurelius Augustinus: Bekenntnisse, aus dem Lat. v. Alfred Hoffmann, in: Des hl. Kirchenvaters Aurelius Augustinus ausgewählte Schriften, Bd. VII, Kempten – München (Bibliothek der Kirchenväter, Bd. 18) 1914
Augustinus: Bekenntnisse, übers. v. Joseph Bernhart, Nachw. u. Anm. v. Hans Urs von Balthasar, Frankfurt/M. – München (Fischer Tb. 103) 1955
Der Babylonische Talmud, ausgew., übers. u. erklärt von Reinhold Mayer, München (Goldmann Tb. 1330–1332) 1963
Hans Urs von Balthasar: Theodramatik, 4 Bde.; Bd. 1: Prolegomena, Einsiedeln 1973, [2]2009; Bd. 2: Die Personen des Spiels. 1. Teil: Der Mensch in Gott, Einsiedeln 1976; 2. Teil: Die Personen in Christus, Einsiedeln 1978; Bd. 3: Die Handlung, Einsiedeln 1980; Bd. 4: Das Endspiel, Einsiedeln 1983
Hans Urs von Balthasar: Theologik, 3 Bde.: Bd. 1: Wahrheit der Welt, Einsiedeln 1985; Bd. 2: Wahrheit Gottes, Einsiedelns 1985; Bd. 3: Der Geist der Wahrheit, Basel 1987
Marianne Baltensperger: Hades-Fahrt Christi: Der Auferstandene befreit Adam und Eva mit den Patriarchen aus der Vorhölle, in: Peter Jezler (Hg.): Himmel, Hölle, Fegefeuer. Das Jenseits im Mittelalter. Eine Veröffentlichung des Schweizer Landesmuseums, Zürich 1994, 354
John D. Barrow: The Book of Universes, London 2011; dt.: Das Buch der Universen, aus dem Engl. v. Carl Freytag, Frankfurt/M. 2011
Winfried Barta: Untersuchungen zum Götterkreis der Neuzeit, München – Berlin (Münchner Ägyptologische Studien, Heft 28) 1973
Karl Barth: Die kirchliche Dogmatik. Bd. 1: Die Lehre vom Wort Gottes. Prolegomena zur kirchlichen Dogmatik. 1. Halbband: Zollikon – Zürich [8]1964; 2. Halb-

band: Zollikon – Zürich ⁵1960. – Bd. 2: Die Lehre von Gott. 1. Halbband: Zollikon ⁴1958; 2. Halbband: Zollikon – Zürich ⁴1959. – Bd. 3: Die Lehre von der Schöpfung. 1. Teil, Zollikon – Zürich ³1957; 2. Teil, Zollikon – Zürich ²1959; 3. Teil, Zollikon – Zürich ²1961; 4. Teil, Zollikon – Zürich ²1957. – Bd. 4: Die Lehre von der Versöhnung. 1. Teil, Zürich 1957; 2. Teil, Zürich, ²1964; 3. Teil, 1. Hälfte, Zollikon – Zürich 1959; 2. Hälfte, Zollikon – Zürich 1959; 4. Teil: Das christliche Leben (Fragment). Die Taufe als Begründung des christlichen Lebens, Zürich 1967; Registerband, unter Mitarbeit v. Wolfgang Erk u. Marcel Pfändler, hg. v. Helmut Krause, Zürich 1970

Matthias Bartsch/Fiona Ehlers/Jens Glüsing/Hans Hoyng/Peter Wensierski/Helmut Zuber: Der Nahbare, in: Der Spiegel, 12/18.3.13, S. 85–93

Basilius der Große: Ausgewählte Briefe, übers, eingel. u. m. Anm. vers. v. Anton Stegmann, in: Ausgewählte Schriften, Bd. 1, München (Bibliothek der Kirchenväter, Bd. 46) 1925

Gregory Bateson: Don D. Jackson/Jay Haley/John H. Weakland: Toward a theory of schizophrenia (1956), in: Gregory Bateson: Steps to an Ecology of Mind. Collected Essays in Anthropology, Psychiatry, Evolution and Epistemology, 1972; dt.: Ökologie des Geistes. Anthropologische, psychologische, biologische und epistemologische Perspektiven, übers. v. Hans Günter Holl, Frankfurt/M. 1981, 270–301: Vorspiel zu einer Studie der Schizophrenie

Raymond Battegay: Der Mensch in der Gruppe, 2 Bde.: Bd. 1: Sozialpsychologische und dynamische Aspekte, Vorw. v. P. Kielholz, Bern – Stuttgart 1967; Bd. 2: Allgemeine und spezielle gruppenpsychotherapeutische Aspekte, Bern – Stuttgart 1967

Georg Baudler: Einführung in symbolisch-erzählende Theologie. Der Messias Jesus als Zentrum der christlichen Glaubenssymbole, Paderborn – München – Wien – Zürich (UTB 1180) 1982

Jürgen von Beckerath: Handbuch der ägyptischen Königsnamen, München – Berlin (Münchner Ägyptologische Studien 20) 1984

Pantxika Béguerie-De Paepe/Silvie Ramond: Das Unterlinden-Museum zu Colmar, Paris 1991, dt. Übers. Silvia Porsche

Wolfgang Beinert: Die Geschichte des Himmels, in: Klaus Berger/Wolfgang Beinert/Christoph Wetzel/Medard Kehl: Bilder des Himmels. Die Geschichte des Jenseits von der Bibel bis zur Gegenwart, Freiburg – Basel – Wien 2006, 45–117

Schalom Ben-Chorin: Bruder Jesus. Der Nazarener in jüdischer Sicht, (München 1967) München (dtv 1253) 1977, ⁵1982

Klaus Bergdolt: Die Pest. Geschichte des Schwarzen Todes, München (bsr 2411) 2006, ²2011

R. J. Berry (Hg.): The Lion Handbook of Science and Christianity, Oxford 2012; dt.: Gott oder Zufall? Was wir wissen, was wir glauben? Aus dem Engl. v. Katrin Krips-Schmidt u. Enrico Heinemann, München 2013

Ludwig von Bertalanffy: Die Evolution der Organismen, in: D. Schlemmer: Schöpfungsglaube und Evolutionstheorie, Stuttgart 1956, 53–56

Walter Beyerlin (Hg.): Religionsgeschichtliches Textbuch zum Alten Testament, Göttingen (Grundrisse zum Alten Testament. Das Alte Testament Deutsch – Ergänzungsreihe, Bd. 1) 1975

Almut Bick: Die Steinzeit, Stuttgart 2006

Ludwig Bieler: Theĩos Anẽr. Das Bild des «Göttlichen Menschen» in Spätantike und Frühchristentum, (Wien 1935 u. 1936) Darmstadt 1976

Rudolf Bilz: Das Syndrom unserer Daseins-Angst (Existenz-Angst). Erörterungen über die Misère unseres In-der-Welt-Seins (1969), in: Paläoanthropologie. Der neue Mensch in der Sicht einer Verhaltensforschung, Bd. 1, Frankfurt/M. 1971, 427–464

Eugen Biser: Der Freund. Annäherungen an Jesus, München – Zürich (SP 981) 1989

Eugen Biser: Glaubensbekenntnis und Vaterunser – eine Neuauslegung, Düsseldorf 1993

Eugen Biser: Das Antlitz. Eine Christologie von innen, Düsseldorf 1999

Eugen Biser: Glaubenserweckung. Das Christentum an der Jahrtausendwende, Düsseldorf 2000

Eugen Biser: Wege des Friedens, Augsburg (stark erg. Neuausgabe von: Er ist unser Friede, Freiburg 1984) 2003

Bruno Bleckmann: Konstantin der Große, Reinbek (rm 50556) 1996

Ernst Bloch: Das Prinzip Hoffnung (1938–1947), (Frankfurt/M. 1959), 3 Bde., Frankfurt/M (stw 3) 1974

Ernst Bloch: Thomas Münzer als Theologe der Revolution, (München 1921) Frankfurt/M. (stw 551) 1985

Franz Böckle: Möglichkeiten einer dynamischen Sexualmoral, in: Ders. (Hg.): Menschliche Sexualität und kirchliche Sexualmoral – Ein Dauerkonflikt? Mit Beiträgen von F. Böckle, J. Gründel, P. Matussek, D. Savramis u. E. Zenger, Düsseldorf 1977, 123–138

Boëthius: Contra Eutychen et Nestorium (De duabus naturis), in: Boèce: Opuscula sacra, Volume 2: De sancta Trinitate, De Persona et duabus Naturis (Traités I et V), texte latin de l'edition de Claudio Moreschini, introduction, traduction et commentaire par Alain Galonnier, Paris (Philosophies Médiévaux, tome III) 2013, 177–373

Martin Bojowald: Zurück vor den Urknall. Die ganze Geschichte des Universums, Frankfurt/M. 2009

Dietrich Bonhoeffer: Wer ist und wer war Jesus Christus – Seine Geschichte und sein Geheimnis (Vorlesung über Christologie, SS 1933; aus Nachschriften rekonstruiert v. Eberhard Bethge, München 1961), Hamburg (Stundenbuch 4) 1962

Ladislaus Boros: Mysterium Mortis. Der Mensch in der letzten Entscheidung. Olten – Freiburg 1962, [10]1973

Wilhelm Bousset: Die religionsgeschichtliche Herkunft der jüdischen Apokalyptik (1903), in: Klaus Koch/Johann Michael Schmidt (Hg.): Apokalyptik, Darmstadt (Wege der Forschung, Bd. 365) 1982, 132–145

John Bowker (Hg.): The Oxford Dictionary of World Religions, Oxford 1997; dt.: Das Oxford-Lexikon der Weltreligionen, übers. u. bearb. v. Karl-Heinz Golzio, Düsseldorf 1999

Bertolt Brecht: Leben des Galilei. Schauspiel in 15 Bildern, Berlin 1955; Frankfurt/M. 1957

Johannes Brinktrine: Die Lehre von Gott. Bd. 2: Von der göttlichen Trinität, Paderborn 1954

Johannes Brinktrine: Die Lehre von der Schöpfung, Paderborn 1956

Johannes Brinktrine: Die Lehre von der Menschwerdung und Erlösung, Paderborn 1959

Johannes Brinktrine: Die Lehre von den Letzten Dingen, Paderborn 1963; Die Lehre von der Kirche, Paderborn 1964

Ingo Broer: Die Urgemeinde und das Grab Jesu. Eine Analyse der Grablegungsge-

schichte im Neuen Testament, München (Studien zum Alten und Neuen Testament XXXI) 1972
Emma Brunner-Traut: Altägyptische Märchen. Übertr. u. bearb., Düsseldorf – Köln 1963
Emma Brunner-Traut: Pharao und Jesus als Söhne Gottes (1961); in: Gelebte Mythen. Beiträge zum altägyptischen Mythos, Darmstadt 1981, 34–54
Emma Brunner-Traut: Frühformen des Erkennens am Beispiel Altägyptens, Darmstadt 1990
Giordano Bruno: La cena del le ceneri, London 1584; dt.: Das Aschermittwochsmahl, übers. v. Ferdinand Fellmann, eingel. v. Hans Blumenberg, Frankfurt (it 548) 1969
Martin Buber: Aus einer philosophischen Rechenschaft (1961), in: Werke, Bd. 1: Schriften zur Philosophie, München – Heidelberg 1962, 1109–1122
Martin Buber: Bücher der Geschichte, verdeutscht in Gemeinschaft mit Franz Rosenzweig, Köln – Olten 1956
Martin Buber: Die fünf Bücher der Weisung – Fünf Bücher des Moses, verdeutscht gemeinsam mit Franz Rosenzweig. Im Anhang die Beilage «Zu einer neuen Verdeutschung der Schrift» von Martin Buber, Köln [3](verb. von 1954) 1968
Martin Buber: Moses (Jerusalem 1945; Oxford 1946; Zürich 1948), in: Werke, Bd. 2: Schriften zur Bibel, München – Heidelberg 1964, 9–230
Martin Buber: Falsche Propheten (1949), in: Werke, Bd. 2: Schriften zur Bibel, München – Heidelberg 1964, 943–949
Martin Buber: Die Erzählungen der Chassidim, (Zürich 1949), in: Werke, Bd. 3: Schriften zum Chassidismus, München – Heidelberg 1963, 69–712
Georg Büchner: Dantons Tod. Ein Drama (1835), in: Werke und Briefe, Münchner Ausgabe, hg. v. Karl Pörnbacher, Gerhard Schaub, Hans-Joachim Simm und Edda Ziegler, (München 1988) München (dtv 2202) [2]1990, 67–133
Georg Büchner: Lenz (1839), in: Werke und Briefe, Münchner Ausgabe, hg. v. Karl Pörnbacher, Gerhard Schaub, Hans-Joachim Simm und Edda Ziegler, (München 1988) München (dtv 2202) [2]1990, 135–158
Gautama Buddha: Die vier edlen Wahrheiten. Texte des ursprünglichen Buddhismus, hg. u. aus dem Pali übertr. v. Klaus Mylius, (Leipzig 1983) München (dtv 2166) 1985
Franz Buggle: Denn sie wissen nicht, was sie glauben, Hamburg 1992
Rudolf Bultmann: Die Geschichte der synoptischen Tradition (1931), Göttingen [5]1961
Rudolf Bultmann: Das Urchristentum im Rahmen der antiken Religionen, (Zürich – Stuttgart [2]1954) Reinbek (rde 157–158) 1962
Walter Burkert: Ancient Mystery Cults, Cambridge/Mass. – London 1987; dt: Antike Mysterien. Funktionen und Gehalt, München 1990; [4]2003
Johannes Calvin: Unterricht in der christlichen Religion. Institutio christianae Religionis (Basel 1536), nach der letzten Ausgabe übers. u. bearb. v. Otto Weber, Neukirchen-Vluyn 1955, [5]1988
Elias Canetti: Masse und Macht, (Düsseldorf 1960) Frankfurt/M. (Fischer Tb. 6544) 1980
Elia Cassin/Jean Bottéro/Jean Vercoutter (Hg.): Die Altorientalischen Reiche III: Die erste Hälfte des 1. Jahrtausends, Frankfurt/M. (Fischer Weltgeschichte Bd. 4) 1967
Catechisme de l'Église Catholique («Weltkatechismus»), Paris 1992

Christliche Sibyllinen, hg. v. A. Kurfess, in: Edgar Hennecke: Neutestamentliche Apokryphen in deutscher Übersetzung, 3. völlig neu bearb. Aufl., hg. v. Wilhelm Schneemelcher, Bd. 2: Apostolisches. Apokalypsen und Verwandtes, Tübingen 1964, 498–528

Timothy Clifton/Pedro G. Ferreira: Wozu dunkle Energie?, in: Spektrum der Wissenschaft, August 2009, 26–33

Codex des Kanonischen Rechts, lat.-dt. Ausgabe, hg. im Auftr. der Dt. Bischofskonferenz, übers. durch die Gruppe: W. Aymarus ..., Kevelaer 1983

Carsten Colpe: Griechen – Byzantiner – Semiten – Muslime. Hellenistische Religionen und die west-östliche Enthellenisierung. Phänomenologie und philologische Hauptkapitel, Tübingen (Wissenschaftliche Untersuchungen zum Neuen Testament 221) 2008

Emerich Coreth: Metaphysik. Eine methodisch-systematische Grundlegung, Innsbruck – Wien – München ²1964

Gaalyahu Cornfeld/G. Johannes Botterweck (Hg.): Die Bibel und ihre Welt. Eine Enzyklopädie, (2 Bde., Bergisch-Gladbach 1969) München (dtv-Lexikon 3092–3097), 6 Bde., 1972

George V. Coyne: Ursprünge und Schöpfung, in: Tobias Daniel Wabbel (Hg.): Im Anfang war (k)ein Gott, übers. aus dem Engl. v. Claudia Krülls-Hepermann, Düsseldorf 2004, 14–28

Franz Cumont: Die orientalischen Religionen im römischen Heidentum. Vorlesungen am Collège de France, autorisierte deutsche Ausg. v. Georg Gehrich, Leipzig – Berlin ²(verb. u. verm.)1914

Franz Cumont: Die Mysterien des Mithra. Ein Beitrag zur Religionsgeschichte der römischen Kaiserzeit, autorisierte deutsche Ausgabe v. Georg Gehrich, Darmstadt ⁵(unveränderter Nachdruck der von Kurt Latte besorgten 3. verm. u. durchges. Aufl. 1923) 1981

Caecilius Cyprianus: Über die Einheit der katholischen Kirche, in: Sämtliche Schriften, aus dem Lat. übers. v. Julius Baer, 2 Bde., Kempten – München (Bibliothek der Kirchenväter, Bd. 34, Bd. 60) 1918, 1928; Bd. 1: Traktate. Pontius: Leben des hl. Cyprian, 125–160

Cyrill von Jerusalem: Katechesen, in: Des hl. Cyrillus, Bischofs von Jerusalem Katechesen, aus dem Griech. übers. und mit einer Einleitung versehen von Philipp Häuser, München –Kempten (Bibliothek der Kirchenväter, Bd. 41) 1922

G. Czihak/H. Langer/H. Ziegler: Biologie. Ein Lehrbuch, Heidelberg – Berlin – New York ²(verb. u. erw.)1978

Henri Daniel-Rops: La vie cottidienne en Palestine au temps du Jesus, Paris 1961; dt.: Die Umwelt Jesu. Der Alltag in Palästina vor 2000 Jahren, übers. v. Sigrid Stahlmann, (Stuttgart 1963 unter dem Titel: Er kam in sein Eigentum) München (dtv 1597) 1980

Charles Darwin: The Descent of Man and Selection in Relation to Sex, London 1871; dt: Die Abstammung des Menschen, Übers. ungen., Wiesbaden 1966

Richard Dawkins: The Selfish Gene, Oxford 1976; ²1989; dt.: Das egoistische Gen, übers. von Karin de Sousa Ferreira, überarb. u. erw. Neuausgabe, mit einem Vorwort v. Wolfgang Wickler, (Heidelberg – Berlin – Oxford 1994) Reinbeck (rororo Sachbuch 9609) 1996

Richard Dawkins: The Blind Watchmaker, 1986; dt.: Der blinde Uhrmacher. Ein neues Plädoyer für den Darwinismus, aus dem Engl. v. Karin de Sousa Ferreira, (München 1987) München (dtv 30558) 1990

Richard Dawkins: The Greatest Show on Earth, New York 2009; dt.: Die Schöpfungslüge. Warum Darwin recht hat, aus dem Engl. v. Sebastian Vogel, Berlin 2010

René Descartes: Discours de la méthode pour bien conduire de raison et chercher la vérite dans les sciences (1637); dt.: Abhandlung über die Methode, übers. v. K. Fischer (1863), in: René Descartes, ausgew. u. eingel. v. Ivo Frenzel, Frankfurt/M. (Fischer Tb. 357), 1960, 47–91

Karlheinz Deschner: Das Kreuz mit der Kirche. Eine Sexualgeschichte des Christentums, (Düsseldorf – Wien 1984) München [12](erw. u. aktualisiert, Heyne Sachbuch Nr. 19/16)1989

Karlheinz Deschner: Kriminalgeschichte des Christentums. Bd. 1: Die Frühzeit. Von den Ursprüngen im Alten Testament bis zum Tod des hl. Augustinus (430), Reinbek 1986

Karlheinz Deschner: Kriminalgeschichte des Christentums, Bd. 2: Die Spätantike. Von den katholischen «Kinderkaisern» bis zur Ausrottung der arianischen Wandalen und Ostgoten unter Justinian I. (527–565), Reinbek 1988

Karlheinz Deschner: Die Politik der Päpste im 20. Jahrhundert. Erweiterte, aktualisierte Neuausgabe von «Ein Jahrhundert Heilgeschichte» I und II, Reinbek 1991

Karlheinz Deschner/Horst Herrmann: Der Antikatechismus. 200 Gründe gegen die Kirchen und für die Welt, (Hamburg 1991) München (Goldmann Tb. 12343) 1993

Georges Devereux: Baubo. Die mythische Vulva, aus dem Franz. v. Eva Moldenhauer, Frankfurt/M. 1981

Vladimir Dedijer: Jasenovac – das jugoslawische Auschwitz und der Vatikan, hg. u. mit Vorw. versehen von Gottfried Niemietz, aus dem Serbokroatischen übers. v. Durdica Durković, Freiburg 1988, [9]1991

Christian Demandt: Religion und Religionskritik bei Theodor Storm, Berlin (Husumer Beiträge zur Storm-Forschung, Bd. 8) 2010

Henricus Denzinger/Adolfus Schönmetzer: Enchiridion Symbolorum, Definitionum et Declarationum de Rebus Fidei et Morum, Freiburg – Rom Barcelona [32]1963

Hoimar von Ditfurth: Wir sind nicht nur von dieser Welt. Naturwissenschaft, Religion und die Zukunft des Menschen, (Hamburg 1981) München (dtv 10290) 1984

Cassius Dio: Römische Geschichte, übers. v. Otto Veh, eingel. v. Gerhard Wirth, 5 Bde., Zürich – München (Die Bibliothek der Alten Welt, Griechische Reihe) 1985–1987

Dogmatische Konstitution über die Kirche (Lumen gentium), in: Das II. Vatikanische Konzil. Vorgeschichte – Verlauf – Ergebnisse, dargestellt nach Dokumenten und Berichten von Heinrich Reuter, Köln (verb.) 1966, Teil II, 37–92

Edmund Dondelinger: Das Totenbuch des Schreibers Ani, mit 32 farbigen Wiedergaben von Ausschnitten aus dem Papyrus Ani (London, British Museum 10.470) im Originalformat und 39 Schwarzweiß-Abbildungen, Graz 1987

Edmund Dondelinger: Der Jenseitsweg der Nofretari. Bilder aus dem Grab einer ägyptischen Königin. Mit 29 Farbtafeln, Graz [2](verb.)1977

Fjodor Michailowitsch Dostojewski: Zapiski iz podpolja, 1864; dt: Aufzeichnungen aus dem Kellerloch, in: Winterliche Aufzeichnungen über sommerliche Eindrücke. Aus dem Tagebuch eines Schriftstellers, übers. v. Svetlana Geier und Alexander Eliasberg, Reinbek (rk 111–112) 1962, 69–166

Fjodor Michailowitsch Dostojewski: Prestuplenie i nakazanie (1866), dt.: Schuld

und Sühne. Roman in 6 Teilen und einem Epilog, übers. v. Werner Bergengruen, München (Droemer Verl.) o. J.
Fjodor Michailowitsch Dostojewski: Idiot, Petersburg 1868; dt.: Der Idiot, übertr. v. Klara Brauner, München (GGTb. 361–362) 1958
Fjodor Michailowitsch Dostojewski: Besy, Petersburg 1872; dt: Die Dämonen, übers. v. Gregor Jarcho, München (GGTb. 575–577) 1959
Esaù Dozio: Leben in der «Stätte der Venus» – Götter und Menschen in der Casa del Menandro, in: Harald Meller/Jens-Arne Dickmann (Hg.): Pompeji – Nola – Herculaneum. Katastrophen am Vesuv, München 2011, 290–298
Eugen Drewermann: Strukturen des Bösen. Die jahwistische Urgeschichte in exegetischer, psychoanalytischer und philosophischer Sicht. Bd. 1: Die jahwistische Urgeschichte in exegetischer Sicht, Paderborn 1977, [2]1979, erw. durch ein Vorwort: Zur Ergänzungsbedürftigkeit der historisch-kritischen Exegese; [3]1981, erg. durch ein Nachwort: Von dem Geschenk des Lebens oder: Das Welt- und Menschenbild der Paradieserzählung des Jahwisten (Gen 2,4b–25), S. 356–413. – Bd. 2: Die jawistische Urgeschichte in psychoanalytischer Sicht, Paderborn 1977; [2]1980, erw. durch ein Vorwort: Tiefenpsychologie als anthropologische Wissenschaft; [3]1981: Neudruck der 2. Aufl. – Bd. 3: Die jawistische Urgeschichte in philosophischer Sicht, Paderborn 1978; [2]1980, erw. durch ein Vorwort: Das Ende des ethischen Optimismus, [3]1982: Neudruck der 2. Aufl.
Eugen Drewermann: Der tödliche Fortschritt. Von der Zerstörung der Erde und des Menschen im Erbe des Christentums, Regensburg 1981; [6](erw. u. aktualisiert)1990
Eugen Drewermann: Die Spirale der Angst. Der Krieg und das Christentum. Mit vier Reden gegen den Krieg am Golf (Titel der Originalausgabe: Der Krieg und das Christentum. Von der Ohnmacht und der Notwendigkeit des Religiösen, Regensburg 1982), Freiburg – Basel – Wien 1991
Eugen Drewermann: Dein Name ist wie der Geschmack des Lebens. Tiefenpsychologische Deutung der Kindheitsgeschichte nach dem Lukasevangelium, Freiburg – Basel – Wien 1986; [3]1990
Eugen Drewermann: Ich steige hinab in die Barke der Sonne. Altägyptische Meditationen zu Tod und Auferstehung in bezug auf Joh 20/21, Düsseldorf – Zürich 1989, [7]2001
Eugen Drewermann: Tiefenpsychologie und Exegese, Bd. 1: Die Wahrheit der Formen. Traum, Mythos, Märchen, Sage und Legende, Olten (1984), [8]1990; Bd. 2: Die Wahrheit der Werke und der Worte. Wunder, Vision, Weissagung, Apokalypse, Geschichte, Gleichnis (1985), Olten [6]1990
Eugen Drewermann: Worum es eigentlich geht. Protokoll einer Verurteilung, mit einem Nachtrag von Peter Eicher: Der Konflikt um die christliche Existenz, München [3](aktualisiert)1992
Eugen Drewermann: Der gefahrvolle Weg der Erlösung. Die Tobit-Legende tiefenpsychologisch gedeutet, Freiburg – Basel – Wien (1985, [6]1992 unter dem Titel: Voller Erbarmen rettet er uns) (Herder Spektrum 4165) 1993
Eugen Drewermann: Das Markus-Evangelium. Bilder von Erlösung, 2 Bde. (1988), Düsseldorf – Zürich [6]2003
Eugen Drewermann: Das Matthäus-Evangelium. Bilder von Erfüllung, 3 Bde., Olten – Freiburg 1992–1995
Eugen Drewermann: Das Johannes-Evangelium. Bilder einer neuen Welt, 2 Bde., Düsseldorf 2003

Eugen Drewermann: Das Lukas-Evangelium. Bilder erinnerter Zukunft, 2 Bde., Düsseldorf 2009

Eugen Drewermann: Die Apostelgeschichte. Wege zur Menschlichkeit, Ostfildern 2011

Eugen Drewermann: Und der Fisch spie Jona an Land. Das Buch Jona tiefenpsychologisch gedeutet, Düsseldorf – Zürich 2001

Eugen Drewermann: Glauben in Freiheit oder Tiefenpsychologie und Dogmatik. Bd. 1: Dogma, Angst und Symbolismus, Solothurn – Düsseldorf 1993

Eugen Drewermann: Jesus von Nazareth. Befreiung zum Frieden. Glauben in Freiheit, Bd. 2, Düsseldorf – Zürich 1996, [6]2001

Eugen Drewermann: Der sechste Tag. Die Herkunft des Menschen und die Frage nach Gott. Glauben in Freiheit, Bd. 3: Religion und Naturwissenschaft, 1. Teil: Paläontologie und Theologie, Zürich – Düsseldorf 1998; [3](erw.) 2004

Eugen Drewermann: ... und es geschah so. Die moderne Biologie und die Frage nach Gott. Glauben in Freiheit, Bd. 3: Religion und Naturwissenschaft, 3. Teil: Biologie und Theologie, Zürich – Düsseldorf 1999

Eugen Drewermann: Im Anfang ... Die moderne Kosmologie und die Frage nach Gott. Glauben in Freiheit, Bd. 3: Religion und Naturwissenschaft, 3. Teil: Kosmologie und Theologie, Düsseldorf – Zürich 2002

Eugen Drewermann: Atem des Lebens. Die moderne Neurologie und die Frage nach Gott. Bd. 1: Das Gehirn. Grundlagen und Erkenntnisse der Gehirnforschung, Düsseldorf (Glauben in Freiheit, Bd. 3: Religion und Naturwissenschaften, 4. Teil: Neurologie und Theologie) 2006; Bd. 2: Die Seele. Zwischen Angst und Vertrauen, Düsseldorf 2007

Eugen Drewermann: Das Tragische und das Christliche (1981), in: Psychoanalyse und Moraltheologie, 3 Bde.; Bd. 1: Angst und Schuld, Mainz 1982, [11]1992, 19–78

Eugen Drewermann: Sünde und Neurose. Versuch einer Synthese von Dogmatik und Psychoanalyse (1980), in: Psychoanalyse und Moraltheologie, 3 Bde.; Bd. 1: Angst und Schuld, Mainz 1982, [11]1992, 128–162

Eugen Drewermann: Ehe – Tiefenpsychologische Erkenntnisse für Dogmatik und Moraltheologie, in: Psychoanalyse und Moraltheologie, 3 Bde.; Bd. 2: Wege und Umwege der Liebe, Mainz 1983, [9]1992, 38–76

Eugen Drewermann: Aus Schuld geschieden – verdammt zum Unglück? Vom Recht auf Vergebung auch in der katholischen Kirche. Ein Plädoyer, in: Psychoanalyse und Moraltheologie, 3 Bde.; Bd. 2: Wege und Umwege der Liebe, Mainz 1983, [9]1992, 112–137

Eugen Drewermann: Ein Mensch braucht mehr als nur Moral. Über Tugenden und Laster. Mit 6 farbigen Bildtafeln, Düsseldorf – Zürich 2001, [2]2002

Eugen Drewermann: Die Zehn Gebote. Zwischen Weisung und Weisheit. Gespräche mit Richard Schneider, Düsseldorf 2006, [3]2007

Eugen Drewermann: Moby Dick oder: Vom Ungeheueren, ein Mensch zu sein. Melvilles Roman tiefenpsychologisch gedeutet, Düsseldorf – Zürich 2004

Eugen Drewermann: Liebe, Leid und Tod. Daseinsdeutung in antiken Mythen, Ostfildern 2013

Matthias Drobinski: Tricksen, täuschen, leugnen. Der Limburger Bischof hat sich in ein System von Halbwahrheiten verstrickt – nun findet er kaum noch hinaus, in: Süddeutsche Zeitung, 10.10.2013, S. 2

Matthias Drobinski: Revolution im Vatikan: in: Süddeutsche Zeitung, 27.11.2013, S. 6

Will and Ariel Durant: The Story of Civilization, The Life of Greece III, 1935; dt.: Das klassische Griechenland (Kulturgeschichte der Menschheit, Bd. 3), übers. v. Ernst Schneider, Frankfurt/M. – Berlin – Wien (Ullstein 36103) 1981

Will and Ariel Durant: The Story of Civilization, Cesar and Christ I–III, 1935; dt.: Der Aufstieg Roms und das Imperium (Kulturgeschichte der Menschheit, Bd. 4), übers. v. Ernst Schneider, Frankfurt/M. – Berlin – Wien (Ullstein 36104) 1981

Will und Ariel Durant: The Story of Civilization, The Age of Faith I–II, 1935; dt.: Weltreiche des Glaubens (Kulturgeschichte der Menschheit, Bd. 5), übers. v. Ernst Schneider, Frankfurt/M. – Berlin – Wien (Ullstein 96105) 1981

Will and Ariel Durant: The Story of Civilization, V. The Renaissance, New York 1953; dt.: Glanz und Zerfall der italienischen Renaissance (Kulturgeschichte der Menschheit, Bd. 8), übers. v. Margrit Lang, Frankfurt/M. – Berlin – Wien (Ullstein 36108) 1981

Will and Ariel Durant: The Story of Civilization, VI. The Reformation, New York 1953; dt.: Das Zeitalter der Reformation ((Kulturgeschichte der Menschheit, Bd. 9), übers. v. Eduard Thorsch u. Margrit Lang, Frankfurt/M. – Berlin – Wien (Ullstein 36109) 1982

Friedrich Dürrenmatt: Der Verdacht. Kriminalroman (1953), Zürich (detebe 21436) 1985

Friedrich Dürrenmann: Die Panne. Eine noch mögliche Geschichte (1955/1956), in: Der Hund. Der Tunnel. Die Panne. Erzählungen, in: Werksausgabe in 37 Bden.; Bd. 21, Zürich (Diogenes Tb. 23061) 1998, 35–94

Gerhard Ebeling: Dogmatik des christlichen Glaubens, 3 Bde.; Bd. 1: Prolegomena. 1. Teil: Der Glaube an Gott den Schöpfer der Welt; Bd. 2: 2. Teil: Der Glaube an Gott den Versöhner der Welt; Bd. 3: 3. Teil: Der Glaube an Gott den Vollender der Welt (1979), Tübingen (4. durchges. u. mit Nachw. v. Albrecht Beutel vers. Aufl.) 2012

Benjamin Eichler: Bremen sagt: «Sail away». In der Stadt ist man stolz, Technologiestandort zu sein und unterstützt die Grenzschutzagentur Frontex. Ertrinkende Flüchtlinge werden dabei in Kauf genommen, in: junge Welt, 22.1.2014, S. 4

Manfred Eigen/Ruthild Winkler: Das Spiel. Naturgesetze steuern den Zufall. München – Zürich 1975

Mircea Eliade: Ägyptische Schöpfungsmythen, in: La naissance du monde, Paris, 1. Teil: dt.: Die Schöpfungsmythen. Ägypter, Sumerer, Hurriter, Hethiter, Kanaaniter und Israeliten, übers. v. Elisabeth Klein, Einsiedeln – Zürich – Köln 1964, 37–99

Mircea Eliade: Histoire des croyances et des idées religieuses. I.: De l'âge de la pierre aux mystères d'Eleusis, Paris 1976; dt.: Geschichte der religiösen Ideen. Von der Steinzeit bis zu den Mysterien von Eleusis, übers. v. Elisabeth Dorlap, Freiburg – Basel – Wien 1978; II.: De Goutama Bouddha au triomphe du christianisme, Paris 1978; dt.: Von Gautama Buddha zu den Anfängen des Christentums, übers. v. Adelheid Müller-Lissner u. Werner Müller, Freiburg – Basel – Wien 1978

Elische: Erklärung des Vaterunsers, in: Ausgewählte Schriften der armenischen Kirchenväter, 2 Bde., aus dem Armenischen übers., hg. v. Simon Weber, Bd. 2: Mambre Verzanogh, Johannes Mandakuni, Elische, München (Bibliothek der Kirchenväter, Bd. 58) 1927, 273–285

Epikur: Von der Überwindung der Furcht. Katechismus – Lehrbriefe – Spruchsamm-

lung – Fragmente, eingel. u. übertr. v. Olof Gigon, (Zürich 1949; 1968; 1983) München (dtv 2164) 1983
Epiphanius von Salamis: «Anakephalaiosis». Auszug aus dem Panarion («Arzneikasten»), in: Ausgewählte Schriften, aus dem Griech. übers. v. Josef Hörmann, Kempten – München (Bibliothek der Kirchenväter, Bd. 38) 1919, 183–227
Erik H. Erikson: Young Man Luther. A Study in Psychoanalysis and History, New York 1958; dt.: Der junge Mann Luther. Eine psychoanalytische und historische Studie, übers. v. Johanna Schiche, Reinbek (rororo sachbuch 6733/6734) 1970
Adolf Erman: Ägypten und ägyptisches Leben im Altertum (1923), neu bearb. v. Hermann Ranke, mit einem Vorw. zur Sonderausgabe v. Arne Eggebrecht, Hildesheim 1981
Adolf Erman: Die Literatur der Ägypter. Gedichte, Erzählungen und Lehrbücher aus dem 3. und 2. Jahrtausend vor Christus, Leipzig 1923
Adolf Erman: Die Religion der Ägypter. Ihr Werden und ihr Vergehen in vier Jahrtausenden, Berlin – Leipzig 1934
Georg Essen: Die Freiheit Jesu. Der neuchalkedonische Enhypostasiebegriff im Horizont neuzeitlicher Subjekt- und Personenphilosophie, Regensburg (ratio fidei. Beiträge zur philosophischen Rechenschaft der Theologie, Bd. 5) 2001
Euripides: Hippolytos, in: Tragödien, griech.-dt., übers. v. Dietrich Ebener, hg. v. Bernhard Zimmermann, 2 Bde., (Berlin 1979) Mannheim 2010, Bd. 1, 249–365
Euripides: Helena, in: Tragödien, griechisch und deutsch, aus dem Griechischen von Dietrich Ebener, hg. v. Bernhard Zimmermann, 2 Bde., (Berlin 1979) Mannheim 2010, Bd. 2, 838–973
Euripides: Orestes, in: Tragödien, griech.-dt. übers. v. Dietrich Ebener, hg. v. Bernhard Zimmermann, 2 Bde., (Berlin 1979) Mannheim 2010, Bd. 2, 975–1113
Eusebius von Caesarea: Über das Leben des seligen Kaisers Konstantin und des Kaisers Konstantin Rede an die Versammlung der Heiligen, aus dem Griech. v. Joannes Maria Pfättisch, in: Ausgew. Schriften, 2. Bde., Bd. 1, Kempten – München (Bibliothek der Kirchenväter, Bd. 9) 1913, 1–190; 191–272
Eusebius von Caesarea: Kirchengeschichte; aus dem Griech. übers. v. Phil. Häuser, in: Ausgew. Schriften, 2 Bde., Bd. 2, München (Bibliothek der Kirchenväter, Neue Reihe, Bd. 1) 1932
Susanne Everett: History of Slavery, London 1978; dt.: Die Geschichte der Sklaverei, aus dem Engl. v. Jürgen u. Rainer Heinzerling, Augsburg 1998
Gerhard Feldbauer: Wojtyla am Ziel. Johannes Paul II., der reaktionärste Papst der Neuzeit, wird heiliggesprochen, in: junge Welt, 9.7.2013, S. 6
Ludwig Feuerbach: Über den Marienkultus (1842), in: Werke in 6 Bden., hg. v. Erich Thies, Bd. 3: Kritiken und Abhandlungen II (1839–1843), Frankfurt/M. 1975
Ludwig Feuerbach: Vom Wesen der Religion (1846), in: Werke in 6 Bden., hg. v. Erich Thies, Bd. 4: Kritiken und Abhandlungen III (1844–1866), Frankfurt/M. 1975, 81–153
Ludwig Feuerbach: Das Wesen des Christentums (Leipzig 1841), in: Werke in 6 Bden., hg. v. Erich Thies, Bd. 5, Frankfurt/M. 1976
Johann Gottlieb Fichte: Grundlagen der gesamten Wissenschaftslehre (1794). Nachdruck auf der Grundlage der zweiten von Fritz Medicus hg. Aufl. v. 1922 mit einem Sachregister v. Alwin Diemer, Hamburg (Philos. Bibl. 246) 1961
Evelyn Finger: Weltmacht Franziskus. Ein Jahr nach der Wahl: Der neue Papst will eine politische Kirche des Aufbruchs, in: Die Zeit, 6.3.2014, S. 62

Kurt Flasch: Warum ich kein Christ bin. Bericht und Argumentation, München 2013
Erich Follath/Alexander Jung (Hg.): Der neue Kalte Krieg. Kampf um die Rohstoffe, München (Goldmann 12980) 2008
Hubert Frankemölle: Eucharistie. A. Bibeltheologisch, in: Peter Eicher (Hg.): Neues Handbuch theologischer Grundbegriffe, Bd. 1, München 2005, 306–313
Papst Franziskus: Lumen Fidei. Enzyklika. Licht des Glaubens, Leipzig 2013
Papst Franziskus: Evangelii Gaudium, Vatikan 2013; dt.: Die Freude des Evangeliums. Das Apostolische Schreiben «Evangelii Gaudium» über die Verkündung des Evangeliums in der Welt von heute, mit einer Einführung von Bernd Hagenkord, Freiburg – Basel – Wien 2013
James George Frazer: The Golden Bough; 3 Bde., London 1890; 10 Bde., London ³1911–1935; abgek. Ausg. 1922; danach: dt.: Der goldene Zweig. Das Geheimnis von Glauben und Sitten der Völker, abgek. Ausgabe, übers. v. H. v. Bauer, Leipzig 1928
Henry William Frederick Saggs: The Greatness that was Babylon, London 1962; dt.: Mesopotamien. Assyrer, Babylonier, Sumerer, übers. v. Wolfram Wagemuth, Zürich (Kindlers Kulturgeschichte) 1966
Sigmund Freud: Massenpsychologie und Ich-Analyse (1921), in: Gesammelte Werke, Bd. 13, London 1940, 71–161
Sigmund Freud: Der Realitätsverlust bei Neurose und Psychose (1924), in: Gesammelte Werke, Bd. 13, London 1940, 361–368
Richard Friedenthal: Luther – sein Leben und seine Zeit, München 1967
Erich Fromm: Die sozialpsychologische Bedeutung der Mutterrechtstheorie (1934), in: Gesamtausgabe, hg. v. Rainer Funk, Bd. 1: Analytische Sozialpsychologie, Stuttgart 1980, 84–109
Erich Fromm: Die Entwicklung des Christusdogmas. Eine psychoanalytische Studie zur sozialpsychologischen Funktion der Religion (1930), in: Gesamtausgabe, hg. v. Rainer Funk, Bd. 6: Religion, Stuttgart 1980, 11–68
Ottmar Fuchs: Das Jüngste Gericht. Hoffnung auf Gerechtigkeit, Regensburg 2007; ²2009
Ottmar Fuchs: Überströmende Liebe schenkt unerschöpfliches Leben. Glauben über den Tod hinaus, in: Anzeiger für die Seelsorge 11/2013, 20–23
Hans Ferdinand Fuhs: Ezechiel. Kommentar zum Alten Testament mit der Einheitsübersetzung, 2 Bde.; Bd. 1: Ezechiel 1–24, Würzburg 1984, ²(unverändert)1986; Bd. 2: Ezechiel 25–48, Würzburg 1988 (Die neue Echterbibel 7)
Helmut Gams: Artemis, in: Konrat Ziegler/Walther Sontheimer (Hg.): Der Kleine Pauly. Lexikon der Antike, Bd. 1, (München 1975) München (dtv 5963) 1979, 618–625
Mahatma Gandhi: Freiheit ohne Gewalt, eingel., übers. u. hg. v. Klaus Klostermeier, Köln 1968
Arnold Gehlen: Urmensch und Spätkultur. Philosophische Ergebnisse und Aussagen, (Bonn 1956) Frankfurt/M. – Bonn ²(neu bearb.)1964
Arnold van Gennep: Les Rites de Passage. Etude Systématique des Rites, Paris 1909; dt.: Die Übergangsriten, S. 1–18, 271–272, übers. v. C. Bächlin, in: Carl August Schmitz (Hg.): Religionsethnologie, Frankfurt/M. 1964, 374–389
Arnold van Gennep: Initiationsriten, übers. v. Volker Popp, in: Volker Popp (Hg.): Initiation. Zeremonien der Statusänderung und des Rollenwechsels. Eine Anthologie, Frankfurt/M. 1969, 13–44 (aus: Rites de Passage, Paris 1909)

Khalil Gibran: Jesus – The Son of Man. His Words and His Deeds As told and recorded by those who knew Him, New York 1928; dt.: Jesus Menschensohn. Seine Worte und Taten, berichtet von Menschen, die Ihn kannten, aus dem Engl. v. Ursula Assaf-Nowak, Olten 1988

Marion Giebel: Augustus, mit Selbstzeugnissen und Bilddokumenten dargestellt, Reinbek (rm 50327) 1984, [6]2006

Helmuth von Glasenapp: Die nichtchristlichen Religionen, Frankfurt/M. (Fischer Lexikon 1) 1957

Ivan Gobry: Franz von Assisi in Selbstzeugnissen und Bilddokumenten, aus dem Franz. v. Oswald v. Nostitz, bibliogr. Anhang v. Paul Raabe, Reinbek (rm 16) 1958

Johann Wolfgang von Goethe: Faust. Der Tragödie erster und zweiter Teil. Urfaust, hg. u. kommentiert v. Erich Trunz (Goethes Werke, Bd. 3, Hamburger Ausgabe), textkritisch durchgelesen und kommentiert, Hamburg [10]1976

Johann Wolfgang von Goethe: Maximen und Reflexionen. Text der Ausgabe von 1907, mit den Erläuterungen und der Einleitung Max Heckers, Nachwort v. Isabella Kuhn, Frankfurt/M. (insel taschenbuch 200) 1976

Roland Göök: Erfindungen der Menschheit. Gesundheit – Nahrung – Wohnung – Bauen, Blaufelden (Sigloch Edition) o. J.

Jane Goodall: Through a Window. Thirty Years with the Chimpanzees of Gombe, London 1990; dt.: Ein Herz für Schimpansen. Meine 30 Jahre am Gombe-Strom, übers. v. Ilse Strasmann, Hamburg 1991

Manfred Görg: Mythos, Glaube und Geschichte. Die Bilder des christlichen Credo und ihre Wurzeln im alten Ägypten, Düsseldorf 1992

Gotteslob. Katholisches Gebet- und Gesangbuch mit dem Anhang für das Erzbistum Paderborn, Stuttgart – Paderborn 1975

Gisela Gottschalk: Die großen Pharaonen. Ihr Leben – Ihre Zeit – Ihre Kunstwerke. Die bedeutendsten Gottkönige Ägyptens in Bildern, Berichten und Dokumenten, (Bern – München 1979) Herrsching 1984

Stephen Jay Gould: Wonderful Life: The Burgess Shale and the Nature of History, New York 1989; dt.: Zufall Mensch. Das Wunder des Lebens als Spiel der Natur, aus dem Amerik. v. Friedrich Griese, München – Wien 1991

Hervé Grandsart: Der Isenheimer Altar, in: Museum Unterlinden Colmar, 10–23, Vorw. v. Jean Lorentz, Connaissance des Arts, dt. Ausg., Unterlinden Colmar, o. J.

John Gray: Near Eastern Mythology, Feltham 1969; dt.: Mythologie des Nahen Ostens, übers. v. Julia Schlechta, Wiesbaden (Emil Vollmer Verl.) o. J.

Gregor von Nyssa: Ausgewählte Schriften: Große Katechese, S. 1–85; Das Gebet des Herrn, S. 87–150; Acht Homilien über die acht Seligkeiten, S. 151–240; Gespräch mit Makrina über Seele und Auferstehung, S. 241–334, aus dem Griech. übers. v. Karl Weiß; Lebensbeschreibung seiner Schwester Makrina, S. 335–368; aus dem Griech. v. Eugen Stolz, München (Bibliothek der Kirchenväter, Bd. 56) 1927

Griechische Sagen. (Pseudo)Apollodoros, Epitome – Parthenios – Antoninus Liberalis – Hyginus, eingel. u. neu übertr. v. Ludwig Mader, Zürich – Stuttgart 1963

Arno Gruen: Der Wahnsinn der Normalität. Realismus als Krankheit: eine grundlegende Theorie zur menschlichen Destruktivität, München (dtv 35002) 1987, [4](durchges.)1992

Romano Guardini: Die letzten Dinge. Die christliche Lehre vom Tode, der Läute-

rung nach dem Tode, Auferstehung, Gericht und Ewigkeit, (Würzburg [1]1940, [6]1967) Kevelaer (topos 461) 2008
Oliver Das Gupta/Anna Günther/Christian Krügel: Ein klares Jein. Die katholische Kirche in Deutschland laviert nach dem Vorstoß des Erzbistums Freiburg, wiederverheiratete Geschiedene nicht mehr von den Sakramenten auszuschließen: Vorpreschen will niemand, in: Süddeutsche Zeitung, 9.10.2013, S. 8
Herbert Haag/Katharina Elliger: Teufelsglaube, Tübingen 1974
Hubertus Halbfas: Glaubensverlust. Warum sich das Christentum neu erfinden muss, Ostfildern 2011
Rainer Hannig: Großes Handwörterbuch Ägyptisch–Deutsch. Die Sprache der Pharaonen (2800–950 v. Chr.), Mainz (Kulturgeschichte der antiken Welt, 64) 1995
Adolf von Harnack: Das Wesen des Christentums (1900), mit einem Vorwort von Wolfgang Trillhaas, Gütersloh (Siebenstern Tb. 227) 1977
Adolf von Harnack: Die Mission und Ausbreitung des Christentums in den ersten drei Jahrhunderten (1902), 4. verb. u. verm. Aufl. m. 11 Karten, Berlin 1924
Adolf von Harnack: Lehrbuch der Dogmengeschichte. 3 Bde.: Bd. 1: Die Entstehung des kirchlichen Dogmas; Bd. 2: Die Entwicklung des kirchlichen Dogmas I; Bd. 3: Die Entwicklung des kirchlichen Dogmas II/III, Tübingen [4](neu durchgearb.) 1909; Nachdruck: Darmstadt 1983
Nicolai Hartmann: Ethik, Berlin – Leipzig [2]1935
Gerhart Hauptmann: Rose Bernd. Schauspiel in 5 Akten, Berlin 1903; Berlin (Ullstein Tb. 4978) 1968, Nachwort v. H. Razinger
Stephen W. Hawking: A brief History of Time: From the Big Bang to Black Holes, Vorw. v. Carl Sagan, New York 1988; dt.: Eine kurze Geschichte der Zeit. Die Suche nach der Urkraft des Universums, übers. v. Hainer Kober unter Mitarbeit v. Bernd Schmidt, Reinbek 1988
Stephen W. Hawking: Black Holes and Baby Universes and Other Essays, New York 1993; dt.: Einsteins Traum. Expeditionen an die Grenzen der Raumzeit, übers. v. Hainer Kober, Reinbek 1993
Stephen Hawking/Roger Penrose: The Nature of Space and Time, New Jersey 1996; dt.: Raum und Zeit, übers. v. Claus Kiefer, Reinbek 1998
Stephen Hawking: The Universe in a Nutshell, New York 2001; dt: Das Universum in der Nußschale, übers. v. Hainer Kober unter Mithilfe von Markus Pössel, Hamburg 2001
Stephen Hawking/Leonard Mlodinow: The Grand Design, New York 2010; dt.: Der große Entwurf. Eine neue Erklärung des Universums, dt. v. Hainer Kober, Reinbek 2010
Nathaniel Hawthorne: The Scarlett Letter, 1850; dt.: Der scharlachrote Buchstabe, aus dem Amerik. übers. u. m. Nachw. vers. v. Richard Mummendey, Zürich 1957; 2005
Georg Wilhelm Friedrich Hegel: «Der Geist des Christentums». Schriften 1796–1800. Mit bislang unveröffentlichten Texten, hg. u. eingeleitet v. Werner Hamacher, Frankfurt/M. – Berlin – Wien (Ullstein Buch Nr. 3360) 1978
Georg Wilhelm Friedrich Hegel: Glauben und Wissen oder die Reflexionsphilosophie der Subjektivität in der Vollständigkeit ihrer Formen als Kantische, Jakobische und Fichtesche Philosophie (1802/03), hg. v. G. Lasson, (Leipzig 1928) Hamburg (Philos. Bibl. Bd. 62b) 1962
Georg Wilhelm Friedrich Hegel: Philosophie der Geschichte, entspr. der Ausgabe v. F. Brunstäd, eingel. v. Theodor Litt, Stuttgart (reclam 4881–85) 1961

Georg Wilhelm Friedrich Hegel: Vorlesungen über die Philosophie der Religion (Vorlesungen von 1821; 1824; 1827; 1831), Einf. v. Philipp Marheineke, hg. v. Hermann Glockner, in: Sämtliche Werke, Jubiläumsausgabe in 20 Bden., Bd. 15/16, Stuttgart-Bad Cannstatt [4]1965
Georg Wilhelm Friedrich Hegel: Vorlesungen über die Ästhetik, hg. v. Rüdiger Bubner, 2 Bde., Stuttgart (reclam 7976; 7985) 1971
Martin Heidegger: Sein und Zeit (1927), Tübingen [10](unverändert) 1963
Martin Heidegger: Identität und Differenz, Pfullingen [3](unverändert) 1957
Lukas Heiny/Karin Prummer/Stefan Schmitz: Die letzten Fürsten. Verborgene Millionen, dicke Dienstwagen, keine Kontrolle – die katholischen Bischöfe regieren wie absolutistische Herrscher. Der Skandal von Limburg zwingt sie zum Umdenken. Aber nur ein kleines bisschen, in: Stern, 24.10.2013, S. 38–45
Hesiod: Sämtliche Gedichte. Theogonie – Erga – Frauenkataloge, übers. u. erl. v. Walter Marg, Zürich – Stuttgart 1970
Hermann Hesse: Siddhartha. Eine indische Dichtung (1919–1922), Montagnola 1950; Frankfurt/M. (Bibliothek Suhrkamp, Bd. 227) 1975
Bernd Jochen Hilberath: Pneumatologie, in: Theodor Schneider (Hg.): Handbuch der Dogmatik, 2 Bde., Düsseldorf 1992, Bd. 1, 445–552
Hippolytos von Rom: Widerlegung aller Häresien (Philosophumena), aus dem Griech. übers. v. Graf Konrad Preysing, München – Kempten (Bibliothek der Kirchenväter, Bd. 40) 1922
Walter Hirschberg (Hg.): Wörterbuch der Völkerkunde, Stuttgart (Kröners Tb., Bd. 205) 1965
Der Hirt des Hermas, in: Die Apostolischen Väter, aus dem Griech. v. Franz Zeller, Kempten – München (Bibliothek der Kirchenväter, Bd. 35) 1918, 171–289
Peter R. Hofstätter: Gruppendynamik. Die Kritik der Massenpsychologie, Reinbek (rde 38) 1957
Irmtraud Höhn: Jungfrauengeburt, in: Volker Drehsen/Hermann Häring/Karl-Josef Kuschel/Helge Siemers (Hg.): Wörterbuch des Christentums, Zürich 1988, 581
George Caspar Homans: The Human Group, New York 1950; dt.: Theorie der sozialen Gruppe, übers. v. Rolf Gruner, Köln – Opladen 1960, [3]1968
Homer: Ilias. Neue Übersetzung, Nachwort und Register v. Roland Hampe, Stuttgart 1979
Homer: Odyssee, griech.-dt., Übers., Nachw. u. Register v. Roland Hampe, Stuttgart (reclam 18640) 1979; 2010
Homerische Hymnen. Übertragung, Einführung und Erläuterungen von Karl Arno Pfeiff, hg. v. Gerd von der Gönna und Erika Simon, Tübingen (Ad Fontes. Quellen europäischer Kultur, Bd. 8) 2002, [2](unverändert) 2010
Erik Hornung: Der Eine und die Vielen. Ägyptische Gottesvorstellungen, Darmstadt 1971
Ödön von Horváth: Geschichten aus dem Wiener Wald. Volksstück in drei Teilen (1931), in: Gesammelte Werke in 4 Bden., hg. v. Traugott Krischke und Dieter Hildebrandt, Bd. 1: Volksstücke, Schauspiele, Frankfurt/M. 1970, [3]1974, 157–251
Victor Hugo: Les Misérables, Paris 1862; dt.: Die Elenden, aus dem Franz. v. Paul Wiegler u. Wolfgang Günther, (Berlin 1983) München (dtv 8518) 2000
David Hume: Dialogues concerning natural Religion, London 1779; dt: Dialoge über natürliche Religion, übers. u. hg. v. Norbert Hoerster, Stuttgart (reclam 7692) 1981; bibliogr. erg. 2004

Jan Hus: Schriften zur Glaubensreform und Briefe der Jahre 1414–1415, hg. u. eingel v. Walter Schamschula, Frankfurt/M. 1969
Edmund Husserl: Die phänomenologische Methode. Ausgewählte Texte I, mit einer Einl. hg. v. Klaus Held, Stuttgart (Reclam 8084) 1985, 131–195: Die phänomenologische Fundamentalbetrachtung (2. Abschn. in: Ideen zu einer reinen Phänomenologie und phänomenologischen Forschung, 1913)
Ignatius: Die sieben Briefe, in: Die Apostolischen Väter, übers. aus dem Griech. v. Franz Zeller, Kempten – München (Bibliothek der Kirchenväter, Bd. 35) 1918, 107–152
Veronica Ions: Indian Mythology, London 1967; dt.: Indische Mythologie, übers. v. Erika Schindel, Wiesbaden (Emil Vollmer Verlag) o. J.
Veronika Ions: Egyptian Mythology, London 1968; dt.: Ägyptische Mythologie, übers. v. Julia Schlechta, Wiesbaden (Emil Vollmer Verlag) o. J.
Veronica Ions: History of Mythology, London 1997; dt.: Die Welt der Mythologien, übers. v. Mathias R. Hofter u. Caroline Klima, Wien 2001
Irenäus von Lyon: Fünf Bücher gegen die Häresien, übers. v. Ernst Klebba, 2 Bde., Kempten – München (Bibliothek der Kirchenväter, Bd. 4) 1912
Helmut Jacobsohn: Die dogmatische Stellung des Königs in der Theologie der alten Ägypter, Glückstadt 1939
T. G. Henry James (Text)/Arnoldo De Luca (Fotos): Tutanchamun. Der ewige Glanz des jungen Pharaos, hg. v. Valeria Manferto De Fabianis u. Laura Accomazzo, Vercelli (vmb) 2000, 2008
Karl Jaspers: Der philosophische Glaube. Gastvorlesungen an der philos.-hist. Fakultät der Universität Basel im Juli 1947. Gedruckt nach dem Manuskript. Die 5. Vorles. wurde nicht gehalten, Frankfurt/M. – Hamburg (Fischer Tb. 249) 1958
Karl Jaspers/Rudolf Bultmann: Die Frage der Entmythologisierung, eingel. v. Heinrich Ott: Zur Wirkungsgeschichte der Entmythologisierungsdebatte, München (SP 207) 1981
Adolf E. Jensen: Die getötete Gottheit. Weltbild einer frühen Kultur, Stuttgart – Berlin – Köln – Mainz (Urban Tb. 90) 1966
Joachim Jeremias: Die Briefe an Timotheus und Titus, in: Das Neue Testament Deutsch, Teilband 9, Göttingen [10]1970, 1–68
Joachim Jeremias: Jerusalem zur Zeit Jesu. Eine kulturgeschichtliche Untersuchung zur neutestamentlichen Zeitgeschichte, Göttingen [3](neubearb.) 1962
Anton Jirku: Die Dämonen und ihre Abwehr im Alten Testament, Leipzig 1912; Nachdruck in: Von Jerusalem nach Ugarit. Gesammelte Schriften. Ergänzt durch neue Anmerkungen und Tafeln, Graz 1966, 1–97
Johannes von Damaskus: Genaue Darlegung des orthodoxen Glaubens, aus dem Griech. übers. u. mit Einleitung und Erläuterungen versehen v. Dionys Stiefenhofen, Kempten – München (Bibliothek der Kirchenväter, Bd. 44) 1923
Ernest Jones: Die Empfängnis der Jungfrau Maria durch das Ohr. Ein Beitrag zu der Beziehung zwischen Kunst und Religion, in: Jahrbuch der Psychoanalyse, hg. v. S. Freud, VI. Bd., Leipzig – Wien 1914, 135–204; neu in: Zur Psychoanalyse der christlichen Religion, hg. v. Alexander Mitscherlich, mit einem Nachwort v. Helmut Dahmer, Frankfurt/M. 1970, 37–128
Ernest Jones: Eine psychoanalytische Studie über den Heiligen Geist (1922), in: Zur Psychoanalyse der christlichen Religion, hg. v. Alexander Mitscherlich, mit einem Nachwort v. Helmut Dahmer, Frankfurt/M. 1970, 129–143

Carl Gustav Jung: Die Beziehungen zwischen dem Ich und dem Unbewußten (1928; 1966), in: Gesammelte Werke, Bd. 7: Zwei Schriften über Analytische Psychologie, Olten 1971, 131–264

Carl Gustav Jung: Über die Energetik der Seele (1928; 1965), in: Gesammelte Werke, Bd. 8: Die Dynamik des Unbewußten, Olten 1971, 1–73

Carl Gustav Jung: Theoretische Überlegungen zum Wesen des Psychischen (1947; 1954), in: Gesammelte Werke, Bd. 8: Die Dynamik des Unbewußten, Olten – Freiburg 1971, 185–267

Carl Gustav Jung: Gegenwart und Zukunft (1957), in: Gesammelte Werke, Bd. 10: Zivilisation im Übergang, Olten – Freiburg 1974, 275–336

Carl Gustav Jung: Gut und Böse in der analytischen Psychologie (1958), in: Gesammelte Werke, Bd. 10: Zivilisation im Übergang, Olten – Freiburg 1974, 497–510

Carl Gustav Jung: Versuch einer psychologischen Deutung des Trinitätsdogmas (1942; 1953), in: Gesammelte Werke, Bd. 11: Zur Psychologie westlicher und östlicher Religion, Olten – Freiburg 1971, 119–218

Justinus: Dialog mit dem Juden Tryphon, aus dem Griech. übers. u. mit Einl. vers. v. Philipp Häuser, Kempten – München (Bibliothek der Kirchenväter, Bd. 33) 1917

Justinus: Die beiden Apologien, übers. aus dem Griech. v. Gerhard Rauschen, in: Frühchristliche Apologeten und Märtyrerakten, Bd. 1, Kempten – München (Bibliothek der Kirchenväter, Bd. 12) 1913, 55–155

Otto Kaiser: Der Prophet Jesaja (Das Alte Testament Deutsch, Teilband 17–18), Bd. 1: Kap. 1–12, Göttingen [2](verb.) 1963, Bd. 2: 13–39, Göttingen [3](durchges.) 1983

Immanuel Kant: Allgemeine Naturgeschichte und Theorie des Himmels, oder Versuch von der Verfassung und dem mechanischen Ursprung des ganzen Weltgebäudes nach Newtonschen Grundsätzen abgehandelt (1746), in: Werke in 12 Bden., hg. v. Wilhelm Weischedel, Frankfurt/M. 1960–1964, Bd. I, 225–396

Immanuel Kant: Kritik der reinen Vernunft, Riga 1781 (A); 1787 (B), in: Werke in 12 Bden., hg. v. Wilhelm Weischedel, Frankfurt/M 1960–1964, Bd. III u. IV

Immanuel Kant: Die Metaphysik der Sitten. Erstes Blatt: Die Metaphysik der Sitten: zweites Blatt: Metaphysische Anfangsgründe der Rechtslehre, Königsberg 1797 (A), 1798 (B), in: Werke in 12 Bden., hg. v. Wilhelm Weischedel, Frankfurt/M 1960–1964, Bd. VIII, 305–634

Katholischer Erwachsenenkatechismus. Das Glaubensbekenntnis der Kirche, hg. von der Dt. Bischofskonferenz, Bonn 1985

Karl Kerényi: Dionysos. Urbild des unzerstörbaren Lebens, (1967) München – Wien 1976

Karl Kerényi: Der göttliche Arzt. Studien über Asklepios und seine Kultstätten, ([3]1956) Darmstadt 1975

Karl Kerényi: Pythagoras und Orpheus (1934–1937), in: Humanistische Seelenforschung, München – Wien 1966, 15–51

Othmar Keel/Christoph Uehlinger: Göttinnen, Götter und Gottessymbole. Neue Erkenntnisse zur Religionsgeschichte Kanaans und Israels, Freiburg 1992

Othmar Keel: Gott weiblich. Eine verborgene Seite des biblischen Gottes, Gütersloh – München 2008

Hermann Kees: Totenglauben und Jenseitsvorstellungen der alten Ägypter. Grundlagen und Entwicklung bis zum Ende des Mittleren Reiches, Berlin-Ost [3]1977

Hans Kessler: Christologie, in: Theodor Schneider (Hg.): Handbuch der Dogmatik, 2 Bde., Düsseldorf 1992, Bd. 1, 241–442

Kindlers Malerei Lexikon in 15 Bänden, red. v. Rolf Linnenkamp, München 1985

Søren Kierkegaard: Der Begriff Angst. Eine simple psychologisch-hinweisende Erörterung in Richtung des dogmatischen Problems der Erbsünde, von Vigilius Haufniensis, Kopenhagen 1844; übers. u. komm. v. Liselotte Richter, Reinbek (rk 71) 1960

Søren Kierkegaard: Furcht und Zittern. Dialektische Logik von Johannes de Silentio, Kopenhagen 1843; übers. v. Liselotte Richter, in: Kierkegaards Werke in 5 Bden., in neuer Übertragung und mit Kommentar versehen v. Liselotte Richter, Bd. 3, Reinbek (rk 89) 1961

Søren Kierkegaard: Die Krankheit zum Tode. Eine christliche psychologische Entwicklung zur Erbauung und Erweckung, von Anti-Climacus, Kopenhagen 1849; übers. u. komm. v. Liselotte Richter, Reinbek (rk 113) 1962

Søren Kierkegaard: Unwissenschaftliche Nachschrift. Abschließende unwissenschaftliche Nachschrift zu den philosophischen Brosamen. Mimisch-pathetisch-dialektische Sammelschrift, existentieller Beitrag von Johannes Climacus, Kopenhagen 1846, aus dem Dän. v. B. u. S. Diderichsen, in: Philosophische Brosamen und Unwissenschaftliche Nachschrift, unter Mitwirkung von Niels Thulstrup und der Kopenhagener Kierkegaard-Gesellschaft hg. von Hermann Diem und Walter Rest, (Köln 1959) München (dtv) 1976, 131–844

Søren Kierkegaard: Zur Selbstprüfung der Gegenwart anbefohlen (Kopenhagen 1851), aus dem Dän. v. Emanuel Hirsch, in: Gesammelte Werke, hg. v. Emanuel Hirsch u. Hayo Gerdes, 27., 28. u. 29. Abt.: Erbauliche Reden 1850/51. Zur Selbstprüfung der Gegenwart anbefohlen. Urteilt selbst, Gütersloh (Gütersloher Tb. 622) ²1995, 41–120

Søren Kierkegaard: Der Augenblick. Aufsätze und Schriften des letzten Streits, in: Gesammelte Werke und Tagebücher, Bd. 24, übers. v. Hayo Gerdes, (München 1959; Gütersloher Taschenbücher, Bd. 627, 1994) Simmerath 2004

Søren Kierkegaard: Die Tagebücher, 5 Bde., ausgew., neugeordnet u. übers. v. Hayo Gerdes, Düsseldorf – Köln, Bd. 1: 1962; Bd. 2: 1963; Bd. 3: 1968; Bd. 4: 1970; Bd. 5: 1974

Hans-Josef Klauck: Hausgemeinde und Hauskirche im frühen Christentum, Stuttgart (Stuttgarter Bibelstudien 103) 1981

Hans-Josef Klauck: Die religiöse Umwelt des Urchristentums, 2 Bde.; Bd. 1: Stadt- und Hausreligion, Mysterienkulte, Volksglaube; Bd. 2: Herrscher- und Kaiserkult, Philosophie, Gnosis, Stuttgart – Berlin – Köln (Kohlhammer Studienbücher Theologie, Bd. 9, 1 u. 2) 1995, 1996

Hans-Josef Klauck: Religion und Gesellschaft im frühen Christentum. Neutestamentliche Studien, Tübingen (Wissenschaftliche Untersuchungen zum Neuen Testament, 152) 2003

H. Kleinknecht: légo, lógos … (reden, Wort), in: Gerhard Kittel (Hg.): Theologisches Wörterbuch zum Neuen Testament, Bd. 4, Stuttgart 1942, 76–89: Der Logos in Griechentum und Hellenismus

Horst Kliemann: Stundenbuch für Letternfreunde. Besinnliches und Spitziges über Schreiber und Schrift, Leser und Buch, Vorw. v. Ernst Penzoldt, Berlin – Frankfurt/M. 1954

Jochen Klepper: Unter dem Schatten deiner Flügel. Aus den Tagebüchern der Jahre 1932–1942, ausgew. u. komm. v. Benno Mascher, hg. v. Hildegard

Klepper, gekürzt v. Günter Wirth u. Ingo Zimmermann, Stuttgart (Volksausgabe) 1972

Kerstin Kohlenberg/Daniel Müller: Der Geldsegen. Unter Bischof Joachim Meisner, der nun in Ruhestand geht, mehrte das Bistum Köln sein Vermögen mit fragwürdigen Investments. Bei den Bedürftigen wurde dafür gespart, in: Die Zeit, 13.2.2014, 17–19

Der Koran. Das heilige Buch des Islam, nach der Übertragung von Ludwig Ullmann neu bearb. u. erl. v. Leo Winter, München (GGTb. 521–522) 1959

Lawrence M. Krauss: A Universe from Nothing, New York 2012; dt.: Ein Universum aus Nichts ... und warum da trotzdem etwas ist, übers. v. Helmut Reuter, Vorw. v. Richard Dawkins, München 2013

Hans Kühner: Lexikon der Päpste. Von Petrus bis Johannes XXIII., Frankfurt/M – Hamburg (Fischer Tb. 315) 1960

Hans Küng: Das Christentum. Wesen und Geschichte, München – Zürich 1994

Lucius Caelius Firmianus Lactantius: Von den Todesarten der Verfolger, aus dem Lat. übers. v. Aloys Hartl, in: Ausgewählte Schriften Kempten – München (Bibliothek der Kirchenväter, Bd. 36) 1919, 3–63

Lucius Caelius Firmianus Lactantius: Vom Zorne Gottes, aus dem Lat. übers. v. Aloys Hartl, in: Ausgewählte Schriften, Kempten – München (Bibliothek der Kirchenväter, Bd. 36) 1919, 65–126

Bernhard Lang/Colleen McDannell: Heaven: A History, London – New Haven 1988; dt.: Der Himmel. Eine Kulturgeschichte des ewigen Lebens, Frankfurt/M. (edition suhrkamp 1586, Neue Folge 586) 1990

Bernhard Lang: Teufel – Satan – Dämonen, in: Peter Eicher (Hg.): Neues Handbuch theologischer Grundbegriffe, Bd. 4, München 2005, 260–272

Gertrud von le Fort: Am Tor des Himmels (1954), in: Die Erzählungen, Wiesbaden – Nördlingen 1968, 395–451

Gottfried Wilhelm Leibniz: Essais de théodicée sur la bonté de Dieu, la liberté de l'homme et l'origine du mal (1710); dt.: Die Theodizee, aus dem Franz. v. Artur Buchenau, eingef. v. Morris Stockhammer, Hamburg (Philos. Bibl. 71) ^{2}1968

Le monde diplomatique – Atlas der Globalisierung. Spezial. Klima, Paris – Berlin 2007, hg. v. Philippe Bovet, Philippe Rekacewicz, Agnès Sinai u. Dominique Vidal; Red. der dt. Ausg.: Barbara Bauer u. Marcus Franken

Leo der Große: Sämtliche Sermonen, aus dem Lat. übers. u. mit Einleitung und Inhaltsangaben versehen v. Theodor Steeger, 2 Bde., München (Bibliothek der Kirchenväter, Bd. 54/55) 1927

Gotthold Ephraim Lessing: Nathan der Weise. Ein dramatisches Gedicht in 5 Aufzügen (1779), in: Werke in 2 Bden., hg. v. Paul Stapf, Bd. 1, Wiesbaden (Vollmer-Verl.) o. J., 829–951

Barbara B. Le Vine: Die Initiation der Mädchen in Nyansongo (Kenia), übers. v. Volker Popp, in: Volker Popp (Hg.): Initiation. Zeremonien der Statusänderung und des Rollenwechsels. Eine Anthologie, Frankfurt/M. 1969, 45–59 (aus: Six Cultures, hg. v. B. Whiting, New York 1963)

Robert Le Vine: Die Initiation der Jungen in Nyansongo (Kenia), übers. v. Volker Popp, in: Volker Popp (Hg.): Initiation. Zeremonien der Statusänderung und des Rollenwechsels, Eine Anthologie, Frankfurt/M. 1969, 60–69 (aus: Six Cultures, hg. v. B. Whiting, New York 1963)

Erwin Liek Danzig: Das Wunder in der Heilkunde, München ^{4}1940

C. Scott Littleton (Hg.): Mythology, London 2002; dt.: Das große Buch der Mytho-

logie, übers. v. S. Göhrmann, A. Lettowsky, B. Reß-Bohnsch, H. Rudolph, H. N. Wellmann, München 2003
Titus Livius: Ab urbe condita/Römische Geschichte, lat.-dt., 1. Buch, übers. u. hg. v. Robert Feger, Stuttgart (reclam 2031) 1981; bibliogr. erg. 2003
Susanne Lorenz: Frauen von mörderischer Stärke, in: Starke Frauen. Staatliche Antikensammlung München, hg. v. Raimund Wünsche, München o. J. 279–309
Oswald Loretz: Ugarit und die Bibel. Kanaanäische Götter und Religionen im Alten Testament, Darmstadt 1990
Joseph Lortz: Geschichte der Kirche in ideengeschichtlicher Betrachtung, 2 Bde., Bd. 1: Altertum und Mittelalter; Bd. 2: Die Neuzeit, Münster 1962; 1964
Else Lüders (Hg.): Buddhistische Märchen aus dem alten Indien, ausgew. u. übers. v. Else Lüders, Nachw. v. Heinrich Lüders, Düsseldorf – Köln 1961
Silja Luft-Steidl: Die Sündenlehre Eugen Drewermanns – Chance für eine moderne theologische Anthropologie, Liebenstadt 2012
Martin Luther: Brief an Staupitz. 30. Mai 1518, in: Luther Deutsch. Die Werke Luthers in Auswahl, hg. v. Kurt Aland, Bd. 2: Der Reformator, Göttingen (UTB 1656) 1991, 28–31
Martin Luther: Die Ablaßthesen und die Resolutionen (1517–1518), in: Luther Deutsch. Die Werke Luthers in Auswahl, hg. v. Kurt Aland, Bd. 2: Der Reformator, Göttingen (UTB 1656) 1991, 32–82
Martin Luther: Vom unfreien Willen (1525), in: Luther Deutsch. Die Werke Luthers in Auswahl, hg. v. Kurt Aland, Bd. 3: Der neue Glaube, Göttingen (UTB 1656) [4](erw.) 1983, 151–334
Martin Luther: Von der Wiedertaufe an zwei Pfarrherrn (1528), in: Luther Deutsch. Die Werke Luthers in Auswahl, hg. v. Kurt Aland, Bd. 4: Der Kampf um die reine Lehre, Göttingen (UTB 1656) 1991, 95–132
Martin Luther: Sermon von dem Sakrament des Leibes und Blutes Christi, wider die Schwarmgeister (1526), in: Luther Deutsch. Die Werke Luthers in Auswahl, hg. v. Kurt Aland, Bd. 4: Der Kampf um die reine Lehre, Göttingen (UTB 1656) 1991, 186–213
Martin Luther: Bekenntnis der Artikel des Glaubens wider die Feinde des Evangeliums und allerlei Ketzereien (1528), in: Luther Deutsch. Die Werke Luthers in Auswahl, hg. v. Kurt Aland, Bd. 4: Der Kampf um die reine Lehre, Göttingen (UTB 1656) 1991, 308–318
Martin Luther: Die sieben Bußpsalmen (1525), in: Luther Deutsch. Die Werke Luthers in Auswahl, hg. v. Kurt Aland, Bd. 5: Die Schriftauslegung, (Stuttgart 1963) Göttingen (UTB 1656) [4]1980, 110–175
Martin Luther: Ein Brief an die Fürsten zu Sachsen von dem aufrührerischen Geist (1524), in: Martin Luther, ausgewählte Schriften, hg. v. Karin Bornkamm u. Gerhard Ebeling, 5 Bde., Bd. 4: Christsein und weltliches Regiment, Frankfurt/M. – Leipzig (insel taschenbuch 1754) 1995, 85–99
Das erste Buch der Makkabäer, übers. v. Emil Kautzsch, in: Emil Kautzsch (Hg.): Die Apokryphen und Pseudepigraphen des Alten Testaments, Bd. 1: Die Apokryphen des Alten Testaments, (Tübingen 1900) Darmstadt 1962, 24–81
Das zweite Buch der Makkabäer, übers. v. A. Kamphausen, in: Emil Kautzsch (Hg.): Die Apokryphen und Pseudepigraphen des Alten Testaments, Bd. 1: Die Apokryphen des Alten Testaments, (Tübingen 1900) Darmstadt 1962, 81–119
Gerhard Marcel Martin: Weltuntergang. Gefahr und Sinn apokalyptischer Visionen, Stuttgart (Buchreihe Symbole) 1984

Gerhard Marcel Martin: Werdet Vorübergehende. Das Thomas-Evangelium zwischen Alter Kirche und New Age, Stuttgart 1988
Karl Marx: Thesen über Feuerbach (1845), in: Marx Engels Werke, hg. vom Institut für Marxismus-Leninismus beim ZK der SED, Bd. 3, Berlin 1973, 5–7
Karl Marx/Friedrich Engels: Die deutsche Ideologie. Kritik der neuesten deutschen Philosophie in ihren Repräsentanten Feuerbach, B. Bauer und Stirner, und des deutschen Sozialismus in seinen verschiedenen Propheten (1845–1846), in: Marx Engels Werke, hg. vom Institut für Marxismus-Leninismus beim ZK der SED, Bd. 3, Berlin 1973, 9–438
Hermann Melville: Moby Dick; Or, the Whale, London – New York 1851); dt.: Moby Dick, übers. v. Thesi Mutzenbecher, unter Mitwirkung von Ernst Schnabel, Reinbek (rororo 173–174) 1956; neu übers. v. Matthias Jendis (München – Wien 2001), München (btb 72731) 2003, Nachw. v. Daniel Göske, S. 869–920, Anmerkungen v. Daniel Göske, S. 921–1027
Reinhold Merkelbach: Mithras, Königstein/Ts. 1984
Eduard Meyer: Ursprung und Anfänge des Christentums, 3 Bde.; Bd. 1: Die Evangelien, Stuttgart – Berlin 1921; Bd. 2: Die Entwicklung des Judentums und Jesus von Nazaret, Stuttgart – Berlin 1921; Bd. 3: Die Apostelgeschichte und die Anfänge des Christentums, Stuttgart – Berlin 1923
Wilhelm Meyer: Die Anklagesätze des hl. Bernhard von Clairvaux gegen Abaelard, in: Nachrichten von der Königlichen Gesellschaft der Wissenschaften zu Göttingen, Philologisch-historische Klasse, 1898, Heft 4, 397–468
Peter Milger: Die Kreuzzüge. Krieg im Namen Gottes, München 1988
John Milton: Paradise Lost, London 1667; dt.: Das verlorene Paradies, übertr. v. Bernhard Schuhmann (1855), Berlin 1984
Jürgen Moltmann: Der Weg Jesu Christi. Christologie in messianischen Dimensionen, München 1989
Eduard Mörike: Werke, hg. v. Hannsludwig Geiger, Wiesbaden (Emil Vollmer Verlag) o. J.
Desmond Morris: The naked Ape, London 1967; dt.: Der nackte Affe, aus dem Engl. v. Fritz Bolle, München – Zürich 1968
Tilmann Moser: Gott auf der Couch. Neues zum Verhältnis von Psychoanalyse und Religion, 2011
Heribert Mühlen: Sein und Person nach Duns Scotus. Beitrag zur Grundlegung einer Metaphysik der Person, Werl (Franziskanische Forschungen, Heft 11) 1954
Heribert Mühlen: Una mystica persona. Die Kirche als das Mysterium der Identität des Heiligen Geistes in Christus und den Christen: Eine Person in vielen Personen, München – Paderborn – Wien 1964
Alois Müller/Dorothea Sattler: Mariologie, in: Theodor Schneider (Hg.): Handbuch der Dogmatik, Bd. 2, Düsseldorf 1992, 155–187
Gerhard Ludwig Müller: Katholische Dogmatik. Für Studium und Praxis der Theologie, Freiburg – Basel – Wien ^{2}(durchges. u. verb.) 1996
Hermann Müller-Karpe: Geschichte der Steinzeit, München ^{2}(durchges. u. ergänzt) 1976
Isaac Newton: Philosophiae naturalis principia mathematica, 1688; dt.: Mathematische Grundlagen der Naturphilosophie, übers., ausgew., eingel. u. hg. v. Ed Dellian, Hamburg (Philos. Bibl. 394) 1988
Nicolaus von Kues: Die belehrte Unwissenheit, Buch I, lat.-dt., ed., übers. und mit

Vorwort und Anmerkungen hg. v. Paulus Wilpert, 4. erw. Aufl. besorgt v. Hans Gerhard Senger, Hamburg (Philos. Bibl., Bd. 264a) 1994

Friedrich Nietzsche: Also sprach Zarathustra. Ein Buch für alle und keinen, Teil 1–3: 1883–1884; Teil 4: 1885; mit einem Nachw. v. Walter Gebhard, Stuttgart (Kröner Tb. 75) 1988

Friedrich Nietzsche: Der Antichrist. Versuch einer Kritik des Christentums (1888), in: Götzendämmerung. Wagner-Schriften. Der Antichrist. Ecce Homo, mit einem Nachwort v. Walter Gebhard, Stuttgart (Kröner Tb. 77) ^{8}1990, 189–283

Swami Nikhilananda: Hinduism: Its Meaning for the Liberation of the Spirit, 1958; dt.: Der Hinduismus. Seine Bedeutung für die Befreiung des Geistes, übers. v. Leopold Voelker, Frankfurt/M. (Ullstein Tb. 291; Weltperspektiven, Bd. 4) 1960

Nikodemusevangelium. Pilatusakten und Höllenfahrt Christi, eingel. u. übers. aus dem Griech. v. F. Scheidweiler, in: Edgar Hennecke: Neutestamentliche Apokryphen in deutscher Übersetzung, 3. völlig neubearb. Aufl. v. Wilhelm Schneemelcher, Bd. 1: Evangelien, Tübingen 1959, 330–358

Franz-Josef Nocke: Allgemeine Sakramentenlehre, in: Theodor Schneider (Hg.): Handbuch der Dogmatik, 2 Bde., Düsseldorf 1992, Bd. 2, 188–225

Franz-Josef Nocke: Spezielle Sakramentenlehre, in: Theodor Schneider (Hg.): Handbuch der Dogmatik, 2 Bde., Düsseldorf 1992, Bd. 2, 226–376

Franz-Josef Nocke: Eschatologie, in: Theodor Schneider (Hg.): Handbuch der Dogmatik, 2 Bde., Düsseldorf 1992, Bd. 2, 377–478

Martin Noth: Geschichte Israels, Göttingen 1950; ^{5}(unverändert)1963

Gianluigi Nuzzi: Vaticano S. p. A., Mailand 2009; dt.: Vatikan AG. Ein Geheimarchiv enthüllt die Wahrheit über die Finanz- und Politikskandale der Kirche, aus dem Ital. v. Friederike Hausmann, Petra Kaiser u. Rita Seuß, Salzburg 2010

Hermann Oldenberg: Buddha. Sein Leben. Seine Lehre. Seine Gemeinde (1881), hg. v. Helmuth von Glasenapp, München (GGTb. 708–709) 1961

Origenes: Acht Bücher gegen Celsus, aus dem Griech. v. Paul Koetschau, in: Des Origines ausgew. Schriften, Bd. 2 u. 3, München (Bibliothek der Kirchenväter, Bd. 52 u. 53) 1926, 1927

Publius Ovidius Naso: Metamorphosen. Auswahlausgabe, lat.-dt., hg. u. übers. v. Gerhard Fink, Düsseldorf – Zürich ^{3}2003

Publius Ovidius Naso: Briefe der Sagenfrauen. Heroides, eingel., übertr. u. erläutert v. Heinrich Naumann, München (Goldmann Tb. 1350) o. J.

Gert von Paczensky: Verbrechen im Namen Christi. Mission und Kolonialismus, München 1991

Petrus-Apokalypse, übers. aus dem Äthiop. v. H. Duensing, in: Edgar Hennecke: Neutestamentliche Apokryphen in deutscher Übersetzung. 2. völlig neubearb. Aufl., hg. v. Wilhelm Schneemelcher, Bd. 2: Apostolisches. Apokalypsen und Verwandtes, Tübingen 1964, 468–483

Platon: Phaidon, in: Sokrates im Gespräch. Die Apologie des Sokrates, übers. v. Matthias Claudius, durchges. v. Bruno Snell; Kriton, übers. v. Richard Harder; Phaidon, übers. v. Franz Dirlmeier; Das Gastmahl, übers. v. Bruno Snell, Frankfurt/M. – Hamburg (Fischer Tb. 24) 1953, 53–141

Platon: Timaios, in: Sämtliche Werke, Bd. 5: Politikos, Philebos, Timaios, Kritias, nach der Übers. v. Friedrich Schleiermacher u. Hieronymus Müller mit der Stephanusnumerierung hg. v. Walter F. Otto, Ernesto Grassi u. Gert Plamböck, Reinbek (rk 47) 1959, 141–213

Plutarch: Alexandros, in: Lebensbeschreibungen in 6 Bden., übers. v. Johann Friedrich Kaltwasser (1799–1806), in der Bearbeitung von Hans Floerke (1913), Textrevision von Ludwig Kröner, Bibliographischer Anhang von Frank Auerbach, Bd. 4, München (GGTb. 1436–1437) 1965, 264–345

Plutarch: Antonius, in: Lebensbeschreibungen in 6 Bden., übers. v. Johann Friedrich Kaltwasser (1799–1806), in der Bearbeitung von Hans Floerke (1913), Textrevision und Biographischer Anhang von Martin Vosseler, Bd. 6, München (GGTb. 1440–1441) o.J., 104–181

Plutarch: Über Isis und Osiris, in: Drei religionsphilosophische Schriften: Über den Aberglauben. Über die späte Strafe der Gottheit. Über Isis und Osiris, griech.-dt., übers. u. hg. v. Herwig Görgemanns unter Mitarbeit v. Reinhard Feldmeier u. Jan Assmann, Düsseldorf 2003, ²2009, 136–273

Heribert Prantl: Staat als Schweinchen Schlau, in: Süddeutsche Zeitung. 4.2.2014, S. 2

Gerhard von Rad: Theologie des Alten Testaments, Bd. 1: Die Theologie der geschichtlichen Überlieferungen Israels, München 1957; Bd. 2: Die Theologie der prophetischen Überlieferungen Israels, München 1960

Karl Rahner: Geist in Welt. Zur Metaphysik der endlichen Erkenntnis bei Thomas von Aquin, (Innsbruck 1939) 2. Aufl. im Auftrag des Verfassers überarbeitet und ergänzt von Johannes Baptist Metz, München 1957

Karl Rahner: Zur Theologie des Todes. Mit einem Exkurs über das Martyrium, Freiburg – Basel – Wien (Quaestiones disputatae, 2) 1958

Karl Rahner: Kirche und Sakramente, Freiburg (Quaestiones disputatae, 10) 1960

Karl Rahner: Vergessene Wahrheiten über das Bußsakrament, in: Schriften zur Theologie, Bd. 2, Einsiedeln – Zürich – Köln 1962, 143–183

Karl Rahner: Auferstehung des Fleisches, in: Schriften zur Theologie, Bd. 2, Einsiedeln – Zürich – Köln 1962, 211–225

Karl Rahner: Bemerkungen zum dogmatischen Traktat «De Trinitate», in: Schriften zur Theologie, Bd. 4: Neuere Schriften, Einsiedeln – Zürich – Köln 1962, 103–133

Karl Rahner: Zur Theologie der Menschwerdung, in: Schriften zur Theologie, Bd. 4: Neuere Schriften, Einsiedeln – Zürich – Köln 1962, 137–155

Karl Rahner: Virginitas in partu, in: Schriften zur Theologie, Bd. 4: Neuere Schriften, Einsiedeln – Zürich – Köln 1962, 173–205

Karl Rahner: Zur Theologie des Symbols, in: Schriften zur Theologie, Bd. 4, Einsiedeln – Zürich – Köln 1962, 275–311

Karl Rahner: Die Gegenwart Christi im Sakrament des Herrenmahles, in: Schriften zur Theologie, Bd. 4, Einsiedeln – Zürich – Köln 1962, 357–385

Karl Rahner: Theologische Prinzipien der Hermeneutik eschatologischer Aussagen, in: Schriften zur Theologie, Bd. 4, Einsiedeln – Zürich – Köln 1962, 401–428

Karl Rahner: Das Leben der Toten, in: Schriften zur Theologie, Bd. 4, Einsiedeln – Zürich – Köln 1962, 429–437

Karl Rahner: Die Christologie innerhalb einer evolutiven Weltanschauung, in: Schriften zur Theologie, Bd. 5, Freiburg 1962, 183–221

Karl Rahner: Dogmatische Erwägungen über das Wissen und Selbstbewußtsein Christi, in: Schriften zur Theologie, Bd. 5, Einsiedeln – Zürich – Köln 1962, 222–245

Karl Rahner: Gerecht und Sünder zugleich, in: Schriften zur Theologie, Bd. 6: Neuere Schriften, Einsiedeln – Zürich – Köln 1965, 262–276

Karl Rahner: Zur «Situationsethik» aus ökumenischer Sicht, in: Schriften zur Theologie, Bd. 6: Neuere Schriften, Einsiedeln – Zürich – Köln 1965, 537–544
Karl Rahner: Das Sakrament der Buße als Wiederversöhnung mit der Kirche, in: Schriften zur Theologie, Bd. 8, Einsiedeln – Zürich – Köln 1967, 447–471
Karl Rahner: Zur heutigen kirchenamtlichen Ablaßlehre, in: Schriften zur Theologie, Bd. 8, Einsiedeln – Zürich – Köln 1967, 488–518
Karl Rahner: Die Ehe als Sakrament, in: Schriften zur Theologie, Bd. 8, Einsiedeln – Zürich – Köln 1967, 519–540
Otto Rank: Das Inzestmotiv in Dichtung und Sage. Grundzüge einer Psychologie des dichterischen Schaffens, Leipzig – Wien 1912
Leopold von Ranke: Die Geschichte der Päpste (Die römischen Päpste, ihre Kirche und ihr Staat im sechzehnten und siebzehnten Jahrhundert, 3 Bde., Berlin 1834–1836; ^{2}1938–1939). Die Römischen Päpste in den letzten vier Jahrhunderten. Kardinal Consalvi und seine Staatsverwaltung unter dem Pontifikat Pius VII., hg. v. Willy Andreas, Wiesbaden (Vollmer Verl.) o. J.
Joseph Ratzinger: Schriftauslegung im Widerstreit, in: Ders. (Hg.): Schriftauslegung im Widerstreit, Freiburg – Basel – Wien (Quaestiones disputatae, 117) 1989, 15–44
Joseph Ratzinger – Papst Benedikt XVI.: Jesus von Nazareth. Prolog. Die Kindheitsgeschichten, Freiburg – Basel – Wien 2012
Thomas J. Reese: Inside the Vatican. The Politics and Organization, Cambridge, Mass. 1996; dt.: Im Inneren des Vatikans. Politik und Organisation der katholischen Kirche, aus dem Amerik. v. Yvonne Badal, Nachw. v. Otto Kallscheuer, Frankfurt/M. 1998
Theodor Reik: Dogma und Zwangsidee. Eine psychoanalytische Studie zur Entwicklung der Religion (1927), eingel. v. Yorick Spiegel u. Joachim Scharfenberg, Stuttgart – Köln – Berlin – Mainz (Urban Tb. 601) 1973
Felix Rettberg: Menschenhandel mit päpstlichem Segen, in: Der Spiegel. Geschichte, Nr. 5, 2009: Die Geburt der Moderne. Zeitenwende um 1500: Als die Welt sich neu erfand, 98–99
Richard de Saint-Victor: De trinitate. Texte critique avec introduction, notes et tables publié par Jan Ribailler, Paris (Textes philosophiques du Moyen âge, VI) 1958
Rupert Riedl: Die Strategie der Genesis. Naturgeschichte der realen Welt, (München 1976) München (SP 290) 1984
Hermann Ringeling: Der Christ im Kampf ums Dasein. Darwinismus und christlicher Glaube heute, Hamburg (Stundenbuch 18) 1963
Joachim Ringleben: Tod und Auferstehung, in: Bärbel Köhler (Hg.): Religion und Wahrheit. Religionsgeschichtliche Studien, Wiesbaden (Festschrift für Gernot Wießner zum 65. Geburtstag) 1998, 269–283
Peter de Rosa: The Great Myth, 1991: dt.: Der Jesus-Mythos. Über die Krise des christlichen Glaubens, aus dem Engl. übers. v. Mara Huber, München 1991
Peter de Rosa: Sex and Death: The Crisis in Christian Ethics, 1992; dt.: Der Vatikan – von Gott verlassen? Kirche, Sex und Tod, aus dem Engl. übers. v. Mara Huber, München 1993
Kurt Rudolph: Zarathustra – Priester und Prophet. Neue Aspekte der Zarathustra- bzw. Gāthā-Forschung (1961), in: Bernfried Schlerath (Hg.): Zarathustra, Darmstadt (Wege der Forschung 169) 1970, 270–313
Bertrand Russell: History of Western Philosophy, London 1945; dt.: Philosophie des

Abendlandes. Ihr Zusammenhang mit der politischen und der sozialen Entwicklung, übers. v. Ruth Gillischewski, (Zürich 1950), durchges. v. Rudolf Kaspar, Zürich 1992; ³2011
Jean-Paul Sartre: Huis clos, Paris 1945; dt.: bei geschlossenen Türen, übers. v. Harry Kahn, in: Gesammelte Dramen, Reinbek 1969, 67–98
Jean-Paul Sartre: Critique de la raison dialectique, précédé de Question de méthode. Tome 1: Théorie des ensembles pratiques, Paris 1960; dt.: Kritik der dialektischen Vernunft, Bd. 1: Theorie der gesellschaftlichen Praxis, übers. v. Traugott König, Reinbek 1967
Dorothea Sattler/Theodor Schneider: Schöpfungslehre, in: Theodor Schneider (Hg.): Handbuch der Dogmatik, 2 Bde., Düsseldorf 1992, Bd. 1, 120–238
Franz Sawicki: Die Gottesbeweise, Paderborn 1925
Wolfgang Schadewaldt: Die Anfänge der Philosophie bei den Griechen. Die Vorsokratiker und ihre Voraussetzungen. Tübinger Vorlesungen Band 1, unter Mitwirkung von Maria Schadewaldt hg. v. Ingeborg Schudoma, Frankfurt/M. (stw 218) 1978
Leo Scheffczyk: Der trinitarische Bezug des Mariengeheimnisses, in: Catholica, 2/3, 29. Jg. 1975: Maria im Geheimnis der Kirche. Bild der neuen Frau. Kult und Frömmigkeit – Lehre – Ökumene, 120–131
Leo Scheffczyk: Ungelöste Traditionen der Trinitätslehre, in: Wilhelm Breuning (Hg.): Trinität. Aktuelle Perspektiven der Theologie, Freiburg – Basel – Wien (Quaestiones Disputatae, Bd. 101) 1984, 47–72
F. W. J. Schelling: System des transzendentalen Idealismus (1800), mit einer Einleitung v. Walter Schulz, Hamburg (Philos. Bibl. 254) 1957
Friedrich Schiller: Gedichte. Klassische Gemeinschaft. Freundschaft mit Goethe, in: Werke in 2 Bden., hg. von Paul Stapf, Bd. 2: Gedichte – Erzählungen. Zur Philosophie und Geschichte. Übersetzungen – Bearbeitungen, Wiesbaden (Emil Vollmer Verl.) o. J., 117–257
Günther Schiwy: Der kosmische Christus. Spuren Gottes ins Neue Zeitalter, München 1990
Friedrich Schleiermacher: Über die Religion. Reden an die Gebildeten unter ihren Verächtern (1799), in der Ausgabe von Rudolf Otto (1899), Göttingen ⁷(UTB 1655) 1991
Friedrich Schleiermacher: Der christliche Glaube. Nach den Grundsätzen der Evangelischen Kirche im Zusammenhange dargestellt, 2 Bde., auf Grund der 2. umgearb. Aufl. (1831) u. kritischer Prüfung des Textes neu hg. u. mit Einl., Erl. u. Reg. vers. v. Martin Redeker, Berlin 1960
Michael Schmaus: Katholische Dogmatik, Bd. 2: Schöpfung und Erlösung, München ²1941
Michael Schmaus: Von den letzten Dingen, Münster 1948
Reinhold Schneider: Innozenz der Dritte (1931), mit einem Nachwort v. Josef Rast, München (dtv 116) 1963
Reinhold Schneider: Philipp der Zweite oder Religion und Macht, (Olten 1949) in: Gesammelte Werke, Frankfurt/M. 1977–1982, Bd. 1; Frankfurt/M (st 1412) 1987
Reinhold Schneider: Herrscher und Heilige, Köln – Olten 1953
Reinhold Schneider: Winter in Wien (1958), in: Gesammelte Werke, Bd. 10: Die Zeit in uns. Zwei autobiographische Werke: Verhüllter Tag (1954). Winter in Wien (1958), hg. v. Edwin Maria Landau, Redaktion und Nachw. v. Josef Rast, Frankfurt/M. 1978

Piet Schoonenberg: Theologie der Sünde. Ein theologischer Versuch, Einsiedeln 1966
Arthur Schopenhauer: Die Welt als Wille und Vorstellung, Bd. 1 (1819), hg. v. Arthur Hübscher, Sämtliche Werke, Bd. 2, Wiesbaden 1949; Bd. 2, welcher die Ergänzungen zu den vier Büchern des ersten Bandes enthält ([2]1844), Sämtliche Werke, Bd. 3, Wiesbaden 1949
Sylvia Schoske/Dietrich Wildung: Das Münchner Buch der Ägyptischen Kunst, München 2013
Erika Schott: Die Namen der Pharaonen, Göttingen 1989
Jens Schröter: Nehmt – esst und trinkt. Das Abendmahl verstehen und feiern, unter Mitarbeit von Nina Schumann, Stuttgart 2010
Albert Schweitzer: Geschichte der Leben-Jesu-Forschung (1913; 1906 unter dem Titel: Von Reimarus zu Wrede); Neudruck: München – Hamburg (Siebenstern Tb. 77–80), 2 Bde., eingel. v. James M. Robinson, 1966
Albert Schweitzer: Kultur und Ethik. Sonderausgabe mit Einschluß von: Verfall und Wiederaufbau der Kultur, München 1960
Eduard Schweizer: Das Evangelium nach Markus, Göttingen (Neues Testament Deutsch 1) 1983
Christine Seeber: Untersuchungen zur Darstellung des Totengerichts im Alten Ägypten, München – Berlin (Münchner Ägyptologische Studien, Heft 35) 1976
Eliezer Segal: Das Judentum, in: Harold Coward (Hg.): Das Leben nach dem Tode in den Weltreligionen (New York 1997), übers. v. Maria-Sybille Bienentreu, Freiburg – Basel – Wien (Herder Spektrum 4652) 1998
Thomas Seiterich: Franziskus macht Revolution, in: Publik-Forum, 23/2013, 30–33
Thomas Seiterich – Britta Baas: Der Marx-Faktor, in: Publik-Forum, 6/2014, 30–31
Erika Simon: Die Götter der Griechen, München 1969, [3]1985
Adam Smith: The Theory of moral sentiments (1759); dt.: Theorie der ethischen Gefühle. Nach der Aufl. letzter Hand übers. und mit Einleitung, Anmerkungen und Registern herausgegeben von Walther Eckstein, mit einer Bibliogr. v. Günter Gawlick, Hamburg (Philos. Bibl. 200 a/b) 1985
Adam Smith: An Inquiry into the Nature and the Causes of the Wealth of Nations, 3 Bde., London 1791; dt.: Der Wohlstand der Nationen. Eine Untersuchung seiner Natur und seiner Ursachen, aus dem Engl. übertr. u. mit einer umfassenden Würdigung des Gesamtwerkes hg. v. Horst Claus Recktenwald, (München 1974) München (dtv 30149) (rev. 1978) [11]2005
Lee Smolin: The Life of the Cosmos, New York – Oxford 1997; dt.: Warum gibt es die Welt? Die Evolution des Kosmos, aus dem Engl. v. Thomas Filk, München 1999
Baruch de Spinoza: Tractatus Theologico-Politicus, Amsterdam 1670; dt.: Theologisch-politisches Traktat übertr. eingel. u. komm. v. Carl Gebhardt, Hamburg (Philos. Bibl. 93) [5]1955
Baruch de Spinoza: Die Ethik nach geometrischer Methode dargestellt (Ethica ordine geometrico demonstrata, 1677, postum), übers. u. angemerkt v. Otto Baensch (1905), eingel. v. Rudolf Schottlaender, Hamburg (Philos. Bibl. 92) 1955
Ethelbert Stauffer: Die Botschaft Jesu damals und heute, Bern – München (Dalp Tb. 333) 1959
Matthias Steinhart: Die Vergöttlichung des Herrschers, in: Florian S. Knauß (Hg.): Die unsterblichen Götter Griechenlands. Staatliche Antikensammlungen und Glyptothek München 2012, 392–405

Adalbert Stifter: Brigitta (1843), in: Werke in 3 Bden., hg. v. Hannsludwig Geiger, Bd. 1: Studien, Wiesbaden (Vollmer Verl.) o. J., 659–710
Hermann Strathmann: Der Brief an die Hebräer, in: Das neue Testament Deutsch, Teilband 9, Göttingen [10]1970, 69–158
Gerhard Streminger: Gottes Güte und die Übel der Welt. Das Theodizeeproblem, Tübingen 1992
Hans Joachim Störig: Kleine Weltgeschichte der Philosophie, (Stuttgart 1950), Erweiterte Neuausgabe, Frankfurt/M. (Fischer Tb. 11142) 1992
Arne Stom: PowerPoint für den Papst. Franziskus krempelt die Finanzen um – und brüskiert damit die Kurie, in: Die Zeit, 6.3.2014, S. 30
Theodor Storm: Der Schimmelreiter (1888), in: Werke in 6 Bden., hg. v. Rainer Schmoll, Wiesbaden (Edition c.o.l.s.) o. J., VI 2161–2305
Gaius Suetonius Tranquillus: Die vita Caesarum; dt.: Leben der Caesaren, übers. u. hg. v. André Lambert, (Zürich 1955) München (dtv 6005) 1972
Sursum Corda. Gesang- und Gebetbuch für das Erzbistum Paderborn, Paderborn 1948
Rabindranath Tagore: Towards Universal Man, 1961; dt.: Einheit der Menschheit, übers. v. Emil Engelhardt, Freiburg 1961
Pierre Teilhard de Chardin: Über einige mögliche historische Darstellungen der Erbsünde (1922), in: Comment je crois, Paris 1969; dt.: Mein Glaube, übers. v. Karl Schmitz-Moormann, Olten 1972, [3]1982, 58–70
Pierre Teilhard de Chardin: Christologie und Evolution (1933), in: Comment je crois, Paris 1969; dt.: Mein Glaube, übers. v. Karl Schmitz-Moormann, Olten 1972, [3]1982, 93–115
Pierre Teilhard de Chardin: Die große Entscheidung (1939), in: L'Avenir de l'Homme, Paris 1959; dt.: Die Zukunft des Menschen, übers. v. Lorenz Häflinger u. Karl Schmitz-Moormann, Olten 1963, [3]1982, 57–85
Pierre Teilhard de Chardin: Leben und Planeten (1945), in: L'Avenir de l'Homme, Paris 1959; dt.: Die Zukunft des Menschen, übers. v. Lorenz Häflinger u. Karl Schmitz-Moormann, Olten 1963, [3]1982, 133–165
Pierre Teilhard de Chardin: Das Ende der Art (1952), in: L'Avenir de l'Homme, Paris 1959; dt.: Die Zukunft des Menschen, übers. v. Lorenz Häflinger u. Karl Schmitz-Moormann, Olten 1963, [3]1982, 391–400
Pierre Teilhard de Chardin: Text über das Ende der Welt (1924), in: L'Avenir de l'Homme, Paris 1959, dt.: Die Zukunft des Menschen, übers. v. Lorenz Häflinger u. Karl Schmitz-Moormann, Olten 1963, [3]1982, 401–403
Pierre Teilhard de Chardin: Le Phénomène Humain, Paris 1947; dt.: Der Mensch im Kosmos, aus dem Franz. v. O. Marbach, München 1959
Tertullian: Über die Taufe, in: Ausgewählte Schriften, Bd. 1: Private und katechetische Schriften, neu übers. mit Lebensabriß und Einleitungen vers. v. Heinrich Kellner, Kempten – München (Bibliothek der Kirchenväter, Bd. 7) 1912, 274–299
Tertullian: Die Prozeßeinrede gegen die Häretiker, in: Ausgewählte Schriften, übers. u. hg. v. Gerhard Esser, Bd. 2: Apologetische, dogmatische und montanistische Schriften, Kempten – München (Bibliothek der Kirchenväter, Bd. 24) 1915, 303–354
Die Testamente der 12 Patriarchen, übers. u. hg. v. Emil Kautzsch (F. Schnapp: Das hebr. Testament Naphthalis), in: Emil Kautzsch (Hg.): Die Aprokryphen und Pseudepigraphen des Alten Testaments, 2 Bde., (Tübingen 1900), Bd. 2: Die Pseudepigraphen des Alten Testaments, Darmstadt 1962, 458–506

Thomas von Aquin: De aeternitate mundi contra murmurantes (1264), in: Opuscula theologica et philosophica tam certa quam dubia adjectis brevibus adnotionibus, Volumen primum complectens opuscula septem et triginta, Parma 1864: Opusculum 23, p. 318–320

Helmuth Thielicke: Theologische Ethik, 3 Bde., Tübingen, Bd. 1: Prinzipienlehre. Dogmatische, philosophische und kontroverstheologische Grundlegung, 1958, [4](durchges.)1972; Bd. 2: Entfaltung, 1. Teil: Mensch und Welt, [5](durchges. u. wesentl. erw.) 1986; 2. Teil: Ethik des Politischen, 1958 [4](überarb. u. wesentl. erw.)1987; Bd. 3: Entfaltung. 3. Teil: Ethik der Gesellschaft, des Rechtes, der Sexualität und der Kunst, 1964

Ludwig Tieck: Der Aufruhr in den Cevennen. Novellenfragment, Berlin 1826, in: Werke in 4 Bden., München 1963–1965, Bd. 4, S. 4 ff.

Paul Tillich: In der Tiefe ist Wahrheit (The Shaking of the Foundations), Religiöse Reden, 1. Folge, übers. v. Renate Albrecht u. Gertraut Stöber, Stuttgart 1952; [9]1985

Paul Tillich: Die neue Wirklichkeit (Auswahl aus: In der Tiefe ist Wahrheit (The Shaking of the Foundations), Religiöse Reden, 1. Folge, übers. v. Renate Albrecht u. Gertraut Stöber, hg. v. August Rathmann; Das Neue Sein – The New Being, übers. v. Maria Rhine u. Gertraut Stöber) München (dtv 70) 1962

Paul Tillich: Moralismen und Moral, in: Auf der Grenze. Aus dem Lebenswerk Paul Tillichs, München – Hamburg (Siebenstern Tb. 3) 1964, 129–139

Paul Tillich: Die Frage nach dem Unbedingten. Schriften zur Religionsphilosophie, Gesammelte Werke, hg. v. Renate Albrecht, Bd. 5, Stuttgart 1964, [2]1978

Paul Tillich: Begegnungen. Paul Tillich über sich selbst und andere, übers. v. Renate Albrecht, Herbert Drube, Maria Rhine, Gertie Siemsen, in: Gesammelte Werke, hg. v. Renate Albrecht, Bd. 12, Stuttgart – Frankfurt/M. 1971; [2]1980

Das Totenbuch der Ägypter, eingel., übers. u. erläutert von Erik Hornung, Zürich – München 1979

Jonathan N. Tubb: Peoples of the Past – Canaanites, London 1998; dt.: Völker im Lande Kanaan, aus dem Engl. v. Karin Schuler, Stuttgart 2005

Hermann Usener: Dreiheit. Ein Versuch mythologischer Zahlenlehre, (Bonn 1903) Hildesheim 1966

Rüdiger Vaas: Das Higgs-Teilchen, in: Bild der Wissenschaft, 11/2012, 44–53

Rüdiger Vaas: Parallele Welten, in: Bild der Wissenschaft, 1/2014, 38–53

Gerardus van der Leeuw: Phänomenologie der Religion (Tübingen 1956), 4. unveränd. Nachdr. d. 2., durchges. u. erw. Aufl., Tübingen 1977

Roland de Vaux: Les Institutions de l'Ancien Testament, Paris 1958–1960; dt.: Das Alte Testament und seine Lebensordnungen; Bd. 1: Fortleben des Nomadentums. Gestalt des Familienlebens. Einrichtungen und Gesetze des Volkes, übers. v. Lothar Hollerbach, Freiburg – Basel – Wien [2](durchges.)1964; Bd. 2: Heer und Kriegswesen. Die religiösen Lebensordnungen, übers. v. Ulrich Schmitz, Freiburg – Basel- Wien 1962

Vergil: Hirtengedichte (Eklogen), übers. u. erl. v. Harry C. Schnur, Stuttgart (reclam 637) 1968; 1976

Maarten J. Vermaseren: Mithras de geheimzinnige god, Amsterdam – Brüssel 1959; dt.: Mithras. Geschichte eines Kultes, aus dem Holländ. v. Eva Castellieri-Schröter, Stuttgart (Urban Tb. 83) 1965

S. Aurelius Victor: Die römischen Kaiser/Liber de Caesaribus, lat.-dt., hg., übers. und erl. v. Kirsten Groß-Albenhausen u. Manfred Fuhrmann, Düsseldorf 2009

Günter Virt: Epikie – verantwortlicher Umgang mit Normen. Eine historisch-systematische Untersuchung, Mainz 1983

Günter Virt: Epikie, in: Hans Rotter/Günter Virt (Hg.): Neues Lexikon der christlichen Moral, Innsbruck – Wien 1990, 147–149

Hermann Volk: Das Geheimnis der Kirche, in: Catholica, 2/3, 29. Jg. 1975: Maria im Geheimnis der Kirche. Bild der neuen Frau. Kult und Frömmigkeit – Lehre – Ökumene, 211–229

Hans Volkmann: Herrscherkult, in: Konrat Ziegler u. Walther Sontheimer (Hg.): Der Kleine Pauly. Lexikon der Antike in 5 Bden., Bd. 4, (München 1975) München (dtv 5963) 1979, Sp. 1110–1112

Paul Volz; Die biblischen Altertümer (Tübingen 1914), Neudruck: Köln (Komet-Verlag) o. J.

Karl Vorländer: Philosophie des Mittelalters. Geschichte der Philosophie II, bearb. v. Erwin Metzke, mit einem Schlußkapitel von Ernst Hoffmann und einem Anhang «Quellentexte», ausgew. v. Ernesto Grassi u. Eckhard Kessler, Hamburg (rde 193/194) 1964

Die Vorsokratiker, 3 Bde., griech.-lat.-dt., Ausw. der Fragmente und Zeugnisse, Übers. u. Erl. v. M. Laura Gemelli Marciano; Bd. 1: Thales, Anaximander, Anaximenes, Pythagoras, Xenophanes, Heraklit, Düsseldorf 2007; Bd. 2: Parmenides, Zenon, Empedokles, Düsseldorf 2009; Bd. 3: Anaxagoras, Melissos, Diogenes von Apollonia. Die antiken Atomisten: Leukipp und Demokrit, Düsseldorf [2](überarb.) 2013

Luise Wagner-Roos/Reinhard Barth: Es war ein Hauen und Stechen – Das Inferno der Schlachten, in: Hans-Christian Huf (Hg.): Mit Gottes Segen in die Hölle. Der dreißigjährige Krieg, München 2003, 228–253

Ernst Waldschmidt: Die Legende vom Leben des Buddha. In Auszügen aus den heiligen Texten, aus dem Sanskrit, Pali und Chinesischen übers. u. eingeführt, (Berlin 1929) Graz 1982

Peter Douglas Ward: On Methuselah's Trail, Vorw. v. Steven M. Stanley, New York 1992; dt.: Der lange Atem des Nautilus. Warum lebende Fossilien noch leben, aus dem Amerik. v. Rudolf Birenheide, Heidelberg – Berlin – Oxford 1993

Marcus Wegner: Exorzismus heute. Der Teufel spricht deutsch, Gütersloh 2009

Marina Wehrli-Johns: «Tuo daz Guote und lâ daz Übele». Das Fegefeuer als Sozialidee, in: Peter Jezler (Hg.): Himmel, Hölle, Fegefeuer. Das Jenseits im Mittelalter. Eine Veröffentlichung des Schweizer Landesmuseums, Zürich 1994, 47–58

Steven Weinberg: The First Three Minutes. A modern View of the Origin of the Universe, New York 1977: dt.: Die ersten drei Minuten. Der Ursprung des Universums, übers. v. Friedrich Griese, mit einem Vorwort von Reimar Lüst, (München 1977) München (dtv 1556) 1980

Steven Weinberg: Dreams of a Final Theory, New York 1992; dt.: Der Traum von der Einheit des Universums, übers. v. Friedrich Griese, München 1993

Artur Weiser: Der Prophet Jeremia (Das Alte Testament Deutsch, Teilband 20/1 u. 20/2), Bd. 1: Kap. 1–25, 14, Göttingen [4](neubearb.) 1960; Bd. 2: Kap. 25, 15–52, 34, Göttingen [3](neubearb.) 1960

Jürgen Werbick: Trinitätslehre, in: Theodor Schneider (Hg.): Handbuch der Dogmatik, 2 Bde., Düsseldorf 1992, Bd. 2, 481–576

Claus Westermann: Das Buch Jesaja (Das Alte Testament Deutsch, Teilband 19), Bd. 3: Kap. 40–66, Göttingen 1966

Wolfgang Wickler/Ute Seibt: Das Prinzip Eigennutz. Ursachen und Konsequenzen sozialen Verhaltens, Hamburg 1977

Johannes Wyclif: Trialogus cum supplemento trialogi. Illum recensuit, hoc primum edidit, utrumque commentario critico instruxit Gotthardus Lechler, Oxonii 1869

Siegfried Wiedenhofer: Ekklesiologie, in: Theodor Schneider (Hg.): Handbuch der Dogmatik, Bd. 2, Düsseldorf 1992, 47–154

John A. Wilson: Ägypten, in: Henri Frankfort/H. A. Groenewegen Frankfort/John A. Wilson/Thorkild Jacobsen/William A. Irwin (Hg.): The Intellectual Adventure of Ancient Man, Chicago 1946; dt.: Frühlicht des Geistes, übers. v. Peter Dülberg, 1954; ²(unverändert) unter dem Titel: Alter Orient – Mythos und Wirklichkeit, Stuttgart – Berlin- Köln – Mainz (Urban Tb. 9) 1981, 37–135

Hans Walter Wolff: Anthropologie des Alten Testaments, München 1973

William Wrede: Das Messiasgeheimnis in den Evangelien. Zugleich ein Beitrag zum Verständnis des Markusevangeliums, Göttingen 1901; Neudruck: ³1963

Xenophanes: Die Fragmente, hg., übers. u. erl. v. Ernst Heitsch, München – Zürich 1983

Heinz Zahrnt: Die Sache mit Gott. Die protestantische Theologie im 20. Jahrhundert, (München 1966) München (dtv 846) 1972, ⁶1984

Heinz Zahrnt: Gott kann nicht sterben. Wider die falschen Alternativen in Theologie und Gesellschaft, (München 1970) München (dtv 957) 1973

Heinz Zahrnt: Martin Luther in seiner Zeit für unsere Zeit. Bildredaktion von Hans Dollinger, München 1983

Heinz Zahrnt: Das Leben Gottes. Aus einer unendlichen Geschichte, München 1997

Zeno von Verona: Die Traktate oder geistlichen Reden, nach dem Urtexte übers. v. Peter Leipelt, Kempten (Bibliothek der Kirchenväter, hg. v. Valentin Thalhofer) 1877

Jean Ziegler: Les nouveaux Maîtres du Monde et ceux qui leur résistent, Paris 2002; dt.: Die neuen Herrscher der Welt und ihre globalen Widersacher, aus dem Franz. v. Holger Fliessbach, München 2002

Heinrich Zimmer: Philosophies of India, New York 1951; dt.: Philosophie und Religion Indiens, übers. u. hg. v. Lucy Heyer-Grote, (Zürich 1961) Frankfurt/M. (stw 26) 1976

Register von Autoren und Personen

Abaelard, Peter 422–423
Abischag von Schunem 180
Abraham 23, 473
Ackermann, Stephan 317
Aeneas 178
Aëtius 200
Albrecht von Brandenburg 297, 379
Alexander der Große 178, 368
Alkier, Stefan 366
Alt, Albrecht 70
Altendorf, Hans-Dietrich 344
Althoff, Gerd 254
Amenophis IV., ägypt. Pharao 173
Amun-Re 458
Anaxagoras 79
Anaximander 79
Anchises 178
Andresen, Carl 254–255
Ansaldo, Marco 10
Anselm von Canterbury 183
Antiochus IV. Epiphanes 357, 360, 368, 372–373
Antonius, röm. Politiker 155
Apollinaris von Laodicea 184, 199
Apuleius 273, 276
Aresthanas 176, 215
Aristides 384
Aristobul 361
Aristoteles 50, 59, 235, 261, 350, 426, 428
Arius 12, 197–202, 383, 441
Ashrafian, Hutan 174
Assaf, Simon Yussuf 485, 492, 497
Assmann, Jan 172, 342–343, 345, 461
Athanasius 186–187, 189, 198, 434
Athenagoras 34
Augustinus 50, 64, 69, 73, 85, 107, 182, 349, 413, 418–419, 430–431, 442, 445
Augustus, Kaiser 155, 178–179, 216, 490
Aurelian 179
Averroës 354
Baas, Britta 317
Baltensperger, Marianne 385
Balthasar, Hans Urs von 110, 142, 204, 311, 335–336, 438–439
Barrow, John D. 61
Barta, Winfried 460
Barth, Karl 27–28, 42, 104–105, 248, 260, 269, 277, 355–356, 418–419, 423, 441–445
Barth, Reinhard 252
Bartsch, Matthias 10
Baruch de Spinoza, 43, 60, 63
Basilius von Caesarea 199, 430
Bateson, Gregory 236
Battegay, Raymond 309
Baudler, Georg 263
Beckerath, Jürgen von 173, 191
Béguerie-De Paepe, Pantxika 37
Bellarmin, Robert 77, 254
Ben-Chorin, Schalom 470, 490–491
Benedikt XVI./Josef Ratzinger 42, 208, 219, 260, 288, 293, 311, 325, 400
Bergdolt, Klaus 296
Bernhard von Clairvaux 372, 422
Berry, R. J. 57
Bertalanffy, Ludwig von 55
Beyerlin, Walter 300
Bick, Almut 118
Bieler, Ludwig 160, 162
Bilz, Rudolf 117
Biser, Eugen 91, 213, 217–218, 227
Bleckmann, Bruno 12, 219
Bloch, Ernst 287, 331
Böckle, Franz 260
Boëthius 185, 426–427, 443–433
Bojowald, Martin 61
Boleyn, Anne 289
Bonhoeffer, Dietrich 320
Boros, Ladislaus 385–386, 406–407
Bottéro, Jean 20
Botterweck, Johannes 358
Bousset, Wilhelm 357
Bowker, John 109
Brecht, Bertold 77
Breschnew, Leonid 325

Brinktrine, Johannes 34, 47, 50, 183–186, 189, 191, 423, 425–426, 429, 431–432, 438, 441, 449
Broer, Ingo 401
Brunner-Traut, Emma 173, 181, 450, 455
Bruno, Giordano 68, 372
Buber, Martin 24–25, 39, 80, 229, 241–242, 494
Büchner, Georg 41–42, 63, 69
Buddha, Gautama 156, 224
Buggle, Franz 37
Bultmann, Rudolf 402, 493–494
Burckhardt, Jacob 203
Burkert, Walter 275

Cajetan, Kardinal 298
Caligula, röm. Kaiser 179
Calvin, Johannes 251, 269, 277, 378–379, 443–444
Canetti, Elias 262
Cassin, Elena 20
Cavour, Camillo 291
Celsus 73–74, 206, 306
Choniates, Niketas 440
Claudius, röm. Kaiser 179
Clemens V. 350
Clemens, Priester 385
Clifton, Timothy 337
Colpe, Carsten 272, 276, 384
Confessor, Maximus 190
Coreth, Emerich 62
Cornfeld, Gaalyahu 358
Coyne, George von 61
Cumont, Franz 462, 464
Cyprian 196, 256, 280, 408
Cyrill von Alexandrien 189, 188, 190
Cyrill von Jerusalem 180
Czihak, G. 52

Damasus, Bischof 199
Daniel-Rops, Henri 358
Darwin, Charles 51, 78
David, alttest. König 20, 180, 301
Dawkins, Richard 50–51, 54–55, 75
Dedijer, Vladimir 37, 440
Degenhardt, Johannes Joachim 400
Demandt, Christian 45
Denzler, Georg 254–255
Descartes, René 43, 72, 424
Deschner, Karlheinz 201, 210, 243, 291, 311
Devereux, Georges 482
Dicke, Robert 68
Dio, Cassius 155
Diokletian, röm. Kaiser 179
Ditfurth, Hoimar von 50
Domitian, röm. Kaiser 178, 332
Donatus, Bischof 263
Dondelinger, Edmund 343, 345–346
Dostojewski, Fjodor Michailowitsch 18, 170, 327, 370, 410
Dozio, Esaù 483
Drewermann, Eugen 12, 15, 25, 27–28, 35, 46, 51–55, 57–62, 68–69, 74–76, 79–80, 90–91, 94, 96, 99, 106–107, 110–111, 113–115, 117–120, 126, 128, 132–135, 138–139, 142–147, 149, 153, 156–157, 159, 161–163, 165–166, 173–174, 176, 204, 207–208, 212, 215–220, 225–227, 231–232, 236–238, 241, 243, 245, 250, 257, 271–273, 275, 277, 284–288, 294, 299, 301, 303, 308, 315–316, 318–319, 323, 326, 330, 332–333, 336–337, 340–342, 347–348, 352, 354–355, 365–366, 370–371, 373, 385, 399–402, 404–405, 412, 414–415, 439, 456, 479, 482–483, 485, 487, 493, 498–499
Drobinski, Matthias 10, 310
Duns Scotus, Johannes 428
Durant, Will 12, 297, 310, 324
Dürrenmatt, Friedrich 124, 129, 131, 387

Ebeling, Gerhard 57, 64, 104, 267, 270, 277, 354, 356, 379, 401, 404, 443
Echnaton, ägypt. Pharao 99
Eck, Johann 32
Eckermann, Johann Peter 244–245
Eichler, Benjamin 312
Eigen, Manfred 59
Einstein, Albert 59, 96, 336
Eliade, Mircea 357, 436, 455–456, 464
Elija 24, 81

Elische, armen. Kirchenvater 276
Elliger, Katharina 47
Engels, Friedrich 71, 327
Epikur 45, 47, 96
Epiphanius von Salamis 200
Erasmus von Rotterdam 252
Erikson, Erik H. 211
Erman, Adolf 172, 175, 458, 460
Essen, Georg 184, 191, 201
Eunomius 200
Euripides 40, 250
Eusebius von Caesarea 12, 193
Eutyches 189
Everett, Susanne 222

Feldbauer, Gerhard 311
Ferreira, Pedro G. 337
Feuerbach, Ludwig 71, 94, 123, 247, 433, 435–436, 480
Fichte, Johann Gottlieb 245, 449
Finger, Evelyn 11
Flasch, Kurt 64, 114, 330, 354, 401
Follath, Erich 15
Franco, Francisco 292
Frankemölle, Hubert 271
Franziskus, Papst 10, 15, 47, 152, 254, 260, 283–284, 288, 311, 314, 317, 325, 371, 402, 502
Frazer, James George 272
Freud, Sigmund 11, 89, 103, 246, 257
Friedenthal, Richard 297
Friedrich II, Kaiser 29
Fromm, Erich 162, 202, 479
Fuchs, Ottmar 410
Fuhs, Hans Ferdinand 360

Galilei, Galileo 76–77, 79
Gamow, George 68
Gams, Helmut 480
Gandhi, Mahatma 230, 320
Gautama Buddha 207
Gehlen, Arnold 414
Gennep, Arnold von 265, 279
Gibran, Kahlil 230–233
Giebel, Martin 178
Glasenapp, Helmuth von 48, 339, 466
Gobry, Ivan 314
Goethe, Johann Wolfgang 18, 98, 101, 118, 244–245, 424
Gogol, Nicolai 18
Gööck, Roland 296
Goodall, Jane 115
Gorbatschow, Michail 325
Görg, Manfred 173, 215, 460, 462
Gottschalk, Gisela 174
Gould, Stephen Jay 58
Grandsart, Hervé 37
Gray, John 81, 384
Grégoire, Henri-Baptiste 256
Gregor VII. 210, 254
Gregor von Nazianz 199, 430
Gregor von Nyssa 199, 406, 428, 430
Gregor X. 378
Gruen, Arno 309
Grünewald, Matthias 37
Guardini, Romano 400, 403, 410
Gudea, sumer. Stadtfürst 223
Günther, Anna 284
Gupta, Oliver das 284

Haag, Herbert 47
Halbfas, Hubertus 350
Hammurabi, babyl. König 223
Hampe, Roland 99
Hannig, Rainer 173, 345, 456, 461
Harnack, Adolf von 182, 186–187, 190, 192–201, 205, 264, 294–295, 435, 449
Hartmann, Nicolai 104
Hasenhüttl, Gotthold 317
Hatschepsut, ägypt. Königin 174
Hauptmann, Gerhart 258
Hawking, Steven W. 59–61, 63
Hawthorne, Nathaniel 392–394
Hegel, Georg Wilhelm Friedrich 70–71, 127–128, 157, 235, 268, 327, 399, 416, 419–421, 433, 435, 449, 493
Heidegger, Martin 72, 83, 103, 333, 416
Heinrich VIII. 289
Heiny, Lukas 310
Hennecke, Edgar 333, 384
Heraklius 190
Herodes, König 166
Herrmann, Horst 243

Hesekiel 360
Hesiod 48
Hesse, Hermann 299
Higgs, Peter 62
Hilberath, Bernd Jochen 440, 477
Hillel, Rabbi 472–473
Hippolytus, röm. Bischof 195–196, 347
Hirschberg, Walter 279
Hiskia, alttest. König 21
Hitler, Adolf 221, 292
Hofstätter, Peter R. 309
Höhn, Irmtraud 180
Homans, George Caspar 307, 309
Homer 84, 99, 467, 472
Hornung, Erik 344, 458, 460
Horus 172, 343
Horváth, Ödön von 258–259
Hosea 81
Hubble, Edwin 68, 337
Hugo, Victor 313
Hume, David 67
Hus, Jan 33, 286–288, 372, 409
Husserl, Edmund 411
Hygin 363–364, 482
Hyrkan II., Hoherpriester 361

Ignatius 272
Innozenz III. 268, 378
Ions, Veronica 364, 462, 467
Irenäus 276
Iulius Caesar 179

Jacobsohn, H. 447
James, T. G. Henry 458
James, William 352
Jaspers, Karl 225, 402, 414
Jedin, Hubert 378
Jehoschua, Rabbi 472
Jensen, Adolf E. 273
Jeremia 9, 19–25, 27, 29, 32, 36, 145–147, 158, 271, 296, 302
Jeremias, Joachim 166, 489
Jesaja 147, 180, 473
Jirku, Anton 106
Joahas, alttest. König 20
Johannes, Evangelist 91–92, 101, 154, 156, 214–215, 225, 227, 245, 274–276, 316, 347, 370, 397, 405, 411, 432, 439, 456, 487–488, 491, 495, 497–498
Johannes XII. 63
Johannes der Täufer 145–147, 276
Johannes Paul II. 10, 211, 284, 293, 311, 325, 371, 477
Johannes Roscelinus 261
Johannes von Damaskus 187
Jojakim, alttest. König 20
Jonathan, Rabbi 473
Jones, Ernest 210, 452
Josia, alttest. König 20
Judas Makkabäus 358
Jung, Carl Gustav 89, 228, 248–249, 400, 447–448
Justin 205, 208, 213, 267, 273, 351

Kaiser, Otto 21, 48, 180
Kant, Immanuel 58, 60, 62–63, 120, 122, 306, 399
Karl der Große 372, 440
Karl V. 297
Kautzsch, Emil 331, 357
Keel, Othmar 81, 462
Kees, Hermann 272, 345
Kepha (Petrus) 287
Kerényi, Karl 161, 274–275, 350, 452, 467
Kessler, Hans 142, 184, 189–190, 203
Kierkegaard, Sören 28, 37, 71–72, 103, 105, 113, 124, 132–133, 221, 257, 278–279, 294, 299, 301, 334, 393, 399, 420–421, 496
Klauck, Hans-Josef 179, 272, 275, 347
Kleinknecht, H. 494
Kleopatra VII. 155
Klepper, Jochen 238
Kliemann, Horst 203
Kohlenberg, Kerstin 310
Konstantin, röm. Kaiser 12, 198, 219, 277, 290
Konstantius, röm. Kaiser 200
Kopernikus, Nikolaus 76–77, 92
Krauss, Lawrence M. 61, 338
Krügel, Christian 284
Kühner, Hans 254
Küng, Hans 248, 256, 267, 324, 449
Kurfess, A. 332

Lactantius 12, 46–47
Lang, Bernhard 106, 353
Langer, H. 52
Langton, Stephan 500
Laplace, Pierre Simon de 60
Le Fort, Gertrud von 76–78
Le Vine, Barbara 279
Le Vine, Robert 279
Leeuw, Gerardus van der 300
Leibniz, Gottfried Wilhelm 43–44, 56, 66–67, 95, 108
Leo der Große 186,
Leo II. 440
Lessing, Gotthold Ephraim 222–223
Liek-Danzig, Erwin 161
Littleton, C. Scott 480
Livius 178
Lorenz, Susanne 363–364
Loretz, Oswald 81
Lortz, Joseph 263, 267–268, 287, 289–290, 439–440
Lucian 197
Lüders, Else 159
Ludwig XIV. 112
Luft-Steidl, Silja 103
Lukas, Evangelist 96, 173, 175–176, 208, 238, 241, 302, 315, 319, 341, 485
Luther, Hans 211
Luther, Martin 32, 210–211, 244, 252, 261, 268–269, 277–278, 281, 286, 288, 296–298, 372, 378–379, 409, 417
Lydia 277

Markus, Evangelist 12, 165, 170, 173, 175, 177, 218, 268, 287, 318, 412
Martin, Gerhard Marcel 237, 332, 336
Marx, Karl 71, 94, 327
Marx, Reinhard 317
Matthäus, Evangelist 143, 147, 159–160, 173, 175, 177, 180, 232, 287–288, 290, 318, 322, 342, 412, 436
Maxentius 12
Mc Dannell, Colleen 353
Meister Eckhart 63
Meister von St. Laurenz 385
Melville, Herman 110, 113
Merkelbach, Reinhold 176
Meyer, Eduard 359, 477
Meyer, Wilhelm 422
Milger, Peter 440
Milton, John 111
Mlodinow, Leonard 63
Mohammed 18, 223
Moltmann, Jürgen 56
Mörike, Eduard 97–98
Morris, Desmond 212
Mose 18, 23, 25, 29, 123, 164, 227, 274, 300, 303, 367
Moser, Tilmann 37
Mühlen, Heribert 255, 323, 427
Müller, Alois 479
Müller, Daniel 310
Müller, Gerhard Ludwig 42, 101, 106, 114, 183, 187, 205–206, 216, 253–256, 263, 266–267, 283–284, 288, 310, 334, 382, 384, 398–400, 403, 405, 407, 423, 425, 427, 430–431, 437, 439–441, 449, 479, 493
Müller-Karpe, Hermann 119
Münzer, Thomas 287
Mussolini, Benito 291–292

Nachum von Tschernobil, Rabbi 241
Napoleon III. 291
Naumann, Heinrich 250
Nebukadnezar 20, 22, 360
Nero, röm. Kaiser 221
Nestorius 188, 209, 383, 479
Newton, Isaac 43–44, 56, 59
Nietzsche, Friedrich 292, 328–330, 416
Niggli, Ursula 422
Nikhilananda, Swami 367
Nikodemus 384
Nikolaus von Kues 64, 448
Ni-user-Ra, ägypt. Pharao 177, 181–182, 191
Nocke, Franz-Josef 263, 271, 277, 331, 356, 393
Noëtos von Smyrna 195
Noth, Martin 20–22, 361
Nuzzi, Gianluigi 288, 310

O'Malley, Sean 11
Oldenberg, Hermann 156
Olivi, Petrus Johannes 350
Olympias von Epirus 178
Origenes 47, 73–74, 182–183, 206, 306, 383
Ovid 250, 347

Paczensky, Gert von 222, 310
Paepe, Pantxika Béguerie-De 37
Paul von Samosata 194–195, 202, 493
Paulus, Apostel 101, 102, 114, 181, 193, 197, 225, 255, 274, 294, 296, 324, 402, 405, 404, 460, 479, 488
Pavelič, Ante 440
Payne 63–64, 69
Pell, George 288
Penrose, Roger 61
Penzias, Arno 68
Petrus 287, 315–316, 344, 350
Philippus 277
Philon 493–494
Photius 439
Pierre 56, 109, 114, 338, 406
Pius IX. 291
Pius X. 245
Pius XI. 291–292
Pius XII. 246
Platon 34, 206, 348–351, 362, 378, 394, 426, 448, 493
Plutarch 155, 178, 345–346, 455
Pompeius, röm. Politiker 155
Prantl, Heribert 102
Prummer, Karin 310
Ptah, Schutzgott von Memphis 458
Pythagoras 350–351, 448

Rad, Gerhard von 81, 331–332
Rahner, Karl 107, 114, 188, 191, 204, 206, 260, 263–264, 266, 269, 280, 283, 335, 379, 386, 399, 405–407, 413, 432–434, 441
Ramond, Sylvie 37
Ramses II. 150
Rank, Otto 365
Ranke, Hermann 172
Ranke, Leopold von 253
Reese, Thomas J. 288
Reik, Theodor 201
Remus 216
Rettberg, Felix 222
Rhea Silvia, Vestalin 178
Richard von St. Victor, 427, 444
Riedl, Rupert 53–54, 324–325
Ringeling, Hermann 56
Ringleben, Joachim 412
Rodewyk, Adolf 106
Romulus 178, 216, 219
Rosa, Peter de 209–211
Roscelinus, Johannes 422
Rudolph, Kurt 106
Ruschd, Ibn 350
Russell, Bertrand 349, 357

Sabellius 195, 197, 434
Saggs, H. W. F. 467
Salmanasser 373
Salome Alexandra 361
Salomo, alttest. König 20, 494
Sanherib, Assyrerkönig 21
Sartre, Jean-Paul 308, 369
Sattler, Dorothea 58, 479
Sawicki, Franz 62
Schadewaldt, Wolfgang 448
Schavan, Annette 302
Scheffczyk, Leo 428, 479
Schelling, F. W. J. 98–99
Schiller, Friedrich 320
Schiwy, Günther 56
Schleiermacher, Friedrich 42, 201, 248, 433, 449
Schlerath, Bernfried 106
Schmaus, Michael 67, 350, 352–353, 383, 407
Schmitz, Stefan 310
Schneemelcher, Wilhelm 333, 384
Schneider, Reinhold 108–109, 268, 413
Schneider, Theodor 58, 201
Schoonenberg, Piet 102
Schopenhauer, Arthur 64–65, 67, 93, 98, 108, 399, 416
Schoske, Sylvia 177
Schott, Erika 174, 177
Schröter, Jens 266, 271, 273
Schweitzer, Albert 93, 242
Schweizer, Eduard 170

Seeber, Christine 343
Segal, Eliezar 359
Seibt, Ute 54
Seiterich, Thomas 260, 317
Sejan, Antisemit 359
Semmelweis, Ignaz Philipp 296
Seneca 235
Sextus Aurelius Victor 179
Shakespeare, William 18
Shankara 466
Simon, Erika 482
Sivernich, Michael 10
Smith, Adam 151–153
Smolin, Lee 61
Sokrates 348, 378, 394
Sölle, Dorothee 417
Solon 223
Stauffer, Ethelbert 470
Steinhart, Matthias 178–179
Stifter, Adalbert 395
Störig, Hans Joachim 64, 261
Storm, Gertrud 45, 76–77
Storm, Theodor 97
Storn, Arne 288
Strathmann, Hermann 489
Streminger, Gerhard 46
Sueton 179

Tagore, Rabindranath 339
Tebartz-van Elst, Franz-Peter 310, 312
Teilhard de Chardin, Pierre 56–57, 109–110, 114, 338–339, 386, 406
Tertullian 273, 277
Theodosius I., röm. Kaiser 201
Theodotus 193–194
Theresa von Avila 413
Thielicke, Helmut 250, 252, 259–260
Thielmann, Wolfgang 10
Thomas von Aquin 50, 68–69, 260–261 280, 350, 425, 428, 443–444
Tiberius, röm. Kaiser 359
Tieck, Ludwig 112–113
Tillich, Paul 96, 101, 103, 170, 201, 207, 225, 247, 261, 320, 399, 402
Titus, röm. Kaiser 179
Tubb, Jonathan N. 81
Tut-anch-Amun/Tut-anch-Aton, ägypt. Pharao 173, 458

Uehlinger, Christoph 81
Usener, Hermann 448

Vaas, Rüdiger 61–62
Vaux, Roland de 123
Vercoutter, Jean 20
Vergil 252
Vermaseren, Marten J. 176, 273
Vespasian, röm. Kaiser 179
Viktor, röm. Bischof 193–194
Virt, Günter 260–261
Volk, Hermann 479
Volkmann, Hans 179
Volz, Paul 166
Vorländer, Karl 64

Wagner-Roos, Luise 252
Waldschmidt, Ernst 156, 207
Ward, Peter Douglas 52
Wegner, Marcus 106–107
Wehrli-Johns, Martina 378
Weinberg, Steven 43, 47, 68
Weiser, Artur 20–21, 24, 26
Werbick, Jürgen 430, 434
Wickler, Wolfgang 54
Wiedenhofer, Siegfried 255
Wildung, Dietrich 177
Wilson, Bob 68
Wilson, John A. 172
Winkler, Ruthild 59
Wolff, Hans Walter 356
Wolfgang 98, 101, 118, 244–245, 424,
Wrede, W. 218
Wyclif, John 279, 287, 408

Xenophanes 451

Zahrnt, Heinz 32, 103, 287, 315, 320, 353, 356, 417
Zarathustra 106, 273, 339
Zedekja, alttest. König 22
Zeno von Verona 209
Ziegler, H. 52
Ziegler, Jean 15, 150, 152
Zimmer, Heinrich 339, 366, 466
Zollitsch, Robert 314
Zwingli, Huldreich 268